4th Edition

［ヴィンテージ］

英文法・語法 Vintage

篠田重晃・米山達郎＝編著

文法／語法／
イディオム／会話表現／
ボキャブラリー／
文構造の把握・
文意の理解

IIZUNA SHOTEN

はじめに

本書は，大学受験に臨む皆さんが必ず知っていなければならない，英文法・語法・イディオム・会話表現などの広範な英語の知識を効率よく習得し，さらにその知識を展開して入試問題を解く力を身につけることを目的とした学習書です。

「読む／聞く／書く／話す」　すべての英語力の基盤は「文法力」と「語彙力」で作られる

大学入試や資格試験では，様々な角度から皆さんの英語力が問われますが，その英語力を構成する2つの基本的な力には，「文法力」と「語彙力」があります。

この本を使って学習する皆さんは，外国語として英語を学習するという人がほとんどでしょう。そのような学習者にとって，英語の文法をしっかりとおさえることは，あらゆる言語活動において絶対に欠かせないことです。

単語を並べて英文を組み立てるルールである「文法力」は，4択問題や語句の並べかえ問題といった直接的な設問を解く際だけでなく，長文読解や英作文，リスニング，スピーキングなどすべての問題や言語活動に取り組むにあたっての基盤となる力です。

単語，イディオム，構文，表現（フレーズ）などの知識は，幅広い意味での「語彙力」と呼ぶことができるでしょう。すべての英語力の基本は，この語彙力にあります。たくさんの語彙を知っているという量的な側面が，大学入試において合否のカギを握ることは否定できません。しかも昨今の大学入試では，たくさんの英語に触れる経験からしか習得できない語彙のニュアンスの違いを問う問題など，語彙の運用力や英語のセンスといった，いわば語彙力の質的な面までもが試されます。

「柔軟で強靱な英語力」を身につける

本書では，皆さんの「英語力」を支えるこの2つの大きな力，「文法力」と「語彙力」を強化するために，膨大な入試問題の中から，必ず身につけるべき学習テーマを集めました。いわゆる「頻出問題」が集まっているわけですが，まずはこの問題を解くことができる力を培うことが皆さんの最大の目標となります。さらには，そこから先の長文読解や英作文，リスニング，スピーキングといった，より高度な課題にも適応できる英語力の基盤を培うことも，その視野に入れています。

このような目的から，本書では，ただ頻出問題を並べるだけではなく，学習テーマを体系的に理解し定着できるように，学習の流れを意識しながら全体を構成しています。つまり，4択や並べかえといった形式の問題としてはあまり頻出ではない項目であっても，学習テーマ全体を体系的に理解するためには必須であると判断したものは，躊躇なく取り上げました。いわゆる頻出問題ばかり取り組み，文法や語法の問題を効率よく解けるようになっても，入試問題には長文読解や英作文，リスニングの問題もあります。そこにきちんと取り組める「英語力」を培わなければ，入試での高得点には結びつきません。どのような問題に対しても悠然と構えて対処できる「柔軟で強靱な英語力」を身につけることが必要なのです。

それでは，入試に必要な「柔軟で強靱な英語力」はどのようにすれば習得可能なのでしょうか。

「問題解決力＝自分で考える力」を身につけて欲しい

本書は，類書とは異なり，解説の文字量が非常に多くなっています。これにははっきりとした理由とその目的があります。

設問に取り組み答えを出すときには，問題を解くカギとなる部分を見つけ出し，そこから糸をつむぐようにして正解にいたる筋道を導き出す必要があります。しかし，そのようないわゆる問題解決力を皆さんは最初から備えているのでしょうか？　問題の正解にたどりつく糸口となる，着目すべき点が見つけられない。正解への筋道だと思って解き進めたのに，どこかで道を誤って間違った答えにたどりついてしまった。このような経験を，今までにたくさんしてきたのではないでしょうか？　それでは，どうしたら正しい着眼点を見抜き，正しい筋道を選択し，正しい答えにたどりつくことができるようになるのでしょうか？　それには，実際に問題に取り組みながら，設問のどのようなところに着目すればよいのか，そこからどのように考えを組み立てていけば正解にたどりつくことができるのかを，ひとつひとつ学んでいくことが不可欠です。

本書ではそのような考え方から，それぞれの設問について，着眼点と正解への筋道を丁寧に示しています（イディオムのようにその表現を知っているかどうかが問われるような設問では，着眼点や正解への筋道は掲載していません）。皆さんは，この解説を読むことで正解にたどりつく手法を追体験することができます。これを体得できれば，同じような問題に対峙したときに，すらすらと問題を解くことができるでしょう。問題のどこに着目すればよいのか，どの筋道をたどればよいのかは，皆さんの体験の中にちゃんと蓄積されているので，そこから引っ張り出してくればよいのです。大切なのは，何が問われているのかを見極めること，それをどの筋道で解き進めればよいのか判断する力を身につけることです。すなわち，皆さんに「自分で考えて問題に取り組む力」をつけて欲しいのです。

覚えるべきこともたくさんあります。例えば，イディオムのように，どれだけ知っているかが勝負となるような学習項目もあります。しかし，一番大切なのは，身につけた知識を展開する応用力です。身につけた文法や語法やイディオムなどの知識を，長文読解や英作文，リスニングなどに具体的に生かし展開していける力です。このような力は，自分で考えて自分の力で正解に至るという成功体験を積み上げて，初めて本物の力として備わります。「わかった！」という喜びを，ぜひ皆さんに味わってほしい，そう切に願っています。

2010年夏　編著者

4th Edition刊行にあたって

2010年の刊行以来，大変多くの先生方や生徒の皆さんにVintageを使っていただきました。この間，いただいた多くのご意見やご要望を反映し，より使いやすく，よりわかりやすい本になるよう2014年にNew Editionを，2018年に3rd Editionを刊行しました。このたび，さらに進化した4th Editionを刊行することにしました。これからもVintageが生徒の皆さんの力になることを願っています。

2023年夏　編著者

****

Vintage 4th Editionに寄せて

本書の著者の一人，篠田重晃先生は，2013 年 1 月 22 日に逝去されました。57 歳という早逝でした。篠田先生は，障がいがあり病気と闘いながらも，良書の提供に努めてくださいました。このたび Vintage 4th Edition を制作するにあたり，もう一人の著者である米山達郎といいずな書店編集部は，故篠田先生が Vintage に寄せておられた並々ならぬ思いを引き継ぎ，その高邁な理想を実現すべく，注意深く改訂作業を行いました。篠田先生のご冥福を心よりお祈りいたします。　2023 年 8 月 米山達郎，いいずな書店編集部

本書の構成と特長

本書は6つのFieldと２つのExtraで構成されています。
下記に各FieldとExtraの特長を述べました。本書を使う前に目を通しておきましょう。

Field 1　文法

文法とは，語句を正しく並べて英文を形作るためのルールです。Field 1では，大学入試に必要な文法知識が習得できるように設問を厳選しました。正しい英文にするために適切なものを選択する訓練を通じて，英語のルールを「理解」し「定着」させることを最大の目的としています。つまり，文法の学習では「なぜそうなるのか」という理屈をきちんと理解する必要があるのです。「なぜそうなるのかわからない」ままでは，ルールを自分で運用していくことはできないからです。

Field 1　文法では，ルールとしての文法の説明が詳しいことはいうまでもなく，設問に取り組む際の着眼点や，正解にいたる筋道をひとつひとつ丁寧に解説しています。しっかり読んで理解し，ルールを確実に身につけてください。

Field 2　語法

語法は，文法と並んで入試問題で最も多く出題される分野です。英文の骨格を決定するルールである文法とは違い，語法は，ある語を使うときに守らなければならないルール，英文を作る部品のルールです。例えば，動詞はそれぞれが作ることのできる文の形が決まっているので，それを無視して勝手に文を作ることはできません。このような，ひとつひとつの語が取りうるさまざまな形の体系を，語法と呼びます。

「動詞の語法」では，同じような文の形を作る動詞をひとまとまりにして覚えていきます。同じパターンをとる動詞の共通点を感覚的につかんだ上で，個別の動詞を覚えていくことが大切です。動詞と特定の前置詞の組み合わせ，動詞が取りうる特定の文型，似た意味を持つ動詞の使い分け，ある動詞の固有の使い方などがテーマになっています。入試問題では，細かな語法に焦点が当てられることも少なくなく，難関校入試では合否を分ける点差につながる可能性があります。

Field 3　イディオム

イディオムは，look up to A「Aを尊敬する」のように，いくつかの基本的な語がひとまとまりになって意味を形成しています。大半は基本語の組み合わせなので，まぎらわしいことがあり，ひとつひとつ丁寧に確認していく必要があります。動詞と副詞が組み合わさったイディオムなどは，その動詞のイメージと副詞のイメージをつなげて，連想から意味を覚えていくことができる場合があります。しかしそのようなやり方では対処できないものもありますので，やはりひとつずつ着実に身につけていく必要があります。イディオムそのものだけではなく，設問英文を繰り返し音読して，英文ごと覚えてしまうことも有効です。

Field 4　会話表現

会話とは，相手を目の前にして行われるコミュニケーションです。場面に応じて，会話独特の表現が登場することがままあります。

社会活動が国際的になるにつれて，「読む・書く」だけではなく「話す・聞く」を含めた実用的な英語力が求められています。大学入試でも，筆記試験での会話問題の増加もさることながら，大学入学共通テストや資格試験のリスニング問題では，会話表現が頻出しています。

会話表現は語の使い方が独特であったり，決まり文句が使われたりするために，前後関係からだけでは意味を推察できないものも多くあります。

本書では，大学入試の筆記試験とリスニング試験を徹底的に研究し，これだけは覚えておいてほしい，最頻出会話表現を集めました。「いいずなボイス」にも音声が収録されているので，学習に役立ててください。

Field 5　ボキャブラリー

近年，幅広く問われるようになってきた問題ジャンルです。具体的には，似たような意味の単語を正しく使い分けることができるか，似たような形の単語を正しく選別することができるか，などといった力が問われています。

これらの問題では，どれだけたくさんの英語に触れてきたか，それによって，どれだけ質的に豊かな語彙力を身につけているか，が問われます。本書では，頻出するボキャブラリー問題を集め，必要とされる力が何なのかを効率よく経験することができるようにしてあります。

Field 6　文構造の把握・文意の理解

Field 1 ～ 5 で文法や語彙を一通り学習したあとは，読解・作文という入試本番に直結する実践的な演習が必要です。仮に単語を完璧に覚えても，文法知識がなければ，読解問題を正確に読み解くことも，作文問題で正確な英文を書くこともできないでしょう。また，文法知識があるからこそ, 世の中のあらゆる言語情報を正確に理解したり発信したりすることができます。すべての言語は，単に単語を並べただけのものではなく，それぞれの文法ルールの上に成り立っているからです。Field 6 では，これまでの Field で得た知識をもとに，各品詞や多機能語などの用法を学習します。また，英文の構造を把握し，文意が通るかどうかを検証する演習を繰り返し行います。英文の分量に関わらず，実際の読解や作文でも必ず同じ作業をするため，根気よく取り組んでみましょう。本 Field の設問を繰り返し解くことで，読解・作文の両方に応用できる思考回路を着実に身につけることができるでしょう。

Extra 1・2　発音・アクセント　**（注）本書内ではなく，web 上に掲載されています（p. 018 参照）。**

言語とは本来，発話して相手とコミュニケーションをとるための道具です。そのため，正しい発音，正しいアクセントができなければ，意思疎通が成立しづらくなります。

英語は母音の数が日本語よりも多く，その聞き分けが日本人にとっては難しいので，大学入試では，特にその区別が問われます。本書では，その対策として，日本人が聞き分けにくい2つの音を目で比較して，そのあと耳で聞いて体得しやすい構成にしました。

英語では，アクセントを間違えると，相手にまったく通じないことがあります。アクセントの間違いは，音節という音の区切りの間違いから生ずることが多いのです。本書では，この「音節」を強く意識しながら，間違いやすい語，すなわち試験でよく問われる語のアクセントの位置をひとつひとつ覚えていきます。

ページ構成と使わ

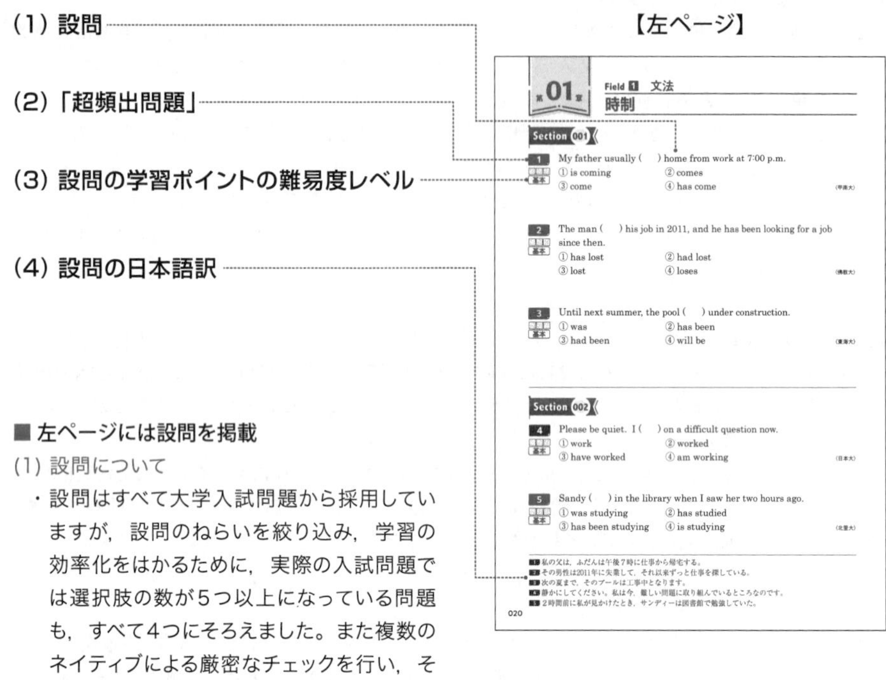

■ 左ページには設問を掲載

(1) 設問について

・設問はすべて大学入試問題から採用していますが，設問のねらいを絞り込み，学習の効率化をはかるために，実際の入試問題では選択肢の数が5つ以上になっている問題も，すべて4つにそろえました。また複数のネイティブによる厳密なチェックを行い，その結果を考慮し，問題に変更を加えたものもあります。

・問題の種別は，主に次の4種類です。

●空所補充4択問題：英文中の空所に入る適切な語句を選択肢①～④から選ぶ。

●正誤指摘問題：英文中に引かれた4箇所の下線部の1箇所に誤りがあるので，それを指摘し正しい答えを書く。

●並べかえ問題：与えられた選択肢を並べかえて英文を作る問題。日本語が与えられている場合と与えられていない場合がある。

●同意語句選択4択問題：おもにField 3「イディオム」で採用されている。英文中の語句に下線が引かれているので，それと同じ意味を表す語句を選択肢①～④から選ぶ。

設問によっては，他の種類の問題も採用されていますが，それらには問題指示文がついているので，その指示にしたがってください。

(2) 1 や 2 は問題番号を示しています。その中で 1 のように赤く塗られているものがありますが，これは大学入試問題の中でとりわけ出題頻度の高いものを示しています。いわば「超頻出問題」です。

(3) 問題番号の下には，その設問の学習ポイントの難易度を，基本，発展 のマークで示しています。何もマークがないものは標準レベルであることを示しています。基本マークは，中学校での既習項目や，高校1年生が使う主な教科書で学習する項目を示しています。英語に自信がない場合は，まず基礎を固めるために，基本問題だけを解いていってもよいでしょう。

(4) ページの下欄には，問題英文の日本語訳があります。

れている記号など

【右ページ】

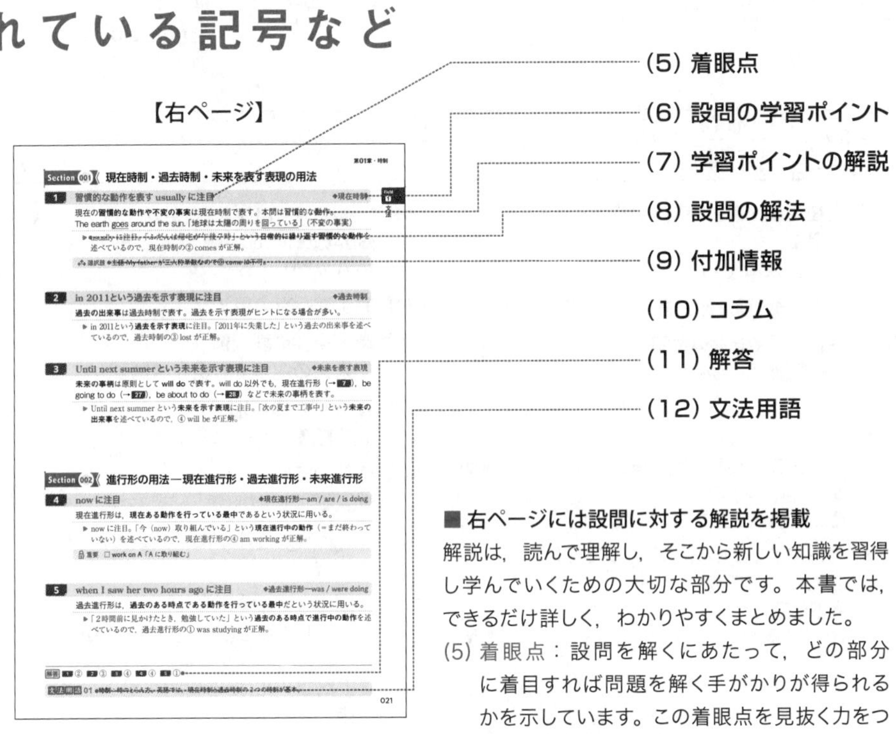

■ 右ページには設問に対する解説を掲載

解説は，読んで理解し，そこから新しい知識を習得し学んでいくための大切な部分です。本書では，できるだけ詳しく，わかりやすくまとめました。

(5) 着眼点：設問を解くにあたって，どの部分に着目すれば問題を解く手がかりが得られるかを示しています。この着眼点を見抜く力をつけることが，問題を解く力に直結します。

(6) 設問の学習ポイント：設問が狙いとしている文法や語法のポイントが記されています。赤い文字の部分は，ぜひとも覚えて欲しいポイントです。付属の赤シートを活用してください。

(7) 学習ポイントの解説：着眼点と設問の学習ポイントの下で，学習ポイントについての解説をしています。問題を解く際の基本知識にあたるので，何度も繰り返し読んでおきましょう。

(8) 設問の解法：設問の着眼点からどのように展開して正解にたどりつくのか，その筋道＝手順が書かれています。この手順を体得すれば，問題の解き方を身につけることができます。

(9) 付加情報：設問の解法の下には，マークとともに付加情報が加えられている場合があります。選択肢 は，正解以外の誤答選択肢の中で特に誤りやすい選択肢について，なぜ間違いなのかを説明しています。注意 は文字通り注意すべき点について，プラス は一緒に確認しておきたい情報を，また 重要 は，設問に含まれるぜひ覚えたい表現を示しています。

(10) コラム：解説中には必要に応じて，4種類のコラムがあります。

まずは確認 •• それぞれの学習項目に入る前に確認すべき内容を扱ったコラムです。

しっかり理解 •• テーマとなる学習項目を習得した上で，さらにきちんと理解しておきたい発展的な情報をまとめたコラムです。

整理して覚える •• 学習した内容とそれに関連する情報を整理したコラムです。

For Reading & Writing •• 読解や作文で役立つ文法豆知識を扱ったコラムです。

(11) 解答：ページの下欄には解答があります。

(12) 文法用語：必要に応じて，解説中にある基本的な文法用語について説明しています。

■記号について：英文中の（　）は省略可を，［　］は置きかえ可を示しています。

Contents

第04章 Field 1 文法
仮定法 054

第05章 Field 1 文法
不定詞 068

第06章 Field 1 文法

動名詞 084

第07章 Field 1 文法

分詞 090

第08章 Field 1 文法

関係詞 102

第09章 Field 1 文法
接続詞 130

第10章 Field 1 文法
前置詞 154

第11章 Field 1 文法
比較 174

第12章 Field 1 文法 主語と述語動詞の一致 198

第13章 Field 1 文法 疑問文 204

第14章 Field 1 文法
否定 214

第15章 Field 1 文法
語順（倒置）・省略・強調 222

第16章 Field 1 文法
話法 232

第17章 Field 2 語法
動詞の語法 238

第18章 Field 2 語法
名詞の語法 290

第19章

Field 2 語法

代名詞の語法 302

第20章

Field 2 語法

形容詞の語法 326

Field 2 語法

副詞の語法 346

第22章 Field 3 イディオム 動詞を中心とするイディオム 360

第23章 Field 3 イディオム 形容詞・副詞を中心とするイディオム 420

第24章 Field 3 イディオム 名詞を中心とするイディオム 434

第25章 Field 3 イディオム 前置詞の働きをするイディオム（群前置詞） 454

第26章 Field 3 イディオム
ことわざ・慣用表現 464

第27章 Field 4 会話表現
会話表現 470

第28章 Field 5 ボキャブラリー
語彙問題 496

第29章 Field 5 ボキャブラリー
重要多義語 524

第30章 Field 6 文構造の把握・文意の理解
読解・作文へつなげる55問 538

Extra 1 発音 001′

（注）web 掲載のため，右下の QR コードからアクセスして下さい。

Extra 1 web ページ

Extra 2 アクセント 023′

（注）web 掲載のため，右下の QR コードからアクセスして下さい。

Extra 2 web ページ

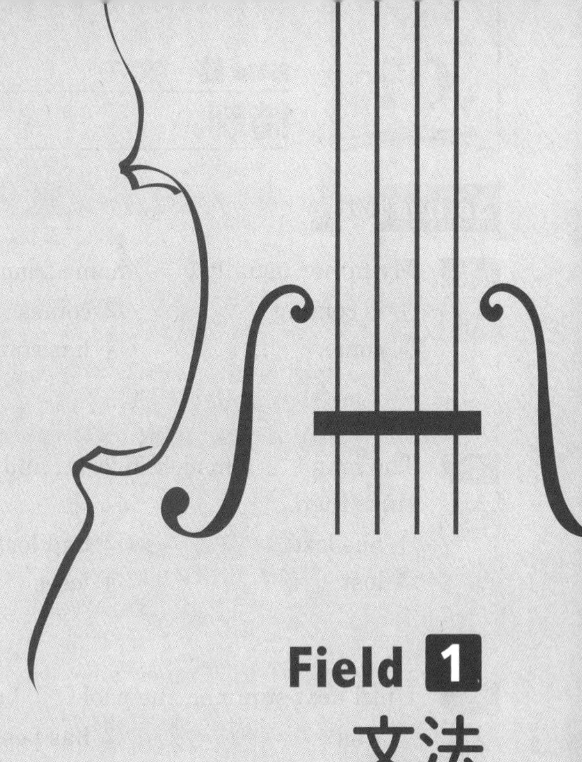

Field 1 文法

学習の心構え

文法のフィールドでは，「理解」がキーワードになる。**暗記するのではなく，理解するつもりで取り組もう。**まずは設問に取り組んで，自分で解答を導き出そう。自信を持って正解にたどり着けたなら，右ページの解説を読んで，自分が理解していることが正しいかどうか確認する。もし正解できなかったり，正解できたとしても，自分の解答に自信がなかったりしたら，そのときは右ページの解説の読み方に工夫が必要だ。**設問を解く際には，必ず着目すべきポイントがある。**そこを見つけだし，そこを突破口にすれば正解に至ることができる。

右ページの解説にはその着眼点，設問の解法（▶印），そして学習のポイントが書かれている。選択肢に紛らわしいものがあるときには（選択肢）という情報もある。これらの解説をじっくり読んで，そして理解しよう。**ひとつひとつの理解の積み重ねが，やがて文法の全体像の大きな理解へとつながっていく。**

設問の左側には，3つチェックマークが並んでいる。設問の正解／不正解や，解答をどの程度確信を持って導き出せたかのチェックに利用するなど，いろいろと工夫して使って欲しい。

第01章

Field 1 文法

時制

Section 001

1 My father usually (　　) home from work at 7:00 p.m.

基本

① is coming　② comes

③ come　④ has come

〈甲南大〉

2 The man (　　) his job in 2011, and he has been looking for a job since then.

基本

① has lost　② had lost

③ lost　④ loses

〈佛教大〉

3 Until next summer, the pool (　　) under construction.

基本

① was　② has been

③ had been　④ will be

〈東海大〉

Section 002

4 Please be quiet. I (　　) on a difficult question now.

基本

① work　② worked

③ have worked　④ am working

〈日本大〉

5 Sandy (　　) in the library when I saw her two hours ago.

基本

① was studying　② has studied

③ has been studying　④ is studying

〈北里大〉

---

1 私の父は，ふだんは午後7時に仕事から帰宅する。

2 その男性は2011年に失業して，それ以来ずっと仕事を探している。

3 次の夏まで，そのプールは工事中となります。

4 静かにしてください。私は今，難しい問題に取り組んでいるところなのです。

5 2時間前に私が見かけたとき，サンディーは図書館で勉強していた。

Section 001 現在時制・過去時制・未来を表す表現の用法

1 習慣的な動作を表す usually に注目 ◆現在時制

現在の**習慣的な動作**や**不変の事実**は現在時制で表す。本問は習慣的な動作。
The earth goes around the sun.「地球は太陽の周りを回っている」（不変の事実）

▶ usually に注目。「ふだんは帰宅が午後7時」という**日常的に繰り返す習慣的な動作**を述べているので，現在時制の② comes が正解。

選択肢　主語 My father が三人称単数なので③ come は不可。

2 in 2011という過去を示す表現に注目 ◆過去時制

過去の出来事は過去時制で表す。過去を示す表現がヒントになる場合が多い。

▶ in 2011という**過去を示す表現**に注目。「2011年に失業した」という過去の出来事を述べているので，過去時制の③ lost が正解。

3 Until next summer という未来を示す表現に注目 ◆未来を表す表現

未来の事柄は原則として **will do** で表す。will do 以外でも，現在進行形（→ 7），be going to do（→ 27），be about to do（→ 28）などで未来の事柄を表す。

▶ Until next summer という**未来を示す表現**に注目。「次の夏まで工事中」という**未来の出来事**を述べているので，④ will be が正解。

Section 002 進行形の用法—現在進行形・過去進行形・未来進行形

4 now に注目 ◆現在進行形—am / are / is doing

現在進行形は，**現在ある動作を行っている最中**であるという状況に用いる。

▶ now に注目。「今（now）取り組んでいる」という**現在進行中の動作**（＝まだ終わっていない）を述べているので，現在進行形の④ am working が正解。

重要　□ work on A「A に取り組む」

5 when I saw her two hours ago に注目 ◆過去進行形—was / were doing

過去進行形は，**過去のある時点である動作を行っている最中**だという状況に用いる。

▶「2時間前に見かけたとき，勉強していた」という**過去のある時点で進行中の動作**を述べているので，過去進行形の① was studying が正解。

解答　1 ②　2 ③　3 ④　4 ④　5 ①

文法用語 01　時制：時のとらえ方。英語では，現在時制と過去時制の2つの時制が基本。

6 ☒☒☒ When Ken comes home from school this afternoon, his mother (　　) cooking roast chicken.
① will be　② would be
③ has been　④ had been
〈獨協大〉

7 ☒☒☒ 基本 "Are you free tonight?"
"I'm sorry, but (　　) dinner with my parents."
① I had　② I'm having
③ I've had　④ I'd had
〈奥羽大〉

Section 003

8 ☒☒☒ Do you mean that the whole building (　　) to you?
① is belonged　② is belonging
③ belongs　④ belong
〈中部大〉

9 ☒☒☒ She ①is resembling her sister ②in appearance ③but not ④in character.
〈東洋大〉

整理して覚える 001　代表的な状態動詞（原則として進行形では使えない）

(1) 感情・思考・認識などを表す状態動詞

☐ like「…が好きである」,　☐ love「…を愛している」,
☐ hate[dislike]「…を嫌っている」,　☐ think「…と思っている」,
☐ believe「…を信じている」,　☐ know「…を知っている」,
☐ realize「…をわかっている」,　☐ remember「…を覚えている」

(2) 知覚・感覚などを表す状態動詞

☐ see「…が見える」,　☐ hear「…が聞こえる」,
☐ smell「…のにおいがする」,　☐ taste「…の味がする」

(3) 存在・所有・関連などを表す状態動詞

☐ be「…である」,　☐ have「…を持っている」,
☐ possess「…を所有している」,　☐ exist「存在している」,
☐ belong to A「A に属している」→ **8**,　☐ contain[include]「…を含んでいる」,
☐ consist of A「A で成り立っている」,　☐ resemble「…に似ている」→ **9**

⚠注意　一部の状態動詞は「一時的な状態」を強調する場合，進行形になることもある。
You are being kind today.
「(いつもと違って) 今日は優しいですね」

⚠注意　think「思考する」, see「…に会う」, have「…を食べる」(→ **7**), smell「…のにおいをかぐ」, taste「…の味見をする」の意味の場合は動作動詞なので進行形で使うことができる。
(例) ちょうど今，君のことを考えているところだ。
I am thinking about you right now.
(例) ちょうど今，彼は朝食をとっているところです。
He is having breakfast right now.

6 When Ken comes home ... this afternoon に注目 ◆未来進行形―will be doing

未来進行形は，**未来のある時点である動作を行っている最中**だと考えられる状況に用いる。

▶「今日の午後に学校から戻るころ，調理をしているだろう」という**未来のある時点で進行中の動作**（＝まだ終わっていないだろう）を述べているので，未来進行形の① will be（cooking）が正解。

⚠注意　副詞節内の comes の時制に関しては Section **008**（p. 029）を参照。

7 tonight に注目―これからすることを現在進行形で表す ◆予定・計画を表す現在進行形

現在進行形が**（これからする）予定・計画**を表す場合がある。

▶ tonight「今晩」の予定を聞かれているが，tonight は時間的にはまだこれからのこと。「今晩食事をする予定だ」から，**予定・計画を表す現在進行形**の② I'm having が正解。

⚠注意　本問の have は「…を食べる」という意味の動作動詞なので，進行形で使うことができる。→ 整理して覚える 001（左頁）

Section 003 進行形にできない動詞

8 belong は状態動詞 ◆進行形にできない動詞

進行形にできる動詞は動作動詞であり，原則として状態動詞は進行形にできない。代表的な状態動詞については左頁の 整理して覚える 001 を参照。

▶ **belong to** A「A に属している，A の所有物である」は**状態動詞**なので進行形にできない。よって③ belongs が正解。

選択肢　主語の the whole building は三人称単数なので，三単現の s がついていない④ belong は不可。「…している」という日本語にひきずられて現在進行形の② is belonging を選ばないように。

9 resemble は状態動詞 ◆進行形にできない動詞

▶ **resemble**「…に似ている」は**状態動詞**なので進行形にできない。現在進行形の① is resembling を現在形の resembles に訂正する。

重要　□ resemble A in B「B の点で A に似ている」

---

6 ケンが今日の午後に学校から戻るころ，彼の母はローストチキンを作っているだろう。
7「今晩ひまですか」「残念ですが，両親と食事をすることになっています」
8 建物全体が君の所有物ということですか。
9 彼女は外見は姉[妹]に似ているが，性格は似ていない。

解答 6 ① 7 ② 8 ③ 9 ①→ resembles

文法用語 02
動作動詞：「投げる」のような，主語の動作を表す動詞。
状態動詞：「…を知っている」のように，主語がある状態にあることを表す動詞。

10 She (　　) absent from school since the day before yesterday.

☒☒☒ 基本

① was　　② has been
③ had been　　④ will have been
〈札幌学院大〉

11 When I arrived at the classroom, the English exam (　　) already.

☒☒☒ 基本

① has started　　② to start
③ had started　　④ starts
〈流通科学大〉

12 The professor read my technical report which I (　　) the day before.

☒☒☒

① will be writing　　② have written
③ have been writing　　④ had written
〈名古屋工業大〉

13 Paul's yacht (　　) at Hawaii by the end of next March.

☒☒☒ 基本

① arrived　　② has arrived
③ used to arrive　　④ will have arrived
〈日本大〉

---

10 おとといから彼女は学校を休んでいる。
11 教室に着いたとき，英語のテストはすでに始まっていた。
12 教授は私が前日に書いた技術報告書を読んだ。
13 ポールのヨットは，来年の３月末までにはハワイに到着しているだろう。

Section 004 完了形の用法―現在完了・過去完了・未来完了

10 since the day before yesterday に注目 ◆現在完了―have done / has done

現在までの完了・結果，経験，継続は現在完了（have[has] done）で表す。

▶ since the day before yesterday「おとといから」という**過去の起点を表す**表現に注目。「（おとといから今までずっと）学校を休んでいる」という，**過去のある時点から現在までの状態の継続**を述べているので，現在完了の② has been が正解。

しっかり理解 001 現在完了のイメージ

ずっと学校を休んでいる（have[has] been absent from school）

過去（おととい） 現在

11 過去のある時点を表す表現に注目 ◆過去完了―had done

過去のある時点までの完了・結果，経験，継続は過去完了（had done）で表す。

▶ When I arrived at the classroom という**過去を示す表現**と，**already** に注目。「教室に着いたとき，英語のテストはすでに始まっていた」という**過去のある時点までの動作の完了**を述べているので，過去完了の③ had started が正解。

12 the day before に注目 ◆大過去―had done

２つの過去の出来事を，実際に起きた順序と逆の順序で述べる場合，**時間的に前に起きた出来事を過去完了で表す**ことがある。この用法は「大過去」と呼ばれる。

▶「報告書を読んだ」と，「報告書を書いた」の２つの出来事の順序を考える。the day before「前日」があるので，「書いた」のは「読んだ」よりもさらに前のこと。

▶ 過去完了④ had written を入れれば,「報告書を読んだ」時点よりも,「報告書を書いた」時点の方が**時間的に前に起きた出来事**であることが示される。

しっかり理解 002 大過去のイメージ

書いた（had written） 読んだ（read）

その前日（the day before） 過去のある時点 現在

13 by the end of next March：未来のある時点に注目 ◆未来完了―will have done

未来のある時点までの完了・結果，経験，継続は未来完了（will have done）で表す。

▶ by the end of next March という未来を示す表現に注目。「来年の３月末までには到着している」という**未来のある時点までの動作の完了**を述べているので，未来完了の④ will have arrived が正解。

選択肢 ③の used to do は「（以前は）よく…したものだ」という過去の習慣的な動作を表す。→ 61

解答 10 ② 11 ③ 12 ④ 13 ④

Section 005

14 There is a new road to the freeway. They just ( ) it yesterday.

基本

① are opening ② have opened
③ opened ④ would open 〈名古屋工業大〉

15 He ( ) Chicago many times when he lived in the U.S.

① has visited ② has been visiting
③ has been visited ④ visited 〈神戸女子大〉

Section 006

16 奈良にちょうど行ってきたところですが，これから京都へ行きます。（１語不要）
We (to / have / been / gone / Nara) and now we are leaving for Kyoto.
〈千葉工業大〉

Section 007

17 We are all tired of snow. It ( ) for four weeks now.

基本

① has been snowing ② is snowing
③ snowed ④ will be snowing 〈明治大〉

整理して覚える 003 have been to A と have gone to A の意味の違い

① **have been to A** は「A に行ったことがある〈経験〉」と，「A に行ってきたところだ〈完了・結果〉」（→ **16**）の2つの意味で用いられる。
He has been to Italy twice.「彼はイタリアに2回行ったことがある」〈経験〉
He has been to a party.「彼はパーティーに行ってきたところだ」〈完了・結果〉

② **have gone to A** は「A に行ってしまった〈完了・結果〉」の意味で用いられる。
Where is he? --- He has gone to Italy.
「彼はどこ?」「イタリアに行ってしまった［行っている］」〈完了・結果〉
（注）have gone to A を，「A に行ったことがある〈経験〉」の意味で用いる場合もある。

---

14 高速道路への新しい道路がある。それは昨日開通したばかりだ。
15 彼はアメリカ合衆国に住んでいたとき，何度もシカゴを訪ねた。
17 私たちはみんな雪にうんざりしている。もう４週間降り続いている。

Section 005《 現在完了とともに使うことができない表現

14 過去を示す語 yesterday ◆現在完了とともに使うことができない表現

現在完了は，現時点で完了していること，経験があること，継続していることを表す。 つまり，現在完了は「現状の状況」に焦点があるので，過去を示す語句をともに使うことはできない。整理して覚える 002 参照。

▶ **yesterday** という過去を示す語があるので，現在完了の② have opened は使えない。過去時制の③ opened が正解。

15 when he lived は過去を示す語句 ◆現在完了とともに使うことができない表現

▶ when he lived in the U.S.「彼がアメリカ合衆国に住んでいたとき」は過去を示す語句。過去を示す語句は過去時制とともに用いるので④ visited が正解（→ 2）。

選択肢　過去を示す語句は現在完了とともには使えない。よって，現在完了の①②③は不可。

整理して覚える 002　現在完了とともに使うことができない代表的な表現

☐ yesterday「昨日」→ 14，
☐ last night[week / month / year]「昨夜［先週／先月／去年］」，
☐ ... ago「（今から）…前に」，
☐ then「その時」，
☐ When ...?「いつ…?」〈疑問詞〉，
☐ when I was ...「私が…だったころ」，
☐ just now「たった今／ついさっき」

Section 006《 have been to A と have gone to A

16 意味の違いをしっかり覚える ◆have been to A と have gone to A の違い

have been to A と have gone to A の意味の違いをしっかりと覚えよう。
左頁の 整理して覚える 003 を参照すること。

▶「奈良にちょうど行ってきた（今帰ってきた）ところ」という文意から正解を判断する。

⚠注意　we are leaving for Kyoto の現在進行形は，（これからする）予定・計画を表す。→ 7

Section 007《 完了進行形の用法

17 for four weeks now に注目 ◆現在完了進行形—have[has] been doing

過去のある時点から現在までの動作の継続は，原則として現在完了進行形（have[has] been doing）で表す。

▶「現在まで4週間（ずっと）雪が降っている」と**現在までの動作の継続**を述べているので，現在完了進行形の① has been snowing が正解。10 の She has been absent ... は現在までの状態の継続。

解答　14 ③　15 ④　16 have been to Nara（gone 不要）　17 ①

18 ☒☒☒

Mr. Brown ( ) for nearly thirty minutes when his client arrived.

① will have waited ② has been waiting
③ has waited ④ had been waiting 〈東海大〉

19 ☒☒☒

He ( ) at the local hospital for 10 years by the end of next month.

① has worked ② has been working
③ will have been working ④ is working 〈国士舘大〉

20 ☒☒☒ 基本

Mike and Bill ( ) each other since they were children.

① know ② have known
③ have been knowing ④ will have known 〈和光大〉

Section 008

21 ☒☒☒ 基本

I'll wait here until you ( ).

① come back ② will come back
③ are coming back ④ will have come back 〈玉川大〉

22 ☒☒☒

You have to return the book as soon as you ( ) reading it.

① are finishing ② will have finished
③ will finish ④ have finished 〈東京歯科大〉

18 ブラウン氏は，彼の顧客が到着したときには，30分近く待っていた。
19 彼は来月末までで地元の病院に10年間勤務したことになる。
20 マイクとビルは子どものころからお互いを知っている。
21 私はあなたが戻るまでここで待っています。
22 あなたは，読み終えたらすぐにその本を返さなければいけません。

18 過去のある時点と期間を表す表現に注目 ◆過去完了進行形―had been doing

過去のある時点までの動作の継続は，原則として過去完了進行形（had been doing）で表す。

▶ when his client arrived という過去のある時点を示す表現と，for nearly thirty minutes という期間を示す表現に注目。「顧客が到着したときには（すでに）30分近く待っていた」という**過去のある時点までの動作の継続**を述べているので，過去完了進行形の④ had been waiting が正解。

19 未来を表す by the end of next month に注目 ◆未来完了進行形―will have been doing

未来のある時点までの動作の継続は，原則として未来完了進行形（will have been doing）で表す。

▶ by the end of next month という未来を示す表現に注目。「来月末までで10年間働いていることになる」という**未来のある時点までの動作の継続**を述べているので，未来完了進行形の③ will have been working が正解。

20 know は状態動詞 ◆現在完了と現在完了進行形

状態動詞は原則として進行形にできないので（→ 8, 9），現在までの状態の継続も（現在完了進行形ではなく）現在完了を用いる。

▶ **know**「…を知っている」は**状態動詞**なので，現在完了進行形の③ have been knowing は不可。「子どものころから（ずっと）知っている」という**現在までの状態の継続**を述べている現在完了の② have known が正解。

Section 008 時・条件の副詞節―未来の内容でも現在時制

21 until 節は時を表す副詞節 ◆時を表す副詞節―未来の内容でも現在時制

時・条件の副詞節では，**未来の内容でも現在時制**を用いる。

▶ **until** you（　）「あなたが戻るまで」は**時を表す副詞節**なので，「これから戻る」という**未来の内容でも現在時制**を用いる。よって現在時制の① come back が正解。

⚠注意　接続詞の after，before，until や，as soon as，by the time で導かれる節は必ず副詞節になるので，未来の内容でも現在時制を用いると判断できる。

22 as soon as 節は時を表す副詞節 ◆時を表す副詞節―未来完了の内容でも現在完了

▶ **as soon as** you（　）reading it「読み終えたらすぐに」は**時を表す副詞節**なので，「これから読み終える」という**未来完了の内容でも現在完了**を用いる。よって現在完了の④ have finished が正解。

解答 18 ④　19 ③　20 ②　21 ①　22 ④

文法用語 03
節：意味を持った「語のかたまり」のことで〈主語と動詞〉を含むもの。含まないものは句と呼ぶ。
副詞節：節のうち動詞を修飾するなど副詞の働きをするものを副詞節と呼ぶ。

Section 009

23 Your host family will be waiting for you at the train station when you (　　).
基本
① arrive　　② arrived
③ will arrive　　④ would arrive
〈神奈川大〉

24 Mr. Tanaka is out now, and I don't know when he (　　) in the office.
① be back　　② is back
③ is being back　　④ will be back
〈愛知大〉

Section 010

25 The game will be called off if it (　　) tomorrow.
基本
① raining　　② to rain
③ will rain　　④ rains
〈東京経済大〉

26 I'd really ①love to go to the concert because my favorite band ②is playing, but I'm ③not sure if my mother ④says OK.
〈早稲田大〉

しっかり理解 003　when 節の区別

when 節は副詞節，名詞節，形容詞節の3種類がある。**副詞節**の場合には**未来の内容でも現在時制**を用い，**名詞節や形容詞節**の場合には**未来の内容は未来を表す表現**を用いる。

(1) **副詞節「…するとき」―when は接続詞**
I will help him **when** he studies abroad.「彼が留学をするときには手伝おう」
when 節は副詞節で，主節 I will help him を修飾している。**現在時制** studies を用いていることに注目。

(2) **名詞節「いつ…するか（ということ）」―when は疑問副詞**
I don't know **when** he will study abroad.「彼がいつ留学するか知らない」
when 節は名詞節で，他動詞 know の目的語になっている。**未来を表す** will study という表現を用いていることに注目。

(3) **形容詞節「…する〈先行詞〉」―when は関係副詞**
Let me know the day **when** he will study abroad.「彼が留学する日を教えてください」
when 節は形容詞節で，先行詞 the day を修飾している。**未来を表す** will study という表現を用いていることに注目。

---

23 あなたが到着するころ，ホストファミリーが鉄道の駅であなたを待っているだろう。
24 田中さんは今外出していて，私は彼が事務所にいつ戻るかわからない。
25 もし明日，雨が降れば，その試合は中止されるだろう。
26 私の大好きなバンドが演奏するから私はそのコンサートにぜひとも行きたいのだけど，母がいいと言うかどうかわからない。

Section 009 《 when 節の区別

しっかり理解 003

23 when 節は副詞節か名詞節か ◆when 節が副詞節の場合―未来の内容でも現在時制

when 節が副詞節のときは未来の内容でも現在時制を用い，名詞節の場合は未来の内容は will do などの未来を表す表現を用いる。when 節が副詞節か名詞節かを区別しなければならない。when 節の区別については，左頁の しっかり理解 003 を参照。

▶ **when** you (　　)「到着するときに」は**時を表す副詞節**なので，「これから到着する」という**未来の内容でも現在時制**を用いる。よって現在時制の① arrive が正解。

24 when 節は名詞節 ◆when 節が名詞節の場合―未来の内容は will do

▶ 本問の when 節は**他動詞 know の目的語**になる**名詞節**。名詞節の場合は，「いつ彼が(これから) 事務所に戻るか」という**未来の内容は will do などの未来を表す表現**で表すので④ will be back が正解。

Section 010 《 if 節の区別

25 if 節の意味に注目 ◆if 節が副詞節の場合―未来の内容でも現在時制

if 節も，副詞節のときは未来の内容でも現在時制を用い，名詞節の場合は未来の内容は will do などの未来を表す表現を用いる。if 節が副詞節か名詞節かを区別しなければならない。if 節の区別については， しっかり理解 004 を参照。

▶ **if** it (　　) tomorrow「明日雨が降れば」は**条件を表す副詞節**なので，「明日」という**未来の内容でも現在時制**を用いる。よって現在時制の④ rains が正解。

選択肢　tomorrow に引きずられて③ will rain を選ばないように注意。

26 if 節の意味に注目 ◆if 節が名詞節の場合―未来の内容は will do

▶ be not sure **if** SV「…かどうかわからない」の if 節は名詞節。名詞節の場合は「母が(これから) いいと言うかどうか」という**未来の内容は will do などの未来を表す表現**を用いるのが正しい。現在時制の④を will say OK に訂正する。

選択肢　②現在進行形の is playing は（これからする）予定・計画を表している。→ 7
重要　□ would love to do「ぜひとも…したい」

しっかり理解 004　if 節の区別

if 節は副詞節と名詞節の2種類がある。if 節が**副詞節**の場合には**未来の内容でも現在時制**を用い，**名詞節**の場合には**未来の内容は未来を表す表現**を用いる。

(1) **副詞節「もし…すれば」**

I will help him if he studies abroad.「もし彼が留学をすれば手伝おう」

if 節は副詞節で，主節 I will help him を修飾している。**現在時制** studies を用いていることに注目。

(2) **名詞節「…するかどうか（ということ）」**

I don't know if he will study abroad.「彼が留学するかどうか知らない」

if 節は名詞節で，他動詞 know の目的語になっている。**未来を表す** will study という表現を用いていることに注目。

解答　23 ①　24 ④　25 ④　26 ④→ will say OK

文法用語 04
名詞節：主語，補語，他動詞の目的語などの名詞の働きをする節。
形容詞節：名詞を修飾する形容詞の働きをする節。関係詞が導く節は形容詞節。

Section 011

27 Look at those black clouds. It (　　) rain very soon.
基本
① wouldn't　② is going to
③ do　④ shall not　〈駒澤大〉

28 I was (　　) go out when my boss came in.
① thinking of　② free of
③ about to　④ aimed to　〈西南学院大〉

Section 012

29 It (　　) ten years since the two companies merged.
① has been　② has passed
③ is passed　④ passed　〈青山学院大〉

30 Ten years (　　) since I left my home to work in this city.
① had passed　② passed
③ have passed　④ is passed　〈金城学院大〉

31 (a) It's been almost ten years since our grandfather died.
(b) Our grandfather has been (　　) (　　) almost ten years.　〈福岡歯科大〉

整理して覚える 004　「…してから（現在まで）～（の時間が）経った」

(1) **It is[has been] +時間+ since SV. → 29**

(2) **時間+ have passed since SV. → 30**

⚠注意　(1), (2) の since 節では過去時制を用いる。

(3) **SV ... +時間+ ago.**

⚠注意　(3) の述語動詞 V は過去時制を用いる。

31 = Almost ten years **have passed** since our grandfather died. (2)
= Our grandfather **died** almost ten years ago. (3)

---

27 あの黒い雲を見て。今にも雨が降りそうだ。
28 上司が入ってきたとき，私はまさに出かけるところだった。
29 その２社が合併してから10年が経った。
30 私がこの都市で働くために家を出てから，10年が過ぎた。
31 私たちの祖父が亡くなってからほぼ10年になる。

Section 011 be going to do, be about to do の用法

27 「雨が降りそうだ」は話し手の予測・判断 ◆未来のことを表す be going to do

be going to do は未来のことを表し，(1)「**…するつもりだ（話し手の意図・計画）**」，(2)「**…しそうだ（話し手の予測・判断）**」の意味。
I am going to live in the dormitory if I pass the entrance exam.「入学試験に合格したら寮生活をするつもりだ」((1) 話し手の意図・計画)

▶ very soon「今にも←非常にすぐに」に注目すれば，未来のことを表していることがわかる。「黒い雲があるから雨が降りそうだ」という**話し手の予測・判断**を表しているから，(2)「…しそうだ（話し手の予測・判断）」の意味の② is going to が正解。

28 「(ちょうど)…するところである」 ◆未来を表す be about to do

be (just) about to do は「**(まさに) …しようとしている／ (ちょうど) …するところである**」という意味。

⚠注意 I was about to go out「私はまさに出かけるところだった」は，「私はまだ出かけていなかった=私はまだ中にいた」という状況を表していることに注意。

Section 012 時間の経過の表現 ―「…してから（現在まで）～（の時間が）経った」

整理して覚える 004

29 It と since に注目 ◆時間の経過の表現―It is[has been] +時間+ since SV.

▶ It と since を使った時間の経過の表現〈**It has been ＋時間＋ since S V.**〉となる，① has been が正解。

▶ 本問は Ten years have passed since the two companies merged. と書きかえられる。

30 主語(Ten years)に注目 ◆時間の経過の表現―時間+ have passed since SV.

▶ 主語が Ten years と時間を表す語句になっていることと since に注目。時間の経過を表す表現〈**時間＋ have passed since S V.**〉となる，③ have passed が正解。

▶ 本問は It is[has been] ten years since I left my home to work in this city. と書きかえられる。

31 人が主語であることに注目 ◆時間の経過の表現―S have been dead for A.

▶「私たちの祖父が亡くなってからほぼ10年になる」の内容を，英語特有の発想で「10年間死んでいる状態が続いている」という**現在までの状態の継続**を表す現在完了の表現にする。→ 10

重要
- □ **S is dead.**「S は死んでいる」(dead は形容詞)
- □ **S have been dead for A.**「S が死んでから A（期間）になる」

解答 27 ② 28 ③ 29 ① 30 ③ 31 dead for

第02章

Field 1 文法

受動態

Section 013

32 基本

The tallest building in my town (　　) 50 years ago.

① has built　② has been built
③ built　④ was built

〈福岡大〉

33 基本

He (　　) captain of the team by the boys.

① has chosen　② was chosen
③ chose　④ chooses

〈神奈川工科大〉

34 基本

How often are the flowers (　　) during the summer?

① water　② watered
③ been watered　④ watering

〈関東学院大〉

35 基本

The presidential election (　　) in two years.

① will hold　② will be held
③ will held　④ are hold

〈名古屋学院大〉

---

32 私の町で一番高い建物は50年前に建てられた。
33 彼は少年たちによってチームのキャプテンに選ばれた。
34 その花は夏の間どれくらいの頻度で水をあげればいいですか。
35 大統領選挙は2年後に行われる。

Field 1 文法

Section 013 受動態の基本

32 主語 building と他動詞 build の関係に注目 ◆動作主を表す by A の省略

受動態の基本形は **〈S＋be 動詞＋過去分詞（＋by A).〉** で,「S は（A によって）…される」という意味。動作主（動詞が表す動作をする人・もの）を表す by A「A によって」は，動作主が一般的な人や不特定の人の場合，動作主が不明な場合などには不要。
→ 34，35，36，37，39

▶ 英文の主語 building「建物」と，選択肢の他動詞 build「…を建設する」の関係は,「建物が建設される」という**受動の関係**になるので，受動態の④ was built が正解。

▶「だれによって」は不明なので，動作主を表す by A は不要。

選択肢 ② has been built は現在完了の受動態（→36）であるが，明らかに過去のことを表す 50 years ago という表現があるので，現在完了は使えない。→ Section **005**（p. 027）

33 動詞のあとの語句の働きに注目 ◆SVOC の受動態―〈be 動詞+過去分詞+補語〉

SVOC の文の受動態は〈be 動詞＋過去分詞＋補語〉という語順になる。補語の位置に注意。
The dog is called "Momo (C)."「その犬は『モモ』と呼ばれている」
← We (S) call (V) the dog (O) "Momo (C)."

▶ 主語 he と他動詞 choose「…を選ぶ」の関係を考える。受動態の② was chosen を入れると,「彼はキャプテンに選ばれた」となり文意が通る。このとき名詞 captain は補語になっている。本問は The boys (S) chose (V) him (O) captain of the team (C). の受動態。

⚠注意 captain や mayor「市長」といった公的な役職・役割を表す語が補語になるときには，a や the のような冠詞をつけない。

⚠注意 **choose**「…を選ぶ」の活用：**choose-chose-chosen**

34 疑問詞のあとの語順に注意 ◆疑問詞を使う疑問文の受動態

疑問詞を使う疑問文の受動態では, 語順に注意。**〈疑問詞＋ be 動詞＋ S ＋過去分詞（＋ by A）?〉** のように be 動詞と主語の位置が入れかわる。
疑問詞が主語（S）の場合は,〈疑問詞＋ be 動詞＋過去分詞（＋ by A）?〉となる。
What was damaged by the typhoon?「その台風で何が被害を受けましたか」

▶ water は「…に水をかける［やる］」という他動詞。the flowers と他動詞 water の関係は「花が水をかけられる」という**受動の関係**になるので，受動態で表す必要がある。

▶ 文頭に疑問詞 How often があるから，そのあとの語順に注意する。The flowers are watered ... という平叙文の語順から考えればよい。

35 助動詞＋ be done の語順 ◆助動詞を含む受動態

助動詞を含む受動態は **〈助動詞＋ be done〉** の語順になる。助動詞の後ろは常に原形の be になることに注意。

▶ 主語の the presidential election「大統領選挙」と，他動詞 hold「(会議やイベント) を行う／開催する」の関係は,「大統領選挙が行われる」という**受動の関係**になるので，受動態の② will be held が正解。

解答 32 ④ 33 ② 34 ② 35 ②

文法用語 05 **態**：動詞で表される出来事をどの視点から見るかを区別する形式を指す。動詞が表す動作をする人・ものから表す表現を**能動態**，動作をされる人・ものから表す表現を**受動態**という。

Section 014

36 基本

Fortunately, the hospital's new air-conditioning system (　　) when the first heat wave of the summer arrived.

① had already been installed　② had already been installing
③ had already installed　④ already installed　〈北里大〉

37 基本

It has been hard to concentrate on my studies lately because a road (　　) in front of my house.

① builds　② has built
③ is being built　④ is building　〈センター試験〉

Section 015

38

On her way home from school, the little girl was (　　) a stranger.

① spoken to by　② spoken to
③ spoke　④ spoken by to　〈九州産業大〉

39

だれも人前で笑いものにされるのは好まない。
(be / fun / in / likes / made / nobody / of / to) public.　〈龍谷大〉

---

36 その夏初めての熱波が襲ったとき，幸運にもその病院の新しい空調システムはすでに設置されていた。
37 自宅の前で道路が造られているので，このところずっと，勉強に集中しにくい。
38 学校からの帰宅途中，その幼い少女は見知らぬ人に話しかけられた。

Section 014 完了形の受動態と進行形の受動態

36 have been done の語順 ◆完了形の受動態

完了形は have[has / had] の後ろに過去分詞を用いるので，**完了形の受動態**は〈**have [has / had] been done**〉の語順になる。have[has / had] の後ろは常に been となることに注意。

- 英文の主語 the hospital's new air-conditioning system「その病院の新しい空調システム」と，選択肢の他動詞 install「…を設置する」の関係は，「空調システムが設置される」という**受動の関係**になるので，受動態の①が正解。
- 「その夏初めての熱波が襲った」ときよりも前に空調システムはすでに設置されていたので，過去のある時点までの動作の完了を表す過去完了の had already been installed となっている。→ 11

37 be 動詞＋ being done の語順 ◆進行形の受動態

進行形は be 動詞の後ろに ing 形（現在分詞）を用いるので，**進行形の受動態**は〈**am / is / are / was / were ＋ being done**〉の語順になる。be 動詞の後ろは常に being になることに注意。

- 英文の主語 a road「道路」と，選択肢の他動詞 build「…を建設する」の関係は，「道路が建設される」という**受動の関係**になるので，受動態の③が正解。
- a road is being built は現在進行形の受動態で，道路が建設中であることを表している。→ 4

Section 015 群動詞の受動態

38 群動詞 speak to を1つの動詞と考える ◆群動詞の受動態

群動詞の受動態は，〈動詞＋前置詞／副詞〉などを1つの動詞と考えればよい。This boy should be taken care of by his relatives.「この少年は親戚によって面倒を見られるべきだ」← take care of ...（動詞＋名詞＋前置詞）「…の面倒を見る」

- 「少女は見知らぬ人に話しかけられた」という英文を作る。群動詞 speak to ...「…に話しかける」を1つの動詞と考え，A **speak to** B「A が B に話しかける」の受動態は，B **is spoken to** by A とする。よって①が正解。前置詞 to と by が連続することに注意。

重要 □ on one's way home「家に帰る途中」

39 群動詞 make fun of を1つの動詞と考える ◆群動詞の受動態

- 「だれも…ない」は主語を nobody で始めて表す。make fun of「…を笑いものにする」，like to do「…することを好む」，in public「人前で」のフレーズを作る。本問では likes のあとに to be made fun of と受動態の不定詞を続けることに注意。
- 群動詞 make fun of「…を笑いものにする」を1つの動詞と考え，A **make fun of** B「A が B をからかう」の受動態は，B **is made fun of** by A とする。

重要 □ in public「人前で」

解答 36 ① 37 ③ 38 ① 39 Nobody likes to be made fun of in

文法用語 06 **群動詞**：動詞と前置詞や副詞などがひとまとまりになって意味を表すものを「群動詞」と呼ぶ。

Field 1 文法

助動詞

Section 016

40 皆様のご多幸とご健康をお祈りします。
(　　) you all be happy and well.
① Fortunately　② If only
③ May　④ Suppose　〈獨協医科大〉

Section 017

41 基本 彼はメアリーのボーイフレンドのはずがない。
He (　　) be Mary's boyfriend.
① mustn't　② can't
③ won't　④ may not　〈国士舘大〉

42 (　　) it be true that he bought a sports car?
① Can　② Had　③ Has　④ Did　〈広島経済大〉

Section 018

43 基本 Excuse me for rushing off.　I (　　) get back to the office.
① would　② need　③ must　④ may　〈青山学院大〉

まずは確認 001　may / may not のおもな意味

(1) □ **may「…してもよい」**(= can)**〈許可〉**
□ **may not「…してはいけない」**(= must not)**〈不許可・禁止〉**
In this room, you **may** study, but you **may not** talk.
「この部屋では勉強してもよいが，しゃべってはいけない」

(2) □ **may「…する［である］かもしれない」**
□ **may not「…しない［でない］かもしれない」〈現在や未来の可能性・推量〉**
Tonight he **may** come, but he **may not** stay long.
「今晩彼は来るかもしれないが，長くは滞在しないかもしれない」

⚠注意 may の過去形 might も may の（2）と同じような意味で用いられる。might は過去形だが過去のことを述べているのではない。
Don't throw the textbook away.　You **might** need it later.
「教科書は捨てるな。あとで必要になるかもしれない」

---

42 彼がスポーツカーを買ったというのは本当だろうか。
43 急いで飛び出してしまってすみません。私は職場に戻らないといけないのです。

Section 016 《 may

・まずは確認 001

40 原形 be に注目 ◆祈願を表す may

〈May S do ...! 〉で「S が…します［であります］ように」という祈願を表す。本問のように "!"（感嘆符）はつかない場合もある。この用法では Might は使えない。

▶ you all be happy の動詞の原形 be に注目。動詞の原形が続くのは助動詞の③ May だけ。

Section 017 《 can

まずは確認 002 can / cannot[can't] のおもな意味

(1) □ can「…できる」/ □ cannot[can't]「…できない」〈能力・可能〉
I can ski, but I cannot skate.（スキーはできるがスケートはできない）
(2) □ can「…してもよい」(= may)〈許可〉
(3) □ can「…することがある／…でありうる」〈可能性〉
It can be very hot here in summer.（ここは夏にとても暑くなることがある）
(4) □ cannot[can't]「…のはずがない」〈否定の確信〉（(3) の否定）→ 41
(5) □ Can ...?「(いったい)…だろうか」〈疑い〉（(3) の疑問）→ 42

41 「はずがない」の意味の助動詞は？ ◆cannot[can't]「…のはずがない」

▶ 日本語の意味になるのは② can't「…のはずがない」だけ。

選択肢 ① mustn't は「…してはならない」という禁止の意味。→ 44

42 原形 be に注目 ◆Can ...?「(いったい)…だろうか」

▶ it be true の原形 be に注目する。原形 be が後ろに来るのは助動詞の① Can だけ。
▶ 空所のあとの it は形式主語で，that 以下が真主語になっている。

Section 018 《 must

まずは確認 003 must / must not[mustn't] のおもな意味

(1) □ must「…しなければならない」(= have to)〈義務・必要〉→ 43
(2) □ must not[mustn't]「…してはならない」〈禁止〉→ 44
⚠注意 「…する必要はない」〈不必要〉は，don't have to → 48, need not[needn't] → 53 で表す。
(3) □ must「…にちがいない」〈確信〉→ 45
⚠注意 （(3) の否定)「…のはずがない」は cannot [can't] で表す。→ 41

43 謝罪の理由を述べている ◆must「…しなければならない」

▶ 急いで飛び出してしまったことに関する謝罪のあとに理由を述べていると考えれば，文意が成立するのは「…しなければならない」という意味を表す③ must だけ。

選択肢 ②の助動詞 need は否定文・疑問文で使い，肯定文では使えないので不可。→ 53

解答 40 ③ 41 ② 42 ① 43 ③

文法用語 07 **助動詞**：助動詞は，話す人がどのように思っているのか，どのように判断しているのかを示す働きをする。〈助動詞+動詞の原形〉という組み合わせで用いる。

44 I promised I would be on time. I (　　) be late.

基本

① need not　② might not
③ must not　④ don't have to　〈日本大〉

45 He (　　) be in because I can hear his radio.

基本

① shall　② must have
③ has　④ must　〈上智大〉

Section 019

46 My brother was in an accident a few days ago and I (　　) him to the hospital then.

基本

① should take　② had to take
③ can take　④ had better take　〈西南学院大〉

47 Oh, it's already eleven o'clock? (　　) go home now.

① I've gotten　② I've got to
③ I had had to　④ I'm having to　〈桜美林大〉

48 You (　　) talk about yourself if you don't want to.

基本

① don't have to　② don't have
③ have not to　④ have not　〈九州ルーテル学院大〉

49 あなたはＥメールを送ってくれるだけでいいんです。

You (　　) only to send me an e-mail.　〈西南学院大〉

---

44 私は時間通りに行くと約束した。遅れてはならない。
45 彼のラジオの音が聞こえるので，彼は中にいるにちがいない。
46 私の兄[弟]が数日前に事故にあい，その時私は彼を病院へ連れて行かなければならなかった。
47 おっと，もう11時？　もう家に帰らなきゃ。
48 自分のことについて話したくなければ，話す必要はない。

44 文意を成立させる：約束を守るためには？ ◆must not「…してはならない」

▶ 文意が成立するのは「…してはならない」という意味を表す③ must not だけ。

選択肢　④ don't have to は「…する必要はない」という意味。→ 48

45 理由を述べて判断している ◆must「…にちがいない」

▶ because 以下の理由をもとに話し手が判断していると考える。文意が成立するのは「…にちがいない」という意味を表す④ must だけ。

Section 019 have to do

まずは確認 004 have to do の用法

(1) □ **have to do「…しなければならない」〈義務・必要〉→ 46**
(= must do / have['ve] got to do → 47)
⚠注意　主語が三人称単数の場合は has to do になる。

(2) □ **don't have to do「…する必要はない」〈不必要〉→ 48**
(= need not [needn't] do → 53)
⚠注意　主語が三人称単数の場合は doesn't have to do になる。
⚠注意　過去の〈義務・必要〉は had to do「…しなければならなかった」→ 46，未来の〈義務・必要〉は will have to do「…しなければならないだろう」になる。

46 過去形 was に注目：過去の出来事 ◆had to do「…しなければならなかった」

▶ take him to the hospital「彼を病院に連れて行く」のは過去の出来事であるから，文意が成立するのは過去の義務を表す② had to take だけ。

選択肢　正解以外はすべて現在の事柄を表し，過去の事柄には使えない。

47 「…しなければならない」の文意を作る ◆have got to do「…しなければならない」

have to do の代わりに，have['ve] got to do を使うことがある。口語的表現。

48 if you don't want to の内容に注目 ◆don't have to do「…する必要はない」

▶「…する必要はない〈不必要〉」を表す① don't have to ならば文意が成立する。
▶ if you don't want to の to は代不定詞（→ 135）で，to の後ろが省略されている。省略を補えば if you don't want to talk about yourself となる。

49 〈have to do〉+〈only〉と考える ◆have only to do「…するだけでよい」

▶ have only to do「…するだけでよい／…しさえすればよい」(= only have to do) は have to do「…しなければならない」に only の意味を加えたものと考える。

解答　44 ③　45 ④　46 ②　47 ②　48 ①　49 have / need

Section 020

50 The train for Osaka will be leaving in two minutes. You (　　) hurry up now.

基本

① used to　② should
③ mustn't　④ had to

〈跡見学園女子大〉

51 He (　　) to look after his children better.

基本

① must　② ought
③ have　④ should

〈杏林大〉

52 I (　　) not to tell my father the true state of his health.

① must　② should
③ better　④ ought

〈福岡国際大〉

Section 021

53 (a) In many schools in the U.S.A., you don't have to wear a uniform.
(b) In many schools in the U.S.A., you (　　) (　　) (　　) a uniform.

〈名城大〉

54 How (　　) you speak to me like that!

発展

① might　② do
③ dare　④ may

〈駒澤大〉

---

50 大阪行きの電車は2分後に出ます。急いだ方がいいですよ。
51 彼はもっとちゃんと自分の子どもたちの面倒を見るべきだ。
52 私は父に，彼の本当の健康状態を告げるべきではない。
53 (a) (b) アメリカ合衆国の多くの学校では，制服を着る必要がない。
54 よくもまあ僕にそんな口がきけるね！

Section 020 《 should / ought to

まずは確認 005 should / ought to のおもな意味

(1) □ should / ought to「…すべきである［した方がよい］」〈義務・忠告〉→ 50, 51
(2) □ should not [shouldn't] / ought not to「…すべきでない」
⚠注意 ought to の否定は ought not to になる。not の位置に注意。→ 52
(3) □ should / ought to「…のはずだ［きっと…にちがいない］」〈推量〉
If you come by subway, you **should[ought to]** arrive here at five.
「地下鉄で来るとしたら，5時にはここに到着するはずだ」

50 命令文に近いニュアンス ◆should「…すべきである／…した方がよい」

▶ 文意が成立するのは② should「～した方がいい」だけ。

選択肢 ③「急いではならない」では文意が通らない。①と④は過去の内容に用いるので不可。

51 空所のあとの to に注目 ◆ought to do「…すべきである／…した方がよい」

▶ 空所のあとの to に注目して② ought を選ぶ。

選択肢 主語が He なので，③が has なら空所に入る。

52 空所のあとの not to に注目 ◆ought not to do「…すべきでない」

▶ 空所のあとの not to に注目して④ ought を選ぶ。not の位置に注意。

Section 021 《 need と dare の助動詞としての用法

53 「…する必要はない」の同意表現 ◆need not [needn't] do「…する必要はない」

助動詞 need は，原則として否定文と疑問文で使われる。
□ **S need not [needn't] do**「S は…する必要はない」（否定文）
（= don't[doesn't] have to do / don't[doesn't] need to do）
□ **Need S do ...?**「S は…する必要はありますか」（疑問文）
（= Do[Does] S have to do ...? / Do[Does] S need to do ...?）
＊動詞 need は目的語として不定詞を続ける：S need to do ...「S は…する必要がある」

▶ don't have to do「…する必要はない」と同意の文を助動詞 need not do を用いて作る。

54 非難の内容を読み取る ◆How dare S do ...?「よくも…できるね」

助動詞 dare も，原則として否定文と疑問文で使われる。
□ **S dare not do**「S は…する勇気がない」（否定文）
□ **Dare S do ...?**「S は…する勇気がありますか」（疑問文）

▶ 助動詞 dare は本問のように，How dare S do ...? の形で出題されることがほとんどで，「…するとはずうずうしいにもほどがある／…するのは厚かましすぎる」という非難や驚きを表す。本問のように“?”（疑問符）の代わりに“!”（感嘆符）を用いる場合もある。

解答 50 ② 51 ② 52 ④ 53 need not wear 54 ③

Section 022

55 We all tried to push the truck, but it (　　) move. Finally, we called the car service center.
☒☒☒
① will　　② would
③ won't　　④ wouldn't
〈名古屋工業大〉

Section 023

56 Peter would rather stay home than (　　) to the movies.
☒☒☒
① having gone　　② go
③ gone　　④ to go
〈北里大〉

57 As it is raining, I would (　　) stay at home.
☒☒☒
① better　　② have
③ like　　④ rather
〈金城学院大〉

58 彼はこの映画をむしろ見たくありません。
☒☒☒
(this / he / not / rather / see / movie / would).
〈東海大〉

Section 024

59 If you have a toothache, you (　　) the dentist right now.
☒☒☒ 基本
① have better to see　　② have better see
③ had better to see　　④ had better see
〈東洋大〉

60 You (　　) go jogging after dark in this neighborhood.
☒☒☒
① had not better　　② had better not
③ not had better　　④ had not better to
〈法政大〉

---

55 私たちみんなでそのトラックを押そうとしたが，どうしても動かなかった。結局，私たちは自動車サービスセンターに電話をかけた。
56 ピーターは映画に行くよりも，むしろ家にいたいと思う。
57 雨が降っているので，私はむしろ家にいたい。
59 歯が痛いのなら，あなたは今すぐ歯医者に診てもらった方がいい。
60 この近辺では暗くなってからジョギングに出かけない方がいいですよ。

Section 022 主語の意志を表す will / would

55 主語 it = the truck の強い意志 ◆would not do「どうしても…しなかった」

will / would が「主語の強い意志」を表す場合があり，否定形の will not / would not には「どうしても…しようとしない［しなかった］」という「拒絶」のニュアンスがある。

▶ 文意が成立するのは④ wouldn't「どうしても…しなかった」だけ。本問のように，will not と would not は主語が人以外の場合にもよく用いられる。

選択肢　本問は過去の出来事を述べているので①と③は不可。

Section 023 would rather

56 than の直後は動詞の原形 ◆would rather do ... than do 〜「〜するよりも（むしろ）…したい」

▶ この表現の than の直後には動詞の原形が来るので② go が正解。

57 than 以下が省略されている ◆would rather do ...「（むしろ）…したい」

▶ この表現は would rather do ... than do 〜「〜するよりも（むしろ）…したい」の than do 〜が示されない形。

58 not の位置に注意 ◆would rather not do ...「（むしろ）…したくない」

▶ would rather do ... の否定は，would rather not do ... になる。would rather を1つの助動詞と考えて否定語 not を直後に続ける。

Section 024 had better

59 had better は直後に動詞の原形を続ける ◆had better do「…した方がよい」

▶ had better は直後に動詞の原形を続ける。よって④ had better see が正解。had better を1つの助動詞として考える。

⚠注意　had better は提案や忠告を表すが，you を主語にした You had better ... は「…した方がよい（さもなければ問題や危険を招くだろう）」という脅迫的なニュアンスになるので，目上の人には使わない。控えめに忠告する場合は (I think) you should ... とする。

60 had better の否定形は not の位置に注意 ◆had better not do「…しない方がよい」

▶ had better do の否定形は，had better not do になる。had better を1つの助動詞と考えて否定語 not を直後に続ける。よって② had better not が正解。

解答　55 ④　56 ②　57 ④　58 He would rather not see this movie　59 ④　60 ②

Section 025

61 ☒☒☒ 基本

In ①fact, ②since French fashions were ③so popular, American dressmakers used to ④changing their names to French ones.

〈創価大〉

62 ☒☒☒

My sister (　　) in Chicago, but she moved to Los Angeles last year.

① is used to living　② used to live
③ used to living　④ was used to live

〈明治大〉

63 ☒☒☒

When we were children, we (　　) go skating every winter.

① liked　② would
③ might　④ wanted

〈杏林大〉

For Reading & Writing 001　used to の考え方とそのバリエーション

Section **019**（p. 40）で扱った have to do は，元々は〈have（動詞）+ to do（不定詞）〉という表現ですが，have to を1つの助動詞とみなし，直後に動詞の原形の do が続くと考えるのが実戦的です。つまり，〈have to（助動詞）+ do（原形）〉という発想ですね。これと同様に，Section **025** の used to も1つの助動詞に相当すると考えれば，文構造が整理しやすくなります。〈used（動詞の過去形）+ to do（不定詞）〉ではなく，〈used to（助動詞）+ do（原形）〉という発想です。それでは，助動詞 used to の否定文や疑問文はどんな形になるのでしょうか。否定文は **didn't use to**，疑問文は **Did S use to ...?** という形を用います。used to が過去のことを表すので did を用いることと，used の -d が取れて原形の use になることに注意してください。これは had to の否定文が didn't have to，疑問文が Did S have to ...? を用いるのとまったく同じことです（過去形の had →原形の have への変化）。

（例）I didn't use to like dogs.「昔は犬が好きではなかったのだが」
（例）Did you use to go to church?「以前は教会に通っていたのですか」

読解や英作文で used to の表現に出会った際は，上記の内容を思い出してください。

---

61 実際，フランスのファッションはとても人気があったので，アメリカの洋裁師たちは自らの名前をフランス風に変えたものだ。
62 私の姉[妹]は以前シカゴに住んでいたが，去年ロサンゼルスに引っ越した。
63 子どものころ，私たちは毎冬スケートをしに行ったものだ。

Section 025 《 used to と would (often)

まずは確認 006 used to と would (often) の用法

□ used to

(1)「(以前は) よく…したものだ」(過去の習慣的動作):あとには**動作動詞**が続く。→ 61

(2)「(以前は) …だった (が今は…ではない)」(過去の状態):あとには**状態動詞**が続く。→ 62

□ would (often)「(以前は) よく…したものだ」(過去の習慣的動作) → 63

⚠注意 would (often) は過去の習慣的動作を表し,過去の状態を表すことはできない。従って,would (often) のあとには動作動詞だけが続き,状態動詞は続かない。
There **used to** [(×) would] be a park in front of the station.
「以前は駅前に公園があった (が今はない)」→ be は「存在する」という意味の状態動詞。

61 used to のあとは動詞の原形

◆ used to do「(以前は)よく…したものだ」—過去の習慣的動作

▶ ④ changing を原形 change に変更すれば,過去の習慣的動作を表す used to do になり,文意が成立する。used to を1つの助動詞として考える。

重要 □ in fact「実際に (は)」→ 1221, □ since SV「…なので」(理由) → 288

62 似たような表現との混同に注意

◆ used to do「(以前は)…だった」—過去の状態

▶ 文意が成立するのは過去の状態を表す② used to live だけ。

選択肢 ①は be used to doing「…することに慣れている」という表現なので「住むことに慣れている」という意味になる。また④は受動態で「住むために使われた」という意味になる。

整理して覚える 005 used to do / be used to doing / be used to do の区別

□ (1) used to **do**「(以前は) よく…したものだ/ (以前は) …だった (が今は…ではない)」
→ 61, 62

□ (2) be used to **doing**「…することに慣れている」→ 165
＊to の直後には名詞か動名詞が続く。この to は前置詞の to。

□ (3) be used to **do**「…するために使われる」
＊受動態の〈be used〉に,「目的」の意味の不定詞が続く表現。
This medicine **is used to** cure a cold.「この薬は風邪を治すために使われる」

63 when 節の過去形と every winter に注目

◆ would「(以前は)よく…したものだ」

▶ when we were children と過去のことを話題にし,さらに every winter「毎冬」と繰り返される時間を表現しているので,「過去の習慣」を表していると考える。

▶ 直後に動詞の原形が続き,文意が成立するのは過去の習慣的動作を表す② would だけ。

選択肢 ③ might は現在や未来の推量を表すので不可。→ まずは確認 001 (p. 038)

解答 61 ④→ change 62 ② 63 ②

文法用語 08 動名詞:動詞に -ing がついたもので,名詞の働きをする。同じ形の現在分詞とは区別して考える。

Section 026

64 Tom (　　) there yesterday, but we didn't see him.

☒☒☒ 基本

① might be　② may have been
③ should be　④ must have to be　〈岩手医科大〉

65 The wedding party (　　) a lot of money. There were a lot of guests, and the hotel was the best in the city.

☒☒☒ 基本

① must have cost　② cannot have cost
③ could not cost　④ will cost　〈芝浦工大〉

66 Kate (　　) her way, for she has come here several times.

☒☒☒ 基本

① couldn't lose　② could have lost
③ can't have lost　④ can be lost　〈國學院大〉

Section 027

67 I (　　) called you this morning, but I was too busy to do so.

☒☒☒ 基本

① must have　② must not have
③ should have　④ should not have　〈明治大〉

68 Our French teacher (　　) here by now because he took the early bus.

☒☒☒

① ought to have arrived　② may arrive
③ can arrive　④ must arrive　〈神戸山手大〉

---

64 トムは昨日そこにいたかもしれないが，私たちは彼を見かけなかった。
65 その結婚披露宴には大金がかかったにちがいない。たくさんの招待客がいたし，街で一番のホテルだった。
66 ケイトが道に迷ったはずはない。というのも彼女は何度かここに来たことがあるのだから。
67 私は今朝あなたに電話すべきだったのだが，忙しすぎてできなかった。
68 私たちのフランス語の先生は，今ごろはもうここに着いているはずだ。彼は早めのバスに乗ったのだから。

Section 026 may have done / must have done / cannot have done

64 過去の内容であることに注目

◆may[might] have done「…したかもしれない／…であったかもしれない」

▶ yesterday に注目すれば，問題文は過去の内容を述べていることがわかる。文意が成立するのは② may have been だけ。might have been を用いても同意。

選択肢 ①の might は現在や未来の推量を表すので不可。→ まずは確認 001 (p. 038)

65 過去の内容であることに注目

◆must have done「…したにちがいない／…であったにちがいない」

▶ 問題文は過去の内容を述べており，文意が成立するのは① must have cost だけ。

66 経験を表す現在完了 has come に注目

◆cannot[can't] have done「…したはずがない／…であったはずがない」

▶ she has come here several times「(今まで) ここに数回来たことがある」に注目。この根拠から③ can't have lost (her way)「道に迷ったはずがない」と推量している。

重要 □ lose one's way「道に迷う／迷子になる」
□ for「というのは…だから」→ まずは確認 029 (p. 131) 整理して覚える 109 (p. 358)

整理して覚える 006 may[must / cannot] have doneは，過去の事柄に関する推量を表す

(1) □ may[might] have done
「…したかもしれない／…であったかもしれない」→ 64

(2) □ must have done
「…したにちがいない／…であったにちがいない」→ 65

(3) □ cannot[can't] have done
「…したはずがない／…であったはずがない」→ 66

Section 027 should[ought to] have done / need not have done

67 実際はどうだったのかに注目

◆should[ought to] have done「…すべきだったのに(実際は…しなかった)」

▶ 実際には電話ができなかったのであるから，文意が成立するのは③の should have (called)「電話すべきだったのに」だけ。

68 by now「今ごろはもう」に注目

◆should[ought to] have done「(今ごろはもう)…して(しまって)いるはずだ」

▶ by now「今ごろはもう」に注目。he took the early bus「早めのバスに乗った」とあることから，① ought to have arrived「到着して（しまって）いるはずだ」と推量している。

解答 64 ② 65 ① 66 ③ 67 ③ 68 ①

69 基本

"You are soaking wet. You (　　) out in the rain."
"I know, but they were expecting me."

① wouldn't have gone　② shouldn't have gone
③ could have gone　④ couldn't have gone　〈明治大〉

70

あんな寒い夜に彼女を待たせておくべきではなかった。
You (to / not / kept / have / ought) her waiting on such a cold night.
〈明海大〉

71

Contrary to the weather forecast, it did not rain yesterday. We (　　) all our raincoats and umbrellas.

① must have brought　② should have brought
③ needn't have brought　④ couldn't have brought　〈北陸大〉

Section 028

72

It is regrettable that Annie (　　) waste her artistic talent.

① could not　② ought to
③ should　④ should not　〈近畿大〉

69 「君はびしょ濡れだね。雨の中を出かけるべきではなかったのに」「わかってるけど，彼らが僕を待ってたんだ」

71 天気予報に反して，昨日は雨が降らなかった。私たちはレインコートも傘もまったく持ってくる必要がなかった。

72 アニーが芸術的才能を無駄にしているのは残念なことだ。

69 「事実」に対して文意が成立するのは？

◆should not [ought not to] have done「…すべきではなかったのに(実際は…した)」

▶「びしょ濡れだ」という事実に対して,「雨の中を外出するべきではなかったのに」という文意が成立するのは②の shouldn't have gone だけ。

70 not の位置に注意

◆should not [ought not to] have done「…すべきではなかったのに(実際は…した)」

▶ ought to have done の否定形は ought not to have done となる。not の位置に注意。

重要 □ keep A waiting「A を待たせておく」→ 187

71 「事実」に対して文意を成立させる

◆need not [needn't] have done「…する必要はなかったのに(実際は…した)」

▶「雨が降らなかったので,雨具を持ってくる必要はなかった（のに持ってきてしまった)」という文意を成立させる。③ needn't have brought が正解。

整理して覚える 007 should [ought to] have done / need not have done

□ should [ought to] have done

(1)「…すべきだったのに（実際は…しなかった)」→ 67

(2)「…したはずだ／（今ごろはもう）…して（しまって）いるはずだ」→ 68

□ should not [ought not to] have done

「…すべきではなかったのに（実際は…した)」→ 69, 70

□ need not [needn't] have done

「…する必要はなかったのに（実際は…した)」→ 71

Section 028 that 節で用いる should

72 regrettable「残念な」は感情を表す形容詞

◆that 節で用いる should

〈It is ＋形容詞＋ that ...〉の表現で，形容詞が**「感情・判断」**などを表すとき，that 節では should を用いる。

▶ It is regrettable that ...「…は残念だ」の that 節では③ should が用いられる。

⚠注意 should を用いずに，主語に応じた動詞の形にすることもある。本問の場合，Annie should waste ... の代わりに，Annie wastes ... の形になることもある。

整理して覚える 008 「感情・判断」を表す形容詞

□ natural「当然の」,　□ right「正しい」,

□ surprising「驚くべき」,　□ strange「不思議な」,

□ wrong「間違っている」,　□ regrettable「残念な」など

解答 69 ②　70 ought not to have kept　71 ③　72 ③

73 It is essential that the documents (　　) kept in the safe.

① is　　② being
③ be　　④ were　〈亜細亜大〉

Section 029

74 友を選ぶのにいくら注意してもしすぎることはありません。
(your friends / cannot / in / you / of / careful / too / choice / be / the).　〈北里大〉

75 Anyone watching the musical cannot (　　) feeling happiness, joy and pride.

① but　　② also
③ help　　④ without　〈城西大〉

76 I could not (　　) help my brother with his math homework.

① so　　② much
③ but　　④ doing　〈松山大〉

77 (a) Tom has good reason to be angry.
(b) Tom may (　　) be angry.　〈愛媛大〉

78 発展 I (as / at / home / stay / might / well) as join in a package tour.　〈獨協大〉

79 発展 It takes so long by train. You (　　) as well fly.

① should　　② might
③ can　　④ would　〈青山学院大〉

---

73 その書類を金庫に保管することは不可欠だ。
75 そのミュージカルを見ている者はだれでも幸福や喜び，誇りを感じずにはいられない。
76 私は弟の数学の宿題を手伝わないではいられなかった。
77 (a) トムには腹を立てるもっともな理由がある。
(b) トムが腹を立てるのももっともだ。
78 パック旅行に参加するくらいなら，私は家にいる方がいい。
79 電車ではすごく時間がかかります。あなたは飛行機を使った方がいいでしょう。

73 essential「不可欠の」は重要・必要を表す形容詞

◆that 節で用いる動詞の原形や should

〈It is ＋形容詞＋ that ...〉の表現で，形容詞が**「重要・必要」**などを表すとき，that 節では**動詞の原形**か should を用いる。

▶ It is essential that ...「…は不可欠だ」の that 節では動詞の原形か should を用いる。本問では，③ be だけが正解となりうる。

⚠注意 should や動詞の原形を用いずに主語に応じた動詞の形にすることもある。本問の場合，... the documents should be kept / are kept の形になることもある。

⚠注意 **「要求・提案」などを表す動詞**に続く that 節でも**動詞の原形**か **should** を用いる。→ Section **150**（p. 257）

整理して覚える 009 「重要・必要」などを表す形容詞

☐ essential「不可欠の」，　☐ necessary「必要な」，
☐ important「重要な」，　☐ urgent「緊急の」など

Section 029 助動詞を用いた慣用表現

74

◆cannot[can't] ... too ～「いくら～してもしすぎることはない」

▶ cannot[can't] のあとの「...」には動詞の原形が，too の後ろの「～」には形容詞や副詞が来る。ここでは形容詞 careful を too の後ろに続ける。

75

◆cannot[can't] help doing「…しないではいられない」

▶ cannot と feeling に注目して③ help を選ぶ。① but は cannot but feel なら正しい。

⚠注意 **cannot but do** や **cannot help but do** でも cannot help doing と同じ意味を表す。ただし，but のあとは動詞の原形が続く。
I cannot help laughing.「私は笑わないではいられない」
≒ **I cannot but** laugh. ≒ **I cannot help but** laugh.

76

◆cannot[can't] but do「…しないではいられない」

▶ could not と動詞の原形 help に注目。③ but が正解。

77

◆may[might] well do「…するのももっともだ」

may[might] well do には，(1)「たぶん…だろう（＝ probably）」，(2)「…するのももっともだ（＝ with good reason）」の2つの意味がある。

▶ have good reason to do「…するもっともな理由がある」という表現に注目。

78

◆may[might] as well do ... as do ～「～するより…する方がいい」

▶ may[might] as well do ... as do ～では well のあとと as のあとに動詞の原形が来る。
▶「～するより家にいる方がいい」という文意を完成させる。

79

◆may[might] as well do ...「…した方がいい」

▶ この表現は may[might] as well do ... as do ～の as do ～が示されない形。

解答 73 ③ 74 You cannot be too careful in the choice of your friends 75 ③ 76 ③ 77 well
78 might as well stay at home 79 ②

Field 1 文法

仮定法

Section 030

80 This computer would be perfect if it (　　) a little lighter.
基本
① is　　② has
③ were　　④ has been
〈東海大〉

81 John (　　) the team if he had time, but he is really busy now.
基本
① joins　　② joined
③ would join　　④ have joined
〈名古屋学院大〉

82 If I ①were a company owner, I ②will start a special online system to communicate directly ③with all employees in order ④to learn what they think.
基本
〈立教大〉

Section 031

83 If I (　　) harder, I could have played the violin better.
基本
① practice　　② have practiced
③ will practice　　④ had practiced
〈日本大〉

80 もう少し軽ければ，このコンピューターは完璧だろう。
81 ジョンは，時間があればそのチームに加わるだろうが，彼は今本当に忙しい。
82 私が社主なら，従業員の考えていることを知るために，彼ら全員と直接意思の疎通を図る特別なオンラインシステムを立ち上げるだろう。
83 もっと必死で練習していたら，私はもっとうまくバイオリンを弾くことができただろう。

Section 030 仮定法過去

まずは確認 007　仮定法過去「もしSが…すれば，S′は〜するだろう」

現在の事実に反する仮定や，**これから実現する可能性が低い仮定**を表す場合は，**if 節の動詞が過去形**に，**主節の動詞が〈助動詞の過去形+原形〉**になる。この形は**仮定法過去**と呼ばれる。

If S + did ..., S′ would[could / might / should] do 〜 .
（if 節）（主節）

⚠注意　主節で should を使うのは主語が一人称（I / we）の場合のみ。意味は would と同じ。if 節の動詞が be 動詞のときは，原則として主語に関係なく were になる。→ 80, 82

80　主節の動詞 would be に注目　◆仮定法過去—if 節の動詞の形

▶ 主節の動詞が would be なので仮定法過去だと考える。**仮定法過去の if 節は動詞の過去形**を用いる。③ were を入れると文意も通るので正解。if 節の be 動詞は原則として主語とは関係なく **were** が用いられることに注意。

81　if 節の動詞 had に注目　◆仮定法過去—主節の動詞の形

▶ if 節の動詞が過去形 had で，but 以下の文が現在形なので，現在の事実に反する仮定を表す仮定法過去だと考える。**仮定法過去の主節**は**〈助動詞の過去形＋原形〉**を用いる。③ would join を入れると文意も通るので正解。

82　仮定法かどうかの見極めをする　◆仮定法過去—if 節と主節の動詞の形

▶ if 節の内容「もし私が社主なら（←実際は社主ではない）」と全体の文意から仮定法過去だと判断する。**仮定法過去の主節**は**〈助動詞の過去形＋原形〉**を用いるので，② will を would にする。

重要　□ communicate with A「A と意思疎通を図る」
□ in order to do「…するために（目的）」→ 141

Section 031 仮定法過去完了

まずは確認 008　仮定法過去完了「もしSが…したならば，S′は〜しただろう」

過去の事実に反する仮定を表す場合は，**if 節の動詞が過去完了形**（had done），**主節の動詞が〈助動詞の過去形+ have done〉**になる。この形は**仮定法過去完了**と呼ばれる。

If S had done ..., S′ would[could / might / should] have done 〜 .
（if 節）（主節）

⚠注意　主節で should を使うのは主語が一人称（I / we）の場合のみ。意味は would と同じ。

83　主節の動詞 could have played に注目　◆仮定法過去完了—if 節の動詞の形

▶ 主節の動詞が could have played なので仮定法過去完了だと考える。**仮定法過去完了の if 節は動詞の過去完了形**を用いる。④ had practiced を入れると文意も通るので正解。

解答　80 ③　81 ③　82 ②→ would　83 ④

文法用語 09　仮定法：現在や過去の事実とは反する話をするときに使われる動詞の形。

84 基本

If we had known about his busy schedule, we (　　) the meeting.

① would put off　　② put off
③ have put off　　④ would have put off　〈甲南大〉

85

No one would have ①attended the meeting if you ②told ③the truth about the ④speaker.　〈東京都市大〉

Section 032

86

If you had taken my advice at that time, you (　　) more successful now.

① are　　② would be
③ will have been　　④ would have been　〈亜細亜大〉

87

If I (　　) him that day, my life would be totally different now.

① didn't meet　　② would meet
③ don't meet　　④ hadn't met　〈芝浦工大〉

For Reading & Writing 002　仮定法過去と仮定法過去完了のもう1つの組み合わせ

Section 032（p. 56）の組み合わせとは逆に，現実の生きた英文では，**if 節で仮定法過去，主節で仮定法過去完了**を用いる組み合わせもあります。例えば，If I **knew** a solution to the problem, I **would have told** you then.「もし私がその問題の解決策を知っていれば，その時あなたに教えていただろう」などの英文です。仮定法の原則に即して考えれば，「過去も今もその問題の解決策を知らない（**I don't know** a solution to the problem.）」という**過去も現在も変わらない事実に反する仮定に対して，**「その時あなたに教えなかった（I didn't tell you then.）」という**過去の事実に反する推量**を表すことになります。混乱するかもしれませんが，理屈で考えれば正しい英文だとわかります。このように一瞬「あれ?」と思う英文でも，英文法の知識を活用して丁寧に考えてみましょう。きっと正確な文意を把握できるはずです。

---

84 私たちが彼の忙しいスケジュールを知っていたら，その会議を延期しただろうに。
85 あなたがその演説者にまつわる真相を話していたら，会議にはだれも出席しなかっただろう。
86 あの時あなたが私の忠告を聞いていたら，今ごろもっと成功しているだろうに。
87 あの日彼に会わなかったら，私の人生は今ごろまったく違うものになっているだろう。

84 if節の動詞 had known に注目 ◆仮定法過去完了ー主節の動詞の形

▶ if節の動詞が過去完了形 had known なので仮定法過去完了だと考える。**仮定法過去完了の主節は〈助動詞の過去形＋ have done〉**を用いる。④ would have put off が正解。

85 主節の動詞 would have attended に注目 ◆仮定法過去完了ーif節と主節の動詞の形

▶ 全体の文意と主節の動詞 would have attended から仮定法過去完了だと考える。**仮定法過去完了の if 節**は**動詞の過去完了形**を用いる。② told を had told に訂正する。

重要 □ tell the truth (about A)「(A について) 真実を述べる」

Section 032 仮定法過去と仮定法過去完了の組み合わせ

まずは確認 009 仮定法過去と仮定法過去完了の組み合わせ

if 節で**仮定法過去完了**を用い，**主節**で**仮定法過去**を用いれば，**過去の事実に反する仮定に対して，現在の事実に反する推量を表す**ことができる。→ 86，87

If S had done ...,（if 節） S′ would[could / might / should] do ～ .（主節）

仮定法過去完了　**仮定法過去**

「もし（過去に）S が…したならば，（現在）S′ は～するだろう」

86 時を表す語句 at that time と now に注目 ◆if 節〈仮定法過去完了〉+主節〈仮定法過去〉

仮定法過去と仮定法過去完了が組み合わされて使われる場合がある。「時」を表す語句に注目しながら，文意をしっかり読み取って，if 節と主節に用いる適切な動詞の形を選ぶ。

▶ if 節は at that time「あの時」とあり，動詞も過去完了形 had taken なので，過去の事実に反する仮定を表す**仮定法過去完了**だとわかる。しかし主節は now「今」とあるので，現在の事実に反する推量を表す**仮定法過去**だと判断する。仮定法過去の主節は〈助動詞の過去形＋原形〉を用いるので，② would be が正解。「もし過去に…だったならば，今は～だろう」という文意になる。

87 時を表す語句 that day と now に注目 ◆if 節〈仮定法過去完了〉+主節〈仮定法過去〉

▶ 主節は now「今」とあり，動詞も would be なので，現在の事実に反する推量を表す**仮定法過去**だとわかる。しかし if 節は that day「あの日」とあるので，過去の事実に反する仮定を表す**仮定法過去完了**だと判断する。仮定法過去完了の if 節は過去完了形を用いるので，④ hadn't met が正解。「もし過去に…だったならば，今は～だろう」という文意になる。

解答 84 ④ 85 ②→ had told 86 ② 87 ④

文法用語 10 **直説法**：仮定法が仮定の話，事実とは反する話をするときに使われる動詞の形であるのに対し，直説法は現実のことについて話すときに使われる動詞の形。

Section 033

88 核戦争が起こったら，人類の破滅は避けられないだろう。
基本
The destruction of humankind (be / if / inevitable / to / a nuclear war / were / would) break out. 〈青山学院大〉

89 I don't think he will stop by my office. But if he ( ) while I'm out, give him more information about that.
基本
① came ② will come
③ should come ④ had come 〈聖マリアンナ医科大〉

Section 034

90 He wishes he ( ) somewhere more exciting.
基本
① live ② lives
③ lived ④ to has lived 〈愛知工科大〉

91 I wish I ( ) enough money to buy the house around this time last year.
基本
① had ② could have
③ had had ④ should have 〈明治大〉

92 I wish he ( ) more quickly.
① has worked ② is working
③ will work ④ would work 〈立命館大〉

しっかり理解 005　S wish ＋仮定法

(1) S wish S' did（仮定法過去）…「S' は…**すればいいのに**と S は思う」 → **90**
→「願う内容（S' did）」が「願う時点（S wish）」と**同時**の内容なら，**仮定法過去**を用いる。
(2) S wish S' had done（仮定法過去完了）…「S' は…**すればよかったのに**と S は思う」
→「願う内容」が「願う時点」よりも**前**の内容なら，**仮定法過去完了**を用いる。 → **91**
(3) S wish S' would[could]do …「S'は **(これから) …すれば［…できれば］いいのに**と S は思う」→ **92**
→「願う内容」が「願う時点」よりも**あと**の内容なら would[could] do を用いる。

⚠注意 wish「願う」が過去形 wished「願った」に変わっても，そのあとに続く**仮定法は時制の一致**（→ まずは確認 045 (p. 232)）**を受けない**ことに注意。
I wish I had a car.「車を持っていればいいのになあと**思う**」
→「車を持っていればいいのに」は，現在形 wish と同時の内容なので，仮定法過去。
I wished I had a car.「車を持っていればいいのになあと**思った**」
→ wish が wished に変わっても，過去形 wished と同時の内容なので，仮定法過去のまま。
I wish[wished] I had finished my homework.「宿題を済ませておけばよかったと**思う［思った］**」
→「宿題を済ませておけばよかったのに」は，wish[wished] よりも前の内容なので，仮定法過去完了を用いる。

---

89 彼は私の職場に立ち寄らないと思います。でも万一彼が私の外出中に来たら，あの件についての追加情報を渡してください。
90 彼はどこかもっと刺激的な場所に住んでいればいいのにと思っている。

Section 033 if S were to do / if S should do

まずは確認 010　if S were to do / if S should do

if 節に were to や should を用いて，これから起こることについての仮定を表すことがある。

(1) **If S were to do..., S′ would[could / might / should] do ～ .**
「(仮に) S が…すれば，S′ は～するだろう」

(2) **If S should do..., S′ would[could / might / should] do ～ .**
「(万一) S が…すれば，S′ は～するだろう」

⚠注意　(2) の should を使った仮定法の場合，主節は S′ will[can / may] do ～などの助動詞の現在形を用いた直説法の文や，動詞の原形を用いた命令文になることが多い。→ **89**

88 これから起こることについての仮定

◆If S were to do ..., S′ would do ～ . = S′ would do ～ if S were to do ....
「(仮に) S が…すれば，S′ は～するだろう」

▶「核戦争が起こったら」は，これから起こることについての仮定なので，**if S were to do ...** の形を用いて if a nuclear war were to break out と並べる。

▶「人類の破滅は避けられないだろう」は **S′ would do ～**の形を用いて The destruction of humankind would be inevitable と並べる。

89 「立ち寄らないと思う。でも万一…」

◆If S should do ..., S′ would do ～ .「(万一) S が…すれば，S′ は～するだろう」

▶「彼は立ち寄らないと思う」と述べてから，「(万一) 彼が外出中に来たら」というこれから起こることについての仮定をしているので，**if S should do** を用いる仮定法となる③ should come を選ぶ。

▶ 本問では，主節が命令文になっていることに注意。if S should do を用いる仮定法では，主節に直説法 (→ [**文法用語10**] p. 57) や命令文が来ることが多い。

Section 034 S wish ＋仮定法

しっかり理解 005

90 wish に注目

◆S wish S′ did (仮定法過去) ...「S′ は…すればいいのにと S は思う」

▶「もっと刺激的な場所に住んでいればいいのに」という，現在形 wishes と同時の内容なので，仮定法過去の③ lived が正解。

91 wish に注目

◆S wish S′ had done (仮定法過去完了) ...「S′ は…すればよかったのにと S は思う」

▶「去年の今頃，その家を買うのに十分なお金を持っていたらよかったのに」という，現在形 wish よりも前の内容なので，仮定法過去完了の③ had had が正解。

92 wish に注目

◆S wish S′ would do ...「S′ は(これから)…すればいいのにと S は思う」

▶ wish に注目。wish には仮定法が続くので，④ would work が正解。

▶ S wish S′ would do ... は，すぐには実現することがなさそうな願望を表す。「彼は仕事が遅い。これからはもっと速くしてくれればいいけど，まず無理だろう」という状況。

---

91 去年の今頃，その家を買うのに十分なお金を持っていたらよかったのになあと思う。

92 私は，彼がもっと速く仕事をしてくれればいいのにと思う。

解答 **88** would be inevitable if a nuclear war were to　**89** ③　**90** ③　**91** ③　**92** ④

Section 035

93 (　　) I had studied English much harder when I was young!

① How　② If only
③ What if　④ Wishing　〈成城大〉

94 "May I smoke here?" "I'd rather (　　)."

① you didn't　② you won't
③ you not to　④ for you not to　〈慶應大〉

Section 036

95 Although we met today for the first time, I feel as if you (　　) my old friend.

基本

① have been　② seem
③ were　④ would be　〈近畿大〉

96 彼は何事もなかったかのように振る舞った。
He (had / if / acted / nothing / occurred / as).　〈東京経済大〉

基本

しっかり理解 006　as if +仮定法

(1) **as if S did**（仮定法過去）…「S はまるで…**であるかのように**」
→ 主節の動詞が表す時と**同時**の内容には，**仮定法過去**を用いる。

(2) **as if S had done**（仮定法過去完了）…「S はまるで…**であったかのように**」
→ 主節の動詞が表す時よりも**前**の内容には，**仮定法過去完了**を用いる。

⚠注意　主節の動詞が過去形に変わっても，as if 内の**仮定法は時制の一致を受けない**ことに注意。
He **talks** as if he were my old friend.「彼はまるで旧友のように**話す**」
→「旧友のように」は talks「話す」と同時の内容なので，仮定法過去を用いる。
He **talked** as if he were my old friend.「彼はまるで旧友のように**話した**」
→ talks が talked に変わっても過去形 talked と同時の内容なので，as if 内は仮定法過去のまま。
He **talks** as if nothing had occurred.「彼は何事もなかったかのように**話す**」
→「何事もなかったかのように」は，talks「話す」よりも前の内容なので，仮定法過去完了を用いる。
He **talked** as if nothing had occurred.「彼は何事もなかったかのように**話した**」
→ talks が talked に変わっても，as if 内は仮定法過去完了のまま。

⚠注意　as if の代わりに **as though** を用いる場合もある。

⚠注意　as if / as though の後ろに**直説法**を用いることもある。この場合は「話者はそう思っている」というニュアンスがある。
He looks as if he is ill.「彼は病気のように見える」→ 彼が病気だと思っている。
He looks as if he were ill.「彼は病気のように見える」→ 彼が病気ではないと思っている。

---

93 若いころもっと一生懸命英語を勉強していたならなあ。
94「ここでタバコを吸ってもいいですか」「遠慮していただけませんか」
95 私たちは今日初めて会ったのに，私はあなたが私の昔からの友人であるかのような気がします。

Section 035《 If only +仮定法 / S would rather +仮定法

まずは確認 011 If only +仮定法 / S would rather +仮定法

● **If only +仮定法**

現在や過去の事実に反する願望を表す。〈I wish +仮定法〉よりも**強い願望**を表す。

(1) **If** only **S did ... !**〈仮定法過去〉「S が…するならなあ」

(2) **If** only **S had done ... !**〈仮定法過去完了〉「S が…していたらなあ」→ 93

(3) **If** only **S would[could] ... !**「S が…すれば［…できれば］いいのになあ」

⚠注意　感嘆符（!）の代わりにピリオドを使うこともある。

● S would rather **+仮定法**

現在や過去の事実に反する願望を表す。**相手に対して丁寧に依頼する**ようなときに使う。

(1) S would rather S′ **did ...**〈仮定法過去〉
「S′ が…してほしいのですがと S は思う」→ 94

(2) S would rather S′ **had done ...**〈仮定法過去完了〉
「S′ が…してほしかったのですがと S は思う」

93 過去を表す表現 when I was young と過去完了 had studied に注目

◆If only S had done ...!〈仮定法過去完了〉「S が…していたらなあ」

▶ when I was young「私が若かったころ」に注目。過去完了の had studied があることから，過去の事実に反する願望を表す② If only を用いた仮定法過去完了の文だと考える。

選択肢　③ What if + 仮定法?は「もし…したら，どうなるだろうか」という意味。
What if my mother walked in here now?
「もし今ここに母親が入ってきたら，どうなるだろうか」

94

◆S would rather S′ did ...〈仮定法過去〉「S′ が…してほしいのですがと S は思う」

▶ 選択肢の否定語から「タバコを吸わないでほしい」という依頼をしていることがわかる。would rather に仮定法過去を続けると現在の事実に反する願望を表し，相手に対する丁寧な依頼のニュアンスを表すことができる。① you didn't の省略部分を補うと I'd rather you didn't smoke here. となる。

Section 036《 as if +仮定法

しっかり理解 006

95 実際には「初めて会った」

◆as if +仮定法過去「まるで…であるかのように」

▶「まるで昔からの友人であるかのように」は，feel「気がする」という時点（この場合は現在）と同時の内容なので仮定法過去の③ were が正解。

96 実際には「何かがあった」

◆as if +仮定法過去完了「まるで…であったかのように」

▶「何事もなかったかのように」は，acted「振る舞った」という時点よりも前の内容なので，〈as if +仮定法過去完了〉を用いて表す。

解答　93 ②　94 ①　95 ③　96 acted as if nothing had occurred

Section 037

97 ☒☒☒ 基本
It's time you (　　) those trousers.
① are washing　② had washed
③ wash　④ washed　〈明治大〉

98 ☒☒☒
It is (　　) time they came to the conclusion that he is guilty.
① tall　② large
③ long　④ high　〈中央大〉

Section 038

99 ☒☒☒ 基本
コンピューターがなければ，私たちの暮らしはもっと不便でしょう。（1語不要）
(it / not / but / were / for / if) computers, our lives would be much more inconvenient.　〈千葉工大〉

100 ☒☒☒ 基本
If it (　　) your help, I should have given up.
① had not been for　② had not been
③ were not　④ were without　〈麻布大〉

101 ☒☒☒
(　　) the traffic accident, we would have arrived earlier.
① But for　② Just only
③ Out of　④ The same as　〈名古屋工大〉

102 ☒☒☒
(a) If it had not been for your advice, I would have failed.
(b) (　　) your advice, I would have failed.
① Except　② For
③ With　④ Without　〈高崎経済大〉

整理して覚える 010　it is time ＋仮定法過去

□ it is time ＋仮定法過去「もう…してもよいころだ」→ 97
□ it is high time ＋仮定法過去「とっくに…する時間だ」→ 98
□ it is about time ＋仮定法過去「そろそろ…する時間だ」

---

97 もうあのズボンを洗う時期ですよ。
98 彼らはとっくに，彼が有罪だという結論に達してよいころだ。
100 もしあなたの助けがなかったら，私はあきらめていただろう。
101 交通事故がなかったら，われわれはもっと早く到着していただろう。
102 もしあなたの忠告がなかったら，私は失敗していただろう。

Section 037 it is time ＋仮定法過去

◦整理して覚える 010

97 ◆it is time +仮定法過去「もう…してもよいころだ」

▶ It's time に注目して，仮定法過去の④ washed を選ぶ。

98 過去形 came に注目 ◆it is high time +仮定法過去「とっくに…する時間だ」

重要 □ come to the conclusion that SV「…という結論に達する」

Section 038 if it were not [had not been] for A / but for A / without A

99 現在の事実に反する仮定 ◆if it were not for A「もし(今)A がなければ」

▶「もし(今)コンピューターがなければ」を if it were not for A を用いて表す。本問は「今，コンピューターがある」という現在の事実に反する仮定を表している。

100 主節の動詞 should have given up に注目 ◆if it had not been for A「もし A が(その時)なかったならば」

▶ 主節の動詞 should have given up から仮定法過去完了と考える。① had not been for が正解。「その時あなたの助けがあった」という過去の事実に反する仮定を表している。

⚠注意 主節の主語が一人称なので should を用いている。→ Section 031（p. 055）

101 ◆but for A「もし A がなければ／もし A がなかったならば」

▶ 主節の動詞が would have arrived という仮定法過去完了なので，But for ... は If it had not been for the traffic accident と書きかえられる。

102 ◆without A「もし A がなければ／もし A がなかったならば」

▶ if it had not been for A = without A の書きかえ問題。

整理して覚える 011 if it were not [had not been] for A / but for A / without A

□ if it were not for A「もし A が（今）なければ」（仮定法過去）→ 99
□ if it had not been for A「もし A が（その時）なかったならば」（仮定法過去完了）→ 100
＊それぞれ，but for A（→ 101）や without A（→ 102）を代わりに用いることができる。

「もし空気がなければ，すべての生物は死んでしまうだろう」（仮定法過去）

{ If it were not for air, / But for air, / Without air, } all living things would die.

「もしあなたの助けがなかったら，私は成功できなかっただろう」（仮定法過去完了）

{ If it had not been for your help, / But for your help, / Without your help, } I could not have succeeded.

解答 97 ④ 98 ④ 99 If it were not for（but 不要） 100 ① 101 ① 102 ④

Section 039

103 (　　) in her position, I would decline the offer.
☒☒☒
① If I had　　② If I have been
③ If were I　　④ Were I　〈杏林大〉

104 (　　) what you were intending to do, I would have stopped you.
☒☒☒
① Have I realized　　② Had I realized
③ If I realize　　④ If I would realize　〈亜細亜大〉

105 もし海が２メートル上昇すれば，この島の大半は海の中だ。
☒☒☒
(meters / to rise / were / two / the sea), most of this island would be under water.　〈松山大〉

106 (　　) you happen to meet them, please give them my best regards.
☒☒☒
① Shall　　② Should
③ Will　　④ Would　〈立命館大〉

107 あの非常にうまい守りがなければ，そのゲームに負けてしまったであろう。
☒☒☒
(been / for / had / it / not / that) great defensive play, we would have lost the game.　〈近畿大〉

108 もう少しだけ辛抱強かったら，その賞を取れたかもしれないのに。
☒☒☒
You (been / had / have won / might / that prize / you) a little more patient.　〈近畿大〉

---

103 もし彼女の立場なら，私はその申し出を断るだろう。
104 もしあなたが何をするつもりかわかっていたら，私はあなたを止めただろうに。
106 彼らにたまたま会うことがあれば，よろしくお伝えください。

Section 039 if の省略

103 主節の動詞 would decline に注目　◆Were S ... ← If S were ...

仮定法で接続詞 if を省略すると，疑問文の語順（＝倒置形）になる。were，should，had が文の最初に来るときだけ，倒置形にすることができる。

▶ 仮定法過去の④ Were I だけが文意が通る。if を用いれば，If I were in her position となる。

⚠注意　仮定法過去で if を省略して倒置形にする場合，if 節の動詞が be 動詞の were のときだけ可能になる。一般動詞のときは倒置形にできない。

104 主節の動詞 would have stopped に注目　◆Had S done ... ← If S had done ...

▶ 仮定法過去完了の② Had I realized だけが文意が通る。if を用いれば，If I had realized what ... となる。

重要　□ intend to do「…するつもりである」

105 語句内に if がない　◆Were S to do ... ← If S were to do ...

▶「もし海が2メートル上昇すれば」というのは，これからのことに対する仮定だと考えられる。主節の動詞を見ると would be なので，選択肢から were to を使った仮定法の文が想定される。語句内に if がないので，if を省略した仮定法の文を作る。

▶ if を用いれば，If the sea were to rise two meters となる。

106 選択肢に if がない　◆Should S do ... ← If S should do ...

▶ if を用いれば，If you should happen to meet them となる。→89

▶ 本問は主節に please で始まる命令文を用いている。

重要　□ happen to do「たまたま…する」

107 語句内に if がない　◆Had it not been for A ← If it had not been for A

▶「あの非常にうまい守りがなければ」は，if を用いれば，If it had not been for that great defensive play となる。

108 主節→ if 節の並びに注意　◆Had S done ... ← If S had done ...

▶ 本問は，if を用いれば，You might have won that prize if you had been a little more patient. となる。本問のように〈主節→ if 節〉という順番で if を省略して倒置形にする場合は，構造がわかりにくいので注意が必要。

解答　103 ④　104 ②　105 Were the sea to rise two meters　106 ②　107 Had it not been for that　108 might have won that prize had you been

Section 040

109 (　　) a little more support from the government, the African children would have survived.

① Thanks to　　② With
③ For　　④ But

〈大東文化大〉

110 We went by taxi; (　　), we would have been late.

① otherwise　　② therefore
③ in particular　　④ instead

〈名古屋工大〉

111 発展 もっと注意をしていれば，彼はそんな間違いをしなくてすんだのに。

Greater care (a / from / have / him / prevented / making / such / would) mistake.

〈京都女子大〉

112 発展 (a) To see us walking together, they would take you for my sister.

(b) If (　　) us walking together, they would take you for my sister.

① they will see　　② they have seen
③ they saw　　④ they would see

〈中央大〉

113 発展 I am disappointed with the result because we (　　) the game against their team last night.

① could have won　　② could win
③ should be winning　　④ should win

〈立命館大〉

---

109 政府からの援助がもう少しあったら，そのアフリカの子どもたちは生き延びていただろう。
110 私たちはタクシーで行った。そうしなければ遅れていただろう。
112 私たちが一緒に歩いているところを見れば，彼らは君を私の姉[妹]と間違うだろう。
113 昨夜は私たちが彼らのチームに勝てた可能性もあったので，私はその試合結果にがっかりしている。

Section 040 《 if 節に相当する語句

109 主節の動詞 would have survived に注目

◆with A「もしAがあれば／もしAがあったら」

if 節を用いずに仮定の意味を表すことがある。動詞の形（would do / would have done）と文意から仮定法の表現だと判断し，仮定の意味がどこに含まれているかを見抜くこと。

- ▶ 主節の動詞 would have survived に注目して仮定法過去完了と判断する。② With なら文意が通る。本問は If there had been a little more support ... と書きかえられる。
- ▶ with A は without A「もしAがなければ／もしAがなかったならば」（→ 102）と逆の意味だと考えてよい。

110 セミコロン以降の動詞 would have been に注目

◆otherwise「もしそうでなければ／もしそうでなかったならば」

otherwise「もしそうでなければ／もしそうでなかったならば」は，〈SV（直説法）; **otherwise** S′ V′（仮定法）〉という形で用いて，**前述した事実に反する仮定**を表す。セミコロン（;）でなく，ピリオドやコンマを使う場合もある。

- ▶ We went by taxi は「タクシーで行った」という過去の事実を述べており，セミコロン以降は would have been に注目して仮定法過去完了と判断する。前述した事実に反する仮定を表す① otherwise を入れると，「もしそうでなかったならば（＝タクシーで行かなかったら），遅れていただろう」という文意が成立する。本問の otherwise は if we had not gone by taxi と書きかえられる。

111 「もっと注意をしていれば」の意味が主語に含まれている

◆主語に仮定の意味

- ▶ Greater care を主語にして，述語動詞を would have prevented でまとめ，主語に仮定の意味を含む仮定法過去完了の文を作る。「もっと細心の注意が彼をそんな間違いをすることから妨げただろう」が直訳。

重要 □ A prevent B from doing「AはBが…するのを妨げる」→ 630

112 不定詞に含まれる仮定の意味と主節の動詞 would take に注目

◆不定詞に仮定の意味

- ▶ 不定詞に仮定の意味を含める表現。主節の動詞が would take なので，仮定法過去と判断する。よって③ they saw が正解。

113 実際には勝てたのか，勝てなかったのか

◆文脈から仮定法のニュアンスを見抜く

仮定の意味を表す表現がなくても，動詞の形と文脈から仮定法のニュアンスを見抜かなければならない場合がある。

- ▶ 過去を表す last night に注目する。② could win だと，「昨夜の試合に勝てた」という内容が，主節の「結果に失望している」という内容の根拠としては常識的に矛盾する。仮定法過去完了の① could have won なら，「昨夜の試合に勝てただろうに（実際は勝てなかった）」というニュアンスとなり，主節の内容とも矛盾しない。

解答 109 ② 110 ① 111 would have prevented him from making such a 112 ③ 113 ①

Field 1 文法

不定詞

Section 041

114 基本
私の将来の目標は高校で英語を教えることです。
My future goal (to / at / high school / English / is / teach).
〈長崎総合科学大〉

115 基本
その計画をいつ始めるかもっと真剣に議論すべきだ。
(be / should / start / the project / to / when) discussed more seriously.
〈近畿大〉

116 基本
母語と大きく異なる外国語を学ぶことは容易ではない。
It's (a foreign language / easy / learn / not / to) which is very different from your own language.
〈創価大〉

117
レースの終盤になって，彼はとてもスピードを保てそうもないことに気づいた。
As he approached the end of the race, he (found / hard / his / it / maintain / speed / to).
〈成蹊大〉

Section 042

118 基本
子どもはみんな，遊び相手をしてくれるペットが必要だ。
Every kid (have / with / a pet / to play / should).
〈桜美林大〉

まずは確認 012　不定詞の名詞用法

(1) **主語**になる，(2) **補語**になる，(3) **他動詞の目的語**になる，という3つの用法がある。

(1) **主語**：**To study abroad** is troublesome.「留学することは大変だ」

(2) **補語**：My dream is **to study abroad.**「私の夢は留学することだ」

(3) **他動詞の目的語**：He hopes **to study abroad.**「彼は留学することを望んでいる」

⚠注意　不定詞は前置詞の目的語には用いられない。前置詞の目的語には動名詞を用いる。

まずは確認 013　不定詞の形容詞用法

〈名詞+ to do〉の形で名詞を後ろから修飾する。不定詞と名詞との関係に注目する。

friends to help me「私を助けてくれる友人」

→ friends help me「友人が私を助ける」〈修飾される名詞が不定詞の主語にあたる〉

homework to do「やるべき宿題」

→ do homework「宿題をする」〈修飾される名詞が不定詞の目的語にあたる〉

Section 041 不定詞の名詞用法

・まずは確認 012

114 「〜することです」に注目 ◆不定詞の名詞用法ー補語

▶「英語を教えること」を不定詞で表して，be 動詞の補語にすると文ができる。
My future goal is **to teach** English at high school. という文を作る。
(My future goal = S, is = V, to teach English at high school = C)

115 「いつ…するか」という表現に注目 ◆疑問詞+不定詞

〈疑問詞＋不定詞〉は名詞句の働きをし，「(疑問詞の意味)＋…する(べき)か」という意味になる。

▶ when to do「いつ…する（べき）か」を主語にして文を作る。
▶ 本問は **When to start** the project should be discussed ... という受動態。
(When to start the project = S, should be discussed = V)

116 「…することは〜ではない」 ◆It is +形容詞[名詞] + to do「…することは〜である」

不定詞が主語になる場合，形式主語の it（→ ・まずは確認 046 (p. 304)）を文頭に置き，不定詞は後ろに回すことが多い。
「英語を話すことは難しい」To speak English is difficult.
＝**It** is difficult to speak English.

▶「…することは容易ではない」という内容を，形式主語 it を使った〈**It is not ＋形容詞 ＋ to do**〉で表現する。
▶ which 以下は a foreign language を先行詞とする関係代名詞節。→ 206

117 SV it hard to do の形を見抜く ◆SV it +形容詞[名詞] + to do「…することは〜であるとSはVする」

第 5 文型（SVOC）で目的語の位置に不定詞が来る場合，形式目的語の **it**（→ ・まずは確認 046 (p. 304)）を代わりに用いて，**不定詞は後ろに回す**のが原則。この形で使う動詞は think, believe,consider, find, make（→ 132）など。
I think **it** fun to speak English.「英語を話すことは楽しいと思う」

▶「スピードを保つことは難しいと彼は気づいた」という内容を，形式目的語の it を使って he found **it** hard **to maintain his speed** で表現する。
(he = S, found = V, it = O, hard = C, to maintain his speed = (真目的語))

重要 □ **find O C**「O は C であると気づく／わかる」

Section 042 不定詞の形容詞用法

・まずは確認 013

118 「遊び相手をしてくれるペット」 ◆不定詞の形容詞用法ー名詞が前置詞の目的語の場合

▶ play with a pet「ペットと一緒に遊ぶ」を前提にして，a pet to play with「一緒に遊ぶペット＝遊び相手をしてくれるペット」を完成させる。名詞 a pet は不定詞に続く**前置詞の目的語**にあたるので，**文末に前置詞 with が残る**ことに注意。
play with [a pet]「ペットと一緒に遊ぶ」

[a pet] to play with「一緒に遊ぶペット」
something to write with「筆記用具（←それを使って書く何か）」
someone to talk to[with]「話し相手（←その人に対して話すだれか）」

解答 114 is to teach English at high school 115 When to start the project should be 116 not easy to learn a foreign language 117 found it hard to maintain his speed 118 should have a pet to play with

Section 043

119 You should go to Tokyo Dome (　　) a baseball game.
基本
① to see　② with seeing
③ see　④ to seeing 〈青山学院大〉

120 (a) He was very happy when he heard the news.
基本
(b) He was very happy (　　) (　　) the news. 〈大阪教育大〉

121 We thought (to try / he must / been crazy / dangerous jump / have / such a) but he accomplished it successfully. 〈順天堂大〉

122 It was careless (　　) her front door unlocked all last night.
① for her to leave　② of her to leave
③ for her leaving　④ of her leave 〈城西大〉

123 This question is (answer / difficult / than / to / more) that one. 〈愛知大〉

まずは確認 014　不定詞の副詞用法

(1) **目的**「…するために～」→ 119,
(2) **感情の原因**「…して～」→ 120,
(3) **判断の根拠**「…するとは～」→ 121,
(4) **形容詞の限定** → 123, 124,
(5) **結果**「～した結果…」→ 125 ～ 128
*仮定の意味を含む不定詞の表現,「もし…すれば（条件）」も副詞用法である。→ 112

整理して覚える 012　人の性質や性格を表すおもな形容詞

☐ brave「勇敢な」, ☐ careless「不注意な」, ☐ clever[smart]「賢い」,
☐ considerate「思いやりのある」, ☐ crazy「正気でない」, ☐ cruel「残酷な」,
☐ foolish「愚かな」, ☐ kind「親切な」, ☐ polite「礼儀正しい」,
☐ rude「無礼な」, ☐ stupid「まぬけな」, ☐ wise「賢明な」

整理して覚える 013　〈A is ＋形容詞＋ to do〉の形で用いられるおもな形容詞

☐ easy「易しい」, ☐ difficult[hard / tough]「難しい」, ☐ safe「安全な」,
☐ dangerous「危険な」, ☐ comfortable「快適な」, ☐ impossible「不可能な」

---

119 君は野球の試合を見るために東京ドームへ行くべきだ。
120 (a) その知らせを聞いたとき，彼はとてもうれしかった。
(b) その知らせを聞いて，彼はとてもうれしかった。
121 そんな危険な跳躍に挑むなんて彼は正気を失っていたにちがいない，と私たちは思ったが，彼は見事にやり遂げた。

Section 043 《 不定詞の副詞用法

まずは確認 014

119 「～するために」〈目的〉 ◆不定詞の副詞用法ー目的

▶ 東京ドームに行くのは野球を見るという〈目的〉のため。目的を表す不定詞① to see を入れると文意が通る。

▶ 副詞用法の不定詞が目的を表す場合，不定詞は文頭に置いてもよい。本問は To see a baseball game(,) you should go to Tokyo Dome. と表現することもできる。

⚠注意 〈目的〉の意味で不定詞を使っていることをはっきりさせるために，in order to do（→ 141）や so as to do（→ 141）という表現を用いることがある。

120 「うれしかった」という感情の原因は「～を聞いて」 ◆不定詞の副詞用法ー感情の原因

▶ He was very happy「とてもうれしかった」という感情の原因を不定詞を使って表す。

121 crazy「正気を失った」と判断する根拠を to try ... で示す ◆不定詞の副詞用法ー判断の根拠

▶ he must have been crazy「彼は正気を失っていたにちがいない」という判断の根拠を，不定詞 to try such a dangerous jump「そんな危険な跳躍に挑むなんて」で表現する。

重要 □ must have been ...「…であったにちがいない」→ 65

122 careless は人の性質を表す形容詞 ◆It is +形容詞+ of A to do「…するとは A（人）は～である」

〈It is ＋形容詞＋ of A to do〉で「…するとは A（人）は～である」という意味。**人の性質や性格を表す形容詞**を用いて，A に対する判断を示す。不定詞がその判断の根拠を表している。左頁の 整理して覚える 012 参照。

▶ It was careless of her で「彼女は不注意だった」という判断を下し，to leave ... でその判断の根拠を表している。She was careless to leave ... としても同意。→ 121

選択肢 ① for her to leave は不可。〈It is + 形容詞 + for A to do〉の for A は不定詞の意味上の主語を表す。人の性質や性格の判断とその根拠を表すことはできない。→ 130

123 「答えるのが難しい」という形を作る ◆不定詞の副詞用法ー形容詞の限定

不定詞が形容詞の意味を限定する場合，**〈A is ＋形容詞＋ to do〉**の形で「A は…するには～である」という意味になる。左頁の 整理して覚える 013 参照。

▶「(この問題は) 答えるのが難しい」という文意が英文の骨格となる。形容詞 difficult を不定詞 to answer で限定するので，difficult to answer という形ができる。

▶〈A is ＋形容詞＋ to do〉は，形式主語 it を用いて〈It is ＋形容詞＋ to do A〉と書きかえられる。本問は **It** is more difficult to answer this question than that one. と書きかえられる。他動詞 answer の目的語が this question になっているという関係に注意。

This question is more difficult to answer than that one.

It is more difficult to answer this question than that one.

122 昨晩ずっと玄関の鍵をかけないままにしておくとは，彼女は不注意だった。
123 この問題はあの問題よりも答えるのが難しい。

解答 119 ① 120 to hear 121 he must have been crazy to try such a dangerous jump 122 ②
123 more difficult to answer than

124 Mary is easy (　　).
☒☒☒
① to work　　② to work with
③ to work with her　　④ to work with you　〈金城学院大〉

125 彼は目を覚ますと，見知らぬ人々に囲まれているのに気づいた。
☒☒☒ He (strange / to / people / by / awoke / surrounded / himself / find).
〈中央大〉

126 あひるの子は成長して美しい白鳥になった。
☒☒☒ The duckling (grown / up / be / has / to) a beautiful swan.　〈中京大〉

127 His grandfather lived (　　) ninety-two and was the head of the company for many years.
☒☒☒
① being　　② to be
③ for being　　④ till he would be　〈東海大〉

128 Caesar entered the town (　　) that the enemy had already fled.
☒☒☒
① of finding　　② found
③ only to find　　④ only to be found　〈関西学院大〉

Section 044

129 彼女は子どもたちにボートの近くで泳がないように注意した。
☒☒☒ 基本 She (to / the / warned / not / children / swim / near) the boats.
〈摂南大〉

整理して覚える 014　結果を表す不定詞のおもな表現

- □ wake (up) [awake] to find[see / discover] ...「目が覚めて…に気づく[とわかる]」→ **125**,
- □ grow up to be ...「成長して…になる」→ **126**,
- □ live to be ... (years old)「生きて…歳になる=…歳まで生きる」→ **127**,
- □ ～ (,) only to do「～したが，(結局) …した (意外・失望感を表す)」→ **128**

---

124 メアリーとは一緒に働きやすい。
127 彼の祖父は92歳まで生き，長年その会社の代表を務めた。
128 シーザーはその町に入ったが，敵はすでに逃げ出していた。

124 「一緒に働くのが簡単である」という形を作る ◆不定詞の副詞用法―形容詞の限定

▶「(メアリーは) 一緒に働くのが簡単である→働きやすい」という文意が英文の骨格となる。「メアリーと一緒に働く」は work with Mary。その Mary が主語になっている点に注目。**123**で学習した形容詞の限定をする不定詞の副詞用法だが，**123**と違い，前置詞 with が文末に残る点に注意。

▶〈A is＋形容詞＋ to do ＋前置詞〉は，形式主語 it を用いて〈It is＋形容詞＋ to do ＋前置詞＋A〉と書きかえられる。本問は **It** is easy to work with Mary. と書きかえられる。前置詞 with の目的語が Mary になっているという関係に注意。

Mary is easy to work with.

It is easy to work with Mary.

125 「目を覚ました，その結果，…ということに気づいた」という形を作る ◆不定詞の副詞用法―結果

左頁 整理して覚える 014 参照。

▶ 結果を表す不定詞の副詞用法，awoke to find ...「目を覚ました→（その結果）…ということに気づいた」で文の骨格を作る。

▶ find(V) himself(O) surrounded(C) は，find oneself done「自分が…されていることに気づく」を用いた表現。→ まずは確認 020 (p. 095)

126 「成長した，その結果，…となった」という形を作る ◆結果を表す不定詞―grow up to be ...「成長して…になる」

▶ 本問の現在完了 has grown up は「完了・結果」の意味。

127 「生きた，その結果，…歳になった」という形を作る ◆結果を表す不定詞―live to be「生きて…歳になる」＝「…歳まで生きる」

▶ ≒ His grandfather lived until [till] he was ninety-two ...

128 「〜したが，結果，…した」という形を作る ◆結果を表す不定詞―〜(,) only to do「〜したが，(結局)…した」

▶ ≒ Caesar entered the town but (he) found that the enemy had already fled.

Section 044 不定詞の否定形

129 「…しないように」を not to do で表す ◆不定詞の否定形―not to do

不定詞の否定形は not を不定詞の直前に置き，**not** to do とする。not の代わりに never を使う場合もある。

I told her **never** to give up.「決してあきらめるなと彼女に言った」

▶ warn A not to do「A に…しないように注意する」のフレーズを用いて表現する。

重要 □ **warn A to do**「A に…するように注意する」

解答 **124** ② **125** awoke to find himself surrounded by strange people **126** has grown up to be **127** ② **128** ③ **129** warned the children not to swim near

Section 045

130 母親は，スージーがひとりで家にいるのは危険だと反対した。
基本
Her mother objected that it is (stay / to / her / on / home / for / dangerous / Susie) own. 〈摂南大〉

131 彼女はあまりかんしゃくを起こさないほうがよいでしょう。
It would be better (her temper / for / not / lose / her / to) so often. 〈東洋大〉

132 This guidebook makes (countries / decide / easier / for / it / to / to / us / visit / which). 〈名古屋市立大〉

Section 046

133 (a) It seems that she went back to her hometown yesterday.
(b) She seems ( ) ( ) ( ) back to her hometown yesterday.
基本
〈東京理科大〉

134 ■ Nobody で始まる英文に書きかえなさい。
It is said that nobody knew the truth. 〈弘前大〉

しっかり理解 007 It seems that SV と S seem to do の書きかえ

(1) seem と V が同じ時の場合→ to do を用いる
It seems that he is ill.（現在+現在）= He seems to be ill.
It seemed that he was ill.（過去+過去）= He seemed to be ill.

(2) seem よりも V が前の時の場合→ to have done を用いる
It seems that he was ill.（現在+過去）= He seems to have been ill.
It seems that he has been ill.（現在+現在完了）= He seems to have been ill.
It seemed that he had been ill.（過去+過去完了）= He seemed to have been ill.

＊It seems that SV の V が過去形のときと現在完了形のときでは，to have done という同じ形になることに注意。どちらの意味になるのかは，文意から判断しなければならない。
＊It is said[believed] that SV と S is said[believed] to do の書きかえも同様に考える。→ 134
⚠注意　両者を混同して（×）S seem that SV や，（×）S is said that SV とするミスが多い。

---

132 このガイドブックのおかげで，どの国を訪問したらいいかがより決めやすくなる。
133 昨日，彼女は故郷に帰ったようだ。
134 だれも真実を知らなかったと言われている。

Section 045 不定詞の意味上の主語

130 不定詞「(ひとりで家に)いる」の意味上の主語は「スージー」

◆不定詞の意味上の主語ー It is +形容詞+ for A to do

不定詞の意味上の主語は不定詞の前に **for A** を置いて示す。

- It is +形容詞[名詞] + to do「…することは～である」(→ 116) に意味上の主語を加えると,〈It is +形容詞[名詞] + **for A** to do〉「**A が**…することは～である」となる。
- 「スージーが…することは危険だ」を,It is dangerous **for Susie** to do で表す。

重要 □ object that SV「…だと反対する」
□ on one's own「ひとりで」(= alone)

131 for A not to do―不定詞の否定形に意味上の主語を置く

◆It is +形容詞[名詞] + for A not to do「A が…しないことは～である」

- 「彼女が…しないことがよりよい」という内容を,〈It is +形容詞+ for A **not to** do〉を用いて表す。not を不定詞の直前に置くことに注意。

重要 □ lose one's temper「腹を立てる／平常心を失う」→ 1065

132 it, for, to から形を推察する

◆不定詞の意味上の主語ー SV it +形容詞+for A to do

- 〈S V it +形容詞[名詞] + to do〉「…することは～であると S は V する」(→ 117) に意味上の主語を加えると,〈S V it +形容詞[名詞] + **for A** to do〉「**A が**…することは～であると S は V する」となる。
- This guidebook (S) makes (V) it (O′) easier (C) for us to decide ... (O) という文にまとめる。「このガイドブックは私たちが…を決めるのをより容易にする」という意味。
- which countries to visit「どの国を訪問すべきか」は〈疑問詞+不定詞〉の表現。→ 115

Section 046 完了不定詞

しっかり理解 007

133 seems と went の時の差に着目

◆完了不定詞ー S seem to have done

述語動詞が表す時よりも前のことを不定詞で表すときは,to have done を用いる。この形は「完了不定詞」と呼ばれる。

- (a) の went は,述語動詞 seems「…のようだ」よりも時間的に前に起きたことなので,その時の差を完了不定詞 to have gone で表現する。S seem to have done で「S は…したようだ」という意味。She seems that she went back ... は不正解。

134 is said と knew の時の差に着目

◆完了不定詞ー S is said to have done

- knew「知っていた」は述語動詞 is said「…と言われている」よりも時間的に前に起きたことなので,その時の差を完了不定詞 to have known を使って表現する。S is said to have done で「S は…したと言われている」という意味。Nobody is said that they knew the truth. は不正解。

解答 130 dangerous for Susie to stay home on her 131 for her not to lose her temper 132 it easier for us to decide which countries to visit 133 to have gone 134 Nobody is said to have known the truth.

Section 047

135 I'm not sure whether we'll be able to buy the house, but we hope ( ).

① do ② it
③ that ④ to 〈立命館大〉

136 発展 The boy turned on his father's computer, though he had been told ( ).

① not do it ② not to
③ to do not ④ to not 〈青山学院大〉

Section 048

137 基本 この問題は複雑で，私はどこから手をつけたらよいかわからない。
This problem (complex / for / is / me / to / too) know where to start. 〈日本大〉

138 基本 この家は私たちが住めるだけの広さがある。
This house is (enough / for / in / large / us / live / to). 〈東洋大〉

---

135 その家を購入できるかどうかわからないが，私たちは購入したいと思っている。
136 そうしないよう言われていたのだが，その少年は父親のコンピューターの電源を入れた。

Section 047 代不定詞

135 前文の内容を受けて,「望んでいる(hope)」のは何か ◆代不定詞

同じ表現の反復を避けるために,不定詞to doのdoを省略してtoだけを残すことがある。このtoは「代不定詞」と呼ばれる。

▶ 省略部分を補うと, we hope to buy the house「その家を購入することを望む」となる。

選択肢 ②itや③thatの代名詞が指し示すもので文意に合うものはない。
重要 □ be not sure whether SV「…かどうかわからない/確信がない」

136 though「けれども」に注目―前文とは反対の内容 ◆代不定詞の否定形

不定詞の否定形not to doの代不定詞はnot toとなる。

▶ 省略部分を補うと, though he had been told not to turn on his father's computer「父親のコンピューターの電源を入れないように言われていたにもかかわらず」となる。

重要 □ tell A to do「Aに…するように言う」→ 618
→ A is told to do「Aは…するように言われる」
□ tell A not to do「Aに…しないように言う」
→ A is told not to do「Aは…しないように言われる」

Section 048 程度を表す不定詞の慣用表現

137 too, toに着目 ◆too ... for A to do「Aが～するには…すぎる/…すぎてAは～できない」

▶ **too ... to do**「…すぎて～できない」に意味上の主語for Aを加えた,〈**too ... for A to do**〉「…すぎてAは～できない」で文の骨格を作る。

▶〈too ... for A to do〉は, 結果・程度を表す接続詞を用いた〈**so ... that S V**〉(→ 306)で書きかえることができる。

≒ This problem is **so** complex **that** I **don't** know where to start.

138 enough, for, toに着目
◆... enough for A to do「Aが～するほど(十分)…/(とても)…なのでAは～」

▶ ... **enough to do**「～するほど(十分)…」に意味上の主語for Aを加えた, ... **enough for A to do**「Aが～するほど(十分)…」で文の骨格を作る。

▶ 主語のthis houseは, 動詞liveに対して, live in this houseという関係があるので, to live inと文尾にinを置くことに注意。

▶ large enoughの語順に注意する。(×) enough largeとする間違いが多い。副詞のenoughは必ず形容詞や副詞のあとに置く。

▶〈... enough for A to do〉も〈so ... that S V〉で書きかえられる。

≒ This house is **so** large **that** we can live in *it*.

注意 ... enough to doとtoo ... to doの表現では, 文全体の主語がto doの目的語にあたる場合, 原則として目的語は不要。
The book was easy enough for me to read.
「その本は私が読むのに十分なくらい簡単であった」
The book was too difficult for me to read.
「その本は私が読むには難しすぎた」
＊to read itとはしない。文全体の主語のThe bookはreadの目的語にあたる(← read the bookが前提)。

解答 135 ④ 136 ② 137 is too complex for me to 138 large enough for us to live in

139 (a) They are so rich that they can travel abroad every year by ship.
(b) They are rich (　　) (　　) travel abroad every year by ship.

〈愛媛大〉

140 The girl was so kind (　　) me to the station.

① as to take　② for taking
③ in order to take　④ that it takes

〈日本女子大〉

Section 049

141 基本 I'm going to study harder (　　) pass my exams in June.

① so to　② for to
③ in order that　④ in order to

〈南山大〉

142 基本 時勢に遅れないように，新聞に毎日，目を通すようにしている。
I make it a rule to read the newspapers every day (as / to fall / not / times / behind / so / the).

〈日本大〉

Section 050

143 基本 Last night I heard my sister (　　) with you on the phone.

① talk　② talks
③ to talk　④ be talking

〈東京経済大〉

---

139 (a) 彼らはとても裕福なので，毎年船で海外旅行ができる。
(b) 彼らは毎年船で海外旅行をするほど裕福だ。

140 その少女は親切にも私を駅まで連れて行ってくれた。

141 私は，6月の試験に受かるように，もっと必死で勉強するつもりだ。

143 昨夜あなたと私の姉[妹]が電話で話をするのが聞こえた。

139 rich の後ろに来るものは？ ◆ ... enough to do = so ... that SV

▶ 本問では形容詞 rich の後ろに enough to do を続ける。

140 so kind の so に注目 ◆ so ... as to do「～するほど…」= ... enough to do

▶ so kind の so に注目。「…してくれるほど親切だ」とすれば文意が通るので，so kind as to do となる①が正解。

▶〈so ... as to do〉と〈... enough to do〉は表す意味が同じ。

≒ The girl was kind **enough to** take me to the station.

≒ The girl was **so** kind **that** she took me to the station.

Section 049 目的を表す不定詞の慣用表現

141「試験に受かるために」という目的を表す ◆ in order to do「…するために」

副詞用法の〈目的〉の意味で不定詞を使っていることをはっきりさせるために，**in order to do** や **so as to do** という表現を用いることがある。

⚠注意　程度を表す so ... as to do（→ **140**）と混同しないこと。

▶ ③は ... in order that I can pass my exams in June なら正解。→ **310**

142 so, as, not に着目 ◆ so as not to do「…しないように」

「…しないように」という否定の意味の〈目的〉を表す場合は，**in order not to do** や **so as not to do** を使う。not は不定詞の直前に置くことに注意。→ Section **044**（p. 073）

⚠注意　in order や so as を用いずに，not to do だけで否定の意味の〈目的〉を表すことは一般的にしない。

▶「時勢に遅れないように」という内容を，so as not to do を用いて表す。

重要　☐ **fall behind the times**「時代に取り残される」

Section 050 原形不定詞

まずは確認 015 原形不定詞

第5文型（SVOC）の C（補語）に動詞の原形が来る場合がある。その動詞の原形を**原形不定詞**と呼ぶ。原形不定詞を用いるのは，**知覚動詞**の see O do「O が…するのを見る」，hear O do「O が…するのを聞く」や，**使役動詞**の make O do「O に（無理やり）…させる」，let O do「O が…するのを許す」, have O do「O に…させる／…してもらう」などの場合。目的語と原形不定詞の間には「O が…する」という能動の意味の関係が成立する。→ Section **146**（p. 247），**148**（p. 251）

143 知覚動詞 heard に着目 ◆ hear A do「A が…するのを聞く」

▶ 原形不定詞① talk を入れると，知覚動詞を用いた hear A do となり，文意も通る。→ Section **148**（p. 251）

解答　**139** enough to　**140** ①　**141** ④　**142** so as not to fall behind the times　**143** ①

144 (a) They made me read a newspaper every day.
(b) I (　　) (　　) (　　) read a newspaper every day. 〈愛媛大〉

145 手紙を封筒に入れて投函してくれさえすればよいのだ。
発展
All (have / to / you / put / is / do / the) letter in an envelope and mail it. 〈東京経済大〉

Section 051

146 The president of the company announced today that a new store is (　　) next year.

① building　② built
③ to be building　④ to be built 〈近畿大〉

147 The key (to / not / was / found / be) anywhere. 〈奥羽大〉

---

144 (a) 彼らは毎日，私に新聞を読ませた。(b) 私は毎日，新聞を読まされた。
146 その会社の社長は今日，来年新店舗が建てられる予定だと発表した。
147 その鍵はどこにも見つけられなかった。

144 主語が I なので，受動態

◆make A do の受動態 ― be made to do「（無理やり）…させられる」

使役動詞の make A **do**「A に（無理やり）…させる」の受動態は be made **to do**「（無理やり）…させられる」。原形不定詞 do が受動態では不定詞 to do になることに注意。

▶ 能動態の They made me **read** を，受動態の I was made **to read** に書きかえる問題。能動態では原形不定詞 read だったのが，受動態では不定詞 to read になる。

⚠注意　知覚動詞の受動態も be seen[heard] **to do**「…するのが見られる［聞かれる］」となる。
He was seen[heard] **to sing**.「彼は歌うのを見られた［聞かれた］」

145 ◆All S have to do is + do（原形不定詞）「S は…しさえすればよい／…するだけでよい」

All S have to do is ＋ do（原形不定詞）は「S がしなければならないすべてのことは…することである」が直訳。is のあとに do（原形不定詞）が来ることに注意。ただし，All S have to do is to do の形もある。S have only to do / S only have to do と同意。→ **49**

▶ ≒ You have only [only have] to put the letter ...

プラス　**All S can do is + (to) do（原形不定詞）**「S は…しかできない／…するのが精一杯だ」
All I could do was (to) read the first chapter.「私は第一章を読むだけで精一杯だった」

Section 051 be 動詞＋ to do

まずは確認 016　be 動詞＋ to do

〈be 動詞＋ to do〉という形で〈予定・運命〉→ **146**，〈可能〉→ **147**，〈義務・命令〉→ **148**，〈意図・目的〉→ **149** などの意味を表すことがある。

⚠注意　S is to do が「S は…することである」（→ **114**：be 動詞の補語となる不定詞の名詞用法）と訳せない場合は，〈be 動詞＋ to do〉の用法だと判断してよい。
（例）He is to teach English at high school.
to teach English at high school を be 動詞の補語となる不定詞の名詞用法と考えると，「彼は高校で英語を教えることである」という不自然な意味になる。よって，この英文は〈be 動詞＋ to do〉用法になり，「彼は高校で英語を教えることになっている／教えなければならない」などと訳せばよい。

146 next year「来年」に注目→〈予定〉

◆be 動詞 + to do〈予定・運命〉

▶ next year「来年」に注目して〈予定〉を表す〈be 動詞＋ to do〉を選ぶ。「新店舗が建てられる」という受動関係にあるので，受動態を用いた④ to be built が正解。

147 not と to に着目

◆be 動詞 + to do〈可能〉

〈be 動詞＋ to do〉が〈可能〉を表す場合は，**S is not to be done**（否定文で受動態の不定詞が続く）の形で用いられることが多い。
She **is** not **to be trusted**.「彼女は信用できない」

▶「見つけられなかった」という文意を，〈可能〉を表す〈be 動詞＋ to do〉で表す。to be found と受動態の不定詞になることと，not の位置に注意。

解答　**144** was made to　**145** you have to do is put the　**146** ④　**147** was not to be found

文法用語 11
知覚動詞：感覚動詞とも呼ばれ「見る」「聞く」「感じる」などの意味を表す動詞。feel，hear，see，watch，listen to などがある。
使役動詞：make，let，have は目的語のあとに原形不定詞をとる。このときの make，let，have を使役動詞と呼ぶ。

148 ☒☒☒ この課題は遅くとも水曜日には提出してください。

This assignment is (at / be / by / submitted / the / to / Wednesday) latest. 〈立命館大〉

149 ☒☒☒ If you (　　) your dream, you must study much harder.

① are realized　② are realizing
③ are to realize　④ would be realize 〈川崎医療福祉大〉

Section 052

150 ☒☒☒ The food was delicious, (　　) the wine. The guests must have enjoyed the party.

① the less　② to say nothing of
③ on behalf of　④ as far as 〈東京工科大〉

151 ☒☒☒ (a) It goes without saying that health is more important than wealth.

(b) (　　) (　　) (　　), health is more important than wealth. 〈大阪教育大〉

152 ☒☒☒ Strange (　　), I didn't really enjoy the musical.

① said　② saying
③ to say　④ say 〈亜細亜大〉

153 ☒☒☒ バッグを失くしたんだが，さらに悪いことにその中にお金がすべて入っていたんだ。

I lost my bag, and (　　) (　　) matters worse it had all my money in it. 〈西南学院大〉

154 ☒☒☒ To (　　) the truth, I still haven't finished my homework.

① say　② tell
③ speak　④ mention 〈大阪学院大〉

---

149 夢を実現するつもりなら，あなたはさらにもっと勉強しなければならない。
150 ワインは言うまでもなく，料理もおいしかった。招待客はそのパーティーを楽しんだにちがいない。
151 (a) 健康が財産よりも大事なのは言うまでもない。
(b) 言うまでもなく，健康は財産よりも大事だ。
152 奇妙なことに，私はそのミュージカルをあまり楽しまなかった。
154 実を言うと，私はまだ宿題を終わらせていない。

148 「…してください」を be to do で表す ◆be 動詞 + to do〈義務・命令〉

▶「…提出してください」という内容を,〈義務〉を表す〈be 動詞 + to do〉で表現する。主語の assignment「課題」と submit「…を提出する」は「課題が提出される」という受動の関係になることに注意。

重要 □ at the latest「遅くとも」 □ by A「A（期限）までに（は）」→ 334

149 「…するつもり」を be to do で表す ◆be 動詞 + to do〈意図・目的〉

if S is to do で「(もし) …するつもりなら／…するためには」という〈意図・目的〉を表す。一種の慣用表現として覚えよう。

Section 052 独立不定詞

150 料理はおいしかった，ではワインは？ ◆to say nothing of A「A は言うまでもなく」

▶ 2 文目で「招待客はパーティーを楽しんだにちがいない」と言っているので，料理もワインもおいしかった，とするのが自然。②の to say nothing of A「A は言うまでもなく」を入れると文意が通る。

151 ◆needless to say「言うまでもなく」

▶ It goes without saying that SV「…は言うまでもない」(→ 175) を，Needless to say, SV に書きかえる問題。

152 ◆strange to say「不思議なことに／奇妙な話だが」

153 ◆to make matters worse「さらに悪いことには／さらに困ったことには」

154 ◆to tell the truth「実を言うと」

整理して覚える 015 独立不定詞

慣用句として使われる不定詞の表現は**「独立不定詞」**と呼ばれる。

□ to begin[start] with「まず最初に」,
□ to be frank (with you)「率直に言って」,
□ to be honest「正直に言うと」,
□ to tell (you) the truth「実を言うと」→ 154,
□ needless to say「言うまでもなく」→ 151,
□ to say nothing of A → 150 =□ not to speak of A =□ not to mention A
「A は言うまでもなく」,
□ to be sure「確かに」,
□ to be brief「手短に言えば」,
□ so to speak「いわば」(= as it were),
□ to say the least (of it)「控えめに言っても」,
□ A, not to say B「A，あるいは B（と言ってもいい）かもしれない」,
□ strange to say「不思議なことに／奇妙な話だが」→ 152,
□ to make matters worse「さらに悪い［困った］ことには」(= what is worse) → 153

解答 148 to be submitted by Wednesday at the 149 ③ 150 ② 151 Needless to say 152 ③ 153 to make 154 ②

第06章

Field 1 文法
動名詞

Section 053

155 そのバスに乗り遅れると30分待つことになる。
基本
(for / the bus / missing / half / waiting / means) an hour.
〈拓殖大〉

156 He is fond of (　　) soccer.
基本
① to play　② play
③ playing　④ played
〈駒澤大〉

157 When I had dinner with Tom, I got angry at (　　) on his cell phone throughout the meal.
基本
① he talks　② he talked
③ his talking　④ he talking
〈大東文化大〉

158 彼女の表情から，彼女は子ども扱いされるのが嫌いなのだとわかる。
基本
Her expression shows that she (child / like / treated / dislikes / being / a).
〈活水女子大〉

159 彼は20年前に有名な俳優だったことを誇りにしている。
基本
(been / proud / 20 years ago / having / of / is / he / a well-known actor).
〈東海大〉

160 I am ashamed (　　) kind to the old woman on the train.
基本
① not of having been　② of having been not
③ of having not been　④ of not having been
〈日本女子大〉

まずは確認 017　動名詞の基本用法

動名詞 doing「…すること」は名詞と同じような働きをし，(1) **主語** → **155**，(2) **補語**（下の例文参照），(3) **他動詞の目的語** → **155**，(4) **前置詞の目的語** → **156** になる。

My hobby (S) is (V) collecting old foreign stamps (C).「私の趣味は古い海外の切手を集めることだ」

collecting old foreign stamps が文の補語になっている。

---

156 彼はサッカーをするのが好きだ。
157 トムと食事をしたとき，その間ずっと彼が携帯電話で話していたことに私は腹を立てた。
160 電車の中で，老婦人に親切にしなかったことを私は恥じている。

Section 053 《 動名詞の基本用法

・まずは確認 017

155 missing, waiting の2つが動名詞 ◆動名詞―主語，他動詞の目的語

▶ missing と waiting が動名詞。動詞 means でこの2つをつないで，missing means waiting「逃す（乗り遅れる）ことは待つことを意味する」という文の骨格を作る。

▶ missing the bus「そのバスに乗り遅れること」が主語。waiting for half an hour「30分待つこと」を他動詞 means の目的語として文を完成させる。動名詞（句）が主語になる場合は三人称単数扱いをする。よって述語動詞は means となる。

156 前置詞のあとに来るのは名詞の働きをする語句 ◆動名詞―前置詞の目的語

▶ 前置詞のあとには名詞の働きをする語句が来るのが原則。前置詞 of の目的語に用いられるのは，動名詞③ playing だけ。

選択肢 不定詞① to play は前置詞の目的語になれない。→ ・まずは確認 012（p. 068）

157 動名詞が表す行為の主語を所有格で表す ◆動名詞の意味上の主語

動名詞の意味上の主語は，**名詞や代名詞の所有格あるいは目的格**で表し，**動名詞の前**に置く。

▶ 前置詞 at の目的語になれるのは，③ his talking「彼が話すこと」だけ。所有格 his は動名詞 talking の意味上の主語。

選択肢 前置詞のあとに文（SV）を続けることはできないので① he talks と② he talked は不可。
動名詞の意味上の主語を主格で表すことはできないので④ he talking は不可。

158 「子ども扱いされる」は受動態 ◆受動態の動名詞（being done）

受動態の動名詞は **being done「…されること」**という形になる。

▶ dislike「…を嫌う」は動名詞を目的語にとる（→ Section **143**（p. 239））。dislike の目的語として「子ども扱いされること」を動名詞で表して続ける。

▶「子ども扱いされること＝子どものように扱われること」と考え，受動態の動名詞で表し，being treated like a child とする。

159 2つの出来事の時間のずれを表す ◆完了動名詞（having done）

述語動詞が表す時よりも前のことを動名詞で表すときは **having done** を用いる。この形は「完了動名詞」と呼ばれる。

▶「誇りにしている（現在）」と「20年前に有名な俳優だった（過去）」とは，時がずれていることに注目。述語動詞 is よりも前のことなので完了動名詞 having been で表す。

▶ = He is proud that he was a well-known actor 20 years ago.

160 「…しなかったこと」 ◆動名詞の否定形（not doing / not having done）

動名詞の否定形は，動名詞の**直前に not** や **never** を置き，not doing「…しないこと」/ not having done「…しなかったこと」という語順になる。

▶ ④ of not having been が正しい語順。「恥じている（現在）」と「親切にしなかった（過去）」とは，時がずれていることから完了動名詞となっていることを確認しよう。→ 159

▶ = I am ashamed that I was not kind to the old woman on the train.

解答 **155** Missing the bus means waiting for half **156** ③ **157** ③ **158** dislikes being treated like a child
159 He is proud of having been a well-known actor 20 years ago **160** ④

Section 054

161 彼女にそれをするなと言ってもむだである。（1語不要）
It is (do / to / use / no / telling / useless / not / her) it. 〈摂南大〉

162 The line is dead. There is no use (　　) to use the phone.
① trying　② be trying
③ to try　④ have to try 〈福島大〉

163 There is no point (　　) an expensive personal computer if you never use it.
① with having　② to have
③ in having　④ for having 〈九州産業大〉

Section 055

164 I ①look forward ②to see you ③in Japan ④sometime soon. 〈神奈川大〉

165 She is not used to (　　) formal letters.
① write　② writing
③ writes　④ written 〈名古屋工業大〉

166 私は人前で話すのには不慣れです。（1語不要）
I'm (in / not / public / speaking / to / accustomed / speak). 〈立正大〉

167 She did not object (　　) late at night.
① me work　② to me work
③ to my working　④ my working 〈芝浦工業大〉

168 When it comes (　　), John is definitely the best in class.
① for run　② for running
③ to run　④ to running 〈近畿大〉

169 What do you say (　　) tennis on Sunday?
① about play　② to play
③ to playing　④ for playing 〈埼玉医科大〉

---

162 回線が切れている。電話を使おうとしてもむだだよ。
163 使うことがまったくないのなら，高価なパソコンを持っていてもむだである。
164 近いうちに日本であなたに会えることを楽しみにしています。
165 彼女は正式な手紙を書くことに慣れていない。
167 彼女は，私が夜遅くまで働くことに反対しなかった。
168 走ることとなると，ジョンは間違いなくクラスで一番だ。
169 日曜日にテニスをしませんか。

Section 054《「…してもむだである」の表現

161 ◆It is no use[good] doing「…してもむだである」

▶「彼女にそれをするなと言う」は tell A not to do「A に…しないように言う」を用いて表し,「言ってもむだである」は It is no use doing を用いて表す。

▶与えられた日本語を useless を使って表すと, It is useless to tell her not to do it. となる。

162 ◆There is no use[point / sense / good] (in) doing「…してもむだである」

▶この表現は動名詞の前に in が入ることもある。本問は前置詞 in を省略したパターン。

163 ◆There is no point[use / sense / good] (in) doing「…してもむだである」

▶本問は前置詞 in を省略しないパターン。

Section 055《前置詞 to のあとに動名詞を続ける表現

164 ◆look forward to A / doing「A を/…することを楽しみに待つ」

前置詞 to の目的語に名詞や動名詞を用いる表現では, 前置詞 to の後ろに動詞の原形を続けて to do としてしまう誤りに注意。

▶look forward to の前置詞 to のあとには動名詞が続く。② to see を to seeing に訂正。

選択肢 ④の sometime soon は「近いうちに/近々」という意味。sometimes「ときどき」と混同しないように注意。

165 ◆be used[accustomed] to A / doing「A に/…することに慣れている」

⚠注意 used to do「(以前は) よく…したものだ/ (以前は) …だった (が今は…ではない)」や be used to do「…するために使われる」との違いについては 整理して覚える 005 (p. 047) を参照。

166 ◆be accustomed[used] to A / doing「A に/…することに慣れている」

▶be accustomed to のあとには動名詞が続くので, be accustomed to speaking となる。

167 ◆object to A / doing「A に/…することに反対する」

▶to doing の形になる③が正解。my は動名詞 working の意味上の主語。→157

168 ◆when it comes to A / doing「(話題が) A に/…することになると」

⚠注意 when it comes to A / doing で過去のことについて言及する場合は, when it came to A / doing となる点に注意しよう。
When it **came** to running, John was definitely the best in class.
「走ることとなると, ジョンは間違いなくクラスで一番だった」

169 ◆What do you say to A / doing?「(誘って) A はどうですか/…しませんか」

▶**How about A / doing?** や **What about A / doing?** でも同じ意味を表すことができる。

解答 161 no use telling her not to do (useless 不要) 162 ① 163 ③ 164 ②→ to seeing 165 ② 166 not accustomed to speaking in public (speak 不要) 167 ③ 168 ④ 169 ③

Section 056

170 彼は学生の質問すべてに答えるのに苦労した。
He (all / answering / difficulty / had / questions / the) asked by the students. 〈京都女子大〉

171 People often have great (　　) my handwriting.
① reading to trouble　② reading trouble
③ trouble reading　④ trouble to read 〈明星大〉

172 They are very busy (　　) their homework, aren't they?
① doing　② to do
③ to doing　④ being done 〈芝浦工業大〉

173 私はいつも宿題をするのに2時間を費やす。
I usually (hours / my / doing / spend / two / homework). 〈駒澤大〉

Section 057

174 There is (　　) when John will show up.
① telling not　② no telling
③ not telling　④ not to tell 〈畿央大〉

175 喫煙が健康に悪いことは言うまでもない。
It (for / smoking / saying / goes / bad / without / is / that) one's health. 〈東洋大〉

176 She didn't mean to make him feel like (　　).
① cried　② cry
③ crying　④ to cry 〈立命館大〉

177 (　　), she smiled quietly to herself.
① On hearing the news　② To hearing the news
③ With the news hearing　④ Of hearing the news 〈福岡大〉

178 (　　) trying to make a decision, it is important to keep a proper sense of priority.
① At　② By
③ During　④ In 〈青山学院大〉

---

171 人々は私の手書きの字を読むのにしばしば四苦八苦している。
172 彼らは宿題を片付けるのに大忙しですね。
174 いつジョンが現れるかわからない（←いつジョンが現れるかを判断することはできない）。
176 彼女は，彼を泣きたい気分にさせるつもりはなかった。
177 そのニュースを聞くとすぐに，彼女はひとり静かに笑った。
178 決断をしようとするときは，何を優先すべきかの正しい感覚を保つことが重要だ。

Section 056 (in) doing を用いる表現

170 ◆ have difficulty[trouble] (in) doing「…するのに苦労する」

▶ all the questions「質問すべて」の語順に注意。(×) the all questions の語順は不可。 しっかり理解 024 (p. 315)

▶ asked by the students は過去分詞句で，questions を後ろから修飾している。→ 182

171 ◆ have trouble[difficulty] (in) doing「…するのに苦労する」

▶ この表現の trouble と difficulty は不可算名詞で，本問のように，苦労の度合いを示すために直前に great / a lot of / a little / little / no などの形容詞が入る場合も多い。

172 ◆ be busy (in) doing「…するのに忙しい」

プラス be busy with A「A で忙しい」という表現もある。本問は They are very busy with their homework としてもよい。

173 目的語に時間表現が来る ◆ spend A (in) doing「…するのに A (時間)を使う」

▶ spend A (in) doing は「時間を使う」ことを表す表現で，目的語 A の部分には時間を表す表現が来ることに注意。

Section 057 その他の動名詞を用いた表現

書きかえ問題で出題されることも多い。同意表現も確実に覚えよう。

174 ◆ There is no doing「…できない」
(= It is impossible to do / You[We] cannot do / No one can do)

▶ 本問は It is impossible to [You cannot / No one can] tell when John will show up. と書きかえられる。when John will show up は tell の目的語になっている。

175 ◆ It goes without saying that SV「…は言うまでもない」(= Needless to say, SV → 151)

▶ 本問は Needless to say, smoking is ... と書きかえられる。→ 151

176 ◆ feel like doing「…したい気がする」(= feel inclined to do / want to do / would like to do)

▶ 本問は ... to make him feel inclined to cry. と書きかえられる。
make him feel like ... は make A do「A に…させる」を用いた表現。→ 555

177 ◆ on doing「…するとすぐに」(= as soon as SV → 283)

▶ 本問は As soon as she heard the news, ... と書きかえられる。

178 ◆ in doing「…するときは」(= when SV → 276)

▶ 本問は When you[we] try to make a decision ... と書きかえられる。

選択肢 ③の前置詞 during に動名詞を続けて (×) during doing ... とは言えないことに注意。→ しっかり理解 016 (p. 159)

解答 170 had difficulty answering all the questions 171 ③ 172 ① 173 spend two hours doing my homework 174 ② 175 goes without saying that smoking is bad for 176 ③ 177 ① 178 ④

第07章

Field 1 文法

分詞

Section 058

179 基本

Don't make any noise near the (　　) baby.

① sleep　② sleeper
③ sleeping　④ slept

〈名古屋学院大〉

180 基本

"Do you know that Chris had a skiing accident?"
"Yes. He has a (　　) leg, but I think he'll be OK."

① breaking　② broke
③ broken　④ break

〈法政大〉

181 基本

Yesterday a friend of mine (　　) in China came to Tokyo to attend a meeting.

① to live　② lived
③ living　④ lives

〈獨協大〉

182 基本

The language (　　) in New Zealand is mainly English.

① spoken　② be spoken
③ speaking　④ be speaking

〈拓殖大〉

183 基本

①<u>As</u> you know, Microsoft ②<u>developed</u> a computer ③<u>operating</u> system ④<u>calling</u> Windows.

〈亜細亜大〉

---

179 眠っている赤ちゃんのそばで音を立てるな。
180 「クリスがスキーで事故にあったって知ってる？」「ええ。脚を骨折したけど，心配ないと思うよ」
181 昨日，中国に住む私の友人の１人が会議に出席するため東京にやってきた。
182 ニュージーランドで話されている言語は主に英語です。
183 ご存じの通り，マイクロソフト社は，ウィンドウズと呼ばれるコンピューターオペレーティングシステムを開発した。

Section 058 《 名詞を修飾する分詞(句)

まずは確認 018 名詞を修飾する分詞(句)

(1) 分詞には**現在分詞 doing** と**過去分詞 done** の2種類がある。
(2) 分詞は形容詞と同じように用いられ，**名詞を修飾する**ことができる。
(3) 分詞と修飾される名詞との関係によって，現在分詞と過去分詞を使い分ける。
・「〈名詞が〉…する／…している」という**能動関係**の場合は，**現在分詞** doing。
・「〈名詞が〉…される／…された」という**受動関係**の場合は，**過去分詞** done。
⚠注意　自動詞の過去分詞は「完了」の意味になる。fallen leaves「落ちてしまった葉＝落ち葉」
(4) 分詞が**単独で用いられる**場合は，**名詞の前**に置く。(doing / done +名詞)
分詞が**他の語句を伴う**場合は，**名詞のあと**に置く。(名詞+ doing ... / done ...)

179 baby と sleep の関係に注目 ◆名詞修飾の分詞―現在分詞と過去分詞の区別

▶ baby と sleep「眠る」の間には「赤ちゃんが眠っている」という**能動関係**が成立するので，現在分詞③ sleeping が正解。

180 leg と break の関係に注目 ◆名詞修飾の分詞―現在分詞と過去分詞の区別

▶ leg と break「…を折る」の間には「脚の骨が（何かによって）折られた」という**受動関係**が成立するので，過去分詞③ broken が正解。

重要 □ have a broken leg「脚を骨折している」

181 a friend of mine と live の関係に注目 ◆現在分詞句の後置修飾

▶ a friend of mine と live「住む」の間には「私の友だちが住んでいる」という**能動関係**が成立するので，現在分詞③ living が正解。
▶ in China という他の語句を伴っているので，現在分詞句 living in China は名詞 a friend of mine のあとに来ている。

182 language と speak の関係に注目 ◆過去分詞句の後置修飾

▶ language と speak「…を話す」の間には「言語が話される」という**受動関係**が成立するので，過去分詞① spoken が正解。
▶ in New Zealand という他の語句を伴っているので，過去分詞句 spoken in New Zealand は名詞 language のあとに来ている。

183 system と call の関係に注目 ◆分詞の後置修飾―現在分詞と過去分詞の区別

▶ system と call「…を（～と）呼ぶ」の間には「システムが（ウィンドウズと）呼ばれる」という**受動関係**が成立するので，④ calling を過去分詞 called に訂正する。
▶ Windows という他の語を伴っているので，過去分詞句 called Windows は名詞 system のあとに来ている。

重要 □ as you know「ご存じのように」

解答 179 ③ 180 ③ 181 ③ 182 ① 183 ④→ called

文法用語 12 **後置修飾**:形容詞の働きをする語句が名詞を修飾する際に，名詞を後ろから修飾することを指す（↔ 前置修飾)。

Section 059

184 雲の向こうから光がさしている。
(behind / light / coming / is / there / from) the clouds. 〈麗澤大〉

185 There was an expensive watch (　　) in the locker room.
① leaving　② to be leaving
③ left　④ to have left 〈東海大〉

Section 060

186 Please remain (　　) for a couple of minutes.
① in seat　② seating
③ seated　④ to seat 〈摂南大〉

For Reading & Writing 003　There is S doing / done を情報展開の観点から見ると…

英語は「**(読み［聞き］手がすでに知っている) 旧情報→ (まだ知らない) 新情報**」という情報展開を好みます。There is a parking lot near the park.「公園のそばに駐車場がある」という英文で考えてみましょう。There (「そこに」という意味はないが，**旧情報**の目印として働く) → is (存在している) →「何が存在する?」→ a parking lot (駐車場 [**新情報**]) という情報展開になっています。A parking lot is near the park. は，「新情報」の A parking lot から始まるため，「旧情報→新情報」の情報展開に反する不自然な語順だと言えます。

Section **059** で扱う There is S doing /done ... も，There is S の S (名詞) に対して，**さらに新しい情報を現在分詞句や過去分詞句で加えた表現**として理解しましょう。

184 は，There (**旧情報**を示す目印) → is (存在している) →「何が存在する?」→ light (光が [**新情報①**]) →「どんな光?」→ coming from behind the clouds (雲の向こうから来ている [**新情報②**]) という情報展開で，**「旧情報→新情報」という英語の自然な語順**を踏襲していることになります。

185 ロッカールームに高価な腕時計が置き忘れてあった。
186 数分の間，座ったままでお願いします。

Section 059 There is S doing ... / There is S done ...

184 light と come の関係に注目 ◆There is S doing ...「S が…している」

There is S doing ...「S が…している」S と doing は能動関係

▶ light と come「来る」の間には「光が来る」という**能動関係**が成立するので，現在分詞 coming を用いる。

重要 □ from behind A「A の後ろ［裏］から」
⚠注意 There is S doing / done の S には，the などで特定されていない名詞が来る。

185 watch と leave の関係に注目 ◆There is S done ...「S が…される」

There is S done ...「S が…される」S と done は受動関係

▶ watch と leave「…を置き忘れる」の間には「時計が置き忘れられる」という**受動関係**が成立するので，過去分詞 left を用いて英文を完成する。

⚠注意 There is S doing / done の S には，the などで特定されていない名詞が来る。

Section 060 主格補語の分詞

まずは確認 019 主格補語の分詞

（1）分詞は形容詞と同じように SVC の**補語 C として用いられる**。
（2）SVC の C（主格補語）の位置に分詞が来る場合，主語 S と分詞の意味との関係によって，現在分詞と過去分詞を以下のように区別して使い分ける。

・I sat sleeping for an hour.
「1時間座ったまま眠っていた←眠りながら座っていた」
→主語（S）と補語（C）が「S が…する／…している」という能動関係の場合は，S V doing（現在分詞）となる。

・I sat surrounded by kids.
「子どもたちに囲まれて座っていた」
→主語（S）と補語（C）が「S が…される／…された」という受動関係の場合は，S V done（過去分詞）となる。

186 隠れた主語 You と seat の 関係に注目 ◆主格補語の分詞一現在分詞と過去分詞の区別

▶ remain C で「C のままである」という意味。命令文なので主語が現れていないが，隠れた主語 You と seat「…を座らせる」の間には「あなたが座らされる」という**受動関係**が成立するので，過去分詞③ seated が正解。

重要 □ **remain seated**「座ったままである」 *cf.* be seated「座る／座っている」

解答 **184** There is light coming from behind **185** ③ **186** ③

文法用語 13
主格補語：SVC の文の C のこと。意味的に S = C の関係が成り立ち，主語の状態や様子を表す。
目的格補語：SVOC の文の C のこと。意味的に O = C の関係が成り立ち，目的語の状態や様子を表す。

Section 061

187 I am sorry to have kept you (　　).
① to wait　② wait　③ waited　④ waiting　〈工学院大〉

188 You should keep the door (　　) at all times.
① lock　② locked　③ locking　④ to lock　〈金城学院大〉

Section 062

189 基本 I was glad to see birds (　　) in the blue sky.
① flying high　② to fly high
③ were highly flying　④ highly fly　〈北里大〉

190 基本 I saw the injured schoolboys (　　) to the hospital.
① to be carried　② be carried
③ carried　④ carrying　〈岩手医科大〉

191 Though he had tried to run away secretly, he was (　　) out of the house.
① seeing to come　② seen come
③ seen coming　④ seeing coming　〈東京農業大〉

しっかり理解 008　知覚動詞＋O＋do / doing / done

知覚動詞（see, look at, watch, hear, listen to, feel など）は，SVOC の形で目的格補語 C に (1) **do**（原形不定詞），(2) **doing**（現在分詞），(3) **done**（過去分詞）を用いる。

(1) 知覚動詞 V＋O＋**do**「O が…するのを V する」→ O と do は能動関係
　I heard him sing the song.「彼がその歌を歌うのを聞いた」

(2) 知覚動詞 V＋O＋**doing**「O が…しているのを V する」→ O と doing は能動関係
　I heard him singing the song.「彼がその歌を歌っているのを聞いた」

(3) 知覚動詞 V＋O＋**done**「O が…されるのを V する」→ O と done は受動関係
　I heard the song sung by him.「その歌が彼に歌われるのを聞いた」

⚠注意　(1) は「動作の開始から終了までを知覚している」，(2) は「動作の途中経過を知覚している」というニュアンスの差がある。従って，(1) の例文では，歌を最初から最後まで聞いたというニュアンスがあり，(2) の例文では，歌っている途中のどこかを耳にしたというニュアンスがある。

(1) と (2) の受動態は以下のようになる。
(1)′ He was heard to **sing** the song. →補語の原形不定詞が to 不定詞になる（→ **144**）。
(2)′ He was heard **singing** the song. →補語は現在分詞のまま。

---

187 お待たせしてすみません。
188 常にドアに鍵をかけておくべきだ。
189 鳥たちが青空高く飛んでいるのを見て，私はうれしかった。
190 けがをした男子生徒たちが病院に運ばれるのを私は見た。
191 彼はひそかに逃げ出そうとしたが，家から出るところを目撃された。

Section 061 目的格補語の分詞

まずは確認 020 目的格補語の分詞

SVOC の C（目的格補語）の位置に分詞が来る場合，目的語 O と分詞の意味との関係によって，現在分詞と過去分詞を以下のように区別して使い分ける。

・I found him sleeping on the sofa.「彼がソファで眠っているのに気づいた」
（him = O，sleeping = C）
→目的語（O）と目的格補語（C）が「O が…する／…している」という能動関係の場合は，SVO doing（現在分詞）となる。

・I found him surrounded by kids.「彼が子どもたちに囲まれているのに気づいた」
（him = O，surrounded = C）
→目的語（O）と目的格補語（C）が「O が…される／…された」という受動関係の場合は，SVO done（過去分詞）となる。

＊SVO doing / done の形を作る動詞 V は find，keep（→ 187，188），leave など。

187 目的語 you と wait の関係に注目　◆目的格補語の分詞—keep A doing

▶ keep OC で「O を C（の状態）にしておく」という意味。本問は目的格補語 C に分詞が来る形。目的語 you と wait「待つ」の間には「あなたが待つ」という**能動関係**が成立するので，現在分詞④ waiting が正解。

重要　□ keep A waiting「A を待たせる」

188 目的語 the door と lock の関係に注目　◆目的格補語の分詞—keep A done

▶ keep OC の目的格補語 C に分詞が来る。目的語 the door と lock「…に鍵をかける」には「ドアが鍵をかけられる」という**受動関係**が成立するので，過去分詞② locked が正解。

Section 062 知覚動詞＋ O ＋ do / doing / done

しっかり理解 008

189 目的語 birds と fly の関係に注目　◆see A doing「A が…しているのを見る」

▶ 目的語 birds と fly「飛ぶ」には「鳥が飛ぶ／飛んでいる」という**能動関係**が成立するので，現在分詞を用いた① flying high が正解。

選択肢　③，④の highly は「（動詞を修飾して）大いにほめて／たいへん好意的に」という意味なので文意が通らない。

190 目的語 the injured schoolboys と carry の関係に注目　◆see A done「A が…されるのを見る」

▶ 目的語 the injured schoolboys と carry「…を運ぶ」には「けがをした男子生徒たちが運ばれる」という**受動関係**が成立するので，過去分詞③ carried が正解。

191 see A doing の受動態　◆A is seen doing「A は…しているところを見られる」

▶ saw him coming ... の受動態は，he was seen coming ... となる。

選択肢　saw him come ... の受動態は，he was seen to come ... となるので，② seen come は不可。→ 144

解答　187 ④　188 ②　189 ①　190 ③　191 ③

Section 063

192 I had no ①difficulty in making ②myself ③understand in English when I ④went to America last summer. 〈桜美林大〉

193 I couldn't make myself (　　) because the room was terribly noisy.

① hear　② heard
③ hearing　④ to hear 〈成蹊大〉

Section 064

194 基本 (　　) exactly the same job, he understands my situation better.

① Doing　② Doing as
③ For doing　④ That we are doing 〈立命館大〉

195 基本 (　　) how to study, the students decided to visit their advisor in his office.

① Not knowing　② Knowing not to
③ Not to knowing　④ To not knowing 〈関東学院大〉

196 (　　) the joke before, I didn't find it funny the second time.

① Hearing　② Heard
③ Having heard　④ Hear 〈玉川大〉

---

192 この前の夏アメリカに行ったとき，私は英語で自分の考えを理解してもらうことに苦労しなかった。
193 その部屋がひどく騒々しかったので，私は自分の声を聞き取ってもらえなかった。
194 まったく同じ仕事をしているので，彼は私の状況をより理解してくれる。
195 勉強の仕方がわからなかったので，生徒たちは職員室の指導教官を訪ねることにした。
196 その冗談は以前に聞いたことがあったので，２回目に聞いても私はおもしろいと思わなかった。

Section 063 make oneself understood / make oneself heard

192 ◆make oneself understood「自分の考え[言葉]を人に理解してもらう／意思を疎通させる」

選択肢 ①の have no difficulty in doing「…するのに苦労しない」は，have difficulty (in) doing「…するのに苦労する」を用いた表現。→ **170**

193 ◆make oneself heard「自分の声を相手に届かせる」

Section 064 分詞構文

まずは確認 021 分詞構文

(1) 分詞が導く句が，文（の述語動詞）を修飾するものを「分詞構文」と呼ぶ。分詞構文は原則として現在分詞で表す。分詞構文は，以下のような意味を持つ。
(a)「**時**」（…するとき），(b)「**理由**」（…なので），(c)「**付帯状況**」（…しながら／そして…する），(d)「**条件**」（…すれば），(e)「**譲歩**」（…ではあるが）

⚠注意 (a) ～ (e) のいずれの意味になるかを明確には区別・分類できない分詞構文も多い。また分詞構文はすべて接続詞を用いて書きかえることができるわけでもない。

⚠注意 「条件」「譲歩」の意味になる分詞構文はほとんどが慣用表現なので，代表的な表現を覚えること。→ Section **065**（p. 101）

(2) 分詞構文は文頭，文中，文末で用いることができる。

(3) 分詞構文の意味上の主語と，修飾する文の主語 S は一致するのが原則。

⚠注意 分詞構文の意味上の主語と，文の主語 S が一致しない場合に関しては **197** の独立分詞構文を参照。

194 分詞構文の形を確認する ◆分詞構文の基本形

▶ 現在分詞の① Doing を選ぶと，Doing exactly the same job は分詞構文となる。

195 not の位置を確認する ◆分詞構文の否定形

分詞構文を否定する not[never] は**分詞構文の直前**に置き，**not[never] doing ...** という語順になる。

▶ 否定語 not を直前に置いた① Not knowing を選ぶと，文構造と文意が成立する。

196 before に注目 ◆完了分詞構文

文の述語動詞が表す時よりも前の時を表すには，完了分詞構文（having done）を用いる。

▶ before があることから，分詞で導かれる句は述語動詞（didn't find）よりも前の時を表していることがわかる。従って完了分詞構文③ Having heard が正解。

選択肢 ② Heard は Having been heard から Having been が省略された形なので不可。→ **199**

解答 **192** ③→ understood **193** ② **194** ① **195** ① **196** ③

197 (　　) the night before, the road was muddy.

☒☒☒

① It having rained　　② Having rained

③ Having been rained　　④ It being rained　　〈千葉工業大〉

198 There (　　) no available information on the crime, the police asked the mass media for cooperation.

☒☒☒ 発展

① being　　② having

③ is　　④ seems　　〈鹿児島大〉

199 (　　) from the airplane, the lake looks like a huge doughnut.

☒☒☒

① See　　② Seeing

③ Seen　　④ Having seen　　〈東海大〉

200 All things (　　), we have done a good job.

☒☒☒

① considering　　② considered

③ to consider　　④ consider　　〈西南学院大〉

---

197 前の晩に雨が降ったので，道路はぬかるんでいた。

198 その犯罪に関して情報が入手できなかったので，警察はマスコミに協力を求めた。

199 飛行機から見ると，その湖は巨大なドーナツのように見える。

200 総合的に考えてみると，我々はいい仕事をした。

197 分詞構文の意味上の主語は何か ◆独立分詞構文

分詞構文の意味上の主語が文の主語と一致しない場合は，**意味上の主語を分詞の前に置く**。このような分詞構文は「独立分詞構文」と呼ばれる。

▶ the night before があることから，述語動詞（was）よりも前の時を表すので，完了の独立分詞構文① It having rained が正解。この It は天候を表し，分詞構文の意味上の主語となっている。

選択肢 **動詞 rain「雨が降る」は it を主語にして用いる。②や③を選ぶと分詞構文の意味上の主**語は（文の主語である）the road になる。

198 There と the police に注目 ◆独立分詞構文

▶ ① being を選ぶと There being ... the crime という独立分詞構文になる。主節の主語 the police と There が一致していないことを確認すること。この There は, there is ...「…がある」の there が分詞構文の意味上の主語の役割をしていると考えればよい。

199 文の主語 the lake と see の関係に注目 ◆受動態の分詞構文

受動態 be done の分詞構文は **being done**, 完了分詞構文は **having been done** になる。being / having been が省略されて，done で始まることが多い。

▶ 文の主語は the lake なので，「その湖が（飛行機から）見られる」という受動態の分詞構文にする必要がある。Being seen ... の Being を省略した③ Seen が正解。

200 ◆ all things considered「すべてを考慮してみると」―受動態の独立分詞構文

▶ 受動態の独立分詞構文の **all things considered**「すべてを考慮してみると／総合的に考えてみると」は，よく使われる慣用表現として覚えよう。

しっかり理解 009 過去分詞 done を用いた分詞構文

受動態の分詞構文 being done / having been done から being / having been を省略したものと考える。

(1) 否定形：not done

Not being trained, the dog barks at anyone.

Not trained, the dog barks at anyone. ← Not being trained から being が省略された形。

「訓練されていないので，その犬はだれに対してもほえる」

(2) 完了分詞構文：done

Having been trained properly before, the dog never bites.

Trained properly before, the dog never bites.

← Having been trained から Having been が省略された形。

「以前適切に訓練されたので，その犬は決してかまない」

(3) 独立分詞構文：名詞 + done

The dog being trained properly, I felt safe with it.

The dog having been trained properly, I felt safe with it.

The dog trained properly, I felt safe with it. ← The dog being[having been] trained から being[having been] が省略された形。

「その犬は適切に訓練されていたので，一緒にいて私は安心できた」

解答 197 ① 198 ① 199 ③ 200 ②

Section 065

201 (　　) your love of the outdoors, I am really surprised that you decided to live in the city rather than in the countryside.

① Considered　② Considerate
③ Considering　④ Considerable 〈南山大〉

202 (　　) cars, I've got an environmentally-friendly one.

① Speaking of　② Talking to
③ To talk　④ To be spoken 〈流通経済大〉

Section 066

203 基本 With summer (　　), medical experts have made recommendations to prevent sunburn.

① approaches　② approaching
③ has approached　④ is approaching 〈立命館大〉

204 基本 The thief was taken away with his (　　) behind his back.

① hands tying　② tied hands
③ tying hands　④ hands tied 〈芝浦工業大〉

---

201 あなたのアウトドア好きを考えれば，田舎ではなく，むしろ都会に住むとあなたが決めたことに私は本当に驚いている。
202 車と言えば，私は環境にやさしい車を持っている。
203 夏の到来にあわせて，医療専門家は日焼け防止の提言をした。
204 その泥棒は後ろ手に縛られて連行された。

Section 065 慣用的な分詞構文

201 ◆considering[given] A「A を考慮すれば」─慣用的な分詞構文

202 ◆speaking[talking] of A「A と言えば」─慣用的な分詞構文

整理して覚える 016 慣用的な分詞構文

- □ strictly[roughly / frankly / generally] speaking
  「厳密に［おおまかに／率直に／一般的に］言えば」
- □ speaking[talking] of A「A と言えば」→ 202
- □ judging from A「A から判断すれば」
- □ considering[given] A「A を考慮すれば」→ 201
- □ considering[given] (that) SV「…ということを考慮すれば」
- □ weather permitting「天気が良ければ」

Section 066 付帯状況を表す〈with ＋名詞＋分詞〉

203 **summer と approach の関係に注目** ◆付帯状況を表す〈with ＋名詞＋ doing〉

▶ 名詞 summer と approach「近づく」の間には「夏が近づく」という**能動関係**が成立するので，現在分詞② approaching が正解。

204 **his hands と tie の関係に注目** ◆付帯状況を表す〈with ＋名詞＋ done〉

▶ 名詞 his hands と tie「…を縛る」の間には「彼の手が縛られる」という**受動関係**が成立するので，過去分詞を用いた④ hands tied が正解。

しっかり理解 010 付帯状況「…しながら／…したまま」を表す〈with ＋名詞＋分詞〉

付帯状況を表す〈with ＋名詞＋分詞〉の〈分詞〉の部分には，現在分詞か過去分詞が来る。どちらを用いるかは直前の名詞と分詞の意味との関係で判断する。

(1) 名詞と分詞が「〈名詞〉が…する」という**能動関係**の場合は，**〈with ＋名詞＋ doing〉**

with my eyes **shining**「目を輝かせながら」(←目が輝く)

with tears **running** down my face「涙を流しながら」(←涙が流れる)

with my hair **streaming** in the wind「髪を風になびかせて」(←髪がなびく)

(2) 名詞と分詞が「〈名詞〉が…される」という**受動関係**の場合は，**〈with ＋名詞＋ done〉**

with my arms **folded**「腕を組んで」(←腕が組まれる)

with my legs **crossed**「脚を組んで」(←脚が組まれる)

with my eyes **closed**「目を閉じて」(←目が閉じられる)

＋プラス 分詞の代わりに形容詞などを用いて，**〈with ＋名詞＋形容詞［前置詞句／副詞］〉**で付帯状況を表すこともある。(→ 348, 349, 350)

with my eyes **open**「目を開けて」→ open は形容詞

with my mouth **full**「口に食べ物をいっぱいにしたままで」→ full は形容詞

with some candy **in my mouth**「あめを口に入れて」→ in my mouth は前置詞句

with a cell phone **in my hand**「携帯電話を手に持って」→ in my hand は前置詞句

with the TV **on**「テレビをつけたままで」→ on は副詞

with the lights **off**「照明を消したままで」→ off は副詞

解答 201 ③ 202 ① 203 ② 204 ④

第08章

Field 1 文法

関係詞

Section 067

205 基本
That was the man (　　) did it.
① as　② who
③ whom　④ whose
〈上智大〉

206 基本
"Why is the bus late?" "It crashed into a car (　　) came speeding down the hill."
① which　② who
③ what　④ whose
〈北海学園大〉

207 基本
私たちの進歩は一生の間に出会う人々に左右されるといえる。
We can say that our development depends (upon / our lives / whom / of / we meet / in the course / the people).
〈東洋大〉

まずは確認 023　関係代名詞の種類

(1) 関係代名詞が関係詞節の中で**主語の働き**をするときは「**主格**」，**目的語の働き**をするときは「**目的格**」，**所有格の代名詞の働き**をするときは「**所有格**」と呼ばれる。
(2) 関係代名詞には who，whom，whose，which，that の5種類があり，その使い分けは以下の通り。

先行詞＼格	主格	目的格（省略可）	所有格
人	who (→205)/ that	who(m) (→207)/ that	whose (→210)
人以外	which (→206)/ that	which (→208)/ that	whose (→211)

*主格，目的格では who，whom，which の代わりに関係代名詞 that が使える。所有格の whose の代わりには，that は使えない。
*目的格の whom の代わりに，話し言葉ではしばしば who が使われる。
*目的格の関係代名詞はよく省略される（→209, 213）。主格と所有格は省略できない。
*「人以外」の先行詞にも，所有格の関係代名詞は whose を用いることに注意（→211）。whose を用いる場合は必ず〈**先行詞＋ whose ＋名詞**〉という語順になる。

---

205 そいつがそれをやった男だった。
206「どうしてバスが遅れているのですか」「下り坂をスピードを出して下りてきた車と衝突したんですよ」

Section 067 《 関係代名詞の基本

まずは確認 023

まずは確認 022　関係代名詞とは

(1) **関係代名詞**は，名詞と（名詞の働きをする語句が 1 つだけ欠けた）文をつなげる働きをするので，〈**名詞+関係代名詞+文…**〉という語順になる。この時の〈名詞〉を「**先行詞**」と呼び，〈関係代名詞+文…〉を「**関係代名詞節**（=関係詞節）」と呼ぶ。

He is a man who works in the bank.（彼はその銀行で働いている人です）

先行詞（名詞）　**関係代名詞（who）：関係代名詞節（who works in the bank）**

(2) 関係代名詞の後ろでは名詞の働きをする語句が 1 つだけ欠けている。その語句は先行詞となっていて，関係代名詞節の中では関係代名詞がその欠けた語句の代わりをしている。つまり，関係代名詞の後ろには，名詞要素が1つ欠けた「不完全な文」が来ることになる。

205 空所の後ろに欠けているものは？　◆先行詞が「人」+主格の who

▶ 空所の後ろに注目すれば，他動詞（did）と目的語（it）があるので，主語が欠けていることがわかる。先行詞 the man は「人」なので，関係詞節内で主語の働きをする主格の関係代名詞② who が正解。

That was the man. + **He**［= The man］did it.
（He＝主語）
↓
→ That was the man **who** did it.
（who＝主格）

206 空所の後ろに欠けているものは？　◆先行詞が「人以外」+主格の which

▶ 空所の後ろに注目すれば，自動詞（came）があるので，主語が欠けていることがわかる。先行詞 a car が「人以外」なので，関係詞節内で主語の働きをする主格の関係代名詞① which が正解。

It［= The bus］crashed into a car. + **It**［= The car］came speeding down the hill.

→ It crashed into a car **which** came speeding down the hill.

重要　□ crash into A「A と衝突する」

207 「人々←私たちが出会う」meet の目的語は何か　◆先行詞が「人」+目的格の whom

▶ the people「人々」を先行詞にして，そのあとに関係代名詞節 whom we meet in the course of our lives「一生の間に出会う」を続けて表現する。他動詞（meet）の目的語が欠けていて，先行詞 the people がその欠けた語にあたることを確認しておこう。

Our development depends upon the people. + We meet **them**［= the people］in the course of our lives.

→ Our development depends upon the people **whom** we meet in the course of our lives.

注意　目的格の関係代名詞は省略できるので，本問の whom も省略可能。

重要　□ A depend on[upon] B「A は B に左右される／ B 次第である」→ 907
□ in the course of A「A の間に／ A の過程で」

解答　205 ②　206 ①　207 upon the people whom we meet in the course of our lives

208 ☒☒☒ 基本

Global warming is an important issue ( ) we have to discuss more seriously.

① how ② what
③ which ④ why 〈近畿大〉

209 ☒☒☒ 基本

定員がすでにいっぱいで，希望していた講座を履修できず残念だ。
It's a pity that I (to / I / take / can't / wanted / course / the) because it's already full. 〈中央大〉

210 ☒☒☒ 基本

Are you the boy ( ) bicycle was stolen?

① who ② whose
③ your ④ his 〈西南学院大〉

211 ☒☒☒ 基本

You should avoid using technical terms ( ) meanings you don't understand very well.

① what ② which
③ who ④ whose 〈京都女子大〉

For Reading & Writing 004 関係詞を用いない日本語 vs. 関係詞を用いる英語

日本語は〈文+名詞〉の語順で，名詞に文の情報を加えることが可能です（いわゆる連体修飾）。「その銀行で働いている人」は，「その銀行で働いている」という文の情報が，「人」という名詞に前から加わっています。一方，英語は〈名詞+関係詞+文〉の語順で，名詞のあとに文の情報を加えるのが一般的ですから，the man who works in the bank の語順になります。**日本語と英語では，名詞に文の情報を加える順が正反対**ですね。このような**日本語と英語の根本的な発想の違いを理解する**ことは，英文読解・英作文にとって非常に重要です。

日本語 「その銀行で働いている人」

英語 the man who works in the bank

208 地球温暖化は私たちがもっと真剣に話し合うべき重要な問題だ。
210 あなたが，自転車を盗まれた少年ですか。
211 意味があまりよくわからない専門用語を使うのは避けるべきだ。

208 空所の後ろに欠けているものは？ ◆先行詞が「人以外」+目的格の which

▶ 空所の後ろに注目すれば，主語（we）と他動詞（discuss）があるので，目的語が欠けていることがわかる。先行詞 an important issue が「人以外」なので，関係詞節中で目的語の働きをする目的格の関係代名詞③ which が正解。先行詞 an important issue を他動詞 discuss の目的語だと考えれば文意が通ることを確認しておこう。

Global warming is an important issue. + We have to discuss **it**[= the issue] more seriously.

→ Global warming is an important issue **which** we have to discuss more seriously.

209 「講座←私が履修することを希望していた」 ◆目的格の関係代名詞の省略

▶ the course「講座」を先行詞にして，そのあとに I wanted to take「（履修を）希望していた」を続けるには，目的格の関係代名詞 which / that が必要。ところが選択肢に which / that がないので，目的格の関係代名詞が省略されていると考える。

▶ take が 1 つしかないので，wanted to take の take を省略して代不定詞 to（→ Section **047**（p. 77））を用いる。

I can't take the course. + I wanted to take **it**[= the course].

→ I can't take the course (**which** / **that**) I wanted to (take).

210 the boy と bicycle の関係に注目 ◆先行詞が「人」+所有格の whose

▶ 空所の前後の the boy と bicycle に注目して，「少年の自転車が盗まれた」という状況を考え，所有格の関係代名詞② whose を入れると文意が成立する。

Are you the boy? + **His**[= The boy's] bicycle was stolen.

→ Are you the boy **whose** bicycle was stolen?

選択肢 ① who が入るとすれば，先行詞の the boy が関係詞節の中で欠けた名詞要素の働きをしていなければならないが，そのような名詞要素はない。よって① who は不可。

211 technical terms と meanings の関係に着目 ◆先行詞が「人以外」+所有格の whose

▶ 空所の前後の technical terms と meanings に着目して，「専門用語の意味をあまりよく理解していない」という状況を考え，所有格の関係代名詞④ whose を入れると文意が成立する。

You should avoid using technical terms.

\+ You don't understand **their**[=the technical terms'] meanings very well.

→ You should avoid using technical terms **whose** meanings you don't understand very well.

解答 208 ③ 209 can't take the course I wanted to 210 ② 211 ④

Section 068

212 私があなたにお話をしたもう１人の女の子もブリストルに住んでいる。
The other girl (about / also / I / that / told / you) lives in Bristol.

〈創価大〉

213 これが昨日君が話していた本ですか。
(the / book / this / you / were / talking / is / about) yesterday?

〈麗澤大〉

214 These are the tools (　　) he built his own house.

① that　② with that
③ with which　④ which

〈青山学院大〉

まずは確認 024　先行詞が関係代名詞節の中で前置詞の目的語になっている場合は，２種類の表現が可能

(1) **目的格の関係代名詞（→ 212）を用いる表現**
I have a talented daughter (**whom** / **that**) I am proud of.
「私には自慢の才能のある娘がいる」
(← I have a talented daughter. + I am proud of **her**.)
＊目的格の関係代名詞は**省略できる**（→ 213）。節内では**前置詞の目的語が欠けている。**

(2) **〈前置詞+目的格の関係代名詞〉を用いる表現→ 214**
I have a talented daughter **of whom** I am proud.
「私には自慢の才能のある娘がいる」
(← I have a talented daughter. + I am proud **of her**.)
＊前置詞のあとの目的格の関係代名詞は**省略することはできない。**

⚠注意 〈前置詞＋ that〉は用いられない。(×) a talented daughter of that I am proud は不可。

Section 069

215 Please tell me the name of the shop (　　) you bought that camera.
基本

① which　② that
③ where　④ why

〈芝浦工業大〉

まずは確認 025　関係副詞

関係副詞は，基本的に先行詞が**「場所」**なら where → 215，**「時」**なら when → 217，**reason「理由」**なら why → 218 を用いる。ただし，先行詞だけで関係副詞を選ばないこと。
関係副詞は〈前置詞+目的格の関係代名詞 which〉で表せるものを，関係副詞１語で表したものである。よって，**まず〈前置詞+ which〉で表せることを確認してから，ふさわしい関係副詞を選ばなければならない。**

⚠注意 関係副詞 **how** だけは例外的な使い方をするので 整理して覚える 017（p. 108）を参照。

---

214 これらは，彼が自分の家を建てるのに使った道具だ。
215 あなたがそのカメラを買った店の名前を教えてください。

Section 068 《 先行詞が関係代名詞節の中で前置詞の目的語になる場合

・まずは確認 024

212 「もう1人の女の子←私があなたにお話をした」 ◆目的格の関係代名詞を用いる表現

▶ The other girl「もう1人の女の子」を先行詞にして，そのあとに関係代名詞節 that I told you about「私があなたに（女の子について）お話をした」を続けて表現する。前置詞 about の目的語が欠けていて，先行詞 The other girl がその欠けた目的語にあたる。

The other girl also lives in Bristol. + I told you about **her**[= the other girl].

→ The other girl **that** I told you about also lives in Bristol.

▶ 関係代名詞 that の前に前置詞をつけることはできないので，（×）about that I told you の語順は不可。

重要 □ tell A about B「B について A に話す」→ 617

213 「本←君が話していた」 ◆目的格の関係代名詞の省略

▶ the book「本」を先行詞にして，そのあとに you were talking about「君が（本について）話していた」を続けるには，目的格の関係代名詞 which / that が必要。ところが語句の中に関係代名詞となりえるものがないので，目的格の関係代名詞が省略されていると考える。関係詞節内では前置詞 about の目的語が欠けている。

Is this the book? + You were talking about **it**[= the book] yesterday.

→ Is this the book (**which** / **that**) you were talking about yesterday?

▶〈前置詞＋目的格の関係代名詞〉の場合は，前置詞だけを残して関係代名詞を省略することはできないので，（×）the book about you were talking yesterday は不可。

214 the tools の関係詞節内での働きは？ ◆〈前置詞+目的格の関係代名詞〉を用いる表現

▶ He built his own house with the tools.「彼はその道具を使って自分の家を建てた」を前提にし，〈前置詞＋目的格の関係代名詞〉を用いる③ with which が正解。

These are the tools. + He built his own house **with them** [= the tools].

→ These are the tools **with which** he built his own house.

選択肢 関係代名詞 that の前に前置詞をつけることはできないので② with that は不可。空所の後ろは he (S) built (V) his own house (O) という構造で，欠けた名詞要素はないので関係代名詞① that と④ which は不可。

Section 069 《 関係副詞

・まずは確認 025

215 the shop と you bought that camera の関係は？ ◆関係副詞 where / 先行詞は「場所」

▶〈前置詞＋ which〉＝関係副詞　という前提から，次のような関係を見抜く。

Please tell me the name of the shop. + You bought that camera **at the shop**.

→ Please tell me the name of the shop **at which** you bought that camera.

→ Please tell me the name of the shop **where** you bought that camera.

選択肢 空所の後ろは you (S) bought (V) that camera (O) という構造で，欠けた名詞要素はないので関係代名詞① which と② that は不可。

解答 212 that I told you about also 213 Is this the book you were talking about 214 ③ 215 ③

216 This is the museum (　　) my grandfather visited fifty years ago.
☒☒☒
① where　　② which
③ at which　　④ to which　　〈北陸大〉

217 Summer is the season (　　) students want to travel most.
☒☒☒ 基本
① with whom　　② which
③ where　　④ when　　〈福岡大〉

218 学生たちは講義に遅れた理由を私に説明した。
☒☒☒ 基本
The students explained to me (for / late / reason / the / they / were / why) the lecture.　　〈立命館大〉

219 このようにして子どもたちは母語を習得する。
☒☒☒
(children / how / this / their native language / is / learn).　　〈畿央大〉

整理して覚える 017　「…するやり方／…する様子」の表し方

(1) how SV　→ 219
(2) the way SV　→ 220
(3) the way in which SV：関係副詞の代わりに〈前置詞 in + which〉を用いた表現。
　→ 221

⚠注意　the way と関係副詞 how を一緒に用いて（×）the way how SV という表現はできない。
⚠注意　the way that SV という表現もある。この that は関係副詞の一種と理解すればよい。

---

216 これは，私の祖父が50年前に訪れた美術館です。
217 夏は，学生たちが最も旅に出たくなる季節だ。

216 the museum と visited の関係は？

◆先行詞が「場所」でも関係代名詞 which / that を用いる場合

▶ 先行詞 the museum が「場所」を表すからといって，関係副詞① where を選ばないこと。先行詞 the museum は他動詞 visited の目的語の働きをしているので，空所には目的格の関係代名詞② which が入る。次の図式で確認しよう。

This is the museum. + My grandfather visited **it** fifty years ago.

→ This is the museum **which** my grandfather visited fifty years ago.

217 the season は「時」を表す

◆関係副詞 when—先行詞は「時」

▶〈前置詞＋ which〉＝関係副詞という前提から，次のような関係を見抜く。

Summer is the season. + Students want to travel **in the season** most.

→ Summer is the season **in which**［= **when**］students want to travel most.

218 「…した理由」the reason why ...

◆関係副詞 why—先行詞は the reason「理由」

▶ the reason「理由」を先行詞に選び，関係副詞 why を使って，they were late for the lecture「(彼らが) 講義に遅れた」を続ける。

▶〈前置詞＋ which〉＝関係副詞という前提から，the reason why ... は the reason for which ... でも表すことができる。

The students explained to me the reason. + They were late for the lecture **for the reason.**

→ The students explained to me the reason **for which**［= **why**］they were late for the lecture.

重要 □ be late for A「A に遅れる」
□ explain A to B = explain to B A「B に A を説明する」→ 670

219 「このようにして…」This is how ...

◆how SV「…するやり方／…する様子」—関係副詞 how の用法

整理して覚える 017

関係副詞 how に SV を続けて「…するやり方／…する様子」という意味を表すことができる。〈how S V〉は名詞節の働きをする。

▶ 関係副詞 how に children(S) learn(V) their native language(O) を続けて，名詞節 how children learn their native language を完成させる。

▶ 本問は「これが子どもたちが母語を習得するやり方だ」が直訳。This is how SV は「このようにして…する／こんなふうに…する」という意味の一種の慣用表現として覚えよう。

▶ 本問は This is the way children learn their native language. や，This is the way in which children learn their native language. と表現することもできる（→左頁の 整理して覚える 017）。

解答 216 ② 217 ④ 218 the reason why they were late for 219 This is how children learn their native language

220 私に対する彼らの口のきき方が嫌だった。
I (by / irritated / spoke / the / they / was / way) to me. 〈立命館大〉

221 An important aspect of computer languages is the way (　　) they handle data items and structures.
① for which　② for that
③ in which　④ in whom 〈会津大〉

222 私たちが立っていたところから樫(かし)の木まで100メートルもなかった。
発展
It was less than a hundred meters (we / from / were / where / standing) to the oak tree. 〈明海大〉

223 He has been in hospital for two weeks. That's (　　) he can't come today.
① because　② how
③ why　④ the way 〈東京電機大〉

整理して覚える 018 「それが…する理由だ／そういうわけで…」の表し方

前の文で理由を述べて，その結果を述べる表現。
(1) **That is the reason why SV**
(2) **That is why SV** → **223**　＊先行詞 the reason を省略した表現。
(3) **That is the reason SV**　＊関係副詞 why を省略した表現。
⚠注意　That の代わりに This / It を用いる場合もある。

---

221 コンピューター言語の重要な側面は，それがデータ項目とデータ構造を取り扱う方法だ。
223 彼は2週間入院しています。そういうわけで，彼は今日は来られません。

220 ◆the way SV「…するやり方／…する様子」

the way SV は how SV と同意表現。

▶「私に対する彼らの口のきき方」は，〈the way SV〉を用いて，the way they spoke to meと表す。the way they spoke to meは名詞節で前置詞byの目的語の働きをしている。

重要 □ **be irritated by A**「Aに怒る／いらいらする」

221 ◆the way in which SV「…するやり方／…する様子」

▶ 関係副詞の代わりに〈前置詞＋関係代名詞〉を用いた表現。

▶ 本問は ... is **the way** they handle data items and structures. や，... is **how** they handle data items and structures. と表現することもできる。

222 ◆関係副詞の先行詞の省略

関係副詞 where，when，why の先行詞は省略される場合がある。その結果，where SV（→222），when SV，why SV（→223）は名詞節の働きをすることになる。

Summer is **when** students want to travel most. → 217

→先行詞 the season の省略。when 節は補語になる名詞節。

The students explained to me **why** they were late for the lecture. → 218

→先行詞 the reason の省略。why 節は目的語になる名詞節。

▶ 全体を〈It is ＋距離＋ from A to B.〉「A から B まで…（の距離が）ある」でまとめる。from A の A にあたる部分「私たちが立っていたところ」を関係副詞 where を使ってまとめる。

▶ A は先行詞にあたる語句が選択肢にないので，the place の省略と考えて，関係副詞 where が導く名詞節 where we were standing で表現する。

重要 □ **It is ＋距離＋ from A to B.**「A から B まで…（の距離が）ある」

223 ◆That is why SV―先行詞 the reason の省略

整理して覚える 018

▶「入院中（**理由**）」→「欠席する（**結果**）」という文意にふさわしいのは③ why を用いた That's why ... だけ。先行詞 the reason が省略された形であることを，左頁の 整理して覚える 018 で確認。

⚠注意 〈**理由**を述べて→**結果**を述べる〉には **That is** why **SV** を用い，〈**結果**を述べて→**理由**を述べる〉には **That is** because **SV**「その理由は…だから／なぜなら…だから（前の文の理由）」を用いる。両者を混同しないように注意。

He has been in hospital for two weeks. **That is why** he can't come today.
「彼は2週間入院しています。そういうわけで，彼は今日は来られません」：〈理由→結果〉
He can't come today. **That is because** he has been in hospital for two weeks.
「彼は今日は来られません。なぜなら2週間入院しているからです」：〈結果→理由〉

解答 220 was irritated by the way they spoke　221 ③　222 from where we were standing　223 ③

224 He lent me *The Lord of the Rings*, (　　) I found very interesting.
☒☒☒ 基本
① that　② which
③ what　④ where
〈東北工業大〉

225 Soseki Natsume, (　　) wrote *Kokoro* and *Botchan*, was born in 1867.
☒☒☒ 基本
① whom　② who
③ of which　④ whose
〈椙山女学園大〉

226 The movie star, (　　) Mary wrote a letter, never answered.
☒☒☒
① who　② whose
③ to whom　④ that
〈名古屋学院大〉

227 The winter ①of 1999, ②which I was preparing ③for the entrance examination, is still clear ④in my memory.
☒☒☒
〈福岡大〉

For Reading & Writing 005　制限用法の訳し上げと，非制限用法の訳し下し

関係詞の**制限用法**は，「関係詞節→先行詞」の順番で訳します（☞**訳し上げ**）。Section **067**（p. 102）**205** の the man who did it は「それをやった→男」と訳し上げるのが自然です。一方，**非制限用法**は「先行詞→関係詞節」の順番で訳すのが原則です（☞**訳し下し**）。Section **070** 非制限用法の **224** ～ **233** の日本語訳はすべて**訳し下し**であることを確認しておきましょう。

ところが，**225** は「『こころ』と『坊っちゃん』を書いた夏目漱石」という**訳し上げ**の日本語でも違和感がありませんね。実はここが英作文の盲点なのです。「夏目漱石」などの**固有名詞が先行詞の場合は，たとえ訳し上げの日本語で出題されていても，**英作文の際は**非制限用法を用いる（=コンマを打つ）**ことにくれぐれも注意してください。

224 彼は『ロード・オブ・ザ・リング』を貸してくれたが，私はそれをとてもおもしろいと思った。
225 夏目漱石は，『こころ』と『坊っちゃん』を書いたが，1867年に生まれた。
226 その映画スターは，メアリーが手紙を書き送った相手だが，一度も返事をよこさなかった。
227 1999年の冬，私は入学試験の準備をしていたが，その冬のことは私の記憶の中でまだ鮮明だ。

Section 070《 関係詞の非制限用法

まずは確認 026 関係詞の非制限用法

関係詞の前にコンマをつけて，**先行詞を補足的に説明する**用法を「非制限用法」と呼ぶ。

(1) 非制限用法で用いる**関係代名詞**は，who（→225），whom，whose，which（→224），**前置詞** + whom (→226)，**前置詞** + which (→227) のみ。関係代名詞 that, what (→Section 071 (p. 117)) は非制限用法では使えない。

(2) 目的格の関係代名詞（whom，which）は，非制限用法では省略できない。

(3) 非制限用法で用いる**関係副詞**は where（→228），when（→227）のみ。関係副詞 why, how は非制限用法では使えない。

224 空所の後ろに欠けているものは？ ◆非制限用法の which

▶ 空所の前のコンマに注目。他動詞 found の目的語が欠けているので，非制限用法の目的格の関係代名詞が空所に入ると考える。*The Lord of the Rings* を先行詞とする非制限用法の目的格の関係代名詞② which を選ぶ。

▶〈find O C〉は「（実際にやってみて）O は C であるとわかる」という意味。I found *The Lord of the Rings* very interesting. という文が前提。

選択肢 ① that と③ what は非制限用法では使えないので不可。

225 空所の後ろに欠けているものは？ ◆非制限用法の who

▶ 空所の前のコンマに注目。述語動詞 wrote の主語が欠けているので，非制限用法の主格の関係代名詞 who が入ると考える。

226 the movie star と Mary wrote a letter の関係は？ ◆非制限用法の〈前置詞 + whom〉

▶ write a letter to A は「A に手紙を書き送る」という意味。Mary wrote a letter to the movie star. という文を想定すれば文意が通るので，③ to whom を選ぶ。
The movie star never answered. + Mary wrote a letter **to him** / **her**［= the movie star］.
→ The movie star, **to whom** Mary wrote a letter, never answered.

227 the winter of 1999 と I was preparing for the entrance examination の関係は？ ◆非制限用法の〈前置詞+ which〉=関係副詞

▶ I was preparing for the entrance examination **in** the winter of 1999という文を想定すれば文意が通るので，② which を in which か関係副詞の when に訂正する。

選択肢 ② which が正しいとすれば，他動詞 prepare の目的語になり，「1999 年の冬を準備する」という明らかに不自然な意味になる。

重要 □ prepare for A「A の（ための）準備をする」*cf.* prepare A「A を準備する」

解答 224 ② 225 ② 226 ③ 227 ②→ in which / when

228 He bought a cottage in the countryside, (　　) he spent the last days of his life.

① which　② when
③ where　④ why　〈明治大〉

229 Tom has three daughters, all (　　) live in different cities in Japan.

① of who　② of whom
③ who　④ whom　〈金城学院大〉

230 They spoke only English and French, neither of (　　) she understood.

① what　② which
③ whose　④ that　〈亜細亜大〉

231 He learned to speak fluent Japanese in only one year, (　　) surprised me.

① that　② who
③ which　④ it　〈昭和大〉

For Reading & Writing 006　非制限用法の which の英作文への活用

231 は，He learned to speak fluent Japanese in only one year「彼はたった 1 年で流暢な日本語を話せるようになった」という文が「原因」で，which surprised me「そのことが私を驚かせた」という関係詞節が「結果」を表しています。このように〈SV ..., which 〜〉**という表現は，〈前の文が原因 → which 以下が結果〉という因果関係を表し**たいとき，とても便利です。英作文でどんどん使っていきましょう。

(例)「私が何も言わなかったことに彼は腹を立てた」I said nothing, which made him angry.

228 彼は田舎の別荘を買い，そこで晩年を過ごした。
229 トムには３人の娘がいるが，３人とも日本の別々の都市に住んでいる。
230 彼らは英語とフランス語しか話さなかったが，どちらも彼女は理解できなかった。
231 彼はたった１年で流暢(りゅうちょう)な日本語を話せるようになったが，それには私も驚いた。

228 a cottage in ... と he spent the last days of his life の関係は？

◆非制限用法の where

▶ 空所の前のコンマと選択肢から，空所には非制限用法の関係詞が入ることがわかる。

▶ 文意が成立する He spent the last days of his life **at a cottage in the countryside**. を前提とすれば，He bought a cottage in the countryside, **where** [= **at which**] he spent the last days of his life. という文ができるので，③ where が正解。

229 all に注目：「その3人の娘が全員…」

◆非制限用法の all of whom

非制限用法で**〈数量代名詞＋ of whom / of which〉**という表現が用いられることがある。「数量代名詞」には all, most, many, much, some, both, either, neither, none などが用いられる。

I have two books, **both of which** I found difficult.

「私は2冊本を持っているが，その両方を難しいと思った」

＊ I found **both of them** [= the two books] difficult. を前提にして考える。

▶ 先行詞は three daughters で，「その3人の娘が全員…」という内容を非制限用法の all of whom ... で表現していることを見抜く。all of whom は関係詞節内で主語の働きをしている。

Tom has three daughters. + **All of them** [= the three daughters] live in different cities in Japan.

→ Tom has three daughters, **all of whom** live in different cities in Japan.

230 先行詞は何か

◆非制限用法の neither of which

▶ 先行詞は English and French で，「英語とフランス語のどちらも…ない」という内容を非制限用法の neither of which ... で表現していることを見抜く。neither of which は関係詞節内で目的語の働きをしている。

They spoke only English and French. + She understood **neither of them** [= English and French].

→ They spoke only English and French, **neither of which** she understood.

選択肢　関係代名詞 what は非制限用法では使えないので① what は不可（まずは確認 026 (p. 113)）。
関係代名詞 that の前に前置詞をつけることはできないので④ that は不可。
関係代名詞 whose は〈先行詞 + whose + 名詞〉という語順になるので③ whose は不可。

231 先行詞は何か

◆非制限用法の which―先行詞が前の文の内容の全部

非制限用法の関係代名詞 which には，前の文の内容の全部（→ 231），またはその一部（→ 232）を先行詞とする用法がある。

▶ 空所の前のコンマに注目。述語動詞 surprised の主語が欠けているので，非制限用法の主格の関係代名詞が入ると考える。前の文の内容の全部を先行詞とする③ which を関係詞節の主語だと考えれば，「彼がたった1年で流暢な日本語を話せるようになったことが私を驚かせた」という文意が成立する。

選択肢　関係代名詞 that は非制限用法では使えないので① that は不可。
関係代名詞 who の先行詞は「人」だが，「人」にあたる名詞が空所の前にないので② who は不可。
④ it を用いる場合は，... and it surprised me. と接続詞を入れれば正しい英語になる。

解答　228 ③　229 ②　230 ②　231 ③

232 She tried to swim across the river, (　　) was impossible to do.

① that　　② which
③ on which　　④ where

〈鶴見大〉

233 発展 Please come at noon, (　　) I will be back in my office.

① by its time　　② by time
③ by which time　　④ during

〈西南学院大〉

234 基本 (　　) matters most to him is where he works after graduation.

① The thing　　② When
③ What　　④ How

〈愛知県立大〉

232 彼女は泳いでその川を渡ろうとしたが，それは不可能だった。
233 正午にいらしてください。そのころには私もオフィスに戻っていますので。
234 彼にとって一番大事なのは，卒業後どこで働くかということだ。

232 先行詞は何か ◆非制限用法の which―先行詞が前の文の内容の一部

▶ 空所の前のコンマに注目。述語動詞 was の主語が欠けているので，非制限用法の主格の関係代名詞が入ると考える。前の文の内容の一部を先行詞とする② which を入れて，関係詞節の主語だと考えれば，「泳いでその川を渡ることは不可能だった」という文意が成立する。本問の which の先行詞は前の文の一部である名詞句の to swim across the river。

選択肢 関係代名詞 that は非制限用法では使えないので① that は不可。〈前置詞+関係代名詞〉も関係副詞も主語に用いることができないので，③ on which と④ where は不可。

233 ◆非制限用法の〈which +名詞〉

関係代名詞 which が名詞を伴い**〈which ＋名詞 ...〉**という形になり，非制限用法で用いられることがある（関係代名詞が直後の名詞を修飾する形容詞の働きをするので，この which は「関係形容詞」と呼ばれる）。前に前置詞を伴って，**〈前置詞＋ which ＋名詞〉**の形になることが多い。先行詞には（1）「人以外」（→233），（2）「前の文の内容の全部」（→例1），（3）「前の文の内容の一部」（→例2）の場合がある。

（例1）The bus may be late, **in which case** you should take a taxi.「バスが遅れるかもしれないが，その場合は（＝ in that case）タクシーを拾うべきだ」
→ in which case の先行詞は前の文の内容の全部（The bus may be late）。

（例2）I was told not to use the map, **which advice** I followed.「その地図は使うなと言われ，そのアドバイス（＝ that advice）に従った」
→ which advice の先行詞は前の文の内容の一部（not to use the map）。

▶ ③ by which time を選ぶと，先行詞は noon となって，「その時までに（＝ by that time, ＝ by noon）」という文意が成立する。

選択肢 **コンマと副詞(句)を用いて文と文をつなげることはできないので，** ① by its time と② by time は不可。前置詞の後ろに文は来ないので④ during は不可。

Section 071 関係代名詞 what の用法

まずは確認 027 関係代名詞 what の用法

（1）関係代名詞 **what** は the thing(s) which に相当する表現で，「…すること[もの]」という意味になる。先行詞なしで使うことに注意。

（2）what は，what が導く名詞節（＝ what 節）内で主語，補語，他動詞の目的語，前置詞の目的語となる。

（3）what が導く名詞節は，文全体の中で主語，補語，他動詞の目的語，前置詞の目的語となる。what 節が主語になる場合は三人称単数扱いをするのが原則。

⚠注意 （2）の「**節内での what の働き**」と，（3）の「**文全体での what 節の働き**」の両方を常にきちんと考えること。

234 どこまでが文の主語か ◆関係代名詞 what の用法―節内で主語，what 節は主語

▶ 空所に③ What を入れれば，What matters most to him は名詞節で，文全体の中で主語となる。意味は「彼にとって一番大事なこと」となる。

▶ what 節内は What(S) matters(V) most to him という構造で，what は節内で主語。

▶ where he works after graduation は疑問副詞 where が導く間接疑問の名詞節（→ Section **125**（p. 207））で文全体の補語。

解答 232 ② 233 ③ 234 ③

235 彼について私が本当に考えていることはどうも言いたくない。
基本
I'd (I / not / rather / really / say / think / what) about him. 〈創価大〉

236 A large portion of (　　) the Japanese eat every day is imported from other countries.

① what　　② that
③ which　　④ where 〈法政大〉

237 I sent my brother living in the countryside (　　) little money I had at that time.
発展

① what　　② where
③ which　　④ whom 〈津田塾大〉

Section 072

238 Without American influences, Japanese culture would not be (　　) it is today.

① that　　② what
③ when　　④ which 〈関西学院大〉

239 This town is very different from (　　) it was twenty years ago.

① that　　② what
③ when　　④ which 〈近畿大〉

---

236 日本人が毎日食べるものの大半は，外国から輸入されている。
237 私は田舎に住む弟[兄]に，その時持っていたなけなしのお金を送った。
238 アメリカの影響がなければ，日本文化は今日の姿になっていないだろう。
239 この町は20年前と大きく異なっている。

235 「彼について私が本当に考えていること」を what を使って表す

◆関係代名詞 what の用法－節内で他動詞の目的語，what 節は他動詞の目的語

▶「私は…はどうも言いたくない」を I'd rather not say でまとめ，say の目的語として，what で導かれる名詞節「彼について私が本当に考えていること」を置く。

▶ 節内は what(O) I(S) really think(V) about him で，what は他動詞 think の目的語。

重要 □ would rather not do「(むしろ) …したくない」→ 58

236 前置詞 of の後ろに来るのは名詞に相当する表現

◆関係代名詞 what の用法－節内で他動詞の目的語，what 節は前置詞の目的語

▶ a large portion of A「A の大半」の A に関係代名詞 what で始まる名詞節を作る。

▶ what 節内は what(O) the Japanese(S) eat(V) every day という構造で，what は他動詞 eat の目的語。what the Japanese eat every day は前置詞 of の目的語になる名詞節。

237 what little money S have

◆〈what +名詞〉...「…するすべての〈名詞〉」

what が名詞を伴い，**〈what ＋名詞 ...〉**の形で「…するすべての〈名詞〉(＝ all the ＋名詞＋ that ...)」という意味を持つ場合がある。
I will give you **what information** I have.「私が持っている**すべての情報**を君にあげよう」
→ I will give you all the information that I have. と同意。

注意 〈what little +名詞〉「(少ないが) …するすべての〈名詞〉」とする場合も多い。

▶ ① what を選び，what little money「なけなしのお金 ←（少ないが）持っているすべてのお金」とする。what little money I had at that time は他動詞 send（本問では sent）の目的語になる名詞節。

重要 □ what little money S have「S の持っているなけなしのお金」

Section 072 関係代名詞 what を用いた慣用表現

238

◆ what S is「今[現在] の S（の姿・有り様)」

what S is「今の S」は，what 節内では what が is の補語になっている。「S がある今の状態」といった意味を表している。

▶ what it［= Japanese culture］is today「今日の日本文化（の姿)」は文全体の補語となる名詞節。

▶ 本問は without A「もし A がなければ」(→ 102) を用いた仮定法。主節に would が使われていることに注意。

239

◆ what S used to be / what S was[were]「昔[以前] の S（の姿・有り様)」

what S used to be / what S was[were]「昔の S」は，what S is「今の S」の is を used to be / was[were] に置きかえたものと理解する。

▶ what it[= this town] was twenty years ago「この町の20年前の姿」は前置詞 from の目的語になる名詞節。

プラス 次の表現も覚えておこう。
□ what S will be「将来［未来］の S（の姿・有り様)」
□ what S should be［ought to be］「S のあるべき姿／S の理想像」

解答 235 rather not say what I really think 236 ① 237 ① 238 ② 239 ②

240 翻訳者にとっての言葉は，科学者にとっての事実と同じである。
☒☒☒ Words (the translator / facts / are / what / to) are to the scientist.

〈明海大〉

241 John is (　　) is called a man of culture.
☒☒☒
① that　② what
③ which　④ who

〈関東学院大〉

242 It was cold, and (　　) was worse, the heater broke down.
☒☒☒
① what　② but
③ whatever　④ that

〈大阪学院大〉

243 He is a famous scholar, and (　　) is more, he is a talented poet.
☒☒☒
① what　② who
③ that　④ which

〈関東学院大〉

Section 073

244 There was no objection from the man (　　) I thought was sure to protest.
☒☒☒
① who　② whom
③ of whom　④ by whom

〈桜美林大〉

---

241 ジョンはいわゆる文化人だ。
242 寒かったし，さらに悪いことには，暖房器具も壊れた。
243 彼は有名な学者であり，その上，才能ある詩人でもある。
244 必ず異議を唱えるだろうと思った男性からは，何の反対もなかった。

240 ◆A is to B what C is to D.「AとBの関係はCとDの関係と同じである」

▶「BにとってのAは，DにとってのC（がそうであるもの）にあたる」が直訳。
（注）What C is to D, A is to B. という語順になる場合もある。
What flowers are to city streets, smiles are to humanity.
「笑顔と人間性の関係は，花々と街路の関係と同じである」
▶ what の代わりに接続詞 as を用いた **A is to B** as **C is to D.** も同意表現。

241 ◆what is called A「いわゆるA」

▶ what is called a man of culture「いわゆる文化人」は文全体の補語になる名詞節。

⚠注意 （×）..., what is called, a man of culture のように，what is called を独立した表現と考えて，前後にコンマを打つ間違いに注意。

▶ **what we[you / they] call A** も同意表現。what is called A は what we[you / they] call A の受動態。

242 ◆what is worse「さらに悪いことには」

▶ **what is worse**「さらに悪いことには」は，前文の内容を受けて，それよりも悪い内容をつけ加える表現。
▶ 本問では，過去のことを表しているので，what was worse と過去形になっている。

⚠注意 what is worse には接続詞の働きはないから，（×）It was cold, what was worse, the heater broke down. とはならないことに注意。本問のように接続詞 and が必要となる。

243 ◆what is more「その上／さらに」

Section 073 連鎖関係代名詞節

244 空所のあとの I thought とその直後の was に注目
◆連鎖関係代名詞節―the man who I thought was ...

関係代名詞（who, which, that, what）の直後に I think や I believe などの〈S + V〉が入り込んだように見える形を「連鎖関係代名詞節」と呼ぶ。

▶ 空所のあとに I thought があり，そのすぐ後ろに was が続くことに注目する。the man who was sure to ... の主格の関係代名詞 who のあとに I thought が入り込んだように見える連鎖関係代名詞節であることを見抜く。
▶ 節内の述語動詞 was の主語にあたる主格の関係代名詞① who を用いるのが正しい。文の構造を以下の図式で確認しよう。
There was no objection from the man.
+ I thought **he**[= the man] was sure to protest.
→ There was no objection from the man **who** I thought was sure to protest.

選択肢 他動詞 thought の目的語が欠けているように見えるせいで，② whom を正解にするミスが多い。

解答 **240** are to the translator what facts **241** ② **242** ① **243** ① **244** ①

245 I'll always (best / do / for / is / I think / what) everybody.

〈東京医科大〉

Section 074

246 あなたが提案したような計画では決してうまくいかないだろう。(1 語不要)
Such a plan (you / as / would / proposed / which) never succeed.

発展

〈法政大〉

247 ナオミにとってはいつものことだが，彼女はとても早く起きた。
(Naomi / the case / as / often / is / with), she got up very early.

発展

〈北海道医療大〉

For Reading & Writing 007 連鎖関係代名詞節を使うのはなぜか

連鎖関係代名詞節の 2 文合成については **244** の解説で扱っていますが,「**関係代名詞の直後に,(判断する主体を示す) SV を加えた形**」として理解しても構いません。

(1) the girl who is honest「正直者のその少女」
(2) the girl who I think is honest「正直者だと私が思うその少女」

☞ I think を who の直後に加えると,「私の意見では」というニュアンスが出る。

(3) an issue which is important「重要な問題」
(4) an issue which you think is important「重要だと君が考える問題」

☞ you think を which の直後に加えると,「君の意見では」というニュアンスが出る。

このように，連鎖関係代名詞節は，判断する主体を加えることで，その**記述の責任の所在を明らかにする**働きをします（特にニュースなどで多用）。なお，連鎖関係代名詞節の主格の関係代名詞は省略可能です。(2) の who を省略した the girl I think is honest と，(4) の which を省略した an issue you think is important は共に自然な英語です。

245 私は，みんなのために最善だと私が思うことをいつでもするつもりだ。

245 I think をどこに入れるか ◆連鎖関係代名詞節―what I think is best ...

▶ I think S is best for everybody.「S がみんなのために最善だと私は思う」を前提にして，連鎖関係代名詞節の what I think is best for everybody「みんなのために最善だと私が思うこと」を完成する。主語 S にあたる部分に関係代名詞 what を用いて，do の目的語になる「…すること」という what 節を作る。
I'll always do the thing. + I think **it**[= the thing] is best for everybody.
→ I'll always do **what** I think is best for everybody.

Section 074 《 関係代名詞として使われる as，than，but の用法

246 such と as に注目 ◆関係代名詞の as―先行詞が such ...

先行詞が **such** ... や **the same** ... の場合は，関係代名詞の **as**「〜のような」を用いる。
・*such friends* **as** will help me「私を助けてくれるような友人」(as は主格の関係代名詞)
・*the same book* **as[that]** I am fond of「私が好きなのと同じ本」(as は目的格の関係代名詞)

⚠注意 先行詞が the same ... の場合は，関係代名詞に that を用いてもよい。

▶ 先行詞が such a plan なので，関係代名詞 as を用いて，Such a plan as you proposed「あなたが提案したような計画」を完成する。この as は目的格の関係代名詞。

247 as is often the case with A ◆非制限用法の as―先行詞が「あとの文の内容」

非制限用法の which と同様に，**非制限用法の as は「前の文の内容」を先行詞にすることがある**。ただし，先行詞となる文よりも前に as 節が置かれて，結果的に先行詞は「あとの文の内容」になることが多い。
He was defeated, **as**[which] was expected.「予想していたように，彼は敗北した」
= **As** was expected, he was defeated.
＊ as は主格の関係代名詞で，he was defeated が先行詞。
as is (often) the case (with A)「(A には) よくあることだが」，**as is usual (with A)**「(A には) いつものことだが」などの慣用表現で用いられることが多い。

▶ = Naomi got up very early, as is often the case with her.

解答 245 do what I think is best for 246 as you proposed would (which 不要) 247 As is often the case with Naomi

248 There is (has / rule / exceptions / but / no / some).
☒☒☒ 発展 〈岩手医科大〉

249 Pets should not be given more food (　　) they need. Otherwise, they will gain too much weight.
☒☒☒ 発展
① which　② that
③ than　④ what 〈南山大〉

Section 075

250 (a) Mary needs a well-equipped office to work in.
(b) Mary needs a well-equipped office (　　) (　　) to work. 〈山梨大〉
☒☒☒ 発展

しっかり理解 011　名詞＋前置詞＋ whom / which to do

〈名詞+前置詞+ whom / which to do〉の表現は，以下のような変形で理解すればよい。

（例1）I am looking for a partner with whom to work.
「私は一緒に働くパートナーを探している」
I work with a partner.「私はパートナーと一緒に働く」（文）
→ a partner with whom [I work]「私が一緒に働くパートナー」（関係詞節）
→ a partner with whom [to work]「一緒に働く（ための）パートナー」
＊I work が to work に変わったと考える。

（例2）Wealth is just a means by which to enjoy life.
「富とは人生を楽しむための手段にすぎない」
You enjoy life by a means.「あなたはある手段で人生を楽しむ」（文）
→ a means by which [you enjoy life]「あなたが人生を楽しむ（ための）手段」（関係詞節）
→ a means by which [to enjoy life]「人生を楽しむ（ための）手段」
＊you enjoy life が to enjoy life に変わったと考える。

Section 076

251 You should give this CD to (　　) wants it.
☒☒☒
① who　② whom
③ whoever　④ whomever 〈東京家政学院大〉

248 例外のない規則など存在しない。
249 ペットには必要以上の食べ物を与えるべきではない。さもなければ，体重が増えすぎてしまうだろう。
250 メアリーには働くための設備が十分に整ったオフィスが必要だ。
251 このCDは，だれでもそれをほしがっている人にあげるべきです。

248 **no と but に注目** ◆否定を含む語句を先行詞にする関係代名詞 but

先行詞が〈否定を含む語句〉の場合に，関係代名詞 **but** を用いることがある。この but も否定の意味を持つので，文全体は「二重否定」（→ Section **134**（p. 221））になる。
There is *no one* **but** makes mistakes.「ミスをしない人はいない」
→ There is *no one* that doesn't make mistakes. と同意。

- 否定を含む no rule を先行詞にして，否定の意味を持つ関係代名詞 but を用いる。
- = There is no rule that doesn't have any exceptions. but は主格。

249 **than は関係代名詞** ◆比較級を含む語句を先行詞にする関係代名詞 than

先行詞が〈比較級を含む語句〉の場合には，関係代名詞 **than** を用いる。

- この than は目的格の関係代名詞。他動詞 need の目的語が欠けていて，先行詞 more food がその欠けた目的語にあたる。
  He has more money **than** is necessary for a comfortable life.
  「彼は快適な生活に必要なお金よりも多くのお金を持っている」
  ＊この than は主格の関係代名詞。述語動詞 is の主語が欠けていて，先行詞 more money がその欠けた主語にあたる。

Section 075 前置詞＋関係代名詞＋ to do

しっかり理解 011

250 ◆〈名詞+前置詞+ whom / which to do〉「…するための〈名詞〉」の用法

〈前置詞＋ whom / which to do〉が直前の名詞を修飾する用法がある。

- (a) の to work in は形容詞用法の不定詞で，名詞 office を修飾している（→ **118**）。
  (b) の in which to work も名詞 office を修飾している。
  She works in an office.「彼女はオフィスで働く」（文）
  → an office in which [she works]「彼女が働くオフィス」（関係詞節）
  → an office in which [to work]「働く（ための）オフィス」
  ＊ she works が to work に変わったと考える。

Section 076 whoever，whatever，whichever の用法

まずは確認 028 **whoever，whatever，whichever と，それが導く名詞節の文全体での働き**

「節内での働き」と「文全体での働き」の両方を区別して考えること。
(1) **whoever，whatever，whichever** 自体は，それが導く節内で主語・補語・目的語になる。
(2) **whoever，whatever，whichever** が導く名詞節は，文全体の主語・補語・目的語になる。
⚠注意 whomever は節内で目的語の働きをするときに使われるが，現代英語では whomever となるべき場合でも whoever を用いることが非常に多い。

251 **空所のあとの wants に注目**
◆名詞節を導く whoever「…する人はだれでも(= anyone who)」

- 空所に入るのは wants の主語。③ whoever「…する人はだれでも」で文意が通る。
- 本問の whoever は節内で主語。whoever wants it「だれでもそれをほしがっている人」は前置詞 to の目的語となる名詞節。

解答 **248** no rule but has some exceptions **249** ③ **250** in which **251** ③

252 Jane always agrees with (　　) her sister tells her to do.

① wherever　　② whatever

③ whenever　　④ whichever 〈獨協大〉

253 (　　) you do, don't use your left hand to offer or take things when you're in Indonesia.

① Whichever　　② However

③ Whatever　　④ Anything 〈法政大〉

254 何事が起ころうとも，彼女はほほえみを絶やさなかった。

She always (what / kept / matter / happened / smiling / no). 〈桜美林大〉

255 We are in a difficult position (　　) decision we make.

① what　　② whoever

③ where　　④ whichever 〈東海大〉

For Reading & Writing 008 文から節への変形プロセス（その①）

Section **076**（whoever / whatever / whichever）は，**「元の文を節に変え，その節を別の文の要素に用いる」**という変形プロセスで理解しましょう。**251** は次のようになります。

(1) S wants it.「Sがそれをほしい」（文）

(2) who wants it「だれがそれをほしいか（ということ）」（名詞節）☞ (1) の S を who に変形

(3) whoever wants it「だれでもそれをほしい人」（名詞節）☞ (2) の who に ever をつける

＊(2) と (3) は名詞節なので，**別の文の要素（=主語・目的語・補語）**に用いられます。

(4) I know [**who wants it**].「だれがそれをほしいか知っている」☞ 他動詞 know の目的語

(5) [**Whoever wants it**] should say so.「だれでもそれをほしい人はそう言うべきだ」☞ 主語

(6) **251** You should give this CD to [**whoever wants it**]. ☞ 前置詞 to の目的語

252 ジェーンは姉がやれということには何でも常に同意する。

253 インドネシアにいるときは，何をするにしても，ものを差し出したり，受け取ったりするために，左手を使ってはいけません。

255 どちらの決定をしようとも，私たちは苦しい立場にある。

252 前置詞 with の目的語となる名詞節を作る

◆名詞節を導く whatever「…するもの[こと]は何でも（= anything that）」

▶ ② whatever を入れると,「彼女の姉がやれということは何でも」という文意が成立する。

▶ 本問の whatever は節内で他動詞 do の目的語。whatever her sister tells her to do「姉がやれということには何でも」は前置詞 with の目的語となる名詞節。

▶ ④ whichever では「姉がやれということはどちらでも」という意味になり不自然。

253 譲歩を表す副詞節「何を…しても」を作る ◆副詞節を導く whatever「何が[を]…しても」

whoever, whatever, whichever が副詞節を導いて **〈譲歩〉** の意味を表すことがある。この場合は，それぞれ **no matter who, no matter what, no matter which** を使って書きかえられる。

▶ ③ Whatever を入れれば,「あなたが何をするにしても」という〈譲歩〉の意味になる。

▶ 本問の Whatever は節内で他動詞 do の目的語, Whatever you do「何をするにしても」は副詞節の働きをしている。No matter what you do と書きかえられる。

選択肢　① Whichever では「あなたがどちらを…しても」という意味になり不自然。

プラス　whatever と whichever は次のような違いがある。
whatever「何でも／何が[を]…しても」は，特に範囲や選択肢を意識しない。
whichever「どちらでも／どちらが[を]…しても」は，限られた範囲における選択肢を意識している。

254 no, matter, what に注目 ◆副詞節を導く no matter what「何が[を]…しても」

▶「何事が起ころうとも」を副詞節 no matter what happened で表す。whatever happened と書きかえることができる。

重要　□ **keep (on) doing**「…し続ける」

255 空所のあとの名詞 decision に注目

◆副詞節を導く〈whichever +名詞〉「どちらの〈名詞〉が[を]…しても」

whatever と whichever は後ろに名詞を伴い,〈譲歩〉の意味の副詞節を導くことがある。
〈whatever ＋名詞〉「どのような(種類の)〈名詞〉が[を]…しても」(＝ no matter what ＋名詞)
〈whichever ＋名詞〉「どちらの〈名詞〉が[を]…しても」(＝ no matter which ＋名詞)

▶ 空所のあとの名詞 decision に注目。選択肢の中で後ろに名詞を伴い，副詞節を導くことができるのは④ whichever だけ。whichever decision we make で「どちらの決定をしても」という〈譲歩〉の意味を表す副詞節となる。whichever decision は節内では他動詞 make の目的語。

▶ 本問は ... no matter which decision we make. と書きかえられる。

プラス　〈whatever +名詞〉と〈whichever +名詞〉は**名詞節**を導くこともある。
〈whatever +名詞〉「どのような(種類の)〈名詞〉でも」
I will accept whatever decision you make.
「君が行うどのような決定でも私は受け入れる」
〈whichever +名詞〉「どちらの〈名詞〉でも」
I will accept whichever decision you make.
「君が行うどちらの決定でも私は受け入れる」
＊whatever 節と whichever 節はどちらも名詞節で，他動詞 accept の目的語。

解答　252 ②　253 ③　254 kept smiling no matter what happened　255 ④

Section 077

256 彼はどこに行っても新しい友人を作るようだ。
He (friends / make / new / seems / to / wherever / he / goes).

〈追手門学院大〉

257 Tim accompanies his five-year-old daughter (　　) she has to go somewhere.

① whatever　　② whomever
③ whichever　　④ whenever

〈獨協大〉

258 (　　), you should always check your answers again.

① However easy the test is
② However the test is easy
③ Whatever easy the test is
④ Whatever the test is easy

〈近畿大〉

259 どんなに健康に自信があっても，年に一度は健康診断を受けることが勧められている。
(how / no / are / you / about / confident / matter) your health, you are advised to have a medical check-up once a year.

〈日本大〉

For Reading & Writing 009　文から節への変形プロセス（その②）

258 も **「元の文→節→別の文の要素」** という変形プロセスで確認しましょう。

(1) The test is easy.「テストが簡単だ」（文）
(2) how easy the test is「どんなにテストが簡単か（ということ）」（名詞節）
　☞ (1) の easy を how easy に変えて文頭に移動
(3) however easy the test is「どんなにテストが簡単でも」（副詞節）
　☞ (2) の how に ever をつける

258 **〈However easy the test is〉**, you should always check your answers again.

*なお，(2) は名詞節なので，**別の文の要素（=主語・目的語・補語）** に用いられます。

(4) I know [how easy the test is].「どんなにテストが簡単か私は知っている」
　☞ 他動詞 know の目的語

257 5歳の娘がどこかに行く必要があるときはいつでも，ティムは彼女に付き添っていく。
258 どんなにテストが簡単でも，常に答えの見直しをするべきです。

Section 077 wherever, whenever, however の用法

256 「どこに行っても」を wherever を使って表す

◆ wherever SV「…するところならどこでも／どこに[で]…しても」

wherever SV は「…するところならどこでも／どこに[で] …しても」という意味の副詞節。本問のように「どこに[で] …しても」という〈譲歩〉の意味の場合は，**no matter where SV** に書きかえられる。
You can sit **wherever** you like.「好きなところならどこにでも座ってよい」

▶「彼はどこに行っても」を wherever が導く副詞節 wherever he goes で表す。本問は ... no matter where he goes. と書きかえられる。

257

◆ whenever SV は「…するときはいつでも／いつ…しても」

whenever SV は「…するときはいつでも／いつ…しても」という意味の副詞節。「いつ…しても」という〈譲歩〉の意味の場合は，**no matter when S V** で書きかえられる。
I will meet you **whenever** you come.「あなたがいつ来ても会いましょう」
＊ whenever you come は〈譲歩〉の意味なので，no matter when you come と書きかえられる。

▶ ④ whenever を選ぶと文意が成立する。

選択肢　空所のあとの she(S) has to go(V) somewhere という文構造に注目。欠けた名詞要素はないので，関係代名詞を用いた① whatever, ② whomever, ③ whichever はすべて不可。

258 easy の位置は？

◆〈however +形容詞[副詞] + SV〉「どんなに〈形容詞[副詞]〉でも」

〈however ＋形容詞[副詞] ＋S V〉 は「どんなに〈形容詞[副詞]〉でも」という意味の副詞節。
However *hard I studied*, I got bad grades.
「どんなに一生懸命勉強しても，成績は悪かった」

⚠注意　however が導く副詞節はすべて〈譲歩〉の意味なので no matter how ... で書きかえ可能。

▶ ① However easy the test is だけが正しい語順の副詞節。形容詞 easy の位置に注意。

⚠注意　② However the test is easy とする誤りが最も多い。「どんなに簡単でも」という意味を作るのだから，however と easy を離してはいけない。

259 confident の位置に注意

◆〈no matter how +形容詞+ SV〉「どんなに〈形容詞〉でも」

▶「どんなに健康に自信があっても」を〈no matter how +形容詞+ SV〉の語順で，No matter how confident you are about your health と表す。

⚠注意　no matter how が導く副詞節はすべて〈譲歩〉の意味なので however ... で書きかえ可能。
⚠注意　(×) No matter how you are confident about your health とする語順の誤りが最も多い。「どんなに自信があっても」という意味を作るのだから，no matter how(= however) と confident を離してはいけない。

解答　256 seems to make new friends wherever he goes　257 ④　258 ①　259 No matter how confident you are about

第09章

Field 1 文法

接続詞

Section 078

260 I think he is a very intelligent person, (　　) many people don't agree with me.

基本

① but　　② for
③ which　　④ who

〈センター試験〉

261 I have never been to the country, (　　) do I want to go there in the future.

① but　　② or
③ nor　　④ so

〈近畿大〉

262 We sometimes have strong differences of opinion, (　　) we remain close friends.

① nor　　② yet
③ so　　④ therefore

〈工学院大〉

263 Make haste, (　　) you will miss the last train.

① and　　② but
③ for　　④ or

〈杏林大〉

264 Think success, (　　) you are more likely to succeed.

① unless　　② and
③ but　　④ or

〈岩手医科大〉

---

260 彼はとても知的な人だと私は思うが，多くの人は私に同意しない。
261 私はその国に今まで行ったことはないし，将来そこに行きたいとも思わない。
262 ときどきは意見が大きく異なることもあるが，それでも私たちが親しい友人であることに変わりはない。
263 急ぎなさい。さもないと，終電に乗り遅れますよ。
264 成功を思い描きなさい。そうすれば，より成功する可能性が高まります。

Section 078 等位接続詞

まずは確認 029 等位接続詞

語と語，句と句，節と節，文と文などを，対等な関係でつなぐ接続詞を等位接続詞と呼ぶ。等位接続詞には and「そして」，but「しかし」，or「または」以外に，so「それで／だから」，yet「しかし／それにもかかわらず」，nor「…もまた～（し）ない」，for「というのは…だから」などがあり，文意から適切な接続詞を選ぶ問題が多い。

260 空所の前後の意味の関係に注目 ◆等位接続詞 but「しかし」

▶ 文意が成立するのは逆接の意味を持つ① but だけ。

選択肢 等位接続詞② for「というのは…だから」では文意が成立しない。空所の後ろには欠けた名詞要素がないので，関係代名詞③ which と④ who は不可。→ Section 067（p. 103）

261 空所のあとの語順（do I want）に注目 ◆等位接続詞 nor「…もまた～（し）ない」

等位接続詞 nor の後ろに文が来る場合は**倒置形**（＝疑問文と同じ語順）になる。

▶ 空所のあとが do I want ... という倒置形（＝疑問文と同じ語順）なので③ nor が正解。
▶ 他の等位接続詞① but，② or，④ so は後ろの文が倒置形にならないので不可。

262 空所の前後の意味の関係に注目 ◆等位接続詞 yet「しかし／それにもかかわらず」

▶ 文と文をつなぐのは接続詞。構造と文意が成立するのは逆接の意味を持つ接続詞の② yet だけ。

選択肢 ① nor を用いるとあとの文は倒置形にしなければならないので不可（→ 261）。③ so「だから…」は文意が通らないので不可。④ therefore「したがって…」は副詞→ 841。副詞で2つの文をつなぐことはできないので不可。

⚠注意 yet は副詞でも使われ，その場合は「（主に否定文で）まだ…ない」という意味を表す。
I have not called him **yet**.「彼にはまだ電話していない」

263 空所の前後の意味の関係に注目 ◆命令文 ..., or SV「…しなさい。さもないと～／…しなければ～」

命令文に続けて or を用いると「…しなさい。さもないと～／…しなければ～」という意味。

▶ 命令文 Make haste に続けて用いる接続詞は① and と④ or。文意が成立するのは④ or だけ。命令文とそれに続く文の意味の関係に注目して，and か or かを選択する。

選択肢 ① and については 264 参照。

プラス 〈命令文 ..., or SV〉は，if ... not / unless への書きかえ問題も頻出。
→ **If** you **don't** make haste［**Unless** you make haste］, you will miss the last train.

プラス or の代わりに otherwise を用いることもある。
→ Make haste, **otherwise** you will miss the last train.

264 空所の前後の意味の関係に注目 ◆命令文 ..., and SV「…しなさい。そうすれば～／…すれば～」

命令文に続けて and を用いると「…しなさい。そうすれば～／…すれば～」という意味になる。

▶ 命令文 Think success と一緒に用いて文意が成立するのは② and だけ。

プラス 〈命令文 ..., and SV〉は，if への書きかえ問題も頻出。
→ If you think success, you are more likely to succeed.

解答 260 ① 261 ③ 262 ② 263 ④ 264 ②

Section 079

265 We have stayed at both good (　　) bad camping sites.
基本
① and　　② or
③ nor　　④ also　〈中部大〉

266 太郎は雨だから家に帰ったのではなく，疲れていたから家に戻ったのです。
基本
Taro returned home (not because / it / but / he / was rainy / was tired / because).　〈帝京大〉

267 人間は，言葉だけでなく，表情によっても意思を伝達するものだ。
基本
People (also / but / communicate / expressions / facial / languages / not / only / with / with).　〈兵庫県立大〉

268 We will (　　) go to the movies or go to a baseball game Friday night.
① either　　② neither
③ both　　④ at　〈青森公立大〉

269 (a) Mike doesn't like coffee. He doesn't like tea, either.
(b) Mike likes (　　) coffee (　　) tea.　〈東京理科大〉

Section 080

270 (　　) it took only three months to finish the project is an amazing achievement.
基本
① While　　② If
③ What　　④ That　〈日本大〉

---

265 私たちは，良いキャンプ場と悪いキャンプ場の両方に泊まったことがある。
268 金曜の夜，私たちは映画か野球の試合を見に行きます。
269 (a) マイクはコーヒーが好きではない。紅茶も好きではない。
(b) マイクはコーヒーも紅茶も好きではない。
270 そのプロジェクトを終えるのにたった3か月しかかからなかったということは，驚くべき成果だ。

Section 079 《 等位接続詞を用いた相関的な表現

265 both に注目　◆both A and B「A と B の両方／A も B も」

both A and B のような，等位接続詞を用いた相関的な表現では，A と B に原則として文法的に対等な表現（語・句・節）を用いる。

▶ both に注目して① and を選ぶ。and は 2 つの形容詞 good と bad をつなげている。

266 「雨だからではなく，疲れていたから」―A と B に相当するものは？　◆not A but B「A ではなく B」

▶「雨だからではなく，疲れていたから」を not A but B で表す。A と B には文法的に対等な表現が来ることから，選択肢の not because に注目すると，A と B には because で導かれる節が来ることがわかる。

267 何と何を並べているのか　◆not only A but (also) B「A だけではなく B も」

▶「言葉だけでなく，表情によっても」を not only A but also B の形を用いて表す。A, B には，ともに副詞句（前置詞＋名詞）の文法的に対等な表現を入れる。

プラス　only の代わりに just / simply / merely などを使うこともある。

268 or に注目　◆either A or B「A か B のどちらか（一方）」

269 「コーヒーも紅茶も好きではない」　◆neither A nor B「A も B も（どちらも）…ない」

▶「どちらも好きではない」という文意になるように，neither A nor B を用いる。

Section 080 《 名詞節を導く接続詞 that

整理して覚える 019 (p. 134)

しっかり理解 012　名詞節を導く that と what の違い

接続詞 that が問われるとき，必ずと言っていいほど選択肢に関係代名詞 what が登場する。どちらも名詞節を導くが，that 節「…ということ」は「…という**事実（= fact）**」，what 節「…こと／…もの」は「…の**事物（= thing）**」という意味上の違いがある。以下の構造上の違いも理解すること。

①**接続詞 that**：節内は名詞要素が欠けていない「完全な文」

②**関係代名詞 what**：節内は名詞要素が欠けた「不完全な文」→ Section **071**（p. 117）

270 節内は完全な文か？　◆名詞節を導く接続詞 that―that 節「…ということ」が主語

接続詞 **that** は名詞節を導き，that 節は文全体の主語，補語，他動詞の目的語になる。原則として前置詞の目的語にはなれない。例外は 272，273 を参照。

▶ ④ That を選ぶと，That it took ... the project (S) is (V) an amazing achievement (C). という文構造と文意が成立する。本問の that 節は主語になる名詞節。

▶ 空所のあとには it (S′) took (V) only three months (O) [to finish the project] (S) という形式主語 it を用いた「完全な文」が来ていることを確認しておこう。

選択肢　関係代名詞③ What の後ろには，名詞要素が欠けた「不完全な文」が来るので不可。

解答　265 ①　266 not because it was rainy but because he was tired　267 communicate not only with languages but also with facial expressions　268 ①　269 neither, nor　270 ④

271 基本

Many scientists are researching the theory (　　) global warming is caused by human activity.

① of　　② that
③ which　　④ what

〈南山大〉

272 発展

It is often assumed that humans differ from other creatures (　　) they can think and speak.

① in that　　② in which
③ to that　　④ to which

〈立命館大〉

273 発展

We know nothing about him (　　) he is a good teacher.

① for　　② except that
③ in that　　④ if not

〈摂南大〉

整理して覚える 019　同格の that 節を伴う名詞

同格の that 節を従えることができる名詞は，以下のように 3 つのグループに分けると覚えやすい。

(1) 命令・提案・忠告などを意味する名詞

☐ order「命令」　☐ proposal [suggestion]「提案」
☐ advice「忠告」

(2) 考え・気持ち・疑いなどを意味する名詞

☐ idea [thought]「考え」　☐ opinion「意見」
☐ belief「信じること」　☐ conclusion「結論」
☐ theory「学説」　☐ impression「印象」
☐ doubt「疑い」　☐ fear「不安」

(3) 事実・可能性・情報などを意味する名詞

☐ fact「事実」　☐ evidence [proof]「証拠」
☐ possibility [chance]「可能性」　☐ hope「見込み」
☐ news「知らせ」　☐ rumor「うわさ」

---

271 地球温暖化は人間の活動によって引き起こされるという理論を，多くの科学者たちが検証しているところだ。
272 考えたり話したりできるという点で，人間は他の生物とは違うと，しばしば考えられている。
273 良い教師であるということを除いて，私たちは彼について何も知らない。

271 ◆同格の名詞節を導く接続詞 that―〈名詞 + that 節〉「…という〈名詞〉」

〈名詞＋ that 節〉という形で，that 節が名詞の具体的な内容を説明しているとき，この that 節を**「同格」**の名詞節と呼ぶ。

▶ 空所のあとには global warming(S) is caused(V) by human activity「地球温暖化は人間の活動によって引き起こされる」という「完全な文」が来ているので，接続詞② that が正解。本問の that 節は the theory の具体的な内容を説明する同格の名詞節。

選択肢　関係代名詞③ which のあとには，名詞要素が欠けた「不完全な文」が来るので不可。④ what は the thing(s) which に相当するので先行詞はない。本問は the theory があるので不可。

プラス　the theory that ... の that 節が必ずしも同格の名詞節になるとは限らない。
The theory that he came up with was wonderful.
「彼が思いついた理論はすばらしかった」
→ that he came up with は関係代名詞節で，The theory が先行詞。前置詞 with の目的語が欠けていることから that は目的格の関係代名詞（= which）だと判断できる。

272 ◆ in that ...「…という点で／…なので」

that 節は原則として前置詞の目的語にはなれないが，**in that** ...「…という点で／…なので」と，**except that** ...「…ということを除いて」は例外。

▶ 空所のあとには they(S) can think and speak(V) という「完全な文」が来ているので，① in that を入れると文構造と文意が成立する。

重要　□ differ from A「A と異なる」

273 nothing に注目 ◆ except that ...「…ということを除いて」

▶ we know nothing about him の後ろに he is a good teacher という事実を表す表現が来ているので，空所は「…以外は」という内容を表す表現が入れば文意が成立する。② except that が正解。

選択肢　④ if not A「A ではないにしても」

解答 271 ② 272 ① 273 ②

274 Bob asked me (　　) I felt well.

☒☒☒

① if　② what
③ which　④ who

〈名古屋学院大〉

275 (　　) he is famous doesn't matter.

☒☒☒

① Although　② If
③ Unless　④ Whether

〈日本大〉

Section 082

276 The situation at work got better (　　) the new boss arrived.

☒☒☒ 基本

① when　② where
③ which　④ while

〈南山大〉

277 I have been living in Nagoya (　　) I came to Japan six years ago.

☒☒☒ 基本

① from　② since
③ until　④ after

〈南山大〉

---

274 ボブは私に体調がいいかどうか尋ねた。
275 彼が有名かどうかなど，どうでもいいことだ。
276 新しい上司が来て，職場の状況が良くなった。
277 6年前に日本に来てから，私はずっと名古屋に住んでいる。

Section 081 名詞節を導く接続詞 whether / if

まずは確認 030 接続詞 whether / if

接続詞 whether / if は名詞節を導き，「…かどうか（ということ）」という意味になる。ただし，if 節は他動詞の目的語か，形式主語 it に対する真主語にしか使えない。if 節については，Section 010「if 節の区別」（p. 031）も参照すること。

	主語	補語	他動詞の目的語	前置詞の目的語	形式主語 it に対する真主語
whether 節	○	○	○	○	○
if 節	×	×	○	×	○

274 ◆名詞節を導く接続詞 if―if 節「…かどうか（ということ）」が他動詞の目的語

▶ ① if「…かどうか（ということ）」を選ぶと文構造と文意が成立する。Bob(S) asked(V) me(O_1) [if I felt well](O_2) という SVOO の文。本問の if 節は他動詞 ask の目的語になる名詞節。選択肢に whether があればそれも正解になる。

選択肢 空所のあとには I(S) felt(V) well(C) という「完全な文」が来ているので，疑問代名詞の② what，③ which，④ who は不可。疑問代名詞のあとには名詞要素が欠けた「不完全な文」が来る。

275 ◆名詞節を導く接続詞 whether―whether 節「…かどうか（ということ）」が主語

▶ ④ Whether「…かどうか（ということ）」を選ぶと文構造と文意が成立する。本問の whether 節は主語になる名詞節。

▶ 問題文を形式主語 It を用いて以下のように表せば，真主語として whether 節と if 節の両方を使うことができる。It doesn't matter **whether**[**if**] he is famous.

選択肢 ② If は主語になる名詞節を導くことはできないので不可。
① Although「…にもかかわらず」と③ Unless「…でなければ」は副詞節を導く接続詞なので不可。

Section 082 「時」を表す副詞節を導く接続詞

整理して覚える 020 (p. 138)

276 ◆「時」を表す接続詞 when ...「…するとき」

▶ 接続詞① when を入れると，when the new boss arrived は副詞節となって文意が通る。

選択肢 ④ while「…している間」は「何かが起きている[進行している]期間」を表し，arrive のような瞬間的に行われる動作には使えない。→**316**

277 現在完了進行形（have been living）に注目

◆「時」を表す接続詞 since ...「…して以来（ずっと）」

▶ since ...「…して以来（ずっと）」は「過去の起点」を表し，主節には原則として完了形。

選択肢 ① from「…から」は前置詞で，後ろに文は来ないので不可。
④ after「…したあと」は接続詞だが，since のように完了形と一緒に用いて「過去の起点」を表す用法はない。

解答 **274** ① **275** ④ **276** ① **277** ②

278 You had better write the number down in the notebook (　　) you forget it.

☒☒☒ 基本

① whether　　② if
③ before　　④ unless　　〈九州産業大〉

279 彼の息子が薬局を引き継ぐのもそう遠くないでしょう。

☒☒☒

(takes / won't / his son / before / it / be / over / long) the drugstore.　　〈東邦大〉

280 私は初めて彼を見たとき，彼を学生だと思った。

☒☒☒

I (student / saw / time / a / the / I / took / for / him / first) him.　　〈西南学院大〉

281 You will never enjoy watching the game (　　) you learn the rules.

☒☒☒ 基本

① by　　② for
③ since　　④ until　　〈立命館大〉

282 The exam had started (　　) I got to class.

☒☒☒ 基本

① by the time　　② on the time
③ after the time　　④ until　　〈大阪経済大〉

整理して覚える 020　time を含む接続詞表現

☐ the first time ...「初めて…するとき」→ **280**
☐ the last time ...「この前［最後に］…したとき」
☐ (the) next time ...「この次［今度］…するとき」
☐ every[each] time ...「…するたびに／…するときはいつも」(= whenever ...)
☐ by the time ...「…するときまでには（すでに）」→ **282**　など

---

278 忘れないうちにノートにその番号を書きとめておいた方がいいよ。
281 ルールを覚えるまで，あなたはその試合を見て楽しむことはないだろう。
282 私が教室に着いたときには，試験は始まっていた。

278 ◆「時」を表す接続詞 before ...「…する前に／…しないうちに」

▶ ③ before ...「…する前に／…しないうちに」を入れると文意が通る。

選択肢　④ unless「…でない限り／もし…でなければ（= if ... not)」→ 293

プラス　before ... は「…する前」よりも「…しないうちに」と否定的に訳した方が自然な日本語になる場合もある。before it gets dark「暗くならないうちに」, before it is too late「手遅れにならないうちに」, before we know it「知らないうちに」

重要　□ write A down / write down A「A を書きとめる／記録する」

279 ◆It won't[will not] be long before SV「まもなく[すぐに] S は V するだろう」(= S will do ... soon[before long])

▶ It won't[will not] be long before ... は「…する前に長くないだろう」が直訳だが,「まもなく[すぐに] …するだろう」という意味の一種の慣用表現として覚えること。

注意　before 節は「時」の副詞節なので，未来のことでも現在時制になっている。→ Section **008**（p. 029)

▶ = His son will take over the drugstore soon[before long].

重要　□ take over A「A（仕事・責任など）を引き継ぐ」→ 883

280 ◆the first time ...「初めて…するとき」

▶ the first time は接続詞として用いられ,「初めて…するとき」という意味になる。

重要　□ take A for B「A を B と間違える」→ 1034

281 will に注目　◆until[till] ...「…するまで(ずっと)」

until[till] は「…するまで（ずっと)」という意味で,**「…するまで」の〈動作や状態の継続〉**を表す。

▶ will に注目。楽しむことのないことがずっと続くだろうと言っているわけだから,「ルールを覚えるまで（ずっと）…しない」という文意が読み取れる。よって④ until「…するまで（ずっと)」が正解。

プラス　**SV ..., until SV 〜「…して，ついに〜する」**(= and finally)」という表現もある。
I walked overnight, **until** I reached the village.
「一晩中歩いて，ついにその村に着いた」

282 過去完了(had started)に注目　◆by the time ...「…するときまでには(すでに)」

by the time は**〈期限〉**を表す前置詞 by を使った表現で,「…するときまでには（すでに)」という意味。

▶ 過去完了の had started「始まっていた」に注目。「私が教室に着いたときまでには,(すでに）試験は始まっていた」という文意が読み取れるから，① by the time ...「…するときまでには（すでに)」が正解。

選択肢　④ until「…するまで（ずっと)」は**〈動作や状態の継続〉**を表す（→ 281)。by the time「…するときまでには（すでに)」〈期限〉との違いを，しっかりと確認すること。

解答　278 ③　279 It won't be long before his son takes over　280 took him for a student the first time I saw　281 ④　282 ①

Section 083

283 基本

(a) On arriving at the hotel, he called his son.

(b) (　　) (　　) (　　) he arrived at the hotel, he called his son.

〈大阪教育大〉

284

テレビをつけたとたん，おかしいなと思った。

I recognized something strange about the (I / it / moment / on / switched / television / the). 〈立命館大〉

285

I had no sooner sat down to read the newspaper (　　) the telephone rang.

① as　② after

③ than　④ while

〈追手門学院大〉

286

その車が角を曲がるやいなや，車輪が外れた。

No (the car / the corner / had / sooner / than / turned) a wheel came off. 〈成蹊大〉

287

I had (　　) gone to bed when the telephone rang.

① closely　② hardly

③ shortly　④ rarely

〈中央大〉

---

283 (a) (b) ホテルに着くとすぐ，彼は息子に電話をかけた。

285 新聞を読もうと座ったとたん，電話が鳴った。

287 ベッドに入ったとたん，電話が鳴った。

Section 083 「…するとすぐに」の表現

283 ◆as soon as ...「…するとすぐに」(= on doing)

▶ as soon as ... は，on doing「…するとすぐに」(→ **177**) に書きかえ可能。

284 ◆the moment ...「…するとすぐに」(= as soon as ...)

the moment は接続詞として用いられ，as soon as と同じ意味を持つことがある。

▶「テレビをつけたとたん」を the moment を用いて表す。
▶ switched it on の語順に関しては しっかり理解 021 (p. 226) を参照。
（×）switched on it の語順は不可。

重要 □ switch A on / switch on A「A のスイッチを入れる」

整理して覚える 021 「…するとすぐに」の意味を持つ接続詞

□ the moment ... , □ the minute ... , □ the instant ... ,
□ directly ... , □ immediately ... , □ instantly ...
The moment[minute / instant] he arrived at the hotel, he called his son.
= **Directly[Immediately / Instantly]** he arrived at the hotel, he called his son.

285 ◆S had no sooner done ... than S did ～「…したらすぐに～した」

過去の2つの出来事がほぼ同時に起こったという状況は，**S had** no sooner **done** ... **than S did ～「…したらすぐに～した」**という形で表現できる。主節に過去完了形（had done ...），従属節に過去形（did ～）を用いるのが基本。

▶ 本問は **No sooner had** I sat ... という倒置形で出題される場合も多い。→ **286**

286 ◆No sooner had S done ... than S did ～「…したらすぐに～した」

S had no sooner done ... than S did ～「…したらすぐに～した」の no sooner を文頭に移動すると，**No sooner had S done ... than S did ～**という倒置形になる。

▶ 文頭に No があるので，The car had no sooner turned ... の no sooner を文頭に移動させた，No sooner had the car turned ... という倒置形で表現する。

重要 □ come off「（ボタンなどが）取れる／（車輪などが）外れる」

287 ◆S had hardly[scarcely] done ... when[before] S did ～「…したらすぐに～した」

「…したらすぐに～した」は **S had** hardly[scarcely] **done ... when[before] S did ～**という形でも表現することができる。hardly の代わりに scarcely を使い，when の代わりに before を使うこともある。

▶ 本問は **Hardly had** I gone ... という倒置形で出題される場合も多い。

整理して覚える 022 「…したらすぐに～した」の表現

□ S had no sooner done ... than S did ～ → **285**
= No sooner had S done ... than S did ～ → **286** ＊倒置形
□ S had hardly[scarcely] done ... when[before] S did ～ → **287**
= Hardly[Scarcely] had S done ... when[before] S did ～ ＊倒置形

解答 **283** As soon as **284** television the moment I switched it on **285** ③ **286** sooner had the car turned the corner than **287** ②

Section 084

288 基本
(　　) the sun rises in the east, Japan has long been called "the land of the rising sun."
① Since　② If
③ When　④ For
〈駿河台大〉

289 基本
He will not come to the party (　　) he has so many assignments to do by tomorrow morning.
① because　② yet
③ or　④ about
〈亜細亜大〉

290
Many exam candidates lose marks simply (　　) they do not read the questions properly.
① because　② because of
③ for　④ since
〈杏林大〉

291
本に書いてあるからといって，何でもすぐに信用してはいけない。
Don't believe everything (in books / it's / because / immediately / just / written).
〈愛知工業大〉

292
(　　) the country has a new democratic government, the people will at last have more freedom.
① Although　② Even if
③ Even though　④ Now that
〈摂南大〉

---

288 太陽は東から昇るため，日本は長い間「日出づる国」と呼ばれてきた。
289 明朝までにやらなければならない宿題が非常に多くあるので，彼はパーティーには来ないだろう。
290 きちんと設問を読まないという理由だけで，失点する受験者も大勢いる。
292 その国には，今や新たな民主主義政府があるのだから，国民はより多くの自由をついに手にすることだろう。

Section 084 「理由」を表す接続詞

288 ◆「理由」を表す接続詞 since「…だから／…なので」

▶ 接続詞 since は「…だから／…なので」という「理由」の意味を表すこともある。

⚠注意 「過去の起点」を表す接続詞 since ...「…して以来（ずっと）」については **277** を参照。

選択肢 ④の for は理由を表す接続詞であるが，前文の内容を受けて「～。というのは…だから」という意味を表す等位接続詞で，SV ～，for SV ... という形で用いる。

289 ◆「理由」を表す接続詞 because ...「…だから／…なので」

▶「理由」を表す接続詞 because を入れれば文意が通る。

290 ◆ simply because ...「（単に）…という理由だけで」

▶ ① because を選ぶと，simply because ...「（単に）…という理由だけで」の形になり，文意が通る。

選択肢 理由を表す接続詞 since / for / as は，because のように副詞で修飾することは原則としてできない。よって，③ for，④ since は不可。

整理して覚える 023 〈副詞 + because 節〉の表現

- □ mainly[chiefly] **because ...**「主に…の理由で」
- □ partly[in part] **because ...**「一つには…の理由で／…の理由もあって」
- □ precisely **because ...**「まさに…の理由で／…だからこそ」
- □ probably **because ...**「たぶん…の理由からだろうか／…のせいか」
- □ just[simply / merely] **because ...**「（単に）…という理由だけで」→ **290**

291 ◆ not ... just[simply / merely] because ～「～だからといって…ではない」

▶「本に書いてあるからといって…ない」を not ... just because ～の形で表す。

しっかり理解 013 〈not ... because ～〉の意味

〈not ... because ～〉には以下の2種類の意味がある。not が because 節まで否定するかどうかによる。両者の違いは文脈で判断しなければならない。

① **「～なので…ない」「…ない。なぜなら～だから」**

② **「～だからといって…ではない」** ＊本問のように副詞 just[simply / merely] を伴うことが多い。

（例）I **don't** want this watch **because** it's a brand name.
①の解釈「ブランド品なので，私はこの時計がほしくはない／私はこの時計がほしくはない。なぜならブランド品だから」
②の解釈「この時計がブランド品だからほしいというわけではない」

292 ◆ now（that）...「今や[もう]…だから」

▶ 接続詞 **now（that）** は「今や［もう］…だから」という「理由」の意味を表す。

⚠注意 that が省略されて now だけになることもある。副詞 now「今」と間違えやすいので注意。
Now the school year is over, I can relax.
「（もう）学年が終了したので，ゆっくりできる」

解答 **288** ① **289** ① **290** ① **291** immediately just because it's written in books **292** ④

Section 085

293 基本
Helen jogs every morning (　　) she is too tired.
① despite　② without
③ whether　④ unless　〈福島大〉

294 発展
You can go ahead and use any book you like on the shelves, (　　) you leave all your bags in the lockers.
① unless　② so that
③ provided　④ before　〈明治大〉

295 発展
(　　) we miss the train, what shall we do?
① Having　② Looking
③ Being　④ Supposing　〈駒澤大〉

296 発展
(　　) you were President, what would you do?
① Suppose　② Supposed
③ Supposedly　④ Supposition　〈近畿大〉

297
They'll lend us their flat <u>on condition that</u> we look after it.
① for　② as
③ if　④ while　〈関西外国語大〉

298
At Emi's birthday party he behaved (　　) he were a child.
① as to　② as if
③ as soon as　④ as long as　〈愛知大〉

299
Mathew looks very tired. He looks (　　) he hasn't slept for days.
① even though　② although
③ as though　④ though　〈南山大〉

300
(　　) I learned how to hold the club properly, my golf game improved a lot.
① As a result　② Nevertheless
③ Once　④ Whether　〈南山大〉

---

293 ひどく疲れていない限り［ひどく疲れていなければ］，ヘレンは毎朝ジョギングをする。
294 ロッカーにカバンをすべて置いたら，先へ進んで棚にあるあなたの好きなどんな本でも利用することができます。
295 もし電車に乗り遅れたら，どうしよう。
296 もしあなたが大統領だったら，何をしますか。
297 留守を預かるという条件で，彼らはアパートを貸してくれます。
298 エミの誕生日パーティーで，彼はまるで子どものようにふるまった。
299 マシューはとても疲れているようだ。何日も眠っていないかのように見える。
300 ひとたびクラブの正しい持ち方を学んだら，私のゴルフの腕はかなり上がった。

Section 085 「条件」を表す接続詞

293 ◆unless ...「…でない限り／もし…でなければ」

▶ unless ... には,「…でない限り」という〈例外〉の意味と,「もしも…でなければ（= if ... not)」という2つの意味がある。

294 ◆provided (that) ...「もし…ならば」(= if ...)

▶ ③ provided「もし…ならば」を入れると文意が通る。

▶ provided (that) ... は, providing (that) ... とすることもできる。両方とも元々は分詞構文だが慣用的な接続詞と考えてよい。

295 ◆supposing (that) ...「もし…ならば」(= if ...)

▶ ④ Supposing「もし…ならば」を入れれば文意が通る。

296 ◆suppose (that) ...「もし…ならば」(= if ...)

▶ ① Suppose「もし…ならば」を入れると文意が通る。Suppose you were President と動詞が過去形 were になっていることから, 仮定法が使われていることがわかる。

選択肢　②の supposed は形容詞で「(そう) 考えられていた」という意味。接続詞 if のように使うことはできない。間違いの選択肢としてしばしば出題されるので要注意。

整理して覚える 024　「もし…ならば」という〈条件〉(= if ...) の意味を表す表現

☐ assuming (that) ..., ☐ provided (that) ... → 294, ☐ providing (that) ...,
☐ supposing (that) ... → 295, ☐ suppose (that) ... → 296

297 ◆on (the) condition (that) ...「…という条件で／もし…ならば」(= if ...)

▶ under (the) condition (that) ... とする場合もある。

298 ◆as if ...「まるで…であるかのように」(= as though ...)

▶ **as if[though]** ... は「まるで…のように」という意味。「...」には仮定法だけでなく直説法（→［**文法用語10**］p. 57）を使うこともある。→ Section **036** (p. 061)

299 ◆as though ...「まるで…であるかのように」(= as if ...)

▶ 298 は仮定法, 299 は直説法を用いている。

300 ◆once ...「ひとたび…すれば／いったん…したら」

接続詞 once は「ひとたび…すれば／いったん…したら」という意味を表す。

▶ 文意が通るのは接続詞③ Once だけ。本問は2つの文がつながれているので, 空所には接続詞が必要。

選択肢　副詞(句) ① As a result と② Nevertheless は2つの文をつなぐ働きはないので不可。接続詞④ Whether では文意が通らない。

⚠注意　once は副詞でも使われ, その場合は「一度, 一回」や,「昔, かつて」という意味。
I have only met her **once**.「彼女には一回だけ会ったことがある」
I **once** lived in Kyoto.「私はかつて京都に住んでいた」

解答　293 ④　294 ③　295 ④　296 ①　297 ③　298 ②　299 ③　300 ③

301 基本

I like the restaurant we went to last night, (　　) it was a little too expensive.

① whether　　② although
③ since　　④ because

〈日本大〉

302

It is important not to give out your credit card number to anyone over the phone (　　) you know who you are talking to.

① so that　　② even if
③ but　　④ or

〈日本大〉

303

(　　) a vast amount of research has been conducted, there is still a great deal that is not known about the workings of the human brain.

① Despite　　② Even though
③ In spite of　　④ Whether

〈学習院大〉

304 発展

Sleepy (　　) he was, he kept on studying for the examination.

① when　　② because
③ as　　④ before

〈駒澤大〉

305

(　　) they agree or not, I will carry out the plan.

① Either　　② However
③ Whatever　　④ Whether

〈兵庫県立大〉

---

301 少し値段が高すぎたけれども，昨晩行ったレストランは良かった。
302 たとえ話し相手がだれか知っていても，電話ではクレジットカード番号をだれにも教えないことが大事です。
303 膨大な量の研究がなされてきたけれども，人間の脳の働きにはまだ未知の部分がたくさんある。
304 彼は眠かったけれども，テストの勉強を続けた。
305 彼らが賛成しようがしまいが，私はその計画を実行する。

Section 086 「譲歩」を表す接続詞

301 ◆although ...「…だけれども／…にもかかわらず」(= though ...)

「譲歩」は広い意味では「逆接」の一種だと理解してよい。厳密に言えば，「確かにＡであるけれどＢだ」「たとえＡだとしてもＢだ」という場合，Ａが「譲歩」を表し，Ｂが「主張」を表す。主張とそれに反する内容を一緒に用いることによって，主張の方を際だたせて効果的に伝えるための表現形式である。

302 ◆even if ...「たとえ…でも」

even if ... は何かを仮定して「(実際はどうか知らないが) もしそうだとしても」という場合に使う。

▶ ② even if を選ぶと，「たとえ話し相手がだれか知っていても」となり，文意が通る。

303 ◆even though ...「…ではあるけれども／たとえ…ではあっても」(= though ... / although ...)

▶ even though ... は though ... / although ... の意味を強めた表現。ただし (×) even although とは言えない。

選択肢　① despite と③ in spite of は「…にもかかわらず」という意味の前置詞と群前置詞。前置詞や群前置詞の後ろに文 (SV) が続くことはないので不可。

プラス　even if ...「たとえ…でも」は何かを仮定して使うが，仮定する内容が事実であるかどうかとは関係なく使える。一方，even though ... は事実について「実際にそうであるが」という場合に使う。
Even if it rains, I'll go out.「たとえ雨でも，外出する」→実際に雨が降るかどうか不明。
Even though it's raining, I'll go out.「雨だけど，外出する」→実際に雨が降っている。

304 文頭の Sleepy に注目　◆形容詞+ as[though] SV = though SV +形容詞

though SV ＋形容詞「S は…であるけれども」を**〈形容詞＋ as[though] ＋ SV〉**で表すことがある。

文頭に形容詞 sleepy が来ていることに注目。本問は Though he was sleepy を，形容詞 sleepy を文頭に出して，Sleepy as he was とした形。
この英文は，以下のように考えるとわかりやすい。
① [Though] he was sleepy, ... →〈接続詞＋ SV〉という一般的な語順。
② Sleepy [though] he was, ... →形容詞 sleepy を文頭に出した形。
〈形容詞＋ though SV〉という語順。
③ Sleepy [as] he was, ... →②の語順の接続詞 though を as にした形。
〈形容詞＋ as SV〉という語順になる。

重要　□ keep on doing「…し続ける」

305 or not に注目　◆whether ... or ～「…であろうが～であろうが(どちらでも)」

whether は譲歩を表す副詞節を導いて，「…であろうが～であろうが (どちらでも)」という意味を表す。whether が名詞節を導く場合は 275 を参照。

プラス　whether ... or not「…であろうがなかろうが」は，**whether or not** ... という形にもなる。
→ **Whether or not** they agree, I will carry out the plan.

解答　301 ②　302 ②　303 ②　304 ③　305 ④

Section 087

306 基本

The movie was (　　) interesting that I wanted to see it again.

① such　② too
③ so　④ much
〈東海大〉

307 基本

It was (　　) a fine day that they went hiking.

① such　② so
③ what　④ then
〈駒澤大〉

308 発展

(　　) was the force of the explosion that all the windows broke into pieces.

① So　② That
③ What　④ Such
〈埼玉医科大〉

309

I overslept, (　　) I was late for the meeting.

① because　② as
③ so　④ but
〈芝浦工業大〉

Section 088

310 基本

She wanted to publish her poetry (　　) everyone could read it.

① in that　② so much
③ so that　④ that which
〈日本女子大〉

311

■英文の意味に最も近いものを，①〜④から一つ選べ。

You need to speak up so everyone can hear you.

① Everybody is ready to listen to what you are going to say.
② Not everybody is going to agree with what you say.
③ You have to talk louder, otherwise people will not be able to hear.
④ You should listen to what everyone else thinks.
〈近畿大〉

---

306 その映画はとてもおもしろかったので，私はもう一度見たいと思った。
307 とても良い天気だったので，彼らはハイキングに出かけた。
308 爆発の威力がとてもすごかったので，窓はすべて粉々に砕けた。
309 寝坊をした。それで会議に遅れてしまった。
310 彼女はだれもが読めるように，自分の詩集を出版したいと思っていた。
311 みんなに聞こえるようにあなたは大声で話す必要がある。
①あなたが言うことをみんな聞く準備ができている。
②あなたの言うことにみんなが賛成するとは限らない。
③あなたはもっと大声で話さなければならない。さもないと，人々は聞き取ることができないだろう。
④他のみんなの考えることにあなたは耳を傾けるべきだ。

Section 087 「結果・程度」を表す接続詞

306 thatに注目 ◆so ... that 〜「とても…なので〜／〜ほど[くらい]…」

▶「結果・程度」を表す so ... that 〜の「...」には，原則として形容詞や副詞が来る。

プラス 「...」に an interesting movie のような〈a / an +形容詞+名詞〉の形が来る場合は〈so +形容詞+ a / an +名詞〉の語順になることに注意。→503

プラス so ... that 〜を ... enough (for A) to do / too ... (for A) to do へ書きかえる問題も頻出。
→137, 138, 139
→The movie was interesting **enough for me to want** to see again.

307 冠詞aの位置に注目 ◆such ... that 〜「とても…なので〜／〜ほど[くらい]…」

▶「結果・程度」を表す such ... that 〜の「...」には，〈(a / an) +形容詞+名詞〉の形が来るのが原則。

選択肢 ② so を用いる場合は，〈so +形容詞+ a / an +名詞〉の語順，すなわち It was so *fine* a day *that* ... とならなければならない。→306, 503

プラス such ... that 〜 の「...」に可算名詞の複数形や，不可算名詞が来ることもある。
They are such good books that ...「とても良い本なので…」
It is such good weather that ...「とても良い天気なので…」→ weather は不可算名詞。

308 空所のあとの語順に注目
◆S is such that ... = Such is S that ...「S はとてもすごいので…／ S は…するほどである」

S is such that ... は「S はとてもすごいので…／ S は…するほどである」という意味で，S is so great that ... と同意。**Such is S that** ... という倒置形になることも多い。

▶本問は The force of the explosion was such that ... の such が文頭に移動して，Such was the force of the explosion that ... という倒置形になっている。

309 ◆結果を表す接続詞 so (that)「それで…／その結果…」

▶... (,) so (that) 〜「…。それで〜／…。その結果〜」は，前の文の内容を受けて，その〈結果〉を表す。

Section 088 「目的」を表す接続詞

310 ◆so that S can[will / may] do「S が…するために」

so that S can [will / may] do で「S が…するために」という〈目的〉の意味を表す。**in order that S can [will / may] do** でも同じ意味を表すが，文語的な表現。

▶本問は主節が過去時制なので，時制の一致（まずは確認 045 (p. 232)）を受けて could になっている。

311 ◆so S can do—so that S can do の that の省略

目的を表す so that S can do の that が省略されて，**so S can do** となることがある。

▶省略された that を補って，so that everyone can hear you「みんなに聞こえるように」という目的の意味に理解することがポイント。この文意に最も近い③を正解に選ぶ。

▶③は〈命令文 ..., or SV〉「…しなさい。さもないと〜」(→263) の変形。命令文の代わりに「義務・必要」の意味の助動詞 have to を，or の代わりに otherwise を用いている。

重要 □ be ready to do「…する準備ができている／進んで…する」

解答 306 ③ 307 ① 308 ④ 309 ③ 310 ③ 311 ③

312 He got to the station early for (　　) that he might miss the last train. 〈京都教育大〉

313 You should write down Satsuki's number (　　) you forget it.
① in case　　② in the case
③ so far as　　④ so long as 〈センター試験〉

Section 089

314 A desert stretched on all sides (　　) the eye could reach.
① as far as　　② as long as
③ so that　　④ regarding 〈中京大〉

315 Any bread will do as (　　) as it's fresh.
① many　　② far
③ much　　④ long 〈追手門学院大〉

整理して覚える 025　as far as を含む慣用表現

以下の慣用表現を覚えておこう。かっこ内の元々のイメージをつかむことが大切。
- □ as far as I know「私が知る限りでは」(←知っている範囲内では)
  (=to the best of my knowledge)
- □ as far as I can remember「私が覚えている限りでは」(←覚えている範囲内では)
- □ as far as I can[could] tell「私にわかる限りでは」(←判断できる範囲内では)
- □ as far as **S** is concerned「S に関する限り」(← S が関係する範囲内では)
- □ as far as **S** go「S に関する限り」(← S が移動する範囲内では)
- □ as far as **S**[the eye] can see[reach]「S の見渡す限り」(← S が［目で］見える範囲内では)
  → **314**

しっかり理解 014　as long as の意味

as long as の long が「時の長さ」を表し，as long as ... が **「…する間は」という〈時間の制限〉を表す**ことから，結果として**〈条件〉**を表していることを，以下の例で確認。
・**as long as** you keep quiet「静かにしている限り」(←静かにしている間は)
・**as long as** I live「生きている限り」(←生きている間は)
さらに，〈時間の制限〉のニュアンスを失って，以下のように純粋に〈条件〉の意味を表す。
I will go **as long as** the weather is good.
「天気さえ良ければ，私は出かける」(←天気がいい場合に限る)
You can watch TV **as long as** you do your homework first.
「まず宿題をしさえすれば，テレビを見てよい」(←まず宿題をする場合に限る)

---

312 最終電車を逃さないように，彼は早めに駅に着いた。
313 忘れた場合に備えて，サツキの電話番号を書きとめておくべきです。
314 見渡す限り，あらゆる方角に砂漠が広がっていた。
315 焼きたてでありさえすれば，どんなパンでもいいですよ。

312 ◆for fear that S should[might] do「Sが…しないように」

for fear (that) S should[might] do で「Sが…しないように／Sが…するといけないので」という意味。原義は「Sが…することを恐れて」だが，日本語は否定的に訳出するのが一般的。

プラス　同意表現は **lest S (should) do** だが，文語的な表現。
→ He got to the station early **lest** he (**should**) miss the last train.

プラス　本問は〈目的〉を表す so that ... を使って ... **so that** he might[would] not miss the last train. と言いかえることができる。→ **310**

313 ◆in case ...「…する場合に備えて」

in case ... で「…する場合に備えて」という意味。「念のために／予防として」というニュアンスがある点が for fear とは異なる。**in case** S *should* do という言い方もあるが，文語的な表現。

選択肢　④ so long as ...「…する限り」は **315** を参照。

プラス　米語で in case ... は「条件（= if）」の意味で使われ，「万一…する場合は」というニュアンスがある。
You can start without me **in case** I am late.
「もし（万一）私が遅れたら，私なしで出発していいよ」

Section 089 接続詞 as[so] far as ... と as[so] long as ...

まずは確認 031　as[so] far as ... と as[so] long as ...

接続詞 **as[so] far as ...** と **as[so] long as ...** は，ともに「…する限り」という日本語訳になるので非常に混同しやすい。far が「距離の長さ」を表すので，as[so] far as ... は **〈範囲の制限〉** が原義。それに対して，long は「時の長さ」を表すので，as[so] long as ... は **〈時間の制限〉** が原義となる。

314 ◆as[so] far as ...「…する限り／…する範囲内で」
整理して覚える 025

far は「距離の長さ」を表すので，**as[so] far as ...** は「…する範囲内では」という **〈範囲の制限〉** が原義。

▶ **as far as the eye can reach** で「見渡す限り」という意味。文字通り「目が届く範囲内で」という原義から考えればas long asと間違うことはない。本問は時制の一致でcanがcouldに変化している。

315 ◆as[so] long as ...「…する限り／…しさえすれば／…する間は」
しっかり理解 014

long は「時の長さ」を表し，**as[so] long as ...** は「…する間は」という **〈時間の制限〉** が原義。そこから「…しさえすれば／…する場合のみ」という **〈条件〉** の意味を持つようになったと理解すればよい。

▶「パンが焼きたての間はどんなパンでも用が足ります（食べますよ）」という意味なので，as long asを用いる。原義から考えれば範囲を制限するas far asが使えないことがわかる。

重要　□ **S will do**「Sで十分だ／用が足りる／間に合う（= S will be enough）」

解答　**312** fear　**313** ①　**314** ①　**315** ④

Section 090

316 I went swimming almost every day (　　) I stayed in Okinawa.
☒☒☒ 基本
① though　② during
③ while　④ if 〈芝浦工業大〉

317 Some people say that the internet is a passing fashion, (　　) others believe it is a turning point in human history.
☒☒☒
① during　② while
③ judging from　④ considering 〈国立看護大学校〉

318 (　　) Joe agreed with Mary for the most part, there were still some points that he could not accept.
☒☒☒ 発展
① Since　② While
③ Whether　④ Whichever 〈南山大〉

Section 091

319 年がいくと，だんだん骨がもろくなるらしい。
☒☒☒
They say our bones get weaker and weaker (　　) we get older.
① so　② as
③ like　④ with 〈関西医科大〉

320 The students did it (　　) they were told to do it.
☒☒☒
① that　② so
③ as　④ unless 〈大阪人間科学大〉

321 私たちはあるがままに物事を受け入れなければなりません。
☒☒☒ 発展
(accept / they / we / are / have / things / as / to). 〈東海大〉

---

316 沖縄滞在中は，ほぼ毎日泳ぎに行った。
317 インターネットは一時の流行だと言う人もいるが，一方で，人類の歴史における転換点だと考える人もいる。
318 ジョーはほとんどの部分でメアリーに同意したが，受け入れることができないところがまだいくつかあった。
320 生徒たちはそれを言われるようにやった。

Section 090 接続詞 while の用法

316 ◆〈時〉の while ...「…している間」

▶ 接続詞 while は「何かが起こっている／行われている期間」を示すので，原則として while 節内では，動作動詞の進行形か，状態動詞が用いられる。

選択肢 ② during は前置詞で後ろに文は来ない。... during my stay in Okinawa なら正しい。

317 some ... others 〜に注目 ◆〈対比〉の while ...「一方…」(= whereas ...)

▶ some people ... others 〜「…する人もいれば，（その一方で）〜する人もいる」(→ 743) という相関的な表現に注目して，**〈対比〉**の② while を選ぶ。

▶ **〈対比〉**の while は〈SV ..., **while** S′ V′ 〜.〉のように文中で使われるのが一般的。

318 ◆〈譲歩〉の while ...「…だけれども／…にもかかわらず」(= though ... / although ...)

▶ **〈譲歩〉**の② While なら「大部分賛成だが，いくつか賛成できない」という文意が通る。
▶ **〈譲歩〉**の while は，〈**While** SV ..., S′ V′ 〜.〉のように文頭で使われるのが一般的。

Section 091 接続詞 as の用法

319 ◆〈比例〉の as ...「…するにつれて」

▶「年がいくと＝年を取るにつれて」を〈比例〉の接続詞 as を用いて表す。
▶ **〈比例〉**の as は比較表現とともに使われることが多い。比較表現の weaker and weaker と一緒に用いられていることに注目。

重要 □〈比較級＋ and ＋比較級〉「どんどん／ますます／次第に」

320 ◆〈様態〉の as ...「…するように」

▶ 文意が通るのは**〈様態〉**の接続詞③ as だけ。

321 ◆〈as S ＋ be 動詞〉「ありのままに／そのまま」

〈as S ＋ be 動詞〉は**〈様態〉**の接続詞 as を用いた表現で，「S が存在するように」が直訳。そこから「ありのままに／そのまま」という意味になったと理解すればよい。

▶ 本問の as they[= things] are は「物事が存在するように」が直訳。

整理して覚える 026 接続詞 as の用法

□ **〈様態〉**「…するように」＊省略や代用を用いる場合が多い。→ 320, 321
Do **as** I say!「私が言うようにしなさい！」
They did **as** I had asked.「彼らは私が頼んだようにしてくれた」
She lost it, just **as** I said she would.「私が言った通り，彼女はそれをなくした」
Leave everything just **as** you found it.
「すべて見つけたときのままにしておきなさい（←すべて見つけたようにしなさい）」
We'd better leave things **as** they are until the police arrive.
「警察が到着するまでは現場に手を触れない方がよい（←状況をそのままにしておく）」
□ **〈比例〉**「…するにつれて」＊比較級と一緒に用いる場合が多い。→ 319
□ **〈譲歩〉**「…であるけれども」(= though ...) ＊〈形容詞＋ as S ＋ be 動詞〉の語順→ 304
□ **〈理由〉**「…するので」(= because ... / since ...)
□ **〈時〉**「…するとき／…する間」(= when ... / while ...)

解答 316 ③ 317 ② 318 ② 319 ② 320 ③ 321 We have to accept things as they are

第10章

Field 1 文法

前置詞

Section 092

322 I'm tired. I got up ( ) 5:00 this morning.
基本
① in ② on
③ to ④ at 〈阪南大〉

323 We are expecting our grandparents to arrive ( ) November 28th.
基本
① on ② for
③ at ④ in 〈亜細亜大〉

324 My sister was born ( ).
基本
① at 1949 in April ② on April 1949
③ 1949 at April ④ in April 1949 〈東海大〉

325 私たちは朝７時に朝食をとる。
基本
We (breakfast / have / in / at / seven / the) morning. 〈広島国際学院大〉

326 We went to a disco ( ).
① at Friday night ② for Friday night
③ in Friday night ④ on Friday night 〈京都女子大〉

まずは確認 032 時を表す前置詞 at, on, in

・**at** は「**時の一点（=時刻）**」を表す→ **322**。
at six（o'clock）「６時に」, **at** noon「正午に」,
at midnight「真夜中に／午前０時に」, **at** lunchtime「昼食時に」, **at** sunset「日没時に」
・**on** は「**曜日**」「**日付**」を表す→ **323**。
on Sunday(s)「(毎週）日曜日に」, **on** August 13(th), 2009「2009年８月13日に」,
on my birthday「私の誕生日に」, **on** Christmas Day「クリスマスの日に」
・**in** は「**幅のある時間**」を表す→ **324**, **325**。
in 2010「2010年に」（→１年は365日の幅）,
in (the) spring「春に」（→季節は数か月の幅）,
in May「５月に」（→１か月は約30日の幅）

---

322 疲れているよ。今朝は５時に起きたんだ。
323 11月28日に私たちの祖父母がやってくることになっている。
324 私の姉[妹]は1949年の４月に生まれた。
326 私たちは金曜日の夜にディスコに行った。

Section 092《 時を表す前置詞 at, on, in の基本用法

・まずは確認 032

322 5:00 は時の一点

◆「時の一点（=時刻）」を表す at

323 November 28th は日付

◆「曜日」「日付」を表す on

▶「何月，何日に」を表す場合は一般的に〈on＋月＋日〉という表現を用いる。

選択肢 ④ in は日付には使えない。in November という使い方はできる。→ 324

324 April は月を表す語

◆「年・月」を表す in

▶「何年に」や「何月に」を表す場合は，in 1949や in April のように **in** を使う。

▶「何年，何月に」とまとめて表す場合は，本問のように〈in＋月＋年〉という語順になる。日本語とは語順が異なる点に注意。

プラス 「何年，何月，何日に」とまとめて表す場合は，日付なので on を用いて，一般的に〈on＋月＋日，年〉という語順にする。→ 323
I was born on May 31st, 2015.
「私は 2015 年 5 月 31 日に生まれた」

325

◆「幅のある時間」を表す in—in the morning「朝に／午前中に」

▶「朝に／午前中に」は，**in** を用いて in the morning と表現する。morning は「日の出から正午までの幅がある時間」なので in を用いる。

▶ 本問の **at** seven **in** the morning「朝［午前中］の 7 時」は，morning という幅のある時間を **in** で表し，時の一点の 7 時を **at** で表している。

326

◆「特定の日の朝など」を表す on

不特定の日の「朝［午前］・午後・夜［晩］」は **in** the morning / **in** the afternoon / **in** the evening［**at** night］を用いるが，**特定の日の「朝」などや形容詞で修飾している場合は** on を用いて，**on** Monday morning「月曜日の朝に」，**on** a hot summer afternoon「暑い夏の午後に」，**on** the evening［night］of October 19「10月19日の夕方［夜］に」などと表現する。

▶「金曜日に」は **on** Friday，「夜に」は **at** night だが，「金曜日の夜に」は **on** Friday night。

しっかり理解 015 〈last / next / this / every＋時を表す名詞〉

〈last / next / this / every＋時を表す名詞〉は，前置詞なしで副詞句の働きをする。
last night「昨夜」（*cf.* at night「夜に」）
next Friday「次の金曜日に」（*cf.* on Friday「金曜日に」）
this morning「今朝」（*cf.* in the morning「朝／午前中に」）
every morning「毎朝」

解答 322 ④ 323 ① 324 ④ 325 have breakfast at seven in the 326 ④

Section 093

327 His house is almost (　　) the top of the hill.
基本
① to　　② for
③ with　　④ at　〈東海大〉

328 He made up his mind to fish (　　) the sea next week.
基本
① to　　② from
③ in　　④ into　〈中京大〉

329 A fly is (　　) the ceiling and she is trying to hit it.　〈日本大〉
基本

Section 094

330 He's still painting the picture but will finish it (　　) a week or two.
① until　　② for
③ about　　④ in　〈拓殖大〉

331 The construction of the building will be completed (　　) two months.
① within　　② for
③ until　　④ among　〈大東文化大〉

332 Please wait here (　　) five minutes.
① until　　② for
③ by　　④ during　〈法政大〉

まずは確認 033　場所を表す前置詞 at, in, on

・at は「広がりのない場所の一点（=地点）」を表す（→327）。
　at the bus stop「バス停で」
・in は「広がりのある空間や領域の中に存在する状態」を表す（→328）。
　in a supermarket「スーパーマーケット（の中）で」
・on は「表面に接触している状態」を表す（→329）。
　on the floor「床（の上）に」（→床に接触して上）
　＊on は「上面・側面・下面」で使うことができる。
　a calendar on the wall「壁に貼ってあるカレンダー」（→側面）

---

327 彼の家はほぼ丘のてっぺんに建っている。
328 彼は来週，海で釣りをすることに決めた。
329 一匹のハエが天井にとまっていて，彼女はそれを叩こうとしている。
330 彼はまだ絵の制作中だが，あと１，２週間で終えるだろう。
331 そのビルの建築工事は２か月以内に終わるだろう。
332 ５分間ここでお待ちください。

Section 093 場所を表す前置詞 at, in, on の基本用法

まずは確認 033

327 ◆「広がりのない場所の一点(＝地点)」を表す at

▶ at the top of A は「A の頂上［てっぺん／最上部］に」という意味。**at** the bottom of A は「A のふもと［底・最下部］に」という意味。どちらも at は「広がりのない場所の一点（＝地点)」を表している。

328 ◆「広がりのある空間や領域の中に存在する状態」を表す in

▶ ここでは「海中に糸を垂らして釣りをする」という状況なので,「広がりのある空間や領域の中に存在する状態」を表す **in** を用いて fish **in** the sea と表すのが適切。

プラス 場所のとらえ方によって使う前置詞も変わる。「海という地点」なら at,「海の表面」なら on も使える。
a house **at** the sea「海辺の家」(地点)
a boat **on** the sea「海に浮かんだボート」(表面)

329 ◆「表面に接触している状態」を表す on

▶ 天井にハエが接触している状況なので **on** が適切。本問のように on は下から何かに接触している場合も使う。必ずしも on が「…の上」になるとは限らない。

Section 094 紛らわしい前置詞の区別

330 ◆ in と for の区別

in は「これから…（の時間が）経つと／今から…後に」という**「時の経過」**を表す。for は「…の間ずっと」という**「継続する期間」**を表す。
I have lived in Kyoto **for** five years.「私は 5 年間，京都に住んでいる」

▶「これから 1，2 週間経つと／今から 1，2 週間後に」という状況なので,「時の経過」を表す④ in が正解。本問のように in は「**動作が終了する未来の一点**」を表すので, will と一緒に使われることが多い。

▶ ② for を入れると「1，2 週間ずっと絵の制作を終える」という不自然な意味になる。

331 ◆ within と for の区別

▶ **within** は「これから…（の時間）以内に」という意味。

選択肢 ② for を入れると「2 か月の間ずっと建築工事が終わる」という不自然な意味になる。

プラス **within**「これから…（の時間）以内に」と,「時の経過」の **in** との違いに注意。
I'll be back **within** an hour.「(今から) 1 時間**以内に**（1 時間を超えないで）戻る」
I'll be back **in** an hour.「(今から) 1 時間経ったら（1 時間後に）戻る」→ 330

332 ◆ during と for の区別

during A「A の間」はふつう,「**特定の期間**」を表すので，A には定冠詞や所有格などのついた名詞が来る（→ 333)。**during** the two weeks「その（特定の） 2 週間」
for A「A の間」は単なる「継続期間」を表すので，A には数詞などのついた名詞が来る（→ 330)。**for** two weeks「2 週間」

▶ 本問の「5 分間」は「特定の期間」ではないので，④ during ではなく② for を選ぶ。

解答 327 ④ 328 ③ 329 on 330 ④ 331 ① 332 ②

333 (a) I met him twice while I was staying in Paris.
(b) I met him twice (　　) (　　) stay in Paris. 〈立正大〉

334 I will continue analyzing this data (　　) the end of this academic year.
基本
① by　② for
③ till　④ within 〈青山学院大〉

335 Please complete the assignment (　　) next Monday.
基本
① by　② until
③ since　④ to 〈南山大〉

336 There was a full moon (　　) the mountain.
① of　② on
③ above　④ out 〈跡見学園女子大〉

337 This cafe is popular (　　) local residents as well as visitors.
① between　② among
③ in　④ to 〈日本大〉

しっかり理解 017　above, below, over, under の違い

- **above A「A よりも上に（出て）／A よりも高く」**
  My office is **above** the shop.「私の職場はその店の上の階にある」
  500 meters **above** sea level「海抜500メートル（←海面よりも上）」
- **below A「A よりも下に／A よりも低く」**（⇔ above A）
  below sea level「海面よりも下に」
  Our apartment is **below** theirs.「私たちのアパートの部屋は彼らのアパートの部屋の下にある」
  500 meters **below** the summit「頂上から500メートル下」
- **over A「A の真上に／（覆うように）A の上に」**
  a bridge **over** the river「その川に架かっている橋（←川の真上）」
  a white sheet **over** the desk「机の上に掛けてある白いシーツ（←机を覆っている）」
  jump **over** a wall「塀を跳び越える」
- **under A「A の真下に／（覆うように）A の下に」**（⇔ over A）
  pass **under** a bridge「橋の下を通過する」
  wear a sweater **under** a coat「コートの下にセーターを着ている」
  draw a line **under** the word「その単語に下線を引く」

---

333 (a) パリにいる間，私は彼に２度会った。
(b) パリ滞在中，私は彼に２度会った。
334 この学年の終わりまで，このデータの分析を続けるつもりだ。
335 次の月曜までに課題を終えてください。
336 山の上に満月が出ていた。
337 このカフェは観光客だけでなく地元住民の間でも人気がある。

333 接続詞 while の意味に相当する前置詞は？ ◆during の用法

▶ 前置詞 during を用いた during my stay「私の滞在中」が正解。during the stay だと，だれの滞在かが不明になるので不可。

▶ 本問のように，while SV（→316）との書きかえもよく出題される。

しっかり理解 016 during A の用法

・during A は「特定の期間」を表し，A にはふつう，**定冠詞や所有格などのついた名詞**が来る。

during *his* first year at college「彼の大学最初の年に」

during *our* vacation「私たちの休暇中に」

during *the* war「戦時中に」

・during A の A に**動名詞を用いることはできない。**（×）during my staying

・during A は「**A の間ずっと**」と「**A の間のある時に**」（→333）の意味がある。

I was in hospital **during** the (whole) summer.

「夏の間は入院していた」（「夏の間ずっと」の意味）

334 ◆till[until] と by の区別

till[until] A は「A まで（ずっと）」という意味で，「A までの動作や状態の**継続**」を表す。

I'll stay here **until** ten.「10時まで（ずっと）ここにいます」

by A は「A までに（は）」という意味で，「A までに動作や状態が完了する**期限**」を表す。

I'll return here **by** ten.「10時までにここに戻ります」

＊両者の違いは，接続詞 till[until] と by the time の違いと同じ。→281，282

▶「この学年度末まで…続ける」という動作の**「継続」**には③ till がふさわしい。

335 ◆till[until] と by の区別

▶「次の月曜までに…終える」という動作が完了する**「期限」**には① by がふさわしい。

336 ◆above と on の区別 しっかり理解 017

above A は「A よりも上に(出て)／A よりも高く」という意味。on A（→329）と異なり，above A は **A と接触していない**状況で用いる。above, below, over, under の違いは，左頁の しっかり理解 017 でチェックしておくこと。

▶「山の上に満月が出ていた」という状況にふさわしいのは③ above だけ。

337 ◆among と between の区別

among は「(３つ[３人] 以上) の中で」, **between** は「(２つ[２人]) の間で」を表す。

▶「地元住民」という「３人以上の集団の中で［間で]」を表すには② among が適切。

選択肢 in を用いて be popular **in** A「A の中で人気がある」とする場合，原則として A には場所を表す単数名詞が来る。be popular **in** this town「この町の中では人気がある」よって③ in は不可。

重要 □ **be popular among[with] A**「A の間で人気がある」→1135

解答 333 during my 334 ③ 335 ① 336 ③ 337 ②

338 There is no connection (　　) the two incidents.
☒☒☒ ① for　　② in
③ between　　④ among 〈岩手医科大〉

Section 095

339 Are you (　　) or against the proposal?
☒☒☒ ① for　　② of
③ on　　④ with 〈東北学院大〉

340 It's (　　) the law to smoke cigarettes before you are twenty.
☒☒☒ ① for　　② under
③ against　　④ away 〈芝浦工業大〉

Section 096

341 (a) He sings as if he were a rock star.
☒☒☒ (b) He sings (　　) a rock star. 〈中京大〉
基本

342 (　　) sharks, whales and dolphins are warm-blooded mammals.
☒☒☒ ① Dislike　　② Unlike
③ Despite their being　　④ Similar to 〈北里大〉

343 彼らはその新しい小説を，いきいきとした場面に満ちた子ども向けの本として計画した。
☒☒☒ They designed the new novel (a children's / with / book / packed / as) colorful scenes. 〈九州産業大〉

---

338 2つの事件には何の関連性もない。
339 あなたはその提案に賛成ですか，それとも反対ですか。
340 二十歳になる前の喫煙は違法だ。
341 (a) 彼はまるでロックスターであるかのように歌う。
(b) 彼はロックスターのように歌う。
342 サメとは違い，クジラやイルカは温血の哺乳類である。

338 ◆among と between の区別

▶ the two incidents「2つの事件」なので,「2つの間」を表す③ between が適切。

プラス between A and B「A と B の間」だけでなく,between A (複数名詞)「A と A の間」という形も頻出。
be stuck **between** the teeth「(食べ物などが) 歯にはさまっている」(←歯と歯の間,teeth は tooth の複数形)
eat **between** meals「間食をする」(←食事と食事の間)
put a bookmark **between** the pages「ページにしおりを挟む」(←ページとページの間)

Section 095 賛成・反対を表す前置詞

339 ◆賛成・支持の for

(be) for A は「A に賛成で (ある)」という意味。⇔ **(be) against** A「A に反対で (ある)」
vote **for**[**against**] the law「その法律に賛成票 [反対票] を投じる」

340 ◆反対・対立の against

against A は「A に反して」という意味。
against one's will[wishes / principles / beliefs]「意志 [意向/主義/信念] に反して」

▶ 文意が通るのは③ against を用いた be against the law「法に反する/違法だ (= be illegal)」だけ。

Section 096 類似・相違などを表す前置詞

341 ◆like A「A のように/ A と同様に」

like には前置詞の用法があり,**like A** は「A のように/ A と同様に」という意味。接続詞を用いた as if SV (→ Section **036** (p. 061)) への書きかえ問題は頻出。

⚠注意 like と間違えやすい前置詞 as は「…として」という意味。→ **343**
He is treated **as** a rock star.「彼はロックスターとして扱われる」

342 ◆unlike A「A と違って/ A らしくない」

like A の反意語 **unlike A** は「A と違って/ A らしくない」という意味。
She is **unlike** me in every way.「彼女は私とはあらゆる点で異なっている」
It is **unlike** him to be late.「遅刻するなんて彼らしくない」

343 ◆as A「A として」

▶「子ども向けの本として」は前置詞 **as** を用いた as a children's book で表す。
▶「いきいきとした場面に満ちた」は過去分詞句 packed with colorful scenes で表す。packed with colorful scenes は,a children's book を後置修飾している。→ **182**

⚠注意 as は関係代名詞 (→ **246**) や,接続詞 (→ Section **091** (p. 153)) としても用いる。
⚠注意 前置詞 such as は具体例を表し,< A(,) such as B >「例えば B のような A / B などの A」という使い方をする。
big cities **such as** Tokyo, Osaka and Nagoya「東京,大阪,名古屋などの大都市」

解答 **338** ③ **339** ① **340** ③ **341** like **342** ② **343** as a children's book packed with

344 Mary is taller than Judy (　　) two inches.

① by　　② for

③ in　　④ with　　〈青山学院大〉

Section 097

345 基本 The knife to cut the bread (　　) was very blunt.

① by　　② into

③ for　　④ with　　〈杏林大〉

346 基本 You can contact me (　　) e-mail.

① under　　② of

③ by　　④ for　　〈駒澤大〉

347 Please refrain from talking (　　) the phone near the priority seats in the train.

① on　　② by

③ at　　④ of　　〈桜美林大〉

Section 098

348 基本 It is not polite to talk (　　) your mouth full.

① in　　② on

③ over　　④ with　　〈南山大〉

---

344 メアリーはジュディーよりも2インチ背が高い。

345 パンを切るのに使うナイフはとても切れ味が悪かった。

346 私とはメールで連絡がとれます。

347 電車内の優先席付近での携帯電話での通話はお控えください。

348 口に食べ物をほおばったまま話をするのは失礼だ。

344 ◆差を表す by

▶ 身長の差を表す① by が正解。「差」を表す語句は比較級の前に置いてもよいので，本問は Mary is two inches taller than Judy. としても正しい。

プラス 「差」を表す by のフレーズを見ておこう。
be older than you **by a year**「あなたよりも 1 歳年上である」
increase **by 30%**「30%増加する」
win **by 1,000 votes**「1,000 票差で勝利する」
miss the bus **by three minutes**「3 分の差でバスに乗り遅れる」

Section 097 手段を表す前置詞

345 ◆道具の with

with A は「A（道具）を使って（＝ by using A）」という意味を表すことがある。

▶ ④ with を用いた cut the bread with the knife は「そのナイフを使ってパンを切る」という意味。the knife to cut the bread with は，不定詞の形容詞用法で，修飾される名詞（the knife）が前置詞 with の目的語になっている。→ 118

選択肢 ① by を用いた by the knife は「そのナイフのそばに」という意味になる。

346 ◆伝達・交通手段を表す by

by A「A によって」は〈伝達・交通手段〉を表す。この表現の A には **a / the / 所有格などのつかない，無冠詞の単数名詞が来る**ことに注意。**by** phone[e-mail]「電話で[メールで]」，**by** bus[train]「バスで[電車で]」 *cf.* **on** foot 「徒歩で」

注意 名詞の前に冠詞や所有格などが入ると，by a[the / his] bus「一台の［その／彼の］バスのそばに」といった意味になることに注意。

注意 345のように，「A（道具）によって」という道具による手段を表すときは with A で表すが，「…することによって」という動作による手段を表すときは **by doing** で表す。
earn one's living **by selling** health foods「健康食品を売って生計を立てる」

347 ◆on[over] the phone[telephone]「電話で」

電話・テレビ・ラジオ・ネットなどの利用を表す場合には **on** を用いることが多い。
watch the news **on** television「テレビでニュースを見る」
listen to music **on** the radio「ラジオで音楽を聞く」
search for information **on** the internet「ネットで情報を検索する」

選択肢 ②の by the phone は「その電話のそばに」という意味になる。〈通信手段〉を表す〈**by** +無冠詞の単数名詞〉を用いた by phone なら正解になる。→ 346

Section 098 付帯状況・所有・着用などを表す前置詞

348 ◆付帯状況の with―〈with +名詞+形容詞〉

▶〈with +名詞+形容詞〉で付帯状況を表すパターン。talk[speak] with one's mouth full「口に物を入れたまましゃべる」という形でそのまま覚えよう。分詞を用いて付帯状況を表す表現（→ Section **066**（p. 101））も確認しておこう。

解答 344 ① 345 ④ 346 ③ 347 ① 348 ④

349 コートを着たまま台所に入ってはいけません。
☒☒☒ You should not (the kitchen / with / on / your / enter / overcoat).

〈埼玉工業大〉

350 その少年は，彼女の首に腕を回したまま眠ってしまった。
☒☒☒ (the boy / arms / her / asleep / with / neck / around / fell / his).

〈獨協医科大〉

351 The pianist (　　) long hair is my girlfriend.
☒☒☒
① whose　② with
③ wears　④ has

〈福岡大〉

352 あの赤い服の女性があなたのことを知りたがっていたよ。
☒☒☒ The (was / woman / in / curious / red) to know about you.

〈大阪学院大〉

353 They discussed the matter (　　) tea and cakes.
☒☒☒
① by　② for
③ over　④ with

〈東京電機大〉

Section 099

354 (　　) literature, we have to study Japanese and world history.
☒☒☒
① Nothing but　② Not all
③ Beside　④ Besides

〈摂南大〉

355 I will eat anything (　　) *natto*.
☒☒☒
① above　② but
③ despite　④ for

〈兵庫県立大〉

---

351 その長い髪のピアニストは僕のガールフレンドだ。
353 彼らはお茶を飲みケーキを食べながら，その問題について話し合った。
354 文学に加えて，私たちは日本語と世界史の勉強をしなければならない。
355 納豆以外は何でも食べます。

349 ◆付帯状況の with―〈with＋名詞＋副詞〉

▶〈with＋名詞＋副詞〉で付帯状況を表すパターン。副詞 on は「着用」を表し，〈with＋A(衣服)＋on〉で「A を身に着けたまま」という意味。
with one's hat **on**「帽子をかぶったまま」，**with** one's shoes **on**「靴を履いたまま」

350 ◆付帯状況の with―〈with＋名詞＋前置詞句〉

▶〈with＋名詞＋前置詞句〉で付帯状況を表すパターン。「〈名詞〉が〈前置詞句〉の状態で」が元々の意味。本問では「彼女の首に腕を回したまま」という状況を，with his arms **around her neck**「彼の両腕が**彼女の首の周りにある**状態で」という形で表す。

プラス 〈with＋名詞＋前置詞句〉のフレーズを見ておこう。
with one's hat **in one's hand**「帽子を手に持って」(←帽子が手の中にある状態で)
with one's back **to the wall**「壁に背を向けて」(←背中が壁に向いている状態で)

重要 □ **fall asleep**「眠りに落ちる／寝入る」

351 ◆所有の with

with は「所有」を表し，A with B で「B を持った A ／ B がついた A」という意味になる。
a man **with** a gun「拳銃を所持している男」，a house **with** a pool「プールつきの家」

▶本問は The pianist who has long hair ..., または The pianist whose hair is long ... と書きかえられる。

352 ◆着用の in

in A は「A（衣服）を身に着けて」という意味を表す。
in white「白い服を着て」，**in**（one's）shoes「靴を履いて」，**in** a hat「帽子をかぶって」

▶「あの赤い服の女性＝赤い服を身に着けている女性」を The woman in red で表す。

重要 □ **be curious to do**「…したがっている」

353 ◆従事の over

over A は「A をしながら／ A をする間に」という意味を表すことがある。**over** work「仕事をしながら」，**over** a book「本を読みながら」，**over** dinner「食事をしながら」

▶ over tea and cakes は「お茶を飲みケーキを食べながら」という意味。

Section 099 論理関係を表す前置詞

354 ◆追加の besides

besides A は「A に加えて／ A の他に」（＝ in addition to A → 1291）という意味。よく似たつづりである **beside A**「A のそばに」（＝ close to A）との混同に注意。

355 ◆前置詞の but「…以外の／…を除いた」

but には前置詞の用法があり，A but B は「B を除いた A ／ B 以外の A」（＝ A except B）という意味になる。原則として A には all / every / any / no / none など（を含んだ語句）が来る。
There is no one here **but** me.「ここには私以外だれもいない」
drink nothing **but** beer「ビール以外は飲まない」

解答 349 enter the kitchen with your overcoat on 350 The boy fell asleep with his arms around her neck 351 ② 352 woman in red was curious 353 ③ 354 ④ 355 ②

356 All of the audience was impressed by his lecture (　　) the early history of Japan.

① at　　② in
③ on　　④ of　〈青山学院大〉

357 基本 (　　) his efforts, he was not able to pass the examination for a driver's license.

① Despite　　② Due to
③ Although　　④ With　〈立教大〉

358 Mike is very active (　　) his age.

① against　　② spite
③ for　　④ through　〈駒澤大〉

Section 100

359 Is that project worth (　　) at a great expense to the taxpayer?

① launch　　② launching
③ launched　　④ to launch　〈東京理科大〉

360 その企画の見積もり額は考慮に値する。
It is worth (　　) the estimated cost of the project.

① to consider　　② in considering
③ considering　　④ considered　〈法政大〉

Section 101

361 Most of the questions are easy, but this particular one is (　　) me.

① over　　② outside
③ out of　　④ beyond　〈明治大〉

362 My stolen bicycle was destroyed (　　) recognition.

① above　　② below
③ beyond　　④ over　〈福島大〉

---

356 聴衆はみな，日本の初期の歴史についての彼の講義に感銘を受けた。
357 努力したにもかかわらず，彼は運転免許の取得試験に合格できなかった。
358 マイクは年齢のわりにはとても活動的だ。
359 そのプロジェクトは，納税者に多大な負担をかけてまで立ち上げる価値があるのか。
361 ほとんどの問題は簡単だが，特にこの問題は難しくて私には理解できない［私の能力を超えている］。
362 私の盗まれた自転車は，見分けがつかないほどに壊されていた。

356 ◆関連の on

on A は「A（専門的なテーマ）に関して（= about A / concerning A)」という意味を表すことがある。a book **on** animals「動物に関する本」, speak **on** democracy「民主主義について語る」

357 ◆譲歩の despite

despite A は「A にもかかわらず（= in spite of A → 1274)」という「譲歩」の意味。

▶ 本問は Though he (had) made efforts という意味。

選択肢　② due to A「A のおかげで」→ 1270

358 ◆基準の for

for A は「(驚きの気持ちを込めて) A のわりには／A にしては」という意味を表すことがある。be cold **for** August「8 月にしては寒い」, look young **for** one's age「年齢のわりに若く見える」

Section 100 worth の用法

359 ◆A is worth doing.「A は…する価値がある」

A is worth doing. は「**A は…する価値がある**」という意味。worth の後ろには**名詞**や**動名詞**が来る。
This old painting is **worth** a lot of money.「この古い絵は大金の価値がある」

⚠注意　この表現では，**主語 A が動名詞 doing の意味上の目的語**になる。本問は主語 that project が動名詞 launching の意味上の目的語になる（← launch that project「そのプロジェクトを立ち上げる」という関係）。

プラス　〈A is worth doing＋前置詞〉という形もある。この場合は，**主語 A が前置詞の意味上の目的語**になる。The music is **worth** listening to.「その曲は聞く価値がある」（← listen to the music「その曲を聞く」という関係）

360 ◆It is worth doing A.「A を…する価値がある」

プラス　**A is worth doing. = It is worth doing A. = It is worthwhile doing A[to do A].** という書きかえも頻出する。本問は The estimated cost of the project is **worth considering.** と書きかえられる。

Section 101 beyond の注意すべき意味

361 ◆beyond A「A には理解できない」

beyond A は「(難しすぎて) A（人）には理解できない」という意味の慣用表現。原義は「A の能力を超えている」。

362 ◆beyond recognition「見分けがつかないほど」

beyond recognition は「見分けがつかないほど／見る影もなく／判別できないくらい」という意味の慣用表現。原義は「認識できる範囲を超えている」。

整理して覚える 027　beyond を使った慣用表現

- □ beyond repair「修理できないほど」, □ beyond control「制御できないほど」
- □ beyond belief「信じられないほど」, □ beyond recognition「見分けがつかないほど」
- □ beyond description「言葉では表せないほど」, □ beyond reach「手が届かないほど」

解答　356 ③　357 ①　358 ③　359 ②　360 ③　361 ④　362 ③

Section 102

363 I went fishing (　　) the river.
☒☒☒
① to　　② in
③ for　　④ of　　〈九州共立大〉

364 They were close to home now, but David turned (　　) the opposite direction.
☒☒☒
① of　　② at
③ in　　④ to　　〈桜美林大〉

365 I went skiing for the first time (　　) fifteen years.
☒☒☒
① before　　② in
③ during　　④ of　　〈東海大〉

Section 103

366 (　　) my surprise, she didn't come to their wedding party.
☒☒☒
① At　　② By
③ To　　④ With　　〈東京理科大〉

367 We danced (　　) the music.
☒☒☒
① by　　② of
③ in　　④ to　　〈福岡工業大〉

---

363 私は川に釣りに行った。
364 彼らはもう家の近くまで来ていたが，デイビッドは反対方向に曲がった。
365 私は15年ぶりにスキーに行った。
366 驚いたことに，彼女は彼らの結婚パーティーに来なかった。
367 私たちは音楽に合わせて踊った。

Section 102 in の注意すべき意味

363 ◆go doing in[at / on など] A「A に…しに行く」

go doing in[at / on など] A「A に…しに行く」については しっかり理解 018 を参照。

選択肢 ①の go fishing to the river は「川まで釣りをしながら行く」という不自然な意味になる。

しっかり理解 018 go doing in[at / on など] A「A に…しに行く」

go doing in [**at** / **on** など] **A**「A に…しに行く」に使える行為（doing にあたるもの）は「スポーツ・娯楽」などに限られる。この表現は **A という場所に到着してからその行為をする**ことを表すので，前置詞は到達点を表す to ではなく，その行為をする場所を示す **in** / **at** / **on** などを用いる。

go fishing **in** the river「川に釣りに行く」
go shopping **at** the mall「モールに買い物に行く」
go skating **on** the lake「湖にスケートに行く」
go jogging **around** the Imperial Palace「皇居の周りへジョギングしに行く」

364 ◆方向・方角の in

in A は「A（の方向・方角）へ」という意味を表すことがある。**「方向・方角」に to は使えない**ことに注意。
go **in**[(×) to] the right direction「正しい方向へ進む」
The sun rises **in** the east and sets **in** the west.「太陽は東から昇り，西に沈む」

365 ◆for the first time in A「A ぶりに」(← A の期間の中で初めて)

▶ for the first time in fifteen years は「15年間の中で初めて＝15年ぶり」という意味になる。

Section 103 to の注意すべき意味

366 ◆結果を表す to

〈to A's ＋感情を表す名詞〉は「A が…したことには」という〈結果として抱いた感情〉を表す。所有格 A's の代わりに〈to the ＋感情を表す名詞＋ of A〉「A が…したことには」という表現もある。
to his (great) delight「彼が（とても）喜んだことに」
to the disappointment of my parents「私の両親ががっかりしたことに」

▶ to my surprise は「私が驚いたことには」という意味。

367 ◆伴奏の to

to A は「A（音）に合わせて」という意味を表すことがある。

解答 363 ② 364 ③ 365 ② 366 ③ 367 ④

文法用語 14
抽象名詞：英語の名詞には，①**固有名詞**（人名や地名など），②**普通名詞**（book，cat など一般的なもの），③**集合名詞**（family など），④**物質名詞**（salt，air など），⑤**抽象名詞**（beauty，freedom など）の 5 種類がある。抽象名詞は数えられない名詞（不可算名詞）。

Section 104

368 The President said that it was (　　) great importance to develop the US-China constructive partnership.

① a　　② of
③ such　　④ with　〈上智大〉

369 The dog jumped over the fence (　　) ease.

① in　　② at
③ by　　④ with　〈昭和大〉

Section 105

370 I get paid (　　) the hour.

① at　　② by
③ for　　④ in　〈広島国際大〉

371 The mother caught her baby (　　) when he fell forward.

① by the arm　　② with his arm
③ to his arm　　④ of the arm　〈名古屋工業大〉

372 コーチは私の肩をポンと叩きながら，励ましてくれた。（1語不要）
The coach encouraged me, (shoulder / patting / on / the / my / me).
〈千葉工業大〉

373 必ず彼の目を見て話しなさい。さもないと，正直に話していないと思われてしまう。
Be sure to (him / in / look / talking / the eye / while), or he might think you are not being honest.
〈近畿大〉

---

368 米中の建設的な協調関係を進展させることが非常に重要であると，大統領は述べた。
369 その犬は簡単に柵を飛び越えた。
370 私は時間給で支払われる。
371 赤ちゃんが前に倒れこんだとき，母親はその子の腕をつかんだ。

Section 104 抽象名詞とともに用いる前置詞

368 ◆〈of＋抽象名詞〉＝形容詞

〈of ＋抽象名詞〉 は形容詞と同じ働き（補語になる・名詞を修飾する）をする。**of** use「役立つ」（＝useful），**of** help「役立つ」（＝helpful），**of** value「価値のある」（＝valuable）

⚠注意　本問のように抽象名詞の前に great / a little / little / no などが入ることがある。
of a little［little / no］importance「少し重要である［ほとんど重要でない／重要でない］」

▶ 本問の of（great）importance は，（very）important と同意で，補語の働きをしている。

369 ◆〈with＋抽象名詞〉＝副詞

〈with ＋抽象名詞〉 は副詞と同じ働きをして，原則として動詞を修飾する。
with care「注意深く」（＝carefully），**with** kindness「親切に」（＝kindly），**with** fluency「流暢（りゅうちょう）に」（＝fluently），**with** difficulty「苦労して」，**with** pleasure「喜んで」など

▶ 本問の with ease は副詞 easily と同意で，動詞 jumped を修飾している。

Section 105 定冠詞 the とともに用いる前置詞

370 ◆基準となる単位を表す by

「販売や支払いの基準となる単位」は **〈by the ＋単位〉**「…単位で」で表す。**定冠詞の the をつける**点に注意。
sell meat **by** the kilo「肉をキロ単位で販売する」

▶ by the hour は「（賃金の支払いを）時間給で」という意味。

371 ◆catch A by the arm「A の腕をつかむ」

身体や衣服の一部に触れる場合に，まず「相手」を述べてから，そのあとに「相手の身体や衣服の部位」を前置詞句で示す表現がある。「身体や衣服の部位」には所有格ではなく**定冠詞 the をつける**ことに注意。
catch me by the［(×) my］arm［hand］「私の腕［手］をつかむ」
slap him in the face「彼の顔をひっぱたく」
touch you on the shoulder「君の肩に触れる」

372 ◆pat［tap］A on the shoulder「A の肩を軽くたたく」

▶ この表現では身体や衣服の部位に the をつけるので，（×）patting me on my shoulder は不可。よって my が不要。

373 ◆look A in the eye「A の目を見る」

▶ 371，372 と同じように考えて，look him in the eye とする。この look は他動詞なので（×）look at him in the eye とはならないことに注意。
▶ while talking は，while you are talking の you are が省略された形。接続詞が導く副詞節内では，〈S ＋ be 動詞〉が省略されることがある。→ 509
▶ you are not being honest は「（いつもは正直なのに，今に限って）正直でない＝嘘を言っている」という意味。be 動詞を進行形にすることで，一時性を強調する用法（整理して覚える 001（p. 022）の注意）。
　You **are** kind.「あなたは親切だ」←ふだんの変わらない性格や性質
　You **are being** kind.「あなたは（今日に限って）親切だ」←今だけの一時的な状況

重要　☐ **be sure to do**「必ず…する」→ 1124

解答　368 ②　369 ④　370 ②　371 ①　372 patting me on the shoulder（my 不要）　373 look him in the eye while talking

整理して覚える 028 重要な前置詞の意味 ―これまで学んだ前置詞の意味を整理しよう

● at

☐ at 5:00 this morning「今朝５時に」〈**時の一点（=時刻）**〉→ 322

☐ at the top of the hill「丘のてっぺんに」〈**広がりのない場所の一点（=地点）**〉→ 327

● on

☐ on November 28th「11月28日に」〈**曜日，日付**〉→ 323

☐ on Friday night「金曜日の夜に」〈**特定の日の朝・昼・夜など**〉→ 326

☐ on the ceiling「天井に」〈**表面に接触している状態**〉→ 329

☐ on the phone「電話で」〈**電話・テレビ・ラジオ・ネットなどの利用**〉→ 347

☐ a book on animals「動物に関する本」〈**関連**〉→ 356

● in

☐ in April 1949「1949年４月に」〈**年・月**〉→ 324

☐ in the evening「夕方に」〈**幅のある時間**〉→ 325

☐ in the sea「海で」〈**広がりのある空間や領域の中に存在する状態**〉→ 328

☐ in a week or two「あと１，２週間で」〈**時の経過**〉→ 330

☐ the woman in red「赤い服を着た女性」〈**着用**〉→ 352

☐ in the opposite direction「反対の方向へ」〈**方向・方角**〉→ 364

● for

☐ for five years「５年間」〈**継続する期間**〉→ 330

☐ look young for one's age「年齢のわりには若く見える」〈**基準**〉→ 358

☐ Are you for the proposal?「提案に賛成ですか」〈**賛成・支持**〉→ 339

⇔☐ against the law「法律に反している」〈**反対・対立**〉→ 340

● by

☐ by two inches「２インチだけ」〈**差**〉→ 344

☐ by e-mail「メールで」〈**伝達・交通手段**〉→ 346

☐ by the hour「時間単位で／時間給で」〈**基準となる単位**〉→ 370

● with

☐ with the knife「ナイフで」〈**道具**〉→ 345

☐ with your mouth full「口に食べ物をほおばったまま」〈**付帯状況**〉→ 348～350

☐ the pianist with long hair「長い髪のピアニスト」〈**所有**〉→ 351

☐ with care「注意深く」〈**with＋抽象名詞**〉→ 369

● to

☐ to my surprise「私が驚いたことには」〈**感情**〉→ 366

☐ dance to the music「音楽に合わせて踊る」〈**伴奏**〉→ 367

●上下の位置関係を表す前置詞
□500 meters above sea level「海抜500メートル」〈…よりも上に〉→336
□below sea level「海面よりも下に」〈…よりも下に〉(⇔ above A)
→しっかり理解 017 (p. 158)
□a bridge over the river「その川に架かっている橋」〈(覆うように)…の上に〉
→しっかり理解 017 (p. 158)
□under a bridge「橋の下」〈(覆うように)…の下に〉(⇔ over A)
→しっかり理解 017 (p. 158)

●ペアで覚える前置詞—till[until] と by
□till[until] ten「10時まで(ずっと)」〈動作や状態の継続〉→334
□by ten「10時までには」〈動作や状態が完了する期限〉→335

●ペアで覚える前置詞—among と between
□among local residents「地元住民の間で」〈(3つ[3人]以上)の中で〉→337
□between the two incidents「2つの事件の間で」〈(2つ[2人])の間で〉→338

●ペアで覚える前置詞—like と unlike
□sing like a rock star「ロックスターのように歌う」〈…のように〉→341
□She is unlike me.「彼女は私とは違っている」〈…と違って/…らしくない〉→342

●ペアで覚える前置詞—for と during
□for five years「5年間」〈継続する期間〉→332
□during my stay in Paris「私のパリ滞在中に」〈特定の期間〉→333

●その他
□as a children's book「子ども向けの本として」〈…として〉→343
□besides literature「文学に加えて」〈追加〉→354
□beyond me「私には理解できない」〈…には理解できない/…の能力を超えている〉→361
□eat anything but *natto*「納豆以外は食べる」〈…以外の/…を除いた〉→355
□despite his efforts「彼の努力にもかかわらず」〈譲歩〉→357
□of use「役立つ」〈of +抽象名詞〉→368
□over tea and cakes「お茶を飲みケーキを食べながら」〈従事〉→353
□within two months「2か月以内に」〈これから…(の時間)以内に〉→331
□worth
That project is worth launching.
「そのプロジェクトは立ち上げる価値がある」〈A is worth doing.〉→359
It is worth launching that project.
「そのプロジェクトは立ち上げる価値がある」〈It is worth doing A.〉→360

Field 1 文法

比較

Section 106

374 The crowd was surprised to see that a seven-year-old boy was able to swim as (　　) the teenagers.

基本

① fast as　　② fast still
③ faster so　　④ faster than 〈獨協大〉

375 Travelling into the city center is as convenient by subway (　　) by bus.

基本

① instead of　　② than it is
③ as it is　　④ compared to 〈福岡大〉

376 この映画は皆が言うほど面白くない。

基本

This movie (say / not / it / interesting / people / as / is / so) is. 〈中央大〉

374 7歳の少年が10代の若者と同じくらい速く泳げることがわかり，群衆は驚いた。
375 街の中心に移動するのはバスと同じくらい地下鉄も便利だ。

Section 106 原級を用いた比較

まずは確認 034 原級を用いた比較表現 〈A as ＋原級＋ as B〉の基本構造

(1) **何（A）と何（B）が比較されているのか**を明確にする。

(2) **「比較の基準となる語」**（どのような基準において比較されているのかを表す語）を明確にする。「比較の基準となる語」は**形容詞**か**副詞**。

(3) **副詞 as** が「比較の基準となる語」の原級の直前に置かれ，**接続詞 as** で 2 つの文がつなげられているという構造。

I am tall. + He is tall.
↓　（tall：基準）（tall：基準）

I am as tall as he (is) ~~tall~~.　＊as 以下の代名詞は目的格になることも多い。

＊ 2 つ目の基準となる語は必ず消去される。2 つの文に共通する同意の表現は省略してよい。同意の表現を代名詞や代動詞で表すこともある。

374　◆〈A as ＋原級＋ as B〉「A は B と同じくらい…」ー副詞が基準

〈A as ＋原級＋ as B〉は，A と B を比較して**「A は B と同じくらい…」**（A ＝ B）という意味を表す。

▶「7 歳の少年が速く泳ぐ（A）」ことと「10代の若者が速く泳ぐ（B）」こととを比較している。副詞 fast が「比較の基準となる語」。

▶ A seven-year-old boy was able to swim fast. + The teenagers were able to swim fast.
→ A seven-year-old boy was able to swim **as** fast **as** the teenagers ~~were able to swim fast~~.

375　◆〈A as ＋原級＋ as B〉「A は B と同じくらい…」ー形容詞が基準

▶「地下鉄で移動する便利さ（A）」と「バスで移動する便利さ（B）」とを比較。形容詞 convenient が「比較の基準となる語」。Travelling into the city center は動名詞句で，全体の主語。

▶ B にあたる部分の it is by bus は，travelling into the city center is convenient by bus の基準 convenient を省略して，travelling into the city center を it で代用した表現。

▶ Travelling into the city center is convenient by subway. + Travelling into the city center is convenient by bus.
→ Travelling into the city center is **as** convenient by subway as [travelling into the city center] is ~~convenient~~ by bus.
→ Travelling into the city center is **as** convenient by subway as [it] is by bus.

376　◆〈A not as[so] ＋原級＋ as B〉「A は B ほど…ない」

〈A not as[so] ＋原級＋ as B〉は〈A as ＋原級＋ as B〉の否定形。A と B を比較して**「A は B ほど…ない」**（A ＜ B）という意味を表す。

▶ この映画に対する，「実際の面白さ（A）」と「人々の言う面白さ（B）」とを比較している。形容詞 interesting が「比較の基準となる語」。

▶ B にあたる部分の people say it is は，people say (that) this movie is interesting の基準 interesting を省略して，this movie を it で代用した表現。

▶ This movie is interesting. + People say (that) this movie is interesting.
→ This movie is **not so** interesting **as** people say [this movie] is ~~interesting~~.
→ This movie is **not so** interesting **as** people say [it] is.

解答　374 ①　375 ③　376 is not so interesting as people say it

377 私にはその計画をやり遂げるのに十分な資金がありません。
I haven't got (as / as / I really / much / need / money) to complete the project. 〈大阪電気通信大〉

Section 107

378 Traveling by air costs (　　) taking the train.
基本
① as much as twice　② as much twice as
③ twice as much as　④ as twice much as 〈愛知産業大〉

379 Carol is the daughter of a luxury hotel owner, and last month she bought a sports car which was (　　) as mine.
基本
① as ten times expensive
② ten times as expensive
③ more ten times expensive
④ ten times more expensive 〈愛知学院大〉

380 前の事務所の大きさは新しい事務所の３分の１だった。
Our old office (large / as / third / was / one) as our new one. 〈関東学院大〉

381 このエアコンの消費電力はあのエアコンの２分の１だ。
This air conditioner uses (electricity / much / as / that / one / as / half). 〈九州産業大〉

---

378 飛行機での移動は，電車の２倍の費用がかかる。
379 キャロルは高級ホテルのオーナーの娘で，先月，私の車の10倍の値段のスポーツカーを購入した。

377 ◆〈A as much +名詞+ as B〉「同じくらい(多く)の量の〈名詞〉」

〈A as +原級+ as B〉の「原級」の部分に〈much +不可算名詞〉や〈many +可算名詞(の複数形)〉を用いて,**〈A as + much / many +名詞+ as B〉**の形にすることがある。I have **as** many DVDs **as** you do.「僕は君と同じくらいの数の DVD を持っている」

▶「実際に持っている資金 (A)」と「計画をやり遂げるのに十分な資金 (B)」とを比較している。ここでの基準は much money。この much は形容詞で,名詞 money を修飾する。

⚠注意　本問の much は副詞ではないので,(×) I haven't got money as much as ... と much と money を離してはいけない。比較の基準は much money「多くのお金」なので,形容詞 much と名詞 money を離すことはできない。

▶ I haven't got much money. + I really need much money to complete the project.
→I haven't got **as** much money **as** I really need ~~much money~~ to complete the project.

Section 107 倍数表現

378 ◆倍数表現「2倍」―〈A twice as +原級+ as B〉「A は B の2倍…」

▶「～の2倍」は twice を〈as +原級+ as〉の前に置いて表す。

379 ◆倍数表現「～倍」―〈A ten times as +原級+ as B〉「A は B の10倍…」

▶ 3倍以上の「～倍」は～ times で表す。「～」には three, four, five などの数詞が入る。
▶ 比較対象の mine は所有代名詞で my car の代用。→ **720**

380 ◆倍数表現「分数」―〈A one third as +原級+ as B〉「A は B の3分の1…」

倍数に分数を用いることができる。分数は〈分子+分母〉で表す。分子には one, two, three などの基数を,分母には third, fifth, sixth などの序数を使う。分子が2以上のときは分母を複数形にする。one third「3分の1」, two thirds「3分の2」(3分の1が2つあるから複数形になると考えればよい)

⚠注意　分子と分母の間にはハイフン (-) をつける場合と,つけない場合の両方がある。

▶ 比較対象の our new one は our new office の代用。〈形容詞+ one〉については **707** を参照。

381 ◆倍数表現「2分の1」―〈A half as +原級+ as B〉「A は B の2分の1…」

倍数が「2分の1, 4分の1, 4分の3, 1.5倍」のときには,それぞれ **half, a quarter, three quarters, one and a half times** という表現を使うのが一般的。

▶ 比較対象の that one は that air conditioner の代用。
▶ 本問の much は electricity を修飾する形容詞。副詞ではないので,(×) This air conditioner uses half electricity as much as that one. とすることはできない。比較の基準は much electricity「多くの電力」なので,形容詞 much と名詞 electricity を離すことはできない。→ **377**

解答 **377** as much money as I really need **378** ③ **379** ② **380** was one third as large **381** half as much electricity as that one

文法用語 15 **可算名詞・不可算名詞**:可算名詞は数えられる名詞。不可算名詞は数えられない名詞。物質名詞,抽象名詞([**文法用語 14**] p. 169) は不可算名詞。

文法用語 16 **所有代名詞**:mine, yours などの「～のもの」という意味を表す代名詞 (→ **720**)。

382 Our new computer is almost (　　) conventional ones.
☒☒☒
① half size　　② half the size of
③ half of the size　　④ the half size　〈南山大〉

383 A car (approximately one-tenth / runs / speed / at / of / the) a jet plane.　〈近畿大〉
☒☒☒

Section 108

384 We didn't want to go home, so we killed (　　) at the restaurant.
☒☒☒ 基本
① time as much as possible
② as much time as possible
③ as much as time
④ many time as we liked　〈東京経済大〉

385 Read this book (　　).
☒☒☒ 基本
① as carefully as you can
② as carefully as you possible
③ so carefully as possible
④ so carefully as you can　〈金城学院大〉

386 (a) She is a singer rather than an actress.
☒☒☒
(b) She is (　　)(　　)(　　) an actress (　　) a singer.　〈大阪教育大〉

387 He did not (　　) a word of thanks when I helped him with his assignment.
☒☒☒
① so to say　　② say so much
③ so much as say　　④ much as say as　〈北里大〉

388 The angry person went away without so much (　　) some apologetic words.
☒☒☒
① as saying　　② in saying
③ saying　　④ saying about　〈鹿児島大〉

---

382 私たちの新しいコンピューターは従来のもののほぼ半分の大きさだ。
383 車はジェット機のおよそ10分の1の速さで走る。
384 私たちは家に帰りたくなかったので，レストランでできる限りの時間をつぶした。
385 できるだけ注意深くこの本を読みなさい。
386 (a)(b) 彼女は女優というよりも歌手だ。
387 私が彼の宿題を手伝ったとき，彼は感謝の言葉さえ言わなかった。
388 謝罪の言葉すら言わずに，その怒った人は立ち去った。

382 ◆名詞を用いた倍数表現―〈A half the +名詞+ of B〉「A は B の 2 分の 1 …」

名詞を用いた〈倍数＋ the ＋名詞＋ of ～〉「～の…倍」という倍数表現もある。この表現で用いる名詞は number「数」(← many), amount「量」(← much), size「大きさ」(← large), weight「重さ」(← heavy), length「長さ」(← long), height「高さ」(← high), depth「深さ」(← deep), speed「速さ」(← fast) など。

⚠注意 〈A +倍数+ as +原級+ as B〉との書きかえが頻出するので，上の（ ）内の形容詞・副詞と名詞との関係も確認しておくこと。

This coat is twice the length of that one. = This coat is twice as long as that one.
「このコートはあのコートの 2 倍の長さがある」

▶ = Our new computer is almost half as large as conventional ones.

383 ◆名詞を用いた倍数表現―〈A one-tenth the +名詞+ of B〉「A は B の10分の 1 …」

▶ = A car runs approximately one-tenth **as fast as** a jet plane.

重要 □ at the speed of A「A の速さで」

Section 108 原級を用いた慣用表現

384 ◆〈as +原級+ as possible〉「できるだけ…／可能な限り…」(=〈as +原級+ as S can〉)

▶ we killed much time ... という文が前提となり，〈形容詞＋名詞〉の much time が基準となるので，② as much time as possible が正解。(×) ① time as much as possible とするミスに注意。→ 377

▶ = ... we killed as much time as we could at the restaurant. → 385

385 ◆〈as +原級+ as S can〉「できるだけ…／可能な限り…」(=〈as +原級+ as possible〉)

▶ 本問は命令文なので，〈as ＋原級＋ as S can〉の S には，命令する相手である you を用いる。

▶ = Read this book as carefully as possible. → 384

386 ◆ not so much A as B「A というよりは(むしろ) B」(= B rather than A)

▶ B rather than A を not so much A as B に書きかえる問題。A と B の順番に気をつける。→ 396

387 ◆ not so much as do「…さえしない」(= not even do)

388 ◆ without so much as doing「…さえしないで」(= without even doing)

▶ この慣用表現は 387 の not so much as do の not が前置詞 without に変わり，原形 do が動名詞 doing に変わったと理解すればよい。

解答 382 ② 383 runs at approximately one-tenth the speed of 384 ② 385 ① 386 not so much, as 387 ③ 388 ①

389 He is ( ) diligent a man as ever lived.
☒☒☒
① as ② such
③ very ④ more 〈愛知工業大〉

390 This is as difficult a task as ( ) I have ever faced.
☒☒☒
① every ② none
③ any ④ much 〈追手門学院大〉

Section 109

391 We were surprised to hear that ( ) 200 people attended the lecture.
☒☒☒
① so many ② as much
③ so much as ④ as many as 〈昭和大〉

392 In some parts of the world, people working six or seven days a week make ( ) four dollars.
☒☒☒
① little as ② as few as
③ many as ④ as little as 〈大東文化大〉

393 They invented printing as ( ) as the fifteenth century.
☒☒☒
① soon ② quickly
③ fast ④ early 〈芝浦工業大〉

整理して覚える 029 原級を用いて数量の多少を強調する表現

① as many as **A**	A も（多くの）	数が多いことを強調	A は〈数詞+**可算名詞**（の複数形）〉
② as few as **A**	わずか A／A しか…ない	数が少ないことを強調	
③ as much as **A**	A も（多くの）	量が多いことを強調	A は〈数詞+**不可算名詞**〉
④ as little as **A**	わずか A／A しか…ない	量が少ないことを強調	

① **As many as 100 students** attended the class. → **391**
「100人もの学生がその授業に出た」

② **As few as 10 students** attended the class. → **392**
「その授業に出た学生はわずか10人だった／10人の学生しかその授業に出なかった」

③ I paid **as much as $500** for the repairs. → **392**
「私はその修理に500ドルも（の大金を）払った」

④ I paid **as little as $5** for the repairs. → **392**
「私がその修理に払ったのはわずか 5 ドルだった／私はその修理に 5 ドルしか払わなかった」

---

389 彼は並外れて勤勉な男だ。
390 これは私が今まで直面したどの課題にも劣らず困難な課題だ。
391 200人もの人々がその講義に出席したと聞いて，私たちは驚いた。
392 世界の一部の地域では，週に 6， 7 日働いてもわずか 4 ドルしか稼げない人たちもいる。
393 早くも15世紀に彼らは印刷術を発明した。

389 ◆〈as ＋原級＋ as ever lived〉「今までにないほど…／並外れて…」

▶「今まで生きたどんな人とも同じくらい…」が直訳だが，一種の強調表現として考える。

▶ 最初の as は副詞で，基準である形容詞 diligent を修飾するので，as diligent a man as のように副詞 as に引っ張られて形容詞 diligent が a の前に移動している。〈as ＋形容詞＋ a / an ＋名詞＋ as〉の語順については **504** を参照。

> ⚠注意　as が前置詞の場合（→ **343**）は〈as a / an ＋形容詞＋名詞〉の語順になる。
> We regard him as a diligent man.
> 「私たちは彼を勤勉な男だとみなしている」

390 ◆〈as ＋原級＋ as any (＋ SV)〉「(〜する／〜した)どれ[だれ]にも劣らず…／極めて…」

▶ この表現は「どれ［だれ］とも同じくらい…」が直訳だが，一種の強調表現として理解する。

▶ ... any (task) (which) I have ever faced と補って考えればよい。

▶ as difficult a task as は〈as ＋形容詞＋ a / an ＋名詞＋ as〉の語順になっている。→ **504**

Section 109 原級を用いて数量の多少を強調する表現　整理して覚える 029

391 ◆ as many as A「A も(多くの)」

▶ ④ as many as を選ぶと，数が多いことを強調する。as many as 200 people「200人もの人々」とする。

392 ◆ as little as A「わずか A ／ A しか…ない」

▶ ④ as little as を選ぶと，量が少ないことを強調する。as little as four dollars「わずか4ドル」となり，文意が成立する。

> ⚠注意　as many[few] as A は「数」が多い［少ない］ことを，as much[little] as A は「量」が多い［少ない］ことを強調する表現。英語では一般的に「時間・年齢・距離・金額・重量」などは「数」ではなく「量」とみなされるので，本問の four dollars（金額）には as little as が用いられる。よって，(×) as few as four dollars は不可。
> 重要　□ a week「1 週間につき／1 週間あたり」

393 ◆ as early as A「早くも A（時代・年齢)に」

as early as **A** は「早くも A（時代・年齢）に」という意味で，時期の早さを強調する。

> ＋プラス　**as late as A** は「ほんの［つい］A（ほど最近）まで」という意味。as early as A とは反対に「時期の遅さ」を強調する。
> He was still using a typewriter **as late as** the 1990s.
> 「彼は 1990 年代になってもまだタイプライターを使っていた」

解答　**389** ①　**390** ③　**391** ④　**392** ④　**393** ④

394 Jiro's car is (　　) more economical than my car.
基本
① so　② too
③ much　④ very
〈東京都市大〉

395 (a) Mike is not so ill-tempered as his elder brother.
基本
(b) Mike is (　　) ill-tempered (　　) his elder brother.
〈福岡歯科大〉

396 He is (　　) than clever.
① wise　② wiser
③ more wise　④ the most wise
〈愛知淑徳大〉

397 オリオン座の星ベテルギウスは直径が太陽の700倍もある。
Betelgeuse, a star in the constellation of Orion, has a diameter (700 / larger / of / sun / than / that / the / times).
〈成蹊大〉

---

394 ジロウの車は私の車よりもはるかに経済的だ。
395 マイクは彼の兄ほど怒りっぽくない。
396 彼は利口というよりも聡明だ。

Section 110 比較級を用いた表現

まずは確認 035 比較級を用いた比較表現〈A ＋比較級＋ than B〉の基本構造

(1) **比較する２つの物事ＡとＢ**を明確にする。〈A +比較級+ than B〉では，AとBを比較して「AはBより…」(A＞B) という意味を表す。

(2) **「比較の基準となる語」**が**比較級**になり，２つの文が**接続詞** than でつなげられている。

I am tall. + He is tall.
↓ 基準 基準

I am taller than he (is) ~~tall~~. ＊than 以下の代名詞は目的格になることも多い。

＊ ２つ目の基準となる語は必ず消去される。２つの文に共通する同意の表現は省略してよい。同意の表現を代名詞や代動詞で表すこともある。

394 ◆比較級を強調する much

「ずっと…」，「はるかに…」のように比較級を強調する場合は，**much, far, still, even, a lot** などの副詞（句）を比較級の直前に置く。

▶ 比較級 more economical を強調できるのは③ much だけ。

⚠注意 very は比較級を強調できない。

395 ◆〈A less ＋原級＋ than B〉「A は B ほど…ない」

〈A less ＋原級＋ than B〉は「A は B ほど…ない」(A ＜ B) という意味で，〈A not as[so] ＋原級＋ as B〉（→ 376）とほぼ同じ意味と考えてよい。

396 ◆more A（原級）than B（原級）「B よりは（むしろ）A」(= A rather than B)

同一の人物や物事の持つ，２つの異なる性質・状態を比較する場合は，-er をつけて比較級を作る形容詞でも〈more ＋原級〉という形にして，**more A（原級）than B（原級）**「B よりは（むしろ）A」という表現を用いる。

▶ 本問は「彼」という同一の人物の持つ，「聡明な（wise）」と「利口な（clever）」という２つの異なる性質を比較しているので，形容詞 wise の比較級 wiser ではなく，③ more wise が正解。

▶ = He is *wise* **rather than** *clever*. = He is **not so much** *clever* **as** *wise*. → 386

⚠注意 **異なる人物や物事を，１つの形容詞を基準にして比較する**場合と混同しないこと。
「彼は私よりも聡明だ」(→ He と I という異なる人物を，wise という１つの基準で比較)
(○) He is wiser than I.
(×) He is more wise than I.

397 ◆〈A ＋倍数＋比較級＋ than B〉「A は B の〜倍…」(=〈A ＋倍数＋ as ＋原級＋ as B〉)

〈A ＋倍数＋比較級＋ than B〉は〈A ＋倍数＋ as ＋原級＋ as B〉（→ Section **107** (p. 177)）と同意。

▶「…の700倍（大きな直径）」は，倍数を表す700 times を比較級 larger の直前に置く。

▶「ベテルギウスの直径（A）」と「太陽の直径（B）」とを比較しており，B にあたる that of the sun の that は代名詞で，the diameter を表している。→ 715

解答 394 ③ 395 less, than 396 ③ 397 700 times larger than that of the sun

398 John is (　　) of the two boys.
☒☒☒
① the most tall　　② taller
③ the taller　　④ more tall　〈青山学院大〉

Section 111

399 (　　) went on, the more tired the players became.
☒☒☒ 基本
① The long game
② The longer game
③ The longer the game
④ The longest the game　〈南山大〉

400 時間をかければかけるほど英語は上達する。
☒☒☒ 基本
The more (you / your / the / improves / time / spend, / more / English).　〈摂南大〉

401 ビルは，父親が仕事で忙しいのでますます兄に頼るようになった。
☒☒☒ 発展
Bill came to depend on (more / brother / was / his / all / his / the / because / father) busy with his job.　〈関西学院大〉

402 ジェームズは裕福であっても少しも幸せではない。（２語不要）
☒☒☒ 発展
James is (for / happier / happy / less / none / the) his wealth.　〈東京理科大〉

---

398 ジョンは２人の少年のうちの背の高い方だ。
399 試合が長引けば長引くほど，選手たちはますます疲れてきた。

398 ◆〈the＋比較級＋of the two（＋名詞）〉「２つ［２人］の（名詞の）中でより…」

この表現は２つ［２人］の要素を比べているので比較級を用いる。「より…な方」は自然と１つ［１人］に決まるので，特定を示す定冠詞 the を比較級の前につけたと考える。

▶ 問題文の of the two boys に注目すれば，文意が成立するのは③ the taller だけ。

Section 111 〈the＋比較級〉を用いた表現

399 ◆〈The＋比較級 ..., the＋比較級〜.〉「…すればするほど，ますます〜」

〈The＋比較級 ..., the＋比較級〜.〉は「…すればするほど，ますます〜」という意味を表す。この表現の語順は元の文の語順とは大きく変化するので，必ず元の文を前提にして考えること。

▶ 問題文の the more tired ... に注目して，〈the＋比較級〉を用いた③ The longer the game を選ぶ。

▶ The game(S) went(V) on long(副詞). と The players(S) became(V) tired(C：形容詞). の２つの文を前提にして，副詞 long と形容詞 tired を〈the＋比較級〉にして文頭に移動したと考えればよい。

The game went on long. ＋ The players became tired.

→ **The longer** the game went on, **the more tired** the players became.

重要 □ go on「（事がある期間）続く」

400 ◆〈The＋比較級 ..., the＋比較級〜.〉「…すればするほど，ますます〜」

▶ You spend much time.（形容詞＋名詞）と Your English improves much.（副詞）の２つの文を前提にして，〈形容詞＋名詞〉の much time と副詞 much を〈the＋比較級〉にして文頭に移動したと考えればよい。

You spend much time. ＋ Your English improves much.

→ **The more time** you spend, **the more** your English improves.

▶（×）the more you spend *time* は不可。**形容詞が名詞を修飾する場合は〈形容詞＋名詞〉のセットで文頭に移動する**ことに注意しよう。

401 ◆〈(all) the＋比較級＋for＋名詞〉／〈(all) the＋比較級＋because SV ...〉「…なのでそれだけ［いっそう／なおさら］〜」

〈(all) the＋比較級〉に「理由」を表す表現を続けると，「…なのでそれだけ［いっそう／なおさら］〜」という意味になる。〈(all) the＋比較級〉に続ける「理由」を表す表現は，〈for＋名詞〉や because SV ... などを用いる。

▶ 選択肢に because があるので，「父親が仕事で忙しいので」という「理由」を because SV で表す。

402 ◆〈none the＋比較級＋for＋名詞〉／〈none the＋比較級＋because SV ...〉「…だからといって，少しも〜ない」

〈none the＋比較級〉に「理由」を表す表現を続けると，「…だからといって，少しも〜ない」という意味になる。**401**の表現の否定形として理解しよう。

▶「裕福であっても」という「理由」を〈for＋名詞〉で表す。

＋プラス none the less for A「A にもかかわらず」は慣用表現として覚えよう。
I love him none the less for his faults.「彼の欠点にもかかわらず，私は彼が大好きだ」

解答 **398** ③ **399** ③ **400** time you spend, the more your English improves **401** his brother all the more because his father was **402** none the happier for（happy, less 不要）

Section 112

403 1か月以上も海外にいたら，日本食が食べたくなるでしょうね。

基本

I will begin to miss Japanese food (a month / I / than / more / if / stay abroad for). 〈和洋女子大〉

404 京都まではバスで２時間かかりません。

基本

(two hours / journey to / less than / the bus / takes / Kyoto). 〈桃山学院大〉

405 I had no more than two thousand yen when I arrived at the station.

① much ② often

③ only ④ as much as 〈流通経済大〉

406 (a) The painting cost him no less than a million dollars.

(b) He paid as (　　) as a million dollars for the painting.

① little ② much

③ many ④ good 〈北海道文教大〉

しっかり理解 019　no more than A と no less than A の意味の違い

more than A は「A（数量）より多い」（→ **403**）という意味。A よりどのくらい多いかを表すには，直前に much や a little などを置いて，much more than A「A よりはるかに多い」（→ **394**），a little more than A「A より少し多い」となる。この much や a little は「A を超える幅」を表しているので，「A を超える幅がゼロ」の場合は **no more than A**「A よりもゼロ多い」となり，結局「A と同じ」ということになる。同様に **no less than A** も「A よりもゼロ少ない＝ A と同じ」ということ。

つまり, no more than A も no less than A も「A と同じ」ということを表すのだが, 両者には**「A（数量）に対する話者の気持ち」に大きな違いがある。**例えば「１万円」という同じ金額をどのように評価するかは個人差がある。そういう場合に no more than 10,000 yen「１万円しかない」，no less than 10,000 yen「１万円もある」という表現を用いて，同じ客観的な数量に対する異なる気持ちを表すことができる。

---

405 駅に着いたとき，私はわずか2,000円しか持っていなかった。

406 (a)(b) 彼はその絵に100万ドルも支払った。

Section 112 〈no ＋比較級＋ than〉などを用いた表現

しっかり理解 019

403 ◆ more than A（数量）「A 以上／A より多い」

▶「1 か月以上」は more than a month で表す。

404 ◆ less than A（数量）「A 未満／A より少ない」

▶「京都までのバスの行程は 2 時間かからない」という構造の文を作る。「2 時間かからない→ 2 時間未満かかる」を takes less than two hours とまとめる。

405 ◆ no more than A（数量）「わずか A ／A しか…ない」

more than A「A より多い」（→ 403）という表現の直前に，否定語 no を置いた **no more than A** は，more than A を強く否定することから「わずか A ／ A しか…ない」（＝ only）という意味になり，数・量の少なさを強調している。

406 ◆ no less than A（数量）「A も(たくさん)」

less than A「A より少ない」（→ 404）という表現の直前に，否定語 no を置いた **no less than A** は，less than A を強く否定することから「A も（たくさん）（＝ as many [much] as)」という意味になり，数・量の多さを強調している。

選択肢　③ many は不可。a million dollars は金額なので量として扱う。→ 392 の⚠注意

整理して覚える 030　no more[less] than A と not more[less] than A

左頁の しっかり理解 019 もよく読んで，理解して覚えよう。

□ no more **than A「A しかない」** ← A と否定的に同じ（数量が少ない！という気持ち）

□ no less **than A「A もある」** ← A と肯定的に同じ（数量が多い！という気持ち）

cf. not more **than A**「A より多くはない=最大でも A =**多くても A**」(= **at most A**)

cf. not less **than A**「A より少なくはない=最低でも A =**少なくとも A**」(= **at least A**)

not more than 10,000 yen「1 万円より多くはない=最大でも 1 万円=多くても 1 万円」

not less than 10,000 yen「1 万円より少なくはない=最小でも 1 万円=少なくとも 1 万円」

＊not は単なる否定なので not more than A と not less than A は直訳でそのまま理解できる。

解答　403 if I stay abroad for more than a month　404 The bus journey to Kyoto takes less than two hours　405 ③　406 ②

Section 113

407 A whale is (　　) a horse is.

発展

① not more a fish than　② not a fish less than
③ no more a fish than　④ not less a mammal than　〈岩手医科大〉

408 I don't believe his story (　　) than you do.

発展

① any more　② as much
③ no more　④ not much　〈東北学院大〉

409 私には，彼女がアインシュタインと同じくらい頭が良いように思える。(１語不足)
It seems to me that (Einstein / she / than / is / no / intelligent).　〈西南学院大〉

発展

しっかり理解 020　A is no more B than C (is D). と A is no less B than C (is D). の意味の違い

しっかり理解 019 (p. 186) で確認したように，no more も no less も**「than 以下と同じ」**ことを表すが，**no more** は**「否定的に同じ」**，**no less** は**「肯定的に同じ」**という話者の異なる気持ちを表す。この考え方を応用すると，A is **no more** B *than* C is D. は，**否定的に** A is B = C is D，A is **no less** B *than* C is D. は，**肯定的に** A is B = C is D という内容を表すと理解すればよい。

● A is **no more** B *than* C is D.「A が B であること と C が D であること **は否定的に同じ**」
A whale is **no more** a fish *than* a horse is.
「クジラが魚であること と 馬が魚であること **は否定的に同じ**」
→「馬が魚でないのと同じように，クジラも魚ではない」

● A is **no less** B *than* C is D.「A が B であること と C が D であること **は肯定的に同じ**」
She is **no less** intelligent *than* Einstein.
「彼女が頭が良いこと と アインシュタインが頭が良かったこと **は肯定的に同じ**」
→「アインシュタインが頭が良かったのと同じように，彼女は頭が良い」

Section 114

410 The man was none (　　) the writer the journalists had been looking for.

発展

① another than　② anyone or other
③ other than　④ some than　〈日本大〉

411 その子どもたちは冬に湖で泳ぐような愚かなことはしなかった。
The children (swim / to / in / knew / than / better / the) lake in the winter.　〈東京経済大〉

407 馬がそうでないように，クジラも魚ではない。
408 あなたと同様に，私も彼の話を信じません。
410 その男性は，記者たちが探していた作家に他ならなかった。

Section 113 no more ... than / no less ... than の表現

407 ◆A is no more B than C (is D).「C（が D でない）と同様に A は B でない」

A is no more B than C (is D).「C（が D でない）と同様に A は B でない」という意味。B と D に同じ表現が来る場合，D は省略される。

- 本問は D にあたる a fish が文末で省略されている。... than a horse is a fish「馬が魚でないように」と補って考えればよい。
- この表現の狙いは，than 以下の C is D が常識的に否定される内容であることを利用して，「A は B でない」ということをより効果的に述べる点にある。本問でも「馬は魚でない」ことは常識的に当然で，それと同じように，「クジラは魚でない（＝実際はほ乳類だ）」ということを効果的に述べている。

408 ◆A is not B any more than C (is D).「C（が D でない）と同様に A は B でない」

A is not B any more than C (is D). は「C（が D でない）と同様に A は B でない」という意味。407の A is no more B than C (is D). と同意表現で，**no を not any で書きかえた**ものである。

- 本問の文末の do は代動詞の do で，... than you believe his story と考えればよい。

409 ◆A is no less B than C (is D).「C（が D である）と同様に A は B である」

しっかり理解 020

A is no less B than C (is D). は「C（が D である）と同様に A は B である」という意味。B と D に同じ表現が来る場合，D は省略される。左頁 しっかり理解 020 参照。

- 本問は is D にあたる is intelligent が文末に省略されている。... than Einstein was intelligent「アインシュタインが頭が良かったように」と補って考えればよい。
- この表現の狙いは，than 以下の C is D が常識的に肯定される内容であることを利用して，「A は B である」ということをより効果的に述べる点にある。本問でも「アインシュタインは頭が良かった」ことは常識的に当然で，それと同じように，「彼女は頭が良い」ということを効果的に述べている。

Section 114 比較級を用いた慣用表現

410 ◆none other than A「A に他ならない／他ならぬ A」(= the very A)

〈no ＋名詞＋ other than A〉は「A 以外の〈名詞〉ではない」という意味。この〈no ＋名詞〉を none に変えたのが **none other than A** で，「A 以外のものではない＝他ならぬ A」という意味になる。

- = The man was **the very** writer (that) the journalists had been looking for. → 519

411 ◆know better than to do「…するほど愚かではない／…しないだけの分別[思慮]がある」(= be wise[sensible] enough not to do)

- know better than のあとには to 不定詞が来ることに注意。
- = The children were wise[sensible] **enough** not to swim in the lake in the winter.

解答 407 ③ 408 ① 409 she is no less intelligent than Einstein (less 不足) 410 ③ 411 knew better than to swim in the

412 私はほとんど英語を話せません。ドイツ語はなおさらです。
発展
(コンマを１か所用いること)
I can (less / much / hardly / speak English / German). 〈足利大〉

413 When he was driving ① me ② home, he told me ③ that he was ④ not longer living with his wife. 〈東洋大〉

Section 115

414 Our teacher has told us that DVDs are (   ) videotapes for foreign language learning.

① superior to ② more better than
③ such good as ④ useful than 〈東京経済大〉

415 I prefer staying home (   ) going out on Sundays.

① by ② for
③ from ④ to 〈中央大〉

416 Although he only joined the firm last year, he is (   ) to me already.

① better ② higher
③ senior ④ older 〈東京電機大〉

---

413 私を家まで車で送ってくれているときに，妻とはもはや一緒に暮らしていないと彼は言った。
414 私たちの先生は，外国語を学ぶためにはビデオテープよりも DVD の方が優れていると言っている。
415 私は，日曜日は外出するよりも家にいたい。
416 彼は去年，入社したばかりだが，すでに僕よりも地位が上である。

412 ◆〈否定文 , much less ...〉「まして[なおさら]…ない／…ないのは言うまでもない」
（=否定文 , still less ... ／否定文 , let alone ...）

▶ 本問は hardly「ほとんど…ない」によって否定の意味を表している。その否定の意味の文に much less を続ける。

▶〈**, much less** German〉＝〈**, still less** German〉＝〈**, let alone** German〉

413 ◆ no longer ...「もはや…ない」(= not ... any longer)

重要 □ drive A home「A（人）を家まで車で送る」
□ tell A that SV「A（人）に…と言う」

Section 115 比較対象に前置詞 to を用いる表現

414 ◆ A is superior to B「B より A が優れている」

415 ◆ prefer A to B「B よりも A を好む」

▶ 本問のように A, B に動名詞を用いた prefer doing ... to doing 〜「〜することよりも…することを好む」という形も頻出する。

416 ◆ A is senior to B「B より A が先輩である／地位が高い／年上である」

▶ 前置詞 to を用いていることから，③ senior を選ぶ。

選択肢　他の選択肢なら空所のあとは to me ではなく than I [me] でなければならない。

整理して覚える 031　比較対象に前置詞 to を用いる表現

□ **A is superior to B**「B より A が優れている」→ 414
□ **A is inferior to B**「B より A が劣っている」
□ **A is senior to B**「B より A が先輩である／地位が高い／年上である」→ 416
□ **A is junior to B**「B より A が後輩である／地位が低い／年下である」
□ **prefer A to B**「B よりも A を好む」→ 415
□ **A is preferable to B**「B よりも A が好ましい」

注意　前置詞 to の後ろの B には名詞や動名詞が来る。不定詞の to と勘違いして原形 do を続けないこと。

解答 412 hardly speak English, much less German　413 ④→ no longer　414 ①　415 ④　416 ③

Section 116

417 基本
Diamonds are (　　) all substances; they can be cut only by other diamonds.
① the hardest of　　② more than hard
③ harder of　　④ hardest　〈南山大〉

418
Of ①all the films released this month, ②the one with ③lots of special effects is ④too far the most exciting.　〈兵庫医科大〉

419
これは私が今までにエッセイを書いたテーマの中でも飛びぬけてすばらしい。
This is (theme / on / the / best / very) which I have ever written an essay.　〈明海大〉

For Reading & Writing 010　〈the +最上級+名詞+ (that)S have ever done ～〉の入試出題情報

最上級とは平たく言えば「ある母集団の中で１番」ということです。すると，**どの母集団で１番であるかを明示**しないと，そのレベルには大きな違いが出ます。例えば，「県大会で１番」と「オリンピックで１番」では重みがまったく違いますね。**422**，**423** の〈the +最上級+名詞+ (that) S have ever done ～〉という定型表現では，**〈(that) S have ever done ～〉がその母集団に相当**します。そのため，関係詞節は先行詞にかかるように訳すのが一般的であるにも関わらず，この定型表現では「S が今まで～した中で」と，母集団を表す「～の中で」という日本語訳になることに注意してください。

さて，〈the +最上級+名詞+ (that) S have ever done ～〉「S が今まで～した中で最も…の名詞」は ever を用い，書きかえ表現の〈S have never done such a / an +形容詞+名詞+ as A〉「A ほど…な名詞を S は今まで～したことがない」は **never** を用いています（→ **423** ＋プラス）。実際の試験では「S は**今まで～したことがない**ほど（最も）…の名詞」という日本語でも出題されることもあります。**422** は「あのレストランのカレーは今まで食べたことがないほどまずい」，**423** は「これは今まで見たことがないほど賢いロボットだ」という**否定の日本語で出題されても，that 節内は肯定の ever を用いる**ことに注意しましょう。

---

417 ダイヤモンドはあらゆる物質の中で最も硬く，別のダイヤモンドによってしか切ることができない。
418 今月公開されたすべての映画の中では，特殊効果をふんだんに用いたその映画がずばぬけておもしろい。

Section 116 最上級を用いた表現

まずは確認 036 最上級を用いた表現〈S is the ＋最上級（＋名詞）（of A / in A)〉の基本構造

(1) 最上級は「(A の中で) S は最も…である」という意味を表す表現。「…」にあたる部分に「基準となる語」の最上級が来る。

(2)「基準となる語」が〈形容詞+名詞〉の場合，最上級には必ず前に **the** をつける。文中に名詞が書かれていなくても，文脈から名詞を補える場合は the をつける（→417）。副詞の場合は，最上級に the をつける場合もあれば，the をつけない場合もある。

(3) 比較の対象となる範囲「A の中で」を明示する場合は，以下の使い分けをする。

・A が「(その名詞と) 同類の要素やメンバー」を表し，原則として**複数名詞**の場合は〈**of A**〉とする。→417，418

・A が「(その名詞が存在する) 場所」や「(その名詞が所属する) 集団」などの名称を表し，原則として**単数名詞**の場合は〈**in A**〉とする。→420

417 ◆〈S is the ＋最上級（+名詞）(of A / in A)〉

▶ ①the hardest ofを選ぶと最上級として文意が成立し，セミコロン以下の内容とも合う。

▶ Diamonds are the hardest (substance) of all substances と補って考えればよい。

▶ 本問は「ダイヤモンドという物質」を同類の「あらゆる物質」と比較しているので，比較対象となる範囲は of all substances で表している。(×) in all substances は不可。

418 ◆最上級の強調―〈(by) far (the)+最上級 ／ much (the)+最上級〉

最上級の前に (by) far や much を置いて，「ずばぬけて…」のように最上級を強調することができる。**〈(by) far (the) ＋最上級／ much (the) ＋最上級〉**という語順になる。

▶ 最上級を強調するためには④ too を by に訂正して，by far の表現を作る。

選択肢 ①は比較の対象の範囲を表す Of all the films released this month が文頭に置かれたもの。「特殊効果を用いた映画」を同類の「今月公開されたすべての映画」と比較しているので，前置詞 of を用いている（→417）。〈all the＋名詞〉の語順に注意。→ しっかり理解 024 (p. 315)
② the one は the film の代用（→707）。
③ lots of (= a lot of) は「多くの」という意味。

419 ◆最上級の強調 ―〈the very ＋最上級(+名詞)〉

very で最上級を強調することができるが，very を用いる場合は，**〈the very ＋最上級（＋名詞)〉**という語順になる。

▶「飛びぬけてすばらしい（テーマ)」という内容を，〈the very ＋最上級（＋名詞)〉の語順通りに並べて，the very best theme を完成させる。

▶ on which I have ever written an essay は，比較の対象となる範囲を，関係代名詞を用いて表している（→422）。on は「(専門的なテーマ）に関して」という意味（→356）。

解答 417 ① 418 ④→ by 419 the very best theme on

420 This shopping mall is the second (　　) one in New York.

① large　　② larger
③ largest　　④ as large　〈札幌大〉

421 ①Although it is ②neither new nor big, the house we bought ③is one of the most elegant ④building in this city.　〈北里大〉

422 The curry at that restaurant is (　　) I've ever had.

① much worse　　② the worst
③ too bad　　④ worse　〈金沢工業大〉

423 こんなに賢いロボットは見たことがない。

This is (seen / cleverest / have / ever / robot / I / the).　〈東洋大〉

424 (　　) least 530 of them died in this fire.

① Among　　② For
③ At　　④ During　〈上智大〉

---

420 このショッピングモールはニューヨークで2番目に大きいものだ。
421 新しくもなく大きくもないが，私たちが買った家は，この街で最も洗練された建物の1つだ。
422 あのレストランのカレーは今まで食べた中で一番まずい。
424 この火災で彼らのうち少なくとも530名が死亡した。

420

◆〈the second[third] +最上級(+名詞)〉

最上級とは要するに「(ある範囲で)1番目に…」ということ。「2番目[3番目/4番目]に…」という意味を表す場合は,**〈the second[third / fourth] +最上級(+名詞)〉**という表現を使う。

- 最上級③ largest を選ぶと,〈the second +最上級(+名詞)〉を用いた英文となる。
- one は shopping mall の代用。→ 707
- in New York が比較の対象となる範囲。New York は場所を表すので in を用いている。

421

◆〈one of the +最上級+複数名詞〉「最も…な〈名詞〉の1つ[1人]」

- 〈one of the +最上級〉には必ず複数名詞が続くので,④ building を buildings とする。

422

◆〈the+最上級+名詞+(that) S have ever done ～〉「Sが今まで～した中で最も…(の名詞)」

比較の対象となる範囲を関係代名詞を用いて表した,**〈the +最上級(+名詞)+(that) S have ever done ～〉**「Sが今まで～した中で最も…(の名詞)」という表現がある。比較の対象となる範囲が「過去から現在までの経験」となるので,現在完了を用いる。

- 問題文の I've ever had に注目して,最上級② the worst を選ぶと文意が成立する。
- ... is the worst (curry) (that) I've ever had と補って考えればよい。

423

◆〈the+最上級+名詞+(that) S have ever done ～〉「Sが今まで～した中で最も…(の名詞)」

- 本問は「これは私が今まで見た中で最も賢いロボットだ」という意味。

プラス この表現は〈S have **never** done **such** a/an +形容詞+名詞+ **as** A〉「A ほど…な〈名詞〉を S は今まで～したことがない」という表現で書きかえることができる。
I have **never** seen **such** a clever robot **as** this. (423)
I have **never** had **such** a bad curry **as** the curry at that restaurant. (422)
「あのレストランのカレーほどまずいカレーを私は今まで食べたことがない」

424

◆ at least A「最低でも A /少なくとも A」

at (the) least A(数量)は「最低でも A /少なくとも A」(= not less than A)という意味。反意表現は **at (the) most A**(数量)で「最大でも A /多くても A」(= not more than A)という意味。→ 整理して覚える 030 (p. 187)

プラス **at least** が「(悪い状況の中でも)少なくとも…」という意味になる場合もある。この意味の at least は文頭に置かれることが多い。
The car crashed into a tree, but **at least** no one got hurt.
「その車は木に衝突したが,少なくともだれもけがをしなかった」

解答 420 ③ 421 ④→ buildings 422 ② 423 the cleverest robot I have ever seen 424 ③

Section 117

425 その男の子はこのクラスで一番利口だ。
(other / as smart / student / is / as / no / in this class) the boy. 〈東海大〉

426 (　　) is so precious as time.
① Anything　② Everything
③ Nothing　④ Something 〈日本大〉

427 日本には，富士山ほど高い山は他にない。
No (mountain / Japan / than / higher / other / is / in) Mt. Fuji. 〈東京国際大〉

428 私に関する限り，今は健康が一番大切なのだ。
As for myself, (　　) (　　) (　　) precious than my health now. 〈日本大〉

429 (a) The ostrich is the largest bird in the world.
(b) The ostrich is larger than (　　) (　　) (　　) in the world. 〈名城大〉

430 Time is more precious than (　　).
① all things　② anything else
③ everything　④ nothing 〈大妻女子大〉

---

426 時間ほど貴重なものはない。
429 (a) ダチョウは世界最大の鳥だ。
(b) ダチョウは世界中の他のどの鳥よりも大きい。
430 時間は他の何よりも貴重なものだ。

Section 117 《 原級や比較級を用いた最上級相当表現

425 ◆〈No (other)+単数名詞+ is as[so] +原級+ as A〉「A ほど…な〈名詞〉はない」

▶ 与えられた日本語を「このクラスには，その男の子ほど利口な生徒はいない」と読みかえて考える。

⚠注意　比較の対象となる範囲（本問では in this class）は，主語（本問では No other student）の直後に置くのが原則。

⚠注意　No other のあとの student が単数形になっていることに注意。

426 ◆〈Nothing is as[so] +原級+ as A〉「A ほど…なものはない」

▶ 代入して文意が通るのは③ Nothing だけ。同意表現の書きかえは **430** 参照。

427 ◆〈No (other)+単数名詞+ is +比較級+ than A〉「A ほど…な〈名詞〉はない」

⚠注意　比較の対象となる範囲（本問では in Japan）は，主語（本問では No other mountain）の直後に置かれることに注意。

⚠注意　No other のあとの mountain が単数形になっていることに注意。

428 ◆〈Nothing is +比較級+ than A〉「A ほど…なものはない」

▶ 与えられた日本語を「健康ほど大切なものはない」と読みかえて考える。

429 ◆〈A is +比較級+ than any other +単数名詞〉「A は他のどんな〈名詞〉よりも…だ」

▶ この表現の any other のあとには単数名詞が来るので，（×）any other birds は不可。

430 ◆〈A is +比較級+ than anything else〉「A は他のどんなものよりも…だ」

整理して覚える 032　原級や比較級を用いた最上級相当表現

□ 〈No (other) +単数名詞+ is as[so] +原級+ as A〉「A ほど…な〈名詞〉はない」→ **425**

□ 〈No (other) +単数名詞+ is +比較級+ than A〉「A ほど…な〈名詞〉はない」→ **427**

＊〈No (other) +単数名詞〉の代わりに，Nobody[No one] を主語にすれば「…な人はいない」，Nothing を主語にすれば「…なものはない」という意味になる。→ **426**，**428**

□ 〈A is +比較級+ than any other +単数名詞〉「A は他のどんな〈名詞〉よりも…だ」→ **429**

＊〈than any other +単数名詞〉の代わりに，than anybody[anyone] else を用いれば「他のどんな人よりも…だ」，than anything else を用いれば「他のどんなものよりも…だ」という意味になる。→ **430**

⚠注意　of / in を用いて比較の対象となる範囲を明示する場合は，主語である〈No (other)+ 単数名詞〉／ Nobody[No one]／Nothing の直後に置くのが原則。→ **425**，**427**

解答 **425** No other student in this class is as smart as **426** ③ **427** other mountain in Japan is higher than **428** nothing is more **429** any other bird **430** ②

Field 1 文法

主語と述語動詞の一致

Section 118

431 Both he and I (　　) to go to China.

① am　② are
③ be　④ is

〈京都女子大〉

432 Not only Larry and David but also Peter (　　) come to the airport to see me off.

① has　② have
③ is　④ are

〈高崎経済大〉

433 Neither my friend nor her brothers (　　) our wedding.

① are attending　② attends
③ doesn't attend　④ is attending

〈金城学院大〉

434 Either she or I (　　) to go.

① am　② is
③ can　④ may

〈神戸山手大〉

435 Mr. Tanaka, as ①well as you, ②were transferred ③to ④the Sales Promotion Department.

〈東京都立大〉

Section 119

436 Most of the students here (　　) with their families.

① live　② living
③ lives　④ is living

〈國學院大〉

---

431 彼も私も中国に行く予定だ。
432 ラリーとデイビッドだけでなく，ピーターも私を見送りに空港に来てくれている。
433 私の友人も彼女の兄弟も私たちの結婚式に出ない予定だ。
434 彼女か私のどちらかが行くことになるだろう。
435 あなただけでなく田中さんも販売促進部に異動になった。
436 ここの学生たちのほとんどは家族と一緒に暮らしている。

Section 118 相関的な表現の場合

431 ◆both A and B が主語ー複数扱い

▶ Both he and I は複数扱い。
▶ 正解の are to go は〈be 動詞+ to do〉を用いた表現で,「予定・運命」の意味。→146

432 ◆not only A but (also) B が主語ー述語動詞は B に一致

▶ 主語の not only A but (also) B は B に動詞を一致させる。B に相当するのは三人称単数の Peter なので,述語動詞は①の現在完了の has come となる。

433 ◆neither A nor B が主語ー述語動詞は B に一致

▶ 主語の neither A nor B は B に動詞を一致させる。B に相当するのは her brothers という複数名詞なので,① are attending が正解。

434 ◆either A or B が主語ー述語動詞は B に一致

▶ 主語の either A or B は B に動詞を一致させる。B に相当するのは一人称単数の I なので,① am が正解。
▶ 正解の am to go は〈be 動詞+ to do〉を用いた表現で,「予定・運命」の意味。→146

435 ◆A as well as B が主語ー述語動詞は A に一致

▶ 主語の A as well as B は A に動詞を一致させる。A に相当するのは三人称単数の Mr. Tanaka なので,述語動詞② were を was に訂正する。

重要 □ **transfer A to B**「A を B に移す」
→ A is transferred to B「A は B に移される/A は B に異動になる」

整理して覚える 033 相関的表現が主語になる場合の,述語動詞との一致

(1) 複数扱いする
□ both **A** and **B**「A と B の両方」→431
(2) B(述語動詞に近い要素)に動詞を一致させる
□ either **A** or **B**「A か B のどちらか」→434
□ neither **A** nor **B**「A も B も…ない」→433
(注) either A or B と neither A nor B は both A and B と同じように,複数扱いする場合もある。
□ not **A** but **B**「A ではなく B」
□ not only **A** but (also) **B**「A だけではなく B も」→432
(3) A(述語動詞から遠い要素)に動詞を一致させる
□ **A** as well as **B**「B だけでなく A も」(= not only **B** but (also) **A**) →435

Section 119 most of A などが主語の場合

436 ◆most of A が主語ー述語動詞は A に一致

▶ 主語になっている most of A の A に相当するのは三人称複数の the students なので,述語動詞は① live を用いるのが正しい。

解答 431 ② 432 ① 433 ① 434 ① 435 ②→ was 436 ①

437 Three fifths of the work (　　) finished.

① had　② was
③ were　④ would 〈東北医科薬科大〉

438 ①Only 20% of electric cables ②is buried ③beneath the streets in Tokyo, ④compared with 100% in London and Paris. 〈東洋大〉

Section 120

439 基本 Since the beginning of the twentieth century, there (　　) many political and social changes in Africa.

① have been　② are
③ are being　④ has been 〈東海大〉

440 The larger a ①market is, the ②more competition there ③are in ④that market. 〈東京薬科大〉

Section 121

441 The number of students who wish to continue their studies after they finish their four-year program at Meiji University (　　) increasing.

① is　② have
③ has　④ are 〈明治大〉

442 A number of people (　　) invited to the party.

① was　② were
③ have　④ had 〈西南学院大〉

整理して覚える 035　the number of A / a number of A が主語のときの述語動詞との一致

□ the number of A（複数名詞）「A の数」が主語の場合は**単数扱い**
（単数名詞 the number「数」に一致）

□ a number of A（複数名詞）「いくつかの A / たくさんの A」が主語の場合は**複数扱い**
（複数名詞 A に一致）

＊a number of は一種の形容詞だと考える。すなわち a number of A = several A / many A と考えれば，述語動詞を A に一致させることが理解できる。

---

437 その仕事の５分の３は終わった。
438 ロンドンやパリが100%であるのに比べて，東京で地中に埋設されている電線は20%にすぎない。
439 20世紀初頭から，アフリカでは多くの政治的，社会的変化があった。
440 市場が拡大すれば，それだけその市場における競争が増える。
441 明治大学での４年間の課程を終えたあとも勉強を続けたいと思う学生の数は増えている。
442 たくさんの人々がそのパーティーに招待された。

437 ◆〈分数＋ of A〉ー述語動詞は A に一致

▶ 主語になっている〈分数＋ of A〉の A に相当するのは三人称単数の the work。② was が正解。〈分数＋ of A〉の表現の作り方は 701 を参照。

438 ◆〈割合／分数＋ of A〉ー述語動詞は A に一致

▶ 主語になっている〈割合／分数＋ of A〉の A に相当するのは複数名詞の electric cables なので，述語動詞② is を are に訂正する。

重要 □ bury「…を埋める」 □ compared with A「A と比べて」

整理して覚える 034 以下の「～ of A」は A と述語動詞を一致させる

□ all of A「A のすべて」, □ most of A「A のほとんど」, □ half of A「A の半分」,
□ some of A「A の一部」, □ none of A「A のどれひとつ［だれひとり］…ない」,
□ the rest of A「A の残り」, □ 割合／分数＋ of A

Section 120 There ＋ be 動詞＋ A の場合

439 ◆〈There ＋ be 動詞＋ A〉ー be 動詞は A に一致

There ＋ be 動詞＋ A「A が存在する／ある／いる」の表現は A が主語。よって be 動詞は A（名詞）に一致させる。

▶ 主語は複数名詞 many political and social changes である。since「…以来」を用いていることから，現在完了の① have been が正解。

440 ◆〈There ＋ be 動詞＋ A〉ー be 動詞は A に一致

▶ 本問は〈the ＋比較級 ..., the ＋比較級～〉「…すればするほど，ますます～」（→ 399, 400）を用いている。A market is large. と There is much competition in that market. の 2 つの文を前提にして考えると，2 つ目の文の主語 much competition は不可算名詞で単数扱いなので，③ are を is に訂正する。

Section 121 the number of A / a number of A の場合

整理して覚える 035

441 ◆ the number of A「A の数」が主語ー単数扱い

▶ 主語を関係代名詞節が修飾し，主語と述語動詞の距離が離れているのでわかりにくい（→ 447）。関係代名詞節 who wish to ... at Meiji University を取り除いて，
The number of students (S) ... (　　) increasing (V). の構造を見抜く。

the number of students が主語なので，単数扱いになる。よって① is が正解。

442 ◆ a number of A「たくさんの A」が主語ー複数扱い

▶ a number of people が主語なので，複数扱いになる。よって② were が正解。a number of A の A には複数名詞が来るが，動詞はその A に一致させるので，複数扱いになる。本問では people に一致させていることを確認しよう。

解答 437 ② 438 ②→ are 439 ① 440 ③→ is 441 ① 442 ②

Section 122

443 The United Nations (　　) established after World War II.
① was　② were
③ was being　④ have been 〈淑徳大〉

444 Fifty minutes (　　) to finish this test.
① isn't enough time　② aren't enough time
③ isn't enough times　④ aren't enough times 〈関西学院大〉

Section 123

445 Make sure that the poor (　　) properly cared for.
① are　② has
③ have　④ is 〈南山大〉

446 The number ①of people who ②was injured ③was greater than they ④had expected. 〈立命館大〉

447 The ①decrease in job opportunities in recent years ②have been a serious blow to ③those young people who wish to work ④upon graduating from high school. 〈京都産業大〉

整理して覚える 036　形は複数でも単数扱いをするおもな表現

(1)「国家，団体，雑誌」などの名称
- □ the United States「アメリカ合衆国」，　□ the Philippines「フィリピン」，
- □ the United Nations「国際連合（国連）」，　□ the Times「タイムズ紙」

(2)「時間，年齢，距離，金額，重量」などを表す語句→ 444

(3)「学問，ゲーム，病気」などの名称
- □ economics「経済学」，　□ mathematics「数学」，
- □ physics「物理学」，　□ linguistics「言語学」，
- □ statistics「統計学」，　□ billiards「ビリヤード」，
- □ measles「はしか」

---

443 国連は第二次世界大戦後に設立された。
444 50分はこのテストを終えるのに十分な時間ではない。
445 貧しい人々がきちんと世話を受けられるようにしなさい。
446 負傷者の数は彼らの予測を上回っていた。
447 近年の雇用機会の減少は，高校卒業と同時に働きたいと願う若者たちにとって，深刻な打撃となっている。

Section 122 形は複数でも単数扱いする表現

整理して覚える 036

443 ◆the United Nations「国際連合」

▶ the United Nations は多くの国々で構成された1つの団体なので，単数扱いとなる。

444 ◆「時間」を表す語句が主語ー単数扱い

「時間，年齢，距離，金額，重量」などを表す語句は**1つのまとまり**とみなすので，単数扱いが原則。Fifty miles is a long distance.「50マイルは長距離だ」

▶ 主語 fifty minutes は時間を表す語句で1つのまとまりとみなすので，単数扱いになる。

選択肢 「時間」を表す time は不可算名詞なので，times となっている③と④は不可。

Section 123 注意すべき主語と述語動詞の一致

445 ◆〈the +形容詞〉=〈形容詞+ people〉ー複数扱い

整理して覚える 037 〈the ＋形容詞〉「…な人々」（＝〈形容詞＋ people〉）の表現例

☐ the poor「貧しい人々」，☐ the rich[wealthy]「金持ち」，
☐ the young「若者」，☐ the old[elderly]「老人」，
☐ the disabled「障がい者」，☐ the injured[wounded]「負傷者」，
☐ the sick「病人」，☐ the dead「死者」，
☐ the living「生きている人」

⚠注意　主語になる場合は複数扱いとなる。

446 ◆〈先行詞+主格の関係代名詞+動詞 ...〉の場合ー先行詞に一致

主格の関係代名詞に導かれる関係詞節内の動詞は先行詞に一致させる。

▶ people に続く主格の関係代名詞節内では先行詞 people に動詞を一致させる。先行詞 people は複数名詞なので，節内の動詞② was を were に訂正する。

選択肢 The number of people (S) ... was (V) greater (C) という構造で，the number of A は単数扱い（→ **441**）なので，③ was は正しい。

447 ◆主語と述語動詞の分離

主語と述語動詞の間に修飾語句が入り込み，主語と述語動詞が分離する場合は，一致のミスを犯しやすい。問題文の構造を正確に見抜くことが大切。→ Section **276** (p.561)

▶ 修飾語句 in job opportunities in recent years を取り除いてみると，
The decrease (S) ... has been (V) a serious blow (C) という文構造。

主語は単数名詞 the decrease なので，② have been を has been に訂正する。

選択肢 ③は先行詞を明示するために that / those をつけて〈that / those +先行詞+関係詞 ...〉とする表現。④ on [upon] doing「…するとすぐに」→ **177**

重要 ☐ **the decrease in A**「A の減少」，☐ **graduate from A**「A を卒業する」→ **590**

解答 **443** ① **444** ① **445** ① **446** ②→ were **447** ②→ has been

第13章

Field 1 文法

疑問文

Section 124

448 基本
( ) did you spend your summer vacation?
① How ② Who ③ What ④ Which 〈湘南工科大〉

449 基本
How ( ) these trousers cost?
① many do ② do ③ much are ④ much do 〈南山大〉

450
"How ( ) do you go abroad each year?"
"Two or three times."
① much ② many ③ often ④ long 〈大阪産業大〉

451
How ( ) is it from Osaka to Kyoto?
① long ② often ③ far ④ near 〈山梨学院大〉

452 基本
このホテルからその湖まで行くのにどのくらいかかりますか。
(how / hotel / to / it / from / take / this / go / does / long) to the lake?
〈東洋大〉

453
How ( ) does the talk show begin?
① quickly ② soon ③ fast ④ long 〈徳島文理大〉

まずは確認 037 疑問代名詞と疑問副詞

①**疑問代名詞**：who「だれが」，whom「だれを」，〈whose **+名詞**〉「だれの〈名詞〉」，which「どちら」，what「何」など。
＊名詞や代名詞で表現される部分を尋ねることになるので，**文中で主語，目的語，補語，前置詞の目的語のいずれかとして働く。**

②**疑問副詞**：when「いつ」，where「どこで」，why「なぜ」，how「どのように」など。
＊時，場所，理由，方法など副詞（句）で表現される部分を尋ねることになるので，文中で主語，目的語，補語，前置詞の目的語として働くことはない。

整理して覚える 038 〈how +形容詞・副詞〉の表現

□ how far（距離），□ how long（時間の長さ・物の長さ），
□ how much（**+名詞**）（(…の）量・金額），□〈how many **+名詞**〉（…の数），
□ how large（広さ・大きさ），□ how often（頻度・回数），□ how soon（残り時間）

---

448 夏休みはどう過ごしましたか。
449 このズボンはいくらですか。

Section 124 疑問詞の基本用法

・まずは確認 037
・整理して覚える 038

448 文の要素がそろっているか ◆疑問代名詞と疑問副詞

▶ 疑問副詞① How を選ぶと，「夏休みの過ごし方」を尋ねる文意が成立する。

選択肢　② Who，③ What，④ Which はすべて疑問代名詞。本問は you(S) spend(V) your summer vacation(O) という文構造で，必要な文の要素はそろっているので，主語，目的語，補語のいずれかの働きをする疑問代名詞を用いることはできない。

449 「費用」は数か量か？ ◆How much（+名詞）...?—「量や金額」を尋ねる表現

▶「量や金額」を尋ねるときは，**How much ...?** と表現する。「数」を尋ねるときは **How many ...?** と表現する。本問はズボンの値段を尋ねているので，金額を尋ねる表現 How much ...? を作る④が正解。

選択肢　①の How many ...? は数を尋ねる表現なので不可。S cost A「S は A の値段である」から，How much do[does] S cost?「S の値段はいくらですか」の疑問文を作るので，③は不可。

450 回数を表す表現 two or three times ◆How often ...?—「頻度」を尋ねる表現

▶ 質問に対する答えが two or three times (each year)「(年に) 2，3 回」と頻度を表しているので，質問文は「頻度」を尋ねていることがわかる。③の **How often ...?** が「頻度」を尋ねる表現。

プラス　「回数」は **How many times ...?** で表す。本問は **How many times** do you go abroad each year? と表現してもよい。

451 ◆How far ...?—「距離」を尋ねる表現

▶ **How far is it from A to B?**「A から B までどれくらいの距離ですか」の形で頻出。〈It is +距離+ from A to B.〉「A から B まで…の距離だ」の「距離」を尋ねる疑問文。

選択肢　①の how long は「時間の長さ」や,「物の長さ」を尋ねる場合に用いる。→ 452
How long is that bridge?「あの橋はどのくらいの長さがありますか」

452 ◆How long ...?—「時間の長さ・物の長さ」を尋ねる表現

▶ **How long does it take (A) to do ...?**「(A が) …するのにどれくらいの時間がかかりますか」で頻出。これは〈It takes (A)+時間+ to do ...〉「(A が) …するのに〜の時間がかかる」の「時間」の部分を尋ねる疑問文。

453 begin「(これから) 始まる」に注目 ◆How soon ...?—「残り時間」を尋ねる表現

▶ **How soon ...?** は，直訳すれば「どれくらいまもなく…するか」という意味。そこから「あとどれくらいの時間で…するか」という **「残り時間」を尋ねる疑問文**になる。

注意　452 の How long ...?「どれくらいの時間…するか (=時間の長さ)」と混同しないこと。
両者の違いは疑問文に対する答え方を考えればすぐにわかる。
How long will it take?「どれくらいかかる?」—An hour.「1 時間かかる」
How soon will it start?「どれくらいで始まる?」—In an hour.「1 時間後に始まる」→ 330

450「毎年，どのくらいの頻度で海外に行きますか」「2，3 回です」
451 大阪から京都まではどのくらいの距離ですか。
453 あとどれくらいでそのトークショーが始まりますか。

解答　448 ①　449 ④　450 ③　451 ③　452 How long does it take to go from this hotel　453 ②

Section 125

454 I wonder (　　) between Osaka and Kanazawa.
基本
① how long it is　② how long is it
③ how far it is　④ how far is it 〈金沢工業大〉

455 エリザベスは，100年前に生まれていたら，人生はどのくらい違っていたかについてよく考えたものだ。
Elisabeth would often think about (been / different / her life / how / if / would have) she had been born 100 years ago. 〈近畿大〉

Section 126

456 トムがいつニューヨークからパリに向けて出発するのか知りませんか。
(do / know / when / you / will / Tom / leave) New York for Paris? 〈摂南大〉

457 お酒は何からできていると思いますか。
(do / from / is / made / sake / think / what / you)? 〈中部大〉

まずは確認 038　間接疑問とは

疑問文の形を文の中に組み込んで，間接的に疑問の意味を表す表現を「間接疑問」と呼ぶ。疑問詞に導かれる節は**名詞節**で，節の中の語順は**平叙文と同じ**になる。疑問文と間接疑問の語順の違いに注意すること。

疑問文：448 How did you spend your summer vacation?
→間接疑問：Tell me **how you spent** your summer vacation.
V　O　O（名詞節）

まずは確認 039　〈Do you know ＋疑問詞 ...?〉と〈疑問詞＋ do you think ...?〉

(1) **〈Do you know ＋疑問詞 ...?〉**「〈疑問詞〉…を知っていますか」
do[does] で始まる yes / no 疑問文なので，**返答は Yes, I do. や No, I don't.** となる。
Do you know where she lives?「彼女がどこに住んでいるか知っていますか」
— **Yes, I do.**「はい，知っています」／ **No, I don't.**「いいえ，知りません」

(2) **〈疑問詞＋ do you think ...?〉**「〈疑問詞〉…と思いますか」
疑問詞で始まる疑問文なので，**期待されている返答は何か具体的な意見**であって，yes / no ではない。
Where do you think she lives?「彼女はどこに住んでいると思いますか」
—(I think she lives) **In Osaka.**「大阪だと思います」
⚠注意　2つの疑問文の「...」の部分は，ともに平叙文の語順になる。

---

454 大阪から金沢まではどれくらいの距離があるのだろう。

Section 125 《 間接疑問

・まずは確認 038

454 何について尋ねているのか ◆〈I wonder +疑問詞 ...〉「…のだろうか」の間接疑問

▶ between Osaka and Kanazawa と 2 つの都市間について尋ねているので,「距離」を尋ねる How far ...? (→ 451) が適切。
▶ 疑問文 How far is it ...? を間接疑問にすると, how far it is ... の語順になる。
▶ how far it is ... Kanazawa は, 他動詞 wonder の目的語になる名詞節。

選択肢 「時間の長さ」を尋ねる How long ...? ならば, How long does it take to go from Osaka to Kanazawa?「～へ行くのにどれくらいの時間がかかりますか」のようにしなければならない。

455 どの部分が間接疑問か ◆〈how +形容詞+ SV〉「どのくらい〈形容詞〉か」の間接疑問

▶「もし100年前に生まれていたら, 彼女の人生はどのくらい違っていただろう」という疑問文を「エリザベスは…についてよく考えたものだ」の「…」部分に間接疑問の形で組み込む。
▶ How different would her life have been if she ...? という仮定法過去完了 (→ Section **031** (p. 55)) の疑問文を想定して, その間接疑問 how different her life would have been if she ... を作る。疑問文の語順のままにしないこと。

注意 (×) how her life would have been different の語順も不可。この語順では「どのようなやり方で彼女の人生が違っていただろうか」という不自然な意味になる。

Section 126 《 〈Do you know +疑問詞 ...?〉と〈疑問詞+ do you think ...?〉

・まずは確認 039

456 期待されている答えは? ◆〈Do you know +疑問詞 ...?〉「〈疑問詞〉…を知っていますか」

▶「…を知っていますか」は「はい／いいえ」という返答が期待されているので, do[does] で始まる yes / no 疑問文を作る。(×) When do you know Tom will leave New York for Paris? の語順が典型的な誤り。
▶ 意見を尋ねる場合は, When do you think Tom will leave New York for Paris?「トムはいつニューヨークからパリに向けて出発すると思いますか」となる。→ 457

重要 □ leave A for B「A を出発して B に向かう」→ 1032
注意 平叙文の語順になっていない (×) Do you know when will Tom leave ...? も不可。

457 期待されている答えは? ◆〈疑問詞+ do you think ...?〉「〈疑問詞〉…と思いますか」

▶「何からできていると思うか」と「意見」を尋ねるので, 疑問詞で始まる疑問文を作る。
▶ A is made from B「A は B からできている」の B の部分を疑問代名詞 what で尋ねる疑問文を作り,「…と思いますか」から, その疑問文を間接疑問として文を完成させる。(×) Do you think what sake is made from? の語順が典型的な誤り。
▶ yes / no の返答を求める場合は, Do you know what sake is made from?「お酒は何からできているか知っていますか」となる。→ 456

重要 □ A is made from B「A は B (原料) からできている」

解答 454 ③ 455 how different her life would have been if 456 Do you know when Tom will leave 457 What do you think sake is made from

Section 127

458 "Didn't you go there to see her yesterday?"
"(　　) I met her there and we went to the party together."
① No, I didn't.　② No, I did.
③ Yes, I didn't.　④ Yes, I did.　〈名古屋工業大〉

Section 128

459 You're not the new student, (　　)?
① aren't you　② you aren't
③ are you　④ you are　〈東洋大〉

460 What he said is difficult to understand, (　　)?
① isn't it　② wasn't it
③ didn't he　④ doesn't he　〈東洋大〉

461 Let's go on a picnic, (　　)?
① shall you　② shall we
③ will you　④ will we　〈中部大〉

462 There is a big dog in your garden, (　　)?
① aren't they　② isn't it
③ don't you　④ isn't there　〈神戸山手大〉

Section 129

463 君がどこで生まれたのかということは重要ではない。
It (importance / from / no / where / you / is / come / of).　〈西南学院大〉

まずは確認 041　付加疑問

(1) 付加疑問は**確認のために相手に念を押す**表現で，「…ですよね／…ではないですよね」という意味になる。

(2) **肯定文には否定形の付加疑問を，否定文には肯定形の付加疑問を続ける**のが原則。付加疑問の形は〈助動詞や be 動詞の短縮形〉＋〈主語を受ける（あるいは主語と同じ）代名詞〉となる。
Tom ate lunch, **didn't he?**「トムはお昼を食べたよね」（一般動詞の場合）
Mary can play the piano, **can't she?**「メアリーはピアノが弾けるよね」（助動詞の場合）
You have been there, **haven't you?**「君はそこに行ったことがあるよね」（完了形の場合）

458「昨日，彼女に会いにそこに行かなかったのですか」
「いや，行きました。そこで彼女と会って，一緒にパーティーに出かけました」
459 あなたは新入生ではありませんよね。　**460** 彼の言ったことは理解しにくいですよね。
461 ピクニックに出かけましょうよ。　**462** あなたの家の庭には大きな犬がいますよね。

Section 127 否定疑問文

まずは確認 040 否定疑問文とその答え方

英語は，疑問文が肯定文か否定文かとは無関係に，**答えが肯定なら Yes，答えが否定なら No** を使う。日本語の「はい／いいえ」を機械的にあてはめないように注意。
"Don't you come?" **"Yes, I do."**「来ないんですか」「いいえ，行きます」
"Don't you come?" **"No, I don't."**「来ないんですか」「はい，行きません」

458 ◆否定疑問文に対する Yes / No の答え方

▶ 文意から「行った」という肯定の答えになるのは明らか。よって，④ Yes, I did. が正解。

選択肢 **Yes には肯定文を，No には否定文を続けるのが原則。** No に肯定文を続けた② No, I did. や，Yes に否定文を続けた③ Yes, I didn't. は不可。

Section 128 付加疑問

まずは確認 041

459 **You're not に対する付加疑問の形は？** ◆〈否定文+肯定形〉の付加疑問

▶ 本問は be 動詞の否定文なので，付加疑問は肯定形の③ are you となる。

460 **主語をどのような代名詞で表すか？** ◆〈肯定文+否定形〉の付加疑問

▶ 本問は be 動詞の肯定文。主語は What he said なので，それを代名詞 it で受けて否定形の付加疑問を作る。よって，① isn't it が正解。

461 **Let's ... の付加疑問** ◆ Let's ..., shall we?「…しましょうよ」

Let's ...「…しましょう」で始まる命令文の付加疑問は shall we? で表す。

プラス 動詞の原形から始まる「肯定」の命令文の付加疑問は will you? または won't you? となる。否定形の won't you? だけでなく，肯定形の will you? も使われることに注意。
Open the door, will[won't] you?「ドアを開けてね」

プラス Don't から始まる「否定」の命令文の付加疑問は will you? で表す。
Don't open the door, will you?「ドアを開けないでね」

462 **There is ... の付加疑問は？** ◆ There is ..., isn't there?「…がありますよね」

There is[are] ... の付加疑問は isn't[aren't] there? で表す。
There are many students in the class, **aren't there?**「教室には大勢の生徒がいますよね」

Section 129 慣用的な疑問文

463 ◆ Where do you come from?「どこの出身ですか／どこで生まれましたか」

Where do you come from? は出身地を尋ねる表現。Where are you from? でも同意。本来，疑問副詞 where は前置詞の目的語にならないが，この慣用表現は例外。出身地は一生変わらない「不変の事実」（→ 1）なので，現在時制を用いる点に注意。

▶ 本問はこの表現を間接疑問にした where you come from を，it を形式主語とする真主語として置いた形を作る。

重要 □ **be of no importance**「重要ではない」→ 368

解答 458 ④ 459 ③ 460 ① 461 ② 462 ④ 463 is of no importance where you come from

464 この本を読めば，19世紀における教育がどのようなものであったかがわかる。（１語不要）
This book (was / what / like / education / us / how / shows) in the nineteenth century. 〈福岡大〉

465 フランスに行くことを決めたときは，まだ海外生活とはどういうものかわからなかった。（１語不要）
When I decided to go to France, I had no idea (like / what / would / was / it / be) to live abroad. 〈成蹊大〉

466 授業で話し合った記事について，どう思いますか。（１語不要）
(article / how / the / you / what / do / that / about / think) we discussed in class? 〈福岡大〉

467 母が買ってくれたマフラーはどうなったのだろうか。
I (become / bought / has / mother / my / of / scarf / the / what / wonder) for me. 〈兵庫県立大〉

468 どうして昨日のパーティーに来なかったの。
How (not / did / come / you) join the party yesterday? 〈駒澤大〉

464 ◆What is S like?「S はどのような…ですか」

S is like A.「S は A のようだ」の A の部分を尋ねる疑問文 **What is S like?** は「S はどのような…ですか」という意味で, S の様子や特徴を尋ねる慣用表現。like は前置詞で, 疑問代名詞 what は like の目的語。間接疑問は what S is like「S はどのような…か（ということ)」という語順になる。

▶ show O_1 O_2で「O_1（人）に O_2（もの）を示す」という意味。本問は O_1に us を，O_2に間接疑問の what education was like ... を用いて英文を完成させる。「この本は…がどのようなものであったかを私たちに示してくれる」が直訳。

⚠注意 「どのような」という日本語に引きずられて，（×）How is S like? としないこと。疑問代名詞 what は前置詞 like の目的語になるが，疑問副詞 how は目的語にはならない。

465 ◆What is it like to do ...?「…するのはどのようなものですか」

▶ **464**の What is S like? の主語 S に形式主語 it を用いて，真主語に不定詞 to do ... を用いた What is it like to do ...? を想定する。さらにそれを間接疑問にすると，what it is like to do ...「…するのはどのようなものか」という語順になる。
▶「海外生活とはどういうものか」を what it would be like to live abroad と表現する。

466 ◆What do you think about[of] A?「A についてどう思いますか」

What do you think about[of] A? は「A についてどう思いますか」という意味で，A に関する意見を尋ねる慣用表現。疑問代名詞 What は他動詞 think の目的語。

▶（×）How do you think about ...? という誤りに注意。疑問代名詞 what は他動詞 think の目的語になるが，疑問副詞 how は目的語にならない。

467 ◆What has become of A?「A はどうなりましたか」(= What has happened to A?)

What has become of A? は「A はどうなりましたか」という意味で, A に何かが起こった結果を尋ねる慣用表現。疑問代名詞 what は文の主語。間接疑問は what has become of A という語順になる。主語を尋ねる疑問文は間接疑問にしてもその語順は変わらないことに注意。

▶ 間接疑問の what has become of ... を，他動詞 wonder の目的語にする。
▶「母が買ってくれたマフラー」は，the scarf（which[that]）my mother bought for me となる。ここでは目的格の関係代名詞 which[that] が省略されている。→ **209**

⚠注意 **464**，**466**と同様に「どうなりましたか」から（×）How has become of A? という誤りをしやすい。疑問副詞 how は主語にならない。

468 語順に注意 ◆〈How come＋平叙文 ...?〉「どうして[なぜ]…するのですか」

How come ...? は Why ...? と同じ意味だが，How come には**平叙文の語順が続く**ことに注意。

▶（×）How come did you not join ... ? の語順は不可。

解答 **464** shows us what education was like（how 不要） **465** what it would be like（was 不要） **466** What do you think about the article that（how 不要） **467** wonder what has become of the scarf my mother bought **468** come you did not

469 (　　) did you come here today for?
① What　　② Why
③ When　　④ Where　〈杏林大〉

470 "I don't know what this word means." "Why (　　) you consult a dictionary?"
① don't　　② do
③ shall　　④ can　〈東洋大〉

471 一緒に映画を見に行きませんか。
(see / to / why / movie / we / go / don't / a)?　〈九州看護福祉大〉

472 It's time for another meeting. What (　　) about this matter again tomorrow?
① for talking　　② about talking
③ talking　　④ to talk　〈愛知県立大〉

Section 130

473 (　　) knows the trouble we have experienced?
= Nobody knows the trouble we have experienced.　〈駒澤大〉

474 そんなことをして何の役に立つのでしょうか。
(the / is / what / of / use) doing such a thing?　〈西日本工業大〉

---

469 今日は何のためにこちらに来たのですか。
470「この単語の意味がわかりません」「辞書をひいてみたらどうですか」
472 そろそろ別の会議の時間です。明日もう一度この件について話し合いませんか。
473 私たちが経験した苦労をだれが知っているだろうか。
私たちが経験した苦労はだれも知らない。

469 文尾の for に注目　◆What ... for?「何のために…するのですか」

What ... for? で「目的・理由」を尋ねる。疑問代名詞 what は前置詞 for の目的語で,「何のために」という意味になる。

470　◆Why don't you do ...?「…したらどうですか」

Why don't you do ...? は「君は…したらどうですか」(←「なぜ君は…しないのか」) という「(相手への) 提案」を表す。**Why not do ...?** も同意。

▶ 本問は **Why not** consult a dictionary? としてもよい。

471　◆Why don't we do ...?「(一緒に)…しましょう」

Why don't we do ...? は「(一緒に) …しましょう」(←「なぜ私たちは…しないのか」) という「(自分も含めた) 提案」を表す。**Let's do ....** や,**Why not do ...?** も同意。

▶ 本問は **Let's go** to see a movie. や,**Why not go** to see a movie? としてもよい。

472　◆What about A / doing ...?「A はどうですか/…するのはどうですか」

What about A / doing ...? は「提案」を表す。**How about A / doing ...?** や,**What do [would] you say to A / doing ...?** (→ **169**) も同意。

Section 130 修辞疑問文

まずは確認 042　修辞疑問文

言いたいこととは反対の内容を述べる疑問文を**「修辞疑問文」**と呼ぶ。これには**断定を強める**効果がある。

Who can solve such a difficult problem?「だれがそんなに難しい問題を解けるだろうか」
　*肯定の疑問文とは反対の「だれもが解けない (否定の内容)」が言いたいこと。

Who cannot solve such an easy problem?「だれがそんなに簡単な問題を解けないだろうか」
　*否定の疑問文とは反対の「だれもが解ける (肯定の内容)」が言いたいこと。

473　◆Who knows ...?「だれが…を知っているのか」→「だれも…を知らない」

修辞疑問文の Who knows ...?「だれが…を知っているのか」は,その反対の Nobody knows ....「だれも…を知らない」が実際に言いたいこと。

▶ 本問の他動詞 knows の目的語は the trouble we have experienced で,the trouble の直後には目的格の関係代名詞 which [that] が省略されている。

⚠注意　Who knows?「知らないよ/何とも言えない/やってみなきゃわからない」という会話の定型表現としても使われる場合がある。

474　◆What is the use of doing ...?「…して何の役に立つのか」→「…しても何の役にも立たない」

▶ 修辞疑問文の What is the use of doing ...? の直訳の「…することの有益さは何か」から「…して何の役に立つのか」という意味になる。反対の意味の It is no use doing ....「…しても何の役にも立たない」→「…してもむだだ」(→ **161**) が実際に言いたいこと。

解答 **469** ① **470** ① **471** Why don't we go to see a movie **472** ② **473** Who **474** What is the use of

第14章

Field 1 文法

否定

Section 131

475 ■次の (a), (b)の文がほぼ同じ意味になるように，それぞれの空所に適語を入れなさい。

その店ではすべてのペットの持ち込みを禁止している。

(a) They do not allow (　　) pets in the store.

(b) (　　) pets are allowed in the store. 〈中京大〉

476 夏にはだれもが浜辺へ行きたがるわけではない。

(　　) wants to go to the beach in summer.

① Nobody　② Not anyone

③ Not all　④ Not everyone 〈法政大〉

477 "You can get this sofa in two different colors, tomato red or lemon yellow."

"Well, I don't really like (　　) of the colors. They're too bright."

① all　② neither

③ both　④ either 〈法政大〉

---

477 「このソファにはトマトレッドとレモンイエローの２色がございます」
「そうですね，私は両方ともあまり好きではありません。明るすぎます」

Section 131 《 全否定と部分否定

整理して覚える 039　代名詞・形容詞を用いた全否定と部分否定の表現

否定には，すべてを否定する「**全否定**」と，一部を否定する「**部分否定**」という表現がある。否定するものが2つ[2人]の場合と3つ[3人]以上の場合ではそれぞれ表現が異なる。

	全否定	部分否定
2つ［2人］	not ... either（+単数名詞） = neither（+単数名詞） 「どちら（の〈名詞〉）も…ない」	not ... both（+複数名詞） 「どちら（の〈名詞〉）も…というわけではない」
3つ［3人］以上	not ... any 「すべて［どれも］…ない」 not ... any＋名詞= no＋名詞 「すべての〈名詞〉が［どの〈名詞〉も］…ない」 none (of A) 「(Aの) 何1つ…ない／(Aの) だれ1人…ない」	not ... all（+名詞） not ... every＋単数名詞 「すべて（の〈名詞〉）が…というわけではない」

⚠注意　either, neither, both, any, all は代名詞としても形容詞としても用いられるが，**no** と **every** は形容詞としてだけ用いられることに注意。

⚠注意　not A or B は「A も B も～ない／A でも B でもない」という全否定を表す（= neither A nor B)。
(例) I don't know or care what he said.「彼が何を言ったかは知らないし，気にもならない」
(= I neither know nor care what he said.)

475　◆全否定 ー 3つ[3人]以上の場合

▶「**すべて**のペットの持ち込みを許可して**いない**」という3つ以上のすべてを否定する**全否定**なので，〈**not ... any ＋名詞**〉と〈**no ＋名詞**〉で文意を完成させる。

476　◆部分否定 ー 3つ[3人]以上の場合

▶「**だれもが**…する**わけではない**」から，**部分否定**の③ Not all か④ Not everyone が正解になる。述語動詞が wants なので三人称単数の④ Not everyone が正解。

⚠注意　every ...「すべての…」は**全体を構成するひとつひとつに注目する表現**で，every のあとには**単数名詞**が続き，さらに〈every +単数名詞〉は**単数扱い**となる。everyone, everything も同様に単数扱いとなる。→ 733

選択肢　③ Not all は複数扱いになるので，Not all (people) want to go .... となる。

477　◆全否定 ー 2つ[2人]の場合

▶ 文意は「2色の**どちらも**好きでは**ない**」という両方を否定する**全否定**。2つの場合の全否定は **〈not ... either（＋名詞）〉** か **〈neither（＋名詞）〉** なので，④ either が正解。

選択肢　③ both を入れると「両方とも好きなわけではない=どちらか一方は好きだ」という部分否定になり，They're too bright.「両方とも明るすぎる」につながらないので不可。

解答　475 (a) any (b) No　476 ④　477 ④

478 “Are your parents travelling with you?” “No, not (　　) of them. Only my mother.”

① each　　② either
③ both　　④ one

〈札幌学院大〉

479 Watching TV is not (　　) wrong, but it is important for children to form the habit of thinking for themselves.

① every　　② anytime
③ absolute　　④ necessarily

〈芝浦工業大〉

Section 132

480 They were not in the (　　) anxious about it.

① all　　② last
③ latest　　④ least

〈関西学院大〉

481 My brother speaks so fast that sometimes I can’t understand him at (　　).

① all　　② time
③ every　　④ any

〈松本歯科大〉

482 The data given by Dr. Watson was (　　) no means reliable.

① at　　② by
③ in　　④ with

〈国士舘大〉

---

478 「ご両親はあなたと一緒に旅行に行かれるのですか」
「いいえ，２人ともというわけではありません。母だけです」
479 テレビを見ることは必ずしも悪いことではないが，子どもにとっては自分で考える習慣を形成することが重要だ。
480 彼らはそのことを少しも心配していなかった。
481 兄[弟]はとても早口なので，私は彼の言っていることがまったく理解できないときがある。
482 ワトソン博士から出されるデータは決して信用できなかった。

478 ◆部分否定－2つ[2人]の場合

▶ 文意から「**2人とも行くわけではない**」という**部分否定**であることがわかる。2人の場合の部分否定は **〈not ... both (＋複数名詞)〉** なので，③ both が正解。

479 ◆副詞を用いた部分否定－not necessarily「必ずしも…とは限らない」

▶ 文意から「**必ずしも**悪いことでは**ない**」という意味の**部分否定**であることがわかる。④の not necessarily だけが部分否定となる。

整理して覚える 040 副詞を用いた部分否定

□ not always「いつも…とは限らない」
□ not necessarily[quite]「必ずしも…とは限らない」
□ not completely[altogether / wholly / entirely / quite]「完全に…とは限らない」

Section 132 否定を強調する表現

480 ◆not ... in the least「少しも…ない」

重要 □ be anxious about A「A を心配する／不安に思う」

481 ◆not ... at all「まったく…ない」

482 ◆by no means「決して…ない」

整理して覚える 041 副詞句を用いた否定を強調する表現

□ **not ... in** the least → 480
□ **not ... at** all → 481
□ **not ... by any** means = **by** no means → 482
□ **not ... in any** way = **in** no way
He said that the two events were **in no way** related.
「その2つの出来事は，決して関係はないと彼は言った」
□ **not ... on any** account = **on** no account
On no account should you approach the dog.
「あなたは決してその犬に近づいてはならない」
→否定の意味の副詞句 On no account が文頭に来ているので，should you approach という倒置形になっている（→ Section **135**（p. 223））。
□ **not ... under any** circumstances = **under** no circumstances
Under no circumstances will we agree to the request.
「私たちは決してその要請に同意しないだろう」
→否定の意味の副詞句 Under no circumstances が文頭に来ているので，will we agree という倒置形になっている（→ Section **135**（p. 223））。

解答 478 ③ 479 ④ 480 ④ 481 ① 482 ②

483 Jim has no ambition (　　). He is quite content to stick to the job he has.

発展

① whichever　　② whatever
③ whoever　　④ whomever　　〈桜美林大〉

484 My sister doesn't like chocolate, and I don't (　　).

① either　　② like
③ prefer　　④ too　　〈学習院大〉

Section 133

485 "I saw Penny at the lecture this afternoon."
"Yeah. I was very surprised to see her. She was the (　　) person I expected to see there."

① last　　② best
③ least　　④ great　　〈明治大〉

486 The new film proved to be (　　) but a failure. It was an instant success the world over.

① anything　　② everything
③ nothing　　④ something　　〈上智大〉

487 His writing is <u>far from</u> correct.

① anything but　　② all but
③ nothing but　　④ something but　　〈駒澤大〉

488 All right, I believe you're innocent. But they don't trust you. We have yet (　　) a witness who can prove your story is true.

発展

① find　　② finding
③ found　　④ to find　　〈東京理科大〉

---

483 ジムにはまったく野心というものがない。彼は今の仕事をやり続けることに完全に満足している。
484 私の姉[妹]はチョコレートが好きではないし，私もまた好きではない。
485「今日の午後の講義でペニーを見かけたよ」
「ああ。彼女を見てすごく驚いたよ。そこで会うとはまったく思っていなかったからね」
486 その新作映画は決して失敗作ではないことがわかった。それは世界中で瞬く間に成功を収めた。
487 彼の文章は決して正確ではない。
488 いいでしょう，あなたが無罪だと信じます。でも彼らはあなたを信用していませんよ。私たちは，あなたの話が真実だと証明できる証人をまだ見つけていないのですから。

483 ◆〈no＋名詞＋whatever〉「まったく〈名詞〉が…ない」

〈no＋名詞〉の後ろに whatever や whatsoever を置いた **〈no＋名詞＋whatever〉** は，否定を強調する表現になる。**〈no＋名詞＋at all〉** と同意。

重要 □ be content to do「…することに満足している」

484 空所の前は否定文 ◆〈否定文(,) either.〉「…もまた～ない」

肯定文の末尾に **too** を置くと「…もまた～である」，**否定文**の末尾に **either** を置くと「…もまた～ない」という意味になる。(×)〈否定文，too.〉とは言えないことに注意。

▶ 空所の前は I don't という否定文なので，① either が正解。

プラス 〈肯定文(,) too.〉「…もまた～である」
Mike likes coffee. He likes tea, **too.**「マイクはコーヒーが好きだ。紅茶も好きだ」

Section 133 no / not を含まない否定表現

485 ◆〈the last＋名詞＋関係詞 ...〉「最も…（しそうに）ない〈名詞〉」

〈the last＋名詞＋関係詞 ...〉 は「…する可能性の順位が最後の〈名詞〉」が直訳。そこから「最も…（しそうに）ない〈名詞〉／まず…しない〈名詞〉」という否定を強調する表現になったと考えればよい。**〈the last＋名詞＋to do ...〉** も同意。
She is **the last** person to betray you.「彼女に限って君を裏切ることは絶対ないよ」

486 ◆anything but A「決して A ではない」

この but は「…以外」という意味の前置詞。よって anything but A は「A 以外なら何でもある＝決して A ではない」という意味になり，nothing but A は「A 以外はない＝ A だけはある」という限定の意味になる。

▶ **anything but A**「決して A ではない（= not A at all)」と，**nothing but A**「A だけ／A にすぎない（= only A)」を混同しないように。

487 ◆far from A「決して A ではない／ A からほど遠い」(= anything but A)

488 ◆have yet to do「まだ…していない」

have yet to do は，have to do「…しなければならない」に副詞 yet「まだ（…ない)」が加わった表現で，「まだこれから…しなければならない」が本来の意味。そこから「まだ…していない」という否定の意味になる。

解答 483 ② 484 ① 485 ① 486 ① 487 ① 488 ④

489 ☒☒☒ 発展

私たちの計画がうまくいくかどうかは，まだわからない。

It is yet (　　) whether our project will succeed or not.

① unending　　② impossible

③ to be seen　　④ unfinished　〈成城大〉

490 ☒☒☒ 発展

彼が成功するかどうかこれから先でないとわからない。

It (seen / succeed / remains / be / will / he / to / if).　〈大阪歯科大〉

491 ☒☒☒

その部屋の暑さは耐えられないほどでした。

The heat (was / room / of / the / than / could / I / more) bear.　〈花園大〉

Section 134

492 ☒☒☒

私はこの本を読むたびに新しい意味を発見します。(1 語不要)

I (always / book / finding / meaning / never / new / read / this / without / a) in it.　〈東京理科大〉

493 ☒☒☒ 発展

雨が降れば必ず土砂降りになる。

It never rains (　　) it pours.　〈西南学院大〉

489 ◆be yet to do「まだ…していない」

be yet to do は，予定を表す〈be 動詞＋ to do〉（→ 146）に副詞 yet「まだ（…ない）」が加わった表現で，「まだこれから…することになっている」が本来の意味。そこから「今はまだ…していない」という否定の意味になる。

▶ 本問は It が形式主語で whether 節が真主語。

重要 □ **It is yet to be seen whether[if] SV.**「…かどうかまだわからない」

490 ◆remain to be done「まだ…されていない」

remain to be done は「まだこれから…されるように残っている」が直訳。そこから「まだ…されていない」という否定の意味になる。

▶ 本問は It が形式主語で if 節が真主語。

注意 have yet（→ 488）と be yet（→ 489）は後ろに to do「…する」と to be done「…される」の両方が用いられるが，**remain** には **to be done しか用いられない**ことに注意。

重要 □ **It remains to be seen if[whether] SV.**「…かどうかまだわからない」

491 ◆more (...) than S can do「～できないほど(…)」

この表現は「S が～できるよりも（…）」が直訳。そこから「S が～できないほど（…）」という否定の意味になる。than 以下は肯定文だが，日本語訳では否定文のように訳されることに注意。
I have **more** money **than I can spend.**「使い切れないほどのお金がある」

Section 134 二重否定

492 ◆never do ... without doing ～「…すると必ず～する」

否定語や否定表現を 1 つの文の中に 2 つ入れることで，**肯定の意味を強調する**表現がある。これを「二重否定」と呼ぶ。never do ... without doing ～ は二重否定で「～しないで…することは決してない」が直訳。そこから「…すると必ず～する」という肯定の意味になる。**cannot do ... without doing** ～も同意。

493 ◆never do ... but SV ～「…すれば必ず～する」

この but は「～しないで」という否定の意味の接続詞。表現全体は二重否定で「～しないで…することは決してない」が直訳。そこから「…すれば必ず～する」という肯定の意味になる。

▶ 本問の英文は「二度あることは三度ある」，「泣きっ面に蜂」ということわざ。このまま覚えてしまおう。

解答 489 ③ 490 remains to be seen if he will succeed 491 of the room was more than I could
492 never read this book without finding a new meaning（always 不要） 493 but

第15章

Field 1 文法

語順（倒置）・省略・強調

Section 135

494 Never (　　) I dream of making a fortune by investing in the stock market.

① had　② did
③ am　④ have
〈城西大〉

495 我々は，彼がその試合に負けるなどとは思ってもみなかった。（１語不要）
(　　)(　　)(　　)(　　)(　　) he would lose the game.
(think / did / that / little / we / no)
〈成蹊大〉

496 今ほど緊張したことはこれまでになかった。
At (been / have / I / more nervous / no / time) than I am now.
〈近畿大〉

497 労働者は賃上げを要求するだけでなく，労働時間の削減も望んでいる。
Not (a pay increase / do / only / the workers / want), but they also want reduced hours.
〈東京経済大〉

498 最近になってようやく，親の教えの大切さがわかった。
Only (have / I / importance / lessons / my / of / parents' / realized / recently / the).
〈兵庫県立大〉

499 そのオペラはイタリア語で公演され，私には一言もわからなかったし，そのストーリーも知らなかった。
The opera was performed in Italian, and I did not understand a word of it, (the story / I / did / know / nor).
〈駒澤大〉

494 株式市場に投資して財産を築くなどとは，夢にも思わなかった。

Section 135 《 倒置

まずは確認 043　倒置

表現上の効果を上げるために，通常の語順が変更されることを「**倒置**」と呼ぶ。否定の副詞表現が文頭に来て，そのあとが疑問文と同じ語順になるのが代表的な倒置形である。

494 文頭の副詞 Never と動詞 dream に注目　◆倒置－否定の副詞が文頭に来る場合

否定の意味の副詞表現が文頭に来ると，そのあとは**倒置形**（＝**疑問文と同じ語順**）になる。**Hardly** had S done .... （→287），**No sooner** had S done .... （→286）も倒置表現である。

▶ 否定の副詞 Never が文頭に来ているので，倒置形の did I dream ... という疑問文と同じ語順になる。

選択肢　① had や④ have を用いた完了形の倒置形ならば，Never have[had] I dreamed .... という語順になり，I の後ろは過去分詞 dreamed となる。

重要　□ dream of doing「…することを夢見る」

495 Little did S think　◆倒置－否定の副詞が文頭に来る場合

▶ 否定の意味の副詞 little を文頭に置き，そのあとに倒置形 did we think that を続ける。〈**Little did S think that S V**〉「…するなどと S は思ってもみなかった」という一種の慣用表現として覚えよう。この表現の動詞は think 以外に know, dream, understand, imagine, realize なども用いられる。

▶ この場合の副詞の little は慣用的に「決して…ない」という強い否定の意味を表す。「ほとんど…ない」という準否定の意味ではないことに注意。

496 文頭の At と no に注目　◆倒置－否定の副詞句が文頭に来る場合

▶ 本問は否定の意味の副詞句 At no time を文頭に置き，そのあとに倒置形 have I been more nervous を続ける。

▶ I have been more nervous という語順が，have I been more nervous という疑問文と同じ語順に変わる点に注意すること。

497　◆倒置－not only A but (also) B「A だけでなく B も」の場合

not only A but (also) B「A だけでなく B も」（→267）の表現で，A と B のどちらにも文が来る場合，not only が文頭に置かれると A に来る文だけは倒置形になる。

▶ 本問は，与えられた日本語から The workers not only want a pay increase, but ... という文を前提に考え，書き出しが Not で指定されているので，not only を文頭に置いた Not only do the workers want ... という倒置形にする。

498　◆倒置－〈only ＋副詞表現〉が文頭に来る場合

〈only ＋副詞表現〉が文頭に来ると，そのあとは倒置形になる。
Only in this way can I explain the problem.「その問題はこのようにしか説明できない」

▶ 本問は Only recently を文頭に置き，そのあとに倒置形 have I realized ... を続ける。

499 「…も知らなかった」と nor に注目　◆倒置－nor のあとに文が来る場合

等位接続詞 **nor**（→261）のあとに文が来る場合は倒置形になる。

▶「そのストーリーも知らなかった」は，接続詞 nor のあとに倒置形 did I know the story を続ける。本問は ..., **and** I did **not** know the story, **either**. と書きかえられる。

解答　494 ②　495 Little did we think that（no 不要）　496 no time have I been more nervous　497 only do the workers want a pay increase　498 recently have I realized the importance of my parents' lessons　499 nor did I know the story

Section 136

500 ☒☒☒ "I haven't been here before."
"Is that so? (　　)."
① I haven't neither　　② Nor I haven't
③ I neither did　　④ Neither have I　〈明治大〉

501 ☒☒☒ "I didn't make any mistakes in the math quiz!"
"(　　) did I."
① Also　　② But
③ Nor　　④ Yet　〈近畿大〉

502 ☒☒☒ As fuel prices rose, bus companies raised their fares and (　　).
① so did the airlines　　② neither did the airlines
③ so the airlines have done　　④ neither the airlines did
〈清泉女子大〉

Section 137

503 ☒☒☒ 先週の日曜日はとても天気が良かったので田舎にドライブに出かけた。
Last Sunday was (beautiful / day / that / we / a / so) took a drive in the country.　〈関東学院大〉

504 ☒☒☒ Chopin (as / a / good / as / pianist / was) a composer.
〈岩手医科大〉

505 ☒☒☒ It was much (　　) problem, so nobody was able to solve it.
① a too difficult　　② too a difficult
③ too difficult　　④ too difficult a　〈近畿大〉

500「ここには今まで来たことがない」「そうですか？　私もありません」
501「数学の小テストで１問もミスをしなかったぞ！」「僕もしなかったよ」
502 燃料の価格が上がったので，バス会社は運賃を引き上げ，航空会社も同様にした。
504 ショパンは優れた作曲家であり，同時にすばらしいピアニストでもあった。
505 それはあまりに難解な問題だったので，だれも解くことができなかった。

Section 136 《 Neither / Nor / So に続く語順

500 ◆〈Neither＋助動詞［be 動詞］＋S.〉「S もまた…でない」

前文の否定の内容を受けて「S もまた…でない」という場合は，**〈Neither［Nor］＋助動詞［be 動詞］＋S.〉**を用いる。この表現は〈否定文(,) either.〉（→ 484）と同意。

⚠注意　ここでの「助動詞」とは，一般動詞を受ける場合は do / does / did を，完了形を受ける場合は have / has / had を指す。

▶ ④ Neither have I を選ぶと，「私もここに来たことがない」という文意が成立する。本問は I haven't been here before, either. と書きかえられる。

501 空所のあとの語順に注目　◆〈Nor＋助動詞［be 動詞］＋S.〉「S もまた…でない」

▶ 空所のあとの did I という語順に注目して③ Nor を選ぶと，**〈Nor＋助動詞＋S.〉**という形になり，「僕もミスをしなかった」という文意が成立する。Nor did I. は I didn't make any mistakes in the math quiz, either. と書きかえられる。

502 ◆〈So＋助動詞［be 動詞］＋S.〉「S もまた…である」

前文の肯定の内容を受けて「S もまた…である」という場合は，**〈So＋助動詞［be 動詞］＋S.〉**という表現を用いる。この表現は〈肯定文(,) too.〉（→ 484）と同意。

▶ ① so did the airlines を選ぶと，「航空会社も運賃を引き上げた」という文意が成立する。本問は the airlines raised their fares, too. と書きかえられる。

Section 137 《 so / as / too / how に続く語順

503 ◆ so に続く語順 ―〈so＋形容詞＋a / an＋名詞〉

副詞 so / as / too / how に〈a / an＋形容詞＋名詞〉が続く場合は，〈so［as / too / how］＋形容詞＋a / an＋名詞〉の語順になる。

▶「結果・程度」を表す〈so ... that ～〉（→ 306）の「...」の部分に〈a / an＋形容詞＋名詞〉が来る場合は**〈so＋形容詞＋a / an＋名詞〉**の語順になる。

⚠注意　「結果・程度」を表す〈such ... that ～〉（→ 307）の「...」の部分に〈a / an＋形容詞＋名詞〉が来る場合は**〈such＋a / an＋形容詞＋名詞〉**の語順になる。本問は Last Sunday was such a beautiful day that ... と書きかえられる。

504 ◆ as に続く語順 ―〈as＋形容詞＋a / an＋名詞〉

▶ 原級を用いた〈as ... as〉（→ Section **106**（p. 175））の「...」の部分に〈a / an＋形容詞＋名詞〉が来る場合は**〈as＋形容詞＋a / an＋名詞＋as〉**の語順になる。

⚠注意　前置詞 as「…として」（→ 343）の場合は〈as a / an＋形容詞＋名詞〉の語順になる。
He is famous as a classical pianist.「彼はクラシックのピアニストとして有名だ」

505 ◆ too に続く語順 ―〈too＋形容詞＋a / an＋名詞〉

▶ 副詞 too に〈a / an＋形容詞＋名詞〉を続ける場合は，**〈too＋形容詞＋a / an＋名詞〉**の語順になる。④を選べば，too difficult a problem「難しすぎる問題」となる。

▶ 空所の前の much は副詞で，〈too＋形容詞［副詞］〉を強調している（→ 836）。〈much too＋形容詞［副詞］〉という形で用いて，「あまりにも…すぎる」という意味になる。

解答　500 ④　501 ③　502 ①　503 so beautiful a day that we　504 was as good a pianist as　505 ④

506 I think he is (　　) teacher.

① a so patient　② such a patient
③ so a patient　④ a such patient　〈芝浦工業大〉

Section 138

507 My child leaves her toys all over the room and I have to pick (　　).

基本

① them up　② themselves up
③ up them　④ up themselves　〈金沢学院大〉

508 Among the audience (　　) the President and her daughter.

① being　② having been
③ was　④ were　〈東海大〉

Section 139

509 The lady is very quiet and doesn't speak unless (　　).

① spoken to　② she is not spoken
③ she speaks　④ never speaking　〈獨協医科大〉

510 There are few mistakes, if (　　), in this long essay.

① some　② any
③ even　④ there are　〈立命館大〉

しっかり理解 021　〈他動詞＋副詞〉のイディオムでの目的語の位置

(1) 目的語が**名詞**の場合は〈他動詞+副詞+**名詞**〉と〈他動詞+**名詞**+副詞〉のどちらの語順も可。
put on my shoes = **put** my shoes **on**「靴をはく」
take off a hat = **take** a hat **off**「帽子を脱ぐ」

(2) 目的語が**代名詞**の場合は〈他動詞+**代名詞**+副詞〉の語順のみ可。
(×)〈他動詞+副詞+代名詞〉の語順は不可。
(○) **put** them **on** / **take** it **off**　(×) put on them / take off it

---

506 彼はとても忍耐強い教師だと思います。
507 子どもが部屋中におもちゃを放りっぱなしにするので，私が拾い集めないといけない。
508 観客の中には大統領とその娘がいた。
509 その女性はとても物静かで，話しかけられない限り，口をきくことはない。
510 この長い作文には，たとえあるとしても，ほとんど間違いはない。

506 ◆〈such + a / an + 形容詞 + 名詞〉

▶ such に〈a / an +形容詞+名詞〉を続ける場合は，**〈such + a/an +形容詞+名詞〉**の語順になる。

選択肢　①，③の so は so patient a teacher という語順ならば正解となる。

Section 138《 その他の注意すべき語順

しっかり理解 021

507 ◆〈他動詞+代名詞+副詞〉

▶〈他動詞+副詞〉のイディオムである「A を拾い上げる」は pick up A と pick A up の2つの語順を取ることができるが，本問は A が代名詞 them なので①の pick them up だけが正しい。③の（×）pick up them は不可。左頁の しっかり理解 021 を参照。

508 ◆〈場所を表す前置詞句+ VS〉

場所を表す前置詞句が文頭に来ると，そのあとは VS という語順になることがある。（例）Between the two pine trees stands a cherry tree.「2本の松の間には桜の木が立っている」<Between the two pine trees>（場所を表す前置詞句）stands（V）a cherry tree（S）という語順。

▶ 場所を表す前置詞句 Among the audience が文頭に来て，そのあとが were(V) the President and her daughter(S) という語順なら構造と文意が成立する。

▶ Among the audience「その観客の中には」（旧情報）→ were「存在した」→ the President and her daughter「大統領と彼女の娘が」（新情報）という情報展開。

選択肢　① being と② having been の形は述語動詞 V に用いることはできないので不可。
主語 S は「大統領と娘」の2人。よって述語動詞に③ was を用いることはできない。

Section 139《 省略

整理して覚える 042 (p. 228)

509 ◆副詞節内の〈S + be 動詞〉の省略―〈接続詞+ done〉

省略しても意味が通じるとき，副詞節内で〈S ＋ be 動詞〉が省略されることがある。

▶ unless she is spoken to から，〈S + be 動詞〉の she is が省略された①が正解。

プラス　接続詞が導く副詞節内での〈S + be 動詞〉の省略の例。いずれも〈I was〉などが省略されていると考えればよい。
when a boy「少年のころ」，when young「若かったころ」，
when walking「散歩中」，when injured「けがをしたとき」，
when in Japan「日本にいたころ」

重要　□ **speak to A**「A に話しかける」（→ 622）→ A is spoken to（受動態）

510 ◆ if any「たとえあるにしても」

if any は，準否定の数量を表す形容詞 **few** / **little**「…はほとんどない」と一緒に用いて，「たとえあるにしても，…はほとんど存在しない」という意味になる。〈if there are [is] any ＋名詞〉から there are [is] と名詞が省略された，一種の慣用表現として覚えよう。その他の if を用いた省略の慣用表現は，次頁の 整理して覚える 042 を参照。

▶ 本問は There are few, if any, mistakes .... という語順になることもある。

プラス　**if any** は「もしあれば」という「条件」の意味を表すこともある。
Would you read my letter and correct the mistakes, **if any**?
「私の手紙を読んで，もしあればミスを訂正してください」

解答　506 ②　507 ①　508 ④　509 ①　510 ②

511 Mr. and Mrs. Thatcher seldom, if (　　), go out in the evening.
☒☒☒ ① any　　② few
③ little　　④ ever　〈工学院大〉

Section 140

512 君に解いてもらいたいのは他でもなくこの問題なんだ。
☒☒☒ It is this question (solve / I / to / you / want / that).　〈千葉工業大〉

513 It was because he was ill (　　) we gave up traveling.
☒☒☒ ① as　　② for
③ so　　④ that　〈東北学院大〉

514 警察が到着したのは，事故があって2時間も経ってからでした。
☒☒☒ It was (after / not / that / the accident / the police / two hours / until) arrived.　〈武庫川女子大〉

515 (　　) you went into the room with?
☒☒☒ ① Who she was　　② What is she
③ Who it was that　　④ Who was it that　〈西南学院大〉

516 子どもたちが育つ世界は大人が創っている。
☒☒☒ (adults / children / create / it is / the world / their / where / who) will grow up.　〈龍谷大〉

整理して覚える 042　ifを用いた省略の慣用表現

- □ if any「たとえあるにしても／もしあれば」→ **510**
- □ if anything「どちらかと言えば」
- □ if ever「たとえあるにしても」→ **511**
- □ **A,** if not **B**「Bとは言わないまでもA（とは言える）」「A，いやBかもしれない」
- □ if so「そうだとしたら」
- □ if not「そうでないとしたら」
- □ if necessary「必要ならば」
- □ if possible「可能なら／できれば」

---

511 サッチャー夫妻は，たとえあるにしても，めったに夜は外出しない。
513 私たちが旅行をやめたのは，彼が病気だったからだ。
515 その部屋にあなたと一緒に入った人はいったいだれだったのですか。

511 ◆if ever「たとえあるにしても」

if ever は，頻度・回数を表す準否定の副詞 **seldom / rarely**「めったに…しない」と一緒に用いて，「たとえ…することがあるにしても，めったに…しない」という意味になる。if S ever do から S と do が省略された，一種の慣用表現として覚えよう。

Section 140 強調構文

しっかり理解 022 (p. 230)

512 ◆強調構文―名詞（目的語）を強調

強調構文の作り方は，次頁の しっかり理解 022 を参照。

▶ I want you to solve this question.「君にこの問題を解いてもらいたい」を前提にして，目的語 this question を It is と that ではさんで強調する文を完成させる。

重要 □ want A to do「A に…してもらいたい」

513 ◆強調構文―副詞節（=接続詞+文）を強調

▶ 本問は We gave up traveling because he was ill.「彼が病気だったから旅行をやめた」を前提にして，副詞節 because he was ill を It was と that ではさんで強調した文。

514 ◆It is not until ... that 〜「…して初めて〜する」

It is not until ... **that** 〜は「…するまでは〜することはない」が直訳。そこから「…して初めて〜する」という意味になる。強調構文を用いた慣用表現として覚えよう。

▶ 本問は「事故があって 2 時間経つまでは警察が到着することはなかった」が直訳。

プラス 「…して初めて〜する」は〈**Not until ... +倒置形〜**〉という形で表現することもできる。It is not until ... that 〜の表現から It is と that を外すと，否定の副詞節 Not until ...が文頭に来ることになるので，〜の部分は倒置形になると理解すればよい。
514 = Not until two hours after the accident did the police arrive.

515 ◆強調構文―疑問詞の強調

強調構文で疑問詞を強調する場合は〈**疑問詞＋ is[was] it that ...?** 〉という語順になる。p. 231の しっかり理解 023 を参照。

▶ **It was** X **that** you went into the room with.「君が一緒に部屋に入ったのは X 氏だった」を前提にして，X を疑問代名詞 who に変えて文頭に移動し，it was を疑問文の語順 was it に変えたと考える。

▶ **512** → What is it that you want me to solve?「私に解いてほしいのはいったい何ですか」
513 → Why was it that you gave up traveling?
「あなたたちが旅行をやめたのはいったいなぜでしたか」

516 ◆強調構文―名詞（主語）を強調

強調構文で強調される語句が「人」の場合は, that 以外に who / whom も用いられる。「人以外」が強調される場合は which も用いられる。

▶ Adults create the world where their children will grow up. を完成させてから，主語 adults を It is と who ではさんで強調する。この who は強調構文の that の代用。

▶ 本問は「子どもたちが育つ世界を創っているのは，大人だ」が直訳。

解答 **511** ④ **512** that I want you to solve **513** ④ **514** not until two hours after the accident that the police **515** ④ **516** It is adults who create the world where their children

Section 141

517 私は，子どものころにピアノが弾けるようになれなかったことを，本当に悔やんでいます。
I (piano / do / learning / play / to / the / not / regret) when I was a child. 〈関西学院大〉

518 What ( ) earth are you doing?
① by ② for
③ from ④ on 〈中央大〉

519 これは私が買いたかった，まさにその本です。
This (book / the / is / I / wanted / that / buy / very / to). 〈立正大〉

しっかり理解 022 強調構文

文の中で特に強調したい要素を It is[was] と that ではさんで強調する表現を「**強調構文**」と呼ぶ。
(1) **強調構文で強調できる要素**は**名詞（句・節）**か**副詞（句・節）**だけである。
(2)「**人」を強調する**場合は that の代わりに **who** / **whom** を用いることもある。(→ **516**)
(3)「**人以外」を強調する**場合は that の代わりに **which** を用いることもある。
①Mike found ②this letter ③in her room ④yesterday.「マイクは昨日，彼女の部屋でこの手紙を見つけた」から，以下の例①～④の強調構文を作ることができる。
(例①) **It was** Mike **that[who]** found this letter in her room yesterday. ←主語 Mike を強調
「昨日，彼女の部屋でこの手紙を見つけたのはマイクだった」
(例②) **It was** this letter **that[which]** Mike found in her room yesterday.
←目的語の名詞 this letter を強調
「昨日，彼女の部屋でマイクが見つけたのはこの手紙だった」
(例③) **It was** in her room **that** Mike found this letter yesterday.
←副詞句（=前置詞+名詞）の in her room を強調
「昨日，マイクがこの手紙を見つけたのは彼女の部屋だった」
(例④) **It was** yesterday **that** Mike found this letter in her room. ←副詞 yesterday を強調
「彼女の部屋でマイクがこの手紙を見つけたのは昨日だった」

---

518 いったいあなたは何をしているのですか。

Section 141 さまざまな強調表現

517 ◆doによる動詞の強調―〈do / does / did +原形〉

助動詞 **do / does / did** は**動詞を肯定的に強調する**ことができる。do / does / did のあとの動詞は原形となることに注意。
He **does** drink a lot.「彼は**本当に**よく飲む」
I **did** witness a miracle.「私は**実際に**奇跡を目にした」

▶ 助動詞 do を動詞 regret を強調するように regret の前に置く。

重要 □ regret doing「…したことを後悔する」→ 545 □ learn to do「…できるようになる」

518 ◆〈疑問詞+ on earth / 疑問詞+ in the world〉「いったい〈疑問詞〉…するのか」

疑問詞のあとに **on earth / in the world** を続けて，驚きの気持ちを込めて疑問詞を強調することがある。

▶ 本問は What **in the world** are you doing? と表現することもできる。

519 ◆〈the very +名詞〉「まさに〈名詞〉/ ちょうど〈名詞〉」

very は形容詞として用いられ，名詞を強調する用法がある。the **very** fact that SV「…という事実そのもの」，before his **very** eyes「まさに彼の目の前で」，at that **very** moment「ちょうどその時」，in this **very** house「他ならぬこの家の中で」

▶「まさにその本」を the very book と表し，関係代名詞 that を続けて「私が買いたかった」を that I wanted to buy とする。

しっかり理解 023 強調構文（疑問文）

疑問詞を使った強調構文の疑問文は〈**疑問詞+ is[was] it that ...?**〉となり，疑問詞が強調されることになる。強調された疑問文と普通の疑問文のニュアンスの違いを，以下の例⑤～⑧で確認すること。

（例⑤）**Who was it that** found this letter in her room yesterday? ←（例①）の疑問文
「昨日，彼女の部屋でこの手紙を見つけたのはいったいだれだ」
cf. Who found this letter in her room yesterday?
（だれが昨日，彼女の部屋でこの手紙を見つけたのか）

（例⑥）**What was it that** Mike found in her room yesterday? ←（例②）の疑問文
「昨日，彼女の部屋でマイクが見つけたのはいったい何だ」
cf. What did Mike find in her room yesterday?
（昨日，マイクは何を彼女の部屋で見つけたのか）

（例⑦）**Where was it that** Mike found this letter yesterday? ←（例③）の疑問文
「昨日，マイクがこの手紙を見つけたのはいったいどこだ」
cf. Where did Mike find this letter yesterday?
（昨日，マイクはどこでこの手紙を見つけたのか）

（例⑧）**When was it that** Mike found this letter in her room? ←（例④）の疑問文
「彼女の部屋でマイクがこの手紙を見つけたのはいったいいつだ」
cf. When did Mike find this letter in her room?
（いつマイクは彼女の部屋でこの手紙を見つけたのか）

解答 **517** do regret not learning to play the piano **518** ④ **519** is the very book that I wanted to buy

第16章

Field 1 文法

話法

Section 142

520 (a) He said to her, "You may be able to answer this question."
(b) He (　　) her that (　　) (　　) be able to answer that question.

〈山梨大〉

521 (a) My mother said to me, "Don't talk to wolves in the woods."
(b) My mother told (　　) in the woods.
① me to speak not wolves
② not to me talk to wolves
③ me not to talk to wolves
④ to me not to speak wolves 〈北里大〉

まずは確認 045 時制の一致

英語では主節の動詞が過去になると，原則として従属節の動詞も**〈現在→過去〉**，**〈現在完了・過去→過去完了〉**のように変わる。このようなルールを**「時制の一致」**と呼ぶ。

She **says** that she **wants** to work part-time.
「彼女はアルバイトを**したい**と**言っている**」
（主節と従属節の動詞は現在形：says「言っている」，wants「したい」）
↓
She **said** that she **wanted** to work part-time.
「彼女はアルバイトを**したい**と**言った**」
（主節の動詞 says を過去形にすると，従属節の動詞も過去形（wanted）に変わる）

⚠注意　時制の一致で助動詞が過去形に変わる場合に注意。
I **think** that he **will come** soon.「彼はすぐ来るだろうと私は思っている」
↓
I **thought** that he **would come** soon.「彼はすぐ来るだろうと私は思った」
☞ think → thought の変化に伴い，will come → would come と変化する。

---

520 (a) 彼は彼女に，「君ならこの質問に答えられるかもしれない」と言った。
(b) 彼は，彼女ならその質問に答えられるかもしれないと彼女に言った。

521 (a)「森でオオカミに話しかけてはいけません」と母は私に言った。
(b) 森でオオカミに話しかけないようにと母は私に言った。

Section 142 話法の転換

まずは確認 044 直接話法と間接話法，および話法の転換の基本ルール

（1）**直接話法**は，**だれかの発言をそのまま相手に伝える**もの，**間接話法**は，**だれかの発言を自分の言葉に直して伝える**もの。

（2）**直接話法**を**間接話法に転換する**ときは，「**時制の一致**」（左頁 まずは確認 045 参照）により動詞の時制が変わる。また**話者の視点が変わる**ので，**人称代名詞**や**副詞**を適切なものに代える必要がある。

（3）直接話法と間接話法の転換は原則として以下のルールに従う。

a. **人称代名詞の転換**：話者の視点から適切な人称代名詞に代える。

b. **時制の転換**：伝達動詞が過去の場合，時制の一致が適用される。

c. **指示代名詞や副詞表現の転換**：伝達動詞が過去の場合，以下のように変わる。ただし文脈によって例外もあるので，文の意味を考えて適切な表現を選ぶこと。

this → that，these → those，here → there,
now → then，today → that day,
tonight → that night,
yesterday → the day before / the previous day,
last week → the week before / the previous week,
tomorrow → the next[following] day,
next week → the next[following] week,
... ago → ... before

520

◆平叙文の話法の転換

平叙文の話法の転換では，直接話法を間接話法にするときには，**発話内容を that 節を使って伝える。**

（1）伝達動詞が say だけのとき：**S say, "..."**
　→ **S say that ...**「S は…と言う」

（2）伝達動詞 say のあとに to A が続くとき：**S say to A, "..."**
　→ **S tell A** that ...「S は A に…と言う」

⚠注意　間接話法で S say to A that ... とするのは一般的ではない。

▶ 直接話法の伝達動詞が said to her なので，間接話法の伝達動詞は told her that ... にする。

▶ 人称代名詞 You は she に，時制の一致を適用して，時制は may を might に変える。

521

◆命令文の話法の転換

命令文の話法の転換では，直接話法を間接話法に変えるときには，伝達動詞 **tell に to 不定詞を続けて命令の内容を表現する。**

（1）命令文のとき：**S say (to A), "Do ..."**
　→ **S tell A to do ...**「S は A に…するように言う」

（2）否定の命令文のとき：**S say (to A), "Don't do ..."**
　→ **S tell A not to do ...**「S は A に…しないように言う」

▶ **Don't から始まる命令文**なので，間接話法は S tell A not to do ... を用いる。

解答 520 told, she might　521 ③

522 (a) He said to us, "Please don't wait for me if I am late."
☒☒☒ (b) He asked us ( ) ( ) wait for him if he was late. 〈岐阜女子大〉

523 (a) He said to us, "Let's go for a drive."
☒☒☒ (b) He ( ) that ( ) ( ) go for a drive. 〈大阪教育大〉

524 (a) He said to me, "Are you busy?"
☒☒☒ (b) He ( ) me ( ) ( ) ( ) busy. 〈愛媛大〉

525 (a) He said to me, "Where does she live?"
☒☒☒ (b) He ( ) me ( ) she ( ). 〈大阪教育大〉

---

522 (a) 彼は私たちに「もし私が遅れたら私を待たないでください」と言った。
(b) 彼は私たちにもし彼が遅れたら待たないようにと言った。
523 (a)「ドライブに行こう」と彼は私たちに言った。
(b) 私たちがドライブに行くことを彼は提案した。
524 (a) 彼は，「忙しいですか」と私に言った。
(b) 彼は，忙しいかどうか私に尋ねた。
525 (a) 彼は，「彼女はどこに住んでいますか」と私に言った。
(b) 彼は，彼女がどこに住んでいるのか私に尋ねた。

522 ◆pleaseがついた命令文の話法の転換

pleaseがついた命令文の話法の転換では，直接話法を間接話法に変えるときには，伝達動詞に〈依頼〉を表す**askを使い，to不定詞で依頼の内容を表現する。**
(1) 肯定の依頼：**S say (to A), "Please do ..."**
　→**S ask A to do ...**「SはAに…してくださいと言う」
(2) 否定の依頼：**S say (to A), "Please don't do ..."**
　→**S ask A not to do ...**「SはAに…しないでくださいと言う」

▶ **Please don'tから始まる否定の依頼を表す命令文**なので，間接話法はS ask A not to do ...を用いる。

523 ◆勧誘や提案を表す文の話法の転換

勧誘や提案を表すLet's do ....や，Shall we do ...?を用いた文を間接話法にすると，伝達動詞には〈提案〉を表す**suggest [propose]**が用いられ，**S suggest [propose] that we (should) do ...**となる。→ 577

重要 □ go for a drive「ドライブに出かける」

524 ◆疑問文の話法の転換―疑問詞のない疑問文

疑問詞のない疑問文を間接話法にすると，**S ask A if [whether] ...**「SはAに…かどうかと尋ねる」となる。whether / ifは「…かどうか」という意味の接続詞。→ 274，275
if [whether] 節内は平叙文の語順になる。

▶ **疑問詞のない疑問文**なのでHe asked me if [whether] ... とする。人称代名詞youはIに，時制は「時制の一致」を適用して，areをwasに変える。

525 ◆疑問文の話法の転換―疑問詞のある疑問文

疑問詞のある疑問文を間接話法にすると，〈**S ask A＋疑問詞 ...**〉「SはAに…かと尋ねる」となる。疑問詞節内は平叙文の語順になる。

▶ **疑問詞のある疑問文**なのでHe asked me where ... とする。時制は「時制の一致」を適用して，liveをlivedに変える。

解答 522 not to　523 suggested [proposed], we should　524 asked, if [whether] I was　525 asked, where, lived

句と節①

句と節

2つ以上の語が集まって1つの品詞のような働きをする場合，その語のかたまりを**「句（く）」**や**「節（せつ）」**と呼ぶ。句と節は文中で名詞・形容詞・副詞のいずれかの働きをするという点では同じだが，**句は〈主語＋述語動詞〉を含まない**が，**節は〈主語＋述語動詞〉を含む**という違いがある。

コラムの目次

【1】句の働き

(1) 名詞句，(2) 形容詞句，(3) 副詞句について見ていこう。

(1) 名詞句

句が文中で名詞の働きをする場合，その句を「名詞句」と呼ぶ。名詞句は主語，補語，目的語に用いられる。

（例1）**To study abroad**(S) is(V) meaningful(C).「留学することは意義深いことだ」

（例2）My dream(S) is(V) **to study abroad**(C).「私の夢は留学することだ」

（例3）He(S) hopes(V) **to study abroad**(O).「彼は留学することを望んでいる」

（注）to study abroad「留学すること」という同じ名詞句が，文中で主語（→例1），補語（→例2），目的語（→例3）という異なる働きをしていることを確認しておこう。

(2) 形容詞句

句が形容詞の働きをする（＝名詞を修飾する）場合，その句を「形容詞句」と呼ぶ。

（例）The pianist **with long hair** is my girlfriend.
「その長い髪のピアニストは僕のガールフレンドだ」
▶ with long hair は名詞 pianist を修飾する形容詞句。

(3) 副詞句

句が副詞の働きをする場合，その句を「副詞句」と呼ぶ。副詞句は名詞以外（＝動詞や文など）を修飾する。

（例）I'm tired. I got up **at 5:00** this morning.
「疲れているよ。今朝は5時に起きたんだ」
▶ at 5:00は（I）got up を修飾する副詞句。

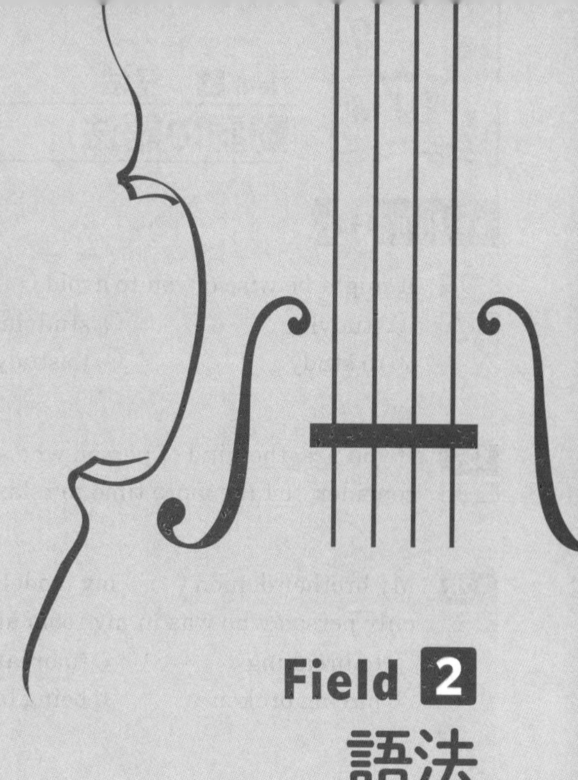

Field 2 語法

学習の心構え

語法のフィールドでは，「語法」を学んでいく。語法とは，「本書の構成と特長」（pp.4-5）で説明したとおり，**ひとつひとつの語がとりうる形の体系**である。例えば他動詞の enjoy は目的語に動名詞（doing）をとり，不定詞（to do）はとらない。これは enjoy という動詞が持っている特徴，すなわち enjoy の語法である。

enjoyのように目的語に不定詞をとらず，動名詞をとる動詞は，finish や avoid など他にもいくつかある。このようにそれぞれの語（句）がどのような形で用いられるのかを，ひとつずつ丁寧に覚えていかなければならないのだが，同じようなタイプの語を集めて分類していくと，そこには何かしらの共通点が見えてくる。

語法フィールドでは，この同じタイプの語を集めた 整理して覚える を有効に活用することが，攻略のカギになる。整理して覚える に集められた語の共通点を感覚的でよいからつかみ取って，それをベースにひとつひとつ根気よく語法を覚えていくことが，地道であるが圧倒的に有効な方法である。

第 17 章

Field 2 語法

動詞の語法

Section 143

526 It might be wise of you to avoid (　　) abroad next year.

基本

① studying　② studying in

③ to study　④ to study in

〈近畿大〉

527 If you are ①the kind of person who suffers ②from stress, you ③should consider ④to take more time to relax.

〈南山大〉

528 My brother denied (　　) my model plane, even though he was the only person who was in my room at that time.

① to breaking　② to break

③ having broken　④ being broken

〈関西学院大〉

529 My friend had a nice time in England and enjoyed (　　) a different culture.

基本

① experiencing　② experiences

③ of experiencing　④ to experience

〈成城大〉

530 Have you finished (　　) your essay?

基本

① to write　② writing

③ to have written　④ to be writing

〈明治大〉

531 After several frustrating weeks, Masao finally ①gave up ②to try ③to teach his wife ④how to drive.

〈早稲田大〉

---

526 来年の留学は避けたほうがあなたにとって賢明かもしれない。

527 あなたがストレスに苦しむタイプの人間なら，リラックスする時間をもっととることを考慮すべきだ。

528 その時僕の部屋にいたのは兄[弟]だけだったにもかかわらず，彼は僕の模型飛行機を壊したことを否定した。

529 私の友人はイギリスで楽しい時間を過ごし，異文化体験を楽しんだ。

530 レポートは書き終えましたか。

531 数週間いらいらして過ごしたあと，マサオはついに妻に車の運転の仕方を教えようとするのをあきらめた。

Section 143《 目的語として動名詞をあとに続ける動詞

整理して覚える 043 目的語として不定詞ではなく動名詞をあとに続けるおもな動詞

- □ admit **doing**「…したことを認める」
- □ avoid **doing**「…することを避ける」→ 526
- □ consider **doing**「…することをよく考える」→ 527
- □ deny **doing**「…することを否定する／…しないと言う」→ 528
- □ discuss **doing**「…することを話し合う」
- □ dislike **doing**「…することを嫌う」
- □ end up **doing**「最終的に…することになる」
- □ enjoy **doing**「…することを楽しむ」→ 529
- □ escape **doing**「…することを逃れる」
- □ finish **doing**「…することを終える」→ 530
- □ give up **doing**「…することをあきらめる」→ 531
- □ imagine **doing**「…することを想像する」
- □ mind **doing**「…することをいやだと思う」→ 532
- □ miss **doing**「…しそこなう」
- □ postpone[put off] **doing**「…することを延期する」
- □ practice **doing**「…することを練習する」
- □ recommend **doing**「…することを勧める」
- □ resist **doing**「…することに抵抗する」
- □ stop[quit] **doing**「…することをやめる」→ 533
- □ suggest **doing**「…することを提案する」→ 661

Field 2 語法

526 ◆ avoid doing「…することを避ける」

選択肢　study abroad で「留学する」という意味。abroad は副詞なので, ②の前置詞 in は不要。

527 ◆ consider doing「…することをよく考える」

重要　□〈the kind of person + 関係代名詞節〉「…するタイプの人」
□ suffer from A「A に苦しむ」→ 934

528 ◆ deny doing「…することを否定する／…しないと言う」

▶ deny having done は「**…したこと**を否定する／**…しなかった**と言う」という意味。having done は完了動名詞。→ 159

529 ◆ enjoy doing「…することを楽しむ」

530 ◆ finish doing「…することを終える」

531 ◆ give up doing「…することをあきらめる」

解答 526 ①　527 ④→ taking　528 ③　529 ①　530 ②　531 ②→ trying

532 ☒☒☒ 基本
Would you mind (　　) the window for me? I feel a little cold.

① close　② to close
③ closed　④ closing
〈拓殖大〉

533 ☒☒☒ 基本
The doctor has advised me not to eat eggs anymore, so I've stopped (　　) them.

① to have bought　② buying
③ for buying　④ to buy
〈南山大〉

Section 144

534 ☒☒☒
How much can you (　　) to spend on your vacation?

① invest　② account
③ afford　④ contribute
〈南山大〉

535 ☒☒☒ 基本
My grandfather was hospitalized so I decided (　　) as often as possible.

① visiting him　② him visited
③ to visit him　④ visit him
〈法政大〉

536 ☒☒☒
I expect ①entering a ②famous university ③in the USA ④in the spring.
〈立正大〉

532 窓を閉めていただけませんか。少し寒いので。
533 医者がこれ以上卵を食べないようにと忠告したので，私は卵を買うのをやめた。
534 休暇のためにどれだけのお金を使う余裕がありますか。
535 祖父が入院したので，私はできるだけ頻繁にお見舞いに行こうと決めた。
536 春にはアメリカの有名大学に入学するつもりだ。

532 ◆mind doing「…することをいやだと思う」

mind は動名詞を目的語にとる。**Would[Do] you mind doing ...?** は「**…することをあなたはいやだと思いますか**」が直訳。「(どうか) **…していただけませんか**」という意味の丁寧な依頼表現として覚えよう。答え方は 1346 参照。

プラス Would[Do] you mind my[me] doing ...? は「(私が) …してもいいですか」という意味の許可を求める表現。my[me]は動名詞の意味上の主語。→ 157

533 ◆stop doing「…することをやめる」

stop は後ろに不定詞を続けることもできる。**stop to do** で「**…するために立ち止まる**」という意味。後ろに続く to do は目的語ではなく，副詞用法の不定詞で「目的」の意味 (→ 119)。He stopped talking to her.「彼女と話すのをやめた」，He stopped to talk to her.「彼女と話すために立ち止まった」

選択肢 ④ to buy を選ぶと，「買うために立ち止まった」という意味になり，文意が通らない。

Section 144 目的語として不定詞をあとに続ける動詞

整理して覚える 044 目的語として動名詞ではなく不定詞をあとに続けるおもな動詞

- □ afford **to do**「…する余裕がある」→ 534
- □ attempt **to do**「…しようと試みる」
- □ decide **to do**「…することに決める」→ 535
- □ demand **to do**「…することを要求する」
- □ expect **to do**「…するつもりである」→ 536
- □ fail **to do**「…することを怠る／…しそこなう」→ 537
- □ hope[wish / desire] **to do**「…することを望む」→ 538
- □ learn **to do**「…することを身につける」
- □ manage **to do**「なんとか…する」
- □ offer **to do**「…することを提案する」
- □ plan **to do**「…することを計画する」
- □ prepare **to do**「…することを準備する」
- □ pretend **to do**「…するふりをする」→ 539
- □ promise **to do**「…することを約束する」
- □ refuse **to do**「…することを拒む」→ 540
- □ seek **to do**「…しようと努める」

なお，以下の動詞は自動詞だが，似た形をとるので，ここで覚えよう。

- □ hesitate **to do**「…することをためらう」
- □ tend **to do**「…する傾向がある」

534 ◆afford to do「…する余裕がある」

afford は不定詞や名詞を目的語にとり，can [could] を伴って**否定文**や**疑問文**で用いるのが一般的。We **couldn't afford** to go on a vacation.「休暇を取る余裕はなかった」

535 ◆decide to do「…することに決める」

536 ◆expect to do「…するつもりである」

解答 532 ④ 533 ② 534 ③ 535 ③ 536 ①→ to enter

537 Ken has never failed ( ) a birthday present to his mother.

① of giving ② for giving
③ to give ④ give 〈桜美林大〉

538 基本 I hope ( ) to Hawaii next month.

① going ② to go
③ with going ④ for going 〈神戸山手大〉

539 I could tell David was only ( ) to read because his book was upside down.

① deceiving ② behaving
③ pretending ④ acting 〈徳島文理大〉

540 The number of young people who are ( ) to make their pension and national health insurance payments is on the rise.

① discharging ② excluding
③ refusing ④ rejecting 〈東邦大〉

Section 145

541 基本 She remembered the teacher ( ) it.

① talk about ② talking about
③ to talk about ④ talks about 〈福島大〉

---

537 ケンは母親には必ず誕生日プレゼントをあげてきた。
538 来月ハワイに行きたいと思う。
539 デイビッドの本がさかさまだったので，私には彼が読むふりをしているだけだとわかった。
540 年金と国民健康保険の支払いを拒む若者の数が増えている。
541 先生がそのことについて話したのを彼女は覚えていた。

537 ◆fail to do「…することを怠る／…しそこなう」

fail to do「…することを怠る／…しそこなう」は，否定語句とともに用いると二重否定（→ Section **134**（p. 221））の意味となって，**「必ず…する」**（←…しないことはない）という肯定の意味になる。
He **never fails to call** her every morning.「彼は毎朝，必ず彼女に電話する」

▶ 本問の has never failed to give ... も,「…をあげないことは決してなかった」から,「必ず…をあげてきた」という意味になる。

Field 2 語法

538 ◆hope to do「…することを望む」

539 ◆pretend to do「…するふりをする」

選択肢 ① deceive「（人）をだます」，② behave「ふるまう」，④ act「行動する」は，いずれも目的語に不定詞をとる用法はない。

重要 □ can tell (that) S V「…ということがわかる」

540 ◆refuse to do「…することを拒む」

▶ 先行詞が young people で who are ... insurance payments が関係代名詞節。

選択肢 ④ reject「…を拒絶する」は目的語に不定詞をとらない。

Section 145 目的語が動名詞と不定詞で意味が変わる動詞

整理して覚える 045 目的語が動名詞と不定詞で意味が変わる動詞

- □ remember doing「（過去に）…したことを覚えている」→ 541
- □ remember to do「…することを覚えている／忘れずに…する」→ 542
- □ forget doing「（過去に）…したことを忘れる」→ 543
- □ forget to do「…するのを忘れる」→ 544
- □ regret doing「…したことを後悔する」→ 545
- □ regret to do「残念ながら…する」→ 546
- □ try doing「（実際に）…してみる」
- □ try to do「…しようとする」→ 547
- □ mean doing「…することを意味する／（結果として）…することになる」
- □ mean to do「…するつもりである」→ 548
- □ need doing「…されることが必要である」（= need to be done / want doing）→ 549，550，551
- □ need to do「…することが必要である」
- □ go on doing「…し続ける」→ 552
- □ go on to do「続けて…する／次に…する」→ 553

541 ◆remember doing「（過去に）…したことを覚えている」

▶ the teacher は動名詞 talking の意味上の主語。→ 157

解答 537 ③ 538 ② 539 ③ 540 ③ 541 ②

542 ☒☒☒ 基本
Remember (　　) your books back to the library by the end of the week.
① take　② taking
③ to be taking　④ to take 〈神奈川大〉

543 ☒☒☒ 基本
I'll never forget (　　) the beautiful sea from the hill on my last trip.
① see　② to see
③ seeing　④ seen 〈東海大〉

544 ☒☒☒ 基本
I forgot (　　) by the supermarket and so have nothing to eat now.
① to stop　② stopping
③ to have stopped　④ having stopped 〈松山大〉

545 ☒☒☒
I regret (　　) him my dictionary. I cannot do my work without it.
① lent　② to lend
③ lending　④ to have lent 〈関西学院大〉

546 ☒☒☒
I regret (　　) that I cannot join your team.
① saying　② to say
③ say　④ said 〈高崎経済大〉

547 ☒☒☒ 基本
彼は少女に自分が勇気のあるところを印象づけようとした。
He (with / impress / the girl / tried / to) his courage. 〈駒澤大〉

548 ☒☒☒
I'm sorry. I didn't mean (　　) on your foot.
① step　② stepping
③ to stepping　④ to step 〈中部大〉

549 ☒☒☒
After playing with sand, your hands need (　　).
① to wash　② washing
③ being washed　④ to be washing 〈日本大〉

550 ☒☒☒
My watch loses ten minutes a day, so it needs (　　).
① being repaired　② repaired
③ to be repaired　④ to repair 〈近畿大〉

---

542 週末までに本を図書館に返すのを忘れないように。
543 この前の旅行で，丘から美しい海を見たことを私は決して忘れないだろう。
544 スーパーに立ち寄るのを忘れたので，今は食べるものが何もない。
545 私は彼に辞書を貸したことを後悔している。それなしでは自分の仕事ができない。
546 残念ながら私はあなたのチームには参加できません。
548 ごめんなさい。あなたの足を踏むつもりはなかったんです。

542 ◆remember to do「…することを覚えている／忘れずに…する」

▶「本を返す」のはこれからすることなので，④ to take が正解。

選択肢　② taking を選ぶと remember doing「(過去に) …したことを覚えている」という表現になるが，文意が通らないので不可。

543 ◆forget doing「(過去に) …したことを忘れる」

▶ on my last trip「この前の旅行で」から，「美しい海を見た」のは過去のことだと判断する。

544 ◆forget to do「…するのを忘れる」

▶ **forget to do** は「**やるべきことをやり忘れる**」という意味。本問は「スーパーに立ち寄るべきだったのに，寄り忘れた」という文意なので，① to stop が正解。

選択肢　② stopping を選ぶと forget doing「(過去に) …したことを忘れる」という表現になるが，「スーパーに立ち寄ったのに，その記憶を忘れた」という内容は and 以下とつながらないため不可。

重要　□ stop by (A)「(A に) 立ち寄る」

545 ◆regret doing「…したことを後悔する」

546 ◆regret to do「残念ながら…する」

▶ **I regret to say (that) ...**「**申し上げにくいのですが…／残念ながら…**」は，依頼や招待などを丁寧に断るときに用いる慣用表現として覚えよう。

547 ◆try to do「…しようとする」

重要　□ impress A with B「A（人）に B を印象づける」

548 ◆mean to do「…するつもりである」(= intend to do)

▶ **mean doing** は「**…することを意味する**」という意味。② stepping を選ぶと「足を踏むことを意味しなかった」という意味になり，文意が通らない。

549 ◆need doing「…されることが必要である」(= need to be done / want doing)

need に続く動名詞 doing は「**…されること**」という意味になる。

▶ ここでの動名詞 washing は「洗うこと／手洗い」という名詞の意味で考えればよい。つまり「手洗いを必要とする」ということ。同じ意味を表すために need に不定詞を続ける場合は，「…される必要がある」となるので，S need to be done (→ **550**) としなければならない。本問も your hands need to be washed となる。

550 ◆need to be done「…される必要がある」(= need doing)

▶ it (= my watch) と repair「…を修理する」の関係から，to be repaired「(それは) 修理される」となる。

▶ 動名詞を用いると it needs repairing となる。→ **549**

重要　□ lose A「(時計が) A (の時間) 遅れる」　□ a day「1 日につき」

---

549 砂遊びのあとは，手洗いが必要だ。

550 私の時計は 1 日に10分遅れるので，修理の必要がある。

解答　**542** ④　**543** ③　**544** ①　**545** ③　**546** ②　**547** tried to impress the girl with　**548** ④　**549** ②　**550** ③

551 If you intend to climb such a high mountain, these shoes want (　　).
① to repair　　② to have repaired
③ repairing　　④ being repaired　〈玉川大〉

552 発展 I told her to shut up but she (　　) on talking and talking.
① came　　② put
③ tried　　④ went　〈東北学院大〉

553 発展 After he had given an explanation of the difficulties, he (suggest / went / ways / overcoming / on / of / to) them.　〈西南学院大〉

Section 146

554 基本 Mary's father will not (　　) her do any part-time work until after her exams are over.
① allow　　② consent
③ let　　④ permit　〈南山大〉

555 基本 Mr. Jones (　　) the students repeat the same phrase without looking at their textbooks.
① got　　② forced
③ ordered　　④ made　〈北里大〉

556 ジェーンのような誠実な人が約束を破ったのはなぜだと思いますか。
(an honest person / do / like Jane / made / what / you think) break her promise?　〈近畿大〉

---

551 そんな高い山に登るつもりなら，この靴は修理が必要だ。
552 彼女に黙るように言ったが，彼女は延々としゃべり続けた。
553 問題点の説明をしたあと，続けて彼はそれらを乗り切る方法を提案した。
554 メアリーの父は，試験が終わるまでは彼女にアルバイトをさせるつもりはない。
555 ジョーンズ先生は生徒たちに，教科書を見ずに同じフレーズを繰り返させた。

551 ◆want doing「…されることが必要である」(= need doing / need to be done)

want doing は need doing (→ 549) や need to be done (→ 550) と同意。

552 ◆go on doing「…し続ける」(= continue doing)

553 ◆go on to do「続けて…する／次に…する」

go on to do は **「何かをやり終えて，次に別のことに移る」** という意味。

▶ 本問の went on to suggest ... は「続けて彼は…を提案した」という意味。went on overcoming (→ 552) は「乗り切り続けた」という意味だが，文意が不自然なので不可。

Section 146 使役動詞（let / make / have）の語法

554 ◆let A do「A に…させる／ A が…するのを許す」

let A do は **「A に…させる／ A が…するのを許す」** という意味。A と原形不定詞 do (→ Section **050** (p. 079)) には「A が…する」という**能動**の関係がある。

▶ 問題文に原形不定詞 do があることに注目して，使役動詞③ let を選ぶ。let her do any part-time work は「彼女がアルバイトをする」という能動の関係が成立する。

選択肢 ① allow, ④ permit は let に近い意味だが，allow[permit] A to do (→ 566) という形で用いる。② consent は，consent to A「A に同意する」や consent to do「…することに同意する」といった形で用いる。

555 ◆make A do「A に（無理やり）…させる」

make A do は **「A に（無理やり）…させる」** という意味。A と do には「A が…する」という**能動**の関係がある。

▶ 問題文で原形不定詞 repeat があることに注目して，使役動詞④ made を選ぶ。made the students repeat ... は「生徒たちが…を繰り返す」という能動の関係が成立する。

選択肢 ①の get，②の force，③の order は，それぞれ get A to do「A に…させる」(→ 560)，force A to do「A に（無理やり）…させる」(→ 570)，order A to do「A に…するように命じる」(→ 整理して覚える 046 (p. 251)) という形で用いる。

556 ◆S make A do「S（もの・事）が原因で A は…する」

▶「ジェーンのような誠実な人が約束を破ったのはなぜか」を，主語に what を使うことを想定して「何がジェーンに約束を破らせたか」というように読みかえて，
What made an honest person like Jane break her promise? と表す。
(What = S, made = V, an honest person like Jane = O, break her promise = C)

▶ What made A do ...? は「何が原因で A は…したのか」という意味。Why did A do ...?「なぜ A は…したのか」と同じ意味になる。

▶（×）Do you think what ... の語順は不可。→ 457

解答 551 ③　552 ④　553 went on to suggest ways of overcoming　554 ③　555 ④　556 What do you think made an honest person like Jane

557 基本
Because my mother was sick in bed, she had me (　　) the dishes after dinner.
① wash　② washed
③ have washed　④ to wash
〈成蹊大〉

558
We are going to have the house (　　) this weekend.
① to be painted　② to paint
③ painted　④ painting
〈玉川大〉

559
The bus was so crowded that I (　　) while I was on it.
① had my foot stepped on
② had my foot to be stepped on
③ had to be stepped on my foot
④ was stepped on my foot
〈青山学院大〉

Section 147

560 基本
I don't know how I can get my children (　　) their homework.
① did　② do
③ done　④ to do
〈南山大〉

561
Could you give me a ride to the station tomorrow morning? I must get my car (　　) at the garage.
① repair　② repairing
③ repaired　④ to repair
〈東京理科大〉

562
A lazy student stood in front of his stern teacher and said, "I'm sorry. I could not get the homework (　　) by the deadline."
① be done　② done
③ to do　④ doing
〈秋田県立大〉

557 母は病気で寝ていたので，夕食後の皿洗いを私にやらせた。
558 私たちは今週末に家を塗装してもらうことになっている。
559 バスはとても混んでいたので，乗っている間に足を踏まれた。
560 どうすれば子どもたちに宿題をさせることができるのか，私にはわからない。
561 明日の朝，駅まで車に乗せてもらえませんか。私の車は工場で修理してもらわないといけないので。

557 ◆have A do「Aに…させる／Aに…してもらう」

have A do は**「A（専門家や目下の人など）に…させる／Aに…してもらう」**という意味。Aとdoには「Aが…する」という**能動**の関係がある。

▶ meと選択肢のwash「…を洗う」との関係を「私が皿を洗う」という能動の関係と考えて① washを選ぶと，have A doの表現になり，「私に皿を洗わせる」という意味になる。

558 ◆have A done「Aを…してもらう」〈使役〉

have A done には，①**「〈使役〉Aを…してもらう」**，②**「〈被害〉Aを…される」**，③**「〈完了〉Aを…してしまう」**の３つの意味がある。すべてAとdoneには「Aが…される」という**受動**の関係がある。

▶ the houseとpaint「…を塗装する」との関係を「家が塗装される」という受動の関係と考えて③ paintedを選ぶと，have A doneの表現で「家を塗装してもらう」という使役の意味になる。

559 ◆have A done「Aを…される」〈被害〉

▶ my footとstep on A「Aを踏む」との関係を「足が踏まれる」という受動の関係だと考えて① had my foot stepped onを選ぶと，have A doneの表現で，「足を踏まれた」という被害の意味になる。

Section 147 getの語法

560 ◆get A to do「Aに…させる／Aに…してもらう」

get A to do は**「Aに（説得して）…させる／Aに…してもらう」**という意味。Aとto doには「Aが…する」という**能動**の関係がある。

▶ ④ to doを選ぶと，get A to do「Aに（説得して）…させる」という使役の表現になり，「子どもたちが宿題をする」という能動の関係が成立する。

561 ◆get A done「Aを…してもらう」〈使役〉

get A done はhave A done（→558）と同様に，①**「〈使役〉Aを…してもらう」**，②**「〈被害〉Aを…される」**，③**「〈完了〉Aを…してしまう」**の３つの意味がある。すべて，Aとdoneには「Aが…される」という**受動**の関係がある。

▶ my carとrepairの関係を「車が修理される」という受動の関係と考えて③ repairedを選ぶと，get A doneの表現で「車を修理してもらう」という使役の意味になる。

重要 □ **give A a ride to B**「A（人）をB（場所）まで車で送る」

562 ◆get A done「Aを…してしまう」〈完了〉

▶ ② doneを選ぶと，get A doneの表現で，「宿題をしてしまう」という完了の意味になり，「宿題がされる」という受動の関係が成立する。

---

562 ある怠惰な生徒が，厳格な教師の前に立ち，「すみません。期限までに宿題をすることができませんでした」と言った。

解答 557 ① 558 ③ 559 ① 560 ④ 561 ③ 562 ②

Section 148

563 I ①was sitting in my car, ②and I saw a strange man ③to enter the building and then a little later ④run out again. 〈神奈川大〉

基本

564 When I fell, I felt something (　　) wrong with my foot.

① goes　　② has gone
③ go　　④ will go
〈東海大〉

Section 149

565 The doctor (　　) me to go home and to go to bed.

① suggested　　② said
③ agreed　　④ advised
〈徳島文理大〉

566 He (　　) me to take a day off.

基本

① admitted　　② allowed
③ forgave　　④ let
〈日本大〉

For Reading & Writing 011　語法を覚えるメリット(その①)

565 に関して，もし次のような質問を受けたとしたら，皆さんはどう答えますか？

Q The doctor advised me to go home and to go to bed. の，to go home and to go to bed を副詞用法の不定詞（意味は「目的」）と考えて，「その医者は，家に帰って寝るために，私に忠告した。」という解釈はなぜだめなのですか。

答えは，整理して覚える 046 (p.251) の冒頭にある通り，**S advise A to do** という形は「**A が…する**ように S が忠告する」（☞ **to do の意味上の主語は A**）という意味になると語法で決まっているからです。そのため「**S が…する**ために S が A に忠告する」（☞ to do の意味上の主語は S）という意味の解釈はできないのです。

このように，**語法を覚えてしまえば，複数の解釈で無駄に迷うことはなくなります。**そしてこれこそが語法を覚える最大のメリットなのです。なお，「S が…するために S が A に（～するよう）忠告する」は，S advise A (to do～) in order to do ... などと表現できます。

563 私は車の中に座っていて，見知らぬ男がその建物に入っていき，少ししてからまた飛び出してくるのを目撃した。
564 転んだときに，足がどこかおかしくなるのを感じた。
565 その医者は，家に帰って寝るようにと私に忠告した。
566 彼は私に休暇を１日取ることを許可してくれた。

Section 148 SVO + do の形をとる知覚動詞（see / hear / feel など）の語法

563 ◆see A do「A が…するのを見る」

知覚動詞は目的語のあとに原形不定詞を用い，〈**SVO + do**〉の形をとる。**see A** do は「**A が…するのを見る**」という意味。A と do には「A が…する」という**能動**の関係がある。

▶ 本問で see A do の do にあたるのは，enter と run。よって，③を enter にする。

564 ◆feel A do「A が…するのを感じる」

feel A do は「**A が…するのを感じる**」という意味。A と do には「A が…する」という**能動**の関係がある。go wrong「（計画などが）うまくいかない」→ 583

▶ 本問で原形不定詞 do にあたるのは③ go だけ。

Field 2 語法

Section 149 SVO to do の形をとる動詞

整理して覚える 046 SVO to do の形で用いるおもな動詞

O と to do の間には「O が…する」という**能動**の意味関係が成立する。

- □ advise **A to do**「A に…するように忠告する」→ 565
- □ allow[permit] **A to do**「A が…することを許す」→ 566
- □ ask **A to do**「A に…するように頼む」→ 567
- □ cause **A to do**「A が…する原因となる」→ 568
- □ enable **A to do**「A が…することを可能にする」→ 571
- □ encourage **A to do**「A が…するように励ます［勧める］」→ 572
- □ expect **A to do**「A に…することを期待する」→ 573
- □ force[compel / oblige] **A to do**「A に（無理やり）…させる」→ 569, 570
- □ get **A to do**「A に…させる／A に…してもらう」→ 560
- □ help **A (to) do**「A が…するのを手伝う」→ 660
- □ invite **A to do**「A に…するように勧める」
- □ order **A to do**「A に…するように命じる」
- □ persuade[convince] **A to do**「A を説得して…させる」→ 574
- □ remind **A to do**「A に…することを気づかせる／思い出させる」→ 664
- □ request **A to do**「A に…するように懇願する」
- □ require **A to do**「A に…するように要求する」→ 575
- □ tell **A to do**「A に…するように言う」
- □ want[would like] **A to do**「A に…してほしい（と思う）」→ 576
- □ warn **A to do**「A に…するように警告する」

565 ◆advise A to do「A に…するように忠告する」

▶〈SVO to do〉の形がとれるのは④ advise だけ。

566 ◆allow[permit] A to do「A が…することを許す」

重要 □ **take A off**「A の（期間）休暇を取る」

解答 563 ③→ enter 564 ③ 565 ④ 566 ②

567 ☒☒☒ 基本

I ①asked the waitress ②bring me a cup of tea, ③but she ④brought me coffee. 〈東海大〉

568 ☒☒☒ 基本

What on earth ( ) you to change your mind so suddenly?

① caused ② made

③ let ④ had 〈九州産業大〉

569 ☒☒☒

Illness ( ) him to resign.

① compelled ② forwarded

③ made ④ was prevented 〈杏林大〉

570 ☒☒☒

私たちの旅行は，台風で延期になった。

(forced / to / our trip / the typhoon / put off / us). 〈西南学院大〉

571 ☒☒☒ 基本

この新しい顕微鏡で，私たちは信じられないほど小さい物体の詳細な観察ができる。

This new (incredibly small / microscope / observe / objects / enables / in / to / us) great detail. 〈中央大〉

572 ☒☒☒

単語のつづりがわからないときはいつでも辞書を引くようにと先生がおっしゃった。

Our teacher (a dictionary / are / consult / encouraged / of / to / uncertain / us / we / whenever) the spelling of a word. 〈関西学院大〉

573 ☒☒☒ 基本

The bus was late again! I had ( ) it to arrive at 6 o'clock.

① waited ② hoped

③ expected ④ liked 〈南山大〉

---

567 ウェイトレスに紅茶を１杯持ってくるよう頼んだが，彼女はコーヒーを持ってきた。

568 いったいなぜそんなに突然あなたは気が変わったんだい。

569 彼は病気で退職せざるを得なかった。

573 またバスが遅れた！　６時に到着すると思っていたのだが。

567 ◆ask A to do「A に…するように頼む」

568 ◆cause A to do「A が…する原因となる」

S cause O to do「S は O が…する原因となる」は,「S が原因で（その結果）O は…する」「S が O に…させる」という**因果関係**を表す。S make O do（→**556**）と同意。

▶ 本問は「何があなたが気持ちを変える原因となったか」→「なぜあなたは気が変わったのか」という文意。= What on earth made you change your mind so suddenly?

569 ◆compel [force / oblige] A to do「A に（無理やり）…させる」

S compel [force / oblige] O to do「S は O に（無理やり）…させる」は,「S が原因で（その結果）O は…せざるを得なくなる」という状況で用いる。

▶「病気が彼を退職させた→病気が原因で彼は退職せざるを得なくなった」という意味。

570 ◆force [compel / oblige] A to do「A に（無理やり）…させる」

▶ 与えられた日本語を「台風は私たちに（無理やり）旅行を延期させた」と読みかえて,主語を the typhoon にして force A to do を使って表す。

重要 □ **put off A / put A off**「A を延期する」(= postpone A) →**854**

571 ◆enable A to do「A が…することを可能にする」

▶ 書き出しが This new とあるので,主語として This new microscope を想定し,「(この新しい顕微鏡は) 私たちが…を観察することを可能にする」という内容を enable A to do を用いて表す。

重要 □ **in detail**「詳細に」→**1194**

572 ◆encourage A to do「A が…するように励ます [勧める]」

重要 □ **consult a dictionary**「辞書を引く」
□ **be uncertain of [about] A**「A に確信 [自信] がない」

573 ◆expect A to do「A に…することを期待する」

▶ 問題文の it (= the bus) と to arrive に注目する。〈SVO to do〉の形がとれるのは③の expect と④の like。like の場合, O には原則として,「人」を用いる。

整理して覚える 047 expect の語法

□ **expect** to do「…するつもりである」→**536**
□ **expect A** to do「A に…することを期待する」→**573**
□ **expect A** from [of] **B**「B（人）に A を期待する」
The school **expects** a lot **of** its students.
「その学校は生徒に多くのことを期待している」

解答 **567** ②→ to bring **568** ① **569** ① **570** The typhoon forced us to put off our trip **571** microscope enables us to observe incredibly small objects in **572** encouraged us to consult a dictionary whenever we are uncertain of **573** ③

574 ☒☒☒ 基本

We all tried to ( ) her to dance.

① argue　② persuade
③ claim　④ make

〈青山学院大〉

575 ☒☒☒

In many countries, drivers are ( ) to wear seatbelts at all times.

① required　② fined
③ exposed　④ compared

〈愛知大〉

576 ☒☒☒ 基本

Her parents don't want ( ) married.

① that she gets　② her get
③ her to get　④ that she got

〈法政大〉

For Reading & Writing 012　語法を覚えるメリット（その②）

want の主な語法は次の 4 つです。(×) want that SV とは言えないことに注意。

□ want A「A をほしい」□ want to do「…したい」□ want A to do「A に…してほしい」 □ want doing「(物が) …されることが必要である」(→ **551**)

この4つの語法を覚えたら want の解釈で迷うことはなくなります。**語法を覚えれば，解釈に迷わないので，英文の内容を正確に理解する**ことができるのです。さらには，英文読解で want が見えた瞬間，上記４通りの後続形を予測できるようになります。**後に続く表現を予測できれば，その表現を探して目線が移動するので，自然と英文を読むスピードも上がる**ことになるのです。

「後続する形が予想できる」というのはリスニングでも威力を発揮します。want の音が聞こえたら，「次に A / to do / A to do / doing の音のどれかがが聞こえるはず！」という**有限個の可能性だけを検討すればよい**のです。「次に何が聞こえるかまったくわからない！」という**無限個の可能性がある状況よりもずっと心に余裕が生まれる**ため，その分**リスニングの内容理解の方に注意を向けること**が可能になります。このように，**語法を覚えることはリスニング力の向上にも効果**があります。リスニングが苦手な人は，「語法の暗記（=音にも注目）」という作業も学習メニューに組み込んでみてください。

574 私たちはみな，彼女を説得して踊らせようとした。
575 多くの国では，運転手は常にシートベルトの着用を義務づけられている。
576 彼女の両親は彼女に結婚してほしいとは思っていない。

574 ◆persuade A to do「A（人）を説得して…させる」

整理して覚える 048　persuade の語法

- □ persuade A to do「A（人）を説得して…させる」（= convince A to do）→ 574
- □ persuade A into doing「A を説得して…させる」
- □ persuade A out of doing「A を説得して…することをやめさせる」
- □ persuade A of B「A に B を確信させる」（= convince A of B）→ 整理して覚える 064（p. 270）

選択肢 ① argue with A「A と論争する」 argue about A「A について論争する」
argue that SV「…だと主張する」→ 1067
③ claim that SV「…だと主張する」 claim to do「…すると主張する」
④ make を用いると，make her dance「彼女に（無理やり）踊らせる」となる。→ 555

575 ◆require A to do「（法律や規則などが）A（人）に…するように要求する」

▶ require A to do の受動態である A is required to do は「（法律や規則で）A（人）は…しなければならない／…する義務がある」（= A have to do）←「…することを要求されている」という意味になる。
（例）You **are required to take** many exams at university.「大学では多くの試験を受けなければならない」（= You have to take many exams at university.）

整理して覚える 049　require の語法

- □ require that S (should) do「S が…することを要求する／必要とする」→ 整理して覚える 050（p. 256）
- □ require doing「…することを必要とする」
- □ require A to do「（法律や規則などが）A（人）に…するように要求する」→ 575
- □ require A of B「A を B（人）に要求する」

選択肢 ② fine A for B[doing] は「A（人）に B の［…した］ことで罰金を科す」という意味。
受動態は A is fined for B[doing] となる。→ 696
③ expose A to B は「A を B（危険・不快な物）にさらす」という意味。
受動態は A is exposed to B となる（→ 1153）。この to は前置詞。
④ compare A to B は「A と B を比べる／A を B に例える」という意味。
受動態は A is compared to B となる。この to は前置詞。

576 ◆want[would like] A to do「A に…してほしい（と思う）」

▶ ③ her to get を入れると want A to do の形になる。

選択肢 （×）want that SV ... という使い方はできないので，①，④は不可。

解答 574 ② 575 ① 576 ③

577 I suggested (　　) more careful.
☒☒☒
① her to be　② that she were
③ for her be　④ that she be 〈南山大〉

578 The teacher ordered that every student (　　) a study plan for the summer vacation.
☒☒☒
① had made　② has made
③ make　④ to make 〈近畿大〉

579 母は僕の部屋をぜひ一度見たいと言った。
☒☒☒
My mother (have / should / she / that / insisted / look / a) at my room. 〈関西外国語大〉

580 I recommended that he (　　) on time to the interview.
☒☒☒
① come　② comes
③ will come　④ would come 〈芝浦工業大〉

整理して覚える 050　後ろに that 節を続け，that 節内では動詞の原形や should を用いる動詞

- ☐ advise that S (should) do ...「…することを助言する」
- ☐ ask that S (should) do ...「…することを頼む」
- ☐ command that S (should) do ...「…することを命令する」
- ☐ demand that S (should) do ...「…することを要求する」
- ☐ insist that S (should) do ...「…することを要求する」→ 579
- ☐ order that S (should) do ...「…することを命令する」→ 578
- ☐ propose that S (should) do ...「…することを提案する」→ 577
- ☐ recommend that S (should) do ...「…することを勧める」→ 580
- ☐ request that S (should) do ...「…することを懇願する」
- ☐ require that S (should) do ...「…することを要求する」→ 整理して覚える 049 (p. 255)
- ☐ suggest that S (should) do ...「…することを提案する」→ 577

577 私は彼女に，もっと注意したらどうかと提案した。
578 先生はどの生徒も夏休みの学習計画をたてるように命じた。
580 私は，面接には時間通りに来るよう，彼に勧めた。

Section 150 《 SV that S (should) do の形をとる動詞

整理して覚える 050

577 ◆ suggest[propose] that S (should) do「…することを提案する」

▶ 主節が過去時制の suggested でも，that 節内は原形の be を用いていることに注意。

プラス suggest が「…を示唆する／ほのめかす」という意味の場合は，that 節内では主語に応じた形の動詞（直説法）を用いる。
Her attitude **suggested** that she was worried.　(×) ... she (should) be worried
「彼女の態度は彼女が心配していることを示唆した→彼女の態度からすると彼女は心配しているようだった」
時制の一致で that 節内の動詞が過去形の was を用いている点に注意。

選択肢 suggest は（×）suggest A to do の形はとらない（→ 662）ので，①は不可。

578 ◆ order that S (should) do「…することを命令する」

▶ 主節が過去時制の ordered でも，that 節内は原形の make を用いていることに注意。

整理して覚える 051　order の語法

- ☐ **order** A to do「A に…するように命じる」→ 整理して覚える 046（p. 251）
- ☐ **order** that S (should) do「…することを命令する」→ 578
- ☐ **order** A from B「A（品物）を B（店・場所）に注文する」→ 1026

579 ◆ insist that S (should) do「…することを要求する」

▶「母は私の部屋を見ることを要求した」ということなので，insist that S should do の形を用いて，My mother insisted that she should have a look at my room. と並べればよい。

プラス insist が「(事実であること）を主張する」という意味の場合は，that 節内では主語に応じた形の動詞（直説法）を用いる。
「彼は無罪だと主張した」
(○) He insisted that he was innocent.
(×) He insisted that he (should) be innocent.
時制の一致で that 節内の動詞が過去形の was を用いている点に注意。

580 ◆ recommend that S (should) do「…することを勧める」

▶ 主節が過去時制の recommended でも，that 節内は原形の come を用いていることに注意。

整理して覚える 052　recommend の語法

- ☐ **recommend** doing「…することを勧める」→ 整理して覚える 043（p. 239）
- ☐ **recommend** that S (should) do「…することを勧める」→ 580
- ☐ **recommend** A to B「A を B（相手）に勧める」
  The teacher **recommended** this book **to** all her students.「先生はこの本を全生徒に勧めた」

解答 577 ④　578 ③　579 insisted that she should have a look　580 ①

Section 151

581 After the car hit the boy, he (　　) unconscious for two days.
基本
① remained　　② remembered
③ removed　　④ rescued　〈センター試験〉

582 この薬を飲めば，あなたは数日で気分が良くなるでしょう。
(better / make / medicine / will / this / feel / you) in a few days.
〈札幌大〉

583 何がうまくいかなかったのか私には正確に説明できない。
発展
I cannot explain exactly what has (　　) (　　).　〈関西学院大〉

584 Her dreams have (　　) true.
① turned　　② come
③ gotten　　④ gone　〈九州国際大〉

Section 152

585 The baby (　　) her mother.
基本
① looks　　② resembles to
③ looks after　　④ resembles　〈東京歯科大〉

586 With ①a huge smile, Catherine ②waved her hand ③happily as she approached ④to me.　〈麗澤大〉

587 We (　　) the matter far into the night.
基本
① discussed　　② discussed about
③ discussed on　　④ discussed over　〈成城大〉

整理して覚える 053　SVC の形をとる動詞

- □ feel「…の感じがする」→ 582：feel good「気分が良い」
- □ look「…のように見える」：look pale「顔色が悪い」
- □ seem[appear]「…のように思われる［見える］」：seem happy「幸せそうだ」
- □ sound「…のように聞こえる［思われる］」：sound good「良いように聞こえる」
- □ taste「…な味がする」：taste sweet「甘い味がする」
- □ smell「…のにおいがする」：smell good「いいにおいがする」
- □ lie「…の状態にある［ままである］」：lie open「（本などが）開いて置いてある」
- □ remain[stay]「…のままである」→ 581：remain silent「黙ったままである」
- □ become[get / grow]「…になる」：become clear「明らかになる」
- □ go「（悪い状態）になる」→ 583：go bad「腐る」
- □ turn「…になる」：turn pale「顔色が悪くなる」
- □ prove[turn out]「…とわかる／…と判明する」：prove (to be) wrong「誤りだとわかる」

---

581 その少年は車にひかれてから２日間意識不明のままだった。
584 彼女の夢は実現した。

Section 151《 SVC の形をとる動詞

・整理して覚える 053

581 remain unconscious「意識がないままである」 ◆remain C「C のままである」

remain C「C のままである」の補語 C には，形容詞・名詞・分詞などが来る。

▶ 本問では形容詞 unconscious を補語として用いている。

プラス 〈remain +場所〉は「(場所) に居残る／とどまる (= stay)」という意味。
remain at home「家にいる」，remain in Japan「日本に滞在する」

582 feel better「気分が良くなる」 ◆feel C「C の感じがする」

▶ 本問では形容詞 good / well の比較級 better を feel の補語として用いている。

▶「この薬があなたを気分良くさせる」という内容を，make A do「(もの・事が原因で) A は…する」(→556) を用いて表す。

583 go wrong「(計画などが)うまくいかない」 ◆go C「C (悪い状態) になる」

go C「C (悪い状態) になる」の補語 C には通例，**好ましくない状態**を表す形容詞などが来る。go bad「腐る」，go bankrupt「倒産する」

584 ◆come true「(夢などが) 実現する／本当になる」

プラス come true は「夢」を主語にして「夢が実現する」という意味。「夢を実現する」は realize a dream (→608) と表現する。

Section 152《 自動詞と間違えやすい他動詞

・整理して覚える 054

585 ◆resemble A「A に似ている」

resemble は他動詞。(×) resemble to A という誤りに注意。

選択肢 ①の look は〈look +形容詞〉か，〈look like +名詞〉ならば「…のように見える」という意味になる。He **looks** happy.「彼は幸せそうに見える」，He **looks like** an adult.「彼は大人のように見える」，③ look after A「A の世話をする／A の面倒を見る」→948

586 ◆approach A「A に近づく」

approach は他動詞。(×) approach to A という誤りに注意。

587 ◆discuss A「A について話し合う」

discuss は他動詞。(×) discuss about A という誤りに注意。

---

585 その赤ちゃんは母親に似ている。
586 キャサリンは満面の笑みを浮かべて，私に近づきながらうれしそうに手を振った。
587 私たちは夜遅くまでその件について話し合った。

解答 581 ① 582 This medicine will make you feel better 583 gone wrong 584 ② 585 ④ 586 ④→ me 587 ①

588 ①Although Mary and I are ②from different ethnic backgrounds, I ③have decided to marry ④with her. 〈中京大〉

基本

589 ケイトと結婚してどれぐらいになりますか。(１語不足)
(been / have / how / Kate / long / married / you)? 〈中央大〉

Section 153

590 She hopes to work for a travel agency after she (　　) college.

基本

① graduates from　② graduated from
③ has graduated　④ graduates 〈奥羽大〉

591 When I realized I was wrong, I apologized (　　).

発展

① him my mistake　② him for my mistake
③ to him my mistake　④ to him for my mistake 〈東京電機大〉

592 彼女が仕事のことで不満を言うのを聞いたことがありますか。
Have (about / complain / ever heard / her / her job / you)? 〈愛知みずほ大〉

整理して覚える 055　marry の語法

□ **marry A**「A と結婚する」→ 588
（例）Will you **marry** me?「私と結婚してくださいますか」
□ get **married** (to A)「(A と) 結婚する」← 〈**動作**〉を表す
（例）We **got married** ten years ago.「私たちは10年前に結婚した」
□ be **married** (to A)「(A と) 結婚している」→ 589 ← 〈**状態**〉を表す
（例）We have **been married** for ten years.「私たちは結婚して10年です」

---

588 メアリーと私は民族的背景は異なるが，私は彼女と結婚することに決めた。
590 大学卒業後，彼女は旅行代理店で働くことを希望している。
591 私は自分が間違っていることに気づいて，彼に自分の間違いを謝罪した。

588 ◆marry A「Aと結婚する」

marryは他動詞。（×）marry with[to] Aという誤りに注意。marryの語法については左頁の整理して覚える 055参照。

589 ◆be married (to A)「(Aと) 結婚している」

▶「どのくらいの期間ケイトと結婚しているか」という内容を，疑問詞how long（→**452**）を用いて表現する。

整理して覚える 054 自動詞と間違えやすい他動詞

- □ accompany A「Aと一緒に行く」(= go with A)
- □ answer A「A（質問）に答える／A（人・手紙）に返信する」(= reply to A)
- □ approach A「Aに近づく」(= move nearer to A) →**586**
- □ attend A「A（会議・授業など）に出席する／A（学校・教会など）に通う」(= go to A)
- □ discuss A「Aについて話し合う」(= talk about A) →**587**
- □ enter A「A（建物・部屋など）に入る」(= go[come] into A)
- □ inhabit A「Aに住んでいる」(= live in A)
- □ leave A「Aを去る」
- □ marry A「Aと結婚する」→**588**
- □ mention A「Aに言及する」(= refer to A)
- □ obey A「Aに従う」
- □ oppose A「Aに反対する」(= object to A)
- □ reach A「Aに到着する」(= arrive at[in] A / get to A)
- □ resemble A「Aに似ている」(= take after A) →**585**
- □ search A「A（場所）を捜す／調べる」
- □ survive A「A（事故・災害など）を切り抜けて生き残る／Aより長生きする」

Section 153 他動詞と間違えやすい自動詞

整理して覚える 056 (p. 262)

590 ◆graduate from A「Aを卒業する」

▶ after she graduates from collegeは時を表す副詞節。時を表す副詞節（→Section **008**（p. 029））は未来の内容でも現在時制を用いるので，現在形① graduates fromが正解。

591 ◆apologize to A for B「BのことでAに謝罪する」

592 ◆complain to A about[of] B「BについてAに文句を言う」

▶ 本問では不満を言う相手が明示されていないので，to Aの部分が省略されている。
▶「彼女が不満を言うのを聞く」という内容はhear A do（→**143**）を用いて表す。

解答 **588** ④→ her **589** How long have you been married to Kate（to不足） **590** ① **591** ④
592 you ever heard her complain about her job

593 The new software program will (　　) us a lot of time and labor.
☒☒☒
① give　　② get
③ save　　④ make　〈桜美林大〉

594 その事故で自分の車は大破したので，店で修理してもらうのにかなり費用がかさんだ。
☒☒☒
It (a lot of money / cost / me / my car / repaired / to have) at the shop because it was heavily damaged in the accident.　〈近畿大〉

595 It took me ①<u>for five hours</u> to finish ②<u>this homework</u>, so I ③<u>could not</u> go to the video shop ④<u>to return</u> my overdue DVDs.
☒☒☒
〈東京薬科大〉

596 その品物を届けるのが少しでも遅れれば，私たちは大いに迷惑を被ることになる。
☒☒☒
Any (cause / delay / delivering / in / the goods / will) us a lot of trouble.　〈近畿大〉

597 私が成功したのは彼女の助言のおかげだ。
☒☒☒ 発展
It is (advice / her / I / my / owe / that / to) success.　〈立命館大〉

整理して覚える 056　他動詞と間違えやすい自動詞

- ☐ agree with A「A（人・意見・考え）に賛成する」→ 905
- ☐ apologize to A for B「B のことで A に謝罪する」→ 591
- ☐ argue with A about[over] B「B について A と口論する」
- ☐ arrive at[in] A「A に到着する」→ 912
- ☐ attend to A「A に注意を払う／A を処理する」
- ☐ complain to A about[of] B「B について A に文句を言う」→ 592
- ☐ decide on A「（多くの選択肢の中から）A に決める／A を選ぶ」
- ☐ get to A「A に到着する」→ 911
- ☐ graduate from A「A を卒業する」→ 590
- ☐ leave for A「A（場所）に向かって出発する」→ 1032
- ☐ long for A「A を切望する」
- ☐ object to A「A に反対する」→ 167
- ☐ participate in A「A に参加する」→ 1040
- ☐ reach for A「A を取ろうと手を伸ばす」
- ☐ return to A「A に戻る」
- ☐ search for A「A を捜し求める」→ 950

593 新しいソフトウェアプログラムを使えば，私たちは多くの時間と労力を省けるだろう。
595 この宿題を終えるのに5時間かかったので，返却期限の過ぎているDVDをビデオ店に返しに行くことができなかった。

Section 154《 SVOO の形をとる注意すべき動詞

593 ◆save A B「A から B（労力・時間・お金）を省く」

594 ◆cost A B「A に B（金額・費用）がかかる／A に B（損失・犠牲）を払わせる」

形式主語 It と真主語に to 不定詞を用いた，**It costs A B to do.「A（人）が…するのに B（金額・費用）がかかる」**という形で頻出する。動詞 cost の活用は cost-cost-cost。

▶「(私の車を) 修理してもらう」は have A done「A を…してもらう」(→ 558) で表す。

595 ◆take A B「A に B（時間・労力）がかかる」

形式主語 It と真主語に to 不定詞を用いた，**It takes A B to do.「A（人）が…するのに B（時間・労力）がかかる」**という形で頻出する。

596 ◆cause A B「A に B（苦痛・損害）をもたらす」

▶「…が私たちに多くの迷惑をもたらす」という内容を cause A B を用いて表す。

重要 □ a delay in doing「…することの遅れ」

597 ◆owe A B「A に B（お金）を借りている／A に B（恩義）を負っている」(= owe B to A)

owe B to A は**「B は A のおかげである」**という意味で用いることが多い。

▶「私の成功は彼女の助言のおかげである」は，**owe B to A「B は A のおかげである」**を用いて，I owe my success to her advice. と表せる。

▶ 副詞句 to her advice を強調構文の It is と that で挟んで強調すると，It is to her advice that I owe my success. となる（→ Section **140**（p. 229））。

I owe my success to her advice. → **It is** to her advice **that** I owe my success.

整理して覚える 057　SVOO の形をとる注意すべき動詞

□ afford **A B**「A に B を与える」
□ allow **A B**「A に B（お金・時間・食べもの）を与える」
□ cause **A B**「A に B（苦痛・損害）をもたらす」→ 596
□ charge **A B**「A に B（金額）を請求する」
□ cost **A B**「A に B（金額・費用）がかかる／A に B（損失・犠牲）を払わせる」→ 594
□ deny **A B**「A に B（要求されたもの）を与えない」
□ leave **A B**「A に B を残しておく」
□ lend **A B**「A に B を（無料で）貸す」
□ offer **A B**「A に B を提供する」
□ owe **A B**「A に B（お金）を借りている／A に B（恩義）を負っている」
(= owe **B** to **A**) → 597
□ save **A B**「A から B（労力・時間・お金）を省く」→ 593
□ spare **A B**「A に B を取っておく／A に B（時間）を割く」
□ take **A B**「A に B（時間・労力）がかかる」→ 595
□ wish **A B**「A に B（幸運・成功）を祈る」

解答 593 ③ 594 cost me a lot of money to have my car repaired 595 ①→ five hours 596 delay in delivering the goods will cause 597 to her advice that I owe my

Section 155

598 A change of air will (　　) her good.

発展

① effect　② give

③ allow　④ do　〈名城大〉

599 Drinking and smoking will (　　) you great harm.

発展

① have　② be

③ do　④ help　〈つくば国際大〉

600 Could you (　　) me a favor and take out the garbage?

① call　② carry

③ do　④ take　〈南山大〉

Section 156

601 The latest computers with new software are (　　) well now.

① selling　② sold

③ to be sold　④ to sell　〈近畿大〉

602 Some day you will realize that honesty (　　).

発展

① buys　② pays

③ gives　④ sells　〈中央大〉

603 Any dictionary (　　) as long as it is an English dictionary.

発展

① will do　② should go

③ may use　④ can run　〈明治大〉

Section 157

604 There was a notice board. It (　　) "Keep off the grass."

発展

① looked　② read

③ saw　④ wrote　〈南山大〉

605 I can't (　　) this noise any longer.

① draw　② loose

③ note　④ stand　〈金沢工業大〉

606 If you have a bad headache, go and (　　) the doctor.

① take a look at　② examined by

③ see　④ meet　〈岩手医科大〉

598 気分転換が彼女のためには良いでしょう。 599 飲酒と喫煙は体に大きな害をもたらす。

600 お願いがあるのですが，ゴミを出してもらえますでしょうか。

601 新しいソフトが入った最新のコンピューターは，現在よく売れている。

602 正直は割に合うということに，いつかあなたも気づくでしょう。

603 英語の辞書でありさえすれば，どんな辞書でもかまいません。

604 掲示板があり，そこには「芝生立ち入り禁止」と書いてあった。

605 これ以上この騒音には耐えられない。 606 頭痛がひどいなら，医者に行って診てもらいなさい。

Section 155 SVOO の形をとる do の用法

598 ◆do A good「A のためになる」(= do good to A)

599 ◆do A harm「A の害になる」(= do harm to A)

600 ◆do A a favor「A のお願いを聞き入れる」

Could[Would] you do me a favor? = May I ask a favor of you? = May I ask you a favor?「お願いを聞いていただけますでしょうか」という形で頻出する。→ 1075 1349

Section 156 意外な意味を持つ自動詞

601 ◆sell「売れる」

自動詞の sell は well / badly を伴い,「売れ行きが良い/悪い」という意味になる。

602 ◆pay「割に合う/利益を生む」

603 ◆do「間に合う/役立つ/十分である」

自動詞 do は will[would] do の形で「間に合う/役立つ/十分である」という意味になる。

整理して覚える 058 意外な意味を持つ自動詞

- □ count「価値がある/重要である」 *cf.* count for nothing「無価値である/重要ではない」
- □ do「間に合う/役立つ/十分である」→ 603
- □ last「ある期間続く/ある期間長持ちする」
- □ matter「重要である」→ 669
- □ pay「割に合う/利益を生む」→ 602 *cf.* pay off「(計画・努力などが) 実を結ぶ/うまく行く」
- □ sell「売れる」→ 601

Section 157 意外な意味を持つ他動詞

整理して覚える 059 (p. 266)

604 ◆read「(本・掲示などが) …と読める/…と書いてある」

他動詞の **read** は「**…と読める**」という意味。read as follows ...「…のように書いてある」という用法もあり,この場合は自動詞。

> プラス say にも「(本・掲示などに) …と書いてある」という意味がある。→ 619
> The road sign **says** "No parking."
> 「道路標識には『駐車禁止』と書いてある」

605 ◆stand A「A をがまんする/A に耐える」

他動詞の **stand** は「**…をがまんする**」という意味。否定文の **cannot[can't] stand A [doing]**「A [...すること] をがまんできない」という形で用いるのが原則。

606 ◆see A「A (医者など) に診てもらう」

see a doctor は「医者に診てもらう」という意味。**consult a doctor** という言い方もある。

解答 598 ④ 599 ③ 600 ③ 601 ① 602 ② 603 ① 604 ② 605 ④ 606 ③

607 この丘からは，関東平野の見晴らしが良い。
This hill (　　) a fine view of the Kanto Plains.
発展
① sees　② looks　③ appears　④ commands　〈岡山商科大〉

608 "Why did Jack quit his job?"
"He wanted to (　　) his dream of opening his own cafe."
① come true　② increase
③ make sure　④ realize　〈センター試験〉

609 "Why have you decided to live in the country?"
"Because of the air pollution. I really (　　) clean, fresh air."
① keep　② avoid　③ make　④ miss　〈桜美林大〉

Section 158

610 Mary (　　) many different kinds of flowers in her garden.
基本
① raises　② rises
③ is rising　④ rose　〈城西大〉

611 The temperature will ①raise ②to 38 ③degrees Celsius, and ④it will be very uncomfortable this afternoon.　〈東海大〉
基本

612 This time tomorrow, she will (　　) on the beach.
基本
① be laying　② lay
③ be lying　④ lie　〈いわき明星大〉

整理して覚える 059　意外な意味を持つ他動詞

- □ **book A**「A（座席・部屋・切符）を予約する」
- □ **command a view of A**「（場所が）A（景色）を見渡す」→ 607
- □ **consult A**「A（専門家）に意見を求める／（医者）に診てもらう／（辞書）を引く」→ 606
- □ **cover A**「A（出費）をまかなう／（事件）を報道する」
- □ **fail A**「A（人）の役に立たない」
- □ **fire A**「A（人）を解雇する」
- □ **meet A**「A（要求・期待）を満たす」
- □ **miss A**「A が（い）ないのを寂しく思う／ A を懐かしく思う」→ 609
- □ **read**「（本・掲示などが）…と読める／…と書いてある」→ 604
- □ **realize A**「A（夢・希望・目的など）を実現する」→ 608
- □ **run A**「A（店・会社など）を経営する」 *cf.* run the risk of doing「…する危険［恐れ］がある」
- □ **see A**「A（医者など）に診てもらう」→ 606
- □ **stand A**「A をがまんする／ A に耐える」→ 605

608「どうしてジャックは仕事を辞めたのですか」
「自分の喫茶店を開くという夢を実現したかったからです」
609「どうして田舎に住むことにしたのですか」
「大気汚染のせいですよ。きれいで新鮮な空気が本当に恋しいんです」

607 ◆command a view of A「(場所が) A (景色) を見渡す」

608 ◆realize A「A (夢・希望・目的など) を実現する」

「…が実現する」は come true (→584) を,「A を実現する」は realize A を用いる。

609 ◆miss A「A が (い) ないのを寂しく思う/A を懐かしく思う」

整理して覚える 060　miss A の意味

miss A の意味はよく狙われる。次のものを覚えておこう。

(1) **miss A「A を懐かしく思う」→609**

(2) **miss A「A が (い) ないのを寂しく思う」**
I'll **miss** you badly.「君がいないととても寂しくなるよ」

(3) **miss A「A (電車・バスなど) に乗り遅れる」**
He **missed** the last flight.「彼は最終便に乗り遅れた」

(4) **miss A「A を免れる」**
We narrowly **missed** death.「かろうじて死を免れた」

Section 158 自動詞と他動詞で意味と活用を混同しやすい動詞

610 ◆raise A「A を上げる/ A を育てる」

▶目的語 many different kinds of flowers があるので,他動詞の① raises が正解。

611 ◆rise「上がる」

整理して覚える 061　自動詞 rise「上がる」と他動詞 raise「…を上げる/…を育てる」の活用

	原形	過去形	過去分詞	現在分詞
自動詞 **rise**「上がる」→611	rise	rose	risen	rising
他動詞 **raise**「…を上げる/…を育てる」→610	raise	raised	raised	raising

612 ◆lie「横になる」

▶目的語にあたる語がないので,自動詞 lie の未来進行形 (→6) を作る③ be lying が正解。

整理して覚える 062　自動詞 lie「横になる」,他動詞 lay「…を横たえる」と自動詞 lie「うそをつく」の活用

	原形	過去形	過去分詞	現在分詞
自動詞 **lie**「横になる」→612	lie	lay	lain	lying
他動詞 **lay**「…を横たえる」→613	lay	laid	laid	laying
自動詞 **lie**「うそをつく」	lie	lied	lied	lying

610 メアリーは自分の庭でたくさんの異なる種類の花を育てている。
611 気温は摂氏38度まで上昇し,非常に過ごしにくい午後になるでしょう。
612 明日の今ごろは,彼女はビーチに寝そべっているだろう。

解答 607 ④　608 ④　609 ④　610 ①　611 ①→ rise　612 ③

Field 2 語法

613 He (　　) himself on the sofa and quickly fell asleep.
基本
① lied　② lay　③ lain　④ laid 〈茨城キリスト教大〉

Section 159

614 Jennifer (　　) her own work experience in India.
① spoke for　② talked about
③ said　④ told 〈甲南大〉

615 You're always free to (　　) "No!"
① hear　② say　③ speak　④ tell 〈慶應義塾大〉

616 I cannot (　　) you how lucky I was to have a chance to see that painting.
① tell　② talk　③ speak　④ say 〈星薬科大〉

617 I heard somebody (　　) Lydia about the news, and I noticed that it upset her.
① talked　② tell　③ say　④ saying 〈徳島文理大〉

618 The nurse (　　) enter the room because the patient was in critical condition.
① said us not to　② talked us not to
③ told to us not to　④ told us not to 〈鹿児島大〉

619 The newspaper (　　) it was going to rain.
① said　② spoke
③ talked　④ told 〈関西学院大〉

620 Alex has (　　) him to travel alone for six months around the Northern Hemisphere.
発展
① persuaded his parents of allowing
② persuaded to his parents into accept
③ talked his parents into allowing
④ talked to his parents into allow 〈北里大〉

---

613 彼はソファに身を横たえ，すぐに眠りに落ちた。
614 ジェニファーはインドでの彼女の実務経験について語った。
615 あなたはいつでも自由に「いいえ！」と言えるのですよ。
616 あの絵を見る機会に恵まれて私がどれだけ運が良かったか，あなたに伝えることができません。
617 私はだれかがリディアにそのニュースについて話すのを聞き，そのことで彼女が動揺したのに気がついた。
618 患者が危篤状態なので，部屋には入らないようにと看護師は私たちに告げた。
619 新聞には，雨になると書いてあった。
620 アレックスは両親を説得して，6か月間，北半球をひとりで旅行することを許してもらった。

613 ◆ lay A「A を横たえる」

▶ fell asleep の fell（fall の過去形）に注目すれば，過去の出来事だとわかる。再帰代名詞 himself が目的語になる（→ **757**）ので，他動詞 lay の過去形④ laid を選ぶ。

Section 159 say / tell / speak / talk の区別

614 ◆ talk[speak] about A「A について話す」

ある話題 A について話す場合は **talk[speak] about A** を用いる。

選択肢　③ said を選ぶと say A の形になるが，A には実際に発話される言葉が来るので，「『インドでの実務経験』と言った」という不自然な意味になり，不可。④ told は「人」を目的語にとるので不可。

615 ◆ say (to A), "..."「(A に)『…』と言う」

say だけは発言内容を目的語にとることができる。

重要　□ **be free to do**「自由に…できる」

616 ◆ tell A B「A（人）に B（情報）を伝える／教える」

tell だけは後ろに目的語 A と B を 2 つ続けて，**「A（人）に B（情報）を伝える／教える」** という形を作ることができる。

▶ 本問は B に how で始まる名詞節 how lucky ... that painting が来ている。→ Section **125**（p. 207）

617 ◆ tell A about B「A（人）に B（話題）について話す」

相手に対して何かの話題に関して話す（＝情報を与える）という状況では **tell A about B** という形を用いる。

▶ hear A do「A が…するのを聞く」（→ **143**）の形を用いており，tell は原形不定詞。

618 ◆ tell A to do「A（人）に…するように言う」

後ろに目的語と to do を続けることができるのは **tell** だけ。

▶ tell A not to do「A（人）に…しないように言う」。not の位置に注意。→ **129**

619 ◆ say (that) SV「…と言う／…と書いてある」

直後に目的語として that 節をとれるのは **say** だけ。本問のように「(本・掲示などに) …と書いてある／（ラジオ・天気予報が）…と言う」という意味になることもある。

620 ◆ talk A into doing「A（人）を説得して…させる」

talk を他動詞として用いた表現。この場合の talk は persuade と同意。

選択肢　①，②の persuade は **persuade A to do**（→ **574**）/ **persuade A into doing**「A を説得して…させる」（→ 整理して覚える 048（p. 255)）の形ならば可。

解答　613 ④　614 ②　615 ②　616 ①　617 ②　618 ④　619 ①　620 ③

621 彼女は夫を説きふせてたばこをやめさせた。
She (of / talked / out / smoking / her husband). 〈松山大〉
発展

622 I try to ( ) politely to my teachers.
① hear ② say
③ speak ④ tell 〈慶應義塾大〉

Section 160

623 (a) I never look at this picture without remembering the days when I lived in California.
基本
(b) This picture ( ) me of the days when I lived in California.
〈中央大〉

整理して覚える 064 remind A of B の形をとる動詞

- □ convince **A of B**「A（人）に B を確信させる」
- □ inform **A of B**「A（人）に B を知らせる」→ 625
- □ persuade **A of B**「A（人）に B を確信させる」→ 整理して覚える 048 (p. 255)
- □ remind **A of B**「A（人）に B を思い出させる」→ 623
- □ suspect **A of B**「A（人）に B（犯罪・悪事）の嫌疑をかける」→ 626
- □ warn **A of B**「A（人）に B を警告する」

---

622 私は先生たちには礼儀正しく話すよう努めている。
623 (a)（b）この写真を見るといつも，カリフォルニアで暮らした日々を思い出す。

621 ◆talk A out of doing「A（人）を説得して…することをやめさせる」

talk A into doing「A（人）を説得して…させる」（→620）と，反対の意味になる **talk A out of doing「A（人）を説得して…することをやめさせる」**も頻出。

622 ◆speak to A「A（人）に話す」

▶ 空所の直後に副詞 politely，前置詞句 to my teachers が来ている。目的語がないので，他動詞は入らない。よって，自動詞③ speak が正解。speak to A「A に話す」に副詞がついた形。

選択肢　目的語がないので他動詞① hear，② say，④ tell はすべて不可。

整理して覚える 063　say / tell / speak / talk の区別

(1) say は原則として**他動詞**で「**発言内容**」を目的語にとる。さらに that 節や wh- 節を目的語にとることもある。ただし，**「人」を目的語にとることはない。**

□ **say A (to B)**「(B（人）に) A（言葉）を言う」

⚠注意　A には yes / no / hello / goodbye などの実際に発話される言葉が来る。

□ **say (to A), "..."**「(A（人）に)『…』と言う」→615

⚠注意　発言内容そのものを目的語にとるのは say だけ。

□ **say (that) SV / wh- 節**「…と言う」→619

⚠注意　直後に目的語として that 節が続くのは say だけ。

(2) tell は原則として**他動詞**で**「人」を目的語にとる。**

□ **tell A B**「A（人）に B（情報）を伝える／教える」→616

⚠注意　目的語を 2 つ続けることができるのは tell だけ。

□ **tell A about B**「A（人）に B（話題）について話す」→617

□ **tell A that SV / wh- 節**「A（人）に…と言う」

□ **tell A to do**「A（人）に…するように言う」→618

⚠注意　後ろに目的語と to do を続けることができるのは tell だけ。

(3) speak は原則として**自動詞**で「話す／演説する」という意味。

□ **speak to A about B**「A（人）に B（話題）について話す」→614，622

□ **speak A**「A（言語）を話す」

⚠注意　他動詞として用いる場合は，speak English「英語を話す」など「言語」を目的語にとる。

(4) talk は原則として**自動詞**で「話す／話し合う」という意味。

□ **talk to[with] A about B**「A（人）と B（話題）について話す［話し合う］」→614

□ **talk A into doing**「A（人）を説得して…させる」→620

□ **talk A out of doing**「A（人）を説得して…することをやめさせる」→621

⚠注意　他動詞として用いる場合は，上の 2 つの形で頻出。

Section 160 remind A of B の形をとる動詞

整理して覚える 064

623 ◆remind A of B「A に B を思い出させる」

▶ (a) は二重否定の never do ... without doing ～「…すると必ず～する」（→492）を用いている。「カリフォルニアで暮らした日々を思い出さずに，この写真を見ることは決してない」が直訳。

解答　621 talked her husband out of smoking　622 ③　623 reminds

624 彼女はこの詩を読むといつも母のことを思い出す。
(this poem / being / her mother / she cannot read / of / without / reminded). 〈東海大〉

625 私たちは喜んでその仕事の手伝いをすると彼に伝えました。
We informed (help him / him / of / our willingness / to / with) the work. 〈近畿大〉

626 発展
彼が友人からお金を盗んだのではないかと疑うことになろうとは，思いもよらなかった。
It never occurred to me to (from / him / money / of / stealing / suspect) his friend. 〈近畿大〉

Section 161

627 If you violate a traffic law, the police may deprive you (　　) your driver's license.

① from　② by
③ of　④ at 〈摂南大〉

628 基本
They robbed (　　) on his way home from the office.

① his money　② his money of him
③ him from his money　④ him of his money 〈和光大〉

629 Due to a bomb threat they cleared the stadium (　　) spectators.

① from　② of
③ off　④ on 〈青山学院大〉

627 道路交通法に違反すると，警察が運転免許証を取り上げる場合もある。
628 彼らは，職場からの帰宅途中の彼から現金を奪った。
629 爆弾が爆発する恐れがあったため，彼らは競技場から観客を避難させた。

624 ◆A is reminded of B「AはBを思い出す」

▶ remind A of B「AにBを思い出させる」の受動態は，A is reminded of B「AはBを思い出す」となる。

▶ cannot do ... without doing ～「…すると必ず～する」は二重否定の表現（→**492**）。「母のことを思い出さずに，彼女はこの詩を読むことはできない」が直訳。

625 ◆inform A of B「AにBを知らせる」

inform A about B という表現も使われる。tell A about B（→**617**）と同意。

重要 □willingness to do「快く…すること」，□help A with B「AのBを手伝う」→**658**

626 ◆suspect A of B[doing]「AにB（犯罪・悪事）の嫌疑をかける／Aが…したのではないかと疑う」

重要 □It occurs to A to do「…するという考えがA（人）の心に浮かぶ」→**921**

整理して覚える 065　suspect の語法

□suspect A of B[doing]
「AにB（犯罪・悪事）の嫌疑をかける／Aが…したのではないかと疑う」→**626**

□suspect (that) SV「（どうも）…らしいと思う」→**653**

Section 161 deprive A of B の形をとる動詞

627 ◆deprive A of B「AからB（地位・権利・能力など）を奪う」

重要 □violate「～に違反する」

628 ◆rob A of B「AからB（お金・物品）を奪う」

重要 □on one's way home from A「Aからの帰宅途中」

629 ◆clear A of B「A（場所）からBを取り除く」

整理して覚える 066　deprive A of B の形をとる動詞

このofは，「分離・剥奪（はくだつ）」の意味で，of Bは「Bを取り除く」となる。AとBを逆にしないように注意すること。

□clear A of B「A（場所）からBを取り除く」→**629**

□cure A of B「A（病人）からB（病気）を治す」

□deprive A of B「AからB（地位・権利・能力など）を奪う」→**627**

□rid A of B「AからBを取り除く」

□rob A of B「AからB（お金・物品）を奪う」→**628**

□strip A of B「AからBをはぎとる」

解答 **624** She cannot read this poem without being reminded of her mother　**625** him of our willingness to help him with　**626** suspect him of stealing money from　**627** ③　**628** ④　**629** ②

Section 162

630 交通事故のために彼らは時間通りにそこに着くことができなかった。
基本 The traffic accident (from / there / prevented / getting / time / them / on). 〈東京経済大〉

631 Urgent business stopped Tom (　　) the big party for his parents' fiftieth wedding anniversary.
① attend　② from attending
③ to attend　④ to have attend 〈武庫川女子大〉

632 時間がなかったので，あなたに手紙を書くことができませんでした。（１語不足）
(time / me / lack / writing / kept / of / you / to). 〈西南学院大〉

633 Tom is prohibited by his father (　　) cards.
① play　② from playing
③ playing　④ from play 〈駒澤大〉

634 My parents are trying to (　　) me from moving to London, but I'm planning to go anyway.
発展
① discourage　② recall
③ observe　④ relieve 〈獨協大〉

---

631 急な用事で，トムは両親の結婚50周年を祝う盛大なパーティーに参加できなかった。
633 トムはトランプ遊びを父親に禁じられている。
634 両親は私にロンドンへ引っ越すのを思いとどまらせようとしているが，私はそれでもやはり行くつもりでいる。

Section 162 《 prevent A from doing の形をとる動詞

630 ◆prevent A from doing「A が…するのを妨げる」

S prevent A from doing「S は A が…するのを妨げる」は,「S が原因で（その結果）A は…することができなくなる」という状況で用いる。

▶ 本問は「交通事故は彼らが時間通りにそこに着くのを妨げた」が直訳。

重要 □ on time「時間通りに」→ 1207

631 ◆stop A from doing「A が…するのを止める／妨げる」

S stop A from doing「S は A が…するのを妨げる」も,「S が原因で（その結果）A は…することができなくなる」という状況で用いる。

▶ 本問は「急な用事はトムが両親の結婚50周年を祝う盛大なパーティーに参加するのを妨げた」が直訳。

632 ◆keep A from doing「A に…させない」

S keep A from doing「S は A に…させない」も,「S が原因で（その結果）A は…することができなくなる」という状況で用いる。

▶ 本問は「時間不足が私にあなたに手紙を書かせなかった」が直訳。

重要 □ write to A「A（人）に手紙を書く」

633 ◆prohibit A from doing「A が…するのを禁止する」

▶ 本問は prohibit A from doing の受動態 A is prohibited from doing「A は…することを禁止されている」を用いている。

634 ◆discourage A from doing「A に…するのをやめさせる／思いとどまらせる」

整理して覚える 067　prevent A from doing の形をとる動詞

- □ ban **A from doing**「A が…するのを禁止する」
- □ discourage **A from doing**「A に…するのをやめさせる／思いとどまらせる」→ 634
- □ hinder **A from doing**「A が…するのを妨げる／…できないようにする」
- □ keep **A from doing**「A に…させない」→ 632
- □ prevent **A from doing**「A が…するのを妨げる」→ 630
- □ prohibit **A from doing**「A が…するのを禁止する」→ 633
- □ stop **A from doing**「A が…するのを止める／妨げる」→ 631

解答 630 prevented them from getting there on time 631 ② 632 Lack of time kept me from writing to you（from 不足） 633 ② 634 ①

Section 163

635 基本
On your arrival at the front desk, you will be (　　) your room key and meal tickets.
① provided　② provided by
③ provided with　④ provided for
〈杏林大〉

636
村のその小さな店には子どもたちに必要なものがそろっていた。
The small shop in the village (children / they / supplied / with / what / needed).
〈中京大〉

637 発展
My computer is <u>equipped</u> with extras like a DVD player.
① supplied　② stuck
③ charged　④ covered
〈東海大〉

Section 164

638 基本
The actor blamed (　　) his poor acting in the movie.
① himself by　② by himself
③ himself for　④ for himself
〈名古屋工業大〉

639 発展
The train driver has been accused (　　) causing death and bodily injury through professional negligence.
① by　② for
③ in　④ of
〈中央大〉

---

635 受付に来られましたら，お部屋の鍵とお食事券をお渡しします。
637 私のコンピューターにはDVDプレーヤーのような追加の機能が備わっている。
638 その俳優は，その映画で下手な芝居をした自分を責めた。
639 その列車の運転士は業務上過失致死傷罪に問われている。

Section 163 provide A with B の形をとる動詞

整理して覚える 068

635 ◆ provide A with B「A に B を供給する／与える」

provide A with B の形をとる動詞については，整理して覚える 068 参照。

▶ 本問は受動態の A is provided with B「A は B を供給される／与えられる」を用いている。

⚠注意 provide A with B は **provide B for[to] A** としても同意。A と B を逆にしないこと。
provide guests **with** a service = **provide** a service **for[to]** guests
「お客にサービスを提供する」

636 ◆ supply A with B「A に B を供給する」

▶ supply A with B の B に，関係代名詞 what が導く名詞節 what they needed「子どもたちに必要なもの」を入れる。

637 ◆ equip A with B「A に B（機器・備品など）を備え付ける」

▶ 本問は受動態の A is equipped with B「A には B が備わっている」を用いている。

整理して覚える 068 provide A with B の形をとる動詞

- □ equip **A with B**「A に B（機器・備品など）を備え付ける」→ 637
- □ feed **A with B**「A（人・動物）に B（食べもの）を与える」
- □ furnish **A with B**「A に B を供給する／ A（家など）に B（家具など）を入れる」
- □ present **A with B**「A に B（報告書など）を提出する／ A に B を贈呈する」
  (= present B to A)
- □ provide **A with B**「A に B を供給する／与える」(= provide B for[to] A) → 635
- □ reward **A with B**「A に B（報酬など）を与える／ A に B で報いる」
- □ serve **A with B**「A に B を供給する／ A（お客）に B（飲食物）を出す」
- □ supply **A with B**「A に B を供給する」(= supply B to A) → 636

Section 164 blame A for B の形をとる動詞

整理して覚える 069 (p. 278)

638 ◆ blame A for B「B のことで A を非難する／ B を A の責任にする」

blame A for B の同意表現に **blame B on A** がある。A と B を逆にしないように注意。
She **blamed** the divorce **on** her husband.
= She **blamed** her husband **for** the divorce.「彼女は離婚を夫のせいにした」

639 ◆ accuse A of B[doing]「B（犯罪・悪徳など）の[…したという] 理由で A を訴える」

accuse は blame と似た意味の動詞だが，**accuse A of B** の形で用いられる。

▶ 本問は受動態の A is accused of doing「A は…したという理由で訴えられる」を用いている。

➕プラス 似た意味の charge **A** with **B[doing]**「B の［…した］かどで A を責める／訴える」も頻出。

解答 635 ③ 636 supplied children with what they needed 637 ① 638 ③ 639 ④

640 あなたが私にしてくれたことについては，いくら感謝しても足りません。
基本
I can (enough / for / never / thank / what / you) you've done for me.
〈追手門学院大〉

641 Please excuse me (　　) being late. I was caught in heavy traffic.
① for　　② from
③ in　　④ with
〈神戸医療未来大〉

642 私は彼のしたことが許せなかった。
I (he / for / had / him / done / what / forgive / couldn't).
〈東北学院大〉

Section 165

643 その男は状況が深刻だと思った。
基本
The man (　　) the situation as serious.
① thought　　② regarded
③ looked　　④ told
〈流通科学大〉

644 私たちは親類ではないが，私が彼を兄弟のように思っている。
We are not related, but I (　　) upon him as a brother.
〈西南学院大〉

645 I don't know why but it (as / me / none / strange / of / struck / that) the passengers uttered a word.
発展
〈立教大〉

整理して覚える 069　blame A for B の形をとる動詞

- ☐ admire **A for B**「B のことで A に敬服する」
- ☐ blame **A for B**「B のことで A を非難する／B を A の責任にする」→ **638**
- ☐ criticize **A for B**「B のことで A を非難する」
- ☐ excuse **A for B**「B（不注意・遅刻など）について A を許す」→ **641**
- ☐ forgive **A for B**「B（罪など）について A を許す」→ **642**
- ☐ praise **A for B**「B のことで A をほめる」
- ☐ punish **A for B**「B（悪事など）のことで A を罰する」
- ☐ scold **A for B**「B の理由で A（子どもなど）をしかる」
- ☐ thank **A for B**「B に対して A に感謝する」→ **640**

641 遅れて申し訳ありません。渋滞にあいました。
645 なぜだかはわからないが，乗客のだれ１人として言葉を発しないのは奇妙だという印象を私は受けた。

640 ◆thank A for B「Bに対してAに感謝する」

▶ cannot[can't / can never] ... enough は，cannot[can't] ... too much（→ 74）「いくら…してもしすぎることはない」と同意。

▶ thank A for B の B に，関係詞節 what you've done for me「あなたが私にしてくれたこと」が入る。

641 ◆excuse A for B「B（不注意・遅刻など）について A を許す」

642 ◆forgive A for B「B（罪など）について A を許す」

▶ forgive A for B の B に，関係詞節 what he had done「彼のしたこと」を入れる。

Section 165 regard A as B の形をとる動詞

整理して覚える 070

643 ◆regard A as B「A を B とみなす」

S regard A as B は，意味的に「A＝B（A は B である)」の関係になる。regard A as B の形をとる動詞については，整理して覚える 070 参照。

▶ 本問は意味的に the situation = serious「状況は深刻である」という関係が成立する。

選択肢 ①は thought of，③は looked on[upon]なら正解になる。→ 整理して覚える 070

644 ◆look on[upon] A as B「A を B とみなす／考える」

645 ◆strike A as B「A に（主語が）B であるという印象を与える」

S strike A as B は，意味的に「S＝B（S は B である)」の関係になる。

▶ 本問の it は形式主語で，that none of the passengers uttered a word が真主語。意味的に it = strange「それは奇妙である」という関係が成立する。

整理して覚える 070 regard A as B の形をとる動詞

strike A as B 以外は，意味的に「A＝B（A は B である)」の関係になることに注意。

- □ accept **A as B**「A を B と認める」
- □ consider **A as B**「A を B とみなす」
- □ define **A as B**「A を B と定義する」
- □ describe **A as B**「A を B と述べる」
- □ identify **A as B**「A を B と認定する」
- □ look on[upon] **A as B**「A を B とみなす」→ 644
- □ recognize **A as B**「A を B と認める」
- □ regard **A as B**「A を B とみなす」→ 643
- □ see **A as B**「A を B とみなす」
- □ think of **A as B**「A を B とみなす」
- □ view **A as B**「A を B とみなす」
- □ strike **A as B**「A に（主語が）B であるという印象を与える」→ 645

解答 640 never thank you enough for what 641 ① 642 couldn't forgive him for what he had done
643 ② 644 look 645 struck me as strange that none of

Section 166

646 This train will (　　) you to the airport.
① accompany　② overtake
③ terminate　④ take　〈日本大〉

647 About ten minutes' walk (　　) me to the post office.
① left　② brought
③ reached　④ arrived　〈昭和大〉

Section 167

648 発展 "How do I like you in that uniform? You look great. It really (　　) you!"
① winks　② suits
③ looks　④ gets　〈明治大〉

649 発展 Which dressing goes with this kind of salad?
① matches　② spoils
③ decays　④ destroys　〈明海大〉

Section 168

650 基本 I (　　) money from my friend last week.
① rented　② lent
③ borrowed　④ sent　〈甲南大〉

651 基本 My friend (　　) me some money, which I paid back later on.
① lost　② borrowed
③ lent　④ presented　〈芝浦工業大〉

646 この電車に乗れば空港まで行けます。
647 10分ほど歩くと郵便局に着いた。
648 「そのユニフォームを着た君をどう思うかって？　素敵だよ。すごく君に似合っている！」
649 この種類のサラダにはどちらのドレッシングが合いますか。
650 私は先週，友人から金を借りた。
651 友人がいくらか金を貸してくれたが，私は後日，返金した。

Section 166 take A to B の形をとる動詞

646 ◆take A to B「(乗りもの・道が) A を B に連れて行く」

647 ◆bring A to B「(乗りもの・道が) A を B に連れて来る[行く]」

Section 167 「似合う／合う」の意味を表す動詞

648 ◆suit A「(服装・色などが) A (人) に似合う／(食べもの・気候などが) A (人) に適する」

649 ◆go with A「(ものが) A (もの) に調和する／つり合う」(= match A)

go with と **match** は主語と目的語の両方に「もの」が来ることに注意。

整理して覚える 071 「似合う／合う」の意味を表す動詞

「似合う／合う」という意味を表す動詞は，**〈主語〉がどういうもので，〈目的語〉に「人」と「もの」のどちらを使うか**に注目して使い分けを覚える。

- □ become **A**「**(衣服・髪型などが)** A (人) に似合う／ **(言動が)** A (人) にふさわしい」
- □ fit **A**「**(大きさ・型などが)** A (人・もの) に合う／ **(人・行動などが)** A (地位・名前など) にふさわしい」
- □ suit **A**「**(服装・色などが)** A (人) に似合う／ **(食べもの・気候などが)** A (人) に適する」→ 648
- □ match **A** =□ go with **A**「**(ものが)** A (もの) に調和する／つり合う」→ 649
- □ agree with **A**「**(環境・気候・食べものが)** A (人の体質・性格) に調和する／合う」→ 906

Section 168 「貸し借り」の意味を表す動詞

650 ◆borrow A (from B)「(B から) A (お金・もの) を (無料で) 借りる」

選択肢 ① rent A「A (家・土地など) を有料で貸す／有料で借りる」, ② lend B to A「A (人) に B (お金・もの) を貸す」

651 ◆lend A B「A (人) に B (お金・もの) を貸す」(= lend B to A)

▶ 空所のあとの me some money に注目。目的語を 2 つとるのは③の lend だけ。

整理して覚える 072 「貸し借り」の意味を表す動詞

- □ lend **A B**「A (人) に B (お金・もの) を貸す」(= lend B to A) → 651
- □ borrow **A**「A (お金・もの) を無料で借りる」→ 650
- □ use **A**「A (電話・トイレ) を借りる」
- □ rent **A**「A (家・土地など) を有料で貸す／有料で借りる」
- □ let **A**「A (家・土地など) を有料で貸す」
- □ hire **A**「A (車・スペースなど) を有料で借りる／ A (人) を雇う」
- □ owe **A B**「A に B (お金) を借りている」(= owe B to A) → 597

解答 646 ④ 647 ② 648 ② 649 ① 650 ③ 651 ③

Field 2 語法

Section 169

652 彼は試験に合格しなかったと私は思う。
発展
I (　　) he has passed the examination. 〈福島大〉

653 ひょっとして，ビルがお金を盗ったんじゃないか。

① I doubt Bill robbed the money.
② I doubt Bill stole the money.
③ I suspect Bill stole the money.
④ I suspect Bill robbed the money. 〈國學院大〉

Section 170

654 多くの人はビルを口数の少ない人だと思っている。

Many consider (a / be / Bill / few words / man of / to). 〈東京経済大〉

Section 171

655 Everyone (　　) that she manages to finish on time.

① hopes　② wishes
③ wonders　④ helps 〈明治大〉

整理して覚える 073 「疑う」の意味を表す doubt と suspect

doubt は「信じていない」が原義。
一方，**suspect** は「信じている」が原義。両者を混同しないように注意。

□ **doubt (that) SV**「…でないと思う」(= **don't think** (that) SV) → 652
□ **doubt whether[if] SV**「…かどうか疑問に思う」
□ **suspect (that) SV**「(どうも) …らしいと思う」(= **think** (that) SV) → 653

---

655 彼女がなんとか時間通りに終えることを全員が望んでいる。

Section 169 「疑う」の意味を表す doubt と suspect 整理して覚える 073

652 ◆ doubt (that) SV「…でないと思う」

▶ 空所のあとの that 節は「彼が試験に合格した」という肯定の意味を表していることに注目する。その that 節を否定するような動詞が空所に入ることになるから，「信じていない→…でないと思う」を表す doubt が正解となる。doubt (that) SV = don't think (that) SV であることを確認しておこう。

プラス　doubt whether[if] SV「…かどうか疑問に思う」

Field 2 語法

653 ◆ suspect (that) SV「(どうも) …らしいと思う」

▶ doubt (that) SV = don't think (that) SV と，suspect (that) SV = think (that) SV であることをまずは確認しよう。

▶ 選択肢①，④の rob の語法は誤っているので（下記 選択肢 参照），②と③を検討すればよい。that 節の内容はどちらも「ビルがお金を盗んだ」という意味。doubt「…だと思わない」と suspect「…だと思う」のどちらが正しい文意を完成させるかを考えて，③の suspect を選ぶ。

選択肢　rob「(金・物品など) を奪う」は，rob A of B「A から B（金・物品）を奪う」(→ 628) という形で用いるので，①，④のように (×) robbed the money とはできない。

Section 170 consider の語法

654 ◆ consider A (to be) B「A を B とみなす」

重要　□ a man of few words「口数の少ない人」

整理して覚える 074　consider の語法

□ **consider** doing「…することをよく考える」→ 527

□ **consider A** (to be) **B**「A を B とみなす」→ 654

□ **consider A** (as) **B**「A を B とみなす」→ 整理して覚える 070 (p. 279)

I **consider** him as a coward.

「私は彼を臆病者だと思う」

□ **consider** (that) **SV**「…することをよく考える／…であることを考慮に入れる」

You should **consider** (that) he is a minor.

「彼が未成年であることを考慮すべきだ」

Section 171 hope の語法

655 ◆ hope (that) SV「…であることを望む／願う」

選択肢　②の wish に続く that 節では仮定法が用いられる (→ Section **034** (p. 059))。③の wonder は，wonder (that) SV で「…に驚く／…とは不思議だ」(= be surprised (that) SV) という意味。本問では文意が通らない。④の help は (×) help that SV という使い方はできない。→ Section **172** (p. 285)

解答　652 doubt　653 ③　654 Bill to be a man of few words　655 ①

656 私たちはあなたが早く回復なさることを願っています。
(quick / are / we / hoping / for / recovery / your). 〈川崎医療福祉大〉

657 彼がプロジェクトについて何か新しいアイデアを思いついてくれることを，みんなが期待している。
Everyone (him / hoping / come / is / for / to) up with some new ideas concerning the project. 〈福岡大〉

Section 172

658 宿題を手伝ってくれませんか？
(help / homework / me / my / with / would / you)? 〈東京家政学院大〉

659 発展 大統領は，働きたい人たちの求職活動の支援を政府が行っていくと宣言した。
The president announced that the government would (find / for those / help / jobs / wanted to work / who). 〈東京医科大〉

660 店員はその客が食品を車に運ぶのを手伝った。
The clerk (carry out / groceries / helped / his / the car / the customer / to). 〈龍谷大〉

656 ◆hope for A「A（もの・事）を望む／期待する」

hope for A の形で「**A（もの・事）を望む／期待する**」という意味になる。hope A というときは，A には that 節だけが来ることに注意。→ 655
（○）We were hoping for good weather.「私たちは好天を望んでいた」
（×）We were hoping good weather.

▶ We are hoping for your quick recovery. は「私たちはあなたの早い回復を望んでいる」が直訳。（×）We are hoping your quick recovery. とは言えない。

657 ◆hope for A to do「A が…することを望む」

hope for A to do は「**A が…することを望む**」という意味。hope to do「…することを望む」（→ 538）の表現に，意味上の主語 for A が入り込んだ形だと理解すればよい。

⚠注意　（×）hope A to do という形はない。（×）Everyone is hoping him to come ...
重要　☐ come up with A「A（考えなど）を思いつく」→ 998

整理して覚える 075　hope の語法

☐ hope (that) SV「…であることを望む／願う」→ 655
☐ hope for A「A（もの・事）を望む／期待する」→ 656
☐ hope to do「…することを望む」→ 538
☐ hope for A to do「A が…することを望む」→ 657

Section 172 help の語法

658 ◆help A with B「A（人）の B（仕事・動作）を手伝う」

▶ help A (to) do（→ 660）を用いれば，Would you help me (to) do my homework? となる。

659 ◆help (to) do「…するのに役立つ」

▶ 語句に help があるので，「政府は，（働きたい人たちのために）職をさがすのに役立つ」と読みかえて，help (to) do を使う。本問では help do を用いている。help の直後に原形不定詞 find が続くことに注意。

660 ◆help A (to) do「A（人）が…するのを手伝う，…するのに役立つ」

help A to do は **to do** だけでなく，原形不定詞 **do** を用いる場合がある。

▶ 本問は原形不定詞 carry を用いている。The clerk helped the customer to carry とすると，「車に」の部分にあたる to the car の to が不足する。

重要　☐ carry out A to B「A を B（の所）まで運ぶ」

整理して覚える 076　help の語法

☐ help A with B「A（人）の B（仕事・動作）を手伝う」→ 658
☐ help (to) do「…するのに役立つ」→ 659
☐ help A (to) do「A（人）が…するのを手伝う」→ 660

解答　656 We are hoping for your quick recovery　657 is hoping for him to come　658 Would you help me with my homework　659 help find jobs for those who wanted to work　660 helped the customer carry out his groceries to the car

Section 173

661 Paul suggested (　　) a party for Vicky when she came back home.

☒☒☒

① having　　② to have

③ will have　　④ being having　　〈名古屋工業大〉

662 My teacher suggested (　　) go to see a doctor alone.

☒☒☒ 発展

① her to　　② her

③ her that she　　④ to her that she　　〈高知大〉

Section 174

663 Will you (　　) me that we have an appointment tomorrow afternoon?

☒☒☒

① recall　　② regret

③ remember　　④ remind　　〈新潟医療福祉大〉

664 The teacher (the / time / hand in / on / us / homework / to / reminded).　　〈兵庫医科大〉

☒☒☒ 発展

---

661 ヴィッキーが帰宅したら彼女のためにパーティーを開こうとポールは提案した。

662 私の先生は彼女にひとりで医者に診てもらうように提案した。

663 明日の午後に約束があることを（私が忘れていたら）注意していただけますか。

664 先生は私たちに期限通りに宿題を提出するのを忘れないように念を押した。

Section 173 suggest の語法

661 ◆suggest doing「…することを提案する」

▶ suggest は動名詞を目的語にとる。→ 整理して覚える 043 (p. 239)

662 ◆suggest to A that S (should) do「A に…することを提案する」

suggest は，提案する内容を that 節で表して **suggest (that) S (should) do「…することを提案する」**(→577) という形をとる。さらに，提案する相手を to A で表し，**suggest to A that S (should) do「A に…することを提案する」**とすることができる。that 節中の動詞は should do とするか，原形の do となることに注意。

▶ 主節が過去時制の suggested でも that 節内は原形の go を用いていることに注意。

選択肢 suggest は (×) suggest A to do や，(×) suggest A that S (should) do の形はとらないので，①と③は不可。この形は誤りの選択肢として頻出するので注意が必要。

整理して覚える 077 suggest の語法

- □ **suggest** doing「…することを提案する」→ 661
- □ **suggest that** S (should) do「…することを提案する」→ 577
- □ **suggest** to A **that** S (should) do「A に…することを提案する」→ 662
- □ **suggest that** S V (動詞は直説法)「…を示唆する／ほのめかす」→ 577

Section 174 remind の語法

663 ◆remind A that SV「A に…ということを気づかせる／思い出させる」

remind A that SV と remind A to do は，「A がやらなければならないことを忘れていたら注意する」という意味。

664 ◆remind A to do「A に…することを気づかせる／思い出させる」

重要 □ hand in A / hand A in「A を提出する」→ 879

整理して覚える 078 remind の語法

- □ **remind A** of **B**「A に B を思い出させる」→ 623
- □ **remind A** that **SV**「A に…ということを気づかせる／思い出させる」→ 663
- □ **remind A** to do「A に…することを気づかせる／思い出させる」→ 664, 整理して覚える 046 (p. 251)

解答 661 ① 662 ④ 663 ④ 664 reminded us to hand in the homework on time

Section 175

665 They all (　　) their host mothers' help and support.
発展
① thanked　② appreciated
③ expressed　④ obliged 〈青山学院大〉

666 We're facing troubles now. I would (appreciate / could / if / it / you) assist us. 〈センター試験〉
発展

Section 176

667 I'd rather (　　) a map than tell someone how to get there.
発展
① draw　② paint
③ strike　④ write 〈日本大〉

668 Do you mind (　　) the window?
① if I open　② if you open
③ to open　④ your opening 〈岩手医科大〉

669 自分のしたことを他人に認めてもらおうともらうまいと問題ではない。
It (approve / doesn't / matter / may / others / whether) of your work or not. 〈日本大〉

670 娘は私に新しいDVDレコーダーの使い方を説明してくれた。
発展
My daughter (use / to / explained / how / me / to) the new DVD recorder. 〈足利大〉

671 After a cup of coffee, I (　　) what his message really meant.
① became to realize　② came realizing
③ became realizing　④ came to realize 〈東京経済大〉

---

665 彼らは全員，それぞれのホームステイ先のお母さんたちからの助けと支えに感謝した。
666 現在やっかいなことに直面しています。助けていただけると幸いです。
667 私はそこへの行き方を相手に口で伝えるよりは，むしろ地図を描きます。
668 窓を開けてもいいですか。
671 コーヒーを１杯飲んだあと，私には彼のメッセージの真意がわかってきた。

Section 175 appreciate の語法

665 ◆appreciate A「A（もの・事）をありがたく思う／感謝する」

appreciate と thank はどちらも「感謝する」という意味だが，**appreciate の目的語は「もの・事」**で，**thank の目的語は「人」**（→640）という違いがある。

▶ = They all thanked their host mothers for their help and support.

666 ◆I would appreciate it if you would[could] do「…していただけると幸いです」

▶ 相手に依頼をする非常に丁寧な表現。このままの形で覚えよう。

Section 176 その他の重要な動詞の語法

667 ◆draw A「（ペンなどで線を引き）A（図形・地図など）を描く」

draw A は，draw a line「線を引く」，draw a picture「絵を描く」のように使う。

整理して覚える 079 「書く・描く」を表す動詞

- □ write A「A（文字・名前など）を書く」
- □ draw A「（ペンなどで線を引き）A（図形・地図など）を描く」→667
- □ paint A「（絵の具を塗って）A（絵など）を描く」

668 ◆Do you mind if I do ...? / Would you mind if I did ...?「私が…してもいいですか」

Do you mind if I do ...?「私が…してもいいですか」という意味の許可を求める表現。Do[Would] you mind my[me] doing ...?（→532）と同意。

▶ = Do you mind my[me] opening the window?

669 ◆It doesn't matter (to A) whether[if] SV「…かどうかは（A にとって）重要ではない」

自動詞 **matter** を用いた表現。whether 節以外にも疑問詞節を用いることができる。
It doesn't **matter** what you wear.「君がどんな服装をしようがかまわない」
→ 整理して覚える 058（p. 265）

重要 □ approve of A「A を認める」→923

670 ◆explain A to B = explain to B A「B に A を説明する」

▶ explain to B A の形を用いており，A に名詞句 how to use ...（→115）が来ている。
▶ explain A to B の形の（×）My daughter explained how to use to me ... は，use と use の目的語の the new DVD recorder が離れてしまうので不可。
▶ explain は SVOO の形をとることができない点がポイント。

671 ◆come to do「…するようになる」

come to do「…するようになる」の do には，通例 know，believe，feel，think，like，realize などの状態を表す動詞が来る。get to do も同意。

選択肢 ③の become は，become C で「（変化して）C の状態になる」という意味。補語の C には形容詞・名詞・分詞などが来る。①の（×）become to do という言い方はできない。誤りの選択肢として頻出するので注意。

解答 665 ② 666 appreciate it if you could 667 ① 668 ① 669 doesn't matter whether others may approve 670 explained to me how to use 671 ④

第18章 Field 2 語法

名詞の語法

Section 177

672 I wonder ①if anyone ②can give me good ③advices about ④how to improve my English. 〈南山大〉

673 We've just bought (　　), such as tables, chairs, etc.
① a few new garden furniture
② some new garden furnitures
③ many new garden furnitures
④ some new garden furniture 〈亜細亜大〉

674 We got (　　) about the flight from the travel agency.
① an information
② some information
③ some informations
④ some piece of information 〈名古屋工業大〉

675 I have done all (　　), and I'd like to take a short break.
① a homework　　② homeworks
③ my homework　　④ homeworks of mine 〈東海大〉

676 How (　　) can we take on the airplane with us?
① many baggages
② many pieces of baggage
③ many pieces of baggages
④ many of baggages 〈奥羽大〉

---

672 どうすれば英語が上達するか，だれか良いアドバイスをくれないかな。
673 私たちは，テーブルやイスなどの新しい庭園家具をいくつか購入したばかりだ。
674 私たちは旅行代理店からそのフライトに関する情報をいくつか入手した。
675 もう宿題はすべて済ませてしまったので，少し休憩を取りたいと思う。
676 荷物はいくつ飛行機内に持ち込めますか。

Section 177 不可算名詞の用法

672 ◆不可算名詞 advice「助言／忠告」

▶ advice は不可算名詞。複数形の（×）advices という形はない。

選択肢 ①は wonder if SV「…か（どうかな）と思う」→274，
④は how to do「…の仕方」→115

重要 □ give A advice (about B)「A に（B に関する）アドバイスをする」

673 ◆不可算名詞 furniture「家具」

▶ furniture は不可算名詞。複数形の（×）furnitures という形はない。

選択肢 可算名詞の「数が多い／数が少ない／数がほとんどない」は many / a few / few で表し，不可算名詞の「量が多い／量が少ない／量がほとんどない」は much / a little / little で表す。よって① a few ... furniture は不可。

674 ◆不可算名詞 information「情報」

選択肢 information を数える場合は a piece of information，two pieces of information，many pieces of information などの形を用いる（→整理して覚える 080）。
④は some pieces of information なら正解。

675 ◆不可算名詞 homework「宿題」

676 ◆不可算名詞 baggage[luggage]「（旅行時の）手荷物」

⚠注意 baggage などの a piece of A の形で数える不可算名詞の数を尋ねる場合は，How many pieces of A ...?「いくつの A…」という表現を用いる。

整理して覚える 080 不可算名詞の用法

英語の名詞には，**可算名詞（数えられる名詞）**と，**不可算名詞（数えられない名詞）**という区別がある。可算名詞には a / an をつけることができ，複数形がある。不可算名詞に a / an をつけることはできず，複数形もない。

A. 不可算名詞（= 数えられない名詞）

□ damage「損害／被害」→677，□ fun「楽しみ」，□ harm「害」，
□ progress「進歩／進行」→678，□ traffic「交通（量）」→679，
□ wealth「富／財産」，□ weather「天気」

B. 〈a piece of +不可算名詞〉

以下の**不可算名詞**は，a piece of A「１つの A」，two pieces of A「２つの A」，many pieces of A「たくさんの A」のようにして数を表すことができる。２つ以上では複数形 pieces とすることに注意。

□ advice「助言／忠告」→672，□ baggage[luggage]「（旅行時の）手荷物」→676，
□ equipment「装置」，□ evidence「証拠」，□ furniture「家具」→673，
□ homework「宿題」→675，□ housework「家事」，□ information「情報」→674，
□ knowledge「知識」，□ machinery「機械（類）」*cf.* 可算名詞 machine「機械」，
□ news「知らせ」，□ poetry「詩」*cf.* 可算名詞 poem「詩」，
□ scenery「景色」*cf.* 可算名詞 scene「場面／光景」

解答 672 ③→ advice 673 ④ 674 ② 675 ③ 676 ②

677 The car crashed into a tree and suffered (　　).

① a damage　　② damages
③ some damage　　④ some damages　〈東北学院大〉

678 He made an effort to become a professional golfer, but he made (　　) progress.

① a few　　② few
③ a little　　④ little　〈帝京大〉

679 That street always has (　　).

① a busy traffic　　② a lot of traffic
③ heavy traffics　　④ many traffics　〈京都産業大〉

Section 178

680 The evidence clearly shows that there is still (　　) for doubt about it.

① room　　② rooms
③ a room　　④ the room　〈中京大〉

681 The square was destroyed to <u>make room for</u> university buildings.

① prepare for　　② create space for
③ establish　　④ introduce　〈亜細亜大〉

Section 179

682 Why don't you make (　　) with that girl? She is very nice.

① a friend　　② friend
③ friends　　④ the friend　〈東京医科大〉

683 Mr. Tanaka changed (　　) at Nagoya for Toyohashi.

① train　　② a train
③ its train　　④ trains　〈愛知大〉

---

677 その車は木に衝突して，いくらか損傷を受けた。
678 彼はプロゴルファーになるために努力したが，ほとんど上達しなかった。
679 あの通りはいつも交通量が多い。
680 その件についてはまだ疑いの余地があると，その証拠がはっきりと示している。
681 大学の建物のためにスペースを空ける目的で，その広場が取り壊された。
682 あの女の子と友だちになったらどう？　彼女はとてもいい子だよ。
683 田中さんは，名古屋駅で豊橋行きの電車に乗り換えた。

677 ◆不可算名詞 damage「損害／被害」

⚠注意 複数形の damages は「損害賠償（金）」という意味で用いる。
pay A in damages「損害賠償金として A（金額）を支払う」

678 ◆不可算名詞 progress「進歩／進行」

▶ progress は不可算名詞。不可算名詞は a few / few で修飾することはできない。よって，①②は不可。→ 765, 766

▶ 不可算名詞は a little「（肯定的に）少し…がある」や little「（否定的に）ほとんど…がない」で修飾することができる（→ 763, 764）。本問は④ little を選ぶと，「努力したが，ほとんど上達しなかった」という文意が成立する。

679 ◆不可算名詞 traffic「交通（量）」

▶ traffic は不可算名詞。（×）a traffic / traffics という形はない。①③④は不可。
There is a lot of [heavy] **traffic** on the road.「その道路は交通量が多い」→ 1448
There is little[light] **traffic** on the road.「その道路は交通量が少ない」→ 1449

Section 178 意外な意味を持つ不可算名詞 room

680 ◆不可算名詞 room「余地／機会／可能性」

room は可算名詞では「**部屋**」，不可算名詞では「**余地**／**機会**（＝ **chance**）／**可能性**（＝ **possibility**）」という意味になる。
There is room for improvement [doubt / argument].「改良［疑い／議論］**の余地がある**」

重要 □ There is room for A.「A の余地がある」

681 ◆不可算名詞 room「空間／場所／スペース」（＝ space）

不可算名詞 **room** には「**空間**／**場所**／**スペース**」（＝ space）という意味もある。

重要 □ make room for A「A のために場所［スペース］を空ける」

Section 179 慣用的に複数形を用いる表現

整理して覚える 081 (p. 294)

682 ◆make friends (with A)「（A と）友だちになる」

この表現では慣用的に複数形 **friends** を用いる。友だちになるには，自分と相手の最低２人が必要なので複数形を用いると理解する。

プラス be friends (with A)「（A と）友だちである」

683 ◆change trains[buses / planes]「電車［バス／飛行機］を乗り換える」

この表現で用いる「乗りもの」は慣用的に複数形になる。乗り換えるには，それまで乗っていたものと，これから乗るものの２つが必要なので複数形を用いると理解する。

解答 677 ③ 678 ④ 679 ② 680 ① 681 ② 682 ③ 683 ④

684 It's a long trip, so we should take (　　) driving, don't you think?
発展
① handles　② turns
③ orders　④ changes　〈奥羽大〉

Section 180

685 The singer took great pains to improve her image.
① hid herself from the public
② made a special effort
③ needed a lot of time
④ was criticized very sharply　〈東京経済大〉

686 Don't forget to give my best (　　) to your parents when you go back home.
① regard　② regards
③ reward　④ rewarding　〈九州産業大〉

687 "Please give my best (　　) to your parents."
"Thanks, I will."
① cares　② feelings
③ promises　④ wishes　〈学習院大〉

688 Mary quarreled with her father a week ago. She is now barely (　　) with him.
発展
① on speaking terms　② on good feelings
③ in familiar relation　④ on bad conditions　〈摂南大〉

整理して覚える 081　慣用的に複数形を用いる表現

- ☐ change trains[buses / planes]「電車［バス／飛行機］を乗り換える」→ **683**
- ☐ make friends (with A)「(A と) 友だちになる」→ **682**
- ☐ shake hands (with A)「(A と) 握手する」
- ☐ take turns (in) doing [to do]「交替で…する」→ **684**

---

684 長旅なので，交替で運転するべきだと思いませんか。
685 その歌手はイメージアップをしようと大変な努力をした。
686 家に帰ったら，忘れずにご両親によろしく伝えてください。
687「ご両親によろしくお伝えください」「ありがとう，そうします」
688 メアリーは1週間前に父親と口論になった。今では彼とはほとんど口もきかない。

684 ◆take turns (in) doing[to do]「交替で…する」

この表現では慣用的に複数形 turns を用いる。交替で何かをするには複数のメンバーが必要なので複数形を用いると理解する。

プラス by turns「代わる代わる／順番に」→ 1203

Section 180 複数形で用いると特別な意味を持つ名詞

685 ◆take (great) pains to do「苦労して…する／…しようと努力する」

686 ◆give my (best) regards to A「Aによろしく伝える」

Give my (best) regards to A.「Aによろしくお伝えください」という慣用表現で覚える。regard は「尊敬／配慮」などの意味を持つが，この表現の regards は「(手紙・伝言で) よろしくというあいさつ」の意味。→ 1336

687 ◆wishes「(手紙・伝言で) よろしくというあいさつ」

Give my (best) regards to A. (→ 686) という慣用表現で，regards の代わりに **wishes** を用いた表現。

688 ◆be on ... terms (with A)「(A と) …な間柄である」

この表現の **terms** は**「間柄／仲」**の意味。
be on good[friendly / first-name] terms「良い[親しい／(名前で呼び合うほど) ごく親しい] 仲である」

整理して覚える 082 複数形で用いると特別な意味を持つ名詞

□ arms「武器／兵器」, □ customs「関税／税関」,
□ forces「軍事力／軍隊」, □ glasses「メガネ」,
□ goods「商品／品物」, □ manners「行儀／作法」,
□ means「収入／財産／手段／方法」→ 689, □ ruins「廃墟／遺跡」,
□ works「作品」, □ a man of letters「文学者」(letters は「文学」の意味)
● spirits「気分」:
　□ **be in ...** spirits「…な気分である」,
　□ **be in high[good / great]** spirits「上機嫌である」,
　□ **be in low[poor]** spirits「意気消沈している」
● terms「間柄／仲」:
　□ **be on ...** terms **(with A)**「(A と) …な間柄である」→ 688
● regards[wishes]「(手紙・伝言で) よろしくというあいさつ」:
　□ **Give my (best)** regards[wishes] **to A.**「A によろしくお伝えください」→ 686, 687
● airs「気取った態度」:
　□ **put on** airs「気取る」
● pains「骨折り／苦労」:
　□ **take** pains **to do**「苦労して…する／…しようと努力する」→ 685

解答 684 ② 685 ② 686 ② 687 ④ 688 ①

689 発展

Credit cards can be useful, but they encourage some people to live beyond their ( ).

① ability ② means
③ power ④ ways 〈南山大〉

Section 181

690

The mother made ( ) for her son to see the doctor at 3 o'clock.

① a reservation ② a booking
③ an appointment ④ an opening 〈佛教大〉

691

Hello, I would like to make ( ) for a table for four tonight.

① a keeping ② a visit
③ a reservation ④ an appointment 〈東京工芸大〉

692

My son is in the ( ) of washing his hands many times a day.

① habit ② manner
③ custom ④ taste 〈昭和大〉

693

My brother's daughter Connie is my favorite ( ).

① aunt ② cousin
③ nephew ④ niece 〈湘南工科大〉

---

689 クレジットカードは便利ではあるが，収入の範囲を超えた暮らしを助長する場合もある。
690 その母親は息子のために3時に医者の予約をとった。
691 もしもし，今夜4人分の席を予約したいのですが。
692 私の息子は1日に何度も手を洗う習慣がある。
693 兄[弟]の娘のコニーは私のお気に入りの姪だ。

689 ◆ means「収入／財産」

▶ live beyond one's means は「収入の範囲を超えた暮らしをする／分不相応な生活をする」という意味。この表現の means は「収入／財産」の意味。
live within one's **means**「収入の範囲内で暮らす／分相応の生活をする」, a person of **means**「資産家」

⚠注意 means は「手段／方法」という意味では単複同形。
a **means** to an end「目的のための手段」←この means は単数形。
several **means** of communication「いくつかの通信手段」←この means は複数形。

Section 181 意味の区別が紛らわしい名詞

690 ◆ appointment「人と会う約束／（医者や美容院などの）予約」

重要 □ **make an appointment**「（医者や美容院などの）予約をする」

691 ◆ reservation「（飛行機・ホテル・レストランなどの）予約」

重要 □ **make a reservation**「予約する」

692 ◆ habit「個人の習慣」, custom「社会の慣習」

重要 □ **be in the habit of doing**「…する（個人的な）習慣がある／癖がある」

693 ◆ cousin「いとこ」, nephew「甥（おい）」, niece「姪（めい）」

整理して覚える 083 意味の区別が紛らわしい名詞

□ flock「羊や鳥の群れ」— herd「牛や馬の群れ」— school「魚やクジラの群れ」
□ cousin「いとこ」— nephew「甥（おい）」— niece「姪（めい）」→ 693
□ surgeon「外科医」— physician「内科医」
□ shadow「（光が物にさえぎられてできる）影」— shade「（木陰のように日光が当たらない）陰，物陰」（例）sit in the shade of a tree「木陰に座る」
□ habit「個人の習慣」— custom「社会の慣習」→ 692
□ weather「特定の日の天気」— climate「年間を通じての気候」
□ view「（ある場所から見える）見晴らし／眺め」
— scenery「（山・森・湖などの美しい）景色／風景」〈不可算名詞〉
— scene「場面／現場／（印象的な）景色」
— sight「視力／視野／（複数形で）名所」— landscape「（陸地の）風景」
□ appointment「人と会う約束／（医者や美容院などの）予約」→ 690
— reservation「（飛行機・ホテル・レストランなどの）予約」→ 691
□ company「（組織としての）会社」— office「（働く場所としての）会社」
（例）「会社に行く」go to the office

解答 689 ② 690 ③ 691 ③ 692 ① 693 ④

Section 182

694 It was announced yesterday that train companies would raise their ( ) by more than 10%.

① fees ② bills ③ fares ④ terms 〈東邦大〉

695 As the ( ) of living is higher in Tokyo than in Nagoya, I decided to live in Nagoya.

① cost ② expensive
③ money ④ charge 〈南山大〉

696 She drove too fast, so the police made her pay a ( ) of 150 dollars.

① punish ② fine ③ cost ④ charge 〈杏林大〉

Section 183

697 The supermarket is crowded with ( ) every Sunday.

① customers ② sellers
③ guests ④ visitors 〈成城大〉

698 It was a miracle that all the ( ) survived the plane crash.

① clients ② passengers
③ spectators ④ guests 〈奥羽大〉

Section 184

699 When she finally succeeded after hours of work, she felt that her ( ) had been worthwhile.

① labor ② marsh
③ moisture ④ traffic 〈立命館大〉

整理して覚える 084 「料金・お金」を表す名詞

□ fare「(交通機関の) 運賃／料金」→ 694, □ fee「(専門家に支払う) 謝礼／報酬／授業料／学費」, □ charge「(サービスに対する) 料金／手数料」, □ admission「入場料」(= admission fee[charge]), □ rent「(土地・家屋の) 賃貸料／使用料」, □ tax「税金」, □ fine「罰金」→ 696, □ income「収入／所得」, □ pay「給料／賃金」, □ wage「(肉体労働に対する) 賃金」, □ salary「(サラリーマンの) 給料／月給」, □ cost「(何かをするための) 費用／経費」→ 695, □ price「価格／値段」, □ interest「利子／利息」, □ profit「利益／利潤」, □ check「小切手」, □ cash「現金」, □ change「おつり／小銭」, □ debt「借金／負債」, □ finance「財政／融資」, □ fund「基金／資金」, □ bill「請求書／勘定」

---

694 昨日，鉄道会社が運賃を10%以上引き上げることが発表された。
695 名古屋よりも東京のほうが生活費が高いので，私は名古屋に住むことにした。
696 彼女はスピードを出しすぎたので，警察は150ドルの罰金を彼女に科した。

Section 182 「料金・お金」を表す名詞

整理して覚える 084

694 ◆fare「(交通機関の) 運賃／料金」

▶ raise fares で「運賃を値上げする」という意味。
a taxi[bus] fare「タクシー［バス］料金」, a single[double] fare「片道［往復］料金」

選択肢 ① fee「(専門家に支払う) 謝礼，報酬／授業料，学費」 doctor's[lawyer's] **fees**「診察［弁護］料」, ② **bill**「請求書／勘定」 split the **bill**「割り勘にする」

695 ◆cost「(何かをするための) 費用／経費」

▶ cost「(何かをするための) 費用／経費」と charge「(サービスに対する) 料金／手数料」の区別の問題。
▶ the cost of living で「生活費」という意味。

プラス 名詞 cost は「犠牲／代償／対価」の意味でも頻出。
at all **cost(s)** / at any **cost**「どんな犠牲を払っても」
at the **cost** of A「A という犠牲を払って」

696 ◆fine「罰金」

プラス fine には「罰金を科す」という動詞の意味もある。
He was **fined** for speeding.「彼はスピード違反で罰金を科せられた」

重要 ☐ pay a **fine**「罰金を支払う」

Section 183 「お客」を表す名詞

697 ◆customer「(商店の) 買い物客／(企業の) 顧客」

重要 ☐ be crowded with A「A で混雑している」

698 ◆passenger「乗客」

整理して覚える 085 「お客」を表す名詞

☐ audience「(映画・講演会などの) 観客／聴衆」
☐ spectator「(スポーツの試合などの) 観客」
☐ guest「(招待された) 客／ (ホテルなどの) 泊まり客」
☐ visitor「訪問客，見舞客／観光客，見学者」
☐ customer「(商店の) 買い物客／ (企業の) 顧客」→ 697
☐ client「(弁護士・会計士などへの) 依頼人」
☐ patient「患者」
☐ passenger「(飛行機・列車などの) 乗客」→ 698

Section 184 「仕事・職業」を表す名詞

整理して覚える 086

699 ◆labor「(特につらい肉体的な) 仕事／骨折り，努力」

選択肢 ② marsh「沼地／湿地」, ③ moisture「湿気／水分」

697 そのスーパーは毎週日曜日，買い物客で混雑する。
698 その飛行機事故で乗客が全員生き延びたのは奇跡だった。
699 何時間も働いてようやくうまくいったとき，彼女は自分の苦労は価値あるものだったと感じた。

解答 694 ③ 695 ① 696 ② 697 ① 698 ② 699 ①

700 Mary told me about her occupation.

① hobby ② profession
③ dream ④ assignment 〈東海大〉

Section 185

701 In many of the developing countries of Asia and Africa where the urbanization process has only recently begun, about (　　) of the population lives in urban areas.

① one of three ② one-third
③ every three persons ④ the third 〈成蹊大〉

702 ①Being terribly wounded, approximately ②two-third of the soldiers ③were lying on the ground after the fighting ④ended in the area.

〈福島大〉

703 It is hard to believe that ①a year and half ②have passed ③since ④the last time our whole family got together. 〈早稲田大〉

704 It (half / to the station / walk / takes / an / to / hour). 〈高崎経済大〉

700 メアリーは自分の職業について私に語った。
701 都市化の進行がごく最近になって始まったばかりのアジアやアフリカの発展途上国の多くでは，人口の約３分の１が都市部に住んでいる。
702 その地域での戦闘が終わったあと，兵士たちのおよそ３分の２が，重傷のまま地面に横たわっていた。
703 私たち家族全員が最後に集まってから，１年半が過ぎたなんて信じがたい。
704 駅までは徒歩で30分かかる。

700 ◆ occupation「職業」

選択肢 ② profession「(知的な) 職業/専門職」, ④ assignment「割り当てられた仕事/宿題」

整理して覚える 086 「仕事・職業」を表す名詞

- □ work「仕事/労働」(不可算名詞)
- □ job「(特に職業としての) 仕事」(可算名詞)
- □ task「(一定期間に義務としてやるべき) 仕事/任務」(可算名詞)
- □ assignment「割り当てられた仕事/宿題」
- □ labor「(特につらい肉体的な) 仕事/骨折り, 努力」→ 699
- □ occupation「職業」→ 700
- □ profession「(知的な) 職業/専門職」
- □ employment「雇用/就職」*cf.* **unemployment**「失業 (者)」
- □ career「経歴/一生の仕事」
- □ business「商売/商取引」
- □ trade「貿易/商売」

Section 185 分数などを用いた表現

701 ◆ one-third of A「A の 3 分の 1」

分数は**〈分子+分母〉**で表す。分子には one, two, three などの**基数**を, 分母には third, fifth, sixth などの**序数**を使う。分子が 2 以上のときは**分母を複数形**にする。→ 380
one fifth「5 分の 1」, two fifths「5 分の 2」

注意 分子と分母の間にはハイフン (-) をつける場合と, つけない場合の両方がある。

702 ◆ two-thirds of A「A の 3 分の 2」

選択肢 ①「とても傷ついた状態で」という意味の受動態を用いた分詞構文→ 199,
③自動詞 lie の活用→ 612, ④接続詞 after に導かれた節中の自動詞 end

703 ◆ a year and a half / one and a half years「1 年半」

a year and a half は文字どおり「1 年+ (1 年の) 半分=**1 年半**」という意味。同意表現の **one and a half years** は, one and a half「1 +半分」が year を修飾しているので, 複数形 years になる。

プラス year 以外に hour / month / century などを用いた表現は以下のとおり。
a month [an hour] and a half / one and a half months [hours]「1 か月半 [1 時間半]」

選択肢 ②, ③は時間の経過の表現〈時間+ have passed since ...〉→ 30

704 ◆ half an hour「30分」

〈half a[an]+数量を表す名詞〉で**「半分の…/ 2 分の 1 の…」**という意味。
half a mile「半マイル」, half a million「50万」

▶ It takes (A) B to do「(A (人) が) …するのに B (時間・労力) かかる」(→ 595)。
本問では A の部分が省略されている。

解答 700 ② 701 ② 702 ②→ two-thirds / two thirds 703 ①→ a year and a half / one and a half years 704 takes half an hour to walk to the station

第19章

Field 2 語法

代名詞の語法

Section 186

705 基本 My mobile phone is broken. I must buy (　　) today.

① it　② that
③ this　④ one 〈福岡国際大〉

706 基本 She gave me a lovely watch, but I lost (　　).

① one　② it
③ some　④ any 〈東北福祉大〉

707 "Which do you like?"
"I like the big (　　)."

① it　② one
③ that　④ them 〈武庫川女子大〉

708 同封している写真は，先月シンガポールへ家族旅行に行ったときのものです。
The photo enclosed (was / while / is / taken / one / I / the) on a trip to Singapore with my family last month. 〈摂南大〉

---

705 私の携帯電話は壊れている。今日１台買わなくては。
706 彼女は私にすてきな時計をくれたが，私はそれをなくしてしまった。
707 「どっちが好きですか」「大きいほうが好きです」

Section 186 《 one / it の用法

705 今日買うのは，今使っている携帯電話か，別のものか ◆ one と it の区別

代名詞は名詞の繰り返しを避けるために用いるが，原則として**不特定の〈a ＋単数名詞〉**の代わりには one を用い，**特定の〈the ＋単数名詞〉**の代わりには it を用いる。

▶「(その壊れた携帯電話ではない別の）携帯電話を1台買う」という状況なので，I must buy **a** mobile phone today. という英文がふさわしく，a mobile phone の代わりに one を用いるのが正しい。

選択肢　① it では，I must buy the mobile phone today.「その（私が今使っている壊れた）携帯電話を買う」という意味になってしまう。たとえば My mobile phone is broken. I must repair **it** today.「その壊れた携帯電話を修理しなければならない」という状況なら，it を用いるのが正しい。

Field 2 語法

706 なくしたものは何か ◆ it の用法

▶「私はその（彼女がくれた）〈特定の〉時計をなくした」という状況なので，I lost the watch. という英文がふさわしく，the watch の代わりに it を用いるのが正しい。

選択肢　① one を入れると，I lost a watch.「私は（彼女がくれた時計とは別の）時計をなくした」という意味になる。

707 冠詞 the と形容詞 big に注目 ◆〈a[the]+形容詞+ one〉

代名詞 one の前には**形容詞**を置くことができる。その場合は**〈a [the ／ one' s]＋形容詞＋ one〉**という形になる。one は代名詞だが，**冠詞や所有格をつける**ことに注意。
(○) My mobile phone is broken. I need **a new** one.「新しい携帯電話が必要だ」
(×) My mobile phone is broken. I need new one.

選択肢　① it，③ that，④ them の前には形容詞をつけることはできない。

708 one の後ろには形容詞句[節] をつけることができる ◆〈the one +形容詞句[節]〉

代名詞 one の後ろには**形容詞句[節]**を続けることができる。その場合は**〈the one ＋形容詞句[節]〉**という形になる。形容詞句[節]で限定されているので，冠詞 **the** を用いることに注意。

▶「先月シンガポールへ家族旅行に行ったときのもの（＝写真)」は，the one taken while I was on a trip to ... で表現する。the one は the photo を表し，過去分詞句 taken while ... last month をあとに続ける。

解答　705 ④　706 ②　707 ②　708 is the one taken while I was

709 Can you tell the difference between rice grown in Japan and (　　)?

発展

① American one　　② American rice
③ one of America　　④ rice of America　〈センター試験〉

710 I have a great number of English books and keep (　　) in a box.

① some expensive
② the expensive ones
③ them to be expensive
④ those which expensive　〈名古屋工業大〉

711 I found these keys. Are they (　　) that you lost yesterday?

① one　　② ones
③ the one　　④ the ones　〈日本大〉

Section 187

712 赤ん坊が泣き止まなくて困った。

基本

(that / didn't / me / crying / baby / it / stop / bothered / the).　〈昭和大〉

まずは確認 046　it の用法─形式主語／形式目的語

代名詞 it は，本来主語となる that 節や不定詞句・動名詞句の代わりに，主語として用いられる。この it は**形式主語**と呼ばれ，本来の主語である that 節や不定詞句・動名詞句を**真主語**という。同様に，it を目的語の位置で**形式目的語**として使い，**真目的語**（本来の目的語）を後ろに置く用法もある。

（例1）**It** was easy **to use that computer.**「そのコンピューターを使うのは簡単だった」
　→ It が**形式主語**，to use that computer が**真主語**。

（例2）I found **it** easy **to use that computer.**「そのコンピューターを使うのは簡単だと思った」
　→ it が**形式目的語**，to use that computer が**真目的語**。

（例3）**It** was clear **that she was lying.**「彼女が嘘をついているのは明らかだった」
　→ It が**形式主語**，that she was lying が**真主語**。

（例4）I found **it** clear **that she was lying.**「彼女が嘘をついているのは明らかだと思った」
　→ it が**形式目的語**，that she was lying が**真目的語**。

---

709 日本産のお米とアメリカのお米の違いがわかりますか。
710 私はたくさんの英語の本を持っていて，高価なものは箱にしまってある。
711 これらの鍵を見つけました。昨日あなたがなくしたものですか。

709 one は不可算名詞を受けることはできない ◆one の用法

代名詞 **one** は〈a ＋単数名詞〉の代わりに用いるので，**不可算名詞を受けることはできない。**

▶ tell the difference between A and B は「A と B の違いがわかる」という意味。本問では A に rice grown in Japan「日本で栽培されるお米→日本のお米（= Japanese rice)」を用いているので，B には「アメリカのお米」に相当する表現② American rice を用いるのが適切。選択肢に rice grown in America「アメリカで栽培されるお米」があれば，それも正解になる。

選択肢 rice は不可算名詞なので，代名詞 one で受けることはできない。よって，American rice の代わりに① American one や③ one of America とは言えない。また，③ one of America と④ rice of America の of は,「ある国の中で生産された」ということなので，前置詞は of ではなく in を用いるのが正しい。（例）cars made **in** Japan「日本製の車」

710 何を受けているのか ◆〈(the) +形容詞+ ones〉

代名詞 one の複数形は **ones** になる。ones は単独で用いることはなく，必ず**形容詞**をともない，**〈(the)＋形容詞＋ ones〉** や **〈the ones ＋形容詞句[節]〉**（→ 711）という形で用いる。後者は形容詞句[節]で限定されているので，冠詞 **the** を用いることに注意。

▶ 文意と選択肢から，a great number of English books の一部である the expensive English books が空所に入る語句である。よって，English books を受ける ones を用いた② the expensive ones が正解。

711 that 節で限定することができるのは？ ◆〈the ones +形容詞句[節]〉

▶ ④ the ones は the keys を表し，形容詞節 that you lost yesterday があとに続いている。形容詞節で限定されているので the が必要となる。

選択肢 空所には複数名詞 the keys を受ける代名詞が入るので，①，③の one は使えない。②は the がない ones なので不可。

Section 187 it の用法 ― 形式主語／形式目的語

まずは確認 046
整理して覚える 087 (p. 306)

712 It ... that ～ で文の骨格を作る ◆形式主語の it

▶「赤ん坊が泣き止まなかったことが，私を困らせた」と読みかえて，形式主語の it を使った **It** bothered me **that ...** を想定する。that 節（真主語）には the baby didn't stop crying「赤ん坊が泣き止まなかった」を入れれば文が完成する。

解答 709 ② 710 ② 711 ④ 712 It bothered me that the baby didn't stop crying

713 “Do you think we should write a letter of thanks to her?”
“Yes. I consider (　　) necessary that we should write to her.”
① her　② us
③ them　④ it 〈北海学園大〉

714 ジョンが日本語を話せるのは興味深いことだと思います。
(I / John / that / think / interesting / Japanese / can / it / speak). 〈昭和大〉

Section 188

715 基本 The climate of Hawaii is milder than (　　) of Alaska.
① it　② one
③ that　④ which 〈近畿大〉

716 The cars we drive now are very different from (　　) we used to drive 40 years ago.
① it　② that
③ those　④ which 〈青山学院大〉

717 Trademarks make ①it possible for a company to distinguish ②its products from ③these of ④another company. 〈甲南大〉

整理して覚える 087　形式主語の it と that 節を用いた覚えておきたい重要表現

- □ It is likely **that 節**「…しそうである／…する可能性が高い」
- □ It is unlikely **that 節**「…しそうにない／…する可能性が低い」
- □ It is no accident[coincident] **that 節**「…は偶然ではない」
- □ It is no wonder **that 節**「…は不思議ではない／…は当然だ」
- □ It is a pity [a shame] **that 節**「…は残念だ」
- □ It occurs to A **that 節**「…が A（人）の心に浮かぶ」

713「私たちは彼女に感謝状を書くべきだと思いますか」「はい。私たちが彼女に手紙を書くことは必要だと思います」
715 ハワイの気候はアラスカの気候よりも穏やかだ。
716 私たちが現在運転している車は，40年前に運転していたものとは大きく異なっている。
717 商標によって，企業は自社製品と他社製品を区別することが可能になる。

713 空所のあとの形容詞と that 節に注目 ◆形式目的語の it

▶〈consider O C〉(→654)は「OはCであると思う」という意味。ここでは形容詞 necessary と直後の that 節に注目。④ it を形式目的語で用いれば，that 節が真目的語になり，consider **it** necessary **that** ...「…することは必要だと思う」という文構造と文意が成立する。

▶形式目的語の it は **〈S V it +形容詞+ that 節〉** という形以外にも，**〈S V it +形容詞+(for A) to do〉**(→132)という形でも頻出。

714 〈S think it +形容詞+ that 節〉の形 ◆形式目的語の it

▶「ジョンが日本語を話せる」は John can speak Japanese と表す。「(私は)…を興味深いことだと思います」は，it を形式目的語，名詞節 that John can speak Japanese を真目的語として用いて，I think **it** interesting **that** ... と表す。→ まずは確認 046 (p. 304)

Field 2 語法

Section 188 that / those の用法

715 空所のあとの of Alaska に注目 ◆that of A

〈the +単数名詞+ of A〉 の代わりに **that of A** を用いる。

▶本問は「ハワイの気候」と「アラスカの気候」を比較しているので，... milder than the climate of Alaska となり，the climate of Alaska の代わりに **that** of Alaska を用いる。

選択肢 ① it は不可。it は特定の〈the +単数名詞〉の代わりに用いられる(→705)が，常に単独で用いられ，修飾語句を伴うことはない。② one は不可。one of A は「A の 1 つ[1 人]」という意味で，A には複数名詞が来る。
(例) one of the purposes[reasons]「目的［理由］の 1 つ」

716 the cars の代わりに用いる表現は？ ◆those の用法

代名詞 that の複数形 **those** は **〈the +複数名詞〉** の代わりに用いる。後ろに形容詞句［節］を続けることが多い。
The aluminum parts are lighter than **those** made from steel.
「アルミ製の部品はスチール製の部品よりも軽い」
→ those は the parts の代わりで，形容詞句 made from steel が後ろに続いている。

▶「40年前に運転していた車」は the cars (which) we used to drive 40 years ago となり，the cars の代わりに those を用いるのが正しい。

717 its products と比較するのは the products of another company ◆those of A

▶distinguish A from B は「AとBを区別する」という意味(→1024)。ここでは A に its products「自社の製品」が用いられているので，B には「他社の製品」に相当する表現を用いることになる。「他社の製品」は the products of another company となり，the products の代わりには these ではなくて those を用いるのが正しい。

選択肢 ①は〈SV it +形容詞+ for A to do〉(→132)を用いた表現。

解答 713 ④ 714 I think it interesting that John can speak Japanese 715 ③ 716 ③ 717 ③→ those

718 (　　) present at the meeting supported the plan.
① They　② Those
③ Who　④ That　〈岩手医科大〉

719 先生によると，プリントに挙げられている本は大学で会計学を学ぶ学生の必読書だということだった。
The teacher said the books listed on the handout (accounting / essential / for / study / those / were / who) at college.　〈立命館大〉

Section 189

720 Akiko's essay got higher marks than (　　).
① me　② myself
③ mine　④ I　〈和洋女子大〉

721 Please take (　　) with you and tell me what you think of them tomorrow.
① these letters of his
② these his letters
③ his letters of these
④ his these letters　〈東海大〉

Section 190

722 (　　) of the jobs Susan performs include ordering office supplies, filing, and cleaning the office.
① A little　② Little
③ Much　④ Some　〈近畿大〉

718 会議の出席者はその計画を支持した。
720 アキコのレポートは私のよりも高得点をとった。
721 これらの彼の手紙を持ち帰って，明日感想を聞かせてください。
722 スーザンの行う業務の一部は，事務用品の発注，書類の整理，社内の清掃を含んでいる。

718 ◆ those present「出席者」

those が「人々」の意味で使われ，あとに形容詞[句] が続き，慣用表現になることがある。**those** concerned[involved]「関係者」，**those** around you「周りの人々」

▶ **those present**「出席者」も慣用表現として，そのまま覚えてしまおう。

719 ◆ those who ...「…する人々」

those「人々」のあとに関係代名詞節を続けた **those who ...「…する人々」**という表現がある。those who ... 以外に **those whose ...** という表現もある。
those whose mother tongue is not Japanese「母語が日本語ではない人々」

▶ **those who ...**「…する人々」を用いて，「大学で会計学を学ぶ学生」を **those who** study accounting at college と表現する。

重要 □ be essential for[to] A「A にとって極めて重要である／必要不可欠である」

Section 189 所有代名詞の用法

720 比較しているのは Akiko's essay と my essay ◆所有代名詞

〈所有格＋名詞〉の代わりに，**所有代名詞**（mine, yours, his, hers, ours, theirs）を用いる。

▶「アキコのレポート」と「私のレポート」を比較しているので，... than my essay となり，my essay の代わりに所有代名詞 **mine** を用いるのが正しい。

721 冠詞と所有格を並べることはできない ◆〈冠詞類+名詞+ of +所有代名詞〉

冠詞類（a, the, this, these, that, those, some, any, no など）と所有格を一緒に並べることはできない。その場合は **〈冠詞類＋名詞＋ of ＋所有代名詞〉**という形を用いる。
(○)this old bag of mine「私のこの古いバッグ」，(×)my this old bag / this my old bag

▶「これらの彼の手紙」は，②（×）these his letters や④（×）his these letters とは表現できない。〈冠詞類＋名詞＋ of ＋所有代名詞〉の形を用いて① these letters of his とするのが正しい。

Section 190 some と any の用法

722 ◆ some of A「A の一部［何人か／いくつか］」

some of A は「A の一部［何人か／いくつか］」という意味。A には**可算名詞の複数形**か，**不可算名詞**が来る。**some of** *his colleagues*「彼の同僚の何人か」，**some of** *this ice*「この氷の一部」colleague は可算名詞，ice は不可算名詞。

⚠注意 この表現の A には〈the / this / that / these / those / 所有格などがついた**特定の名詞**〉や〈us / you / them / it などの**代名詞**〉が来ることに注意。

▶ ④ Some だけが文意を成立させる。the jobs と名詞が複数形になっていることと，スーザンが行う特定の業務なので the がついていることを確認すること。

選択肢 (a) little と much は不可算名詞（→ Section **200**（p. 327））について用いるので，(a) little[much] of A の A には不可算名詞が来る。よって①，②，③は不可。

解答 **718** ② **719** were essential for those who study accounting **720** ③ **721** ① **722** ④

723 I saw several boys in the backyard. Some of ( ) were fighting.
☒☒☒
① boys ② they
③ the boys ④ their boys 〈富山大〉

724 ( ) boy who breaks a window while playing baseball should apologize to his teacher.
☒☒☒
① All ② Some
③ Any ④ A lot of 〈東洋大〉

Section 191

725 My sister and I are afraid of heights, so ( ) of us hate to fly in airplanes.
☒☒☒
① either ② all
③ both ④ neither 〈芝浦工業大〉

726 Yoko and I didn't know the time because ( ) of us had a watch.
☒☒☒
① both ② either
③ neither ④ not 〈湘南工科大〉

727 Kenji has two brothers, but he is not on speaking terms with them. In other words, he doesn't talk to ( ) of them.
☒☒☒
① which ② both
③ either ④ neither 〈名古屋工業大〉

728 There are tall buildings on ( ) side of the street.
☒☒☒ 発展
① both ② opposite
③ either ④ all 〈愛知県立大〉

整理して覚える 088 both / either / neither の用法

□ both (of A)「(A の) 両方」→ **725**
□ either (of A)「(A の) どちらか一方」
□ neither (of A)「(A の) どちらも…ない」→ **726**
⚠注意 A には 2 つ[2 人]の要素を表す名詞や代名詞が来る。

---

723 裏庭で何人かの少年を見かけた。その少年のうちの何人かは，けんかをしていた。
724 野球をしていて窓を割った男の子はだれでも，先生に謝ったほうがよい。
725 妹[姉]と私は高所恐怖症なので，2 人とも飛行機に乗るのがいやだ。
726 2 人とも時計を持っていなかったので，ヨウコも私も時間がわからなかった。
727 ケンジには 2 人の兄弟がいるが，彼らとは口をきく間柄ではない。つまり彼は 2 人のどちらとも話をしない。
728 通りの両側に高いビルが立っている。

Field 2 語法

723 some of A の A に来るものは？ ◆some of A

▶ some of A の A には**特定の名詞か代名詞**が来る（→722）。③ the boys を選ぶと，Some of the boys「その（私が見かけた特定の）少年たちの何人か」となり文意が通る。

選択肢 some of A の A には特定されない名詞は来ないので① boys は不可。前置詞 of のあとには目的格の代名詞が来るので② they は不可。Some of them なら正しい。④を用いた Some of their boys という形は文法的には正しいが，「彼らの少年たちの何人か」という意味になり，ここでは文意が通らない。

724 空所のあとの boy は単数形 ◆肯定文で用いる〈any ＋単数名詞〉

肯定文で用いる**〈any ＋単数名詞〉**は**「どんな…でも」**という意味。

▶ 単数形の boy に注目。単数形を続けられるのは③ Any だけ。

選択肢 ① All，② Some，④ A lot of を用いると複数形の boys にしなければならない。

プラス 肯定文で用いる **any of A** は「A のだれでも／A のどれでも」という意味。A には**可算名詞の複数形**が来る。**any of** his colleagues「彼の同僚のだれでも」，**any of** these books「これらの本のどれでも」

Section 191 both / either / neither の用法

・整理して覚える 088

725 空所の部分を主語にする動詞の形は hate ◆both (of A)「(A の) 両方」

代名詞の **both** は**複数扱い**，代名詞の either と neither は原則，三人称単数扱いになる。

▶ ③ both なら文意も通り，複数扱いの主語 both に対する述語動詞 hate の形も正しい。

選択肢 ① either と④ neither は三人称単数扱いなので，述語動詞は hates という形が正しい。② all (of A)「(A の) 全部／全員」の A には 3 つ[3 人] 以上の要素を表す名詞や代名詞が来る。本問の us は「妹[姉] と私」の 2 人なので，② all は不可。

726 ◆neither (of A)「(A の) どちらも…ない」

▶ 文意が成立するには，「私たち 2 人（＝ヨウコと私）のどちらも時計を持っていなかった」という否定の意味の英文にする必要がある。よって，③ neither が正解。

727 ◆not ... either (of A)「(A の) どちらも…ない」

not ... either (of A) は**「(A の) どちらも…ない」**という意味で，neither (of A) と同意。

▶ 文意が成立するには，「2 人のどちらとも話をしない」という否定の意味の英文にする必要がある。否定語 doesn't があるので③ either が正解。④ neither（→726）は he talks to neither of them とすれば同じ意味になる。

選択肢 ② both を用いた not ... both は部分否定（→478）の意味になり，文意が成立しない。

728 ◆〈either ＋単数名詞〉「どちらか一方の」／「両方の」

either を**〈either ＋単数名詞〉**という形で用いると，**「どちらか一方の」**と**「両方の」**という 2 つの意味を表す。「両方の」という意味では side, end, hand などの名詞を修飾することが多い。

either *end* of the table「テーブルの両端」（＝ **both *ends*** of the table）

▶ either side of the street は「通りの両側」という意味。① both は〈both ＋複数名詞〉の形で用いるので，both sides of the street なら正解。

解答 723 ③ 724 ③ 725 ③ 726 ③ 727 ③ 728 ③

Section 192

729 Fortunately, (　　) of the three school children were hurt yesterday.

☒☒☒

① either　　② neither

③ nobody　　④ none　　〈立命館大〉

730 I wanted to drink beer but there was (　　) in the refrigerator.

☒☒☒

① nor　　② not

③ no　　④ none　　〈大阪産業大〉

Section 193

731 (　　) of the three boys got a prize.

☒☒☒

① Both　　② Each

③ A few　　④ Every　　〈東海大〉

732 The two brothers had no parents, so they helped (　　).

☒☒☒

① each another　　② one other

③ each other　　④ each them　　〈北陸大〉

733 (　　) student in the class passed the examination.

☒☒☒ 基本

① All　　② Every

③ Some　　④ A lot of　　〈工学院大〉

---

729 幸運にも，昨日その３人の生徒はだれもけがをしなかった。

730 私はビールを飲みたかったのだが，冷蔵庫には１本もなかった。

731 ３人の少年それぞれが入賞した。

732 その兄弟２人には両親がいなかったので，彼らは互いに助け合った。

733 クラスのどの生徒も試験に受かった。

Section 192 none の用法

729 ◆ none of A「A の何 1 つ…ない/ A のだれ 1 人…ない」

none of A は「**A の何 1 つ…ない/ A のだれ 1 人…ない**」という意味。A には 3 つ [3 人] 以上の要素を表す名詞や代名詞が来る。

⚠注意 neither (of A) (→ 726) は「(A の中で) どちらも…ない」という意味。A には 2 つ [2 人] の要素を表す名詞や代名詞が来る。

▶ the three school children「その 3 人の生徒」という 3 人以上の要素に対して使えるのは, ④ none だけ。

730 ◆ none の用法

〈no +名詞〉の代わりに none を用いることができる。none は可算名詞と不可算名詞の両方の代わりに使える。
She waited for a reply, but **none** came.「彼女は返事を待ったが来なかった」
← none は no reply (可算名詞) の代わり。

▶「ビールはなかった」は there was no beer となり, no beer (不可算名詞) の代わりに none を用いるのが正しい。

Section 193 each / every の用法

731 the three boys は複数名詞 ◆ each of A「A のそれぞれ」

each of A は「**A (複数名詞) のそれぞれ**」という意味。each of A それ自体は, 単数扱いになることに注意。

選択肢 ①の both は 2 つ [2 人] の要素に用いるので不可 (→ 725)。④の every は形容詞で〈every +単数名詞〉という形で用いる (→ 733)。(×) every of A という形はない。

⚠注意 **形容詞の each は可算名詞の単数形を修飾し, 代名詞の each は可算名詞の複数形とともに使う。**each boy「それぞれの少年」, each of the boys「その少年たちのそれぞれ」

732 ◆ each other「お互い」(= one another)

each other は「**お互い**」という意味の**代名詞**。代名詞であって, 副詞句ではないことに注意。
They are different from **each other**.「彼らはお互い異なっている」
→ each other は前置詞 from の目的語。

▶ ③ each other は他動詞 help (本問では helped) の目的語。

733 ◆〈every +単数名詞〉「どの〈名詞〉…」

every には形容詞の用法しかなく, **〈every +可算名詞 (の単数形)〉**という使い方をする。(×)〈every of the +名詞〉という表現はない。〈every +単数名詞〉は単数扱いとなることに注意。

▶ 空所のあとが単数名詞 student であることに注目する。後ろに単数名詞を続けることができるのは, ② Every だけ。

選択肢 ① All, ③ Some, ④ A lot of が可算名詞を修飾する場合は, 名詞を複数形にしなければならないので不可。(→ Section 200 (p. 327))

解答 729 ④ 730 ④ 731 ② 732 ③ 733 ②

734 The parade is held once (　　) two years.

☒☒☒ 発展

① at　　② on
③ for　　④ every

〈南山大〉

735 私は１日おきに息子に皿洗いをさせている。

☒☒☒ 発展

I have my son (other / dishes / the / day / do / every).

〈東京海洋大〉

Section 194

736 The teacher was disappointed when (　　) her students did badly on the test.

☒☒☒

① almost　　② most
③ most of　　④ the most

〈津田塾大〉

For Reading & Writing 013　〈部分+ of +全体〉という発想

most of A「A のほとんど」という表現は，**A が「全体」を表し，most が「部分（の割合）」を表すと考えれば**ずいぶん理解しやすくなります。736 の most of her students は，「彼女が受け持っている全生徒（例えば 30 人）の中で，ほとんど（例えば 27 人／9 割）の生徒」という状況を表しています。この表現は，some of her students だと「生徒の一部（例えば 10 名）」，one of her students だと「生徒の 1 人」というように，**〈部分+ of +全体〉の表現の「部分」に用いる「数量を表す代名詞」を入れ替えて使う**ことができます。

主な「数量を表す代名詞」には，all / each / any（すべて／それぞれ／どれでも），most（ほとんど），many / much（多数／多量），some（一部），a few / a little（少数／少量），few / little（ほんのわずか），none（だれも・何も…ない），both（両方），either（一方），neither（どちらも…ない），one（1 人・1 つ）などがあります。

（例）many of those programs「それらのプログラムの多く」　much of this information「この情報の多く」　one of the reasons「理由の 1 つ」

734 パレードは２年に一度行われる。

736 自分の生徒のほとんどがテストで悪い点をとったとき，その教師はがっかりした。

734 ◆〈every＋数詞+複数名詞〉「…ごと（に1度）」

〈every＋数詞＋複数名詞〉は**「…ごと（に1度）」**という意味になる。この場合は every が例外的に複数名詞を修飾することに注意。
every four years「4年ごとに／4年に1回」，**every** ten minutes「10分間隔で」
同じ内容を**〈every＋序数＋単数名詞〉**で表すこともできる。**every** fourth year「4年ごとに」，**every** tenth minute「10分間隔で」。序数を使い，単数名詞を続けることに注意。

Field 2 語法

735 ◆〈every other＋単数名詞〉「1つおきの〈名詞〉…で」

〈every other＋単数名詞〉は**「1つおきの〈名詞〉…で」**という意味。
every other week「1週間おきに／隔週で」，**every other** line「1行おきに」

- ▶「1日おきに」を every other day で表す。
- ▶「息子に皿洗いをさせている」は have A do（→**557**）を用いて表現する。

重要 □ do the dishes「皿洗いをする」

Section 194 most / almost の区別

整理して覚える 089 (p. 316)

736 空所のあとは〈所有格+複数名詞〉 ◆most of A「Aのほとんど／Aの大部分」

most of A は「Aのほとんど／Aの大部分」という意味。Aには**「the や所有格などで特定された名詞（複数名詞か不可算名詞）」**や，**代名詞**が来る。**most of** the[my] books「その[私の] 本の大部分」，**most of** them「それらの大部分」

選択肢 ① almost は副詞なので（×）〈almost＋名詞〉のように，直接，名詞を修飾することはできない。この形は誤りの選択肢として頻出。
② most が形容詞のときの〈most＋名詞〉（→**737**）という形では，〈名詞〉には **the や所有格がつかない**。（○）most books「大部分の本」,（×）most the[my] books。よって②は不可。

しっかり理解 024 形容詞と代名詞で使う all / most / some / both / either / neither / each など

all / most / some / both / either / neither / each などは形容詞と代名詞の両方で使える。
形容詞で使う場合は〈形容詞+名詞〉の形になり，代名詞の場合は〈代名詞+ of A〉となり，Aには「the や所有格で特定された名詞」が来る。

all children「すべての子どもたち」，**all (of)** *the* children「その子どもたちの全員」
some students「何人かの生徒」，**some of** *the* students「その生徒たちの何人か」
→**722**，**723**

either color「どちらかの色」，**either of** *the* colors「その色のどちらか」
each boy「それぞれの少年」，**each of** *the* boys「その少年たちのそれぞれ」→**731**
most students「ほとんどの学生」，**most of** *the* students「その学生たちのほとんど」
→**736**，**737**

解答 **734** ④ **735** do the dishes every other day **736** ③

737 (　　) students attended the science class every week.
① Almost　　② Most
③ Most of　　④ About　〈東洋大〉

738 (　　) students in the classroom looked older than me.
① Almost all the　　② Almost every
③ Most of　　④ Most the　〈学習院大〉

739 (　　) computer languages use letters and numbers.
① Almost　　② Almost all
③ Most every　　④ Nearly　〈会津大〉

Section 195

740 The two dogs are so alike that no one can tell one from (　　).
基本
① another　　② other
③ others　　④ the other　〈東北学院大〉

整理して覚える 089　most と almost の用法

most A = almost all A 「ほとんどの（特定されない）A」	(○) most books (○) almost all books	(×) most book ※単数は不可
most of A = almost all (of) A 「ほとんどの（特定の）A」	(○) most of the books (○) almost all (of) the books	(×) most of books ※ the が必要

整理して覚える 090　another / the other / others / the others の区別

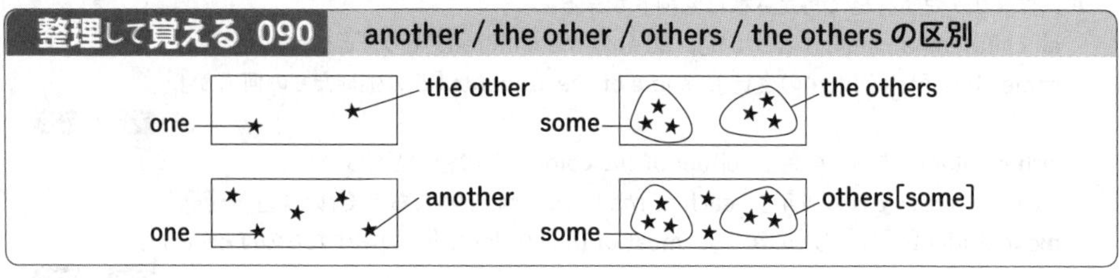

737 ほとんどの学生は毎週，科学の授業に出席した。
738 その教室にいる生徒のほとんどが私よりも年上に見えた。
739 ほとんどのコンピューター言語が文字と数字を用いる。
740 その２匹の犬はとても似ているので，だれにも見分けがつかない。

737 空所のあとの複数名詞 students に注目　◆〈most＋名詞〉「ほとんどの…／大部分の…」

▶ 後ろに複数名詞 students を続けることができるのは②の most だけ。most には可算名詞と不可算名詞の両方が続くが，可算名詞のときは複数形になることに注意。

選択肢　①の almost は副詞で，直接，名詞を修飾することはできない。③の most of A は，A に「the や所有格などで特定された名詞」や代名詞が来る（→**736**）ので不可。

738　◆almost all (of) A「A のほとんど／A の大部分」(= most of A)

almost all ...「ほとんどすべての…」＝**most** ...「ほとんどの…」であることから，**almost all of A**＝**most of A**「A のほとんど」となる。
almost all (of) A の A には「the や所有格などで特定された名詞」や代名詞が来る。〈almost all of the[one's]＋名詞〉の表現では of が省略されて，〈**almost all the[one's]＋名詞**〉という形になることが多い。（例）**almost all my** books「私の本の大部分」。

⚠注意　almost all of them のような〈almost all of＋代名詞〉の場合は of を省略できない。

▶ ①の Almost all the students「生徒のほとんど」は Almost all of the students の of が省略された形。

選択肢　②の形容詞 every は単数名詞を修飾する（→**733**）ので，Almost every student なら正解。③，④は Most of the students なら正解になる。→**736**

739　◆〈almost all＋名詞〉「ほとんどの…／大部分の…」(=〈most＋名詞〉)

▶ ②を選ぶと Almost all computer languages「ほとんどのコンピューター言語」(= most computer languages) となり，文意も通る。

⚠注意　almost all of A の of が省略された，almost all A と見た目の形が同じになることに注意。ただし，almost all (of) A の A には特定の名詞が来るのに対し，〈almost all＋名詞〉の名詞には特定されない名詞が来る。左頁の 整理して覚える 089 も参照すること。

選択肢　副詞の① Almost は，直接，名詞を修飾することはできないので不可。

Section 195 another / the other / others / the others の区別

整理して覚える 090

740 2匹の犬を one と（　　）で受ける　◆the other「他方／もう一方」

2つの要素があるとき，「**一方**」を **one** で指し，「**他方／もう一方**」を **the other** で指す。2つの要素の中で，どちらかの不特定の1つを選ぶと，残りの1つは特定のものになるので other に the をつける。この場合，残りの方は，1つなので複数にならない。

▶ one dog「一方の犬」は〈形容詞＋名詞〉の形。名詞 dog の繰り返しを避けるために，one dog を代名詞の one で代用したと理解してもよい。同様に〈形容詞＋名詞〉の the other dog「もう一方の犬」も代名詞の the other で代用したと理解してもよい。

選択肢　① another（→**741**）は同じ種類の「別のもの／別の人」という意味で，原則として2つの要素の中の特定の要素に対して用いることはできない。
② other は形容詞で〈(the) other＋名詞〉という使い方をする。形容詞 other を単独で使うことはない。
（例）the other hand「もう一方の手」，other countries「他の国々」

解答　**737** ②　**738** ①　**739** ②　**740** ④

741 I don't like this bag. Would you please show me (　　)?
基本
① one　② other
③ another　④ something
〈神戸山手大〉

742 I have five boxes here. One is full of books and (　　) are all empty.
① other　② the ones
③ the other　④ the others
〈関西学院大〉

743 There're many kinds of flowers in this garden. Some are red, and (　　) are yellow.
① the other　② other
③ another　④ others
〈神奈川工科大〉

744 To say is one thing, and to do is quite (　　).
① other　② another
③ the other　④ others
〈つくば国際大〉

745 The physician will examine all of you (　　).
① one after others　② the one after the other
③ one after another　④ one after the another
〈桜美林大〉

746 We had to wait (　　) two hours for the train to come.
発展
① other　② another
③ more　④ any
〈東京経済大〉

---

741 このバッグは好みではありません。別のものを見せてもらえますか。
742 ここに箱が5つあります。1つは本でいっぱいで，残りはすべて空です。
743 この庭園にはたくさんの種類の花がある。赤いものもあれば，黄色いものもある。
744 言うことと，することはまったく別だ。
745 その内科医が皆さん全員をひとりひとり順に診察します。
746 電車が来るまで，私たちはさらに2時間待たなければならなかった。

741 this bag ではない別のもの ◆another「別のもの／別の人」

another は**同じ種類の「別のもの／別の人」**という意味。

▶「バッグという同じ種類だが，これとは別のバッグ」という意味で another を使う。
▶〈形容詞＋名詞〉の another bag「別のバッグ」を代名詞の another で代用したと理解してもよい。

742 1つ以外のものすべて ◆the others「残り全部」

あるグループの中からいくつかを取って，その「(複数個の) 残り全部」を **the others** で表す。残りが1つ［1人］の場合は **the other** を用いる。→ 740

▶ 本問の「残り」は4つすべての箱なので，④ the others を用いるのが正しい。
▶〈形容詞＋名詞〉の the other books「残り全部の本」を代名詞の the others で代用したと理解してもよい。

743 ◆others「他のもの／他の人」

others は同じ種類の**「他のもの／他の人」**という意味。others は another (→ 741) の複数形だと理解すればよい。

▶ 本問のように some ... , (and) others ～「…のものもあれば，～のものもある／…の人もいれば，～の人もいる」という形で用いる場合が多い。
Some like coffee, and **others** like tea.「コーヒーを好む人もいれば，紅茶を好む人もいる」
▶〈形容詞＋名詞〉の other flowers「他の花々」を代名詞の others で代用したと理解してもよい。

> プラス　others は「他人（= other people)」という意味もある。
> You should be kind to **others**.「他人には親切にすべきだ」
>
> プラス　〈形容詞の other＋名詞〉＝代名詞の other の代用は以下のように公式化できる。
> (1)〈another＋単数名詞〉＝ another〈不特定・単数〉
> (2)〈the other＋単数名詞〉＝ the other〈特定・単数〉
> (3)〈other＋複数名詞〉＝ others〈不特定・複数〉
> (4)〈the other＋複数名詞〉＝ the others〈特定・複数〉

744 ◆A is one thing and B is another.「AとBとは別のものだ」

745 ◆one after another「次々に」

▶ one after another「次々に」は副詞句であることを確認しよう。

> プラス　「次々に」という意味で〈one +単数名詞+ after another〉という表現もある。
> **One** *building* **after another** is being built.「次から次にビルが建設されている」

746 ◆〈another +数詞+ A〉「あと…の A ／さらに…の A」

この表現は「距離，時間，お金」などを追加する場合に用いる。**〈数詞＋ A〉**を **1つのセット**と見なし，それを，さらに1つ加えるというイメージで理解すればよい。
drive **another** *five miles*「あと5マイル車で行く」，pay **another** *10 dollars*「さらに10ドル支払う」

> 重要　□ wait for A to do「A が…するのを待つ」

解答　741 ③　742 ④　743 ④　744 ②　745 ③　746 ②

Section 196

747 Sexual harassment is a serious issue and should be treated as (　　).
発展
① if　　② much
③ such　　④ yet
〈近畿大〉

748 空所に共通する１語を書きなさい。
発展
(a) Wealth, as (　　), does not matter much.
(b) She told her story in (　　) a way that we all laughed.
〈慶應義塾大〉

Section 197

749 "Do you think the teacher will really fail us?"
"From the low scores on our final test, (　　)."
① I hope so　　② I'm afraid not
③ I cannot hope so　　④ I'm afraid so
〈明治大〉

750 "Is Betty coming to my birthday party tonight?"
"(　　). She is busy with her homework."
① I don't suppose it　　② I suppose it
③ I suppose not　　④ I suppose so
〈杏林大〉

しっかり理解 025　that 節の代わりに用いる so と not

hope / be afraid / think / believe / suppose / guess などに続く that 節の代わりに，so あるいは not を用いる場合がある。**that 節が肯定の内容の場合は** so を，**否定の内容の場合は** not を用いる。

(1) hope「…ということを願う」の場合

① "Will it be fine tomorrow?" "I hope **so**."「明日は晴れるかな」「晴れたらいいなあ」
　→ I hope that it will be fine tomorrow.（**肯定**の内容の that 節の代わりの so）

② "Will it rain tomorrow?" "I hope **not**."「明日は雨が降るかな」「雨が降らなければいいなあ」
　→ I hope that it will not rain tomorrow.（**否定**の内容の that 節の代わりの not）

(2) be afraid「残念だが…だと思う」の場合

① "Will it rain tomorrow?" "I'm afraid **so**."「明日は雨が降るかな」「残念だが雨が降りそうだ」
　→ I'm afraid that it will rain tomorrow.（**肯定**の内容の that 節の代わりの so）

② "Will it be fine tomorrow?" "I'm afraid **not**."
「明日は晴れるかな」「残念だが晴れそうにない」
　→ I'm afraid that it will not be fine tomorrow.（**否定**の内容の that 節の代わりの not）

---

747 セクシャルハラスメントは深刻な問題であり，そういうものとして扱われるべきである。
748 (a) 富はそれ自体は大して重要ではない。(b) 私たち全員が笑うように彼女は自分の話をした。
749「先生が本当に私たちを落第させると思う？」「期末テストの悪い成績からすれば，残念だけどそうなるね」
750「ベティーは今夜の僕の誕生日パーティーに来るかな？」「来ないだろうな。彼女は宿題で忙しいよ」

Section 196 such の用法

747 ◆as such「そういうものとして／それなりに」

代名詞 **such** が前文の名詞を受けて，**as such** という形で「**そういうものとして／それなりに**」という意味を表すことがある。be treated[recognized / accepted] **as such**「そういうものとして扱われる[認められる／受けとめられる]」などの表現で用いられる。

▶ 本問の代名詞 such は a serious issue を受けている。

748 ◆as such「そのこと自体（は）／それだけで（は）」

as such には「**そのこと自体(は) ／それだけで(は)**」という意味もある。

重要 □ in such a way that S V ...「…するように／…するようなやり方で」

Section 197 that 節の代わりに用いる so と not

749 be afraid / hope と so / not の最適な組み合わせは？ ◆that 節の代わりに用いる so

▶ 対話が成立するためには，I'm afraid that the teacher will really fail us.「残念だが先生は本当に私たちを落第させると思う」という英文にする必要がある。よって，肯定の内容の that 節の代わりに **so** を用いた④ I'm afraid so が正解。

選択肢 ① I hope so だと「先生が私たちを落第させることを願う」という文意となり不自然。
重要 □ fail「(人) を落第させる」

750 ◆that 節の代わりに用いる not

▶ 対話が成立するためには，I suppose that Betty is not coming to your birthday party tonight.「ベティーは今夜の君の誕生日パーティーには来ないと思う」という英文にする必要がある。よって，否定の内容の that 節の代わりに **not** を用いた③ I suppose not が正解。

選択肢 that 節の代わりに it を用いることはできないので①，②は不可。④ I suppose so は「彼女はパーティーに来ると思う」という意味になり，対話が成立しないので不可。

解答 747 ③ 748 such 749 ④ 750 ③

Section 198

751 (a) The matter doesn't concern me in the least.
(b) I have (　　) to do with the matter. 〈福島大〉

752 われわれのチームの勝利は，監督の攻撃的な戦術と大いに関係があった。
Our team's (to / had / our / victory / with / much / do) coach's aggressive strategies. 〈拓殖大〉

753 There is something noble (　　) her.
① about　　② around
③ on　　④ along 〈西南学院大〉

754 There seems to be (　　) with this wall clock; it doesn't work at all.
① something the matter　　② something matter
③ anything matter　　④ nothing the matter 〈東京電機大〉

755 発展 She is (　　) of a musician and composes her own music.
① something　　② somebody
③ anything　　④ everything 〈松山大〉

756 発展 If worrying were harmless, it would (a problem / be / much / not / of). 〈岩手医科大〉

For Reading & Writing 014　形容詞→形容詞節（=関係詞）への変形

753 There is something +形容詞+ about A.「A にはどこか…なところがある」は，**A の特徴を形容詞で説明する**際に便利な表現です。問題文は「高貴な」という特徴を形容詞の noble で表しており，noble を mysterious に変えれば，「謎めいた」，strange なら「奇妙な」となります。このように，形容詞を入れ替えることでさまざまな特徴を表せますが，形容詞という単語だけでは，表せる情報に限界がありますね。それでは，「**A の特徴についてもっと詳しく説明したい**」という場合はどうすればよいでしょうか。答えは「形容詞の代わりに形容詞節（=関係詞節）を用いる」です。つまり，There is something +形容詞+ about A. → There is something + about A +関係詞節. と変形するわけです。**文末に移動した関係詞節が，先行詞の something と分離**することに注目。
（例）There is something about work that is good for you.「仕事には良い点もある」
☞ 関係詞節の that is good for you は，work ではなく，something を修飾します。ここは英文解釈で差がつきやすいポイントですし，詳しい特徴を説明できるので英作文でも活躍します。是非使いこなしてください。

---

751 (a) その件は私にはまったく関係がない。(b) 私はその件とは何の関係もない。
753 彼女にはどこか高貴なところがある。
754 この掛け時計はどこか調子が悪いようだ。まったく動かない。
755 彼女はちょっとした音楽家で，自身で作曲もする。
756 もし心配するという行為が無害ならば，たいした問題にはならないだろう。

Section 198 something / nothing などを用いた慣用表現

751 ◆ have nothing to do with A「A と無関係である」

have ... to do with A は「**A と…の関係がある**」という意味。「...」には，関係の程度の大小に応じて，much / a lot / something / nothing / a little / little などが来る。
I **have** *a lot* [*something* / *a little* / *little*] **to do with** the matter.
「私はその件とは大いに関係がある［何らかの関係がある／少し関係がある／ほとんど関係がない］」

752 ◆ have much to do with A「A と大いに関係がある」

▶ have much to do with A「A と大いに関係がある」は much を **a lot** にしても同意。

753 ◆ There is something +形容詞+ about A.「A にはどこか…なところがある」

プラス 〈There is nothing +形容詞+ about A.〉は「A には…なところはない」という意味。

754 ◆ There is something the matter with A.「A にはどこか悪いところがある」

▶ the matter の代わりに wrong を使った **There is something wrong with A.** も同じ意味。本問は述語動詞の is が seems to be に変形された形（→ しっかり理解 007 (p. 074)）。

整理して覚える 091 There is something the matter［wrong］with A. の関連表現

- □ **There is something the matter[wrong] with A.**「A はどこか悪いところがある」→ 754
- □ **There is nothing the matter[wrong] with A.**「A にはどこも悪いところはない」
  ＊something の代わりに nothing を用いた表現。
- □ **Something is the matter[wrong] with A.**「A はどこか悪いところがある」
- □ **Nothing is the matter[wrong] with A.**「A にはどこも悪いところはない」
  ＊There を用いない表現。
- □ **What's the matter[wrong] with A?**「（心配して）A はどうしたの／ A はどこか悪いの」→ 1408
  ＊主語の Something / Nothing を疑問詞 what にした表現。
  "What's the matter[wrong] with you? You look pale."
  "Nothing is the matter[wrong]. I'm fine."
  「どうしたの？ 顔色が悪いよ」「どこも悪くありません。元気ですよ」

755 ◆ 〈something of a +名詞〉「ちょっとした〈名詞〉／かなりの〈名詞〉」

▶ 慣用表現として正確に覚えておこう。

756 ◆ 〈not much of a +名詞〉「たいした〈名詞〉ではない」

▶ not の位置に注意。not は助動詞 would のあとにつける。本問は仮定法過去（→ Section **030** (p. 055)）を用いている。

解答 751 nothing 752 victory had much to do with our 753 ① 754 ① 755 ① 756 not be much of a problem

757 We enjoyed (　　) at the party last week.

① our　② ourselves

③ really　④ us　〈宮城学院女子大〉

758 Why don't you (　　) some ice cream?

① keep up with　② help yourself to

③ make much of　④ get out of　〈産業能率大〉

759 お疲れのようですね。どうぞ入っておくつろぎください。

You look tired. Do (make / home / come in / at / yourself / and).

〈甲南女子大〉

760 "Who did you go to the movie with?" "No one. I went (　　)."

① by myself　② with him

③ with anyone　④ by nobody　〈駒澤大〉

761 He was (　　) himself with worry about his sick mother.

① by　② for

③ beside　④ beyond　〈西南学院大〉

762 発展 Most of the work that most people have to do is not in (　　) interesting.

① itself　② little

③ that　④ them　〈広島修道大〉

---

757 私たちは先週のパーティーで楽しんだ。

758 アイスクリームを自由に召し上がってください。

760「だれと映画を見に行ったの？」「だれとも。ひとりで行ったんだ」

761 彼は病気の母のことが心配で，我を忘れていた。

762 ほとんどの人々がしなければならない仕事の大半は，それ自体は，おもしろいものではない。

Section 199 再帰代名詞の用法と慣用表現

整理して覚える 092 再帰代名詞の種類

	単数	複数
一人称	myself	ourselves
二人称	yourself	yourselves
三人称	himself / herself / itself	themselves

757 ◆ enjoy oneself「楽しむ」

We enjoyed **ourselves**. のように，**主語と同一の人[もの]を表す再帰代名詞**を他動詞の目的語に用いる用法がある。

▶ enjoy には再帰代名詞を目的語にとって，「楽しむ」という意味になる用法がある。本問は主語の we と同一の目的語なので，② ourselves が正解。

プラス　他動詞の目的語に再帰代名詞を用いて，自動詞的な意味になる動詞には次のようなものがある。
enjoy oneself「楽しむ」（←自分を楽しませる），**hide oneself**「隠れる」（←自分を隠す），**dress oneself**「服を着る」（←自分に服を着せる），**seat oneself**「座る」（←自分を座らせる）

758 ◆ **Help yourself to A.**「A（飲食物）を自由に食べて[飲んで]ください」

選択肢　① keep up with A「A に遅れずについていく」→ 1000，③ make much of A「A を重視する」→ 1021，④ get out of A「A から外に出る」

759 ◆ **Make yourself at home.**「くつろいでください」（= Feel relaxed.）

at home は「**くつろいで**」という意味。Make yourself at home. は「あなた自身をくつろぐようにしなさい」が直訳。→ 1217

注意　文頭の Do は命令文を強調して，「どうぞ／ぜひ…してください」という意味を表す。

760 ◆ (all) by oneself「ひとりで」

(all) by oneself は「**ひとりで**（= alone)」と「**独力で**」という 2 つの意味がある。「独力で」という意味では **for oneself** も同じ意味になる。→ 1226

761 ◆ be beside oneself (with A)「（A で）我を忘れる／取り乱す」

▶ beside A は「A をはずれて」という意味。**beside** the point「要点からはずれて」

762 ◆ in itself「それ自体／本質的に」

この表現は「**もの・事**」に対して **in itself / in themselves** という形で用いるのが原則。

整理して覚える 093 〈前置詞（句）+ oneself〉の表現

☐ (all) by oneself「ひとりで（→ 760）／独力で」，☐ for oneself「独力で」，☐ (all) to oneself「自分だけに」，☐ between ourselves「ここだけの話だが」，☐ be beside oneself (with A)「（A で）我を忘れる／取り乱す」→ 761，☐ in itself / in themselves「それ自体／本質的に」→ 762，☐ in spite of oneself「思わず」

解答　757 ②　758 ②　759 come in and make yourself at home　760 ①　761 ③　762 ①

第20章

Field 2 語法

形容詞の語法

Section 200

763 Driving downtown to the stadium for the baseball game was easy. We got there quickly because there was (　　) traffic.
基本
① few　② a few
③ little　④ a little
〈法政大〉

764 I can't decide now. I need (　　) time to think about it.
基本
① few　② a few
③ little　④ a little
〈日本大〉

765 My daughter has (　　) close friends at school.
基本
① a little　② a little of
③ a few　④ a few of
〈南山大〉

766 There were (　　) people at the meeting, so the room was nearly empty.
基本
① big　② number
③ few　④ little
〈亜細亜大〉

767 It is not good for your health to put (　　) sugar in your coffee.
基本
① a lot　② lots
③ too many　④ too much
〈学習院大〉

---

763 野球の試合のために車で繁華街を通って野球場へ行くのはたやすかった。交通量がほとんどなかったので，すぐにそこに着いた。
764 今は決められません。それについて考える時間が少し必要です。
765 私の娘は学校に数少ない親友がいる。
766 会議にはほとんど人がいなかったので，部屋はからっぽに近かった。
767 コーヒーに砂糖を入れすぎると，健康に良くないですよ。

Section 200《 数・量を表す形容詞の用法

整理して覚える 094 数・量を表すおもな形容詞

数・量 ＼ 修飾する名詞	A は可算名詞（の複数形）	A は不可算名詞
たくさんの…	many A → 768 / a great number of A → 773	much A → 767 / a great deal of A → 772
かなりの数・量の…	quite[not] a few A → 769	quite[not] a little A → 769
少しの…	a few A → 765	a little A → 764
ほとんど…ない	few A → 766	little A → 763

⚠注意 all / a lot of / lots of / plenty of / some（→ 770）/ any / no などは可算名詞（の複数形）と不可算名詞の両方を修飾することに注意。

⚠注意 many / (a) few / much / (a) little / all / some / any などには形容詞と代名詞の使い方がある。→ しっかり理解 024 (p. 315)

763
◆〈little＋不可算名詞〉「ほとんど…ない」

▶ traffic「交通（量）」は不可算名詞（→ Section **177** (p. 291)）。不可算名詞を修飾するのは③ little「ほとんど…ない」と④ a little「少しの…」だが，「交通量が**ほとんどなかった**→すぐに到着した」という文意が成立する③ little が正解。

選択肢 ① few と② a few は可算名詞を修飾するので不可。

764
◆〈a little＋不可算名詞〉「少しの…」

▶ time「時間」は不可算名詞。「決められない→**少しの**考える時間が必要」という文意が成立する④ a little「少しの…」が正解。

765
◆〈a few＋可算名詞〉「少しの…」

▶ friends「友人」は可算名詞の複数形。可算名詞を修飾する③ a few が正解。

⚠注意 ②④の a little と a few は代名詞。a little of A / a few of A という形で用いるが，**A には the や所有格のついた特定の名詞や代名詞が来る。**
A little of their wealth still remains.「彼らの財産はまだ少し残っている」
I have read **a few of** these books.「私はこれらの本を少し読んだ」

766
◆〈few＋可算名詞〉「ほとんど…ない」

▶ people「人々」は複数扱いする名詞なので，可算名詞の複数形として考える。
▶「部屋はからっぽに近かった」ので，③ few「ほとんど…ない」が正解。

767
◆〈much＋不可算名詞〉「たくさんの…」

▶ sugar「砂糖」は不可算名詞。不可算名詞を修飾する much を使った④の〈too much＋不可算名詞〉は「たくさんすぎる…」という意味で，正解となる。

選択肢 ③の many は可算名詞を修飾する。
① a lot と② lots は a lot of と lots of なら正解となる。a lot of / lots of は可算名詞も不可算名詞も修飾できる。

解答 763 ③ 764 ④ 765 ③ 766 ③ 767 ④

768 Have you had (　　) experiences abroad?
基本
① little　② lots
③ many　④ much
〈工学院大〉

769 There were quite a few students absent from class.
① a limited number of
② an extremely small number of
③ a small number of
④ a fairly large number of
〈明海大〉

770 We'll get (　　) information from the tourist office.
基本
① some　② any
③ an　④ every
〈青山学院大〉

771 Come here and sit down by me. There is (　　) room for you.
① a　② enough
③ little　④ the
〈南山大〉

772 A great (　　) of money has been spent on this building.
① deal　② number
③ price　④ cost
〈駒澤大〉

773 A great number of members opposed my proposal at the meeting.
① A few　② Many
③ The number of　④ A minimum of
〈明海大〉

---

768 海外経験は多いですか。
769 授業を休んだ学生がかなり大勢いた。
770 私たちは旅行案内所から情報を入手するつもりだ。
771 ここに来て私のそばに座りなさい。十分なスペースがあるから。
772 この建物にたくさんのお金が費やされてきた。
773 会議では多くの参加者が私の提案に反対した。

768 ◆〈many +可算名詞〉「たくさんの…」

▶ experiences「経験」は可算名詞の複数形。可算名詞を修飾するのは③の many だけ。

選択肢 ① little と④ much は不可算名詞を修飾する。
②は lots of なら正解となる。

769 ◆〈quite a few +可算名詞〉「かなりの数の…」

quite a few / not a few は**可算名詞**（の複数形）をあとに続け，「**かなりの数の…**」という意味になる。同様に quite a little / not a little は**不可算名詞**をあとに続け，「**かなりの量の…**」という意味になる。
There was **quite a little** water in the pool.「プールにはかなりの量の水があった」

770 ◆〈some +不可算名詞〉

形容詞 some「**いくらかの**」は可算名詞（の複数形）と不可算名詞の両方を修飾する。

▶ information「情報」は不可算名詞。① some は不可算名詞も修飾できる。

選択肢 ②の any は肯定文で用いると，可算名詞の単数形をあとに続けて「どんな…でも」という意味になる（→ 724）。
④ every（→ 733）は可算名詞の単数形を修飾する。

771 ◆〈enough +可算名詞／不可算名詞〉

形容詞 enough「**十分な**」は可算名詞（の複数形）と不可算名詞の両方を修飾する。

▶ 本問の room（→ 681）は不可算名詞で「空間／場所／スペース」という意味。
② enough を選べば「十分な場所［スペース］がある」となって文意が通る。

選択肢 ① a を入れると room は可算名詞で「部屋」という意味。ここでは文意に合わない。
③ little は不可算名詞を修飾するが，「ほとんどスペースがない」という意味になり文意に合わない。
There is S ...「S がある」の S には不特定の名詞が来るので④ the は不可。

772 ◆ a great[good] deal of A「たくさんの A（不可算名詞）」

a great[good] deal of A は「**たくさんの A**（不可算名詞）」という意味で，**量が多い**ことを表す。**a great[good] deal of** snow「大量の雪」

773 ◆ a great[good / large] number of A「多くの A（可算名詞の複数形）」

a number of は「**多くの**」という意味で，**数が多い**ことを表し，あとに可算名詞の複数形を続ける。本問のように，number の前に great / good / large などの形容詞がつくことが多い。

解答 768 ③ 769 ④ 770 ① 771 ② 772 ① 773 ②

774 I don't mind being transferred as long as the job is (　　).
基本
① interest　② interested
③ interesting　④ interests
〈神奈川大〉

775 When he was ①asked why he was studying ②so hard, he replied ③that he was ④interesting in English culture.
基本
〈関西学院大〉

776 It was (　　) that so many people came to see our performance.
基本
① exciting　② excited
③ excitement　④ to excite
〈追手門学院大〉

777 When some (　　) children got onto the train, it became very noisy.
基本
① excite　② excited
③ exciting　④ to excite
〈中央大〉

778 My job at the company was very (　　).
① bored　② boredom
③ bore　④ boring
〈青山学院大〉

779 ①Students were boring ②because the teacher ③just forced them ④to learn grammar and vocabulary.
〈上智大〉

しっかり理解 026　分詞形容詞の意味

「**分詞形容詞**」とは，人の感情に関する動詞の現在分詞と過去分詞が，形容詞として使われるようになったもの。分詞形容詞は派生した元の動詞の意味に戻って考えれば理解しやすい。人の感情に関する動詞は，「人を…（の感情に）させる」という意味になるものが多い。たとえば，他動詞 surprise は「(人を) 驚かせる」という意味である。そこから派生した現在分詞 surprising は「(人を) 驚かせるような→驚くべき／意外な」という能動的な意味の分詞形容詞になり，過去分詞 surprised は「(人が) 驚かされた→（人が）驚いた／驚いている」という受動的な意味の分詞形容詞になる。

The result surprised me.「その結果は私を驚かせた」
The result was surprising.「その結果は驚くべきものだった」
I was surprised at the result.「私はその結果に驚いた」

---

774 仕事がおもしろいのであれば，転勤も気にしません。
775 なぜそんなに必死に勉強しているのかと聞かれて，彼は，英国文化に興味があるからと答えた。
776 私たちの公演をそんなにたくさんの人が見に来てくれたのは，胸躍る出来事だった。
777 興奮した子どもたちが電車に乗り込んできて，とても騒がしくなった。

Section 201 分詞形容詞

・しっかり理解 026
・整理して覚える 095

774 ◆interesting「(人にとって) おもしろい／興味を引き起こす←(人に) 興味をもたせるような」

他動詞 **interest**「(人に) 興味をもたせる」から派生した **interesting** は「(人に) 興味をもたせるような→ (人にとって) **おもしろい**／ (人の) **興味を引き起こす**」という意味になり, **interested** は「(人が) 興味をもたされた→ (人が) **興味をもっている／興味がある**」という意味になる。
The job **interests** me.「その仕事は私に興味をもたせる」
The job is **interesting**.「その仕事はおもしろい」
I am **interested** in the job.「私はその仕事に興味がある」

▶ 主語の the job との関係に注目する。the job の内容を述べているので, ③ interesting「(人にとって) おもしろい」が正解となる。
▶ ②の the job is interested は「仕事が興味をもっている」という不自然な意味になる。

775 ◆interested「(人が) 興味をもっている／興味がある←(人が) 興味をもたされた」

▶ ④を含んだ he was interesting は「彼はおもしろい人物だ」という意味。ここでは be interested in A「A に興味をもっている／興味がある」を用いるのが正しい。

選択肢 ①は受動態 be asked「尋ねられる」, ②は「強調」の副詞 so, ③は reply that SV「…と答える」。

776 ◆exciting「(人にとって)興奮する／わくわくする←(人を) 興奮させるような」

他動詞 **excite**「(人を) 興奮させる」から派生した **exciting** は「(人を) 興奮させるような→ (人にとって) **興奮する／わくわくする**」という意味になり, **excited** は「(人が) 興奮させられた→ (人が) **興奮した／わくわくした**」という意味になる。
The game **excited** him.「その試合は彼を興奮させた」
The game was **exciting**.「その試合は興奮するものだった」
He was **excited** about the game.「彼はその試合に興奮した」

▶ 本問は It が形式主語で, that 節が真主語 (→**712**)。that 節の内容が「(人にとって) 興奮する」ものなので, ① exciting が正解。

777 ◆excited「(人が) 興奮した／わくわくした←(人が) 興奮させられた」

▶ ③ exciting children「(人を) 興奮させるような子どもたち」では文意が通らない。

778 ◆boring「(人にとって) 退屈な／つまらない←(人を) 退屈させるような」

他動詞 **bore**「(人を) 退屈させる」から派生した **boring** は「(人を) 退屈させるような→ (人にとって) **退屈な／つまらない**」という意味になり, **bored** は「(人が) 退屈させられた→ (人が) **退屈した／うんざりした**」という意味になる。

779 ◆bored「(人が) 退屈した／退屈している ←(人が) 退屈させられた」

▶ ① Students were boring「生徒たちは退屈な連中だった」では文意が通らない。

選択肢 ③, ④は force A to do「A に (無理やり) …させる」(→**570**) を用いている。

---

778 その会社での私の仕事はとても退屈なものだった。
779 先生が文法と語いを学ぶことばかり強要するので, 生徒たちはうんざりしていた。

解答 **774** ③ **775** ④→ interested **776** ① **777** ② **778** ④ **779** ①→ Students were bored

780 They were ( ) with the results.
☒☒☒
① disappoint ② disappointed
③ disappointing ④ to disappoint 〈工学院大〉

781 "It is ①extremely disappointed to find that so many shops or
☒☒☒
shopkeepers ②are still prepared to sell knives to ③people under 16,"
④said a researcher. 〈甲南大〉

782 Many students seem more ( ) now about how to write a research
☒☒☒
paper.
① confusing ② confusion
③ confused ④ confuse 〈甲南大〉

783 George looked ( ) when I apologized to him for my rudeness.
☒☒☒
① satisfy ② satisfied
③ satisfying ④ to satisfy 〈成城大〉

---

780 彼らはその結果にがっかりした。
781 「16歳未満の人に平気でナイフを売る店や店主が依然として非常に多いということは極めて残念である」と，調査員は述べた。
782 研究論文をどう書けばよいのか，今では多くの生徒たちがいっそう困惑しているようだ。
783 私の無礼を謝ると，ジョージは満足したようだった。

780 ◆disappointed「(人が) 失望した/がっかりした←(人が) 失望させられた」

他動詞 **disappoint**「(人を) 失望させる」から派生した disappointing は「(人を) 失望させるような→(人を) **失望させる/期待はずれの**」という意味になり, disappointed は「(人が) 失望させられた→(人が) **失望した/がっかりした**」という意味になる。

▶ **be disappointed with A「A に失望する」**という形で覚えよう。

781 ◆disappointing「(人を) 失望させる/がっかりさせる←(人を) 失望させるような」

▶ It が形式主語で, to find ... が真主語。disappointed を disappointing に変えれば,「(that 節の内容を知ることは) 失望させるようなものだ」という意味になる。It is disappointed では「(that 節の内容を知ることは) 失望している」という意味になる。

選択肢 ②は be prepared to do「進んで…する」, ④は発話の内容を先に述べ, そのあとに VS と続けた直接話法の形。SV, "..." だけでなく, "...," SV や, "...," VS という形がある。

782 ◆confused「(人が) 困惑した/混乱した←(人が) 困惑させられた」

分詞形容詞 confused は「(人が) **困惑した/混乱した**」, confusing は「(人を) **困惑させる**/(人にとって) **まぎらわしい/ややこしい**」という意味。
It was a very **confusing** situation.「とてもややこしい状況だった」

783 ◆satisfied「(人が) 満足した←(人が) 満足させられた」

分詞形容詞 satisfied は「(人が) **満足した**」, satisfying は「(人にとって) **満足のいく/十分な**」という意味。a very **satisfying** movie「とても満足のいく映画」

Field 2 語法

整理して覚える 095 おもな分詞形容詞

- □ amazing「(人を) 驚嘆させるような」—amazed「(人が) 驚嘆して」
- □ exciting「(人を) 興奮させるような」—excited「(人が) 興奮して」→ 776, 777
- □ frightening「(人を) びっくりさせるような」—frightened「(人が) びっくりして」
- □ surprising「(人を) 驚かすような」—surprised「(人が) 驚いて」
- □ depressing「(人を) がっかりさせるような」—depressed「(人が) がっかりして」
- □ disappointing「(人を) 失望させるような」—disappointed「(人が) 失望して」→ 780, 781
- □ discouraging「(人を) 落胆させるような」—discouraged「(人が) 落胆して」
- □ interesting「(人に) 興味をもたせるような」—interested「(人が) 興味をもって」→ 774, 775
- □ annoying「(人を) いらいらさせるような」—annoyed「(人が) いらいらして」
- □ boring「(人を) 退屈させるような」—bored「(人が) 退屈して」→ 778, 779
- □ confusing「(人を) 困惑させるような」—confused「(人が) 困惑して」→ 782
- □ embarrassing「(人を) 恥ずかしがらせるような」—embarrassed「(人が) 恥ずかしい」
- □ encouraging「(人を) 勇気づけるような」—encouraged「(人が) 勇気づけられて」
- □ pleasing「(人を) 喜ばせるような」—pleased「(人が) 喜んで」
- □ relieving「(人を) 安心させるような」—relieved「(人が) 安心して」
- □ satisfying「(人を) 満足させるような」—satisfied「(人が) 満足して」→ 783

解答 780 ② 781 ①→ extremely disappointing 782 ③ 783 ②

Section 202

784 Despite their efforts to capture the bear (　　), they finally had to shoot it.

① lived　　② lives
③ lively　　④ alive　〈北里大〉

785 I was so tired that it was really hard to stay (　　) in class.

① waking　　② awake
③ woken　　④ wake　〈西南学院大〉

Section 203

786 ■空所に共通する１語を書きなさい。

(a) We do not have any more information at the (　　) time.
(b) There were 200 people (　　) at the meeting.　〈東京理科大〉

---

784 彼らはその熊を生け捕りにしようと努力したが，最終的には射殺しなければならなかった。
785 私は非常に疲れていたので，授業中に起きているのはとても難しかった。
786 (a) 現在のところ，私たちにはこれ以上の情報はない。
(b) その会議には200人が出席した。

Section 202 補語としてのみ用いられる形容詞

まずは確認 047 形容詞の用法

形容詞には，**補語としての用法（叙述用法）**と，**名詞を修飾する用法（限定用法）**があり，大部分の形容詞は両方の用法で使うことができる。しかし一部の形容詞は，補語あるいは名詞修飾のどちらか一方の用法でしか使えない。補語としてのみ用いられる形容詞については，整理して覚える 096もチェックしておこう。

784 ◆補語としてのみ用いられる形容詞―alive「生きている」

▶ alive「生きている」は補語としてのみ用いられる形容詞。本問は capture(V) the bear (O) alive(C)「その熊を生きている状態で捕まえる」という構造。capture[catch] A alive「A を生け捕りにする」という表現で覚えよう。

選択肢 ③ lively については794を参照。

785 ◆補語としてのみ用いられる形容詞―awake「目覚めている」

▶ awake「目覚めている」は補語としてのみ用いられる形容詞。本問は stay(V) awake(C)「目が覚めたままでいる」という構造。stay[keep] awake「(寝ないで) 起きている」という表現で覚えよう。

整理して覚える 096 名詞を修飾する用法はなく，補語としてのみ用いられる形容詞

□ afraid「恐れる」，□ alike「よく似た」→ 793，□ alive「生きている」→ 784，
□ alone「ただひとりの／孤独な」，□ asleep「眠っている」，□ ashamed「恥じている」，
□ aware「気づいている」，□ awake「目覚めている」→ 785，□ content「満足して」

Section 203 補語になる場合と名詞を修飾する場合とで意味が異なる形容詞

786 ◆present「出席している」「現在の」

形容詞 present は，補語になる場合は**「出席している」**，名詞を修飾する場合は**「現在の」**という異なる意味になる。

▶ (a)の present は名詞 time を修飾している。(b)は200 people(S) were(V) present(C) at the meeting. という英文を，There is S ...「S が存在する」という形を用いて表現しているので，この present は補語に相当すると考えてよい。

整理して覚える 097 補語になる場合（①）と，名詞を修飾する場合（②）とで意味が異なる形容詞

□ able	①「(be able to do の形で) …することができる」，②「有能な」
□ certain	①「確信している」，②「ある…」
□ late	①「遅れた，遅い」→ 799，②「後期の，故…」
□ present	①「出席している」，②「現在の」→ 786

解答 784 ④ 785 ② 786 present

Section 204

787 I would like to see you tomorrow. What time ( )?
① are you convenient ② is convenient for you
③ is convenience ④ convenient are you 〈南山大〉

788 It seemed ( ) for us to finish the task by the next day.
① unable ② incapable
③ impossible ④ terrible 〈和洋女子大〉

Section 205

789 基本 John is not ( ) to come to the class.
① able ② capable
③ possible ④ probably 〈宮城学院女子大〉

790 She is ( ) of great patience when she deals with children.
① possible ② capable
③ careful ④ able 〈駒澤大〉

Section 206

791 The price of fresh vegetables is getting too ( ) to afford them.
① expensive ② reasonable
③ cheap ④ high 〈九州産業大〉

整理して覚える 099 「できる／できない」を表す形容詞

できる	できない
□ S is able to do → 789	□ S is unable to do
□ S is capable of doing / A（名詞）→ 790	□ S is incapable of doing / A（名詞）
□ It is possible for A to do → 788	□ It is impossible for A to do → 788

---

787 明日あなたにお目にかかりたいと思います。何時が都合がよろしいですか。
788 私たちが次の日までにその仕事を終えるのは不可能なようだった。
789 ジョンは授業には出られません。
790 子どもを扱うにあたって，彼女は多大な忍耐力を発揮できる。
791 新鮮な野菜の値段が上がりすぎていて，買うことができない。

Section 204 人を主語に用いない形容詞

787 ◆convenient の用法

〈A is convenient for ＋人〉 で「**A は人に都合が良い／便利だ**」という意味になる。主語 A には「人」ではなく,「**もの・こと**」が来ることに注意。

選択肢 convenient は人を主語に用いないので, you を主語にした①は不可。

788 ◆impossible の用法

impossible「**不可能な**」と **possible**「**可能な**」は, **It is possible[impossible] (for A) to do**「(A が) …するのは可能だ[不可能だ]」という形で用いる。possible と impossible は人を主語に用いないことに注意。

選択肢 ① unable と② incapable に関しては左頁の 整理して覚える 099 を参照。

Field 2 語法

整理して覚える 098 人を主語に用いない形容詞

□ convenient「便利な／都合の良い」→ 787,	□ inconvenient「不便な」,
□ necessary「必要な」,	□ unnecessary「不要な」,
□ possible「可能な」→ 788,	□ impossible「不可能な」→ 788

Section 205 「できる／できない」を表す形容詞

整理して覚える 099

789 ◆S is able to do「S（人）は…することができる」

▶ ① able, ② capable, ③ possible はいずれも「できる」という意味を表す形容詞だが, 人を主語にとることができるのは① able と② capable だけ。さらに後ろに不定詞を続けることができるのは① able のみ。よって①が正解。

選択肢 ② capable を用いれば John is not **capable** of coming to the class. → 790,
③ possible を用いれば It is not **possible** for John to come to the class. となる。→ 788

790 ◆S is capable of doing / A（名詞）「S は…する［A の］能力がある」

▶ 空所のあとの of に注目する。後ろに of が続き, 文意が通るのは② capable だけ。

Section 206 「高い／安い」「多い／少ない」を表す形容詞

791 ◆high / low と expensive / cheap の区別

high[low] には「(**値段・給料**などが) 高い[安い]」という意味がある。値段や給料は数字で表し, 温度計のように高低でその程度を測るからと考えればよい。high[low] で修飾できる名詞は **price**「値段」, **salary**「給料」, **wage**「賃金」, **pay**「報酬」, **income**「収入」, **cost**「費用」, **tax**「税金」など。
a high[low] salary「高い[安い]給料」, high[low] taxes「高い[安い]税金」

選択肢 ①の expensive や③の cheap は, This vegetable is expensive[cheap]. や expensive [cheap] vegetable のように使う。「商品が高い」は expensive で,「商品が安い」は cheap / inexpensive で表す。② reasonable は「値段が高すぎない／値段が手ごろな」という意味。ここでは文意に合わない。

⚠注意 price「値段」は商品ではないので, (×) The price is expensive[cheap]. や, (×) expensive[cheap] price は不可。

解答 787 ② 788 ③ 789 ① 790 ② 791 ④

792 The soccer game was shown on a big screen in front of (　　) audience.

☒☒☒

① a large　　② a lot of
③ many　　④ much
〈センター試験〉

Section 207

793 David and James are (　　) in many ways.

☒☒☒

① like　　② likely
③ dislike　　④ alike
〈杏林大〉

794 John's family always enjoyed having (　　) discussions over dinner.

☒☒☒

① lively　　② alive
③ lived　　④ living
〈桃山学院大〉

795 There seems to be no (　　) thing on this deserted island.

☒☒☒

① alive　　② life
③ lived　　④ living
〈育英館大〉

整理して覚える 100　形と意味の区別が紛らわしい形容詞①

- □ alike「似ている」→ 793
- □ likely「ありそうな」

- □ alive「生きている」→ 784
- □ living「生きている／現在使われている」→ 795
- □ lively「元気な／活発な」→ 794

- □ sleepy「眠い／眠そうな」
- □ asleep「眠っている」

- □ historic「歴史上有名な／歴史に残る」
- □ historical「歴史の／史実に基づく」

- □ economic「経済（学）の」
- □ economical「（物・事が）経済的な／（人が）節約する」→ 796

- □ industrial「産業の／工業の」→ 797
- □ industrious「（人が）勤勉な／熱心な」

- □ regrettable「（事が）残念な／遺憾な」
- □ regretful「（人が）後悔している／残念に思っている」

- □ social「社会の／社交の」
- □ sociable「社交的な／愛想の良い」

---

792 そのサッカーの試合は，大観衆の前の巨大スクリーンに映し出された。
793 デイビッドとジェームズは多くの点で似ている。
794 ジョンの家族はいつも，夕食をとりながらの活発な議論を楽しんだ。
795 この無人島にはまったく生き物がいないようだ。

792 ◆large / small の用法

large[small] には「**(数・量が) 多い[少ない]** ／ **(規模・サイズが) 大きい[小さい]**」という意味がある。large[small] で修飾できる名詞には **number**「数」, **amount[quantity]**「量」, **sum**「金額」, **audience**「観客」, **population**「人口」, **crowd**「群衆」などがある。
a **large[small]** population「人口が多い[少ない]」

▶ **a large audience**「大観衆」というフレーズで覚えてしまおう。

選択肢　audience は② a lot of, ③ many, ④ much では修飾できないので不可。

Section 207 形と意味の区別が紛らわしい形容詞①

整理して覚える 100

793 ◆alike「似ている」, likely「ありそうな」

選択肢　② likely「ありそうな」は It is likely that SV「…しそうである」(→ 整理して覚える 087 (p. 306)) / S is likely to do「S は…しそうである」という形で用いることが多い。

プラス　alike ⇔ unlike「似ていない」, likely ⇔ unlikely「ありそうもない」

794 ◆alive「生きている」, living「生きている／現在使われている」, lively「元気な／活発な」

alive「生きている」は**補語**としてのみ用いる。→ 784
living「生きている／現在使われている」は原則として**名詞を修飾する**。→ 795
lively「元気な／活発な」は, 補語としても用いるし, 名詞も修飾する。

選択肢　② alive は名詞を修飾する用法はないので不可。

795 ◆alive「生きている」, living「生きている／現在使われている」

▶ living は「生きている／現在使われている」という意味。**living thing**「**生き物**」で覚えてしまおう。

選択肢　① alive には名詞を修飾する用法はない (→ 784) ので不可。

解答 792 ① 793 ④ 794 ① 795 ④

796 I've come to think that buying ①in bulk is more ②economic than shopping ③for small ④quantities. 〈青山学院大〉

797 The ①twentieth century ②saw the rapid ③industrious and ④agricultural development of the U.S. 〈東海大〉

Section 208

798 We would be glad to send ( ) information if you agree to the terms of the contract.

① rich ② further
③ large ④ farther 〈亜細亜大〉

799 We are now in the ( ) half of our training camp.

① late ② latter
③ later ④ last 〈國學院大〉

800 Have you seen his ( ) movie?

① late ② latest
③ today ④ recently 〈名古屋学院大〉

---

796 少量での買い物よりも，大量購入のほうがより経済的だと私は考えるようになった。
797 20世紀，アメリカでは産業と農業の急速な発達が見られた。
798 契約条件に同意していただければ，より詳しい情報をお送りいたします。
799 今はトレーニング合宿の後半だ。
800 あなたは彼が監督した映画の最新作を見ましたか。

796 ◆economic「経済(学)の」, economical「(物・事が) 経済的な／(人が) 節約する」

重要 □ buy in bulk「大量購入する／一括購入する」

797 ◆industrial「産業の／工業の」, industrious「(人が) 勤勉な／熱心な」

選択肢 ②の see は「(ある時代に) …が起こる／存在する」(← (ある時代が) …を見る) という意味。
This year has seen a big decrease in car accidents.
「今年は自動車事故が大幅に減った」

Section 208 形と意味の区別が紛らわしい形容詞②

798 ◆further「もっと遠い／さらに進んだ」, farther「もっと遠い」

形容詞 **further** と **farther** はともに「もっと遠い」という意味があるが, further には「**さらに進んだ／さらに加えた** (= additional)」という意味もある。
further development「さらなる進歩」, further crimes「余罪」

799 ◆late「遅れた」, later「もっと遅い」, latest「最新の」, latter「後半の」, last「最後の」

▶ 形容詞 latter は「(ある期間・時代の) 後半の／終わりに近い」という意味。the latter half of A は「A の後半」という意味になる。

800 ◆latest「最新の／最近の」

整理して覚える 101 形と意味の区別が紛らわしい形容詞②

- □ further「さらに遠い (= farther) ／さらに進んだ」→ 798
- □ farther「もっと遠い」

- □ late「(補語に用いて) 遅れた／遅い」→ 799「(名詞を修飾して) 後期の／故…」
  → 830 副詞「遅く／遅れて」
- □ later「もっと遅い／晩年の」
- □ latest「最新の」→ 800
- □ latter「後者の／後半の」→ 799
- □ last「最後の／この前の」

- □ considerable「(数量・程度などが) かなりの／相当な」→ 801
- □ considerate「(人が) 思いやりがある」
  cf. inconsiderate「思いやりがない」

- □ favorite「(最も) お気に入りの」
- □ favorable「(意見・反応などが) 好意的な／好都合な」→ 802
  cf. unfavorable「否定的な／不都合な」

- □ successful「成功した／好結果の」→ 803
- □ successive「連続する」
- □ succeeding「次の／あとに続いて起こる」

解答 796 ②→ economical 797 ③→ industrial 798 ② 799 ② 800 ②

801 Every morning he spends <u>considerable</u> time reading all the pages of three newspapers.

① a lot of ② concentrated
③ excessive ④ important 〈中央大〉

802 Because of ( ) weather conditions, Shizuoka Prefecture has an advantage in the production of fruits and vegetables.

① favorite ② favor
③ favorable ④ favorably 〈早稲田大〉

803 Our charity project was ( ) because John gave us generous support.

① successful ② successive
③ succession ④ succeeding 〈福岡大〉

Section 209

804 発展 King Arthur of England was an ( ) person.

① image ② imaginable
③ imagination ④ imaginary 〈甲南大〉

805 発展 I sometimes feel I have become less ( ) as I grow older.

① imaginary ② imaginative
③ image ④ imaginable 〈立正大〉

806 発展 We always try to be ( ) of each other's opinions, no matter how much we disagree.

① respective ② respectful
③ respecting ④ respectable 〈学習院大〉

---

801 毎朝彼は，新聞３紙のすべてのページを読むことにかなりの時間を費やす。
802 天候条件が良いため，静岡県は果物や野菜の生産において有利である。
803 ジョンの惜しみない支援のおかげで，私たちの慈善事業は成功を収めた。
804 イギリスのアーサー王は架空の人物だった。
805 私は年を取るにつれて想像力豊かでなくなってきたと，ときどき感じることがある。
806 たとえどんなに意見が食い違っても，私たちは互いの意見を尊重するようにいつも努めている。

801 ◆considerable「(数量・程度などが)かなりの／相当な」, considerate「(人が) 思いやりがある」

802 ◆favorite「(最も) お気に入りの」, favorable「(意見・反応などが) 好意的な／好都合な」

▶ favorable weather conditions で「好都合な天候条件」という意味になる。

プラス　favorable ⇔ unfavorable「否定的な／不都合な」

803 ◆successful「成功した／好結果の」, successive「連続する」, succeeding「次の／あとに続いて起こる」

Section 209 形と意味の区別が紛らわしい形容詞③

804
805 ◆imaginary「想像上の／架空の」, imaginative「想像力豊かな」, imaginable「(最上級の形容詞, every, all を修飾して) 考えられる限りの」

806 ◆respectable「(社会的に) 立派な」, respectful「丁寧な／敬意を表す」, respective「それぞれの」

▶ be respectful of[to] A は「A に敬意を表す／ A を尊重する」という意味。

整理して覚える 102 形と意味の区別が紛らわしい形容詞③

- □ imaginary「想像上の／架空の」→ 804
- □ imaginative「想像力豊かな」→ 805
- □ imaginable「(最上級の形容詞, every, all を修飾して) 考えられる限りの」

- □ intelligent「(人・動物が) 知能の高い／理解力のある」
- □ intellectual「知性の／知性に関する」
- □ intelligible「(話・文章が) 容易に理解できる」
  cf. unintelligible「理解できない」

- □ respectable「(社会的に) 立派な」
- □ respectful「丁寧な／敬意を表す」→ 806
- □ respective「それぞれの」

- □ sensitive「敏感な／神経過敏の」→ 807
  cf. insensitive「無神経な／鈍感な」
- □ sensible「分別のある／賢明な」
- □ sensory「感覚の／知覚の」
- □ sensual「官能的な」

- □ literal「(意味などが) 文字通りの／(説明・報告などが) 事実に忠実な」
- □ literary「文学の」
- □ literate「(人が) 読み書きができる」
  cf. illiterate「読み書きができない／無学の／教養がない」

- □ valueless「価値のない」
- □ invaluable「(値段がつけられないほど) 非常に貴重な」→ 808

解答 801 ① 802 ③ 803 ① 804 ④ 805 ② 806 ②

807 You should be more (　　) to her feelings.
発展
① sensible ② sensitive
③ sensual ④ sensory 〈名古屋工業大〉

808 The Egyptian vessel is (　　) of art, so it is displayed behind a thick pane of glass in the museum.
発展
① a worthless work ② an invaluable work
③ a penniless work ④ a valueless work 〈亜細亜大〉

Section 210

809 I like my job, but I'd like to do (　　).
基本
① something more creative
② more something creative
③ creative more something
④ creative something more 〈福岡大〉

810 I am ①frightfully busy ②because I have just ③gotten back from a ④two-weeks vacation. 〈学習院大〉
発展

811 The prize-winner was a (　　) boy.
発展
① six-years ② six-year-old
③ six-years-old ④ at-age-six 〈杏林大〉

812 The ①suspect is a ②six-feet-tall male, ③wearing a black sweater ④with a white logo. 〈中京大〉
発展

---

807 君は彼女の気持ちにもう少し敏感になるべきだ。
808 そのエジプトのつぼはきわめて貴重な芸術作品なので，博物館内の分厚いガラス板の向こう側に展示されている。
809 私は自分の仕事が気に入っているが，もっと創造的なことをやってみたい。
810 2週間の休暇から戻ったばかりなので，私は死ぬほど忙しい。
811 受賞者は6歳の少年だった。
812 その容疑者は身長6フィートの男性で，白いロゴ入りの黒いセーターを着ている。

807 ◆ sensitive「敏感な」, sensible「分別のある／賢明な」, sensory「感覚の／知覚の」, sensual「官能的な」

▶ be sensitive to A は「A に対して敏感である」という意味。

808 ◆ valueless[worthless]「価値のない」, invaluable[priceless]「(値段がつけられないほど) 非常に貴重な」

valuable「価値のある」の反意語は valueless「価値のない」(= worthless)。valuable の強調語は invaluable「非常に貴重な」(= priceless ←値段がつけられない)

選択肢　③ penniless「まったくお金がない／ひどく貧乏な」

Field 2 語法

Section 210 意味と用法に注意すべき形容詞

809 ◆〈something +形容詞〉の語順

something を形容詞で修飾する場合は,〈**something ＋形容詞**〉という語順になる。anything / nothing / everything の場合も同じ語順になる。
(例) **Nothing** good happened.「何もいいことが起きなかった」

▶「もっと創造的なこと」という文意を想定すると, 形容詞 creative の比較級 more creative が something を修飾するので, ① something more creative の語順が正解。

810 ◆ a two-week vacation「2 週間の休暇」

一般的に, ハイフンでつながれた **〈数字－名詞〉** は形容詞の働きをする。数字のあとの名詞は**単数形**になることに注意。a **fifty-dollar** bill「50ドル札」, a **two-day** and **one-night** trip「一泊二日の旅行」, a **five-day** week system「週 5 日労働制／週休 2 日制」

▶「2 週間の」という形容詞は (×) two-weeks ではなく two-week となることに注意。

プラス　一般的にハイフンを使って単語をつなぐと 1 語の形容詞になる。
a part-time job「アルバイト」, an internationally-minded student「国際感覚のある学生」

811 ◆ a six-year-old boy「6 歳の少年」

ハイフンでつながれた **〈数字 -year-old〉** は,「**…歳の**」という意味の形容詞。この表現では (×) six-years-old のように複数形の years は用いない。

⚠注意　ハイフンを使わずに,**〈S is +数字+ years old.〉**「S は…歳である」と表すこともできる。
この場合は years となることに注意。
He was **six years** old.
「彼は 6 歳だった」

812 ◆ a six-foot-tall male「身長 6 フィートの男性」

▶「6 フィートの」という形容詞は (×) six-feet-tall ではなく six-foot-tall となることに注意 (→ **810**)。複数形の feet ではなく, **単数形**の foot としなければならない。

⚠注意　1 フィートは約 30cm。

解答 **807** ② **808** ② **809** ① **810** ④→ two-week **811** ② **812** ②→ six-foot-tall

第21章

Field 2 語法

副詞の語法

Section 211

813 基本
It was not clear in the instructions whether the light should be left ( ) or turned off before leaving the room.
① behind ② on
③ over ④ out
〈上智大〉

814 基本
A couple of salespersons left messages while you were ( ).
① aside ② out
③ upon ④ far
〈神奈川大〉

815 基本
After classes are ( ), Hiroshi usually hurries to the gym to play basketball.
① down ② off
③ on ④ over
〈東北学院大〉

Section 212

816 基本
Susan has ( ) arrived in London and will meet with her client on Friday afternoon.
① still ② soon
③ yet ④ already
〈甲南大〉

817 基本
Robert lost his watch yesterday and hasn't found it ( ).
① anymore ② yet
③ anyhow ④ already
〈南山大〉

818 基本
I was offered that job at the international company, but I ( ) can't believe it.
① hardly ② seldom
③ still ④ yet
〈学習院大〉

---

813 部屋を退出する際，照明はつけたままでいいのか，それとも消すべきなのか，指示書では明らかでなかった。
814 あなたの外出中に，数名のセールスマンが伝言を残した。
815 ヒロシは授業が終わったあとはたいてい，バスケットボールをするために体育館へ急いで行く。
816 スーザンはすでにロンドンに到着して，金曜日の午後には顧客と会うことになっている。
817 ロバートは昨日，腕時計をなくし，まだ見つけていない。
818 私は国際的企業での仕事を提示されたが，まだそのことが信じられない。

Section 211 on / out / over の用法

813 ◆副詞 on「(水道・ガス・テレビ・照明などが)ついて」

on が**副詞**として使われ,「(水道・ガス・テレビ・照明などが) **ついて**」という意味になることがある。The TV is **on**.「テレビがついている」

▶ 本問は should leave the light on「照明をつけたままにする」の受動態 the light should be left on が用いられている。

プラス　off が副詞に用いられ,「(水道・ガス・テレビ・照明などが) 止まって／消えて」という意味になることがある。
Make sure all the lights are **off**.
「照明はすべて消すようにしなさい」

814 ◆副詞 out「外出して／不在で」

out は**副詞**で「**外出して／不在で**」という意味。

プラス　out「**外へ (出て)**」, get out「外に出る」, eat out「外食する」

815 ◆副詞 over「終わって」

over が**副詞**に用いられ「**終わって**」という意味になることがある。
The game is **over**.「ゲームは終了した」

Section 212 already / yet / still の用法

816 already は完了を表す　◆already「すでに…した」

already は「**すでに…した**」という**完了**の意味を表す。

重要　□ **meet with A**「(正式に約束して) A と会う／会談する」

817 not ... yet は完了していないことを表す　◆not ... yet「まだ…していない」

not ... **yet** は「**まだ…していない**」という,**完了していない**意味を表す。

▶「なくした時計をまだ見つけていない」という文意なので,not とともに用いて「まだ…していない」の意味になる② yet が正解。

818 still は継続を表す　◆still「まだ／依然として／今でもなお」

still は「**まだ／依然として／今でもなお**」という**継続**の意味を表す。still と yet (→ **817**) には「まだ」という同じ日本語訳を当てるが,**still** は**継続**を,**yet** は **not** ... yet で**完了していない**ことを表す。両者を混同しないように注意。
I **still** love you.「まだ君を愛している」(←愛する気持ちが現在も継続している)

注意　本問のように,否定の状態が継続していることを表す場合は〈**still** +**否定語句**〉という語順にする。〈否定語句+ yet〉との語順の違いに注意。
I **still** haven't finished my homework.
= I haven't finished my homework **yet**.
「まだ宿題を終えていない」

解答　**813** ②　**814** ②　**815** ④　**816** ④　**817** ②　**818** ③

Section 213

819 The accident happened three hours (　　).
基本
① ago　　② since
③ early　　④ before
〈東京国際大〉

820 ①In 1945, when he ②was born in the U.S.A., the war ③had ended only a few months ④ago.
〈甲南大〉

821 I have never been to Liberty Tower (　　).
① prior　　② previous
③ before　　④ ago
〈明治大〉

Section 214

822 How can we get rid of this noise pollution? We can (　　) put up with it anymore.
① easily　　② surely
③ hardly　　④ kindly
〈法政大〉

823 She (　　) calls her mother, because they always get into arguments about her marriage.
① always　　② often
③ seldom　　④ sometimes
〈湘南工科大〉

819 その事故は3時間前に起きた。
820 1945年に彼はアメリカで生まれたが，そのほんの数か月前に戦争が終わったところだった。
821 以前にリバティータワーに行ったことはありません。
822 どうすればこの騒音公害を一掃できますかね。これ以上ほとんどがまんできませんよ。
823 自分の結婚のことでいつも口論になるので，彼女はめったに母親に電話をしない。

Section 213 ago / before の用法

819 ago は過去時制で用いる ◆... ago「(今から)…前に」

選択肢 ④の ... before は「(過去のある時点から) …前に」という意味で，原則として過去完了とともに使う。たとえば，He said that the accident had happened three hours before.「その事故は3時間前に起きたと彼は言った」という使い方なら正しい。

820 before は過去完了とともに用いる ◆... before「(過去のある時点から)…前に」

▶ ④を before にすれば，「戦争は彼が生まれた時点から数か月前に終わっていた」という文意に合う。③の過去完了 had ended は,「彼が生まれた (he was born)」ときには，すでに「戦争が終わっていた (the war had ended)」ことを，すなわち，過去のある時点までの動作の完了を示している。→ 11

選択肢 ④の ago はそのままで，③を過去形の ended にすると，「戦争は今から数か月前に終わった」という意味になり，ここでは文意が成立しない。

821 before を単独で用いると「以前」という意味になる ◆単独で用いる副詞 before

before は数詞などを伴わずに**単独**で用いると，漠然と**「以前」**という意味になる。その場合は，過去時制か，また現在完了・過去完了とともに用いることができる。ago は単独で用いることはできない。

整理して覚える 103 ago / before の用法

... ago は「**(今から)…前に**」という意味で，原則として過去時制で用いる。→ 819
... before は「**(過去のある時点から)…前に**」という意味で，原則として過去完了とともに用いる。→ 820

副詞（句） ＼ 時制	過去時制	現在完了とともに	過去完了とともに
... ago	○	×	×
... before	×	×	○
before（単独で）	○	○	○

Section 214 hardly / seldom / almost の用法

整理して覚える 104 (p. 350)

822 hardly[scarcely]は程度について用いる準否定語 ◆hardly[scarcely]「ほとんど…ない」

hardly[scarcely] はものごとの**程度**について「**ほとんど…ない**」という意味を表す。本問のように can / could を伴って用いる場合が多い。hardly のように，弱い否定の意味を表す語を「準否定語」と呼ぶ。

823 seldom は頻度について用いる準否定語 ◆seldom[rarely]「めったに…ない」

seldom[rarely] は**頻度**について「**めったに…ない**」という意味を表す準否定語。

解答 819 ① 820 ④→ before 821 ③ 822 ③ 823 ③

824 Scarcely ( ) in the office knew what they were supposed to do when the alarm went off.

① everyone ② no one
③ anyone ④ all of them 〈学習院大〉

825 最近は忙しいので，ゴルフに行く機会がほとんどない。
These days I'm (busy / hardly / so / ever / I / that) have a chance to play golf. 〈東京工科大〉

826 I was ( ) involved in a car accident. I narrowly escaped being run over.

① mostly ② most
③ almost ④ more 〈玉川大〉

整理して覚える 104　almost の用法

(1)〈almost＋形容詞〉「ほとんど…」
It is almost impossible to interview that famous celebrity.
「あの有名人にインタビューをするのはほとんど不可能だ」
(2)〈almost＋副詞〉「ほとんど…」
I almost always get up at six.「私はほとんどいつも 6 時に起きる」
(3)〈almost＋動詞〉「(もう少しで) …しそうになる (しかし，実際は…していない)」→ **826**
He almost died yesterday.「彼は昨日あやうく死ぬところだった」

Section 215

827 基本 My friends and I ①stayed behind after school to ②study ③until it was time for us to go ④to home. 〈南山大〉

828 基本 I have ①never traveled ②in abroad, so I want ③to ④someday. 〈中央大〉

整理して覚える 105　名詞と間違えやすい副詞

☐ upstairs「階上へ／2 階へ」, ☐ downstairs「階下へ」,
☐ abroad[overseas]「海外へ」→ **828**, ☐ outdoors「屋外で」,
☐ indoors「屋内で」, ☐ home「家へ」→ **827**,
☐ downtown「繁華街へ」, ☐ next door「隣で」

824 警報機が鳴ったとき，オフィスにいたほとんどの人間は何をしなければならないのかわからなかった。
826 私はもう少しで自動車事故に巻き込まれるところだった。かろうじて車にひかれるのを免れた。
827 友人たちと僕は，帰宅時間になるまで，放課後残って勉強した。
828 海外旅行の経験がないので，いつかしてみたい。

824 ◆〈hardly[scarcely] any +名詞〉「ほとんどの〈名詞〉が…ない」 =〈almost no +名詞〉=〈few / little +名詞〉

〈hardly[scarcely] any +名詞〉は数・量について「**ほとんどの〈名詞〉が…ない**」という意味を表す準否定の表現。〈almost no +名詞〉と同意。

▶ 本問は Almost nobody[no one] ... と書きかえられる。

⚠注意 hardly[scarcely] any のあとには可算名詞（の複数形）と不可算名詞の両方が来る。
hardly[scarcely] any books = **almost no** books = **few** books「ほとんど本がない」
hardly[scarcely] any snow = **almost no** snow = **little** snow「ほとんど雪がない」

825 ◆hardly[scarcely] ever「めったに…ない」(= seldom[rarely])

hardly[scarcely] ever は**頻度**について「**めったに…ない**」という意味を表す準否定の表現。seldom[rarely]（→823）と同意。

▶ 本問は ... I seldom[rarely] have a chance ... と書きかえられる。
▶「(私はとても）忙しいので〜」は,「結果・程度」を表す so ... that 〜（→306）を用いる。

826 almost はまだ達していないことを表す

◆〈almost +動詞〉「…しそうになる(しかし，実際は…していない)」

〈almost +動詞〉は「**(あやうく／もう少しで）…しそうになる（しかし，実際は…していない)**」という意味になる。almost の用法について，左頁の 整理して覚える 104 参照。

▶ 本問は narrowly escaped「かろうじて免れた」とあるので,「事故に巻き込まれていなかった」という状況が成り立つ。したがって「…しそうになる（しかし，実際は…していない)」という意味の③ almost が正解。

Section 215 名詞と間違えやすい副詞

827 go home「家に帰る」

◆副詞 home「家へ／家に」

副詞 **home** は「**家へ**／**家に**」という意味。
stay **home**「家にいる」, go **home**「家に帰る（まだ帰宅していない)」, come [get] **home**「家に帰って来る」, drive **home**「車で家に帰る」
名詞と間違えやすい副詞は左頁の 整理して覚える 105 参照。

▶ 原則，副詞の前に前置詞は置けないので，(×) go to home を go home に訂正。

重要 □ **stay behind**「(授業などの）あとに残る」

828 travel abroad「海外へ旅行する」

◆abroad「海外へ／海外に」

abroad は副詞で「**海外へ**／**海外に**」という意味。
live **abroad**「海外で暮らす」, go **abroad**「海外へ行く」, study **abroad**「留学する」

▶ 原則,副詞の前に前置詞は置けないので,(×) travel in abroad を travel abroad に訂正。

プラス 例外的に **from abroad**「海外から」という表現は可能。
goods imported **from abroad**「海外からの輸入品」

選択肢 ③は代不定詞（→135）で want to (travel abroad)。
④ someday は「いつか／そのうち」という意味の副詞。

解答 824 ③ 825 so busy that I hardly ever 826 ③ 827 ④→ home 828 ②→ abroad

Section 216

829 The musicians ① in the orchestra ② were very tired ③ after playing ④ hardly all afternoon. 〈立命館大〉

830 The bus arrived ① lately ② on account of rain, so we ③ missed the train we were supposed ④ to take. 〈桜美林大〉

831 While I ① was driving ② home, I ③ near hit a deer that ④ suddenly appeared on the road. 〈中京大〉

832 Polluted air drifts all over. It even rises (　　) above the earth.
① high　② highly
③ height　④ tall 〈広島工業大〉

Section 217

833 It was fortunate that his injuries were only slight.
① If it was fortunate　② The fortunate is
③ Fortunately　④ If it was fortunately 〈駒澤大〉

834 You don't like this dress? Why don't you try something (　　)?
① another　② else
③ more　④ other 〈育英館大〉

---

829 そのオーケストラの演奏家たちは，午後の間ずっと熱心に練習したあとで，とても疲れていた。
830 雨でバスが遅れて着いたので，私たちは乗るはずだった電車を逃した。
831 車で帰宅する途中に，突然道路に現れたシカを危うくひきそうになった。
832 汚染された空気がいたるところに漂っている。それは地表から高いところまで上昇さえする。
833 彼のケガが軽いものですんだのは幸運だった。
834 あなたはこのドレスが気に入らないのですか。何か他のものを試してみてはいかがですか。

Section 216 -ly がつくと意味が変わる副詞

829 ◆hard「熱心に／必死に」, hardly「ほとんど…ない」→ 822

選択肢 ③ after playing は前置詞 after と動名詞 playing を用いた表現。

830 ◆late「遅く／遅れて」, lately「最近／近ごろ」

▶ late については 整理して覚える 101 (p. 341) も参照。

831 ◆near「近く(に)」, nearly「ほとんど[もう少しで] (…しそうになる)」

▶ nearly「ほとんど［もう少しで］(…しそうになる)」は, almost (→ 826) とほぼ同意。

832 ◆high「高く」, highly「非常に／大いにほめて」

整理して覚える 106 -ly がつくと意味が変わる副詞

- □ hard「熱心に／必死に」—hardly「ほとんど…ない」→ 829
- □ high「高く」—highly「非常に／大いにほめて」→ 832
- □ just「ちょうど／ただ…だけ」—justly「正しく／公正に」
- □ late「遅く／遅れて」—lately「最近／近ごろ」→ 830
- □ most「最も」—mostly「主として／たいていは」
- □ near「近く(に)」—nearly「ほとんど[もう少しで] (…しそうになる) ／かろうじて (…せずにすむ)」→ 831
- □ pretty「かなり／相当」—prettily「きれいに／上品に」
- □ sharp「(時刻などのあとで) ちょうど」—sharply「急に／鋭く／厳しく」

Section 217 意味・用法に注意すべき副詞

整理して覚える 107

833 Fortunately = It is fortunate that ... ◆文修飾の副詞 fortunately「幸いなことに」

文修飾の副詞は, 文全体を修飾して**話し手の判断や評価, 反応や気持ちを表す。**

▶ **Fortunately** SV = It is **fortunate** that SV という, 副詞から形容詞への書きかえも頻出。
Certainly he will come. = It is **certain** that he will come.「きっと彼は来る」

834 something else「何か他のもの」 ◆else「その他の／その他に」

else は something / anything / nothing / someone / anyone などのあとや, 疑問詞のあとに続けて「**その他の／その他に**」という意味を表す。
Who **else** was at the party?「パーティーには他にだれがいましたか」

整理して覚える 107 おもな文修飾の副詞

- □ certainly「確かに」→ 833
- □ possibly「ひょっとしたら」
- □ apparently「どうやら…らしい」
- □ fortunately[luckily]「幸いなことに」→ 833
- □ unfortunately「残念ながら」

解答 829 ④→ hard 830 ①→ late 831 ③→ nearly 832 ① 833 ③ 834 ②

835 Mr. Suzuki recently (　　) exception to something his colleague said.
① takes　② taken
③ took　④ will take 〈順天堂大〉

836 The price of this suit is (　　) for our budget.
① much too high　② too high much
③ high too much　④ too much high 〈甲南大〉

837 It was twenty years ago when she saw him (　　).
① at first　② first
③ firstly　④ first-time 〈中央大〉

838 (　　) I thought he was shy, but then I discovered he was just not interested in other people.
① For the first time　② At first
③ Firstly　④ For a start 〈甲南女子大〉

839 We must go now; (　　) we won't be in time for the concert.
① because　② otherwise
③ therefore　④ unless 〈金沢学院大〉

840 発展 The bedroom is a bit too small, (　　) the house is satisfactory.
① but instead　② but otherwise
③ now that　④ unless that 〈早稲田大〉

---

835 鈴木さんは最近，同僚の言ったことに腹を立てた。
836 私たちの予算からすると，このスーツの値段はあまりにも高すぎる。
837 彼女が彼と初めて会ったのは20年前のことだった。
838 最初は彼のことを内気だと思ったが，そのあと，彼が単に他人に無関心だということがわかった。
839 そろそろ出かけなくては。そうしないと私たちはコンサートに間に合いません。
840 寝室が少し狭すぎるが，その他の点でその家は申し分ない。

835 **recently は現在時制では用いない** ◆recently「最近／ついこの間」

recently は**過去時制か，現在完了・過去完了**とともに用いる。原則として**現在時制では用いない**。I have seen [saw] her **recently.**「私は最近彼女と会いました」

836 ◆〈much too +形容詞[副詞]〉「あまりにも…すぎる」

〈much too +形容詞［副詞］〉は**「あまりにも…すぎる」**という意味。この much は副詞で〈too +形容詞［副詞］〉を強調している。
high「とても高い」→ too high「高すぎる」→ **much** too high「あまりにも高すぎる」

プラス　形容詞の much は〈much +不可算名詞〉という形で用いる。副詞の too で修飾すると**〈too much +不可算名詞〉**という語順になる。→ **767**
much money「多くのお金」→ **too** much money「多すぎるお金」

837 ◆first を含む紛らわしい語句の区別―first「初めて」

副詞 **first** には（1）「**（時間・順序などが）最初に**」，（2）「**（他の何よりも）まず第一に**」（= firstly），（3）「**初めて**」（= for the first time）という 3 つの意味がある。

選択肢　① **at first**「最初は」⇔ at last「ついに／ようやく」（= finally），
③ **firstly**「まず第一に」（= in the first place / first of all / for a start），
④ **first-time**「初めての」〈形容詞〉 a **first-time** home buyer「初めて家を購入する人」

838 ◆first を含む紛らわしい語句の区別―at first「最初は」

▶ at first は「最初は…。しかし，あとには～」という「事態が変化・推移する」ニュアンスを含むので，本問のように but などの表現が続くことが多い。

選択肢　① **for the first time**「初めて」→ **1257**，③ **firstly**「まず第一に」，
④ **for a start**「まず第一に」

839 ◆otherwise「そうでなければ」

▶「そろそろ出かけないと，間に合わない」という文意をくみ取って，② otherwise「そうでなければ」を選ぶ。本問の otherwise は，if we don't go now と書きかえられる。

840 ◆otherwise「その他の点では」(= in every other way[respect])

▶ 本問の otherwise は「寝室が狭いことを除けば」という意味で用いられている。

整理して覚える 108　副詞 otherwise の意味

次の 3 つの意味・用法をしっかり覚えよう。この区別は下線部和訳問題でも頻出する。

（1）「（悪いことが起きることを示唆して）**そうでなければ**」→ **839**（= if not so）
　＊〈S V…; otherwise S V ～〉という形で用いることが多い。

（2）「**違った風に／別のやり方で**」（= differently）
　＊〈S V otherwise〉という形で用いることが多い。
　I think **otherwise.**「私の考え方は違う／私はそうは思わない」

（3）「（今述べたことを除いた）**その他の点では**」→ **840**（= in every other way [respect]）
　＊〈S V …, but otherwise S V ～〉という形で用いることが多い。
　The camera was expensive, but **otherwise** it was perfect.
　「そのカメラは高価だったが，その他の点では申し分なかった」

解答　835 ③　836 ①　837 ②　838 ②　839 ②　840 ②

Section 218

841 Jane is rather dishonest; (　　), we should be careful about what she says.
① however　② therefore
③ meanwhile　④ moreover 〈亜細亜大〉

842 At first glance the idea appears to be attractive; (　　), there are some problems to be solved.
① therefore　② however
③ furthermore　④ in addition 〈清泉女子大〉

843 It has snowed heavily for a week. <u>Consequently</u>, all the transportation in the city has stopped.
① Unfortunately　② As a result
③ In the meantime　④ Nevertheless 〈東海大〉

844 Cathy was completely exhausted after the long business trip; (　　), she went to work early in the morning.
① accordingly　② nevertheless
③ otherwise　④ therefore 〈近畿大〉

845 Her new skirt was too expensive. <u>Besides</u>, it looked terrible.
① However　② Moreover
③ Otherwise　④ Nearly 〈東海大〉

846 I like spring, <u>especially</u> at dawn.
① above all　② for good
③ in fact　④ of course 〈共立女子大〉

847 Because I didn't have enough time to go to Hawaii for my vacation, I went to Shikoku (　　).
① also　② at least
③ though　④ instead 〈甲南大〉

---

841 ジェーンはかなり信用できない。だから，彼女の発言には注意すべきだ。
842 一見するとその考えは魅力的に思える。しかし，解決すべき問題がいくつかある。
843 1週間大雪が降った。その結果，市内のすべての交通機関が止まった。
844 キャシーは長期の出張で疲労困憊していた。それにもかかわらず，彼女は朝早く出勤した。
845 彼女の新しいスカートは値段が高すぎた。その上，見た目もひどかった。
846 私は春が好きだ。特に明け方が好きだ。
847 休暇でハワイに行くだけの時間がなかったので，その代わりに四国に行った。

Section 218 文と文の論理関係を示す副詞：ディスコースマーカー

841 therefore は結果を表す ◆therefore「したがって／その結果」

ディスコースマーカーについては，次頁の しっかり理解 027 ， 整理して覚える 109 参照。

▶「信用できない」→「発言に注意」という文意に合うのは，**〈結果〉**を表す② therefore だけ。

選択肢 ① however「しかしながら」〈逆接〉→842，③ meanwhile「その間に」，
④ moreover「その上」〈追加〉→845

842 however は逆接を表す ◆however「しかしながら」

▶「魅力的だと思えるが，問題がある」という文意に合うのは，「しかしながら」という**〈逆接〉**を表す② however だけ。

選択肢 ③ furthermore「さらに」〈追加〉（→ 整理して覚える 109 (p. 358)），
④ in addition「さらに」〈追加〉（→ 整理して覚える 109 (p. 358)）

843 consequently は結果を表す ◆consequently「その結果／したがって」(= as a result)

▶「1週間の大雪」→「交通機関の停止」という文意に合うのは，**〈結果〉**を表す② As a result だけ。

選択肢 ① unfortunately「残念ながら」は文修飾の副詞（→ 整理して覚える 107 (p. 353)），
③ in the meantime「その間に」，④ nevertheless「それにもかかわらず」〈逆接〉→844

844 nevertheless は逆接を表す ◆nevertheless「それにもかかわらず」

▶「疲労困憊」→「早朝出勤」という文意に合うのは,「それにもかかわらず」という**〈逆接〉**を表す② nevertheless だけ。

選択肢 ① accordingly「したがって」〈結果〉（→ 整理して覚える 109 (p. 358)），
③ otherwise「そうでなければ」→839，④ therefore「したがって」〈結果〉→841

845 besides は追加を表す ◆besides「その上／さらに」(= moreover)

▶「値段が高すぎた」→「見た目がひどかった」という文意に合うのは，「その上」という**〈追加〉**を表す② Moreover だけ。

選択肢 ④ nearly「ほとんど」→831

846 especially は特化を表す ◆especially「特に／とりわけ」(= above all)

▶「春が好き」→「明け方が好き」という文意に合うのは，「特に」という**〈特化〉**を表す① above all だけ。

選択肢 ② for good「永遠に」

847 instead は代用を表す ◆instead「その代わりに」

▶「ハワイに行く時間がなかった」→「四国に行った」という文意に合うのは，「その代わりに」という**〈代用〉**を表す④ instead だけ。

解答 841 ② 842 ② 843 ② 844 ② 845 ② 846 ① 847 ④

Field 2 語法

しっかり理解 027　ディスコースマーカー

●**文と文は，ある論理関係のもとにつながっている。**AとBという2つの文が，例えば，〈A, but B〉「AであるしかしBだ」のようにつながっている場合は，AとBは逆接の関係であることを示している。

●**論理関係を示す語句は，文の書き手の考え方を表している。**例えばbut「しかし」であれば，書き手が前の話題に対して「逆」のことを述べようとするときに使われる。つまり，書き手が前の話題とは「逆」だと考えているからbutを使うのである。このような，書き手の考え方が反映される**論理関係を示す語句を「ディスコースマーカー」**と呼ぶ。

●英文中には，書き手の考え方を示すディスコースマーカーが，たくさん埋め込まれている。すなわち，この**ディスコースマーカーに注意を払って文を読む**ことで，**書き手が何をどのように伝えたいのかを知ることができる。**つまり，ディスコースマーカーを手がかりにすれば，英文の論理展開を正確に理解することができるようになる。文法的には接続詞や副詞，副詞句が，ディスコースマーカーの役割を果たす。

下の 整理して覚える 109 で代表的なディスコースマーカーを覚えておこう。

整理して覚える 109　文と文の論理関係を示す表現

①逆接・対比・譲歩（A ⇔ B）

●**逆接など：**□ but［接］「しかし」，□ yet［接］「しかし」，
□ however［副］「しかしながら」→ **842**，□ on the contrary「それどころか」，
□ nevertheless［副］「それにもかかわらず」→ **844**，□ all the same「それでもやはり」

●**対比など：**□ whereas［接］「…である一方」，□ while［接］「…である一方」，
□ on the other hand「一方」，□ instead［副］「その代わりに」→ **847**

●**譲歩など：**□ although［接］「…だけれども」，
□（even）though［接］「…だけれども」，□ even if［接］「たとえ…でも」，
□ still［副］「それでもなお」

②結果，原因・理由（A → B）

●**結果など：**□ accordingly［副］「したがって／その結果」，
□ consequently［副］「その結果（として）」→ **843**，
□ therefore［副］「したがって」→ **841**，
□ thus［副］「したがって／このようにして」，□ as a consequence「その結果（として）」，
□ as a result「その結果（として）」→ **843**，□ so［接］「だから／そこで」

●**原因・理由など：**□ as［接］「…なので」，□ because［接］「…なので」，
□ since［接］「…なので」，□ for［接］「というのは…だからだ」，
□ now (that)［接］「いまや…なので」

③追加，特化，言いかえ，列挙（A = A′）

●**追加，特化，言いかえなど：**□ also［副］「…もまた」，□ as well「同様に」，
□ what is more「さらに」，□ besides［moreover / furthermore］［副］「さらに」→ **845**，
□ in addition「さらに／その上」，□ above all「とりわけ／特に」→ **846**，
□ for example[instance]「たとえば」，
□ in other words「言いかえれば」，□ that is (to say)「つまり」

●**列挙など：**□ first (ly)［副］「まず／第1に」，□ second (ly)［副］「次に／第2に」，
□ next［副］「次に」，□ then［副］「それから／次に」，□ first of all「まず第1に」，
□ in the beginning「まず／最初に」，
□ in the first place「まず／最初に」，□ to begin with「まず第1に」

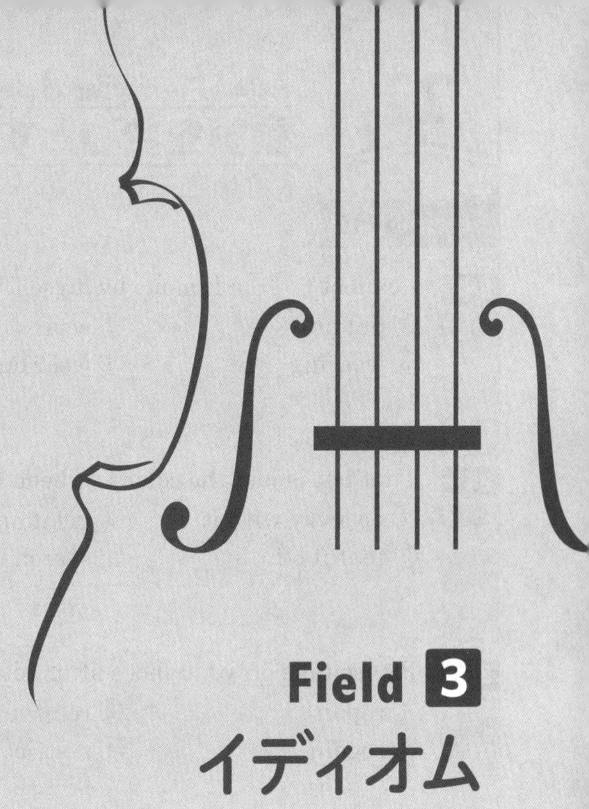

Field 3 イディオム

学習の心構え

イディオムのフィールドでは，大学入試で出題されるイディオムや，ことわざ・慣用表現を厳選し，覚えやすいように配列を工夫した。基本語の組み合わせでさまざまな意味をつくるイディオムは，なかなか覚えられないという人が多い。そこで，**設問の英文と一緒に覚える**ようにすれば，イディオムが持つ意味やニュアンスがすんなりと頭に入ってくるだろう。ことわざ・慣用表現は，特によく出題される表現を掲載した。英文を声に出して読み，暗唱できるようにしておこう。

なお，put off A / put A off＝postpone A のように，イディオムには別の語で言いかえることができるものが多い。言いかえ問題の形で問われることが多いので，一緒に覚えておくことを勧める。

Field 3 イディオム

動詞を中心とするイディオム

Section 219

848 基本
I cannot (　　) a kimono by myself, so my mother always helps me.
① put on　② wear
③ wearing　④ wear out
〈帝塚山学院大〉

849
That hat is just the color I've been looking for. May I (　　), please?
① do away with it　② try it on
③ tear it off　④ search it
〈関西学院大〉

850 基本
Please <u>take off</u> your shoes after you step into the entrance.
① repair　② remove
③ regain　④ restrict
〈千葉工業大〉

851
He had to <u>turn down</u> his employees' request.
① accept　② criticize
③ follow　④ reject
〈國學院大〉

852 基本
Hey, I love this song. Could you turn (　　) the volume, please?
① out　② into
③ up　④ from
〈関西学院大〉

853 基本
Please be sure to (　　) the gas before you leave the apartment.
① turn off　② stop off
③ blow out　④ shut out
〈南山大〉

---

848 私は着物を自分で着ることができないので，母がいつも私を手伝ってくれる。
849 あの帽子はまさに私が探していた色です。かぶってみてもいいですか。
850 玄関に入りましたら靴をお脱ぎください。
851 彼は従業員たちの要求を断らなければならなかった。

Section 219 〈他動詞＋副詞＋ A / 他動詞＋ A ＋副詞〉型の 2語動詞イディオム

他動詞と副詞で構成されるイディオムは，名詞を目的語にする場合，原則として〈他動詞＋副詞＋ A〉，〈他動詞＋ A ＋副詞〉のいずれの語順も可能である。ただし，代名詞を目的語にする場合は，必ず**〈他動詞＋ A（代名詞）＋副詞〉**の語順になる。（→ しっかり理解 021 p. 226）

848 ◆ put on A / put A on「A（衣服など）を身につける」

▶ **put on** は「着る」という 1 回の**動作**を表し，**wear** は「着ている」という**状態**を表す。② wear を選ぶと「私は着物を自分で着ていることができない」という不自然な意味になる。

選択肢 ④ wear out A / wear A out「A（靴など）をすり減らせる／A（人）をくたくたに疲れさせる（= exhaust A）」→ 983

849 ◆ try on A / try A on「A（衣服など）を試着する」

選択肢 ① do away with A「A を廃止する」→ 1015，
③ tear off A / tear A off「A を引きはがす」，
④ search A「A（場所）を捜す」

850 ◆ take off A / take A off「A（衣服など）を脱ぐ」（= remove A）

選択肢 ① repair A「A を修理する」，③ regain A「A を取り戻す」，④ restrict A「A を制限する」

プラス 目的語 A を取らない take off は「離陸する」という意味。→ 974
反意語は land「着陸する」。
The plane will **take off** soon.「その飛行機はもうすぐ離陸する」

851 ◆ turn down A / turn A down「A（申し出・要求・招待など）を断る」（= reject A）

選択肢 ① accept A「A（助言・提言・決定など）を受け入れる」，
② criticize A「A を批判する」，
③ follow A「A（指示・助言・命令など）に従う」

プラス turn down A / turn A down は「A（の音量）を下げる」という意味もある。
Can you **turn** the TV **down**?「テレビの音を小さくしてくれませんか」

852 ◆ turn up A / turn A up「A（の音量）を上げる」（⇔ turn down A / turn A down）

853 ◆ turn off A / turn A off「A（水道・ガスなど）を止める／A（テレビ・照明など）を消す」（⇔ turn on A / turn A on）

選択肢 ② stop off（in[at] A）「（A に）立ち寄る」，
③ blow out A「A（ろうそくなど）を吹き消す」，
④ shut out A「A を閉め出す」

---

852 ねえ，僕はこの曲大好きだな。音を大きくしてもらえるかい。
853 アパートを出る前に，必ずガスを止めるようにしてください。

解答 848 ① 849 ② 850 ② 851 ④ 852 ③ 853 ①

854 The game has been put off due to the bad weather.
☒☒☒ 基本
① cancelled ② expected
③ announced ④ postponed 〈関西外国語大〉

855 The trip to Disneyland has been called off because of the weather.
☒☒☒
① postponed ② designed
③ planned ④ cancelled 〈名城大〉

856 Within a few days, I managed to pick up a little French.
☒☒☒
① load ② learn
③ hear of ④ speak up 〈愛知工業大〉

857 Would you ( ) me up at the station at six?
☒☒☒
① bring ② pick
③ catch ④ take 〈花園大〉

858 Cathy picked out a good book to give to her brother as a graduation gift.
☒☒☒
① delivered ② hid
③ published ④ selected 〈中部大〉

859 Please ( ) away your things when you've finished using them.
☒☒☒
① go ② get
③ pass ④ put 〈花園大〉

860 Every month I try to put away some money.
☒☒☒
① rescue ② spend
③ save ④ make 〈東海大〉

861 John is a hard worker and he makes it a rule to put aside 20 percent of his income every month.
☒☒☒
① save ② spend
③ send ④ score 〈関東学院大〉

862 I'm planning to set up a joint venture with them.
☒☒☒
① come over ② establish
③ get out ④ make in 〈九州共立大〉

---

854 悪天候のため，その試合は延期された。
855 天候が原因で，ディズニーランドへ出かけるのは中止になった。
856 数日間で，私は多少のフランス語をなんとか習得した。
857 6時に駅まで私を車で迎えに来てもらえますか。
858 キャシーは卒業祝いとして兄[弟]にあげるのにぴったりの本を選んだ。

854 ◆ put off A / put A off「A（予定など）を延期する」（= postpone A）

選択肢　② expect A「A を予想する」，③ announce A「A（予定・出来事など）を発表する」

プラス　動名詞を目的語にして，put off doing「…することを延期する」（= postpone doing）という表現もある。→ Section 143（p. 239）

855 ◆ call off A / call A off「A（予定など）を中止する」（= cancel A）

▶ put off A「A を延期する」（→ 854）と call off A「A を中止する」は混同しやすいので，両者の違いをしっかりと区別しよう。

選択肢　① postpone A「A（予定など）を延期する」，② design A「A をデザインする／設計する」

856 ◆ pick up A / pick A up「A（言葉・技術など）を習得する」（= learn A）

選択肢　① load A into[onto] B「A（荷物など）を B（車など）に積む」，③ hear of A「A のこと[存在]を耳にする」→ 903，④ speak up「大声で話す」（= speak out）

857 ◆ pick up A / pick A up「A（人）を車で迎えに行く［来る］」

選択肢　① bring up A / bring A up「A（人）を育てる」

プラス　pick up A / pick A up には「A を拾い［持ち］上げる」という意味もある。
I dropped some coins and **picked them up**.「小銭を落としたので拾い上げた」

858 ◆ pick out A / pick A out「A を選び出す」（= choose A / select A）

選択肢　① deliver A「A（手紙・届け物など）を配達する」，② hide A「A を隠す」活用 hide - hid - hidden，③ publish A「A（書籍など）を出版する」

注意　日本語では「選び出す」という意味で「ピックアップする」という表現を用いることがあるが，英語の pick up にはその意味はない。

859 ◆ put away A / put A away「A を片付ける／元の場所へしまう」

選択肢　① go away「向こうへ行く／当地を離れる」，② get away「抜け出す／逃げる」

860 ◆ put away A / put A away「A（お金・時間・食物など）をとっておく／蓄える」（= save A）

選択肢　① rescue A「A を救う」，② spend A「A（お金・時間など）を費やす」

861 ◆ put aside A / put A aside「A（お金・時間・食物など）をとっておく／蓄える」（= save A）

選択肢　③ send A「A を送る／届ける」，④ score A「（試合・試験などで）A（点数）を取る」

862 ◆ set up A / set A up「A（会社・制度・施設など）を設立する」（= establish A）

選択肢　① come over「（話し手の所へ）やって来る」，
③ get out「（乗り物から）降りる／（場所から）出ていく」

---

859 使い終わったら，片付けてください。
860 毎月，私はいくらかのお金を蓄えるよう努めている。
861 ジョンは働き者で，毎月の収入の20パーセントを貯金するようにしている。
862 私は彼らとの共同事業を設立するつもりだ。

解答　854 ④　855 ④　856 ②　857 ②　858 ④　859 ④　860 ③　861 ①　862 ②

Field 3 イディオム

863 Charley made ( ) a very good excuse about why he was late for class.
発展
① in ② up ③ off ④ away 〈城西大〉

864 The book contained many hard words, and Ann could not make out what the writer meant.
① understand ② create
③ show ④ produce 〈亜細亜大〉

865 Can you figure out this word?
① hear ② understand
③ imagine ④ calculate 〈駒澤大〉

866 I'm going to work out this math problem all by myself.
① soak ② apply ③ solve ④ decline 〈玉川大〉

867 Margaret was asked to take on the additional work at the office.
基本
① confuse ② stop
③ undertake ④ remove 〈大阪電気通信大〉

868 We will have to take on someone to do his work while he is away.
① dismiss ② hide ③ remove ④ employ 〈千葉工業大〉

869 It took a whole day to put out the fire.
基本
① light ② start ③ extinguish ④ cancel 〈東海大〉

870 It is hard to keep up that kind of lifestyle.
① destroy ② maintain ③ analyze ④ hide 〈明海大〉

871 He called up his former boss.
① consulted ② rang
③ shouted at ④ visited 〈日本大〉

872 I will gladly back up your suggestion.
① satisfy ② supply
③ provide ④ support 〈日本大〉

---

863 チャーリーは，なぜ授業に遅刻したのかについて，とてもうまい言い訳をでっちあげた。
864 その本はたくさんの難解な語を含んでいたので，アンには著者の意図が理解できなかった。
865 この単語の意味がわかりますか。
866 私はこの数学の問題を独力で解くつもりだ。
867 マーガレットは職場で追加の仕事を引き受けるよう頼まれた。
868 私たちは，彼がいない間，彼の仕事をしてくれる人間を雇わなければならないだろう。
869 火を消すのに丸１日かかった。
870 そのような生活スタイルを維持するのは大変だ。
871 彼はかつての上司に電話した。
872 あなたの提案をよろこんで支持しますよ。

863 ◆ make up A / make A up「A（話・弁解・うそなど）をでっちあげる」（= invent A → **1426**）

プラス　**make up A** は「A（全体のある割合）を構成する」という意味もある。
Women **make up** 60 percent of the population in this area.
「この地域では女性が人口の 60%を占める」

864 ◆ make out A / make A out「A を理解する」（= understand A / comprehend A）

選択肢　② **create A**「A を創造する」, ④ **produce A**「A を生み出す」

865 ◆ figure out A / figure A out「A を理解する」
（= understand A / comprehend A / make out A / make A out）

選択肢　③ **imagine A**「A を想像する」, ④ **calculate A**「A（数・量など）を計算する」

866 ◆ work out A / work A out「A（問題など）を苦労して解く」（= solve A）

選択肢　① **soak A**「A を浸す／濡らす」, ② **apply A to B**「A（規則・理論など）を B に適用する」 *cf*. **apply to A**「（規則などが）A に当てはまる／適用される」, ④ **decline A**「A（招待・提案など）を丁寧に断る」 *cf*. **S decline**「S（数・量）が減少する／S（質）が低下する」

プラス　**work out A** は「A（計画・理論など）を考え出す」（= devise A）という意味もある。
The advertising department **worked out** a plan to increase company sales.
「宣伝部は，会社の売り上げを伸ばすための計画を考え出した」

867 ◆ take on A / take A on「A（仕事など）を引き受ける」
（= undertake A / agree to do A）

選択肢　① **confuse A**「A（人）を困惑させる／A（人・物・事）を混同する」,
④ **remove A**「A を取り除く／移動する」

868 ◆ take on A / take A on「A（人）を雇う」（= hire A / employ A）

選択肢　① **dismiss A**「A（問題・提案など）を退ける／A（人）を解雇する」

プラス　**take on A** は「A（性質・様相など）を帯びる／呈する／持つようになる」という意味もある。
take on a new appearance「新しい様相を帯びる」,
take on a fierce expression「険しい表情を見せる」

869 ◆ put out A / put A out「A（火・照明など）を消す」（= extinguish A）

選択肢　① **light A**「A に火をつける／A（場所）を照らす」

870 ◆ keep up A / keep A up「A を維持する」（= maintain A / continue A）

選択肢　① **destroy A**「A を破壊する」, ③ **analyze A**「A を分析する」

注意　**keep up with A**「A に（遅れずに）ついて行く」（→ **1000**）と混同しないように。

871 ◆ call up A / call A up「A（人）に電話する」（=(tele)phone A / ring A）

選択肢　① **consult A**「A（専門家など）に相談する」, ③ **shout at A**「A に対して怒鳴る」

プラス　目的語（A）をとらない **call up** は「電話をする」という意味。
I **called up** to invite him to the party.「私は電話をして彼をパーティーに誘った」

872 ◆ back up A / back A up「A を支持[支援]する」（= support A）

選択肢　① **satisfy A**「A（人）を満足させる」, ② **supply A with B**「A に B を供給する」→ **636**,
③ **provide A with B**「A に B を供給する／与える」→ **635**

解答　863 ②　864 ①　865 ②　866 ③　867 ③　868 ④　869 ③　870 ②　871 ②　872 ④

Field 3 イディオム

873 John has ( ) his smoking from thirty to ten cigarettes a day.

① cut down ② put up
③ shaken up ④ turned down 〈南山大〉

874 基本 Unknown words should be ( ) in a dictionary.

① looked up ② checked with
③ consulted by ④ discovered from 〈南山大〉

875 I want to <u>look over</u> the letter before it goes out.

① put off ② finish up
③ examine ④ add to 〈駒澤大〉

876 基本 This is a big decision, so please take time to ( ) it over.

① approve ② insist
③ take ④ think 〈中央大〉

877 In order to apply for the dormitory, you need to ( ) your name, address, and telephone number on this form.

① write off ② give out
③ tell off ④ fill in 〈摂南大〉

878 Please <u>fill out</u> this application form.

① compose ② compromise
③ complete ④ contain 〈明海大〉

879 You are supposed to <u>hand in</u> the report by the end of this week.

① complete ② submit
③ acquire ④ read 〈高知大〉

880 You should ( ) your assignment no later than Monday.

① get along ② see off
③ turn in ④ try on 〈関西学院大〉

---

873 ジョンは1日当たりの喫煙本数を30本から10本に減らした。
874 知らない単語は辞書で調べるべきだ。
875 発送する前に，私はその手紙に目を通したい。
876 これは重大な決断なので，時間をとってじっくり考えてください。
877 寮の申し込みをするには，この用紙にあなたの名前，住所，電話番号を記入していただく必要があります。
878 この申込用紙に必要事項を記入してください。
879 あなたは今週末までにその報告書を提出することになっている。
880 月曜日までに宿題を提出しなさい。

873 ◆ cut down A / cut A down「A（数・量）を減らす」(= reduce A)

選択肢 ② put up A / put A up「A を上げる／掲示する」,
③ shake up A / shake A up「A（人）を動揺させる」,
④ turn down A / turn A down「A（申し出・要求・招待など）を断る」→ **851**

プラス 同じ意味で cut down on A という表現もある。

874 ◆ look up A / look A up「A を（本・辞書・コンピューターなどで）調べる」

▶ look up a word in a dictionary「辞書で単語を調べる」(= consult a dictionary for a word）という形で頻出。本問はその受動態の形。

選択肢 ③の consult は consult a dictionary で「辞書を引く」という意味になる。

注意 (×) look up a dictionary や，(×) consult a word という言い方はできない。

875 ◆ look over A / look A over「A にざっと目を通す」(= examine A quickly)

選択肢 ① put off A「A（予定など）を延期する」→ **854**，② finish (up) A「A を終える」,
③ examine A「A を調べる／調査する」，④ add to A「A を増やす」→ **959**

876 ◆ think over A / think A over「A を熟考する」(= consider A carefully)

選択肢 ① approve A「A を承認する／許可する」*cf.* approve of A「A に賛成する」,
② insist は他動詞で使う場合，that 節しか目的語に取らないので insist A という形はない。
→ **579**

877 ◆ fill in A / fill A in「A（氏名・職業など）を書き込む／
A（書類・用紙など）に必要事項を記入する（= fill out A)」

選択肢 ② give out A / give A out「A（用紙・飲み物など）を配る」,
③ tell off A / tell A off「A を叱る」

878 ◆ fill out A / fill A out「A（書類・用紙など）に必要事項を記入する」
(= fill in A / complete A)

選択肢 ① compose A「A（曲・歌）を作曲する」
cf. A is composed of B「A は B から構成されている」,
② compromise (with A) (on B)「(A と)（B について）妥協する」,
③ complete A「A を完成させる」，④ contain A「A を含む」

879 ◆ hand in A / hand A in「A を提出する」(= submit A)

選択肢 ③ acquire A「A（財産・権利など）を獲得する／ A（知識・習慣など）を身につける」

880 ◆ turn in A / turn A in「A を提出する」(= submit A / hand in A［hand A in］)

選択肢 ① get along「なんとかやっていく／暮らす」→ **1007**,
② see A off「A（人）を見送る」→ **895**,
④ try on A / try A on「A（靴・服など）を試着する」

重要 □ no later than A「(遅くとも）A（日・時）までに」

Field 3 イディオム

解答 **873** ① **874** ① **875** ③ **876** ④ **877** ④ **878** ③ **879** ② **880** ③

881 He took back what he had said previously.
① persuaded ② withdrew
③ pretended ④ established 〈千葉工業大〉

882 It was with great difficulty that I held back my anger.
① expressed ② controlled
③ softened ④ showed 〈明海大〉

883 The manager suddenly resigned, and I took (　　) her position last week.
① down ② off
③ over ④ through 〈明治大〉

884 She was brought up by her grandmother in Hokkaido.
① spoiled ② scolded
③ treasured ④ raised 〈千葉工業大〉

885 Heavy rains brought about heavy flooding.
① responded ② saved
③ caused ④ transformed 〈亜細亜大〉

886 I felt a little uncomfortable because everybody in the English class tried to show off their English skills.
① reservedly hide ② bluntly criticize
③ modestly describe ④ proudly display 〈関西外国語大〉

887 Most of the tasks were carried out carefully.
基本
① given ② held
③ discussed ④ completed 〈東海大〉

888 Last month the company had to (　　) several hundred factory workers.
① lay off ② stir up
③ turn over ④ come across 〈東京国際大〉

889 Why did Bill leave out the first two questions on his examination?
① omit ② look up
③ answer ④ turn out 〈駒澤大〉

---

881 彼は前に言ったことを撤回した。
882 自分の怒りを抑えるのは非常に難しかった。
883 支配人が突然退職し，先週私は彼女の地位を引き継いだ。
884 彼女は北海道の祖母に育てられた。
885 豪雨が大洪水を引き起こした。
886 英語の授業でみんなが自分の英語力を見せびらかそうとしたので，私は少し居心地が悪かった。
887 その任務のほとんどは慎重に遂行された。

881 ◆ take back A / take A back「A（言葉など）を取り消す／撤回する」（= withdraw A）

選択肢 ① persuade A to do「A（人）を説得して…させる」→ 574,
③ pretend to do「…するふりをする」→ 539,
④ establish A「A（会社・制度・施設など）を設立する」

882 ◆ hold back A / hold A back「A（感情など）を抑える」（= control A）

▶ 本問は強調構文（→ Section **140**, p. 229）を用いている。with great difficulty は〈with＋抽象名詞〉（→ 369）を用いた表現で，held back を修飾する副詞句。強調構文で強調されている。

選択肢 ① express A「A（感情・考えなど）を表現する」, ③ soften A「A を柔らかくする」

883 ◆ take over A / take A over「A（職務など）を引き継ぐ」

884 ◆ bring up A / bring A up「A（子ども）を育てる」（= raise A）

選択肢 ① spoil A「A（子ども）を甘やかす／A（物・事）を台無しにする」,
② scold A「A（子ども）を叱る」, ③ treasure A「A を（宝物のように）大切にする」

注意 受動態の A is brought up「A が育てられる／成長する」の形で頻出。A grow up「A が育つ／成長する／大人になる」と混同しないこと。

885 ◆ bring about A / bring A about「A を引き起こす」（= cause A）

選択肢 ① respond to A「A に反応する／答える」*cf.* respond that SV「…であると答える」,
② save A「A を救う／A（お金）を蓄える／A（金・時間・エネルギーなど）を節約する」,
④ transform A「A を一変させる／変貌させる」

886 ◆ show off A / show A off「A を見せびらかす／誇示する」

選択肢 ① reservedly hide「遠慮がちに隠す」, ② bluntly criticize「あからさまに批判する」,
③ modestly describe「控えめに表現する」, ④ proudly display「誇らしげに見せびらかす」

887 ◆ carry out A / carry A out「A（計画・命令など）を遂行する／行う」
（= accomplish A / perform A / complete A）

888 ◆ lay off A / lay A off「A（人）を一時解雇する」

選択肢 ② stir up A / stir A up「A（興奮など）をかき立てる」,
③ turn over A / turn A over「A をひっくり返す」,
④ come across A「A（人・物）に偶然出くわす」→ 920

889 ◆ leave out A / leave A out「A を除外する／（うっかり）抜かす」（= omit A）

選択肢 ② look up A「A を（本・辞書・コンピューターなどで）調べる」→ 874,
④ S turn out (to be) C「S は結局 C になる／C だとわかる」→ 978

---

888 先月その会社は，数百人の工場労働者を一時解雇しなければならなかった。
889 なぜビルは試験の最初の2問を抜かしたのですか。

解答 881 ② 882 ② 883 ③ 884 ④ 885 ③ 886 ④ 887 ④ 888 ① 889 ①

890 We left in a hurry and I must have left my keys (　　).
① with me　② alone
③ behind　④ a place　〈昭和大〉

891 He will never <u>let you down</u>.
① hold you　② disappoint you
③ put you down　④ defend you　〈駒澤大〉

892 Police have not <u>ruled out</u> the possibility that the man was murdered.
① been aware of　② attached importance to
③ excluded　④ supported　〈日本大〉

893 People are often <u>taken in</u> by the fact that advertisements appear in reputable magazines and papers.
① accused　② criticized
③ deceived　④ gratified　〈北里大〉

894 He listened to the lecture, but could take (　　) none of it.
① in　② through
③ to　④ up　〈奥羽大〉

895 "I hear your daughter has gone to the US to study English."
"That's right. We saw her (　　) at the airport last Sunday."　〈愛知県立大〉

Section 220

896 The team (　　) of two professionals and five amateurs.
① consists　② includes
③ limits　④ made　〈南山大〉

897 The main duty of the midwife (　　) in assisting in the birthing process.
① grows up　② organizes
③ consists　④ establishes　〈杏林大〉

890 私たちは急いで出かけたので，私は鍵を置いてきてしまったにちがいない。
891 彼は決して君を失望させないだろう。
892 警察は，その男性が殺されたという可能性を排除していない。
893 信頼できる雑誌や新聞に宣伝広告が掲載されるという事実によって，人々はしばしばだまされる。
894 彼はその講義を聴いたが，何ひとつ理解できなかった。

890 ◆ leave behind A / leave A behind「A を置き忘れる／後に残す」

891 ◆ let down A / let A down「A（人）を失望させる」(= disappoint A)

選択肢 ③ put down A / put A down「A を下に置く」,
④ defend A「（攻撃などから）A を守る」

892 ◆ rule out A / rule A out「A（可能性・疑いなど）を排除する／除外する」(= exclude A)

選択肢 ① be aware of A「A に気づいている」,
② attach importance to A「A を重視する」

893 ◆ take in A / take A in「A をだます」(= deceive A)

▶ 受動態の **be taken in**「だまされる」(= be deceived) の形で用いられることが多い。

選択肢 ① accuse A「A（人）を訴える／非難する」,
② criticize A「A を批判する」,
④ gratify A「A（人）を満足させる」

894 ◆ take in A / take A in「A を理解する」(= understand A / comprehend A)

895 ◆ see A off「A（人）を見送る」

⚠注意 この表現は A が名詞であっても，see A off で用い，通例 see off A という語順では用いられない。

Section 220 〈自動詞＋前置詞＋ A〉型の２語動詞イディオム

896 ◆ consist of A「A から成る／成り立っている」
(= be composed of A → 1152 / be made up of A)

選択肢 ② include A「A を含む」,
③ limit A「A（数量・選択の幅など）を制限する」

897 ◆ consist in A「（本質が）A にある」(= lie in A)

選択肢 ① S grow up「S が育つ／成長する／大人になる」,
② organize A「A（行事など）を準備する／A（考えなど）を体系化する／A（人）を組織する」

895「あなたの娘さんは英語の勉強をしにアメリカへ行ったそうですね」
「そうなんです。私たちは先週の日曜日，空港で彼女を見送りました」
896 そのチームは２人のプロと５人のアマチュアから構成されている。
897 助産師の主たる仕事は出産の過程を手助けすることだ。

解答 890 ③ 891 ② 892 ③ 893 ③ 894 ① 895 off 896 ① 897 ③

898 その店は女性の服を売っています。
The shop (　　) in women's clothing. 〈西南学院大〉

899 The international community is ready to <u>deal with</u> serious issues.
① discover　② handle
③ produce　④ understand 〈日本大〉

900 Another issue to think about is how banks cope (　　) computer hackers.
① in　② at
③ with　④ to 〈会津大〉

901 Tooth decay often (　　) from eating sweets.
① results　② is resulted
③ causes　④ is caused 〈高崎経済大〉

902 Lack of preparation and effort (　　) in a poor performance.
① amounts　② brings
③ causes　④ results 〈立教大〉

903 (a) I'm very glad to hear that you have succeeded so well.
(b) I'm very glad to hear (　　) your great (　　). 〈福岡歯科大〉

904 (a) Have you received a letter from him lately?
(b) Have you (　　) from him lately? 〈中京大〉

905 I wonder why you won't agree (　　) my plan.
① for　② in
③ of　④ to 〈愛知県立大〉

906 I'd better not eat fried oysters. Oily food does not (　　) with me.
① taste　② digest
③ satisfy　④ agree 〈昭和大〉

---

899 国際社会は深刻な問題に対処する準備ができている。
900 考慮すべきもう1つの問題は，いかに銀行がコンピューターハッカーにうまく対処するかということだ。
901 虫歯はしばしば甘いものを食べることから生じる。
902 準備と努力が足りないと，成績不振に終わる。
903 (a) あなたが大成功を収めたと聞いて，私はとてもうれしいです。
(b) あなたの大成功のことを聞いて，私はとてもうれしいです。

898 ◆ deal in A「A（商品）を扱う」

899 ◆ deal with A「A（問題など）に対処する／Aを処理する」（= handle A）→ **1531**

900 ◆ cope with A「A（問題など）にうまく対処する／Aをうまく処理する」

901 ◆ result from A「A（原因）から生じる」（= be caused by A）

選択肢　③④ Tooth decay is often caused by eating sweets.「虫歯はしばしば甘いものを食べることによって引き起こされる」なら正しい。

902 ◆ result in A「A（結果）に終わる」

選択肢　① amount to A「（合計で）A（金額・数量）に達する」→ **926**,
② bring about A / bring A about「Aを引き起こす」,
③ cause A「Aを引き起こす」

903 ◆ hear of A「Aのこと［存在］を耳にする／うわさを聞く」

▶ hear that 節と hear of A の書きかえ問題。

904 ◆ hear from A「A（人）から（電話や手紙で）便りがある／連絡がある」

905 ◆ agree to A「A（提案・計画など）に同意する」

注意　似たような表現に agree with A「A（人）と意見が一致する／A（意見・考え）に同意する」があるが，Aには「人・意見・考え」などを用いる。→ 整理して覚える 056（p. 262）
agree with him「彼と意見が一致する」

906 ◆ agree with A「（環境・気候・食べものが）A（人の体質・性格）に合う」

▶ Section 167「似合う／合う」の意味を表す動詞（p. 281）も参照。

選択肢　① taste C「Cな味がする」*cf.* taste A「A（飲食物）の味を見る／味がわかる」,
② digest A「A（食物）を消化する」,
③ satisfy A「A（人）を満足させる」

---

904 (a) 最近彼から手紙を受け取りましたか。
(b) 最近彼から便りがありましたか。
905 どうして君は僕の計画に同意してくれないのだろうか。
906 私は，カキフライは食べない方がいい。油っぽいものは私の体には合わない。

解答　**898** deals　**899** ②　**900** ③　**901** ①　**902** ④　**903** of, success　**904** heard　**905** ④　**906** ④

Field 3 イディオム

907 It (　　) on the circumstances whether they go on a strike.
☒☒☒
① appears　② depends
③ differs　④ insists　〈中央大〉

908 Craft shops in many small villages (　　) tour buses to bring them customers.
☒☒☒
① take after　② stand out
③ rely on　④ attend　〈城西大〉

909 He's a reliable boss, so you can always count (　　) him.
☒☒☒
① by　② on　③ out　④ to　〈学習院大〉

910 We live (　　) the very small income of our father.
☒☒☒
① with　② in　③ on　④ for　〈國學院大〉

911 She got (　　) her office half an hour late because of the traffic jam.
☒☒☒
① at　② up　③ on　④ to　〈亜細亜大〉

912 He ①will ②be arriving ③to the station ④on schedule.
☒☒☒
基本
〈東北学院大〉

913 Mr. Kimura specialized (　　) commerce when he was in university.
☒☒☒
① at　② in　③ for　④ on　〈中央大〉

914 My cousin Bob majored (　　) French in college.
☒☒☒
① at　② for　③ in　④ on　〈名古屋学院大〉

915 We had to do (　　) petrol during the fuel crisis.
☒☒☒
① into　② to　③ with　④ without　〈明治大〉

916 Yoko has to dispense with her father's support.
☒☒☒
① put down　② come across
③ do without　④ agree with　〈日本大〉

---

907 彼らがストライキをするかどうかは状況次第だ。
908 多くの小さな村の民芸品店は，観光バスが客を連れてくるのを当てにしている。
909 彼は信頼できる上司なので，あなたはいつでも彼を頼りにできる。
910 私たちは父親の非常にわずかな収入で暮らしている。
911 交通渋滞のため，彼女は30分遅れで職場に着いた。
912 彼は予定通りに駅に着くことだろう。

907 ◆ depend on[upon] A「A 次第である／ A によって決まる」

▶ 本問の It は形式主語，whether 節が真主語。→ Section **081**（p. 137）

選択肢 ① **appear C**「C のように見える」*cf.* **appear＋副詞**「…（場所）に現れる」,
③ **differ from A**「A と異なる」,
④ **insist on A**「A を主張する／要求する」→ **929**

プラス **depend on[upon] A** は「A に依存する／頼る」（= **rely on A**）という意味もある。この場合は，**depend on A for B**「B を A に依存する」（→ **1038**）や **depend on A to do [A's doing]**「A が…するのを当てにする」という形でも頻出。
Japan **depends on** foreign countries **for** oil.「日本は石油を外国に依存している」
I'm **depending on** him **to finish** [his finishing] the job by Monday.
「彼が月曜までに仕事を終えるのを当てにしている」

908 ◆ rely on[upon] A「A に頼る／当てにする」（= depend on[upon] A）

▶ 本問は **rely on[upon] A to do**「A が…するのを当てにする」という形を用いている。

選択肢 ① **take after A**「A（親など）に（容姿・性質が）似ている」→ **945**,
② **stand out**「目立つ」→ **991**,
④ **attend A**「A（会議など）に出席する／ A（学校など）に通う」

Field 3 イディオム

909 ◆ count on[upon] A「A に頼る／当てにする 」（= depend on[upon] A / rely on[upon] A）

910 ◆ live on A「A（少額のお金）で生活する」

プラス **live on A** には「A（食物）を常食にする」という意味もある。
live on fish「魚を常食とする」

911 ◆ get to A「A（場所）に到着する」（= arrive at A / reach A）

912 ◆ arrive at A「A（場所）に到着する」（= get to A / reach A）

選択肢 ④ **on schedule**「予定通りに」*cf.* **behind schedule**「予定より遅れて」

913 ◆ specialize in A「A（学問）を専攻する／ A（研究・商売など）を専門にする」（= major in A）

914 ◆ major in A「A（学問）を専攻する」（= specialize in A）

915 ◆ do without A「A なしですます／やっていく」（= dispense with A）

916 ◆ dispense with A「A なしですます／やっていく」（= do without A）

選択肢 ② **come across A**「A（人・物）に偶然出くわす」→ **920**, ④ **agree with A** → **905** **906**

---

913 木村さんは大学時代，商業を専攻していた。
914 いとこのボブは大学でフランス語を専攻した。
915 燃料危機の間はガソリンなしですまさなければならなかった。
916 ヨウコは父親の援助なしでやっていかなくてはならない。

解答 **907** ② **908** ③ **909** ② **910** ③ **911** ④ **912** ③→ at **913** ② **914** ③ **915** ④ **916** ③

917 The sales manager stuck (　　) the original plan even though the market situation had changed.

① to　② on

③ up　④ for　〈学習院大〉

918 I ran across an old friend in town last week.

① met by chance　② found easily

③ saw off　④ heard of　〈東海大〉

919 Mary was walking down the street when she suddenly ran into Joan.

① saw off　② got over

③ looked into　④ met by chance　〈亜細亜大〉

920 Where did you come (　　) such a rare old photo?

① across　② about

③ to　④ true　〈拓殖大〉

921 It never (　　) to her that graduate school would be so difficult.

① happened　② occurred

③ reminded　④ thought　〈立教大〉

922 Julie hit on the idea while they were discussing the problem.

① discovered　② opposed

③ suggested　④ supported　〈日本大〉

923 The university does not (　　) of smoking on campus at all.

① approve　② consist

③ dispose　④ learn　〈立命館大〉

924 You were foolish enough to part (　　) all your money on one night.

① for　② in

③ on　④ with　〈奥羽大〉

---

917 営業部長は，市場の状況が変化したにもかかわらず，当初の計画に固執した。

918 先週，私は町で古い友人に偶然出会った。

919 メアリーが通りを歩いていると，ばったりジョーンと出くわした。

920 君はどこでそんなに珍しい古い写真を見つけたんだい。

921 大学院がこんなに大変だとは彼女は思いもしなかった。

917 ◆ stick to A「A（主義・決定など）を堅持する／Aに固執する」（= cling to A）

▶ 動詞 stick の活用は stick - stuck - stuck。

918 ◆ run across A「A（人・物）に偶然出くわす」（= meet[find] A by chance / come across A）

選択肢 ③ see A off → 895,
④ hear of A → 903

重要 □ by chance「偶然に／思いがけず」→ 1187

919 ◆ run into A「A（人）に偶然出会う」（= meet A by chance / come[run] across A）

選択肢 ② get over A「A（障害・困難など）を克服する」→ 938,
③ look into A「Aを研究［調査］する」→ 949

プラス run into A は「Aに衝突する（= crash into A）」という意味もある。

920 ◆ come across A「A（人・物）に偶然出くわす」（= meet[find] A by chance / run across A）

921 ◆ occur to A「（考えなどが）A（人）の心に浮かぶ」

▶ **It occurs to A that 節[to do]**「…という［…する］ことがA（人）の心に浮かぶ」という形で頻出（→ 626）。It は形式主語で, that 以下が真主語（→ 整理して覚える 087（p. 306））。

選択肢 ③ remind A of B「AにBを思い出させる」→ 623

922 ◆ hit on[upon] A「A（考えなど）を思いつく」（= come up with A）

▶ 本問は The idea **occurred to** Julie ...（→ 921）と書きかえられる。occur to と異なり, hit on は人を主語にすることに注意。

選択肢 ② oppose A「Aに反対する」,
③ suggest A「A（考え・計画など）を提案する」

923 ◆ approve of A「Aに賛成する／Aを是認する」（⇔ disapprove of A「Aに反対する」）

選択肢 ② consist of A「Aから成る／成り立っている」→ 896,
③ dispose of A「Aを処理[処分]する」,
④ learn A「A（知識・技術など）を習得する」

924 ◆ part with A「（やむなく）Aを手放す／売り払う」

---

922 彼らがその問題について議論している最中，ジュリーはその考えを思いついた。
923 その大学は大学構内での喫煙にはまったく賛成していない。
924 一晩でお金をすべて使ってしまうなんて，君は愚かだった。

解答 917 ① 918 ① 919 ④ 920 ① 921 ② 922 ① 923 ① 924 ④

Field 3 イディオム

925 There is too much noise for me to (　　) on my homework.
① hold　② lead
③ concentrate　④ count　〈名城大〉

926 Susan's savings will soon amount to one million yen.
① look like　② total
③ decrease to　④ exceed　〈愛知産業大〉

927 The student referred to the accident he had witnessed.
① made　② mentioned
③ passed　④ submitted　〈九州共立大〉

928 Mr. Brown (　　) angrily at the class. "Who has taken my homework folder?" he shouted.
① glimpsed　② stared
③ viewed　④ watched　〈南山大〉

929 My sister insisted (　　) the problem by myself.
① me to solve　② on me to solve
③ on my solving　④ that I should be solved　〈センター試験〉

930 If you persist (　　) late, I'm afraid I'll have to report it to the director.
① for arriving　② in arriving
③ of arriving　④ to arrive　〈立命館大〉

931 If a holiday (　　) on a Sunday, we usually get the next Monday off.
① turns　② falls
③ sets　④ goes　〈京都外国語大〉

932 The famous actor died (　　) cancer.
① by　② in
③ of　④ out　〈名城大〉

933 基本 Simon succeeded (　　) starting the car.
① on　② in
③ for　④ to　〈中部大〉

---

925 騒々しすぎて，私は宿題に集中できない。
926 スーザンの貯金はまもなく総計100万円になるだろう。
927 その学生は彼が目撃した事故に言及した。
928 ブラウン先生は腹立たしげにクラスの生徒たちをにらみつけた。彼は「私の宿題ファイルをとったのはだれだ」と怒鳴った。
929 私の姉[妹]は，私に自力でその問題を解くように要求した[解きなさいと言った]。
930 あなたが遅刻を続けるなら，残念ながらそのことを部長に報告しなければなりません。
931 祝日が日曜日にあたれば，たいてい次の月曜日が休みになる。
932 その有名な俳優はガンで亡くなった。

925 ◆ concentrate on A「Aに（注意・努力を）集中する／専念する」

選択肢 ① **hold on**「電話を切らないで待つ」→ 1403,
④ **count on A**「Aに頼る／当てにする」→ 909

926 ◆ amount to A「（総計が）A（数・量・額）に達する」（= total A）

選択肢 ① **look like A**「Aのように見える」, ③ **decrease to A**「Aまで減少する」,
④ **exceed A**「（数量・能力などで）Aを超える」

プラス **amount to A[doing]** には「結局A［…すること］になる」という意味もある。
amount to the same thing「結局同じことになる」

927 ◆ refer to A「Aに言及する」（= mention A / speak about A）

選択肢 ④ **submit A**「A（案・文書など）を提出する」

プラス **refer to A** には「A（資料など）を参照する／参考にする／調べる」という意味もある。
I **referred to** a dictionary to check my spelling.
「私はスペルをチェックするために辞書を調べた」

プラス **refer to A as B**「AをBと呼ぶ［言う］」という形でも用いられる。
The city was once **referred to as** the Paris of the East.
「その都市はかつて東洋のパリと呼ばれた」

Field 3 イディオム

928 ◆ stare at A「（驚いて・怒って）Aをじっと見つめる／にらみつける」

選択肢 ① **glimpse A**「Aをちらりと見る」, ③ **view A as B**「AをBとみなす」,
④ **watch A**「A（動き・変化）をじっと見る／観察する」

929 ◆ insist on A「Aを要求する（= demand A）/ A（事実）を主張する（= assert A）」

▶ **insist on A's doing** で「Aが…するように要求する」という意味。本問は My sister insisted that I (should) solve the problem by myself. と書きかえられる。→ 579

注意 「…**（事実）を主張する**」という意味でも insist は that 節を目的語に取るが，その場合，that 節内は主語に応じた形の動詞（**直説法**）を用いることに注意。
「彼は潔白だと主張した」
He insisted that he was innocent. = He insisted on his innocence.

930 ◆ persist in A / doing「A［…すること］に固執する／…し続ける（= continue to do）」

931 ◆ fall on A「（休日・日程・行事などが）A（特定の日）にあたる」

選択肢 ① **turn on A / turn A on**「A（電気・ガスなど）をつける」, ④ **go on**「（ある期間）続く」

932 ◆ die of A「Aが原因で死ぬ」（= die from A）

933 ◆ succeed in A / doing「A［…すること］に成功する」

プラス **succeed (to) A** は「Aのあとを継ぐ」（= follow A）という意味。
succeed to the family business「家業を継ぐ」

---

933 サイモンはその車のエンジンをかけることに成功した。

解答 925 ③ 926 ② 927 ② 928 ② 929 ③ 930 ② 931 ② 932 ③ 933 ②

934 The (disease / from / heart / number / of / people / suffering) has increased. 〈名古屋市立大〉

935 Please refrain ( ) smoking.
① at ② for ③ from ④ on 〈中部大〉

936 She had better <u>set about</u> her work immediately.
① stop ② choose ③ decide ④ begin 〈東海大〉

937 An old woman was run ( ) by a truck.
① over ② on ③ under ④ up 〈広島国際学院大〉

938 It is necessary for him to <u>get over</u> his depression.
① overcome ② analyze ③ obtain ④ consult 〈東海大〉

939 Would you like to ( ) your speech with me before you go to the conference?
① take over ② turn over
③ get over ④ go over 〈南山大〉

940 基本 I <u>called on</u> you last night but you were not in.
① telephoned ② remembered
③ visited ④ saw 〈高知大〉

941 基本 Please keep ( ) the grass when you play catch there.
① up ② off ③ in ④ from 〈拓殖大〉

942 The company <u>went through</u> a difficult time.
① stopped ② experienced
③ examined ④ heard 〈東海大〉

943 I'll have to ( ) the phone now. I'm out of time.
① hang up ② set about
③ hang on ④ make up 〈青山学院大〉

944 基本 I'll <u>carry on</u> my business there.
① continue ② convey ③ delay ④ transport 〈日本大〉

---

934 心臓病を患う人の数が増えてきた。
935 喫煙はご遠慮ください。
936 彼女はすぐに自分の仕事にとりかかった方がいい。
937 1人のおばあさんがトラックにひかれた。
938 うつ状態を乗り越えることが彼には必要だ。
939 会議に向かう前に，あなたの演説の見直しをいっしょにしませんか。
940 昨晩，あなたを訪ねたのですが，ご不在でした。
941 そこでキャッチボールをするときは，芝生に入らないようにしてください。
942 その会社は苦難の時期を経験した。
943 もう電話を切らないといけません。私にはもう時間がありません。
944 私はそこで自分の事業を続けるつもりだ。

934 ◆ suffer from A「A（病気など）にかかる／苦しむ」

▶ The number of A has increased.「A の数が増えてきた」（→ **441**）の形にまとめる。
▶ 現在分詞句 suffering from heart disease が people を後置修飾（→ **181**）するように並べる。

935 ◆ refrain from A / doing「A（衝動など）［…すること］を差し控える」（= abstain from A）

936 ◆ set about A / doing「A［…すること］にとりかかる」（= begin A）

937 ◆ run over A「（車などが）A をひく／はねる」（= run down A）

▶ 受動態の **A is run over (by a car)**「A は（車に）ひかれる」という形で問われることが多い。

938 ◆ get over A「A（障害・困難・不幸など）を克服する／乗り越える」（= overcome A）

選択肢　② **analyze A**「A を分析する」, ③ **obtain A**「A を入手する」,
④ **consult A**「A（専門家など）に相談する」

939 ◆ go over A「A（せりふ・説明など）を読み返す／（繰り返し）見直す」

選択肢　① **take over A**「A（職務など）を引き継ぐ」→ **883**,
② **turn over A**「A をひっくり返す」

プラス　**go over A** には「A を入念に調べる（= examine A carefully)」という意味もある。
go over the record「記録を入念に調べる」

940 ◆ call on A「A（人）を訪ねる」（= visit A）

注意　「A（場所）を訪ねる」という場合は **call at A**（= visit A）を用いる。
call at the office「会社を訪ねる」

941 ◆ keep off A「A に近づかない／A から離れておく」

▶ **Keep off the grass.**「芝生立ち入り禁止」という表現で頻出。

942 ◆ go through A「A（苦しみ・困難など）を経験する」（= experience A / undergo A）

943 ◆ hang up A「A（電話）を切る」

選択肢　② **set about A**「A にとりかかる」→ **936**,
③ **Hang on.**「（電話を）切らずにそのままお待ちください（= **Hold on.**)」は電話での会話でよく使われる表現。→ **1403**
④ **make up A**「A（話・弁解・うそなど）をでっちあげる」→ **863**

注意　**hang up** だけでも「電話を切る」という意味になる。

944 ◆ carry on A / doing「A［…すること］を続ける」（= continue A）

選択肢　② **convey A**「A（情報・感情など）を伝える」,
③ **delay A**「A を延期する／A（交通機関）を遅らせる」,
④ **transport A**「A（品物・乗客など）を輸送する」

解答　**934** number of people suffering from heart disease　**935** ③　**936** ④　**937** ①　**938** ①　**939** ④　**940** ③
941 ②　**942** ②　**943** ①　**944** ①

945 He takes after his older brother.
① cares　② hates
③ likes　④ resembles 〈中央大〉

946 My sister would often stand by me when I was in trouble.
① assist　② comfort
③ prepare　④ support 〈國學院大〉

947 The white bird in this picture stands for peace.
① guards　② loves
③ represents　④ worships 〈日本大〉

948 基本 My friend said that he would look (　) my dog for me while I am away on vacation next week.
① of　② at
③ after　④ into 〈法政大〉

949 基本 The police are looking (　) the cause of the murder.
① after　② around
③ like　④ into 〈拓殖大〉

950 基本 I can't find my keys. Could you help me (　) them?
① look after　② look to
③ look at　④ look for 〈芝浦工業大〉

951 The house was broken (　) while the owner was on holiday.
① away　② into
③ out　④ with 〈明治大〉

952 She waited on shoppers all day at the department store.
① spoke to　② served
③ showed　④ looked for 〈亜細亜大〉

953 How did you come by such a precious painting?
① obtain　② search
③ sell　④ create 〈東海大〉

954 発展 My uncle is going to (　) for governor in the election next fall.
① run　② walk
③ come　④ fly 〈駒澤大〉

---

945 彼は彼の兄に似ている。
946 私が困ったときは，よく姉[妹]が力になってくれたものだ。
947 この絵画の中の白い鳥は平和を表している。
948 私の友人は，来週私が休暇でいない間，代わりに私の犬の世話をしてくれると言った。
949 警察はその殺人事件の原因を調べているところだ。

945 ◆ take after A「A（親など）に（容姿・性質が）似ている」(= resemble A)

▶ resemble A は「A（人・物・事）に似ている／類似点がある」(= be like A / be similar to A) という意味。→ 585

選択肢 ① care about A「A（物・事）に関心がある／A（人のこと）を心配する」, ② hate A「A をひどく嫌う」

946 ◆ stand by A「（困難な状況で）A（人）を支える／A の力になる」(= support A)

選択肢 ① assist A「A を（補助的に）助ける」, ② comfort A「A を安心させる／慰める」

プラス stand by A には「A（約束など）を守る／A（信念など）を貫く」という意味もある。stand by the decision「決意を守り通す」

947 ◆ stand for A「A を表す／象徴する」(= represent A / symbolize A)

選択肢 ① guard A「A を警備する」, ④ worship A「A（神など）を崇拝する」

948 ◆ look after A「A（人）の世話をする／A（物・事）の面倒を見る」(= take care of A)

949 ◆ look into A「A を調査する／研究する」(= investigate A)

950 ◆ look for A「A を探し求める」(= search for A)

選択肢 ② look to A for B「A（人）に B（助けなど）を期待する／A の B を当てにする」We look to you for support.「あなたの援助を当てにしています」

951 ◆ break into A「A（建物など）に侵入する／押し入る」

▶ 本問は受動態の **A is broken into** の形を用いている。

選択肢 ③ break out「（戦争・火事・病気などが）発生する／始まる」→ 995

プラス break into A には「急に A（動作）を始める」(= suddenly start A) という意味もある。break into laughter[tears]「急に笑い出す[ワッと泣き出す]」

952 ◆ wait on A「（店員が）A（お客）に応対する」(= serve A)

プラス Have you been waited on?「ご用をお伺いしていますか」は，店員がお客に向かって使う慣用表現。→ 1388

953 ◆ come by A「A を手に入れる」(= obtain A / get A)

選択肢 ② search A「A（場所・家など）を調べる」*cf.* search for A「A を捜し求める」

954 ◆ run for A「A（役職など）に立候補する」→ 1525

▶ **run for office**「（選挙に）出馬する」という表現も頻出。

---

950 私の鍵が見つからないのです。探すのを手伝ってもらえませんか。
951 家主が休暇で出かけている間にその家は泥棒に入られた。
952 彼女は1日中デパートで買い物客の応対をした。
953 こんな貴重な絵をどうやって手に入れたのですか。
954 私のおじは，来年の秋の選挙で知事に立候補するつもりだ。

解答 945 ④ 946 ④ 947 ③ 948 ③ 949 ④ 950 ④ 951 ② 952 ② 953 ① 954 ①

955 In conclusion, I want to thank all who have (　　) to our success.
☒☒☒
① applied　　② contributed
③ reported　　④ enabled　　〈名城大〉

956 You can pay (　　) your purchases at any of the cashiers.
☒☒☒ 基本
① up　　② by
③ for　　④ with　　〈上智大〉

957 When are you going to apply (　　) the job?
☒☒☒
① at　　② for
③ in　　④ on　　〈中央大〉

958 It is not always easy for some new students to (　　) to the busy life at university.
☒☒☒
① accustom　　② adapt
③ adopt　　④ learn　　〈学習院大〉

959 Our students' accident added to the teachers' troubles.
☒☒☒
① led　　② demanded
③ increased　　④ calculated　　〈愛知産業大〉

960 The doctor (　　) immediately after the car accident, and the victim survived.
☒☒☒
① could not get there　　② was lost
③ had been seen　　④ was sent for　　〈亜細亜大〉

961 Don't ask for money.
☒☒☒ 基本
① waste　　② request
③ think about　　④ look after　　〈愛知産業大〉

962 The economy has high inflation, so the workers called for a salary increase.
☒☒☒
① decided　　② declared
③ demanded　　④ demonstrated　　〈拓殖大〉

963 You must believe in your own abilities.
☒☒☒ 基本
① trade　　② train
③ transform　　④ trust　　〈日本大〉

---

955 最後に，私たちの成功に貢献してくださった方すべてに感謝したいと思います。
956 買い物の支払いはどのレジでもできます。
957 いつその仕事に応募するつもりですか。
958 新入生の中には，大学での多忙な生活になじむことが必ずしも簡単ではない人たちもいる。
959 私たちの生徒たちが事故を起こし，教師たちの苦労が増えた。
960 自動車事故の直後に医者が呼ばれ，その被害者は生き延びた。
961 お金を要求してはならない。
962 経済が激しいインフレ状態なので，労働者たちは給料の増額を要求した。

955 ◆ contribute to A「A に貢献する／寄与する」

選択肢 ① **apply to A**「(規則などが) A に当てはまる／適用される」→ 957, ③ **report**「報告する／報道する」, ④ **enable A to do**「A が…することを可能にする」→ 571

プラス **contribute to A** は「A (結果) の一因になる」という意味でも用いる。
Heavy drinking **contributed to** his death.「大量の飲酒が彼の死の一因だ」

956 ◆ pay for A「A の代金を払う」

957 ◆ apply for A「A (仕事・許可・援助など) を求める／申し込む」

▶ **apply for** help「援助を依頼する」, **apply for** a housing loan「住宅ローンを申し込む」という形でもよく使われる。

プラス **apply A to B**「A (規則・理論など) を B に適用[応用]する」
apply technology **to** practical problems「科学技術を現実問題に応用する」
apply to A「(規則などが) A に当てはまる／適用される」
The same rule **applies to** part-time workers.
「同じ規則がパート従業員にも当てはまる」

958 ◆ adapt to A「A (環境など) に順応[適応]する」

選択肢 ① **accustom oneself to A**「A に慣れる (= get accustomed to A)」,
③ **adopt A**「A を採用する／A を受け入れる」

プラス **adapt A to B**「A を B に順応[適応]させる」, **adapt A for B**「A を B に合うように変える」という形でも用いられる。

959 ◆ add to A「A を増やす」(= increase A)

選択肢 ② **demand A**「(権利として) A を要求する」,
④ **calculate A**「A (数・量など) を計算する」

プラス **add A to B**「A を B に加える」,
add sugar **to** coffee「コーヒーに砂糖を加える」

960 ◆ send for A「(電話・手紙などで) A (人・助けなど) を呼ぶ／A に来てくれるように頼む」

▶ 本問は受動態の **A is sent for** の形を用いている。

選択肢 ② **be lost**「道に迷う」

961 ◆ ask for A「A (助け・忠告・情報など) を求める」(= request A)

選択肢 ① **waste A**「A (お金・時間など) を無駄に使う」,
④ **look after A**「A (人) の世話をする／A (物・事) の面倒を見る」→ 948

962 ◆ call for A「(公に) A を要求する」(= demand A)

選択肢 ② **declare A**「A を宣言する」, ④ **demonstrate A**「A を証明する／実演する」

963 ◆ believe in A「A (人柄・能力など) を信用[信頼]する」(= trust A)

選択肢 ① **trade A**「A (品物) を取引する」*cf.* **trade**「貿易する」, ② **train A**「A を訓練する」,
③ **transform A**「A を一変させる／変貌させる」

プラス **believe in A** には「A の存在[正しさ] を信じる」という意味もある。
believe in Santa Claus [astrology]「サンタクロース[星占い] を信じる」

963 あなたは自分自身の能力を信じなければなりません。

解答 955 ② 956 ③ 957 ② 958 ② 959 ③ 960 ④ 961 ② 962 ③ 963 ④

Field 3 イディオム

964 If anything goes wrong, I'll (　　) for the consequences.
発展
① call　② answer　③ indict　④ long　〈名城大〉

965 A lack of sleep is (　　) my health.
① asking for　② depriving of
③ heating off　④ telling on　〈広島経済大〉

966 The chef used to see to a lot of dishes at dinner.
① avoid　② deal with
③ enjoy　④ look for　〈日本大〉

967 I was introduced to the new boss yesterday. I can't say I (　　) him.
① took on　② took off
③ took to　④ took up　〈青山学院大〉

968 It started raining, so Kiyomi made (　　) the nearest shelter.
発展
① for　② out　③ to　④ up　〈早稲田大〉

969 I don't care (　　) the expense. I just want the party to be a real success.
① about　② for　③ in　④ on　〈東京医科大〉

970 It has become more difficult for families to (　　) for their elderly at home.
基本
① care　② help　③ support　④ treat　〈芝浦工業大〉

971 He is an old man, and he doesn't care for long trips.
① like　② worry about
③ take care of　④ look for　〈亜細亜大〉

972 We couldn't account for the fact that she left without saying good-bye.
① deny　② explain　③ conceal　④ accept　〈高知大〉

973 Asian countries such as Japan, China and South Korea (　　) about 45% of the international students at the university in 2006.
① made up for　② accounted for
③ sent for　④ stood up for　〈摂南大〉

---

964 万一の［もしもの］ときには私が責任を取ります。
965 寝不足が体にこたえている。
966 そのシェフは，かつて夕食時の多くの料理を担当していた。
967 私は昨日新しい上司に紹介された。私は，彼が気に入ったとは言い難い。
968 雨が降り始めたので，キヨミは雨宿りができそうな最も近い場所に向かった。
969 費用のことは気にしません。私はただパーティーを本当に成功させたいのです。
970 家庭で家族が老人の世話をすることはより難しくなってしまった。
971 彼は高齢で，長旅は好まない。
972 彼女がさよならも告げずに去ってしまった事実は，私たちには説明がつかなかった。

964 ◆ answer for A「A の責任を取る」(= be responsible for A)

▶ 問題文全体は一種の定型表現。そのまま覚えよう。

選択肢 ① **call for A**「(公に) A を要求する」→ **962**,
③ **indict A for B**「A (人) を B (罪状) で起訴する」, ④ **long for A**「A を熱望する」

965 ◆ tell on A「A に (悪い) 影響を与える」(= have a harmful effect on A)

選択肢 ① **ask for A**「A (助け・忠告・情報など) を求める」→ **961**,
② **deprive A of B**「A から B (地位・権利・能力など) を奪う」→ **627**

966 ◆ see to A「A を引き受ける/処理する」(= deal with A)

選択肢 ① **avoid A**「A を避ける」, ③ **enjoy A**「A を楽しむ」

プラス **see (to it) that 節**「(必ず) …するように取りはからう/気をつける」(→ **1110**) という表現も頻出。
See to it that the door is locked before you leave.「外出前には戸締まりをしなさい」

967 ◆ take to A「A (人・物) を好きになる」(= start to like A)

選択肢 ① **take on A**「A (仕事など) を引き受ける/ A (人) を雇う」→ **867**, **868**,
② **take off (A)**「A (衣服など) を脱ぐ/離陸する」→ **850**, **974**,
④ **take up A**「A (時間・場所など) をとる」「A (趣味) を始める」

プラス **take to doing** は「習慣的に…するようになる」という意味。
She has **taken to going** jogging.「彼女はジョギングをするようになった」

968 ◆ make for A「A に向かっていく」(= head for A)

プラス **make for A** には「A (結果) を生み出す」(= cause A) という意味もある。
Delicious food **made for** an enjoyable evening.
「おいしい食べ物のおかげで楽しい夕べになった」

969 ◆ care about A「A を気にする/心配する」

970 ◆ care for A「A の世話をする」(= take care of A / look after A)

選択肢 ④ **treat A**「A を扱う/ A を治療する」

971 ◆ care for A「(通例否定文で) A を好む」

選択肢 ② **worry about A**「A について心配する」, ③ **take care of A**「A の世話をする」

972 ◆ account for A「A の理由を説明する/ A の原因となる」(= explain A)

選択肢 ① **deny A**「A (非難・噂など) を否定する」,
③ **conceal A**「A を隠す/ A (事実・感情など) を秘密にする」

973 ◆ account for A「A (割合・部分など) を占める」(= make up A)

選択肢 ① **make up for A**「A (不足・損失など) の埋め合わせをする」→ **1014**,
③ **send for A**「(電話・手紙などで) A (人・助けなど) を呼ぶ/ A に来てくれるように頼む」→ **960**,
④ **stand up for A**「A (人・思想・権利など) を守る/擁護する」→ **1013**

---

973 日本や中国, 韓国といったアジア諸国は, 2006年のその大学における留学生のおよそ45パーセントを占めていた。

解答 **964** ② **965** ④ **966** ② **967** ③ **968** ① **969** ① **970** ① **971** ① **972** ② **973** ②

Field 3 イディオム

974 The plane will be ready to (　　) off in a few minutes.
基本
① hand　　② look
③ make　　④ take　　〈中央大〉

975 The heavy rain forced us to spend the last night at a hotel.
= Because of the heavy rain, we had to (　　) up at a hotel last night.
① go　　② like
③ take　　④ put　　〈立教大〉

976 コンピューターは，すごく便利かもしれないけれど，私のコンピューターは，私の車と同じでよく故障するのが問題だ。
Computers may be very useful, but the problem is that mine breaks (　　) as often as my car does.　　〈西南学院大〉

977 Before the meeting breaks (　　), I'd like to say something to you all.
① out　　② off
③ on　　④ up　　〈法政大〉

978 Unfortunately the murderer turned out to be my neighbor.
① brought　　② managed
③ exploded　　④ proved　　〈日本大〉

979 I stayed up until midnight to watch the TV show last night.
基本
① didn't go to bed　　② didn't mind the noise
③ kept silent　　④ was in a rush　　〈日本大〉

980 "(　　) There's a motorbike about to pass us."
基本
"Yes, I saw it coming, but thanks for warning me."
① Watch out!　　② Dangerous!
③ Be careless!　　④ Take Attention!　　〈桜美林大〉

---

974 その飛行機はあと数分で離陸準備が整う。
975 大雨のせいで昨夜ホテルに宿泊せざるを得なかった。
977 会議が終わる前に，みなさんに言いたいことがあります。
978 残念ながら，殺人犯は私の隣人だと判明した。
979 昨晩，私はテレビ番組を見るために深夜まで起きていた。

Section 221 目的語を続けない2語動詞イディオム

974 ◆ take off「離陸する」(⇔ land「着陸する」)

▶ **take off A / take A off**「A（衣服など）を脱ぐ」については850を参照。

975 ◆ put up (at A)「(Aに) 泊まる」(= stay (at A))

976 ◆ break down「(機械・乗り物などが) 故障する／動かなくなる」

977 ◆ break up「(会議・パーティーなどが) 終わる／解散する」

プラス　break upには「(夫婦・友人関係などが) 終わる」という意味もある。
He lost his job and his marriage **broke up**.
「彼は失業して結婚生活も破綻した」

978 ◆ turn out (to be) A「(Aであると) 判明する／わかる」(= prove (to be) A)

選択肢　① bring A「Aを持ってくる」,
② manage to do「(苦労の末に) どうにか…する」,
③ explode「爆発する」

979 ◆ stay up「(寝ないで) 起きている」

選択肢　② mind A「Aを嫌がる／気にする」,
③ keep silent「静かにしている (= remain[stay] silent)」,
④ be in a rush「急いでいる」

プラス　stay up late (at night)「夜遅くまで起きている」,
stay up all night「徹夜する」

980 ◆ watch out「気をつける／警戒する」(= look out / be careful)

選択肢　② dangerous 形「危険な」,
③ careless 形「不注意な」,
④ attention 名「注意／注目／配慮」

プラス　watch (out) for A「Aに気をつける／Aを警戒する」
We **watched for** cars when we crossed the street.
「通りを渡るときに車に注意した」

980「気をつけて！ バイクが1台私たちのそばを通り過ぎようとしていますよ」
「ええ，来るのが見えました。でも注意してくれてありがとう」

解答　974 ④　975 ④　976 down　977 ④　978 ④　979 ①　980 ①

981 He was shocked to hear that his friend had passed away.

☒☒☒

① died ② disappeared
③ left ④ retired 〈亜細亜大〉

982 Try to keep up with the others in the group. Don't ( ).

☒☒☒

① hold over ② leave behind
③ carry over ④ fall behind 〈摂南大〉

983 His shoes ( ) quickly when he takes a walk every day.

☒☒☒

① put off ② put on
③ wear out ④ wear on 〈福島大〉

984 "Do wolves still live in the wild in Japan?"
"No. They died ( ) about a hundred years ago."

☒☒☒

① of ② over
③ on ④ out 〈麻布大〉

985 Jim and Mary set off to visit their relatives in Virginia while their daughters stayed home to study because they were behind in their school work.

☒☒☒

① set up ② set out
③ set in ④ showed up 〈秋田県立大〉

986 Why don't you go on a picnic before the rainy season starts?

☒☒☒

① sets in ② turns in
③ sets up ④ turns out 〈関東学院大〉

987 Why don't you ( ) in and see me some time?

☒☒☒

① fit ② drop
③ take ④ set 〈西南学院大〉

988 The bomb went off.

☒☒☒

① explained ② exercised
③ experimented ④ exploded 〈明海大〉

989 Mary fainted but regained consciousness after a while.

☒☒☒

① came at ② came in
③ came on ④ came to 〈中央大〉

---

981 友人が亡くなったと聞いて，彼はショックを受けた。
982 グループ内の他の人たちについていくようにしなさい。遅れをとってはいけません。
983 彼は毎日散歩をするので，彼の靴はすぐにすり減る。
984 「日本にはまだ野生のオオカミはいますか」「いいえ。およそ百年前に絶滅しました」
985 ジムとメアリーはバージニア州の親戚を訪ねるために出発したが，娘たちは学業が遅れているので勉強するために家に残った。

981 ◆pass away「(人が) 亡くなる」(= die)

▶ **pass away** は die の婉曲(えんきょく)表現。

選択肢　② disappear「見えなくなる／消失する」, ④ retire「退職する」

982 ◆fall behind (A)「(A に) 遅れをとる」

選択肢　② leave behind A / leave A behind「A を置き忘れる／後に残す」→ **890**

983 ◆wear out「(靴などが) すり減る」(= wear away[down])

選択肢　① put off A「A（予定など）を延期する」→ **854**,
② put on A「A（衣服など）を身につける」→ **848**

注意　wear out A / wear A out は「A（靴など）をすり減らせる／A（人）をくたくたに疲れさせる (= exhaust A)」という意味。
wear out shoes「靴をはきつぶす」,
The shopping wore me out.「買い物で私は疲れきった」

984 ◆die out「(家系・種族などが) 絶滅する」

985 ◆set off「(旅行などに) 出発する」(= set out)

選択肢　① set up A「A（会社・制度・施設など）を設立する」→ **862**,
③ set in「(季節・天候などが) 始まる」→ **986**,
④ show up「(人が)（場所に）現れる／来る」→ **993**

986 ◆set in「(季節・天候などが) 始まる」

選択肢　② turn in A「A を提出する」→ **880**,
③ set up A「A（会社・制度・施設など）を設立する」→ **862**,
④ turn out (to be) A「(A であると) 判明する／わかる」→ **978**

987 ◆drop in「(ぶらりと) 立ち寄る／顔を出す」(= drop by / drop around)

選択肢　① fit in (with A)「(A に) 溶け込む／なじむ」, ③ take in A「A をだます／A を理解する」→ **893** **894**

注意　**立ち寄り先を明示する場合**は drop in on A（人）や, drop in at A（場所）を用いる。
drop in on him = drop in at his house「彼の家に立ち寄る」

988 ◆go off「(爆弾などが) 爆発する(= explode)／(警報・時計などが) 鳴る」

選択肢　① explain A (to B)「A を（B に対して）説明する」, ③ experiment「実験する」

989 ◆come to「(人が) 意識を取り戻す」

---

986 梅雨が始まる前にピクニックに行きませんか。
987 いつか私に会いに家に寄ってくださいよ。
988 その爆弾は爆発した。
989 メアリーは失神したが，しばらくして意識を取り戻した。

解答　**981** ①　**982** ④　**983** ③　**984** ④　**985** ②　**986** ①　**987** ②　**988** ④　**989** ④

990 The big car pulled up at the traffic light.
☒☒☒
① hurried ② stopped
③ turned ④ started 〈大阪電気通信大〉

991 His light brown hair makes him stand out from others in the group.
☒☒☒
① favorable ② absent
③ available ④ distinct 〈日本大〉

992 Bill's new book will be published at the end of this month.
☒☒☒
① look out ② force out
③ come out ④ figure out 〈中央大〉

993 It really gets on my nerves that Robert shows up late for every class.
☒☒☒
① comes ② expands
③ leaves ④ overflows 〈中部大〉

994 I'm sure your ring will turn up soon.
☒☒☒
① be bought ② submit
③ be found ④ sell 〈千葉工業大〉

995 Many diseases broke out after the war.
☒☒☒
① died ② disappeared
③ appeared ④ changed 〈東海大〉

996 How did this accident come about?
☒☒☒
① appear ② end
③ happen ④ descend 〈駒澤大〉

997 Please don't break in on our conversation.
☒☒☒
① injure ② interpret
③ interrupt ④ start 〈大阪電気通信大〉

Section 222

998 In order for your business to succeed, you need to come up with a new strategy.
☒☒☒
① pick out ② put away
③ think of ④ try on 〈玉川大〉

---

990 その大きな車は信号で止まった。
991 その明るい茶色の髪のせいで，彼はその集まりの他の人たちよりも目立つ。
992 ビルの新しい本は今月末に出版されるだろう。
993 ロバートがどの授業にも遅れて現れるのには，本当にいらいらする。
994 君の指輪はきっとすぐに出てくるよ。
995 戦後，多くの病気が発生した。

990 ◆pull up「(車などが) 止まる／一時停止する」(= stop)

991 ◆stand out「目立つ」

▶ **stand out from A** で「A よりも目立つ」という意味になる。

選択肢　① favorable「好意的な／好都合な」, ② absent (from A)「(A を) 欠席して／不在で」,
③ available「利用できる／(部屋などが) 空いている」→ **1499**,
④ distinct (from A)「(A とは) まったく異なった」

992 ◆come out「(本・CD などが) 出版される」(= be published)

選択肢　① look out「気をつける／警戒する」→ **980**, ④ figure out A「A を理解する」→ **865**

993 ◆show up「(人が) (場所に) 現れる／来る」(= turn up / come)

選択肢　② expand「膨張する／拡大する」, ④ overflow「(河川・容器などが) あふれる」

994 ◆turn up「(紛失物が) 見つかる／出てくる」

選択肢　② submit (to A)「(A に) 屈服する／服従する」

995 ◆break out「(戦争・火事・病気などが) 発生する／始まる」

996 ◆come about「(予想外のことが) 起こる」(= happen)

選択肢　① appear「姿を現す」, ② end「終わる」, ④ descend「降りる」

997 ◆break in (on A)「(A (会話など) の) 邪魔をする／(A に) 割り込む」(= interrupt (A))

選択肢　① injure A「A にけがをさせる」, ② interpret A「A を通訳する／解釈する」

Section 222 目的語を続ける3語動詞イディオム

998 ◆come up with A「A (考えなど) を思いつく」(= think of A) /
「A (考えなど) を提案する」(= propose A)

選択肢　① pick out A「A を選び出す」→ **858**,
② put away A「A を片付ける／元の場所へしまう／とっておく／蓄える」→ **859**, **860**,
④ try on A「A (衣服など) を試着する」→ **849**

重要　□ in order for A to do「A が…するために」

---

996 この事故はどうやって起きたのですか。
997 私たちの会話に割り込まないでください。
998 あなたのビジネスが成功するためには，あなたは新しい戦略を考え出す必要がある。

解答　**990** ②　**991** ④　**992** ③　**993** ①　**994** ③　**995** ③　**996** ③　**997** ③　**998** ③

999 ☒☒☒ 基本
China will soon ( ) with Japan in the field of computer engineering.
① overcome ② surpass
③ go on ahead ④ catch up 〈日本歯科大〉

1000 ☒☒☒
Mr. Roberts gave an interesting lecture today. But most of the students were not able to ( ) his rapid pace.
① cut down on ② keep up with
③ look forward to ④ run out of 〈東京理科大〉

1001 ☒☒☒ 基本
We had to <u>put up with</u> intense heat this summer.
① disregard ② endure
③ overcome ④ forget 〈亜細亜大〉

1002 ☒☒☒
Sometimes technology falls ( ) its promises.
① short of ② across
③ fast ④ apart 〈青山学院大〉

1003 ☒☒☒
He is ( ) short of money.
① running ② walking
③ expecting ④ saving 〈亜細亜大〉

1004 ☒☒☒
The truck stopped in the middle of the road. It seemed to have ( ) fuel.
① cut down on ② kept up with
③ looked forward to ④ run out of 〈東京理科大〉

1005 ☒☒☒
Although Bill was only twenty, people <u>looked up to</u> him as a great leader.
① neglected ② elected
③ called ④ respected 〈高知大〉

1006 ☒☒☒
Living in a rich country, we should not <u>look down on</u> homeless people.
① praise ② regard ③ analyze ④ disrespect 〈東海大〉

1007 ☒☒☒
I feel quite uncomfortable in his presence; he is very hard to get ( ) with.
① friend ② away ③ along ④ together 〈成城大〉

---

999 中国は，コンピューター工学の分野でまもなく日本に追いつくだろう。
1000 今日，ロバーツ先生は興味深い講義を行った。しかし，学生のほとんどは彼の速いペースについていけなかった。
1001 私たちはこの夏の猛暑に耐えなければならなかった。
1002 科学技術は時に，期待される結果に及ばないこともある。
1003 彼は金欠だ。

999 ◆catch up with A「A（人・車・国など）に追いつく」

選択肢 ① overcome A「A（困難・欠点など）を克服する」, ② surpass A「A より勝る」

1000 ◆keep up with A「A（人・会話・勉強・流行・国際情勢など）に（遅れずに）ついていく」

選択肢 ① cut down on A「A（数・量）を減らす」→ 873,
③ look forward to A「A を楽しみに待つ」→ 164,
④ run out of A「A（食料・お金・燃料など）が尽きる／なくなる」→ 1004

1001 ◆put up with A「A（不快な状況・嫌な相手）をがまんする／ A に耐える」
(= endure A / stand A / bear A / tolerate A)

選択肢 ① disregard A「A を無視する」

1002 ◆fall short of A「A（目標・期待・基準など）に達しない／及ばない」

選択肢 ④ fall apart「バラバラになる」

1003 ◆run short of A「A（お金・水・時間など）が不足する／足りなくなる」

プラス be short of A は「A が不足している／足りない」という状態を表す。
We are short of water［funds / hands］.
「私たちは水［資金／人手］が不足している」

1004 ◆run out of A「A（食料・お金・燃料など）が尽きる／なくなる」

1005 ◆look up to A「A（人）を尊敬する／称賛する」(= respect A / admire A)

▶ **look up to A** は「A を見上げる」が原義。**look up to A as B** で「A を B として尊敬する」という意味になる。

選択肢 ① neglect A「A の世話を怠る／ A（注意すべき事）を軽視する」,
② elect A「（投票で）A（大統領・知事など）を選ぶ」

1006 ◆look down on A「A（人）を見下す／軽蔑する」(= despise A / disrespect A)

選択肢 ① praise A「A を称賛する」,
② regard A as B「A を B とみなす」→ 643,
③ analyze A「A を分析する」

1007 ◆get along with A「A（人）と仲良くやっていく」

▶ **get along** は「なんとかやっていく／暮らす／うまくいく」という意味。→ 1324 プラス

1004 そのトラックは道路の真ん中で停止した。燃料がなくなったようだった。
1005 ビルはわずか20歳だったが，人々は彼を偉大な指導者として尊敬していた。
1006 豊かな国に住んでいるからといって，私たちはホームレスの人々を見下すべきではない。
1007 彼といっしょにいると，私はかなり居心地が悪い。というのも，彼はとても付き合いにくい人間だからだ。

解答 999 ④ 1000 ② 1001 ② 1002 ① 1003 ① 1004 ④ 1005 ④ 1006 ④ 1007 ③

1008 She ( ) on with the colleagues in her office.
① goes ② gets
③ helps ④ puts 〈駒澤大〉

1009 Would you help me with my homework when you get ( ) with yours?
① through ② over
③ by ④ away 〈摂南大〉

1010 My only daughter always studied hard and was able to <u>live up to</u> my expectations.
① demand ② increase
③ meet ④ surprise 〈中央大〉

1011 Sandy <u>speaks ill of</u> her colleagues very often.
① chats with ② criticizes
③ quarrels with ④ scolds 〈日本大〉

1012 All of us must look ( ) pickpockets as we walk the streets.
① out for ② up to
③ aside from ④ forward to 〈亜細亜大〉

1013 Tom <u>stood up for</u> his friend in the argument.
① defended ② gave his number to
③ punished ④ fought with 〈大阪電気通信大〉

1014 Nothing can <u>make up for</u> the loss of nature.
① send for ② compensate for
③ seek for ④ stand for 〈駒澤大〉

1015 The government finally <u>did away with</u> the law.
① abolished ② announced
③ devised ④ recognized 〈名城大〉

1016 We need to <u>brush up on</u> our math skills before the next test.
① involve ② discuss
③ improve ④ describe 〈東海大〉

1008 彼女は職場の同僚たちと仲良くやっている。
1009 あなたの宿題が終わったら，私のを手伝ってくれませんか。
1010 私の一人娘はずっと一生懸命勉強し，私の期待に応えることができた。
1011 サンディーはしょっちゅう彼女の同僚の悪口を言う。
1012 通りを歩くときは，私たちみんながスリに注意しなければいけない。

1008 ◆get on with A「A（人）と仲良くやっていく」

▶ **get on** は「なんとかやっていく／暮らす／うまくいく」という意味。

1009 ◆get through (with) A「A（仕事など）を終える／仕上げる」(= complete A)

⚠注意　with は省略されることも多い。

1010 ◆live up to A「A（期待・要求など）に応える」(= meet A)

選択肢　① **demand A**「（権利として）A を要求する」,
④ **surprise A**「A（人）を驚かす」

1011 ◆speak ill[badly] of A「A（人）のことを悪く言う／けなす」(= criticize A)
（⇔ speak well[highly] of A「A（人）のことを良く言う／ほめる」(= praise A)）

選択肢　① **chat with A**「A と雑談する」,
③ **quarrel with A**「A と口論する」,
④ **scold A**「A（子ども）を叱る」

1012 ◆look out for A「A に注意する／気を配る」(= watch (out) for A → **980**)

1013 ◆stand up for A「A（人・思想・権利など）を守る／擁護する」(= defend A / support A)

選択肢　③ **punish A**「A（人）を罰する」,
④ **fight with A**「A と戦う／（殴り合いの）けんかをする」

1014 ◆make up for A「A（不足・損失など）の埋め合わせをする」(= compensate for A)

選択肢　① **send for A**「（電話・手紙などで）A（人・助けなど）を呼ぶ／A に来てくれるように頼む」→ **960**,
③ **seek for A**「A を探し求める」,
④ **stand for A**「A を表す／象徴する」→ **947**

1015 ◆do away with A「A（規則・制度など）を廃止する」(= abolish A)

選択肢　② **announce A**「A（予定・出来事など）を発表する」,
③ **devise A**「A（方法など）を考え出す」,
④ **recognize A**「A を認識する」

1016 ◆brush up (on) A「A（忘れていた知識や技術など）を磨き直す」(= improve A)

選択肢　① **involve A**「A を必要とする／巻き込む／参加させる」,
④ **describe A**「A の特徴を述べる／A を言葉で説明する」

1013 トムは討論中，彼の友人を擁護した。
1014 何物も自然の損失を埋め合わせることはできない。
1015 政府は最終的にその法律を廃止した。
1016 次の試験の前に，私たちは数学の能力を磨き直す必要がある。

解答　1008 ②　1009 ①　1010 ③　1011 ②　1012 ①　1013 ①　1014 ②　1015 ①　1016 ③

1017 They should get rid of their differences and become friends.

① remove　② get involved in

③ give away　④ cultivate　〈東海大〉

1018 My mother finally has given in to my view.

① yielded　② got

③ succeeded　④ opposed　〈愛知工業大〉

1019 Susan had to make (　　) with her old dress because she couldn't afford to buy a new one.

発展

① get　② go

③ set　④ do　〈獨協大〉

1020 Customs that older Britons have always taken very seriously are being (　　) by many young people in the UK today.

① made light of　② made the most of

③ made something of　④ made short of　〈北里大〉

1021 I didn't make much of her opinion.

① accept　② agree with

③ value　④ welcome　〈立命館大〉

1022 (a) She felt like slapping him in the face, but changed her mind.

(b) She felt like slapping him in the face, but thought (　　) of it.

① better　② bad

③ good　④ much　〈中央大〉

Section 223

1023 私はルームメートを探している。

I am looking (for / room / share / someone / the / to / with).　〈関西学院大〉

1017 彼らは意見の相違を取り払って友人になるべきだ。

1018 母はついに折れて私の考えを受け入れた。

1019 スーザンは新しい服を買う余裕がなかったので，古いドレスで間に合わせなければならなかった。

1020 年配のイギリス人たちが常に重きを置いてきた慣習は，今日のイギリスの多くの若者たちからは軽んじられている。

1021 私は彼女の意見を重要視しなかった。

1022 (a) 彼女は彼のほおをたたいてやりたい気分だったが，考えが変わった。

(b) 彼女は彼のほおをたたいてやりたい気分だったが，思い直した。

1017 ◆ get rid of A「A（不快な状況）から抜け出す／Aを取り除く」(= remove A)

選択肢 ② **get involved in A**「Aに関わる／巻き込まれる」,
③ **give away A / give A away**「A（不要になった物）を無料で与える／A（秘密など）を漏らす」,
④ **cultivate A**「A（土地）を耕す／A（作物）を栽培する」

1018 ◆ give in (to A)「(Aに) 降参する／屈服する」(= yield (to A)), (= give way (to A)→ **1047**)

選択肢 ② **get to A**「Aに到着する」,
③ **succeed to A**「A（地位など）を継承する」,
④ **oppose A**「Aに反対する」*cf.* **be opposed to A**「Aに反対している」

1019 ◆ make do with A「(十分ではないが何とか) Aで間に合わせる／すます」

1020 ◆ make light of A「Aを軽んじる／甘く見る」

選択肢 ② **make the most of A**「A（機会・能力・有利な条件など）を最大限に活用する」→ **1105**

1021 ◆ make much of A「Aを重視する／重んじる」(= value A)

選択肢 ② **agree with A**「A（意見・考え）に同意する」→ **905**,
③ **value A**「Aを尊重する」,
④ **welcome A**「Aを歓迎する」

1022 ◆ think better of A「Aを考え直してやめる」

Section 223 〈他動詞＋A＋前置詞＋B〉型の動詞イディオム

1023 ◆ share A with B「A（もの）をB（人）と共有する／分け合う」

▶ **share** the room **with** someone「その部屋をだれかと共有する」を前提にして，不定詞の形容詞用法（→ **118**）を使い，someone to **share** the room **with**「その部屋を共有するだれか＝ルームメート」を完成させる。文末に前置詞 with が残ることに注意。

解答 **1017** ① **1018** ① **1019** ④ **1020** ① **1021** ③ **1022** ① **1023** for someone to share the room with

Field 3 イディオム

1024 What is frequently said among many linguists is that language is one of the characteristics which (　　) humans from the other animals.
☒☒☒
① differs　② diversifies
③ distinguishes　④ distracts　〈杏林大〉

1025 The two girls were so much alike that I couldn't (　　) one from the other.
☒☒☒
① speak　② talk
③ tell　④ say　〈関東学院大〉

1026 彼は何冊かの本をアメリカへ注文した。
☒☒☒
He ordered some books (　　) America.　〈名古屋市立大〉

1027 Today, people (　　) much less time on their children than before.
☒☒☒ 基本
① hand　② make
③ spend　④ take　〈中央大〉

1028 I congratulated her (　　) winning the tournament.
☒☒☒
① in　② on
③ by　④ with　〈名古屋市立大〉

1029 The students (　　) most of their free time to the cleanup campaign sponsored by the local community.
☒☒☒
① contributed　② attributed
③ substituted　④ distributed　〈学習院大〉

1030 He decided to (　　) the rest of his life to helping young people in developing countries.
☒☒☒
① perform　② promise
③ remain　④ devote　〈近畿大〉

1031 The executives attributed the slowdown (　　) the government's economic policy.
☒☒☒
① from　② in
③ to　④ except　〈亜細亜大〉

1032 I am going to leave Tokyo (　　) Osaka.
☒☒☒
① on　② to
③ for　④ near　〈駒澤大〉

1024 多くの言語学者たちの間でしきりに言われていることは，言語は人間を他の動物たちと区別する特徴の1つだということだ。
1025 2人の少女はあまりにも似ていたので，私は区別することができなかった。
1027 今日，人々は自分の子どもに以前よりもはるかに少ない時間しか費やしていない。
1028 彼女はトーナメントで優勝したので，私は彼女にお祝いの言葉を述べた。

1024 ◆distinguish A from B「AとBを区別する」(= tell A from B)

選択肢 ①の differ は A differ from B「AはBと違う」という使い方をする。
② diversify A「Aを多様化する」, ④ distract A「A（人・注意など）を逸らす」

1025 ◆tell A from B「AとBを区別する」

1026 ◆order A from B「A（品物）をB（店・場所）に注文する」

▶ **order A to B** は「Aを注文してBに送る」という意味になる。

1027 ◆spend A on B「A（時間・お金）をBに使う／費やす」

プラス spend A (in) doing「…するのにA（時間・お金）を使う」→ 173

1028 ◆congratulate A on[upon] B / doing「A（人）にBのこと[…したこと]でお祝いを述べる」

1029 ◆contribute A to B「A（お金・時間・援助など）をBに与える／提供する」

選択肢 ② attribute A to B「A（結果）はBが原因だと考える[言う]」→ 1031,
③ substitute A for B「AをBの代わりに用いる」,
④ distribute A to B「AをBに分配する／配給する」

プラス contribute to A「Aに貢献する／寄与する」→ 955

1030 ◆devote A to B / doing「A（時間・お金・労力など）をB（人・仕事・目的など）[…すること]にささげる」(= dedicate A to B / doing)

選択肢 ① perform A「A（劇など）を上演する／A（仕事・手術・実験など）を行う」

1031 ◆attribute A to B「A（結果）はBが原因だと考える[言う]」(= ascribe A to B)

▶ 受動態の **A is attributed to B** の形でも頻出する。A（結果）とB（原因）を逆にしないこと。
Her success **was attributed to** good luck.「彼女の成功は幸運のおかげだとされた」

1032 ◆leave A for B「B（目的地）に向けてAを離れる／AからBに向かう」

プラス leave A「Aを離れる」, leave for A「Aに向かう」という形でも用いる。

1029 学生たちは，地元団体が後援する清掃運動に自由時間の大部分を提供した。
1030 彼は，発展途上国の若者たちを助けることに，自分の残りの人生をささげようと決めた。
1031 重役たちは，景気後退を政府の経済政策のせいにした。
1032 私は大阪に向けて東京を発つ予定だ。

解答 1024 ③ 1025 ③ 1026 from 1027 ③ 1028 ② 1029 ① 1030 ④ 1031 ③ 1032 ③

1033 Can I exchange dollars ( ) yen here?
① by ② for
③ from ④ in 〈東京経済大〉

1034 Even though Nancy is over twenty, she is often ( ) for a high school student.
① regarded ② thought
③ seen ④ taken 〈法政大〉

1035 The teacher mistook me ( ) my twin brother.
① with ② by
③ from ④ for 〈日本大〉

1036 基本 I asked the waiter ( ) tea, but he brought milk.
① of ② about
③ to ④ for 〈芝浦工業大〉

1037 Grandma had four daughters and no sons. She named each of her four daughters ( ) a flower.
① in ② of
③ after ④ with 〈北里大〉

1038 While he was studying at university, he depended on his parents ( ) financial support.
① in ② of ③ on ④ for 〈西南学院大〉

1039 In my anguish, I ( ) to my father for help.
① appeared ② asked ③ made ④ turned 〈上智大〉

Section 224

1040 基本 I have to take part in a meeting.
① be absent from ② be late for
③ leave for ④ participate in 〈関東学院大〉

1041 基本 Tourism plays an important ( ) in the economy of Switzerland.
① favor ② name ③ part ④ spot 〈中央大〉

1042 I try to do my ( ) in protecting the environment by reducing my garbage.
① thinking ② position ③ part ④ way 〈獨協大〉

1033 ここでドルを円に両替できますか。
1034 ナンシーは20歳を越えているが，しばしば高校生と間違われる。
1035 先生は私を双子の兄[弟]と間違えた。
1036 私は給仕に紅茶を頼んだが，彼はミルクを持ってきた。

1033 ◆ exchange A for B「A（通貨）を B（他の通貨）に両替する」

プラス exchange A for B には「A を B と交換する／取り替える」という意味もある。
He exchanged the black tie for a blue one.
「彼は黒いネクタイを青いネクタイに換えた」

1034 ◆ take A for B「A を B だと思う／A を B（別の人・物）と間違える（= mistake A for B)」

▶ 本問は受動態の **A is taken for B** の形を用いている。

選択肢 ①の regard は regard A as B「A を B とみなす」（→ **643**),
②の think は think A (to be) B「A を B だと考える」または think of A as B「A を B だと考える」,
③の see は see A as B「A を B とみなす」の形であれば，どれも文意が成立する。
→ 整理して覚える 070（p. 279)

1035 ◆ mistake A for B「A を B（別の人・物）と間違える」(= take A for B)

1036 ◆ ask A for B「A（人）に B を（くれと）頼む／要求する」

▶ **ask for A**「A（助け・忠告・情報など）を求める」も参照。→ **961**

1037 ◆ name A after[for] B「B にちなんで A に名前をつける」

1038 ◆ depend on[upon] A for B「A に B（援助など）を依存する／頼る」

▶ **depend on[upon] A**「A 次第である／A によって決まる」も参照。→ **907**

1039 ◆ turn to A for B「B（援助・忠告など）を（求めて）A に頼る」

Section 224 特定の名詞を目的語に続ける動詞イディオム

1040 ◆ take part in A「A（活動・催しものなど）に参加する」(= participate in A)

選択肢 ② be late for A「A に遅刻する」,
③ leave for A「A に向かって出発する」→ **1032**

1041 ◆ play a part[role] in A「A において役割を果たす」

1042 ◆ do one's part「自分の役割を果たす」

1037 祖母には娘が 4 人いたが，息子は 1 人もいなかった。彼女は娘たち 4 人それぞれに，花にちなんだ名前をつけた。
1038 大学で学んでいる間，彼は両親に経済的援助を頼った。
1039 苦痛のあまり，私は援助を父に頼った。 **1040** 私は会議に出席しなければなりません。
1041 観光事業は，スイス経済において重要な役割を果たしている。
1042 私は，自分のゴミを減らすことによって，環境保護における自分の役割を果たそうと努めている。

解答 **1033** ② **1034** ④ **1035** ④ **1036** ④ **1037** ③ **1038** ④ **1039** ④ **1040** ④ **1041** ③ **1042** ③

Field 3 イディオム

1043 裏庭の塀の下を，その猫が走っていくのがチラッと見えた。
☒☒☒ I caught (　　) of the cat running under the fence in the backyard.

〈西南学院大〉

1044 We caught sight of a ship in the distance, but soon (　　) sight of it.
☒☒☒ ① avoided　② escaped
③ lost　④ neglected 〈九州産業大〉

1045 You should (　　) your time in everything that you do.
☒☒☒ ① come　② make
③ go　④ take 〈関西学院大〉

1046 "How did you (　　) time while you were waiting for me?"
☒☒☒ "Well, I looked at some books in the college bookshop."
① save　② keep
③ lose　④ kill 〈法政大〉

1047 No solution was reached in the discussion, as neither side would
☒☒☒ <u>give way</u> to the other.
① attack　② insist
③ persuade　④ yield 〈國學院大〉

1048 They drove slowly to (　　) for each other.
☒☒☒ ① make way　② put ahead
③ lead in　④ come in 〈獨協医科大〉

1049 Her husband wants to have his own (　　) in everything.
☒☒☒ ① habit　② means
③ opinion　④ way 〈桃山学院大〉

1050 The next Olympics will (　　) place in Tokyo.
☒☒☒ ① approve　② insist
基本 ③ stick　④ take 〈中央大〉

1051 Today, e-mail has almost (　　) the place of writing letters.
☒☒☒ ① taken　② made
③ got　④ had 〈名城大〉

1044 私たちは遠くに船が見えたのだが，やがて見失った。
1045 あなたのすべての行動にゆっくり時間をかけるべきです。
1046「僕を待っている間，君はどうやって時間をつぶしたんだい」
「ええと，大学の本屋で何冊か本を見ていたんだ」
1047 どちら側も互いに譲ろうとしなかったので，話し合いでは何の解決にも至らなかった。

1043 ◆ catch[get] sight of A (doing)「A が (…するのが) ちらっと見える」
(= catch[get / have] a glimpse of A (doing))

1044 ◆ lose sight of A「A を見失う／見落とす」

選択肢 ① avoid A「A を避ける」,
② escape A「A (危険な状況など) を逃れる」*cf.* escape from A「A から逃げる」

1045 ◆ take one's time「ゆっくり／じっくり (時間をかけて) やる」

プラス take one's time to do [(in) doing]「ゆっくり／じっくり…する」

1046 ◆ kill time「時間をつぶす」

1047 ◆ give way (to A)「(A に) 譲歩する／屈する」(= give in (to A) / yield (to A)→ 1018)

選択肢 ② insist on A「A を主張する／要求する」→ 929,
③ persuade A to do「A を説得して…させる」→ 574

プラス give way to A には「A に取って代わられる」(= be replaced by A) という意味もある。
TV may **give way to** the internet.
「テレビはインターネットに取って代わられるかもしれない」

1048 ◆ make way for A「A に道をあける／道を譲る」

1049 ◆ have[get] one's (own) way「自分の思い通りにする／勝手なまねをする」

1050 ◆ take place「(催しなどが) (予定通り) 行われる／(偶然) 起こる」

選択肢 ① approve A「A を承認する／許可する」*cf.* approve of A「A に賛成する／A を是認する」→ 923,
③ stick A「A (紙など) を貼り付ける／A (鋭利な物) を刺す」*cf.* stick to A「A (主義・決定など) を堅持する／A に固執する」→ 917

1051 ◆ take the place of A / take A's place「A に取って代わる」(= replace A)

1048 彼らは互いに道をあけようと，ゆっくり運転した。
1049 彼女の夫は何でも自分の思い通りにしたがる。
1050 次のオリンピックは東京で催される。
1051 今日では，E メールはほぼ手紙に取って代わってしまった。

解答 1043 sight 1044 ③ 1045 ④ 1046 ④ 1047 ④ 1048 ① 1049 ④ 1050 ④ 1051 ①

Field 3 イディオム

1052 (a) Smoking affects our health in a negative way.
(b) Smoking has a bad (　　) on our health.
① procedure　② expense
③ effect　④ taste　〈中央大〉

1053 The pill I took is starting to take (　　). My stomach feels a little better already.
① effect　② effectively
③ effective　④ effecting　〈法政大〉

1054 When talking with people from foreign countries, we should always <u>take into account</u> their cultural background.
① improve　② neglect
③ explain　④ consider　〈関東学院大〉

1055 You should take what he said into (　　).
① amount　② counting
③ liking　④ consideration　〈亜細亜大〉

1056 She <u>felt ashamed</u> because she couldn't answer the question.
① lost interest　② lost face
③ lost her way　④ lost time　〈明海大〉

1057 The quarrelling boys stood (　　) faces at each other.
発展
① doing　② getting
③ making　④ taking　〈杏林大〉

1058 You must always keep (　　) on these children; they aren't good swimmers.
① an eye　② attention
③ care　④ insight　〈昭和大〉

1059 (a) On hearing the news, she burst out crying.
(b) On hearing the news, she burst (　　) tears.　〈崇城大〉

1060 The teacher told Jack to hold his (　　).
① cheek　② lip
③ nose　④ tongue　〈国士舘大〉

1052 (a) (b) 喫煙は私たちの健康に悪い影響を及ぼす。
1053 私の飲んだ薬が効き始めている。胃の調子がすでに少しよくなった感じだ。
1054 外国人と話しているときは，私たちは常に彼らの文化的背景を考慮に入れるべきだ。
1055 君は彼の言ったことを考慮に入れるべきだ。
1056 その質問に答えられなかったので，彼女は面目を失った。

1052 ◆have an effect on A「A に影響を及ぼす／効果がある」(= affect A / influence A)

▶ 本問のように good「良い」／ bad「悪い」／ positive「プラスの」／ negative「マイナスの」／ significant「重要な」などの形容詞が effect を修飾する場合もある。

1053 ◆take effect「(薬などが) 効く／効果を現す」

プラス take effect には「(法律・規則などが) 効力を生じる／施行される」(= come into effect) という意味もある。
The regulation **took effect** last month.
「その規則は先月施行された」

1054 ◆take A into account「A を考慮に入れる」(= consider A)

▶ 本問のように目的語 A が文末に移動した **take into account A** という形でも頻出。

選択肢 ① improve A「A を改善する」,
② neglect A「A の世話を怠る／A（注意すべき事）を軽視する」

1055 ◆take A into consideration「A を考慮に入れる」(= take A into account)

1056 ◆lose face「面目を失う／顔をつぶす」(⇔ save face「面目を保つ／顔をつぶさない」)

選択肢 ① lose interest「興味を失う」,
③ lose one's way「道に迷う」,
④ lose time「(時計が) 遅れる」

1057 ◆make a face [faces] (at A)「(A に)しかめ面をする」

1058 ◆keep an eye on [upon] A「A から目を離さない／(安全のために) A をじっと見守る」

1059 ◆burst into tears「突然泣き出す」(= burst out crying)

プラス burst into laughter = burst out laughing「爆笑する」,
break into laughter [tears]「急に笑い出す［ワッと泣き出す］」→ 951

1060 ◆hold one's tongue「黙っている／沈黙を守る」

1057 そのけんかをしている少年たちは，お互いにしかめ面をして立っていた。
1058 この子どもたちから常に目を離さないように。彼らは泳ぎがうまくないのだから。
1059 (a) (b) その知らせを聞いたとたん，彼女は突然泣き出した。
1060 先生はジャックに黙っているようにと言った。

解答 1052 ③ 1053 ① 1054 ④ 1055 ④ 1056 ② 1057 ③ 1058 ① 1059 into 1060 ④

1061 The canyon is so large that seeing it takes my breath (　　).
発展
① away　　② in
③ out　　④ up　　〈立教大〉

1062 Tomorrow is not a holiday. Don't believe George. He's just pulling your (　　).
① face　　② head
③ leg　　④ neck　　〈慶應義塾大〉

1063 When the President entered, all those present <u>rose to their feet</u>.
① sat down　　② followed up
③ began to walk　　④ stood up　　〈駒澤大〉

1064 I wish that noise would stop. It gets on my (　　).
① head　　② brain
③ feelings　　④ nerves　　〈関西学院大〉

1065 She always stays calm. I've never seen her lose her (　　).
① temptation　　② temple
③ temper　　④ temperature　　〈関西学院大〉

1066 I can't learn so many words by (　　) at one time.
① mind　　② heart
③ brain　　④ oneself　　〈東洋大〉

1067 He has to <u>make up his mind</u> which university is better for him.
① decide　　② worry about
③ tell　　④ argue　　〈関東学院大〉

1068 You should <u>keep in mind</u> what I said yesterday.
① not forget　　② not mind
③ not remove　　④ not remember　　〈関東学院大〉

1069 Michael (　　), so we can trust him.
① keeps fit　　② breaks the rules
③ keeps his word　　④ breaks his promises　　〈青山学院大〉

1070 We <u>had words</u> again last night, so today we're not speaking.
発展
① had a quarrel　　② talked a lot
③ had a discussion　　④ made a decision　　〈桜美林大〉

1061 その峡谷はあまりに広大なので，その眺めに私は息をのむ。
1062 明日は休日ではありませんよ。ジョージの言うことを信じてはいけません。彼は君をからかっているだけです。
1063 大統領が入ってくると，列席者は皆立ち上がった。

1061 ◆take A's breath away「(美しさ・驚きなどで) A をはっとさせる/息をのませる」

プラス　take a deep breath「深呼吸する」, hold one's breath「息を止める」

1062 ◆pull A's leg「A をからかう/ A を(冗談で)だます」

注意　「人の足を引っ張る/人の邪魔をする」という意味ではないことに注意。

1063 ◆rise[get / come] to one's feet「立ち上がる」(= stand up)

1064 ◆get on A's nerves「A の神経[かん]にさわる/ A をいらいらさせる」

1065 ◆lose one's temper「腹を立てる」(= get angry)

プラス　keep one's temper「平静を保つ」, be in a bad temper「機嫌が悪い」

1066 ◆learn A by heart「A を暗記する」(= memorize A)

プラス　know A by heart「A を暗記している」(←〈状態〉を表している)

1067 ◆make up one's mind「決心する」(= decide)

選択肢　④ argue (with A) (about B)「(A と) (B のことで) 論争する/言い争う」
cf. argue that SV「…だと主張する」

1068 ◆keep[bear] A in mind「A を心に留めておく/覚えている」(= remember A)

▶ 本問のように A が後置され **keep[bear] in mind A** の語順になることがある。

プラス　keep[bear] in mind that SV「…ということを心に留めておく」

1069 ◆keep one's word[promise]「約束を守る」(⇔ break one's word[promise]「約束を破る」)

選択肢　① keep fit「健康を維持する」
プラス　この word は「約束」という意味。
Tom is a man of his word. = Tom is as good as his word.
「トムは約束を守る男だ/トムはやると言ったことはやる」

1070 ◆have words (with A)「(A と) 口論する/口げんかする」(= quarrel (with A))

1064 あの騒音が止んでくれたらよいのだが。それは私をいらいらさせる。
1065 彼女はいつも平静を保っている。私は，彼女が腹を立てるところを見たことがない。
1066 私には，一度にこんなにたくさんの単語を暗記することはできない。
1067 どちらの大学の方が自分にとって良いのか，彼は決めなければならない。
1068 昨日私が言ったことを，あなたは心に留めておくべきだ。
1069 マイケルは約束を守るので，私たちは彼を信頼できる。
1070 私たちは昨晩また口論をしたので，今日は口をきいていない。

解答　1061 ①　1062 ③　1063 ④　1064 ④　1065 ③　1066 ②　1067 ①　1068 ①　1069 ③　1070 ①

1071 The airplane (　　) fire soon after it was struck by lightning.
① went　② flew
③ made　④ caught 〈関西学院大〉

1072 My mother has <u>gained</u> weight again. She needs some exercise.
① stayed on　② kept on
③ put on　④ taken on 〈神戸学院大〉

1073 Paul makes it a rule to <u>keep good hours</u>.
① enjoy himself　② get up and go to bed early
③ have a nice time　④ read books 〈大阪電気通信大〉

1074 He was slow in putting his idea (　　) practice.
① across　② into
③ to　④ upon 〈大阪産業大〉

1075 I've come to ask a big (　　) of you.
① question　② favor
③ kindness　④ service 〈成城大〉

1076 He always <u>finds fault with</u> something in my personality.
① criticizes　② praises
③ respects　④ despises 〈関東学院大〉

1077 He <u>got in touch with</u> me as soon as he arrived in Nagoya.
① grasped　② told
③ heard　④ contacted 〈中央大〉

1078 Your behavior will (　　) rise to misunderstanding.
① cause　② get
③ lead　④ give 〈東洋大〉

1079 My sister (　　) birth to a baby boy the day before yesterday.
① offered　② did
③ got　④ gave 〈駒澤大〉

1080 What he says does not make any (　　) to me.
① cause　② means
③ reason　④ sense 〈東京理科大〉

1071 その飛行機は，雷に打たれるとまもなく炎上した。
1072 母はまた太った。母には運動が必要だ。
1073 ポールは早寝早起きをするようにしている。
1074 彼は自分の考えを実行に移すのが遅かった。
1075 君に重要なお願いがあってやってきたんだ。
1076 彼はいつも私の性格について何かけちをつける。

1071 ◆catch fire「(物が)燃え出す/火がつく」

1072 ◆put on weight (= gain weight)「体重が増える/太る」(⇔ lose weight「体重が減る/やせる」)

1073 ◆keep good[early] hours「早寝早起きをする」
(⇔ keep bad[late] hours「夜更かしをする」)

重要 □ make it a rule to do「(意識して)…することにしている」→ 1090

1074 ◆put A into practice「A(考え・計画など)を実行に移す」

1075 ◆ask a favor of A「A(人)にお願い[頼み事]をする」(= ask A a favor)

プラス May I ask a favor of you?
= May I ask you a favor?
= Could[Would] you do me a favor?
「頼み事を聞いてもらえますか」→ 600 1349

1076 ◆find fault with A「(あら探しをして) A に文句を言う/けちをつける」(= criticize A)

選択肢 ② praise A「A を称賛する」,
④ despise A「A を軽蔑する」

1077 ◆get in touch with A「A(人)と連絡を取る」(= contact A)

選択肢 ① grasp A「A を握る/ A(状況・意味など)を把握する」

プラス keep[stay] in touch with A「A と連絡を取り続けている/音信がある」,
lose touch with A「A と連絡を取らなくなる/音信不通になる」

1078 ◆give rise to A「A(悪いことなど)を引き起こす」(= cause A)

選択肢 ③ lead to A「A という結果になる/ A を引き起こす」

1079 ◆give birth to A「A(子ども)を産む」

重要 □ the day before yesterday「おととい」 *cf.* the day after tomorrow「あさって」

1080 ◆make sense「(発言・行動などが)意味をなす/理解できる」

プラス make sense of A「A を理解する」(= understand A)

1077 彼は名古屋に着くとすぐに,私に連絡をしてきた。
1078 あなたのふるまいは誤解を生むだろう。
1064 私の姉[妹]はおととい,男の赤ちゃんを産んだ。
1080 彼の言うことは私にはまったく理解できない。

解答 1071 ④ 1072 ③ 1073 ② 1074 ② 1075 ② 1076 ① 1077 ④ 1078 ④ 1079 ④ 1080 ④

Field 3 イディオム

1081 It will make no difference whether he joins us or not.

① be different ② be unimportant
③ be unknown ④ be impossible 〈大阪電気通信大〉

1082 ■書き出しにしたがって，空所に適語を入れなさい。
私は野菜を育てて売ることで生計をたてるつもりだ。
I'm going to make a (l) by growing and selling vegetables.
〈水産大学校〉

1083 発展 I'm afraid we won't be able to ( ) it on time because of the traffic.

① arrive ② come
③ make ④ success 〈杏林大〉

1084 You should make ( ) of this opportunity.

① emphasis ② glimpse
③ impact ④ use 〈中央大〉

1085 Companies should take ( ) of this wonderful opportunity to get new customers.

① merchandise ② advantage
③ advice ④ industry 〈杏林大〉

1086 Guests are free to ( ) themselves of our hotel facilities.

① avail ② get
③ leave ④ make 〈青山学院大〉

1087 Kunio was ( ) fun of by his friends at school.

① cooked ② created
③ prepared ④ made 〈鶴見大〉

1088 If you really stand up and start singing on your own during the solemn ceremony, you will ( ) a fool of yourself.

① show ② make
③ get ④ drive 〈北里大〉

1089 発展 The only way to ( ) ends meet will be to cut back on the cost of equipment.

① make ② reach
③ satisfy ④ approach 〈杏林大〉

1081 彼が私たちの仲間に加わろうが加わるまいが，どうでもよいことだ。
1083 渋滞のため，残念ながら私たちは時間に間に合いそうにありません。
1084 あなたはこの機会を利用するべきだ。
1085 企業はこのすばらしい機会を利用して新規の顧客を獲得すべきだ。
1086 お客様は，当ホテルの設備をご自由にお使いいただけます。
1087 クニオは学校で友人たちにからかわれた。

1081 ◆ make no difference「どうでもよい／重要ではない」

▶ **It makes no difference whether** 節「…かどうかはどうでもよい／…してもしなくても構わない」→ Section **081**（p. 137）

1082 ◆ make a[one's] living「生計をたてる／収入を得る」(= earn a[one's] living)

1083 ◆ make it「(目的地に)到着する／(会議・電車などに) 間に合う」→ **1421**

プラス　**make it** には「都合がつく」という意味もある。
I can't **make it** on Monday.
「月曜日は都合がつかない」

1084 ◆ make use of A「A を使う／利用する」(= take advantage of A)

選択肢　①②③は以下の表現で用いる。
place［put / lay］emphasis on A「A を強調する／重視する」,
catch［get / have］a glimpse of A「A がちらっと見える」,
have［make］an impact on A「A に影響を与える」

1085 ◆ take advantage of A「A（機会など）を利用する」(= make use of A)

1086 ◆ avail oneself of A「A（機会・申し出など）を利用する」
(= make use of A / take advantage of A)

1087 ◆ make fun of A「A（人・事）をからかう／笑いものにする」(= mock A)

▶ 本問は受動態の **A is made fun of** の形を用いている。

1088 ◆ make a fool of oneself「(馬鹿なまねをして) 笑いものになる／恥をかく」

1089 ◆ make (both) ends meet「収支を合わせる／収入内でやりくりする」

▶「(収入と支出の) 2つの端が合うようにする」が直訳。

1088 もし本当に君が厳粛な儀式の最中にひとりで立ち上がって歌い始めれば，笑いものになるよ。
1089 収支を合わせる唯一の方法は，設備費を削減することだろう。

解答　**1081** ②　**1082** living　**1083** ③　**1084** ④　**1085** ②　**1086** ①　**1087** ④　**1088** ②　**1089** ①

1090 I ( ) it a rule to get up early in the morning.
☒☒☒
① give ② do
③ perform ④ make 〈駒澤大〉

1091 高校生だった頃，花子はこの深夜番組を必ず見るようにしていた。
☒☒☒
As a high school student, Hanako ( ) watching this late-night TV program.
① made up her mind ② made it a rule to
③ made a point of ④ made sense of 〈杏林大〉

1092 We're looking for someone to ( ) care of our pets.
☒☒☒ 基本
① take ② get
③ give ④ be 〈山梨学院大〉

1093 Helen asked him to ( ) the office while she was away.
☒☒☒
① take charge of ② take notice of
③ take pride in ④ take the place of 〈青山学院大〉

1094 ■２文がほぼ同じ意味になるように，与えられた語を並べかえなさい。
☒☒☒
(a) My protests were ignored.
(b) Nobody (any / my / notice / of / protests / took). 〈成蹊大〉

1095 We take great pride ( ) our unique Japanese cultural traditions.
☒☒☒ 基本
① for ② in
③ of ④ on 〈城西大〉

1096 Take a close ( ) at the dish on the table. It is made of rubber!
☒☒☒ 基本
① smell ② look
③ bite ④ touch 〈法政大〉

1097 わざわざ迎えに来るようなことはしないでください。
☒☒☒
Don't (to / the / come / take / trouble) and meet me. 〈明海大〉

1098 Tony Blair has done more than any other Western leader to force people to pay ( ) to climate change and poverty in Africa.
☒☒☒
① attention ② interest
③ money ④ taxes 〈大阪薬科大〉

1090 私は朝早く起きるようにしている。
1092 私たちは，ペットの世話をしてくれる人を探している。
1093 ヘレンは，自分が不在の間，事務所の管理をするよう彼に頼んだ。
1094 (a) 私の抗議は無視された。
(b) だれも私の抗議に注目しなかった。

1090 ◆ make it a rule to do「(いつも) …するようにしている／…する決まりにしている」(= always try to do)

1091 ◆ make a point of doing「必ず…するように（努力）している」

選択肢 ① make up one's mind (to do)「(…する) 決心をする」(→ 1067),
② make it a rule to do「(いつも) …するようにしている」(→ 1090),
④ make sense of A「A を理解する」(→ 1080)

1092 ◆ take care of A「A（人）の世話をする／ A（物・事）の面倒を見る」(= look after A)

1093 ◆ take charge of A「A を管理する」(= control A)

選択肢 ② take notice of A「A に注目する／関心を寄せる」→ 1094,
③ take pride in A「A に誇りを持つ」→ 1095,
④ take the place of A「A に取って代わる」→ 1051

1094 ◆ take notice of A「A に注目する／関心を寄せる」

プラス take no[little] notice of A「A にまったく[ほとんど]注目しない」

1095 ◆ take pride in A「A に誇りを持つ」(= be proud of A → 1151 / pride oneself on A)

1096 ◆ take[have] a look at A「A を見る」(= look at A)

重要 □ A is made of B「A は B（材料）でできている」

1097 ◆ take (the) trouble to do「わざわざ…する／手間をかけて…する」(= make a special effort to do)

1098 ◆ pay attention to A「A に注意を払う」

プラス attract[draw] attention「関心を引く」

1095 私たちは，日本の独特な文化的伝統をとても誇りに思っている。
1096 テーブルの上の料理を近くで見てごらんなさい。それはゴムでできているのですよ！
1098 トニー・ブレアは，他の西洋諸国のどの指導者よりも，人々の注意を気候変動とアフリカにおける貧困に向けさせた。

解答 1090 ④ 1091 ③ 1092 ① 1093 ① 1094 took any notice of my protests 1095 ② 1096 ②
1097 take the trouble to come 1098 ①

Field 3 イディオム

1099 His daughter came ( ) age last year.

① on ② to
③ of ④ for 〈駒澤大〉

1100 The first Japanese law against workplace sex discrimination came ( ) existence in the 1980s.

① around ② into
③ on ④ under 〈南山大〉

1101 The sudden change in weather ( ) an end to our picnic.

① gave ② did
③ caused ④ put 〈東京工科大〉

1102 発展 I finally <u>came to terms with</u> my terminal cancer.

① accepted ② cured
③ refused ④ condemned 〈明海大〉

Section 225

1103 おめでとう。君の演技は完璧だった。
Congratulations! Your performance left ( ) to be desired. 〈西南学院大〉

1104 (a) This Russian composition is far from perfect.
(b) This Russian composition ( ) much to be desired. 〈中京大〉

1105 This is my first trip abroad, so I'm going to ( ) it.

① make sense of ② make the most of
③ make off with ④ make way for 〈青山学院大〉

1106 発展 My cousin's death from cancer <u>brought home to me</u> the danger of being a heavy smoker.

① caused me to realize
② helped me to get rid of
③ taught me how to fight
④ told me to risk 〈日本大〉

1099 彼の娘は昨年成人になった。
1100 職場での性差別を禁止する最初の日本の法律は，1980年代に成立した。
1101 天気の急激な変化が私たちのピクニックを終わらせた。
1102 私は自分の末期ガンをようやく受け入れた。

1099 ◆ come of age「成人になる／成年に達する」

1100 ◆ come into existence「（人・物が）生まれる／出現する」（= come into being）

1101 ◆ put an end to A「A を終わらせる／ A に終止符を打つ」

プラス come to an end「終わる」
The talk was **coming to an end.**
「その話し合いは終わろうとしていた」

1102 ◆ come to terms with A「A（困難など）を（あきらめて）受け入れる」（= accept A）

選択肢 ② cure A「A を治療する」,
③ refuse A「A（招待・申し出など）を断る」,
④ condemn A「A を非難する」

Field 3 イディオム

Section 225 その他の重要な動詞を中心とするイディオム

1103 ◆ leave nothing to be desired「申し分ない／完璧である」

▶「これ以上望まれることを残していない」が直訳。

1104 ◆ leave much[a lot] to be desired「遺憾（いかん）な点が多い／改善の余地がかなりある」

▶「これ以上望まれることをたくさん残している」が直訳。

1105 ◆ make the most of A「A（機会・能力・有利な条件など）を最大限に活用する」

選択肢 ③ make off with A「A を（盗んで）持ち去る」,
④ make way for A「A に道をあける／道を譲る」→ 1048

プラス make the best of A
「A（不利な条件など）にできるだけうまく対処する／可能な限り善処する」
You should **make the best of** a bad situation.
「不利な状況でも何とか頑張るべきだ」

1106 ◆ bring A home to B「A（の深刻さ・困難さ・危険性など）を B（人）に痛感させる」

▶ 本問のように目的語 A を後置して, **bring home to B A** という語順で用いる場合も多い。

選択肢 ② get rid of A「A（不快な状況）から抜け出す／ A を取り除く」→ 1017,
④ risk A「A を危険にさらす／ A の恐れがある」

1104 (a) このロシア語の作文は決して完璧ではない。
(b) このロシア語の作文は改善の余地がかなりある。
1105 これが初めての海外旅行なので，私は存分に楽しむつもりだ。
1106 いとこのガンによる死は，ヘビースモーカーであることの危険性を私に痛感させた。

解答 1099 ③ 1100 ② 1101 ④ 1102 ① 1103 nothing 1104 leaves 1105 ② 1106 ①

1107 This contract still (　　) good.
☒☒☒
① does　　② holds
③ lasts　　④ stays　〈宮崎産業経営大〉

1108 The twins are so similar that most people cannot tell them (　　).
☒☒☒
① at all　　② afar
③ alike　　④ apart　〈南山大〉

1109 She <u>indicates</u> that money alone never makes great schools.
☒☒☒
① points out　　② points in
③ makes believe　　④ makes sure　〈亜細亜大〉

1110 I (　　) to it that things were done as she wished.
☒☒☒ 発展
① cared　　② heard
③ saw　　④ watched　〈上智大〉

1111 I took it (　　) granted that he had received the letter.
☒☒☒
① to　　② in
③ from　　④ for　〈上智大〉

1112 大阪へ引っ越した後も確実に連絡を取り合うよう，彼は彼女を説得した。
☒☒☒
He (that / sure / persuaded / to / make / her) they kept in touch even after he moved to Osaka.　〈関西学院大〉

1113 Let's <u>make believe</u> that we know nothing about the matter.
☒☒☒
① insist　　② accept
③ forget　　④ pretend　〈愛知工業大〉

1114 私は真実を話さざるをえなかった。(1 語不足)
☒☒☒
(choice / had / I / no / tell / the / to / truth).　〈中央大〉

1107 この契約はまだ有効です。
1108 その双子はとても似ているので，ほとんどの人は 2 人を見分けられない。
1109 お金だけでは決して偉大な学校は作れないと彼女は指摘する。
1110 私は，彼女の願い通りに事が運ぶよう取りはからった。
1111 私は，彼がその手紙を受け取ったのは当然だと思った。
1113 その件については私たちは何も知らないふりをしよう。

1107 ◆ hold good「(規則・カードなどが) 有効である」

1108 ◆ tell A apart「A を見分ける／区別する」(= distinguish A)

プラス distinguish A from B「A と B を区別する」→ 1024,
tell A from B「A と B を区別する」→ 1025

1109 ◆ point out that ...「…ということを指摘する」

選択肢 ③ make believe (that) ...「…というふりをする」→ 1113,
④ make sure (that) ...「確実に…する／必ず…するようにする」→ 1112

プラス point out A / point A out「A を指摘する」
point out a mistake「間違いを指摘する」

1110 ◆ see (to it) that ...「(必ず) …するように取りはからう／気をつける」

プラス 命令文でもよく使われる。
See to it that the door is locked before you leave.
「外出前には戸締まりをしなさい」

1111 ◆ take it for granted (that) ...「…ということを当然と思う」

▶ このイディオムの it は形式目的語で，that 節が真の目的語。

プラス take A for granted / take for granted A「A (人・物) を当然のことと思う」
We **take** political freedom **for granted.**
「私たちは政治的自由を当たり前のことだと考えている」
Many children **take for granted** things that were once considered luxuries.
「多くの子どもたちが，かつてぜいたく品と見なされていたものを当たり前のものと思っている」

1112 ◆ make sure (that) ...「確実に…する／必ず…するようにする」

重要 □ persuade A to do「A を説得して…させる」→ 574

プラス make sure (that) ... には「(事実・したことなどを) 確かめる」という意味もある。
I wanted to **make sure** you were all right.
「君が大丈夫なのかを確認したいと私は思った」

1113 ◆ make believe (that) ...「…というふりをする」(= pretend (that) ...)

1114 ◆ have no choice but to do「…するより仕方ない／…せざるをえない」

▶「…すること以外の選択肢を持たない」が直訳。この but は「…を除いて／ …以外に／…の他は」という意味であることに注意 (→ 486)。cannot but do「…しないではいられない」(→ 76) も，「…する他はできない」が直訳。

解答 1107 ② 1108 ④ 1109 ① 1110 ③ 1111 ④ 1112 persuaded her to make sure that 1113 ④
1114 I had no choice but to tell the truth (but 不足)

Field 3 イディオム

第23章

Field 3 イディオム

形容詞・副詞を中心とするイディオム

Section 226

1115 Kazumi is entirely dependent (　　) her parents.
① by　② upon　③ at　④ of　〈鶴見大〉

1116 I'm a student but working part-time to be (　　) of my family.
① intelligent　② international
③ interesting　④ independent　〈奥羽大〉

1117 I am quite familiar (　　) the place you visited last week.
基本
① to　② for　③ at　④ with　〈流通科学大〉

1118 The song is now very familiar (　　) us.
① about　② at　③ in　④ to　〈千葉商科大〉

1119 Most students were very <u>concerned about</u> the results of their final examinations.
① satisfied with　② surprised at
③ worried about　④ interested in　〈関東学院大〉

1120 She established an organization (　　) child adoption.
① been concerned with　② concerned with
③ connected　④ having connected　〈関西学院大〉

1121 We are (　　) with the most serious problem in our company's history.
① made　② loved　③ catch up　④ faced　〈九州産業大〉

1122 Drinking water must be (　　) from anything capable of causing disease.
① free　② apart　③ lack　④ except　〈いわき明星大〉

1123 Jack is sure (　　) overcoming the difficulties he meets.
① of　② in　③ with　④ from　〈名城大〉

1115 カズミは完全に両親に依存している。
1116 私は学生だが，家族から自立するためにアルバイトをしている。
1117 私は，あなたが先週訪れた場所についてかなり詳しい。
1118 その歌は，現在では私たちにとてもよく知られている。
1119 ほとんどの学生たちは期末試験の結果をとても気にしていた。

Section 226 〈be＋形容詞［過去分詞］＋前置詞＋A〉のイディオム

1115 ◆ be dependent on［upon］A「A に依存している」
（⇔ be independent of A「A から自立［独立］している」）

1116 ◆ be independent of A「A から自立［独立］している」
（⇔ be dependent on［upon］A「A に依存している」）

選択肢 ① intelligent「知能の高い」,
② international「国際的な」,
③ interesting「興味深い／面白い」

1117 ◆ be familiar with A「（人が）A（物・事）をよく知っている／A に詳しい」

▶ この表現は「人」を主語に用いる。

1118 ◆ be familiar to A「（物・事が）A（人）によく知られている／A に見覚え［聞き覚え］がある」

▶ この表現は「物・事」を主語に用いる。

1119 ◆ be concerned about A「A を気にかける／心配する」（= be worried about A → 1145）

選択肢 ① be satisfied with A「A に満足している」,
② be surprised at A「A に驚く」,
④ be interested in A「A に興味がある」

1120 ◆ be concerned with A「A に関係する／関わる」

▶ 本問は形容詞句 concerned with child adoption が an organization を修飾する形になっている。

1121 ◆ be faced with A「A に直面している」

選択肢 ③ catch up with A「A（人・車・国など）に追いつく」→ 999

1122 ◆ be free from［of］A「A（心配・苦痛など）がない／A（料金・税金など）が免除されている」

プラス **be free of** charge「無料で」, **be free of** taxes「無税の」,
be free from danger「危険がない」

1123 ◆ be sure of［about］A / doing「A［…すること］を確信している」

▶ 本問は be sure（that）... を使って書きかえることができる。
Jack **is sure that** he will overcome the difficulties he meets.

1120 彼女は養子縁組に関わる組織を設立した。
1121 わが社の歴史の中で，最も深刻な問題に直面している。
1122 飲用水は，病気の原因となる可能性のあるものは何も含んでいてはならない。
1123 自分が直面する困難を克服することをジャックは確信している。

解答 1115 ② 1116 ④ 1117 ④ 1118 ④ 1119 ③ 1120 ② 1121 ④ 1122 ① 1123 ①

1124 Be ( ) to call me when you arrive at the airport.
☒☒☒
① afraid ② easy
③ necessary ④ sure 〈大谷大〉

1125 The boy was very conscious ( ) his girlfriend's attitude toward him that night.
☒☒☒
① by ② in
③ of ④ to 〈武庫川女子大〉

1126 This evidence indicates that the governor is ( ) in the scandal.
☒☒☒
① attended ② involved
③ determined ④ obsessed 〈中央大〉

1127 I am ( ) about Italian food.
☒☒☒
① like ② weakness
③ crazy ④ fever 〈和光大〉

1128 Most of the students are quite keen on studying English.
☒☒☒
① pessimistic on ② clever about
③ enthusiastic about ④ skilled on 〈関西外国語大〉

1129 He was ( ) in a book and didn't seem to hear me.
☒☒☒
① absorbed ② considered
③ estimated ④ obtained 〈獨協大〉

1130 I am not very good ( ) learning new things.
☒☒☒ 基本
① in ② for
③ at ④ with 〈東海大〉

1131 He seems to know nothing about the matter.
☒☒☒
① to be ignorant of ② to be indifferent to
③ to be uninterested in ④ to be accustomed to 〈川崎医療福祉大〉

1132 We were short of food.
☒☒☒
① dumped ② found
③ collected ④ lacked 〈駒澤大〉

1133 All prices are ( ) to change.
☒☒☒ 発展
① subject ② verb
③ object ④ predicate 〈青山学院大〉

1124 空港に着いたら，必ず私に電話しなさい。
1125 その少年は，その晩の彼に対するガールフレンドの態度をかなり意識していた。
1126 この証拠は，知事がそのスキャンダルに関与していることを示唆している。
1127 私はイタリア料理が大好きだ。
1128 ほとんどの学生は英語の勉強に大変熱心だ。
1129 彼は本に夢中で私の声が聞こえないようだった。

1124 ◆ **be sure to do**「(人・物が) きっと…する/…するのは確実である」

▶ Be sure to do は「必ず…しなさい」(= Don't forget to do) という意味の命令文。

プラス **S is sure to do** は「S がきっと…する (と話者が確信している)」という意味。
He **is sure to** succeed.「彼はきっと成功する (と私は確信している)」
= **I am sure that** he will succeed.
= **I am sure of** his success [his succeeding]. → 1123

1125 ◆ **be conscious of A**「A に気づいている/ A を意識している」(= be aware of A)

1126 ◆ **be involved in A**「A に関わっている/関与している」

選択肢 ③ **be determined to do**「…しようと固く決意している」,
④ **be obsessed with[by] A**「A (欲望・考えなど) に取り憑かれている」

プラス **be[get] involved in A** には「A に巻き込まれる」という意味もある。
He **was[got] involved in** an airplane accident.
「彼は飛行機事故に巻き込まれた」

1127 ◆ **be crazy about A**「A が大好きである/ A に無我夢中である」(= be mad about A)

1128 ◆ **be keen on A / doing**「A[…すること] に熱心である」
(= be enthusiastic about A / doing)

選択肢 ① **be pessimistic about A**「A について悲観的である」

プラス **be keen on doing** には「…したいと熱望する」(= **be eager to do**) という意味もある。
I was not **keen on** going there by myself.
「そこにひとりで行くのはあまり気が進まなかった」

1129 ◆ **be absorbed in A**「A に夢中である/没頭する」

選択肢 ③ 〈**an estimated**+数詞+名詞〉「推定…/およそ…」
(例) **an estimated 500 million people**「およそ 5 億人の人々」

1130 ◆ **be good at A / doing**「A[…すること] が得意である/上手である」
(⇔ be bad[poor] at A /doing「A[…すること] が不得意である/下手である」)

1131 ◆ **be ignorant of[about] A**「A を知らない」

選択肢 ② **be indifferent to A**「A に無関心である/興味がない」→ 1150,
④ **be accustomed to A**「A に慣れている」→ 166

1132 ◆ **be short of A**「A が不足している」(= lack A / be lacking in A)

プラス **fall short of A**「A (目標・期待・基準など) に達しない/及ばない」→ 1002 1003

1133 ◆ **be subject to A**「A の影響 [支配] を受けやすい/ A に左右 [決定] される」

1130 私は新しいことを学ぶのがあまり得意ではない。
1131 彼はそのことを何も知らないらしい。
1132 私たちは食料不足だった。
1133 すべての価格は変更されることがあります。

解答 1124 ④ 1125 ③ 1126 ② 1127 ③ 1128 ③ 1129 ① 1130 ③ 1131 ① 1132 ④ 1133 ①

1134 The translation is quite (　　) to the original.
① honest　　② true
③ complete　　④ familiar　〈大阪産業大〉
発展

1135 The new teacher is really popular (　　) his pupils.
① with　　② between
③ for　　④ in　〈芝浦工業大〉
基本

1136 Watson was very ill and not (　　) to the long journey.
① able　　② easy
③ equal　　④ likely　〈武蔵大〉
発展

1137 The work of a nurse is (　　) to the work of a doctor.
① regular　　② same
③ resemble　　④ similar　〈駒澤大〉

1138 The student was absent (　　) school yesterday.
① from　　② to
③ in　　④ for　〈中部大〉
基本

1139 To my surprise, the room was (　　) of flowers.
① filling　　② filled
③ full　　④ fully　〈大阪学院大〉
基本

1140 This train is bound (　　) Central Station.
① for　　② into
③ at　　④ in　〈名古屋学院大〉
基本

1141 Sorry, I'm a little late (　　) my appointment. It took time to find a parking space.
① about　　② at
③ for　　④ with　〈法政大〉

1142 その作家は教育に関する論評でよく知られている。
That author is well known (　　) his comments on education.
〈愛知県立大〉

1143 We are responsible (　　) our own choices.
① for　　② by
③ of　　④ at　〈上智大〉

1144 When I was a child, I was (　　) of dogs.
① afraid　　② frightening
③ scary　　④ terrible　〈南山大〉

1134 その翻訳は原文にきわめて忠実である。
1135 その新しい先生は，彼の教え子たちに本当に人気があります。
1136 ワトソンは重病で，長旅には耐えられなかった。
1137 看護師の仕事は医者の仕事と似ている。
1138 その学生は昨日学校を休んだ。
1139 私が驚いたことに，その部屋は花でいっぱいだった。

1134 ◆ be true to A「Aと寸分違わない／Aに対して忠実である」

選択肢 ① **be honest (with A)**「(Aに対して) 正直である／嘘をつかない」,
④ **be familiar to A**「(物・事が) A (人) によく知られている／Aに見覚え[聞き覚え]がある」→ **1118**

プラス **be true of A**「Aに当てはまる」
Tom works very hard, and the same **is true of** Kate.
「トムはよく働くが，同じことがケイトにも言える」

1135 ◆ be popular with [among] A「Aの間で人気がある」

選択肢 ② **between** が使えないことに注意。→ **337**

1136 ◆ be equal to A「A (課題・仕事など) をする能力がある／Aに耐えられる」

プラス **be equal to A** には「Aに等しい／匹敵する」(= match A) という意味もある。
Nobody **is equal to** him in golf.「だれもゴルフでは彼にかなわない」

1137 ◆ be similar to A「Aと似ている」(= be like A)

1138 ◆ be absent from A「Aを欠席する」

1139 ◆ be full of A「(容器などが) Aでいっぱいである／満ちている」(= be filled with A)

1140 ◆ be bound for A「(交通機関が) A行きである」

1141 ◆ be late for A「Aに遅れる」

プラス「…(分，時間) 遅れる」という場合は，**be ... late** という語順になる。
He was **five minutes late.**「彼は5分遅れた」

1142 ◆ be (well) known for A「Aで (よく) 知られている」(= be famous for A)

▶ この表現のAには「(知られている) 理由」が来る。

プラス **be known to A**「Aに知られている」，**be known as A**「Aとして知られている」
He **is known to** the colleagues **as** a gourmet.「彼は同僚にグルメとして知られている」

1143 ◆ be responsible for A「Aに対して責任がある」

1144 ◆ be afraid of A「Aを恐れる／怖がる」

選択肢 ② **frightening**「(物・事が) 恐ろしい／(人を) ぞっとさせるような」→ Section **201** (p. 331) 分詞形容詞，③ **scary**「(人を) びっくりせるような」,
④ **terrible**「(物・事が) 恐ろしい／(状況・損害などが) ひどい」

1140 この電車は中央駅行きです。
1141 ごめんなさい，約束に少し遅れました。駐車場を見つけるのに手間取ってしまって。
1143 私たちは自分自身の選択に対して責任がある。
1144 子どものとき，私は犬が怖かった。

解答 **1134** ② **1135** ① **1136** ③ **1137** ④ **1138** ① **1139** ③ **1140** ① **1141** ③ **1142** for **1143** ① **1144** ①

1145 I'm very worried (　　) taking final exams next week.
① for　　② at
③ about　　④ of　〈甲南大〉

1146 People were fed (　　) with the noise coming from the nearby nightclubs.
① back　　② down
③ up　　④ through　〈北海道医療大〉

1147 You should be (　　) of yourself for doing such a silly thing.
① afraid　　② angry
③ ashamed　　④ delighted　〈駒澤大〉

1148 Peter has always been jealous (　　) Tom's natural athletic ability.
① from　　② by
③ of　　④ for　〈南山大〉

1149 She is (　　) about keeping her room clean.
① care　　② exciting
③ fond　　④ particular　〈九州産業大〉

1150 Many young people these days seem to be <u>indifferent to</u> what is happening in the world.
① common to　　② interested in
③ familiar with　　④ unconcerned about　〈清泉女子大〉

1151 基本 Bill's schoolmates were proud (　　) him because he told the truth.
① for　　② with
③ of　　④ in　〈帝京大〉

1152 This book (　　) of essays written over the last twenty years.
① is composed　　② is consisted
③ is completed　　④ is comprehended　〈杏林大〉

1153 People who are constantly exposed (　　) dust may suffer from breathing difficulties.
① against　　② by
③ to　　④ from　〈神奈川大〉

1154 Wendy's father is opposed (　　) her going to Egypt by herself.
① against　　② for
③ over　　④ to　〈金沢工業大〉

1145 私は来週の期末試験を受けることがとても心配だ。
1146 人々は近くのナイトクラブからもれてくる騒音にうんざりしていた。
1147 あなたはそんな愚かなことをした自分を恥じるべきだ。
1148 ピーターはずっとトムの天性の運動能力をねたんできた。
1149 彼女は自分の部屋をきれいにしておくことについて，口うるさい。
1150 最近の若者の多くは世界で起きている出来事に無関心のようだ。

1145 ◆be worried about A「A を気にかける／心配する」(= be concerned about A → 1119)

1146 ◆be fed up with A「A にうんざりする／飽き飽きする」(= be sick of A / be tired of A)

1147 ◆be ashamed of A (for doing ...)「(…をしたことで) A を恥じている」

選択肢 ① be afraid of A「A を恐れる／怖がる」→ 1144,
② be angry at[about / with] A「A に腹を立てる」,
④ be delighted with[at] A「A にとても喜ぶ」

1148 ◆be jealous of A「A をねたんでいる／嫉妬している」(= be envious of A)

1149 ◆be particular about A / doing「A［…すること］にやかましい／好みがうるさい」

選択肢 ② exciting「(人を) 興奮させるような」,
③ be fond of A「A が大好きである」

1150 ◆be indifferent to A「A に無関心である／興味がない」(= be unconcerned about A)

選択肢 ① be common to A「A に共通である」,
③ be familiar with A「(人が) A (物・事) をよく知っている／A に詳しい」→ 1117

1151 ◆be proud of A「A を誇りに思う／自慢する」
(= take pride in A → 1095 / pride oneself on A)

1152 ◆be composed of A「A から構成されている／成り立っている」
(= be made up of A / consist of A → 896)

1153 ◆be exposed to A「A (危険・不快な物) にさらされている」

1154 ◆be opposed to A / doing「A［…すること］に反対する」(= oppose A / object to A)

1151 ビルの学友たちは，彼が真実を話したので，彼を誇りに思った。
1152 この本は，過去20年間に書かれた随筆で構成されている。
1153 絶えずほこりにさらされている人々は，呼吸困難に苦しんでいる可能性もある。
1154 ウェンディーの父親は彼女がひとりでエジプトに行くことに反対している。

解答 1145 ③　1146 ③　1147 ③　1148 ③　1149 ④　1150 ④　1151 ③　1152 ①　1153 ③　1154 ④

1155 As I was just getting (　　) with classical music, I had much to ask the musician.

① fair　② good
③ know　④ acquainted 〈駒澤大〉

1156 Based (　　) various legal systems and cultural values, the document is an agreed set of standards.

① at　② for
③ on　④ to 〈立命館大〉

Section 227

1157 I am (　　) to know the results of the examination in chemistry.

① anxious　② good
③ kind　④ rude 〈武蔵大〉

1158 The girls were eager to show off their new dresses when they went to their friend's birthday party.

① reluctant to show their new dresses
② ready to try on their new dresses
③ pleased to sew their new dresses
④ happy to display their new dresses 〈東京経済大〉

1159 Mary was (　　) to go to the party at first, but she found that it was fun.

① pleasant　② likely
③ willing　④ reluctant 〈中央大〉

1160 There (　　) be a technological development in the near future.

① is likely to　② like
③ likely　④ likes to 〈日本大〉

1161 Television and video games are apt to deprive children of reading time.

① happen to　② tend to
③ rob　④ call 〈亜細亜大〉

1162 Parents are bound to look after their children.

① are allowed to　② are asked to
③ are obliged to　④ are offered to 〈東北医科薬科大〉

1155 私はちょうどクラシック音楽に親しみ始めたところだったので，その音楽家に尋ねたいことがたくさんあった。
1156 さまざまな法律制度や文化的価値観に基づき，その文書は合意された一連の基準となっている。
1157 私は化学の試験結果を知りたいと切望している。
1158 少女たちは，友人の誕生日パーティーに行ったとき，しきりに自分の新しいドレスを見せびらかしたがった。

1155 ◆be acquainted with A「A の知識がある／A を知っている」

▶ get acquainted with A は「A の知識を得る／A を知る」という動作を表す。

プラス be acquainted with A には「A と知り合いである」という意味もある。
I'm acquainted with the woman you met yesterday.
「私はあなたが昨日会った女性と知り合いです」

1156 ◆be based on[upon] A「A に基づいている」

▶ 本問は being を省略した受動態の分詞構文（→ 199）の形で用いられている。

Section 227 〈be＋形容詞[過去分詞]＋to do〉のイディオム

1157 ◆be anxious to do「…したいと切望している／…することを強く願っている」

1158 ◆be eager to do「しきりに…したがる／…することを熱望している」

▶ **show off A / show A off** は「**A** を見せびらかす／誇示する」という意味。→ 886

選択肢 ① be reluctant to do「…したがらない／…するのを嫌がる」→ 1159,
② be ready to do「進んで[喜んで]…する」, ③ be pleased to do「…してうれしい」

1159 ◆be reluctant to do「…したがらない／…するのを嫌がる」(＝be unwilling to do)

▶ ①の pleasant は「(人が) 感じの良い／好感の持てる」,「(物・事が) 楽しい／快い」という意味。Mary was pleasant は「メアリーは感じが良かった／好感が持てる女性だった」という意味になる。「メアリーは楽しかった」という意味にはならないことに注意。

選択肢 ③ be willing to do「…する意志がある／…するのをいとわない」は，but 以下の内容とつながらないので不可。
プラス be willing to do が反対の意味の表現で,「…する意志がある／…するのをいとわない」という意味。I am willing to pay the bill.「私が勘定を払ってもかまわない」

1160 ◆be likely to do「…しそうである／たぶん…するであろう」
(⇔ be unlikely to do「…しそうにない」)

1161 ◆be apt to do「…しがちである／…する傾向がある」(＝tend to do)

▶ **be apt to do** の同意表現には **be inclined[liable / likely] to do** などもある。

1162 ◆be bound to do「…する義務がある／…しなければならない」
(＝be obliged[compelled / required] to do)

プラス be bound to do は「きっと…するはずだ／…する運命にある」の意味でも用いられる。
He is bound to hear the news before long.「彼はやがてその知らせを耳にするはずだ」

1159 メアリーは最初そのパーティーに行く気がしなかったのだが，行ってみると楽しかった。
1160 近い将来，技術的発展が見られそうである。
1161 テレビやビデオゲームは子どもたちから読書時間を奪いがちである。
1162 両親は必ず自分の子どもたちの面倒を見なければならない。

解答 1155 ④ 1156 ③ 1157 ① 1158 ④ 1159 ④ 1160 ① 1161 ② 1162 ③

Field 3 イディオム

1163 When you enter a Japanese house, you are (　　) off your shoes.
① necessary to take　② needed taking
③ requested taking　④ supposed to take　〈センター試験〉

Section 228

1164 He owns his house. It seems he is quite well off.
① happy　② rich
③ healthy　④ gorgeous　〈名城大〉

1165 彼は昔より暮らし向きが良くありません。
He is (　　) off now than he used to be.
① well　② badly
③ better　④ worse　〈東京都立医療技術短大〉

1166 You hung that picture (　　) down. The bottom part should be on top.
① being　② forward
③ upside　④ way　〈南山大〉

1167 The girl is wearing her sweater inside (　　).
① out　② down
③ up　④ back　〈東海大〉

1168 基本 He said you should do it right away.
① at once　② correctly
③ occasionally　④ regularly　〈大阪電気通信大〉

1169 発展 I love to visit the park now and then.
① occasionally　② often
③ always　④ constantly　〈東海大〉

1170 発展 I don't go to the movies often, just off and on.
① gradually　② occasionally
③ frequently　④ usually　〈亜細亜大〉

1171 発展 シアトルでは，よく雨が降る。（1語不足）
In Seattle, (it / more / often / rains / than).　〈西南学院大〉

1172 発展 My daughter told her boyfriend once and for all that she wouldn't date him any more.
① for the last time　② again and again
③ all the time　④ only once　〈桜美林大〉

1163 日本家屋に入るときは，靴を脱ぐことになっています。
1164 彼は自分の家を所有している。彼はかなり裕福なようだ。

1163 ◆ be supposed to do「…することになっている／…しなければならない」

選択肢 ① necessary は人を主語に用いない。→ Section **204** (p. 337),
② need doing「(物が) …されることが必要である」→ **549**,
③ request は動名詞を目的語にとらない。→ 整理して覚える 046 (p. 251),
整理して覚える 050 (p. 256)

プラス be supposed to do は「…だと思われている」の意味でも用いられる。
She was supposed to have a lot of money.
「彼女は大金を持っていると思われていた」

Section 228 その他の重要な形容詞・副詞を中心とするイディオム

1164 ◆ be well off「裕福である」(⇔ be badly[poorly] off「貧乏である」)

▶ 比較級の be better off (⇔ be worse off) の形でも出題される。

1165 ◆ be badly[poorly] off「貧乏である」(⇔ be well off「裕福である」)

▶ 本問は比較級の文。badly の比較級 ④ worse が正解。

1166 ◆ upside down「逆さまに」

1167 ◆ inside out「裏返しに」

1168 ◆ right away「すぐに」(= at once / immediately)

1169 ◆ (every) now and then[again]「ときどき」(= occasionally)

▶ (every) now and then[again] の同意表現には sometimes/from time to time/once in a while などもある。

1170 ◆ off and on / on and off「時おり／…したり…しなかったりする」(= occasionally)

1171 ◆ more often than not「たいてい／いつもは」(= usually)

1172 ◆ once (and) for all「(これを最後に)きっぱりと」(= for the last time)

選択肢 ② again and again「何度も繰り返して」

1166 あなたはその絵画を逆さまに掛けましたね。本来は下の部分が上に来るのですよ。
1167 その少女はセーターを裏返しに着ている。
1168 あなたはすぐにそれをやるべきだと彼は言った。
1169 ときどきその公園を訪れることが私は大好きである。
1170 私は頻繁には映画に行きません。時おり行く程度です。
1172 私の娘は，もういっしょにデートはしないとボーイフレンドにきっぱりと告げた。

解答 **1163** ④ **1164** ② **1165** ④ **1166** ③ **1167** ① **1168** ① **1169** ① **1170** ② **1171** it rains more often than not (not 不足) **1172** ①

1173 ☒☒☒ Our horse-riding club has won all the competitions (　　).

① wholly　② so far
③ previously　④ first 〈明治大〉

1174 ☒☒☒ 発展 (　　) little is known of the causes of the disease.

① As follows　② As yet
③ As with　④ As much 〈東京理科大〉

1175 ☒☒☒ The war is as (　　) as over.

① bad　② early
③ good　④ well 〈武蔵大〉

1176 ☒☒☒ Our teacher, as (　　) as many of our classmates, will get to the party on time.

① far　② long
③ well　④ soon 〈東京経済大〉

1177 ☒☒☒ Sometimes my job is boring, but <u>by and large</u> I enjoy it.

① above all　② on the whole
③ in particular　④ now and then 〈駒澤大〉

1178 ☒☒☒ 発展 It is <u>next to</u> impossible for him to see her off at the airport.

① almost　② exactly
③ soon　④ simply 〈亜細亜大〉

1179 ☒☒☒ She speaks English <u>more or less</u>.

① at most　② at least
③ to some degree　④ at best 〈駒澤大〉

1180 ☒☒☒ <u>Sooner or later</u> he'll see what is right and wrong.

① At one time　② On time
③ Behind time　④ In time 〈駒澤大〉

1181 ☒☒☒ 発展 We haven't got the money to phone home, (　　) stay in a hotel.

① much more　② as well as
③ besides　④ let alone 〈北里大〉

1182 ☒☒☒ 発展 What (　　) club activities and studying, I couldn't travel during the summer vacation.

① keeps　② on
③ with　④ was 〈杏林大〉

1173 私たちの乗馬クラブはこれまですべての競技会で勝ってきた。
1174 今までのところ，その病気の原因はほとんど知られていない。
1175 その戦争は終わったも同然だ。
1176 たくさんの私たちの同級生だけでなく，私たちの先生も時間通りにパーティー会場に着くだろう。

1173 ◆so far「今までのところ」(= until now)

1174 ◆as yet「(通例否定文で) 今までのところ」

▶ 本問の主語は，代名詞の little「ほとんど…ない」。

1175 ◆as good as ...「…も同然だ」(= almost ...)

プラス as good as finished「終わったも同然」,
as good as dead「死んだも同然」,
as good as new「新品同様で」

1176 ◆A as well as B「B だけでなく A もまた」(= not only B but (also) A → 267)

1177 ◆by and large「概して／全体的に見て」(= on the whole → 1251)

選択肢 ① above all「とりわけ」→ 1225, ③ in particular「特に」→ 1224,
④ now and then「ときどき」→ 1169

1178 ◆next to ...「(通例否定語の前で) ほとんど」(= almost ...)

プラス next to nothing「ほとんどない」(= almost nothing / very little)
She ate **next to nothing** yesterday.
「彼女は昨日ほとんど何も食べなかった」

1179 ◆more or less「多かれ少なかれ／多少 (は)」

選択肢 ① at most「多くても／せいぜい」→ 424, ② at least「少なくとも」→ 424,
③ to some degree「ある程度は」, ④ at best「よくても／せいぜい」

1180 ◆sooner or later「遅かれ早かれ／いつかは」(= in time → 1205)

選択肢 ① at one time「かつて」, ② on time「時間通りに／定刻に」→ 1207,
③ behind time「定刻より遅れて」

プラス A or B (A と B が反意語) の形で,「A であろうと B であろうと」という意味を持つ表現には次のようなものもある。
for better or (for) worse「良くても悪くても／将来どうなろうとも」,
rain or shine「雨でも晴れでも／雨天にかかわらず」

1181 ◆let alone ...「(通例否定文の後で) …は言うまでもなく」(= still less ... / much less ...)

1182 ◆what with A and (what with) B「A やら B やら (の理由) で」

1177 自分の仕事が退屈なときもあるが，概して私は仕事を楽しんでいる。
1178 空港で彼女を見送るなど，彼にはほとんど不可能なことだ。
1179 彼女は多少の英語は話す。
1180 遅かれ早かれ，彼にも善悪がわかるだろう。
1181 私たちは，ホテルに泊まるお金は言うまでもなく，家に電話をするお金も持っていない。
1182 クラブ活動やら勉強やらで，私はこの夏休みに旅行に行けなかった。

解答 1173 ② 1174 ② 1175 ③ 1176 ③ 1177 ② 1178 ① 1179 ③ 1180 ④ 1181 ④ 1182 ③

Field 3 イディオム

Field 3 イディオム

名詞を中心とするイディオム

Section 229

1183 うわあ，あの建物が燃えている。
Oh, no! That building is (　　) fire. 〈静岡大〉

1184 She often worked for twenty-four hours (　　).
発展
① end on　② on end
③ at an end　④ end for end 〈國學院大〉

1185 Everybody was surprised when they found out that he did it <u>on purpose</u>.
① probably　② eventually
③ intentionally　④ lately 〈亜細亜大〉

1186 I went to the wrong place (　　) mistake.
基本
① for　② with
③ of　④ by 〈甲南大〉

1187 Yesterday I met her <u>by chance</u> at the station.
基本
① accidentally　② actually
③ purposefully　④ unfortunately 〈中央大〉

1188 Christopher Columbus was an Italian (　　) birth.
① by　② for
③ from　④ on 〈中央大〉

1189 He is timid (　　) nature.
① upon　② by
③ at　④ for 〈大阪商業大〉

1190 Tomoko and Susan have been friends for (　　). They first met each other back in nursery school.
① ages　② periods
③ lots　④ lives 〈東京電機大〉

Section 229 名詞を中心とする2語イディオム

1183 ◆ on fire「火がついて／燃えて」

プラス catch fire「(物が) 燃え出す／火がつく」は〈動作〉を表す。→ 1071

1184 ◆ on end「(ある一定期間) 続けて／立て続けに」

プラス at the end of A「A の終わりに」,
bring A to an end / put an end to A「A を終わらせる」

1185 ◆ on purpose「わざと／故意に」(= intentionally / deliberately)

選択肢 ① probably「たぶん」,
② eventually「結局」,
④ lately「最近」

1186 ◆ by mistake「誤って／間違えて」

1187 ◆ by chance[accident]「偶然に／思いがけず」(= accidentally)

▶ この表現の chance と accident は「偶然」という意味。

選択肢 ② actually「本当に／実際には」,
③ purposefully「目的を持って」,
④ unfortunately「不幸にも／残念ながら」

1188 ◆ by birth「生まれは」

1189 ◆ by nature「生まれつき／生来」

1190 ◆ for ages「長い間」(= for a long time)

プラス for the first time in ages「久しぶりに」,
ages ago「ずっと前に」
I saw him **for the first time in ages.**「久しぶりに彼に会った」
I returned the book **ages ago.**「ずっと前にその本を返却した」

Field 3 イディオム

1184 彼女はしばしば24時間続けて働いた。
1185 彼が故意にそうしたのだとわかったときは，だれもが驚いた。
1186 私は誤って違う場所に行ってしまった。
1187 昨日，私は駅で偶然彼女に会った。
1188 クリストファー・コロンブスは，生まれはイタリア人だった。
1189 彼は生まれつき内気だ。
1190 トモコとスーザンは長年の友だちだ。二人は保育園にいたときに初めて出会った。

解答 1183 on 1184 ② 1185 ③ 1186 ④ 1187 ① 1188 ① 1189 ② 1190 ①

1191 David's wife dislikes his smoking habit so much that she wants him to quit <u>for good</u>.

① all of a sudden　② permanently
③ punctually　④ right away 〈玉川大〉

1192 I promise that I will return the book to you next week without (　　).

① fail　② miss
③ mistake　④ neglect 〈立教大〉

1193 All the doctor's efforts were (　　) and the patient finally died.

① at once　② for good
③ in vain　④ off and on 〈東京国際大〉

1194 ■書き出しにしたがって，空所に適語を入れなさい。
私は明日の朝までにこの報告書を詳細に検討しなければならない。
I have to go through this report (i　　) (d　　) by tomorrow morning. 〈西南学院大〉

1195 Kate will prepare it <u>in advance</u>.

① someday　② beforehand
③ right away　④ on time 〈駒澤大〉

1196 Don't be (　　) to come to a conclusion. You should be more careful as you've got plenty of time.

① at large　② in haste
③ on purpose　④ out of temper 〈東京理科大〉

1197 ジョンとビルは双子だが，共通点はそれほど多くないみたいだ。
John and Bill are twins, but they don't seem to have much in (　　). 〈西南学院大〉

1198 Some students study in (　　), and some don't care.

① properly　② earnest
③ carefulness　④ enthusiasm 〈立正大〉

1191 デイビッドの妻は彼の喫煙癖がとても嫌いなので，きっぱりとやめてほしいと思っている。
1192 私は必ず来週あなたに本を返すと約束します。
1193 すべての医者の努力も空しく，患者はついに亡くなった。

1191 ◆ for good (and all)「永久に／きっぱりと」(= permanently)

選択肢 ① all of a sudden「突然／不意に」→ 1261,
③ punctually「時間通りに」,
④ right away「すぐに」→ 1168

1192 ◆ without fail「(命令・約束を強調して) 必ず／確実に」

1193 ◆ in vain「むだに／空しく」(= to no purpose)

選択肢 ① at once「すぐに」→ 1168,
② for good (and all)「永久に／きっぱりと」→ 1191,
④ off and on「時おり／…したり…しなかったりする」→ 1170

1194 ◆ in detail「(説明などが) 詳しく／詳細に」

1195 ◆ in advance「前もって／あらかじめ」(= beforehand / ahead of time)

選択肢 ① someday「(未来の) いつか」,
③ right away「すぐに」→ 1168,
④ on time「時間通りに／定刻に」→ 1207

1196 ◆ in haste「急いで／慌てて」(= in a hurry)

選択肢 ① at large「(危険な人や動物が逃げたまま) 捕まらないで／逃亡中で」→ 1219,
③ on purpose「わざと／故意に」→ 1185

重要 □ come to a conclusion「結論に達する」

1197 ◆ in common「共通の／共通に」

▶ have much[a lot] **in common** で「(興味・態度などの) 共通点が多い」となる。その反意表現は have nothing[little] **in common**「共通点がない [ほとんどない]」。

1198 ◆ in earnest「真剣に／本気で」(= seriously)

選択肢 ① properly「適切に」,
③ carefulness「注意深さ」,
④ enthusiasm「熱意／熱狂」

1195 ケイトはあらかじめその準備をするだろう。
1196 急いで結論を出さないでください。時間は十分あるのだから，あなたはもっと慎重になるべきです。
1198 真剣に勉強している生徒もいれば，関心のない生徒もいる。

解答 1191 ② 1192 ① 1193 ③ 1194 in detail 1195 ② 1196 ② 1197 common 1198 ②

1199 I don't think I'll need any money but I'll bring some just in (　　).
① place　② time
③ front　④ case 〈九州産業大〉

1200 ■書き出しにしたがって，空所に適語を入れなさい。
公の場でも内輪でも，自分にはユーモアのセンスがないと認めるアメリカ人は１人もいないだろう。
No American person, in public or in (p　　), would admit to not having a sense of humor. 〈中央大〉

1201 You must talk to her in person about that issue.
① certainly　② directly
③ secretly　④ solely 〈東海大〉

1202 My grandmother is getting better by degrees.
① consequently　② generally
③ gradually　④ happily 〈九州共立大〉

1203 We must take care of the baby by turns.
① carefully　② one after another
③ from morning till night　④ kindly 〈西日本工業大〉

1204 The delivery will arrive before long.
① late　② now
③ earlier　④ soon 〈東海大〉

1205 Many dreams come true in time.
① sooner or later　② forever
③ too early　④ punctually 〈東海大〉

1206 You only have five minutes to get to the bank. If you take more than that, it will be too late — you won't be (　　) time.
① in　② during
③ with　④ for 〈桜美林大〉

1207 We arrived there on (　　).
① time　② expect
③ scheduled　④ timetable 〈愛知工科大〉

1199 お金が必要になるとは思わないが，念のため少し持っていくとしよう。
1201 その問題についてあなたは彼女と直接話さなければならない。
1202 私の祖母は徐々に回復してきている。
1203 私たちは交替で赤ちゃんの面倒をみなければならない。

1199 ◆(just) in case「万一の場合に備えて／念のために」

1200 ◆in private「関係者だけで／内密に (= secretly)」(⇔ in public「人前で／公然と」)

1201 ◆in person「(代理ではなく) 自分で／(電話・メールではなく) 直接に (= directly)」

選択肢 ① certainly「確かに」,
③ secretly「密かに」,
④ solely「…だけ (= only)」

1202 ◆by degrees「次第に／徐々に」(= gradually)

選択肢 ① consequently「その結果」,
② generally「通例／一般的に」,
④ happily「幸福に／幸いなことに」

1203 ◆by turns「代わる代わる (交替して)／順番に (次々と)」

選択肢 ① carefully「注意深く」,
③ from morning till night「朝から晩まで」,
④ kindly「親切に」

プラス take turns (in) doing[to do]「交替で…する」→ 684, in turn「順番に」「今度は」

1204 ◆before long「まもなく／やがて」(= soon)

1205 ◆in time「そのうちに／ゆくゆくは」(= sooner or later)→ 1180

選択肢 ② forever「永久に」,
④ punctually「時間通りに」

1206 ◆in time (for A / to do)「(A に／…するのに) 間に合う」

プラス in time for[to have] dinner「夕食に間に合うように」

1207 ◆on time「時間通りに／定刻に」

1204 その配達物はまもなく届くだろう。
1205 たくさんの夢がそのうちに現実となる。
1206 その銀行に着くまであなたにはたった5分の猶予(ゆうよ)しかありません。それ以上時間をかけたら遅すぎるでしょう。間に合いませんよ。
1207 私たちは時間通りにそこに着いた。

解答 1199 ④ 1200 private 1201 ② 1202 ③ 1203 ② 1204 ④ 1205 ① 1206 ① 1207 ①

Field 3 イディオム

1208 Changes in language will continue forever, but no one knows (　　) sure who does the changing.

① for　　② by

③ in　　④ with　　〈酪農学園大〉

1209 You needn't worry at all. Everything is (　　) control.

① under　　② above

③ to　　④ between　　〈関西学院大〉

1210 Another hotel is (　　) construction near the theme park.

① on　　② in the middle of

③ between　　④ under　　〈亜細亜大〉

1211 Our project is already <u>under way</u>.

① in trouble　　② in progress

③ under review　　④ under control　　〈明海大〉

1212 I got a ticket for the baseball game for (　　).

① nothing　　② good

③ all things　　④ all methods　　〈西南学院大〉

1213 The President said the soldiers had not died for (　　).

① anything　　② nothing

③ something　　④ thing　　〈駒澤大〉

1214 We don't call him a great debater (　　) nothing.

① at　　② for

③ of　　④ with　　〈中央大〉

1215 It is a good idea to have an English dictionary at (　　) when you study English.

① hand　　② part

③ convenience　　④ edge　　〈流通科学大〉

1208 言葉の変化は永遠に続いていくだろうが，変えているのはだれなのか，はっきりと知る者はいない。
1209 君が心配する必要はまったくない。すべては管理されている。
1210 テーマパークの近くでは別のホテルが建設中だ。
1211 私たちの計画はすでに進行中だ。
1212 私は野球の試合のチケットをただで手に入れた。

1208 ◆ for sure「確かに／はっきりと」(= for certain)

1209 ◆ under control「支配されて／管理されて／抑制されて」

プラス in control (of A)「(A を) 支配して」,
out of control「手に負えない／制御不能な」

1210 ◆ under construction「建設中で」(= being built)

選択肢 ② in the middle of A「A の真ん中に」

1211 ◆ under way「進行中で」(= in progress)

選択肢 ① in trouble「困って」,
③ under review「検討中で」,
④ under control「支配されて／管理されて／抑制されて」→ 1209

1212 ◆ for nothing「無料で／ただで」(=(for) free)

1213 ◆ for nothing「無益に／むだに」(= in vain / to no purpose → 1193)

▶ die **for nothing** で「むだ死にする」となる。

1214 ◆ for nothing「(明確な) 理由［目的］もなく」(= without a reason or purpose)

1215 ◆ at hand「(すぐ利用できるように) 近くに／手元に」

1213 大統領は，兵士たちはむだ死にしたわけではないと語った。
1214 私たちは理由もなく彼をディベートの達人と呼ぶわけではない。
1215 英語を勉強するときに，手元に英語の辞書を置いておくのは良い考えだ。

解答 1208 ① 1209 ① 1210 ④ 1211 ② 1212 ① 1213 ② 1214 ② 1215 ①

1216 I could not go to the party because I was on duty.
① in class ② in trouble
③ at work ④ at ease 〈東海大〉

1217 私が戻るまでどうぞこの部屋でくつろいでいてください。
Please (at / in / home / make / yourself) this room until I come back.
〈京都光華女子大〉

1218 He (home / is / in / at) environmental problems.
〈九州共立大〉

1219 発展 The police spokesman announced that the escaped murderer was still ( ). Apparently, they don't have a clue where he is.
① at large ② in haste
③ on purpose ④ out of temper 〈東京理科大〉

1220 After he talked with the professor, he felt at ease about next week's exam.
① knew answers ② thought simply
③ lost courage ④ became relaxed 〈東海大〉

1221 基本 This kind of view is, in fact, quite a familiar one in this technology.
① actually ② commonly
③ particularly ④ reportedly 〈日本大〉

1222 This story, ( ), is about the life of a man.
① at hand ② at once
③ in short ④ in haste 〈鎌倉女子大〉

1223 基本 So you got here after ( )!
① always ② almost
③ most ④ all 〈鶴見大〉

1224 ■書き出しにしたがって，空所に適語を入れなさい。
我が社はこれから５年間でアジア，特に中国でビジネスを展開する計画だ。
During the next five years our company plans to expand business in Asia, in (p) in China. 〈中央大〉

1216 私は勤務に当たっていたので，パーティーに行くことができなかった。
1218 彼は環境問題に詳しい。
1219 警察の報道官は，逃亡した殺人犯はいまだ捕まっていないと発表した。どうやら彼らには犯人の居場所の手がかりがないようだ。
1220 彼は教授と話した後，来週の試験について気が楽になった。

1216 ◆on duty「勤務中で／当番で」(= at work)(⇔ off duty「勤務時間外で／非番で」)

選択肢 ① in class「授業中に」,
② in trouble「困って」,
④ at ease「気楽に／安心して／落ち着いて」→ 1220

1217 ◆at home「気楽に／くつろいで」(= comfortable and relaxed)

▶ Please make yourself **at home**.「どうぞくつろいでください」は，慣用表現としてそのまま覚えよう。→ 759

プラス be[feel] at home「くつろぐ」(= be[feel] comfortable and relaxed)

1218 ◆at home (in[with] A)「(A を) よく知っている／詳しい」(= be familiar with A → 1117)

1219 ◆at large「(危険な人や動物が逃げたまま) 捕まらないで／逃亡中で」

▶ 文中の apparently は文を修飾する副詞で「どうやら…らしい」という意味。

選択肢 ② in haste「急いで／慌てて」→ 1196,
③ on purpose「わざと／故意に」→ 1185

プラス at large「(名詞の後で) 一般の／全体としての」(= in general / as a whole)
the people at large「一般庶民」, the country at large「国全体」

Field 3 イディオム

1220 ◆at ease「気楽に／安心して／落ち着いて」(= relaxed)
(⇔ ill at ease「落ち着かない／不安な」→ 1229)

1221 ◆in fact「実際に (は)」(= actually / in reality)

選択肢 ② commonly「普通に」,
③ particularly「特に」,
④ reportedly「報道によれば」

1222 ◆in short「(一言でまとめて) 要するに」

選択肢 ① at hand「(すぐ利用できるように) 近くに／手元に」→ 1215,
② at once「すぐに」→ 1168,
④ in haste「急いで／慌てて」→ 1196

1223 ◆after all「(意図・予期に反して) 結局 (は)」

プラス after all は理由を表し，「だって[何しろ]…だから」という意味になることもある。
I'll do as she says. After all, she's our leader.
「私は彼女の言うとおりにします。何しろ，彼女は私たちのリーダーだから」

1224 ◆in particular「特に／とりわけ」(= especially / particularly)

1221 この種の見解は，実際のところ，この技術的方法においてはきわめてよく知られたものだ。
1222 この話は，要するに，ある男の人生についてだ。
1223 それで，君は結局ここに来たんだね！

解答 1216 ③ 1217 make yourself at home in 1218 is at home in 1219 ① 1220 ④ 1221 ① 1222 ③ 1223 ④
1224 particular

1225 Children need a lot of things, but above all, they need love.

① especially　② lately
③ on earth　④ voluntarily　〈愛知産業大〉

Section 230

1226 I moved out of my parents' house because I wanted to live on my own for a while.

① by force　② by heart
③ by mistake　④ by myself　〈日本大〉

1227 He was (　　) what to do.

① out of mind　② in common
③ at best　④ at a loss　〈千葉工業大〉

1228 You shouldn't worry, because you have the best medical advice in the country (　　) your disposal.

① at　② for
③ on　④ under　〈学習院大〉

1229 Mark had never acted on the stage and he was ill at ease.

① pleased　② unsatisfied
③ cautious　④ uncomfortable　〈獨協大〉

1230 ■書き出しにしたがって，空所に適語を入れなさい。

この庭の造りは私の好みにぴったりだ。

The design of this garden is exactly to my (t　　).　〈明治大〉

1231 I can express myself in English (　　), but I still have a lot to study.

① as much as possible　② by all means
③ for the moment　④ to some extent　〈名城大〉

1232 They tried to maintain peace (　　) any cost.

① in　② for
③ at　④ by　〈関西学院大〉

1225 子どもたちにはたくさんのものが必要だが，とりわけ，愛を必要とする。
1226 私はしばらく一人で生活したかったので，両親の家から引っ越した。
1227 彼は何をしたらよいのか途方にくれた。

1225 ◆above all「とりわけ／中でも／何にもまして（いちばん重要なのは…）」

選択肢　④ voluntarily「自発的に」

Section 230 名詞を中心とする３語イディオム

1226 ◆on one's own「ひとりで／独力で（= for oneself）」（= by oneself）→ 760

選択肢　① by force「力ずくで」,
② by heart「暗記して」,
③ by mistake「誤って／間違えて」→ 1186

1227 ◆at a loss「困って／途方にくれて」

選択肢　② in common「共通の／共通に」→ 1197,
③ at best「せいぜい／よくても」

プラス　be at a loss for words「何と言っていいかわからない」,
be at a loss to explain the reason「理由をどう説明してよいかわからない」

1228 ◆at A's disposal / at the disposal of A「A の自由になる」

▶ **have ... at A's disposal**「…を A が自由に使える」という形で頻出。

1229 ◆ill at ease「落ち着かない／不安な」（= uneasy）
（⇔ at ease「気楽に／安心して／落ち着いて」→ 1220）

選択肢　③ cautious「用心深い／慎重な」

1230 ◆to A's taste / to the taste of A「A の好みに合う」

1231 ◆to some[a certain] extent「ある程度は」（= partly）

選択肢　② by all means「必ず／ぜひとも」→ 1233
「ぜひどうぞ／もちろんいいですよ」の意味もある（→ 1353）。
③ for the moment「さしあたり／今は」

プラス　to a great[large] extent「大いに」

1232 ◆at any cost[price]「どんな犠牲を払っても／どんなことがあっても」（= at all cost(s)）

プラス　at the cost[price / expense] of A
「A を犠牲にして／A という犠牲を払って」→ 1305
John saved the girl **at the cost of** his life.
「ジョンは命を犠牲にしてその少女を救った」

1228 心配しなくていい，君はその国の最良の医師の診察を自由に受けられるのだから。
1229 マークはそれまで一度も舞台で演じたことがなかったので，そわそわしていた。
1231 私はある程度は英語で自分の考えを表現できるが，まだ学ぶことはたくさんある。
1232 彼らはどんな犠牲を払っても平和を維持しようとした。

解答　1225 ①　1226 ④　1227 ④　1228 ①　1229 ④　1230 taste　1231 ④　1232 ③

Field 3 イディオム

1233 The plan must be carried out by all ( ).
① means ② costs
③ odds ④ ways 〈西南学院大〉

1234 "Excuse me. Are you Mr. Chang by any ( )?" "Yes, I am. Oh, you must be Mr. Suzuki. It's so nice to meet you."
① chance ② means
③ mistake ④ ways 〈学習院大〉

1235 If you wish to do it, I won't stand ( ).
① on your way ② in your way
③ your way ④ ahead of you 〈立正大〉

1236 Keep all medicines out of ( ) of our baby.
① reach ② hand
③ touch ④ area 〈福岡国際大〉

1237 Professor Smith's fashion sense is hopelessly <u>out of date</u>.
① fashionable ② popular
③ attractive ④ old-fashioned 〈明海大〉

1238 If the copy machine is out of ( ), please contact the customer service center.
① work ② mind
③ condition ④ order 〈大東文化大〉

1239 The situation is getting ( ). I'm no longer in control.
① out of hand ② inside out
③ out of sight ④ inside the mirror 〈駒澤大〉

1240 Her remarks are always to the ( ).
① practice ② point
③ process ④ principle 〈名城大〉

1241 The Japanese economy has been recovering <u>gradually</u>.
① quite a little ② little by little
③ for a little ④ after a little 〈明海大〉

1242 <u>All at once</u> we heard a scream.
① Appropriately ② Suddenly
③ Accordingly ④ Technically 〈明海大〉

1233 その計画はぜひとも実行されなければならない。
1234 「すみません。もしかして，あなたはチャンさんですか」
「はい，そうです。あなたは鈴木さんですよね。お会いできてとてもうれしいです」
1235 あなたがそうしたいと願うなら，私はあなたの邪魔はしない。

1233 ◆ by all means「必ず／ぜひとも」

プラス　By all means!「(承認・許可をして) もちろんどうぞ」(= Of course!) → 1353

1234 ◆ by any chance「(丁寧に質問して) もしかして／ひょっとすると (…ですか)」

1235 ◆ in A's way「A の邪魔をして」(= in the way of A)

▶ **stand[get] in A's way** で「A の邪魔をする」という意味。

1236 ◆ out of [beyond] reach (of A)「(A の) 手の届かないところに」⇔ within reach (of A)「(A の) 手の届くところに」

注意　out of [beyond] reach (of A) は reach の前に定冠詞 the や不定冠詞 a が入り，out of [beyond] the[a] reach (of A) の形になることがある。
また，out of [beyond] A's reach とすることもある。

1237 ◆ out of date「時代遅れの／旧式の」(= old-fashioned / outdated)

選択肢　① fashionable「流行の」,
② popular「人気のある／一般的な」,
③ attractive「魅力的な」

1238 ◆ out of order「(公共の機械などが) 故障して」

注意　「個人の所有物の故障」には broken を用いる。
My watch is broken.「私の腕時計は故障している」

1239 ◆ out of hand「(状況などが) 手に負えない／収拾がつかない」

選択肢　② inside out「裏返しに」→ 1167,
③ out of sight「見えないところに」

1240 ◆ to the point「(説明や発言が) 要領を得た／(簡潔で) 適切な」(⇔ beside[off] the point「要点を外れて／要領を得ない」)

1241 ◆ little by little「少しずつ／徐々に」(= gradually / by degrees)

1242 ◆ all at once「突然／不意に」(= suddenly)

選択肢　① appropriately「適切に」,
③ accordingly「それに従って／その結果」,
④ technically「専門的に言うと」

1236 薬はすべて，赤ちゃんの手の届かないところにしまっておきなさい。
1237 スミス教授のファッション感覚は救いようがないほど時代遅れだ。
1238 コピー機が故障しているのなら，顧客サービスセンターに連絡してください。
1239 状況は手に負えなくなりつつある。もはや私には制御できない。
1240 彼女の発言はいつも要領を得ている。
1241 日本経済は徐々に回復してきている。
1242 突然，私たちは叫び声を聞いた。

解答　1233 ①　1234 ①　1235 ②　1236 ①　1237 ④　1238 ④　1239 ①　1240 ②　1241 ②　1242 ②

Field 3 イディオム

1243 ☒☒☒ 発展
You don't have to give me your answer on the ( ).
① favor ② name
③ part ④ spot 〈中央大〉

1244 ☒☒☒
After the long mountain climb, I went home and fell asleep <u>in no time</u>.
① immediately ② slowly
③ eagerly ④ patiently 〈東海大〉

1245 ☒☒☒
I was passing by the office, when I overheard John talking ( ) my back.
① behind ② from
③ over ④ through 〈南山大〉

1246 ☒☒☒ 発展
She is <u>second to none</u> in her class in English.
① miserable ② the best student
③ not so good ④ by far the worst 〈関西外国語大〉

1247 ☒☒☒ 発展
On ( ) thought, I'd better do it.
① two ② twice
③ second ④ repeated 〈慶應義塾大〉

1248 ☒☒☒
Ms. Kato is a famous designer, and in her ( ), long skirts will be in fashion this year.
① point ② opinion
③ voice ④ order 〈奥羽大〉

1249 ☒☒☒
I didn't agree with everything he said at first, but ( ) his argument is right.
① against his will ② on the way
③ by the way ④ in a sense 〈獨協大〉

1250 ☒☒☒
<u>As a rule</u>, I get up at 7:00 every morning.
① Sometimes ② Usually
③ Always ④ Often 〈東海大〉

1251 ☒☒☒
( ) I had a happy childhood growing up in the country.
① Apart from ② Sometime
③ On the whole ④ Almost 〈摂南大〉

1243 ◆on the spot「(深く考えずに)即座に／すぐその場で」

1244 ◆in no time「すぐに／あっという間に／瞬く間に」(= immediately)

選択肢 ③ eagerly「熱心に」,
④ patiently「我慢強く」

1245 ◆behind A's back / behind the back of A「A のいない所で／A に内緒で」

▶ **talk (about A) behind A's back**「A の陰口を言う」という形で頻出。

1246 ◆second to none「だれ[何]にも負けない」(= the best)

1247 ◆on second thought(s)「考え直して(やっぱり…する)」

1248 ◆in A's opinion「A の考え[意見]では／A に言わせれば」

1249 ◆in a[one] sense「ある意味では」→ 1524

選択肢 ① against one's will「…の意志に反して」
プラス in the sense that SV「…という意味において」
She's very lucky **in the sense that** she has such a kind brother.
「彼女はとてもやさしい兄[弟]がいるという意味において非常に幸せだ」

1250 ◆as a rule「概して／普通は」(= generally / usually)

1251 ◆on the whole「概して／全体的に」(= in general / generally)

▶ **on the whole** は副詞句として文修飾に用いる。

選択肢 ① apart from A「A の他に／A に加えて」→ 1288
プラス **as a whole** は形容詞句として名詞を修飾し,「全体として(の)」という意味。
the country[society] **as a whole**「国［社会］全体」

1243 あなたは即座に私に返事をする必要はありません。
1244 長時間の山登りの後，私は帰宅し，すぐに眠りに落ちた。
1245 私が職場のそばを通り過ぎようとしたら，ジョンが私の陰口を言っているのがふと耳に入った。
1246 彼女は英語ではクラスのだれにも負けない。
1247 考え直してみると，僕はそれをやったほうがいい。
1248 加藤さんは有名なデザイナーで，彼女の考えでは，今年は長いスカートが流行るだろうとのことだ。
1249 最初は，私は彼の言うことすべてに賛成したわけではなかったが，彼の主張はある意味で正しい。
1250 たいてい，私は毎朝７時に起床する。
1251 私は田舎で育ち，概して幸せな子ども時代を過ごした。

解答 1243 ④ 1244 ① 1245 ① 1246 ② 1247 ③ 1248 ② 1249 ④ 1250 ② 1251 ③

1252 彼は全力を尽くしたが，結局何も得られずに終わった。
☒☒☒ He did as much as he could, but he got nothing in the (　　).

〈西南学院大〉

1253 Her sister makes money by playing the violin; (　　), she is a professional musician.
☒☒☒
① as a result　② for example
③ in other words　④ on the other hand 〈近畿大〉

1254 I'm not tired. (　　) the contrary, I could walk for miles.
☒☒☒
① By　② For
③ In　④ On 〈名古屋学院大〉

1255 We have heard nothing (　　) the contrary.
☒☒☒
① of　② by
③ in　④ to 〈西南学院大〉

1256 Hanako says she's happy in Yokohama. Oh, and <u>by the way</u>, she has a new job.
☒☒☒
① completely　② ordinary
③ generally　④ incidentally 〈亜細亜大〉

Section 231

1257 Everything was exciting to me when I visited Spain (　　).
☒☒☒ 基本
① at first time　② for first
③ for the first　④ for the first time 〈同志社大〉

1258 You can keep buying on your credit card for the time (　　), but you'll have trouble paying those bills later.
☒☒☒ 発展
① being　② now
③ past　④ present 〈南山大〉

1259 Jenny's parents visited their daughter <u>from time to time</u> when she lived in Kyoto.
☒☒☒
① quite often　② occasionally
③ many times　④ all the time 〈産業能率大〉

1253 彼女の姉［妹］はバイオリンの演奏で収入を得ている。言いかえれば，彼女はプロの音楽家だ。
1254 私は疲れていません。それどころか何マイルだって歩けますよ。
1255 私たちは，それに反することは何も耳にしていない。
1256 ハナコは横浜で幸せにやっているそうだ。ああ，ところで，彼女は新しい仕事に就いたんだよ。

1252 ◆ in the end「(いろいろやって) 最終的に/結局は」

1253 ◆ in other words「言いかえれば/つまり」

選択肢 ① as a result「結果として」,
② for example「たとえば」,
④ on the other hand「(対比を表して) 他方では/その一方で」→ 1267

1254 ◆ on the contrary「(相手の発言や自分の前言を否定して) それどころか/とんでもない」

⚠注意 対比を表す on the other hand → 1267 と混同しないこと。

1255 ◆ to the contrary「(修飾する語句の後で) それとは反対の」

1256 ◆ by the way「(話題を変えて) ところで/それはそうと」(= incidentally)

選択肢 ① completely「完全に」,
② ordinary「普通の」,
③ generally「通例」

Section 231 名詞を中心とする4～5語イディオム

1257 ◆ for the first time「初めて」

⚠注意 at first → 838 と混同しないこと。

1258 ◆ for the time being「さしあたり/当分の間は」

1259 ◆ from time to time「ときどき」(= sometimes / occasionally)

1257 初めてスペインを訪れたとき，私にとってはすべてのことが刺激的でした。
1258 さしあたり君はクレジットカードで買い物を続けられるが，あとで勘定を払うのに苦労することだろう。
1259 ジェニーの両親は，娘が京都に住んでいたときにときどき彼女のもとを訪ねた。

解答 1252 end 1253 ③ 1254 ④ 1255 ④ 1256 ④ 1257 ④ 1258 ① 1259 ②

1260 This flower does not need much care except for water <u>once in a while</u>.
☒☒☒
① every day ② sometimes
③ frequently ④ usually 〈玉川大〉

1261 <u>All of a sudden</u>, it started to rain heavily.
☒☒☒
① All too often ② Once in a while
③ At any moment ④ All at once 〈東海大〉

1262 My old friend called me <u>out of the blue</u>.
☒☒☒ 発展
① sadly ② just in time
③ unexpectedly ④ in a good mood 〈神戸学院大〉

1263 His efforts bore fruit (　　) the long run.
☒☒☒ 発展
① to ② by
③ for ④ in 〈西南学院大〉

1264 Could you turn it the (　　) way around?
☒☒☒ 発展
① other ② another
③ both ④ each 〈駒澤大〉

1265 The manager's proposal was <u>out of the question</u>.
☒☒☒
① complicated ② confusing
③ elementary ④ impossible 〈日本大〉

1266 (　　) a matter of fact, I have been to London four times.
☒☒☒
① Of ② On
③ In ④ As 〈亜細亜大〉

1267 The job wasn't very interesting, but (　　) it was well-paid.
☒☒☒
① on the contrary ② on the other hand
③ in addition ④ all the more 〈上智大〉

1268 より現実的な視点から見て，この計画は大きな変更を必要とするだろう。
☒☒☒
From a more realistic point (　　)(　　), this plan will need some big changes. 〈西南学院大〉

1260 ときどき水をやる以外，この花は大した世話は必要ない。
1261 突然，雨が激しく降り出した。
1262 私の昔の友人が突然電話してきた。
1263 結局，彼の努力は実を結んだ。
1264 それを逆向きに回していただけますか。

1260 ◆ once in a while「ときどき」(= sometimes / occasionally)

重要 □ except for A「Aを除いて」

1261 ◆ all of a sudden「突然/不意に」(= suddenly / all at once → 1242)

選択肢 ② once in a while「ときどき」→ 1260,
③ at any moment「今すぐにも」

1262 ◆ out of the blue「(思いがけなく) 突然/予告なしに」(= unexpectedly)

選択肢 ② just in time「ちょうど間に合って」

1263 ◆ in the long run「長い目で見れば/結局は/長期的には」(⇔ in the short run「短期的には」)

1264 ◆ the other way around[round / about]「(位置・順序・方向などが) 逆に/あべこべに」

プラス (…,) not the other way around[round / about]「(…であって) その逆 [反対] ではない」
He found me, not the other way around.
「彼が私を見つけたのであって, その逆ではない (=私が彼を見つけたわけではない)」

1265 ◆ out of the question「まったく不可能で/論外で」(= impossible)

選択肢 ① complicated「複雑な」,
② confusing「(人を) 混乱させるような」,
③ elementary「初歩的な」

注意 without question「疑いなく/確かに」と混同しないこと。

1266 ◆ as a matter of fact「(具体的に述べて) 実際は/実は」(= actually / in fact)

1267 ◆ on the other hand「(対比を表して) 他方では/その一方で」

選択肢 ① on the contrary「(相手の発言や自分の前言を否定して) それどころか/とんでもない」
→ 1254,
③ in addition「さらに, そのうえ」→ 整理して覚える 109 (p. 358),
④ all the more「いっそう」→ 401

1268 ◆ from a … point of view「…の視点 [観点/立場] から (見て)」
(= from a … viewpoint[standpoint])

▶「…」には, scientific「科学的な」, political「政治的な」, religious「宗教的な」などの, さまざまな形容詞が入る。

1265 その上司の提案は論外だった。
1266 実際のところ, 私は4回ロンドンに行ったことがある。
1267 その仕事はあまりおもしろくなかったが, その一方で報酬が良かった。

解答 1260 ② 1261 ④ 1262 ③ 1263 ④ 1264 ① 1265 ④ 1266 ④ 1267 ② 1268 of view

Field 3 イディオム

前置詞の働きをするイディオム（群前置詞）

Section 232

1269 The train was delayed 30 minutes (　　) a heavy rainfall.
基本
① because of　② in spite of
③ according to　④ apart from　〈東北工業大〉

1270 He failed the examination three times due (　　) his laziness.
① on　② of
③ to　④ in　〈亜細亜大〉

1271 The meeting was canceled (　　) the bad weather.
基本
① according to　② by means of
③ on behalf of　④ owing to　〈東北学院大〉

1272 Farms are going bankrupt <u>on account of</u> the crisis in agriculture.
① as a condition of　② because of
③ in spite of　④ in regard to　〈関西外国語大〉

1273 (　　) her support, I was able to finish writing this report on time.
① According to　② Besides
③ Instead of　④ Thanks to　〈近畿大〉

Section 233

1274 (　　) its advantages, there are hardly any companies that are willing to try the new system.
基本
① In favor of　② In respect of
③ In spite of　④ Instead of　〈中央大〉

1275 (　　) all his faults, he is still a gentleman.
発展
① Up　② As
③ Into　④ With　〈大阪商業大〉

1269 その電車は大雨のため30分遅れた。
1270 彼は自らの怠惰が原因で3回試験に落ちた。
1271 その会議は悪天候のため中止になった。

Section 232 「理由」を表す群前置詞

1269 ◆because of A「A の理由で」

選択肢 ② in spite of A「A にもかかわらず」→ 1274,
③ according to A「A（新聞・文献・調査など）によれば（…だそうだ）／A（規則・計画など）に従って／A（違いなど）に応じて」→ 1286,
④ apart from A「A の他に／A に加えて／A を除けば／A は別として」→ 1288

1270 ◆due to A「A の理由で」(= because of A)

1271 ◆owing to A「A の理由で」(= because of A)

選択肢 ② by means of A「A（手段）によって」,
③ on[in] behalf of A「A を代表して／A の代わりに」→ 1301

1272 ◆on account of A「A の理由で」(= because of A)

▶ **on account of A** は「A のせいで」という**否定的な理由**で用いるのが一般的。

選択肢 ① as a condition of A「A の条件として」,
④ in[with] regard to A「A に関して／A に関係して」→ 1282

1273 ◆thanks to A「A の理由で／A のおかげで／A のせいで」(= because of A)

▶ **thanks to A** は基本的には良いことに対して用いるが，反語的に悪いことでも使うことがある。

▶ **Thanks to** you, we lost the game.
「あなたのせいで，私たちは試合に負けた」

選択肢 ② besides A「A に加えて／A の他に」→ 354,
③ instead of A「A の代わりに」

Section 233 「譲歩」を表す群前置詞

1274 ◆in spite of A「A にもかかわらず」(= despite A)

選択肢 ① in favor of A「A に賛成で／A の方を選んで」→ 1297,
② in respect of A「A に関して」

1275 ◆with all A「A にもかかわらず」(= in spite of A → 1274)

Field 3 イディオム

1272 農業危機のせいで，農場が破綻しようとしている。
1273 彼女の援助のおかげで，私は予定通りにこの報告書を書き上げることができた。
1274 その利点にもかかわらず，新しい方式を試してみようという企業はほとんどない。
1275 欠点はあるが，それでも彼は紳士である。

解答 1269 ① 1270 ③ 1271 ④ 1272 ② 1273 ④ 1274 ③ 1275 ④

1276 For all his honesty, they say bad things about him.

発展

① In spite of ② As for
③ Because of ④ But for 〈神戸学院大〉

1277 Anyone may join the tennis club (　　) how well they can play the game.

① not regarding ② regardless of
③ without regard ④ with regard to 〈南山大〉

Section 234

1278 He went to Paris (　　) of studying music.

① of need ② on account
③ for the purpose ④ in honor 〈国学院大〉

1279 We bought the (view / a / with / to / moving / cottage) there when we retire. 〈西南学院大〉

1280 Mr. Suzuki gave up smoking for (　　) of his health.

① the care ② want
③ aid ④ the sake 〈センター試験〉

Section 235

1281 Water must be thought of (　　) terms of the chains of life it supports.

① at ② in
③ on ④ with 〈岩手医科大〉

1282 In relation to this project, my opinion differs from yours.

① In accordance with ② In comparison to
③ In regard to ④ In attendance at 〈亜細亜大〉

1276 彼が誠実であるにもかかわらず，彼らは彼のことを悪く言う。
1277 試合でのプレーのうまさとは無関係に，だれでもそのテニスクラブに加入できる。
1278 彼は音楽を勉強する目的でパリに行った。
1279 私たちは定年後にそこに移り住む目的で，その小さな家を買った。

1276 ◆ for all A「A にもかかわらず」(= in spite of A)

選択肢　② as for A「A について言えば／ A に関しては」→ **1284**,
④ but for A「もし A がなければ」→ **101**

1277 ◆ regardless of A「A に関係なく／ A にかかわらず」

▶ 本問では regardless of A の A に，how が導く名詞節が続いている。

選択肢　③ without regard to[for] A「A にかかわりなく／ A にかかわらずに」,
④ with[in] regard to A「A に関して／ A に関係して」→ **1282**

Section 234 「目的」を表す群前置詞

1278 ◆ for the purpose of doing「…する目的で」(= in order to do)

選択肢　② on account of A「A の理由で」→ **1272**,
④ in honor of A「A に敬意を表して／ A を記念して」→ **1296**

1279 ◆ with a view to doing「…する目的で」(= in order to do)

⚠注意　この表現の to は前置詞。不定詞（to do）ではないことに注意。

1280 ◆ for the sake of A「A の（利益の）ために」

⚠注意　for A's sake の形でも用いられる。
You should tell the truth **for your sake**.
「君自身のために真実を述べるべきだ」

Section 235 「話題・観点」を表す群前置詞

1281 ◆ in terms of A「A の点から／ A に関して」

1282 ◆ in[with] regard to A「A に関して／ A に関係して」(= in relation to A)

選択肢　① in accordance with A「A に一致して／従って」,
② in comparison to A「A と比べて」→ **1292**,
④ in attendance at A「A に出席して」

Field 3 イディオム

1280 スズキさんは健康のためにタバコを吸うのをやめた。
1281 水は，水が支えている生物の連鎖の点から考えられなければならない。
1282 この事業に関しては，私の意見はあなたと違う。

解答　1276 ①　1277 ②　1278 ③　1279 cottage with a view to moving　1280 ④　1281 ②　1282 ③

1283 <u>As regards</u> that, I cannot agree with you.

① Concerning ② For
③ With ④ Against 〈駒澤大〉

1284 Some people complained, but <u>as for</u> me, I'm perfectly satisfied.

① as a result of ② concerning
③ paying no attention to ④ coming from 〈亜細亜大〉

1285 Frank was very uncertain as (　　) whether it was the job for him.

① far ② about
③ from ④ to 〈九州産業大〉

Section 236

1286 Prof. Smith always divides people into six groups (　　) the tasks they can perform.

基本

① depending with ② according to
③ in addition to ④ as well as 〈杏林大〉

1287 (　　) to his expectations, Peter ran out of money halfway through his vacation.

① Unlike ② Likely
③ Contrary ④ Following 〈上智大〉

1288 (　　) from their house in Los Angeles, they also have an apartment in New York.

① Short ② About
③ Apart ④ Go 〈亜細亜大〉

1289 He was deaf to everything (　　) than what he wanted to hear.

① other ② apart
③ instead ④ except 〈成蹊大〉

1290 It's (　　) each of you to help make the project a success.

発展

① as to ② on account of
③ on top of ④ up to 〈中央大〉

1283 そのことに関しては，私はあなたに賛同できません。
1284 不満を漏らした人たちもいるが，私について言えば，完全に満足している。
1285 フランクには，それが自分に合う仕事なのかどうか，まったく確信がなかった。
1286 スミス教授は，人々がこなせる課題に応じて，常に彼らを6つのグループに分ける。

1283 ◆as regards A「A に関しては／ A について言えば」(= about A / concerning A)

1284 ◆as for A「A について言えば／ A に関しては」(= about A / concerning A)

選択肢　① as a result of A「A の結果として」,
③ pay no attention to A「A に注意を払わない」

1285 ◆as to A「A に関して／ A について」(= about A / concerning A)

▶ 本問では as to A の A に，whether が導く名詞節が続いている。

注意　「A に関して」という意味では，as to A は文中で使うことに注意。

Section 236 2語の群前置詞

1286 ◆according to A「A（規則・計画など）に従って／ A（違いなど）に応じて」

選択肢　③ in addition to A「A に加えて」→ 1291
プラス　according to A には「A（新聞・文献・調査）によれば（…だそうだ）」という意味もある。
重要　□ divide A into B「A を B に分ける」

1287 ◆contrary to A「A に反して／ A とは逆に」

1288 ◆apart[aside] from A「A の他に／ A に加えて」(= besides A / in addition to A → 1291)

プラス　apart[aside] from A には「A を除けば／ A は別として」(= except for A) という意味もある。
Apart from the ending, it's a really good film.
「エンディングを除けば，それはとてもよくできた映画だ」

1289 ◆other than A「A 以外の」(= except A)

▶ 本問では other than A の A に，関係代名詞 what が導く名詞節が続いている。

1290 ◆up to A「A（人）の責任で／ A 次第で」

▶ **It is up to A to do**「…するのは A の責任だ」の形で用いることが多い。

選択肢　① as to A「A に関して／ A について」→ 1285,
③ on top of A「A の上に／ A に加えて」
プラス　(be) up to A には「A（良くないこと）をたくらんで」の意味もある。
I suspect they are up to something.
「彼らは何かたくらんでいるのではないかと私は思う」

1287 ピーターの予想に反して，彼は休暇が半分過ぎたところでお金がなくなってしまった。
1288 ロサンゼルスの家の他に，彼らはニューヨークにもアパートを持っている。
1289 彼は自分が聞きたいと思ったこと以外にはすべて耳を貸さなかった。
1290 その事業の成功を手助けするのは君たちそれぞれの責任だ。

解答　1283 ①　1284 ②　1285 ④　1286 ②　1287 ③　1288 ③　1289 ①　1290 ④

Section 237

1291 (　　) being a librarian, her brother works as a taxi driver.
基本
① Due to　② In respect of
③ In behalf of　④ In addition to　〈愛知県立大〉

1292 In (　　) with Spanish, English spelling is rather difficult.
① association　② comparison
③ reality　④ advance　〈名城大〉

1293 She won her position by (　　) of her hard work.
発展
① effort　② agency
③ virtue　④ lack　〈西南学院大〉

1294 My friend is going to fly back to California (　　) Hawaii.
① by means of　② by way of
③ in line with　④ in the course of　〈センター試験〉

1295 These are the ruins the professor was in search (　　).
① for　② of
③ on　④ about　〈東北医科薬科大〉

1296 Next Tuesday, a concert will be held (　　) the tenth anniversary of the founding of our school.
① owing to　② in honor of
③ on behalf of　④ for the purpose of　〈獨協医科大〉

1297 Most people in the room were in favor of the antismoking campaign.
① demanded　② supported
③ joined in　④ donated to　〈東海大〉

1298 John wore a sweater instead of a jacket.
① in praise of　② in place of
③ in turn of　④ in case of　〈駒澤大〉

1291 図書館員であることに加えて，彼女の兄[弟]はタクシーの運転手としても働いている。
1292 スペイン語に比べれば，英語のつづり方はかなり難しい。
1293 彼女は必死に働いたおかげで自分の地位を勝ち取った。
1294 私の友人はハワイ経由でカリフォルニアに飛行機で戻ってくるつもりだ。

Section 237 3語の群前置詞

1291 ◆ in addition to A「A に加えて」(= besides A)

選択肢 ① due to A「A の理由で」→ 1270,
③ in[on] behalf of A「A を代表して／ A の代わりに」→ 1301

1292 ◆ in[by] comparison with[to] A「A と比べて」

選択肢 ① in association with A「A と関連して／共同して」,
③ in reality「実際には」,
④ in advance「前もって／あらかじめ」→ 1195

1293 ◆ by virtue of A「A のおかげで／ A の理由で」(= because of A → 1269)

1294 ◆ by way of A「A（場所）経由で」(= via A)

選択肢 ③ in line with A「A と一致して／調和して」,
④ in the course of A「A の過程で／ A の間に」

プラス by way of A には「A（の手段）として／ A のつもりで」という意味もある。
You should say something by way of apology[introduction].
「弁解［前置き］として何か言うべきだ」

1295 ◆ in search of A「A を探して」(= looking for A)

1296 ◆ in honor of A / in A's honor「A に敬意を表して／ A を記念して」

選択肢 ① owing to A「A の理由で」→ 1271,
③ on behalf of A「A を代表して／ A の代わりに」→ 1301,
④ for the purpose of A「A の目的で」→ 1278

1297 ◆ in favor of A / in A's favor「A に賛成で／ A の方を選んで」

選択肢 ④ donate to A「A に寄付［寄贈］する」*cf.* donate A「A を寄付[寄贈]する」

1298 ◆ in place of A「A の代わりに／ A ではなくて」(= instead of A)

選択肢 ① in praise of A「A をほめて」,
④ in case of A「A（事故・非常時など）の場合は／ A が起こったら」→ 1299

1295 これらはその教授が探していた遺跡だ。
1296 来週の火曜日，私たちの学校の設立10周年を記念してコンサートが催される。
1297 その部屋にいたほとんどの人は，禁煙運動に賛成だった。
1298 ジョンはジャケットの代わりにセーターを着ていた。

解答 1291 ④ 1292 ② 1293 ③ 1294 ② 1295 ② 1296 ② 1297 ② 1298 ②

1299 I gave my old computer to a friend and said to her, "In (　　) of any trouble, you can always give me a ring."

① fate　　② case
③ front　　④ fact　　〈秋田県立大〉

1300 Mr. Tanaka is <u>in charge of</u> the new project.

① interested in　　② indifferent to
③ satisfied with　　④ responsible for　　〈拓殖大〉

1301 He made a speech (　　) the committee.

① in place with　　② by way of
③ on behalf of　　④ by means with　　〈青山学院大〉

1302 I'm willing to give you some money in (　　) for your labor.

① addition　　② favor
③ return　　④ stead　　〈東京理科大〉

Section 238

1303 (a) When I saw the Statue of Liberty, I was very impressed.
(b) I was very impressed at the (　　) of the Statue of Liberty.

〈亜細亜大〉

1304 ■書き出しにしたがって，空所に適語を入れなさい。
この地域の貧しい人々は完全に環境に左右されている。
The poor people in this area are completely at the (m　　) of their circumstances.　　〈明治大〉

1305 We want to increase our manufacturing output, but not (　　) the expense of the environment.

① at　　② on
③ for　　④ from　　〈亜細亜大〉

1306 The students were walking (　　) the direction of the sea.

① in　　② for
③ to　　④ toward　　〈松山大〉

1307 (　　) of an emergency, please proceed calmly to the nearest exit.

① At the event　　② At the place
③ In the event　　④ In the place　　〈日本女子大〉

1299 私は友人に自分の古いコンピューターをあげて，「何か問題が起きたら，いつでも私に電話をしてね」と彼女に言った。
1300 田中さんはその新しい事業の責任者だ。
1301 彼は委員会を代表して演説をした。

1299 ◆ in case of A「A（事故・非常時など）の場合は／Aが起こったら」

選択肢 ③ in front of A「Aの正面で[に]」

1300 ◆ in charge of A「A（集団・活動など）の責任を負って／Aを担当して／Aを管理して」(= responsible for A → 1143)

選択肢 ② be indifferent to A「Aに無関心である／興味がない」→ 1150

1301 ◆ on[in] behalf of A「Aを代表して／Aの代わりに」

選択肢 ② by way of A「A（場所）経由で」→ 1294

1302 ◆ in return for A「Aのお返しに」

プラス in addition to A「Aの他に／Aに加えて」→ 1291,
in favor of A「Aに賛成で／Aの方を選んで」→ 1297

Section 238 4語の群前置詞

1303 ◆ at (the) sight of A「Aを見て」

1304 ◆ at the mercy of A / at A's mercy「Aのなすがまま／Aに翻弄されて」

1305 ◆ at the expense of A「Aを犠牲にして」(= at the cost[price] of A → 1232)

1306 ◆ in the direction of A / in A's direction「Aの方（角）へ」

▶〈方向・方角〉を表す前置詞 in も参照。→ 364

1307 ◆ in the event of A「Aの場合には」

プラス in place of A「Aの代わりに／Aではなくて」→ 1298

1302 私はあなたの働きのお返しとして，いくらかお金をあげても構わないと思っています。
1303 (a) 自由の女神を見たとき，私はとても感銘を受けた。
(b) 自由の女神を見て，私はとても感銘を受けた。
1305 私たちは工業生産高を増やしたいと思っているが，環境を犠牲にしてまでそうしたいとは思わない。
1306 学生たちは海の方へ向かって歩いていた。
1307 緊急の場合には落ち着いて最寄りの出口へと進んでください。

解答 1299 ② 1300 ④ 1301 ③ 1302 ③ 1303 sight 1304 mercy 1305 ① 1306 ① 1307 ③

第26章

Field 3 イディオム

ことわざ・慣用表現

Section 239

1308 (a) "She finally decided to study English after she started working."
(b) "Better ( ) than never."
① early ② late ③ slow ④ soon 〈学習院大〉

1309 A bird (two / the hand / in / is / worth) in the bush. 〈畿央大〉

1310 継続は力なり。
( ) makes perfect. 〈高知大〉

1311 A friend (is / indeed / friend / need / a / in). 〈二松學舍大〉

1312 早起きは三文の得。
The early bird catches the (w). 〈東京理科大〉

1313 1日1個のりんごを食べれば医者知らず。
An apple a day keeps the doctor ( ).
① up ② in ③ out ④ away 〈日本大〉

1314 According to the proverb, blood is ( ) than water.
① heavier ② thicker ③ thinner ④ lighter 〈法政大〉

1308 (a)「彼女は働き始めてからようやく英語を勉強しようと決心した」
(b)「遅くても何もしないよりはましだ」〈ことわざ〉
1309 明日の百より今日の五十。〈ことわざ〉
1311 まさかのときの友こそ真の友。〈ことわざ〉
1314 ことわざによれば，血は水よりも濃い。

Section 239 ことわざ

1308 ◆ Better late than never.「遅くても何もしないよりはましだ」

▶「遅れて来たことに対して，それでも来ないよりはましだ」という意味で用いることもある。

1309 ◆ A bird in the hand is worth two in the bush.「明日の百より今日の五十」

▶「手の中の１羽の鳥は，やぶの中の２羽の鳥の価値がある」が直訳。「明日の百より今日の五十」とは，百文（ひゃくもん）のお金を明日もらうよりも，五十文（ごじゅうもん）のお金を今日もらう方が確実という意味。「あてにならないものに期待しないで，少なくても確実なものを大切にしなさい」という教訓を述べている。

1310 ◆ Practice makes perfect.「継続は力なり」

▶「練習が完璧を作る［完璧にする］」が直訳。「小さな努力をこつこつ続けることが成功につながる」という教訓を述べている。

1311 ◆ A friend in need is a friend indeed.「まさかのときの友こそ真の友」

▶「ピンチに陥った時に助けてくれる友だちが本当の友だちである」という意味。in need は「(生活に必要なお金や食べ物が不足して）困窮している」という意味の定型表現。

1312 ◆ The early bird catches the worm.「早起きは三文の得」

▶「早起きの鳥は虫を捕まえる」が直訳。「朝早く起きるといいことがある」という意味。

1313 ◆ An apple a day keeps the doctor away.「１日１個のりんごを食べれば医者知らず」

▶「１日１個のりんごは医者を遠ざける」が直訳。健康に良いりんごの効能を述べている。

1314 ◆ Blood is thicker than water.「血は水よりも濃い」

▶「血縁者の絆は他人との関係よりも深く強い」というたとえ。この thick は「(液体が）濃い」という意味。

解答 1308 ② 1309 (A bird) in the hand is worth two (in the bush.) 1310 Practice 1311 (A friend) in need is a friend indeed(.) 1312 worm 1313 ④ 1314 ②

Field 3 イディオム

Section 240

1315 I can finish this project in no time. It's <u>a piece of cake</u>.
① amusing ② difficult ③ early ④ easy 〈中部大〉

1316 He is <u>a pain in the neck</u>.
① a counselor ② a deception ③ a liar ④ a nuisance 〈名古屋学芸大〉

1317 Rumor ( ) the head teacher is going to leave our school.
① has it that ② is said what ③ that there ④ whether it was 〈東海大〉

1318 I'm sorry, but I didn't mean it. It was just a slip of the ( ).
① eye ② head ③ nose ④ tongue 〈芝浦工業大〉

1319 子供たちはその本をとても面白がり，先生が朗読する間，熱心に耳を傾けました。
The children were very interested in the book and they (while, read, the, ears, teacher, were, it, all). 〈成蹊大〉

1320 今日はもう仕事を切り上げませんか。
Why don't we call it a ( )? 〈奈良大〉

1321 ( ) to think of it, I haven't had a vacation in almost two years!
① Wish ② Get ③ Turn ④ Come 〈獨協大〉

1322 ( ) what may, I will never give up.
① Come ② Read ③ Say ④ Went 〈広島経済大〉

1323 <u>The chances are</u> that they'll be late as usual.
① It is not true ② It is impossible ③ It is likely ④ It is unlikely 〈創価大〉

1315 このプロジェクトはあっという間に終えることができる。朝飯前だ。
1316 彼は面倒くさい人物だ。
1317 うわさでは校長が学校を辞めることになったらしい。
1318 ごめんなさい，でもそんなつもりではなかった。つい口が滑ってしまっただけだ。
1321 考えてみると，私はほぼ２年間休暇がない！
1322 どんなことがあっても，私は決してあきらめない。
1323 彼らはいつものように遅れる可能性が高い。

Section 240 慣用表現

1315 ◆a piece of cake「簡単なこと／朝飯前」(= something that is very easy)

1316 ◆be a pain in the neck「面倒くさい／わずらわしい」(= be very annoying)

選択肢 ① a counselor「相談員」 ② a deception「だますこと／だまされること」 ③ a liar「うそつき」 ④ a nuisance「迷惑な人［物／事］」

1317 ◆Rumor has it that ...「うわさでは…らしい／…といううわさが立っている」

1318 ◆a slip of the tongue「つい口を滑らせること／失言すること」

1319 ◆be all ears「（人の話などを）熱心に聞いている」

1320 ◆call it a day「（仕事などを）終わりにする／切り上げる」

1321 ◆come to think of it「考えてみると／そういえば」

1322 ◆Come what may「どんなことがあろうと／何が起ころうと」

1323 ◆The chances[Chances] are that ...「…という可能性が高い」(= It is likely that ...)

整理して覚える 110 その他の慣用表現

- □ a fish out of water「場違いな」
- □ as good as it gets「これ以上よくはならない」
- □ As it turned out, ...「あとでわかったことだが…」
- □ As luck would have it, ...「運良く，運悪く，たまたま…」
- □ as the crow flies「直線距離で」
- □ break the ice「（初対面などの）場を和ませる，口火を切る」
- □ eat like a horse「大食いする」 *cf.* eat like a bird「小食である」
- □ for crying out loud「命令文・疑問文を強調して）お願いだから，いったい全体」
- □ have seen better days「全盛期を過ぎている，古びて使えない」
- □ if worst comes to worst「最悪の場合は，いざとなれば」
- □ judge a book by its cover「外見で中身を判断する」
- □ Like it or not, ...「好むと好まざるとにかかわらず…」
- □ No wonder ...「…は不思議ではない，道理で…なわけだ」
- □ not one's cup of tea「～の好み［趣味］ではない」
- □ one of a kind [one-of-a-kind]「他に類を見ない，唯一の」
- □ put all one's eggs in one basket「1つのもの［こと］にすべて（の希望）を賭ける」
- □ That said, ...「そうは言っても…，とはいえ…」
- □ the apple of one's eye「～にとって極めて大事な人・物」
- □ the elephant in the room「だれもが知っていながら口をつぐむ重要な事実［問題］」
- □ two peas in a pod「よく似ている，そっくり」

解答 1315 ④ 1316 ④ 1317 ① 1318 ④ 1319 (The children were very interested in the book and they) were all ears while the teacher read it. 1320 day 1321 ④ 1322 ① 1323 ③

句と節②

【2】節の働き

(1) 名詞節，(2) 形容詞節，(3) 副詞節について見ていこう。

(1) 名詞節

節が文中で名詞の働きをする場合，その節を「名詞節」と呼ぶ。名詞節は主語，補語，目的語に用いられる。

(例1) **Who said that** remains a mystery.「だれがそれを言ったかは謎のままである」
　　S　V　C

(例2) The question is **who said that**.「問題はだれがそれを言ったかということだ」
　　S　V　C

(例3) I don't know **who said that**.「私はだれがそれを言ったか知らない」
　　S　V　O

(注) who said that「だれがそれを言ったか」という同じ名詞節が，文中で主語（→例1），補語（→例2），目的語（→例3）という異なる働きをしていることを確認しておこう。
節内は who (S) said (V) that (O) という構造。主語 (who) ＋述語動詞 (said) が含まれていることを確認しておこう。

(2) 形容詞節

節が形容詞の働きをする（＝名詞を修飾する）場合，その節を「形容詞節」と呼ぶ。

(例) This is the museum **which my grandfather visited fifty years ago**.
「これは，私の祖父が50年前に訪れた美術館です」
▶ which my grandfather visited fifty years ago は名詞 museum を修飾する形容詞節。

(注) 節内は which (O) my grandfather (S) visited (V) という構造。
主語 (my grandfather) ＋述語動詞 (visited) が含まれていることを確認しておこう。

(3) 副詞節

節が副詞の働きをする場合，その節を「副詞節」と呼ぶ。副詞節は名詞以外（＝動詞や文など）を修飾する。

(例) The game will be called off **if it rains tomorrow**.
「もし明日，雨が降れば，その試合は中止されるだろう」
▶ if it rains tomorrow は The game will be called off という文を修飾する副詞節。

(注) 節内は it (S) rains (V) という構造。主語 (it) ＋述語動詞 (rains) が含まれていることを確認しておこう。

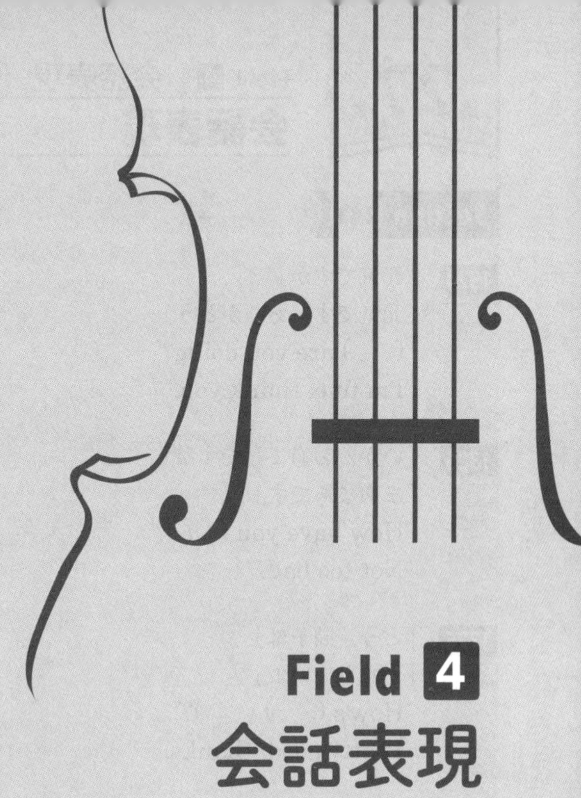

Field 4
会話表現

学習の心構え

会話表現のフィールドでは，入試でよく問われる会話表現を精選して，その会話表現が使われる場面ごとに大きく分けてまとめてある。設問は，会話表現が効率よく学べるように，実際の入試問題ではなく，場面を明確にした空所補充の記述問題で統一してある。また設問は必ず2人の対話にしてあるので，「いいずなボイス」の音声を聞きながら，さらに自分でも声に出して発音して，**この対話そのものを覚えてしまおう**。

解説では，ひとつひとつの会話表現が，具体的にどのような場面で使用されるのかを提示している。会話表現の問題はその表現を知っているかどうかだけでなく，全体の会話の流れを読み取って，その場面にふさわしい会話表現を選ぶ，といった趣旨の問題が多い。**実際の会話のシーンを想像して，その会話表現がもつ細かなニュアンスをしっかり感じ取る**ことが大切だ。

第27章

Field 4 会話表現

会話表現

Section 241

1324 「元気ですか」
基本
「元気です。ありがとう」
"(　　) are you doing?"
"I'm fine, thank you."

1325 「いかがお過ごしですか」
発展
「まあまあです」
"How have you (　　)?"
"Not too bad."

1326 「どう，調子は」
「かなりいいよ」
"How's (　　) (　　)?"
"Pretty good, thanks."

1327 「どう，調子は」
「別に，相変わらずだよ」
"What's (　　)?"
"Not much."

1328 「こんにちは。僕はフランク・ウィリアムズです。はじめまして」
基本
「こんにちは，フランク。私はクレア・パーカーです。こちらこそ，はじめまして」
"Hi, I'm Frank Williams. Nice (　　) (　　) you."
"Hello, Frank. I'm Clare Parker. Nice (　　) (　　) you, too."

1329 「お会いできてよかったです」
基本
「こちらこそ，お話しできてよかったです」
"Nice (　　) you."
"Nice talking to you, too."

1330 「久しぶりだね。どうしてた」
「まずまずだよ。君はどう？」
"Long (　　), no (　　). How have you been?"
"Not too bad. How about you?"

Section 241 《 あいさつで使われる表現

1324 **【知り合いと出会って】**
◆How are you (doing)?「こんにちは／元気ですか／調子はどうですか」

How are you (doing)? は，知り合い同士で使う口語的なあいさつの表現。返答には **I'm fine [good / great / OK].**「元気です」や **Not (too) bad.**「まあまあ元気です」などを用いることが多い。

プラス How are you getting along?
「元気ですか／調子はどうですか」→ 1007

1325 **【知り合いと久しぶりに出会って】**
◆How have you been?「（このごろは）いかがお過ごしですか／元気にしていましたか」

▶ How are you? を現在完了にした表現。

1326 **【知り合いと出会って】**
◆How's it［everything］going? = How are things?「どう，調子は／元気ですか」

it や things は相手が置かれている状況・事態を示している。

1327 **【知り合いと出会って】** ◆What's up? = What's new?「どう，調子は／元気ですか」

気心が知れた知り合い同士で使う，非常にくだけたあいさつ。

プラス What's (up) with you? → 1409
「（相手の体調を心配して）どうしたの」,
What's new today?
「（会話の切り出しとして）今日は何かおもしろいことがありましたか」

1328 **【初対面で】**
◆Nice to meet you. = Glad［Pleased / Happy］to meet you.「はじめまして／よろしく」

初対面の相手に対するあいさつに用いる。その場合 **meet** を使い，see は用いないことに注意。２回目に会う場合は Nice to see you again.「またお会いできて嬉しく思います」と see を使うことができる。

プラス How do you do?「はじめまして」（How are you? と比べると堅い表現）

1329 **【初対面の人と別れるとき】** ◆Nice meeting you.「お会いできてよかったです」

別れのあいさつの表現。初対面の相手に対するあいさつの Nice to meet you. と混同しないように注意。

プラス Nice[Glad] to have met you.
「お会いできてよかったです」（←完了不定詞を使い，「お会いした」という過去のニュアンスを出している）

1330 **【知り合いと久しぶりに出会って】** ◆Long time, no see.「お久しぶり」

プラス It's been ages[a long time] (since I saw you last).
「お久しぶり（←あなたと最後に会ってから長い時間が経った）」,
I haven't seen you for［in］a long time.
「お久しぶり（←あなたとは長い間会っていない）」

解答 1324 How 1325 been 1326 it［everything］ going 1327 up［new］ 1328 to meet, to meet 1329 meeting 1330 time, see

1331 「ご出身はどちらですか」「鹿児島です」
基本
"Where ( ) you from? = Where ( ) you come from?"
"I'm from Kagoshima."

1332 「お勤めはどちらですか」「ABC 会社です」
"( ) do you work for?"
"I work for ABC company."

1333 「そろそろ失礼しなければなりません」
「もう少しいらしてはいかがですか」
"I've ( ) ( ) go now. = I ( ) go now."
"Why don't you stay a little longer?"

1334 「それじゃ，また」「良い一日を」
"( ) you. = I'll ( ) ( ) you."
"Have a nice day."

1335 「じゃあね」「じゃあね」
"Take ( ). = Take ( ) ( )."
"So long."

1336 「今日は姉と買い物に行くんです」
「楽しんできてね。お姉さんによろしく」
"I'm going shopping with my sister today."
"Oh, have fun. ( ) hello to your sister. = ( ) me to your sister.
= ( ) my regards to your sister."

1337 「良い週末を」「ありがとう。そちらこそ」
"Have a nice weekend."
"Thanks. You, ( ). = ( ) to you."

Section 242

1338 「夕食に招いてくれて本当にありがとう」「どういたしまして」
基本
"( ) a lot ( ) inviting me to dinner.
= ( ) you very much ( ) inviting me to dinner."
"You're welcome."

1339 「コーヒーはどうですか」
「いや，もう行かなくてはならないのです。ありがとう」
"Would you like some coffee?"
"Oh, I've got to go now. Thanks ( ). = Thanks just ( ) ( )."

1331 【出身地を尋ねて】
◆Where are you from? = Where do you come from?「生まれはどちらですか」

出身地を尋ねる表現。出身地は一生変わらないので，現在時制を用いる点に注意。→ 1
be[come] from A は「A の出身だ」という意味。

1332 【勤務先を尋ねて】 ◆Who do you work for?「お勤めはどちらですか」

具体的な会社名を尋ねる表現。Who は前置詞 for の目的語。

⚠注意 Where do you work?「どこで働いていますか」に対しては，I work in[at] a trading company.「商社で働いています」などと返答する。

1333 【別れるとき】
◆I've got to go[leave] now.「もうそろそろ行かないと」= I must go[leave] now.

I've got to do は I have to do / I must do とほぼ同じ意味。

プラス I must be going[leaving] now.「もうそろそろ行かないと」,
I'd better go[be going] now.「もうそろそろ行かないと」

1334 【別れるとき】
◆See you (later). = I'll be seeing you (later).「さようなら／それじゃ（またあとで）」

プラス Catch you later.「さようなら／それじゃ（またあとで）」

1335 【別れるとき】 ◆Take care. = Take it easy.「じゃあね（バイバイ）／元気でね」

親しみのある軽い別れのあいさつ。**Take care.** は「気をつけなさい／注意しなさい」, **Take it easy.** は「気楽にしなさい／落ち着きなさい」という意味でも使われる。

プラス Take care of yourself.「体に気をつけて／お大事に」

1336 【あいさつを伝えて】 ◆Say hello to A.「A によろしくお伝えください」
= Remember me to A. = Give my (best) regards to A. → 686

1337 【同じ言葉を返して】◆You, too.「あなたも（同様に）／そちらこそ」= (The) Same to you.

相手の発言と同じ言葉を返すときに用いる表現。省略を補うと You have a nice weekend, too. となる。

Section 242 感謝と謝罪の仕方

1338 【感謝して】 ◆Thanks a lot for doing ...「…してくれて本当にありがとう」
= Thank you very[so] much for doing ...

▶ 感謝する内容は for doing ... で表す。

1339 【勧められたものを断って】
◆Thanks anyway.「（何はともあれ／いずれにしても）ありがとう」
= Thanks just[all] the same.

相手の要望を断るときや，自分の要望が通らない場合に，相手に対してお礼を述べる表現。

解答 1331 are, do 1332 Who 1333 got to, must 1334 See, be seeing 1335 care, it easy 1336 Say, Remember, Give 1337 too, Same 1338 Thanks, for, Thank, for 1339 anyway, the same

1340 「宿題を手伝うよ」
☒☒☒ 「ありがとう。本当に感謝するよ」
"I'll help you with your homework."
"Thank you. I really appreciate ( )."

1341 「誕生日プレゼントを持ってきたよ」
☒☒☒ 「わあ。本当にありがとう」
"I brought you a birthday present."
"Wow. It's very nice ( ) ( )."

1342 「ご忠告感謝します」
☒☒☒ 基本 「どういたしまして」
"Thanks for the advice."
"Don't ( ) it. = You're ( )."

1343 「お待たせして申し訳ありません」
☒☒☒ 基本 「大丈夫ですよ。着いたばかりですから」
"I'm ( ) to have kept you waiting."
"That's OK. I just got here."

1344 「すみませんが，ハンカチを落としましたよ」
☒☒☒ 基本 「あら，どうもありがとうございます」
"( ) ( ), but you dropped your handkerchief."
"Oh, thank you."

1345 「遅くなってごめんなさい」
☒☒☒ 基本 「気にしないで」
"I'm sorry I'm late."
"( ) mind. = Don't ( )."

Section 243

1346 「窓を開けてもよろしいですか」
☒☒☒ 「いいですよ」
"Would you ( ) ( ) I opened the window?"
"No, not at all."

1340 【感謝して】 ◆I (really) appreciate it.「(本当に) 感謝します／ありがとうございます」

⚠注意 appreciate は「人」を目的語に取らないので，(×) I appreciate you. とは言えない。
→ Section 175 appreciate の語法 (p. 289)

1341 【相手の行為に感謝して】
◆It's very nice of you.「本当にありがとうございます／ご親切にどうも」

これは，It's (very) nice of you to do ... (→ **122**)「…するとはあなたはとても親切だ」の to do ... を省略した表現。

1342 【お礼に答えて】 ◆Don't mention it.「どういたしまして」= You're (quite) welcome.

✚プラス Anytime.
= That's all right.
= No problem.
= Not at all.
= My pleasure.
「どういたしまして」

1343 【待ち合わせに遅れて】
◆I'm sorry to have kept you waiting.「お待たせして申し訳ありません」

I'm sorry の後には to 不定詞以外に，that SV ... や for doing ... などが続くこともある。本問は I'm sorry (that) I have kept you waiting. や，I'm sorry for having kept you waiting. としても同じ意味になる。

1344 【見知らぬ人に声をかけて】◆Excuse me, but SV ...「すみませんが，…／失礼ですが，…」

見知らぬ人に話しかける場合や，言いにくいことを言う場合に使い，but 以下に言いたいことを続ける。

✚プラス Excuse me. は，相手の体に触れるなど，何かのエチケットやマナーに反した場合に「失礼しました／ごめんなさい」という意味でも用いられる。

1345 【謝罪に答えて】◆Never mind.「気にしないで／かまわないよ」= Don't worry (about it).

⚠注意 (×) Don't mind. とは言わないことに注意。

Section 243 依頼と応答の仕方

1346 【許可を求めて】
◆Would[Do] you mind if I did[do] ...?「…してもよろしいですか」= Could I do ...?

丁寧に許可を求める表現。Would[Do] you mind my[me] doing ...? も同意 (→ **532**)。本問は Would you mind my[me] opening the window? と言うこともできる。

⚠注意 mind は「…を嫌だと思う」という意味で，この表現は「もし…したら，あなたは嫌だと思いますか」が本来の意味。そのため，返答には「いいですよ／どうぞ (←嫌だと思わない)」を表す No, not at all. や Certainly not. や Of course not. などの否定形を用いる。

✚プラス Is it all right if I ...?「…してもいいですか」

解答 **1340** it **1341** of you **1342** mention, welcome **1343** sorry **1344** Excuse me **1345** Never, worry **1346** mind if

Field 4 会話表現

1347 「車をお借りしてもよろしいですか」
「いいですよ」
"I (　　) (　　) I could borrow your car."
"No problem."

1348 「あなたの計画についてもっと教えていただけると幸いです」
「いいですよ。でももう行かなければならないので，あとでメールをします」
"I would (　　) (　　) if you could tell me more about your plan."
"OK, but I've got to go now. I'll e-mail you later."

1349 A：「お願いを聞いていただけますでしょうか」
B：「もちろん。何でしょうか」
A：「ノートパソコンを貸していただけますか。私のパソコンが壊れているのです」
A：(　　) you (　　) me a favor? = (　　) I (　　) a favor of you?
B：Sure. What is it?
A：Could you lend me your notebook computer? My PC is broken.

1350 「家まで車で送ってもらえますか」
「はい，喜んで」
"Could you drive me home?"
"I'd (　　) (　　) to. = I'd (　　) to."

1351 「質問をしてもよろしいですか」
「もちろん。何でしょうか」
"May I ask you a question?"
"(　　). What is it?"

1352 「ちょっと失礼してもよろしいですか」
「はい，どうぞ」
"Do you mind if I leave the table?"
"OK, go (　　)."

1353 「ここに座ってもいいですか」
「どうぞ，どうぞ」
"May I sit here?"
"(　　) all (　　)."

Section 244

1354 「この道は混んでいるなあ」
基本
「別の道にしたらどうですか」
"There is a lot of traffic on this road."
"(　　) (　　) you try another road?"

1347 【許可を求めて】
◆I wonder if I could[would] do ...「(私が)…してもよろしいですか」= Could I do ...?

丁寧に許可を求めたり,依頼をしたりする表現。過去進行形の I was wondering if ... にすると丁寧さが増す。

＋プラス I wonder if you could[would] do ... = Could you do ...?
「(あなたは)…していただけませんか」

1348 【丁寧に依頼して】
◆I would appreciate it if you could[would] do ...「…していただけると幸いです」

相手に依頼をする非常に丁寧な表現。appreciate の目的語として it が来ることに注意。この it は後の if 節の内容を示している。→ Section **175** appreciate の語法 (p. 289)

1349 【丁寧に依頼して】 ◆Could[Would] you do me a favor?「お願いを聞いていただけますでしょうか」(→ **600**) = May I ask a favor of you? → **1075**

1350 【提案に快諾して】◆I'd be happy to.「(快諾して)はい,喜んで/いいですよ」= I'd love to.

▶ 代不定詞を用いた表現→ **135**。本問は I'd be happy [I'd love] to drive you home. と補うことができる。

＋プラス Yes, with pleasure.
「(快諾して)はい,喜んで/いいですよ」

1351 【快諾して】 ◆Sure.「もちろん(いいよ/大丈夫)」= Certainly. → **1378**

Sure. は Yes. を表すくだけた言い方。**Certainly.** は Sure. よりも改まった Yes. の返事。

1352 【相手に行為を促して】
◆Go ahead.「(承認や許可を表して)どうぞ/(先を促して)続けてください」

1353 【快諾して】 ◆By all means.「(承認や許可を強調して)ぜひどうぞ/もちろんいいですよ」

＋プラス by all means には「必ず/ぜひとも」(→ **1233**)という意味もある。

Section 244 提案と応答の仕方

1354 【提案して】 ◆Why don't you do ...?「…したらどうですか」(→ **470**) = Why not do ...?

＋プラス Why don't we do ...?「(一緒に)…しましょう」→ **471**

解答 **1347** wonder if **1348** appreciate it **1349** Could[Would], do, May, ask **1350** be happy, love **1351** Sure [Certainly] **1352** ahead **1353** By, means **1354** Why don't

Field 4 会話表現

1355 「週末は何をしたいですか」「ボウリングに行くのはどう」
"What do you want to do this weekend?"
"( ) ( ) going bowling?
= ( ) do you ( ) ( ) going bowling?"

1356 「ご一緒してもいいですか」「もちろん」
"May I join you?"
"( ) not?"

1357 「一休みしませんか」「いいですね」
"Why don't we take a break?"
"( ) good! = ( ) ( ) a good idea!"

Section 245

1358 「私の新しいシャツはどうですか」「すてきですよ」
"( ) do you ( ) my new shirt?"
"You look great."

1359 「今の部屋の感想はどうですか」「とても快適です」
"( ) do you feel about the room now?"
"It's so comfortable."

1360 「その映画をどう思いますか」「とても気に入ってます」
"( ) do you think about the movie?"
"I really like it."

1361 「あなたのご意見は」「特にありません」
"( ) do you think?" "Nothing in particular."

1362 発展
A：「遅かれ早かれ，あなたは先生に怒られることになると思うわ」
B：「どういうこと，ママ？　単刀直入に言ってよ」
A：「最近ちょくちょく学校に遅刻しているわね」
A：I guess your teacher will get angry with you sooner or later.
B：What do you mean, Mom? Just get to the ( ).
A：You've been late for school so often these days.

Section 246

1363 「風邪を引いたようです」「それはお気の毒に」
"I think I've caught a cold."
"That's ( ) ( )."

1364 「試合に負けました」「本当に残念です」
"We lost the game." "( ) a ( ) !"

1355 【提案して】 ◆How［What］about doing ...?「（提案して）…するのはどうですか」（→169, 472）= What do［would］you say to doing ...?

1356 【提案などに同意して】 ◆Why not?「いいとも／もちろん」

▶ 本問は Why (may you) not (join us)?「どうしてあなたが私たちに加わってはいけないだろうか→ぜひ加わってください」という一種の反語的な表現として理解する。

1357 【同意を示して】 ◆Sounds［That sounds］good.「（同意・承諾を表して）いいですね」= Sounds［That sounds］like a good idea.

〈sound ＋形容詞〉/〈sound like ＋名詞〉は「…のように思われる」という意味。

Section 245 意見・感想を聞く表現

1358 【感想を聞いて】 ◆How do you like A?「（感想を尋ねて）A はいかがですか／お気に召しました?」

1359 【感想を聞いて】 ◆How do you feel about A?「（意見・感想を尋ねて）A をどう思いますか」

⚠注意 (×) What do you feel about A? とは言えない。

1360 【感想を聞いて】 ◆What do you think about［of］A?「（意見・感想を尋ねて）A をどう思いますか」

⚠注意 (×) How do you think about A? とは言えない。

1361 【意見を求めて】 ◆What do you think?「どう思いますか／あなたのご意見は?」

1362 【はっきりと言ってほしくて】 ◆get to the point「ズバリ言う／単刀直入に言う」

この **point** は「要点・核心」という意味。

プラス beside the point「要点から外れて」, miss the point「要点を外す」, to the point「（説明や発言が）要領を得た／（簡潔で）適切な」→1240

Section 246 気持ち・感想を述べる表現

1363 【相手を心配して】 ◆That's too bad.「（慰めの言葉として）お気の毒です」

プラス I'm sorry to hear that. = I'm sorry about that.「（慰めの言葉として）お気の毒です」

1364 【気の毒に思って】 ◆What a shame !「なんとも気の毒だ／本当に残念だ／まあかわいそうに」= What a pity !

この表現の **shame** / **pity** は「残念なこと」という意味。

解答 1355 How［What］about, What, say to 1356 Why 1357 Sounds, Sounds like 1358 How, like 1359 How 1360 What 1361 What 1362 point 1363 too bad 1364 What, shame［pity］

1365 「ラグビーのルールがわかりますか」「わかりません」
"Do you know the rules of rugby?"
"I have ( ) ( )."

1366 「のど自慢大会で優勝したよ」「よくやった」
"I won the singing contest."
"Good ( )! = Well ( )! = ( ) for you."

1367 「運転免許試験に受かりました」「おめでとうございます」
"I've just passed my driving test." "( )!"

1368 「結婚するんです」「まさか。冗談でしょう」
"I'm getting married."
"Come on. You're ( )! = No ( )!"

1369 A：「高校を卒業したら留学することに決めたよ」
B：「本気なの」
A：「本気だよ」
A : I decided to study abroad after I graduate from high school.
B : Are you serious?
A : I ( ) it.

Section 247

1370 「コーヒーをもう一杯いかがですか」「いいえ，けっこうです」
基本
"Would you like another coffee?"
"No, ( ). = No, ( ) ( )."

1371 「今晩，映画を見に行きませんか」
「とんでもない！　明日，テストがあるのよ。今夜は勉強しなくちゃ」
"Do you want to see a movie tonight?"
"No ( )! I have a test tomorrow. I have to study tonight."

1372 「お昼を食べに行きませんか」
「せっかくですが，先約があります」
"How about going out for lunch?"
"I ( ) I ( ), but I have another appointment."

1373 「もっと運動したほうがいいと思いますよ」
「おっしゃることはわかりますが，ここのところ十分な時間がないんです」
"I think you should exercise more."
"I know ( ) you ( ), but I don't have enough time these days."

1365 【見当がつかなくて】 ◆I have no idea.「わかりません」

プラス I don't have [haven't] the slightest idea.
「さっぱりわかりません」→ 1446

1366 【相手の功績をほめて】 ◆Good job!「(相手をほめて) よくやった/とても良かったよ」
= Well done! = Good for you.

1367 【相手の成功を祝って】 ◆Congratulations!「(成功や幸福を祝して) おめでとう」

1368 【相手の発言に驚いて】
◆You're kidding!「冗談でしょう/冗談は言わないで」= No kidding!

この kid は「冗談を言う (= joke)」という意味の動詞。名詞の kid は「子ども (= child)」。You must be kidding. や You've got to be kidding., Are you kidding? なども表現する。

1369 【真剣であることを示して】 ◆I mean it.「本気で言っているのです」

この **mean** は「発言が真剣である (= be serious about what I am saying)」という意味で, it は自分が発言している内容 (= what I am saying) を示している。

プラス I didn't mean it.「本気じゃなかった/悪気はなかった/わざとじゃなかった」
Do you really mean it?「本気で言っているの?」

Section 247 否定したり・断ったりするときに使われる表現

1370 【提案を断って】 ◆No, thanks.「(断って) いいえ, けっこうです」= No, thank you.

1371 【提案を強く拒否して】
◆No way!「(強く拒否・否定して) とんでもない/冗談じゃない/ありえない」

プラス Absolutely not! = Definitely not! = Certainly not!
「(強く拒否・否定して) とんでもない/冗談じゃない/ありえない」

1372 【丁寧に断って】 ◆I wish I could, but ...「せっかくですが…/残念ながら…」

この表現は, 仮定法 (→ Section **034** (p. 059)) を用いて「できたらそうしたいのだが」という気持ちを表している。

1373 【相手の忠告に対して】◆I know what you mean, but ...「おっしゃることはわかりますが…」

相手の発言を認めた上で, 否定的なコメントをするときに使われる表現。

プラス You know what I mean?
「何が言いたいかわかる?」,
What do you mean by that?
「どういうつもりで, そんなことを言うの?」

解答 1365 no idea 1366 job, done, Good 1367 Congratulations 1368 kidding, kidding 1369 mean 1370 thanks, thank you 1371 way 1372 wish, could 1373 what, mean

Section 248

1374 A：「ねえ，何だかわかる？」
B：「何？」
A：「ジェーンがトムと結婚するの！」
A：(　　) what!
B：What?
A：Jane is getting married to Tom!

1375 「あのねえ。明日はママの誕生日だよ」
「忘れるところだった。プレゼントに何か買いに行こう」
"You know (　　)? Tomorrow is Mom's birthday."
"I almost forgot. Let's get a present for her."

1376 基本 「いつが都合がいいですか」
「えーと，そうですねえ…火曜日の7時はいかがですか」
"When is it convenient for you?"
"Let (　　) (　　)... How about Tuesday at seven?"

Section 249

1377 「人生とは，ときに大変だね」
「その通り」
"Life is sometimes hard."
"That's (　　) sure. = That's (　　)."

1378 「映画は楽しめましたか」
「もちろん。いままで見た中でいちばんいい映画でした」
(Yes 以外で)
"Did you enjoy the movie?"
"(　　)! I've never seen such a good movie!"

1379 発展 「今日の会議はとても退屈だったね」
「まさにおっしゃる通りです」
"Today's meeting was so boring."
"I (　　) agree (　　)."

1380 発展 「いままで食べた中で最高の夕食だったよ」
「本当にその通りですね！」
"That was the best dinner I've ever had."
"You can (　　) that (　　). = You (　　) (　　)."

Section 248 話を切り出す・話をつなぐ表現

1374 【意外な話題を切り出して】
◆ Guess what!「(意外な話題を切り出して) あのねえ (何だと思う?)」

「何だか推測してごらん」が直訳。Guess what! に対しては What? と返答するのが一般的。

1375 【話を切り出すときに】◆ (You) know what?「(相手の注意を引いて)あのねえ/いいかい」
= (You) know something?

プラス　Let me tell you something.
「(助言などをする際に) いいことを教えてあげましょう」

1376 【すぐに答えられないときに】
◆ Let me see ...「(考え込んで) えーと, そうですねえ」= Let's see ...

プラス　Let me think.
「(即答できなくて) ちょっと考えさせてください/ちょっと待ってね」

Section 249 同意と賛成の仕方

1377 【相手の発言に同意して】
◆ That's for sure.「(同意や肯定を表して) その通り」= That's right. = Right.

プラス　Is that right? / Right?
「(念を押して) そうですよね」

⚠注意　That's all right. (→ **1342**) は「(感謝・謝罪に対して) いいですよ/どういたしまして」という意味。

1378 【強い同意を示して】 ◆ Definitely.「(強い同意や肯定を表して) その通り/確かに/もちろん」= Absolutely. = Certainly. = Sure. → **1351**

1379 【強い同意を示して】 ◆ I couldn't agree (with you) more.「まさにおっしゃる通りです」

仮定法を用いた表現。「(たとえできるとしても)これ以上あなたに賛成できないだろう」が直訳。

プラス　Couldn't be better!
「最高だ/絶好調だ (←これ以上良いことはありえないだろう)」,
Couldn't have been better.
「最高だった (←それ以上良いことはありえなかっただろう)」,
I couldn't care less.
「関心がない/どうでもいい (←これ以上無関心になれないだろう)」

1380 【強い同意を示して】
◆ You can say that (again).「(相手の発言に深く同意して) 本当にその通りだ」= You said it.

You can say that again. は「あなたはもう一度そう言うことができる (→それほど正しいことを言った!)」, **You said it.** は「あなたはそう言った (→よくぞ言った!)」という意味で, that と it は相手の発言内容を示す。

解答 **1374** Guess **1375** what [something] **1376** me see **1377** for, right **1378** Definitely [Absolutely, Certainly, Sure] **1379** couldn't, more **1380** say, again, said it

Field 4 会話表現

1381 「いつ会えますか。５時に図書館の前でいかがですか」
「それで結構です。それじゃあ」
"When can we meet? How about at 5:00 in front of the library?"
"That will be ( ). See you then."

Section 250

1382 「いらっしゃいませ」
「あのカメラを見せてもらえますか」
基本
"May I ( ) you?"
"Yes. Can I see that camera, please?"

1383 「何かおさがしですか」
「いえ，見ているだけです」
"May I help you?"
"Oh, no, thank you. I'm ( ) ( )."

1384 A：「何かおさがしですか」
B：「ええ。父へのプレゼントをさがしているのですが」
A：「何か決めているものがありますか」
A：Can I help you?
B：Yes. I'm looking for a present for my father.
A：Do you have anything ( ) ( )?

1385 「他に何かございますか」「いいえ，それで全部です」
"( ) else?" "No. That's it."

1386 「現金ですか，カードですか」「現金でお願いします」
"Cash or ( )?" "I'll pay in cash."

Section 251

1387 「ご注文は何にしますか」「コーヒーを２つください」
"May I ( ) your ( )? = Are you ( ) to ( )?"
"Two coffees, please."

1388 「ご用は伺っていますか」
「いいえ，まだです。メニューをもらえますか」
"Have you been ( ) ( )? = Have you ( ) ( )?"
"No, not yet. Can I have the menu, please?"

1389 「もう少しいかがですか」「いいえ，結構です。もう十分いただきました」
"Would you like some more?"
"No, thank you. I've ( ) ( ). = I'm ( )."

1381 【提案に同意して】 ◆That will[would] be fine.「(提案などに対して) それで結構です」

▶ 同様の意味を表す表現に, 助動詞 will / would を用いない That's fine. や Fine. がある。

Section 250 買い物で使われる表現

1382 【店員がお客に声をかけて】
◆May [Can] I help you?「いらっしゃいませ/何にいたしましょうか」

プラス What can I do for you?
= How can I help you?
「いらっしゃいませ/何にいたしましょうか」

1383 【店員に対して】 ◆I'm just looking (around).「(買い物で) 見ているだけです」

1384 【店員がお客に対して】
◆Do you have anything in mind?「(買い物で) 何か決めているものがありますか」

1385 【買い物の最後に】 ◆Anything else?「他に何かお買い物[ご用]はありませんか」

1386 【支払い方法を聞いて】 ◆Cash or charge?「現金ですか, カードですか」

プラス Plastic?「カードでお支払いですか」(←クレジットカードを plastic と呼ぶ場合がある),
Cash or check.「現金か小切手しか扱っていません」

Section 251 食事で使われる表現

1387 【店員が注文をとりにきて】
◆May I take your order?「ご注文はお決まりでしょうか」= Are you ready to order?

プラス Have you decided?
= What can I get you?
= What'll it be today?
「ご注文はお決まりでしょうか」

1388 【店員がお客に対して】
◆Have you been waited on?「ご用は伺っていますか」= Have you been served?

wait on A = **serve** A は「(店員が) A (お客) に応対する」という意味。→ 952

1389 【満腹であることを示して】
◆I've had enough (of A).「(A は) もう十分いただきました/おなかいっぱいです」= I'm full.

プラス I've had enough of A. には「A はもうううんざりだ」という意味もある。
I've had enough of your stupid remarks.
「あなたのくだらない意見にはもううんざりだ」

解答 1381 fine 1382 help 1383 just looking 1384 in mind 1385 Anything 1386 charge 1387 take, order, ready, order 1388 waited on, been served 1389 had enough, full

1390 「チキンサンドをください」
☒☒☒ 「私にも同じものをください」
発展 "I'll have the chicken sandwich."
"Same (　　), please. = Same (　　) (　　), please."

1391 「割り勘にしましょう」
☒☒☒ 「いやいや，今晩は私が払います。今日はあなたの誕生日だもの」
"Shall we (　　) the (　　)?"
"No, no. I'll pay tonight. Today's your birthday."

1392 「夕食はおいしかったですね。いくら払えばいいですか」
☒☒☒ 「心配しないでください。ここは私に払わせてください」
"The dinner was great. How much should I pay?"
"Don't worry about it. It's (　　) me."

1393 「こちらでお召し上がりですか，お持ち帰りですか」
☒☒☒ 「ここで食べていきます」
"For (　　) or to (　　)?"
"For (　　), please."

1394 A：「いくらですか」
☒☒☒ B：「9ドルです」
A：「はい，10ドルです。おつりはいいですよ」
A：How much is it?
B：Nine dollars.
A：Here's ten dollars. Keep the (　　).

Section 252

1395 「すみません。空港にはどうやって行けばいいですか」
☒☒☒ 「88番のバスに乗ってください」
"Excuse me, but (　　) can I (　　) to the airport?"
"Take the number 88 bus."

1396 「ABC 書店への行き方を教えていただけますか」
☒☒☒ 「この通りをまっすぐ行けば右側にあります。すぐわかりますよ」
"Could you tell me how to get to the ABC bookstore?"
"Go straight down this street. You'll find it on the right. You (　　) (　　) it."

1390 【同じものを注文して】
◆Same here, please.「私にも同じものをください」=（The）Same for me, please.

プラス　Same here. は「（相手と同じように感じて）私もそうです」という意味でも用いられる。
"I'm exhausted." "Same here!"「へとへとだ」「僕もそうです」

1391 【食事の会計のとき】
◆Shall we split the bill?「割り勘にしましょう」= Let's〔We'll〕split the bill.

split A は「Aを分け合う」という意味。split the cost「費用を分担する」

1392 【食事の会計のとき】 ◆It's on me.「ここは私に払わせてください／私がおごります」

この on は「…のおごりで／費用で」という意味。
The drink is **on** the house.「飲み物は店のおごりです」,
It's **on** the company.「経費で落とします」

プラス　Be my guest!
= I'll treat you.
= This is my treat.
「ここは私に払わせてください／私がおごります」

1393 【ファストフード店で】
◆For here or to go?「こちらでお召し上がりですか，それともお持ち帰りですか」

▶ 持ち帰りの場合は **To go, please.** と返答する。

1394 【会計のときに】 ◆Keep the change.「おつりはいいですよ」

この change は「おつり／小銭」という意味。

プラス　Do you have change?
「小銭をお持ちですか／お札をくずしてもらえますか」,
Do you have change for $10?
「10 ドル札を両替してもらえませんか」

Field 4 会話表現

Section 252 道案内で使われる表現

1395 【道を尋ねて】 ◆How can I get to A?「A（目的地）にはどうやって行けばいいですか」

プラス　Could you tell me how to get to A?
= Could you tell me the way to A?
「A（目的地）にはどうやって行けばいいですか」

1396 【道案内の最後に】 ◆You can't miss it.「（目的地が）すぐわかりますよ」

「あなたがそれ（=目的地の建物）を見落とすことはありえない」が本来の意味。

解答　1390 here, for me　1391 split, bill　1392 on　1393 here, go, here　1394 change　1395 how, get　1396 can't miss

Section 253

1397 「もしもし，トムをお願いします」「どちら様でしょうか」
基本
"Hello, may I ( ) ( ) Tom?"
"Can I have your name?"

1398 「トムをお願いします」「私がトムですが」
"Could I talk to Tom?"
"This is ( ). = ( )."

1399 A：「ジョン・スミスさんはいらっしゃいますか」
B：「どちら様ですか」
A：「ヤマダユウコです」
A：May I talk to John Smith?
B：Who's ( ), please? = Who is ( ), please?
A：This is Yuko Yamada speaking.

1400 「スミスさんはいらっしゃいますか」
「すみません。今，会議中です。何かお伝えすることはありますか」
"May I talk to Mr. Smith?"
"I'm sorry. He's in a meeting now. Can I ( ) a message?"

1401 「こんにちは，ジョン。今，話せますか」
「今はやることがたくさんあるから。5分後にかけ直していいですか」
"Hello, John. Can I talk to you now?"
"I've got a lot of stuff to do right now. Can I call you ( ) in five minutes?"

1402 「こんにちは，ABC 出版です。どのようなご用でしょうか」
「メアリー・スミスと申します。ジョンソンさんにつないでもらえますか」
"Hello, this is ABC publishing company. How may I help you?"
"This is Mary Smith. Could you ( ) me ( ) to Mr. Johnson?"

1403 「カーペンターさんはいらっしゃいますか」
「少々お待ちください」
"May I talk to Mr. Carpenter?"
"( ) ( ), please. = Please ( ) the ( )."

1404 「ウィリアムズさんはいらっしゃいますか」
「申し訳ございません。ただいま不在です。ご伝言を承りましょうか」
"Could I speak to Mr. Williams?"
"I'm sorry. He is ( ) now. Can I take a message?"

Section 253 電話で使われる表現

1397 【電話をかけて】
◆May［Can / Could］I speak［talk］to［with］A?「(電話で) A (話したい相手) をお願いします」

1398 【本人が電話に出て】
◆This is he［she］(speaking).「(電話で「A をお願いします」と言われて) 私です」= Speaking.

男性の場合は This is he. で，女性の場合は This is she. を用いる。この This は電話に出ている本人を指す。

1399 【相手を確認して】
◆Who's calling, please?「(電話で) どちら様ですか」= Who is this, please?

プラス May I have your name, please?
= Can I have your name, please?
「(電話で) どちら様ですか」

1400 【不在のときに】
◆Can［Could］I take a message?「(電話で) 何かお伝えすることがありますか」

プラス Would you like to leave a message for A?
「A に何か伝言することがありますか」

1401 【電話をかけ直すことを伝えて】 ◆call A back「A に電話をかけ直す」

1402 【内線をつないでもらうとき】◆put A through to B「(電話で) A の電話を B につなぐ」

1403 【相手を待たせるとき】
◆Hold［Hang］on, please.「(電話を切らずに) 少々お待ちください」= Please hold the line.

1404 【不在を伝えて】 ◆S is out now.「(電話で) S は外出中です／今いません」

⚠注意 電話で不在の場合には，通例 S is not here now. とは言わない。

解答 1397 speak［talk］ to［with］ 1398 he, Speaking 1399 calling, this 1400 take 1401 back 1402 put, through 1403 Hold［Hang］ on, hold, line 1404 out

1405 「スズキさんはいらっしゃいますか」
「申し訳ございません。別の電話に出ています」
"May I talk to Mr. Suzuki?"
"I'm sorry. He is ( ) another ( )."

1406 「トムに電話通じましたか」「いいえ。話し中です」
"Did you reach Tom?"
"No. The ( ) is ( )."

1407 「もしもし，スミスさんですか」「いいえ。番号が違うと思いますよ」
"Hello, is this Mr. Smith?"
"No. I'm afraid you ( ) the ( ) number."

Section 254

1408 「どうしたの。顔色悪いよ」「微熱があるんです」
"What's ( )? You look pale."
"I have a slight fever."

1409 「どうしたの。体調が悪そうだけど」「ひどい頭痛がします」
"What's up ( ) you? You look sick."
"I have a bad headache."

1410 「大丈夫ですか。あまり食べませんでしたね」「食欲がないのです」
"Are you OK? You didn't eat much."
"I ( ) no ( ). = I have ( ) my ( )."

1411 「気分が良くないの」「風邪を引いたみたい」
"Aren't you feeling well?"
"I think I ( ) a ( )."

Section 255

1412 「今，何時ですか」「午後 6 時です」
"Do you ( ) ( ) time?"
"Yes. It's 6:00 p.m."

1413 「他に何か」「いや，これで全部です。手伝ってくれてありがとう」
"Anything else?"
"No, ( ) it. Thank you for your help."

1414 「トム，夕食ですよ」「すぐ行くよ，お母さん」
基本
"Tom! Dinner is ready!"
"I'm ( ), Mom."

1405 【他の電話に出ていて】 ◆S is on another line[phone].「S は別の電話に出ている」

プラス be on the line[phone]「電話に出ている」

1406 【電話が話し中のとき】 ◆The line is busy.「(電話が) 話し中です」

▶ 対話文中の reach A は「(電話・メールで) A (人) に連絡がつく」という意味。

1407 【間違い電話に対して】
◆You (must) have the wrong number.「(電話で) 番号が違いますよ」

Section 254 病気・健康に関して使われる表現

1408 【相手を心配して】 ◆What's wrong[the matter] (with you)?
「(相手の体調や身の上を心配して)どうしたの」 整理して覚える 091 (p. 323)

プラス What's the problem (with you)?
= What seems to be the problem?
「(相手の体調や状況を心配して) どうしたのですか」

1409 【相手を心配して】
◆What's (up) with you?「(相手の体調や状況を心配して) どうしたの」→ 1327

1410 【食欲がなくて】 ◆I have no appetite.「食欲がありません」= I have lost my appetite.

1411 【風邪を引いて】 ◆I have a cold.「風邪を引いています」

プラス I have a sore throat[a runny nose / diarrhea].
「喉が痛い [鼻水が出る／下痢をしている]」

Section 255 英語の決まり文句

1412 【時間を聞いて】 ◆Do you have the time?「今, 何時ですか」

⚠注意 the がつかない Do you have time (to do ...)? は「(…する) 時間はありますか」という意味。
Do you have time to talk?
「お話しする時間はありますか」

1413 【話の最後に】 ◆That's it.「これで全部だ／これで終わり」= That's all. / That's that.

プラス That's it. には「(賛成・承認・共感を示して) まさにその通り」という意味もある。
"Am I doing this right?" "That's it."
「これでいいのかな」「そうそう, その通り」

1414 【相手に呼ばれて】 ◆I'm coming.「すぐ行きます」

⚠注意 話し手が相手の方へ行く場合には go ではなくて come を使うことに注意。
I'll come and see you later.
「後であなたに会いに行きます」

解答 1405 on, line[phone] 1406 line, busy 1407 have, wrong 1408 wrong 1409 with 1410 have, appetite, lost, appetite 1411 have, cold 1412 have the 1413 that's 1414 coming

1415 A：「チキンがいいですか，それとも魚がいいですか」
B：「今，何と言ったのですか」
A：「チキンがいいですか，それとも魚がいいですか」
B：「チキンをお願いします」
A：Would you like chicken or fish?
B：(　　)? = (　　) (　　)?
A：Would you like chicken or fish?
B：Chicken, please.

1416 「塩を取ってください」
「いいですよ。はい，どうぞ」
"Pass me the salt, please."
"Sure. Here you (　　). = Here it (　　)."

1417 「さあ着きました」
「長いドライブでしたね」
"Here we (　　)."
"It was a long drive."

1418 「今週末に，私たちといっしょにキャンプに行けそうですか」
「状況次第です。犬を世話してくれる人を見つける必要があるわ」
"Will you be able to go camping with us this weekend?"
"It (　　). I'll need to find someone to look after my dog."

1419 「どうぞお先に」
発展
「ご親切にどうも」
"(　　) you."
"That's very kind of you."

1420 「クレアに何が起こったの？」
「あなたには関係ないわ」
"What happened to Clare?"
"(　　) of your (　　). = (　　) your own (　　)."

1421 「時間通りに着きそうにないなあ」
「走れば間に合うよ」
"I don't think we will arrive there on time."
"If we run, we can (　　) it."

1422 「アイスクリームを食べすぎだよ」
「わかってる，でも，どうしようもないの。大好きなのよ」
"You eat too much ice cream."
"I know, but I can't (　　) it. I love it so much."

1415【発言が聞き取れないときに】
◆Pardon (me)?「今，何と言ったのですか」= Excuse me?

プラス Could you say that again?「もう一度言ってください」,
Could you repeat that?「もう一度言ってください」

1416【物を手渡すときに】 ◆Here you go [are].「はい，どうぞ」= Here it is.

1417【目的地に到着して】 ◆Here we are.「さあ着きました」

注意 Here we are の後に場所を表す表現を続けることもある。
Here we are at the station [in Tokyo].
「さあ駅に[東京に]着きました」

1418【即答を避けて】
◆It (all) depends.「(それは) 状況次第だ／時と場合による」= That depends. = Depends.

はっきりと返答するのを避けて，「まだはっきりとはわからない／一概には言えない」というニュアンスを相手に伝える場合に用いる。

1419【順番を譲って】 ◆After you.「(出入口や乗降口での順番を譲って) どうぞお先に」

1420【発言に怒って】 ◆(It's) None of your business.「君には関係ないよ／余計なお世話だ」
= Mind your own business.

1421【都合がつくことを示して】
◆make it (to A)「(目的地に) 到着する／(会議・電車などに) 間に合う」→ 1083

プラス **make it** には「(仕事などで) 成功する」という意味もある。
He **made it** to manager.
「彼は出世して支配人になった」

1422【避けられないことを示して】
◆I can't help it.「(それは) どうしようもない／仕方がない」= It can't be helped.

この help は「…を避ける」という意味。→ 75

解答 1415 Pardon, Excuse me 1416 go [are], is 1417 are 1418 depends 1419 After 1420 None, business, Mind, business 1421 make 1422 help

句と節③

【3】句・節を導くもの一形から見ていこう一

句・節という語のかたまりを認識し，その句・節の働き（＝名詞，形容詞，副詞のどの働きか?）を区別することが英文の構造分析の基本となる。それでは，句や節は何を手がかりにして見抜けばいいのだろうか？　英語には句や節の始まりを告げる目印がちゃんと存在している。具体的には以下の7つの表現（後半は p. 536）が目印の役割を果たしている。

(1) 不定詞⇒名詞句（例1）・形容詞句（例2）・副詞句（例3）を導く

(例1) **To study abroad** (S) is (V) meaningful (C). 「留学することは意義深いことだ」

▶ To study abroad は主語になる名詞句。

(例2) Every child should have a pet **to play with**.
「子どもはみんな，遊び相手をしてくれるペットを飼うほうがいい」

▶ to play with は名詞 pet を修飾する形容詞句。

(例3) I went to Tokyo Dome **to see a baseball game**.
「私は野球の試合を見るために東京ドームへ行った」

▶ to see a baseball game は (I) went (to Tokyo Dome) を修飾する副詞句。

(2) 動名詞⇒名詞句を導く

(例) **Missing the bus** (S) means (V) **waiting for half an hour** (O).
「そのバスに乗り遅れることは30分待つことを意味する」

▶名詞句 Missing the bus は主語に，名詞句 waiting for half an hour は目的語に用いられている。

(3) 分詞⇒形容詞句（例1）と副詞句（例2）を導く

(例1) The language **spoken in New Zealand** is mainly English.
「ニュージーランドで話されている言語は主に英語です」

▶ spoken in New Zealand は名詞 language を修飾する形容詞句。

(例2) **Doing exactly the same job**, he understands my situation better.
「まったく同じ仕事をしているので，彼は私の状況をより理解してくれる」

▶ Doing exactly the same job は he understands my situation better という文を修飾する副詞句（分詞構文）。分詞が導く副詞句のことを慣用的に「分詞構文」（→ Section **064** (p. 097)）と呼んでいる。

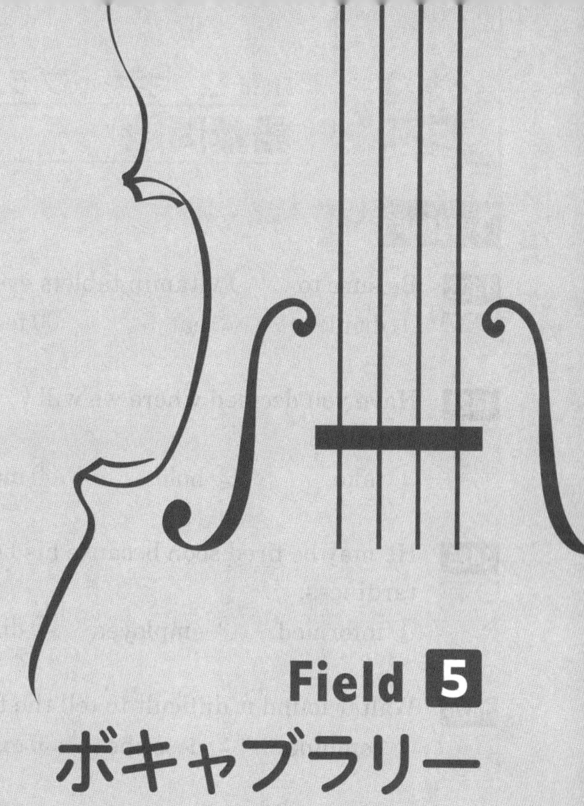

Field 5
ボキャブラリー

学習の心構え

ボキャブラリーのフィールドは「語彙問題」と「重要多義語」の2つの章に分かれている。「語彙問題」では，近年増加傾向にある，語彙に関する問題を取り上げてある。語の意外な意味や語の言いかえ，似たようなイメージをもつ語の使い分け，似たような形の語の区別などのテーマに分類している。これらは，たくさんの英文に触れる中で，語がどのような意味やニュアンスで使われているのかを知り，そしてそれを経験として積み上げていく，その経験の量と質が問われていると言えるだろう。本書の問題で出題の傾向を理解した上で，**ふだんの英語の学習時に，語がどのように使われているのかを意識**して，理想的には辞書を引いてその使われ方を調べてみることが大切である。

「重要多義語」では，英文読解上も重要な，さまざまな意味を持つ語（多義語）を集めた。多義語として出題されるものはほぼ網羅してあるので，pp.534～535のリストも含めて覚えてしまえば，完璧と言えるだろう。

第28章 Field 5 ボキャブラリー

語彙問題

Section 256

1423 Be sure to ( ) vitamin tablets every morning.
① drink ② eat ③ feed ④ take 〈法政大〉

1424 基本 Have you decided where we will ( ) the birthday party for Mitsuo?
① take ② hold ③ make ④ do 〈センター試験〉

1425 He may be <u>fired</u> soon because his boss will no longer tolerate his tardiness.
① informed ② employed ③ dismissed ④ meant 〈桜美林大〉

1426 発展 Walter found it difficult to tell the truth, so he had to ( ) a story.
① combine ② describe ③ explain ④ invent 〈センター試験〉

1427 Many developing countries are ( ) serious drinking-water shortages.
① affecting ② encouraging
③ facing ④ replacing 〈東京都市大〉

1428 It's only a small house but it ( ) my needs perfectly.
① agrees ② meets ③ replies ④ responds 〈センター試験〉

1429 What do you think of Mr. Owen's proposal for cutting costs in the factory? I like his idea, but I don't think it will ( ) very well.
① work ② spend ③ match ④ come 〈センター試験〉

1430 For their safety and the safety of others, drivers must ( ) the traffic rules.
① observe ② overlook ③ test ④ violate 〈センター試験〉

1423 毎朝必ずビタミン錠を飲みなさい。
1424 ミツオの誕生パーティーをどこで開くか決めましたか。
1425 彼は上司が遅刻をもはや許さないので，もうすぐ解雇されるかもしれない。
1426 ウォルターは真実を話しづらいと思ったので，作り話をしなければならなかった。

Section 256 意外な意味が問われる動詞

1423 ◆ take A「A（薬など）を飲む／服用する」

▶「薬を飲む」は drink ではなく **take** を用いる。
take a medicine after meals「食後に薬を飲む」

選択肢 ① drink A「A（飲み物）を飲む」, ② eat A「A（スプーンでスープ）を飲む」
drink (a cup of) soup「スープを飲む←カップに口をつけて直接飲む」,
eat soup (with a spoon)「スープを飲む←皿からスプーンを使って飲む」

1424 ◆ hold A「A（会合・式典など）を催す／開く」

▶「パーティーを開く」は give [have / throw] a party という言い方もできる。

1425 ◆ fire A「A を解雇する」(= dismiss A)

1426 ◆ invent A「A（話・うそ・言い訳など）をでっち上げる／ねつ造する」
(= make up A / make A up) → **863**

選択肢 ① combine A「A を結合させる／組み合わせる」,
② describe A「A の特徴を述べる／A を（言葉で）描写する」,
③ explain A「A を説明する」

プラス invent a lie [an excuse / an alibi]「うそ［言い訳／アリバイ］をでっち上げる」

1427 ◆ face A「A（困難・危険など）に直面する」

1428 ◆ meet A「A（要求・必要性・期待など）を満たす／かなえる」(= satisfy A)

選択肢 ① agree that SV「…ということに同意する」, ③ reply A [that SV]「A［…］と答える」,
④ respond that SV「…と答える」

プラス meet a standard「基準を満たす」, meet a deadline「締め切りを守る」,
meet a goal「目標を達成する」

1429 ◆ work「（計画などが）うまくいく／効果がある」

選択肢 ② spend A doing「…するのに A（時間）を使う」→ **173**,
③ match A「（物が）A（物）に調和する／つり合う」→ Section **167** (p. 281)

1430 ◆ observe A「A（規則・法律など）を守る／A に従う」(= obey A / follow A)

選択肢 ② overlook A
「A を見落とす」「A（欠点・過失など）を大目に見る」「（場所・建物が）A を見渡す」,
④ violate A
「A（規則・法律など）に違反する」「A（権利・プライバシーなど）を侵害する」

プラス observe A には「A を観察する (= watch A)」「A に気づく (= notice A)」「A を述べる (= remark A)」という意味もある。

1427 多くの発展途上国が深刻な飲み水の不足に直面している。
1428 ほんの小さな家ですが，私の要求を完璧に満たしている。
1429 工場のコストを削減するというオーウェン氏の提案をどう思いますか。アイディアは気に入っていますが，あまりうまくいかないと思います。
1430 ドライバーは，自分と他人の安全のために，交通規則を守らなければならない。

解答 1423 ④ 1424 ② 1425 ③ 1426 ④ 1427 ③ 1428 ② 1429 ① 1430 ①

Field 5 ボキャブラリー

Section 257

1431 Our bus was caught in a traffic (　　), so we were late for the meeting.

① cream　② jam
③ crowd　④ shower　〈西南学院大〉

1432 基本 A : Excuse me, but can you tell me how to get to the post office?
B : I'm sorry, but (　　), so I don't know.

① I have an idea
② I happened to be there
③ I'm familiar with this area
④ I'm a stranger around here　〈関西学院大〉

1433 Robert had no money in his bank (　　).

① account　② interest
③ deposit　④ loan　〈南山大〉

1434 Thieves broke into the (　　) and stole everything in it.

① cold　② rich
③ right　④ safe　〈日本大〉

1435 Do you have a particular <u>end</u> in mind? What are you trying to achieve?

① plan　② limit
③ course　④ purpose　〈亜細亜大〉

1436 Everyone is worried that the company will be losing a lot of money, but that (　　) was not discussed at the meeting.

① subject　② story
③ plan　④ lecture　〈芝浦工業大〉

1437 発展 Learning the language is a (　　) if you really want to understand a foreign culture.

① must　② need
③ make　④ show　〈東京工科大〉

1438 Tom is the very (　　) of his father thirty years ago.

① figure　② body
③ image　④ action　〈青山学院大〉

1431 乗っているバスが渋滞に巻き込まれたので，私たちは会議に遅れた。
1432 A：すみません。郵便局へはどう行けばいいのですか。
B：ごめんなさい。私はこの辺りは初めてなので，わかりません。

Section 257 《 意外な意味が問われる名詞

1431 ◆(be caught in) a traffic jam「交通渋滞(に巻き込まれる)」

選択肢 ③ crowd「群衆/観衆」, ④ shower「シャワー/にわか雨」
重要 □ be caught in A「A(雨・嵐・渋滞など)にあう」

1432 ◆stranger「(場所に)不案内の人/初めての人」

▶ I'm a stranger (around) here. は「この辺りは初めてだ」という意味で, 道を尋ねられた返事に用いる会話表現。

プラス stranger には「見知らぬ人」という意味もある。
She is a complete **stranger** to me.
「私は彼女をまったく知らない」

1433 ◆(bank) account「(銀行預金の)口座」

▶ **deposit** は「銀行口座に預けるお金 (= money paid into a bank account)」という意味。

選択肢 ② (bank) interest「(銀行の) 利子/利息」,
③ (bank) deposit「(銀行の) 預金」,
④ (bank) loan「(銀行の) ローン/融資」

1434 ◆safe「金庫」

▶ safe は形容詞では「安全な」という意味だが, 名詞では「金庫」という意味。

1435 ◆end「目的」(= purpose)

選択肢 ① plan「計画」, ② limit「制限/限界」, ③ course「方向/進行/経過/講座」

1436 ◆subject「話題/議題」

プラス 名詞 subject には「科目/教科」「被験者/実験対象」という意味もある。
My favorite **subject** is math.
「私の大好きな科目は数学だ」
The **subjects** of this experiment are all women.
「この実験の被験者は全員女性だ」

1437 ◆a must「絶対に必要なこと[もの]」

▶ 助動詞 **must** の名詞用法。

1438 ◆image「よく似た人[もの]」

▶ be the (very / living) image of A で「A にそっくりである」という意味。

プラス image には「印象/イメージ」「画像/映像」という意味もある。

1433 ロバートは銀行口座にお金がまったくなかった。
1434 泥棒たちが金庫に押し入り, 中にあったすべてを盗んだ。
1435 何か特定の目的が念頭にありますか。何を達成しようとしているのですか。
1436 だれもが会社が大きな損失を出すのではと心配しているが, その話題については会議で議論されなかった。
1437 ある外国の文化を本気で理解したいのなら, その国の言葉を学ぶことが絶対に必要だ。
1438 トムは30年前の父親にそっくりだ。

解答 1431 ② 1432 ④ 1433 ① 1434 ④ 1435 ④ 1436 ① 1437 ① 1438 ③

1439 "She always looks nice, don't you think?"
"Yeah, I think she has very good (　　) in clothes."
① taste　② skill
③ value　④ power 〈法政大〉

1440 発展 She speaks French extremely well.
= She has a good (　　) of French.
① command　② order
③ sense　④ memory 〈中央大〉

1441 Last night a news program was <u>on the air</u> instead of the weekly drama.
① postponed　② broadcast
③ promoted　④ forecast 〈拓殖大〉

1442 After his passionate speech we gave the speaker a big (　　).
① face　② hand
③ arm　④ nose 〈九州産業大〉

1443 Why don't you <u>give her a ring</u>?
① telephone her　② visit her
③ meet her　④ tell her 〈明海大〉

1444 My brother's wife is away for the week, so I thought I'd go over and <u>keep him company</u>.
① be with him
② find him a job
③ make him work overtime
④ surprise him 〈日本大〉

1445 彼女がいつ来るのかまったく見当がつかない。
We have absolutely (idea / no / she / time / turn / up / what / will). 〈龍谷大〉

1446 ペイジがどんな人なのかまるで見当もつかない。(1語不要)
I don't (have / how / idea / like / looks / Paige / slightest / the / what). 〈東京理科大〉

1439 「彼女はいつもおしゃれだと思いませんか」「そうだね。彼女は服のセンスがとてもいいと思う」
1440 彼女は非常に上手にフランス語を話す。
彼女はフランス語が堪能だ。
1441 昨夜は，毎週のドラマではなくニュース番組が放送された。
1442 彼の熱のこもった演説が終わり，私たちは盛大な拍手を送った。
1443 彼女に電話をかけたらどうですか。
1444 私の兄[弟]の奥さんが一週間不在になるので，私は兄[弟]のところに行って，兄[弟]と一緒にいようと思った。

1439 ◆ have taste in A「A のセンス［趣味］がある」

▶ この表現の **taste** は「味／味覚」の意味ではなく，「センス／趣味／好み」の意味。have good［bad / no］**taste** in clothes「服のセンスがいい［悪い／ない］」

1440 ◆ have a good command of A「A（言葉）を自由に操る／A が堪能である」

プラス　名詞 command には「命令（= order）／指揮（権）／抑制力（= control）」という意味もある。

1441 ◆ on the air「放送されて／放送中で」

▶ この air は「電波／放送」という意味で，**on the air** で「放送されて／放送中で」となる。

選択肢　① postpone A「A を延期する」，
③ promote A「A を促進する」，
④ forecast A「A（天候など）を予報する」

1442 ◆ a big hand「盛大な拍手／惜しみない称賛」

▶ この hand は「拍手／賞賛」という意味で，**give A a big hand** で「A に盛大な拍手［惜しみない称賛］を送る」となる。

1443 ◆ give A a ring[call]「A に電話をかける」(=(tele)phone A / call A (up))

▶ 名詞 ring / call には「電話をかけること」という意味がある。

1444 ◆ keep A company「A と一緒にいる／A に同行する」

▶ この **company** は名詞で「一緒にいること／同行」という意味。

プラス　次の用例も確認しておこう。
I enjoyed your **company**.
「ご一緒できて楽しかったです」

1445 ◆ have no idea + 疑問詞節「…かわからない」

▶ この表現の idea は「知識（= knowledge）／理解（= understanding)」という意味。have no idea / don't have any idea の後に疑問詞節を続けると，「…かわからない」(= don't know ＋疑問詞節）という意味になる。

1446 ◆ don't have the slightest idea + 疑問詞節「…かまったくわからない」

▶〈have no idea + 疑問詞節〉よりも否定の意味が強い表現。slight は「(数量・程度などが）わずかな／少しの」という意味で，その最上級を使った「最も少ない知識さえ持っていない」が本来の意味。この場合の最上級 slightest には even「…さえ」の意味が含まれている。slightest の代わりに least や faintest を用いる場合もある。

▶ what S look like「S はどのようなものか」。前置詞 like の目的語に用いられるのは，疑問代名詞 what。how は疑問副詞。

Field 5 ボキャブラリー

解答 1439 ① 1440 ① 1441 ② 1442 ② 1443 ① 1444 ① 1445 no idea what time she will turn up 1446 have the slightest idea what Paige looks like（how 不要）

1447 We received a letter from that company to the (　　) that they could not accept our offer.
発展
① affect　② affection
③ point　④ effect　〈西南学院大〉

Section 258

1448 The traffic was so (　　) that it took us more than two hours to get to the airport.
基本
① crowded　② strong
③ heavy　④ full　〈東京工科大〉

1449 I arrived here early today because the traffic was (　　) than usual.
基本
① busier　② heavier
③ lighter　④ weaker　〈センター試験〉

1450 I'm sorry I'm late. I had a (　　) tire.
① broken　② dead
③ flat　④ weak　〈西南学院大〉

1451 He couldn't use his cellular phone because the battery was (　　).
① cutting off　② dead
③ in charge of　④ without　〈東京経済大〉

1452 I like my coffee (　　).
① light　② soft
③ thin　④ weak　〈津田塾大〉

1453 The (　　) was so thick that my flight was cancelled.
① conduct　② estate
③ fog　④ temper　〈立命館大〉

1454 Stress-related illnesses are very (　　) among middle-aged businessmen.
① uneasy　② popular
③ common　④ sick　〈甲南大〉

1447 私たちの申し出に応じられないという旨の手紙を，その会社から受け取った。
1448 交通量がとても多かったので，私たちが空港に到着するのに2時間以上かかった。
1449 交通量がいつもよりも少なかったので，私は今日は早くここに到着した。
1450 遅れてごめんなさい。タイヤがパンクしました。
1451 バッテリーが切れていたので，彼は携帯電話を使うことができなかった。
1452 私のコーヒーは薄くしてください。
1453 とても深い霧だったので飛行機は欠航になった。
1454 ストレス性疾患は中年のビジネスマンの間ではとてもよく見られる。

1447 ◆ to the effect that SV「…という趣旨の」

▶ この表現の that 節は the effect「趣旨」の具体的な内容を説明する同格の名詞節。→ **271**

プラス　effect には「結果」「効果／影響」という意味もある。→ **1470**
cause and **effect**「原因と結果」, take **effect**「効果を現す／効力を生じる」,
the **effect** of A on B「A が B に及ぼす影響」

プラス　① **affect** は動詞で「…に影響する」という意味。effect と形が似ているので注意。

Section 258 意外な意味が問われる形容詞

1448 ◆ The traffic is heavy.「交通量が多い」

▶ 交通量（the traffic）が「多い／少ない」は，**heavy** / **light** で表す。

1449 ◆ The traffic is light.「交通量が少ない」

⚠注意　**busy** は「(場所・通りが）にぎやかな／人や車が多い」という意味で用いられることがある。
a **busy** street「にぎやかな通り／交通量の多い通り」

1450 ◆ have a flat tire「(車のタイヤが）パンクする」

▶ **flat** には「平らな」という意味以外に,「(タイヤなどが）パンクした」という意味がある。

1451 ◆ dead「(電気器具などが）動かない／機能しない」

プラス　go **dead**「(器具などが）止まる」
The radio **went dead** suddenly.
「突然ラジオが鳴らなくなった」

1452 ◆ weak「(飲み物が）薄い」

▶「(飲み物が）濃い」ことを表すのには，**strong** を用いる。
strong green tea「濃い緑茶」

1453 ◆ a thick[dense / heavy] fog「深い霧／濃霧」

▶「(霧が）濃い／深い」ことを表すには，**thick** や **dense**，**heavy** を使う。

⚠注意　「深い霧」を（×）a deep fog とは言えない。

1454 ◆ common「ありふれた／普通の／一般的な／よく知られた」

選択肢　② **be popular among[with]** A「A の間で人気がある」→ **1135**

⚠注意　日本語の「ポピュラーである」は「よく知られた」と「人気がある」の 2 つの意味がある。
本問は「人気がある」だと文意に合わないので，② popular ではなく，③ **common** が正解。

解答 **1447** ④ **1448** ③ **1449** ③ **1450** ③ **1451** ② **1452** ④ **1453** ③ **1454** ③

1455 In my school, when a (　　) teacher is absent, another teacher teaches the class instead.

① common　② different
③ regular　④ retired　〈センター試験〉

1456 "How is your steak, Jack? Is it tender?"
"No. It's very (　　)."

① tough　② strong
③ tight　④ solid　〈奥羽大〉

1457 発展 I skied every day for five days (　　).

① succession　② successive
③ straight　④ whole　〈西南学院大〉

Section 259

1458 The carpenters haven't (　　) finished the job yet.

① fairly　② rather
③ somewhat　④ quite　〈センター試験〉

1459 The fog was so thick that the driver could (　　) see the traffic.

① most　② barely
③ ever　④ fairly　〈関西学院大〉

1460 The cups and saucers cost $5 and $7 (　　).

① respectably　② respective
③ respectively　④ respectable　〈福岡大〉

1461 You can buy tickets for the football game (　　) or in groups of four.

① differently　② individually
③ personally　④ specially　〈近畿大〉

1455 私の学校では，受け持ちの教師が休むと，別の教師が代わりに授業を行う。
1456「ジャック，あなたのステーキはどう？　柔らかい？」「いや，とても堅い」
1457 私は連続５日間スキーをした。
1458 大工たちはその仕事をまだ完全には終えていない。
1459 霧がとても濃かったのでドライバーには車の往来がほとんど見えなかった。
1460 そのカップと受け皿の値段はそれぞれ５ドルと７ドルである。
1461 そのサッカーの試合のチケットは，１人用と４人用が購入できます。

1455 ◆regular「いつもの／通常の／正規の」(= usual / normal)

選択肢 ④ retired「引退した」
プラス regular opening hours「通常の開店時間」, regular customer「常連客」

1456 ◆tough / tender「(肉などが) 堅い／柔らかい」

選択肢 ③ tight「(服などが) ぴったりの／(ひもなどが) ぴんと張った／(ふたなどが) きつい」, ④ solid「硬い／頑丈な」

1457 ◆straight「(期間を表す名詞を修飾して) 連続した／とぎれない」

▶ この意味の straight は名詞の前後に置けるので, for five straight days とも言える。

選択肢 ② successive は名詞の前に置いて「連続した」という意味になる。本問は for five successive days なら正解になる。ただし, 名詞の後に置いて (×) for five days successive とは言えない。

Section 259 意外な意味が問われる副詞

1458 ◆quite「(agree / understand / finish などの動詞の前で) 完全に」(= completely)

▶ 本問は **not quite**「完全には…ない (= not completely)」という部分否定の意味。I quite understand.「よくわかりました／全面的に賛成します」→ I don't quite understand.「まだぴんときません←完全にわかってはいない」

選択肢 ① fairly / ② rather「(形容詞・副詞を修飾して) かなり／相当」, ③ somewhat「いくぶん／多少／やや」［注意］fairly / rather / somewhat は原則として否定文では使わない。

1459 ◆barely「ほとんど…ない」(= hardly / scarcely)

プラス barely には「かろうじて／なんとか (…できる)」という意味もある。
barely visible「かろうじて見える」,
barely able to stand「立っているのがやっと」

1460 ◆respectively「(述べられた順序に従って) それぞれ／各自に」

▶「カップが5ドル, 受け皿が7ドル」という順序を③ **respectively** が表している。

選択肢 ① respectably「立派に／上品に」,
② respective「それぞれの」,
④ respectable「(社会的に) 立派な」

1461 ◆individually「(1人ずつ) 別々に／個別に」

選択肢 ③ personally「個人的に／自分自身で」,
④ specially「特別に／わざわざ」

解答 1455 ③ 1456 ① 1457 ③ 1458 ④ 1459 ② 1460 ③ 1461 ②

Field 5 ボキャブラリー

Section 260

1462 Kate has released a book which contains five short stories.
① includes　② invents
③ invites　④ increases　〈愛知学院大〉

1463 Two Californian towns, Davis and Palo Alto, have banned smoking in public space.
① admitted　② kept
③ prohibited　④ required　〈上智大〉

1464 The man at the service center said he could not fix my car.
① repair　② attach
③ make　④ secure　〈東海大〉

1465 Marilyn asked me so charmingly that I could hardly refuse her request.
① withdraw　② meet
③ approve　④ decline　〈清泉女子大〉

1466 The principal managed to keep the students' interest until the end of her speech.
① combine　② explain
③ contain　④ maintain　〈大東文化大〉

Section 261

1467 My favorite actor played an important part in the drama.
① role　② rule
③ stage　④ scene　〈淑徳大〉

整理して覚える 111　同意語を選ぶ問題で頻出する動詞

①「耐える」: □ bear, □ endure, □ stand, □ tolerate（= put up with A）→ 1001
②「禁止する」: □ ban, □ forbid, □ prohibit → 1463
③「含む」: □ contain, □ include, □ involve → 1462
④「修理する」: □ fix → 1464, □ repair → 1464, □ restore
⑤「断る」: □ decline → 1465, □ refuse → 1465,
□ reject（= turn down A / turn A down）
⑥「維持する」: □ keep → 1466, □ maintain → 1466, □ sustain
⑦「予想する」: □ anticipate, □ expect, □ predict

1462 ケイトは５つの短編を含む本を刊行した。
1463 デイビスとパロアルトという２つのカリフォルニアの町が公共の場での喫煙を禁止した。
1464 サービスセンターのその男性は私の車を修理することはできないと言った。
1465 マリリンはとても魅力的に私に頼んだので，私は彼女の要求をほとんど断ることができなかった。

Section 260《 同意語を選ぶ問題―動詞

同意語を選ぶ問題では頻出する語の同意語をしっかりと覚えておくことが，得点力アップにつながる。左頁の整理して覚える 111も確認し，ひとつひとつ確実に習得しよう。

1462 「含む」を意味する動詞
◆include A「(全体の一部として) A を含む／A が含まれている」(= contain A / involve A)

選択肢 ② invent A「A を発明する／A（話・うそ・言い訳など）をでっち上げる」→ **1426**,
④ increase A「A を増やす」

⚠注意 contain A は「(容器などが) **中身として** A を含む／（容器などの中に）A が**入っている**」が原義。
This box **contains** broken glasses.
「この箱の中身は割れたガラスだ／この箱の中には割れたガラスが入っている」

1463 「禁止する」を意味する動詞 ◆ban A「A を禁止する」(= prohibit A → **633** / forbid A)

選択肢 ① admit A「A を（しぶしぶ）認める」,
④ require A「A を必要とする」

1464 「修理する」を意味する動詞 ◆fix A「A を修理する」(= repair A)

選択肢 ② attach A「A を貼りつける」,
④ secure A「A を確保する」

1465 「断る」を意味する動詞 ◆refuse A「A を断る」(= decline A)

選択肢 ① withdraw A「A（発言など）を撤回する／引っ込める」,
③ approve「承認する」

1466 「維持する」を意味する動詞 ◆keep A「A を維持する」(= maintain A)

選択肢 ① combine A「A を組み合わせる」,
② explain A「A を説明する」

Section 261《 同意語を選ぶ問題―名詞

整理して覚える 112 (p. 509)

1467 ◆part「役／役割」(= role)

▶ **play a part**（= play a role）は「(映画・演劇などで）役を演じる／役割を果たす」という意味。

選択肢 ② rule「規則／支配」,
③ stage「段階／舞台」,
④ scene「場面／景色」

Field 5 ボキャブラリー

1466 その校長はスピーチが終わるまで，生徒の関心をなんとか維持した。
1467 私の大好きな俳優がそのドラマで重要な役を演じた。

解答 **1462** ① **1463** ③ **1464** ① **1465** ④ **1466** ④ **1467** ①

1468 It has been almost <u>a decade</u> since I married my husband.
① at the same time ② ten years
③ two weeks ④ contemporary 〈桜美林大〉

1469 The safety of nuclear power is a major <u>concern</u> in most advanced countries of the world today.
① issue ② event
③ request ④ business 〈清泉女子大〉

1470 The governor wanted time to study the <u>consequences</u> of global warming.
① principles ② effects
③ rules ④ causes 〈会津大〉

Section 262

1471 As civilization grew more <u>complex</u>, better methods of communication were needed.
① complicated ② comprehensive
③ composed ④ complete 〈東海大〉

1472 Many people believe that automobiles are <u>essential</u> to modern life.
① advantageous ② compulsory
③ efficient ④ necessary 〈中央大〉

1473 The year 1776 is a very <u>significant</u> one in American history. It is the year the country was born.
① similar ② superior
③ conscious ④ important 〈亜細亜大〉

1474 You should be careful not to make a <u>fundamental</u> mistake in writing.
① advanced ② initial
③ basic ④ slight 〈日本大〉

1468 私が夫と結婚して，ほぼ10年になります。
1469 原子力の安全性は，今日たいていの先進国において大きな問題となっている。
1470 その知事は地球温暖化の影響を調査する時間がほしかった。
1471 文明が複雑になるにつれて，コミュニケーションのより良い方法が必要とされた。
1472 多くの人々が自動車は現代生活に必要不可欠だと信じている。
1473 1776年はアメリカの歴史において非常に重要な年だ。国が誕生した年なのだ。
1474 あなたは作文において基本的な間違いをしないように注意するべきだ。

1468 ◆decade「10年」(= ten years)

選択肢 ① at the same time「同時に」,
④ contemporary「現代の／同時代の」

1469 ◆concern「問題／関心事」(= issue)

選択肢 ② event「出来事」, ③ request「要求」

1470 ◆consequence「結果(= result)／影響(= effect)」

選択肢 ① principle「原理／主義」,
③ rule「規則／支配」,
④ cause「原因／理由」

整理して覚える 112　同意語を選ぶ問題で頻出する名詞

①「影響」: □ effect → 1470, □ impact, □ influence
②「問題」: □ concern → 1469, □ issue → 1469, □ matter
③「手段」: □ means, □ measure, □ way
④「機会」: □ chance, □ occasion, □ opportunity
⑤「役割」: □ part → 1467, □ role → 1467

Section 262 同意語を選ぶ問題―形容詞

整理して覚える 113 (p. 510)

1471 「複雑な」を表す形容詞 ◆complex「複雑な」(= complicated / elaborate / intricate)

選択肢 ② comprehensive「包括的な／広範囲にわたる」,
③ composed「落ち着いた」,
④ complete「完全な／全部そろった」

1472 「必要不可欠な」を表す形容詞
◆essential「必要不可欠な」(= indispensable / necessary / vital)

選択肢 ① advantageous「有利な／好都合な」,
② compulsory「義務的な／強制的な」,
③ efficient「効率の良い」

1473 「重要な」を表す形容詞 ◆significant「重要な」(= important)

選択肢 ① similar「よく似た」,
② superior「すぐれている」,
③ conscious「気づいた／意識のある」

1474 「基本的な」を表す形容詞 ◆fundamental「基本的な」(= basic)

選択肢 ① advanced「先進的な」,
② initial「最初の」,
④ slight「わずかな」

重要 □ be careful not to do「…しないように注意する」

解答 1468 ② 1469 ① 1470 ② 1471 ① 1472 ④ 1473 ④ 1474 ③

Field 5 ボキャブラリー

1475 We have sufficient time because the train leaves at 10:30.

① little ② correct
③ less ④ enough 〈東海大〉

1476 発展 The results of both experiments were identical.

① identified ② exactly the same
③ changed ④ similar 〈会津大〉

1477 An annual meeting is held once a year.

① daily ② weekly
③ monthly ④ yearly 〈昭和大〉

Section 263

1478 基本 Although I was going to be rather busy on that day, I decided to ( ) the invitation to the party.

① accept ② agree
③ catch ④ gain 〈センター試験〉

整理して覚える 113 同意語を選ぶ問題で頻出する形容詞

①「複雑な」: □ complex, □ complicated, □ elaborate, □ intricate → 1471
②「必要不可欠な」: □ essential, □ indispensable, □ necessary, □ vital → 1472
③「重要な」: □ important, □ significant → 1473
④「基本的な」: □ basic, □ fundamental → 1474
⑤「十分な」: □ adequate, □ enough → 1475, □ sufficient → 1475
⑥「重大な」: □ critical, □ crucial
⑦「明らかな」: □ apparent, □ clear, □ distinct
⑧「主な」: □ main, □ major, □ primary
⑨「正確な」: □ accurate, □ exact
⑩「ばく大な」: □ enormous, □ huge, □ vast
⑪「信じられない」: □ incredible, □ unbelievable

1475 列車は10時半に出発するので，私たちには十分な時間がある。
1476 両方の実験結果はまったく同じだった。
1477 年次総会は年に1回開催される。
1478 その日はかなり忙しくなりそうだったが，パーティーへの招待に応じることにした。

1475 「十分な」を表す形容詞 ◆sufficient「十分な」(= enough)

1476 「同一の」を表す形容詞
◆identical「(あらゆる点で) 同一の／まったく同じの」(= exactly the same)

選択肢 ① identify A「A の正体を特定する」

1477 「1年間の」を表す形容詞 ◆annual「1年間の／年に1回の」(= yearly)

選択肢 ① daily「毎日の／日刊の」, ② weekly「週に1回の／週間の」,
③ monthly「月に1回の／月刊の」

重要 □ once a year「年に一回」*cf.* twice[three times] a year「年に2回［3回］」

Section 263 共通するイメージ／カテゴリーから文意に合う語を選ぶ問題―動詞

問題の選択肢が似たようなイメージをもつ語ばかりの問題や，共通するカテゴリーに属する選択肢で成っている問題がある。問題はまぎらわしい選択肢で構成されているので，不正解の選択肢に惑わされないよう，正確に文意をくみ取ることが大切だ。下の整理して覚える 114も確認し，ひとつひとつ確実に習得しよう。

1478 「得る」イメージの動詞
◆accept A「A (招待・申し出・依頼など) を受諾する／A に応じる」

▶ 選択肢の① **accept**, ③ **catch**, ④ **gain** は「得る」イメージをもっている。動詞の目的語が「パーティーへの招待」なので，①の **accept** を入れると文意に合う。

選択肢 ② agree with［to］ A「A に賛成する」→ 905,
④ gain A「A を得る」

整理して覚える 114 共通するイメージから文意に合う動詞を選ぶ問題で頻出する動詞

①「得る」イメージの動詞
□ accept「…を受諾する」→ 1478, □ achieve「…を獲得する」,
□ catch「…をつかまえる」, □ earn「…を稼ぐ」→ 1479,
□ gain「…を得る」, □ obtain「…を得る」,
□ profit「利益を得る」, □ win「…を勝ち取る」

②「広がる」イメージの動詞
□ enlarge「大きくなる」, □ expand「(事業などが) 拡大する」,
□ extend「(土地などが) 広がる」, □ prevail「(習慣・状況などが) 広く行き渡る」,
□ spread「広まる」→ 1480

③「中断する」イメージの動詞
□ disturb「…の邪魔をする」, □ interfere「妨げる／干渉する」,
□ interrupt「…の邪魔をする／…を中断する」→ 1481, □ intervene「干渉する」,
□ quit「…をやめる」, □ postpone「…を延期する」

Field 5 ボキャブラリー

解答 1475 ④ 1476 ② 1477 ④ 1478 ①

1479 ☒☒☒ Jane works part-time as a pianist at a restaurant, and she (　　) 500 dollars a week.

① earns　② wins
③ catches　④ profits　〈センター試験〉

1480 ☒☒☒ The rumor is (　　) that a shopping mall will open in that vacant lot next year.

① spreading　② turning
③ extending　④ expanding　〈長崎外国語大〉

1481 ☒☒☒ The game on the main court was (　　) by a brief shower.

① interrupted　② fallen
③ refused　④ missed　〈センター試験〉

Section 264

1482 ☒☒☒ Brett has many spare-time (　　): he swims, paints, plays the violin, and so on.

① actions　② activities
③ exercises　④ habits　〈センター入試〉

1483 ☒☒☒ The new airport is very busy. There are more than 100 arrivals and (　　) every day.

① departures　② exits
③ leavings　④ goings　〈南山大〉

1484 ☒☒☒ Usually in Aomori, there is a considerable (　　) of snow in the month of January.

① number　② sort
③ amount　④ quality　〈青森公立大〉

1479 ジェーンはレストランでピアニストとしてアルバイトをしており，週に500ドル稼ぐ。
1480 来年あの空き地にショッピングセンターがオープンするといううわさが広がっている。
1481 メインコートの試合はにわか雨で中断された。
1482 ブレットは，水泳，絵画，バイオリンの演奏など余暇の活動が多彩だ。
1483 新空港はとてもにぎわっている。毎日100便以上の発着がある。
1484 青森ではたいてい１月にかなりの量の雪が降る。

1479 「得る」イメージの動詞 ◆earn A「A（お金・金額）を稼ぐ／もうける」

▶ 選択肢の① **earn A**「A（お金・金額）を稼ぐ」，② **win A**「A を勝ち取る」，③ **catch A**「A をつかまえる」，④ **profit**「利益を得る」はそれぞれ「得る」イメージをもっている。レストランで演奏するピアニストという職業でお金を得ているので，文意に合うのは①の earn。

選択肢 ④ profit (from A)「(A から) 利益を得る」

1480 「広がる」イメージの動詞 ◆spread「広がる／広まる」

▶ 選択肢の① **spread**「(うわさ・病気・問題などが) 広がる／広まる」，③ **extend**「(土地などが) 広がる」，④ **expand**「(事業などが) 拡大する」はそれぞれ「広がる」イメージをもっている。ここでは主語が The rumor なので文意に合うのは①の **spread**。

1481 「中断する」イメージの動詞 ◆interrupt A「A の邪魔をする／A を中断する」

▶ 選択肢の① **interrupt A**「A の邪魔をする／A を中断する」，② **fall**「落ちる／倒れる」，③ **refuse A**「A を断る」，④ **miss A**「A を逃す」(→ **609**) はそれぞれ否定的で「中断する」イメージをもっている。ここでは主語が The game「試合」なので文意に合うのは①の **interrupted**。

Section 264 共通するイメージ／カテゴリーから文意に合う語を選ぶ問題―名詞

1482 「活動・運動」イメージの名詞 ◆activity「(ある目的のための) 活動」

▶ 選択肢の① **action**「(問題に対処するために一定期間繰り返される) 動作／行動」，② **activity**「(ある目的のための) 活動」，③ **exercise**「運動／〈通例複数形で〉練習」は，それぞれ「活動・運動」のイメージをもっている。he swims ... 以下の行動に合うのは②の **activities**。

選択肢 ④ habit「習慣」→ **692**
プラス outdoor［cultural / political］activities「野外［文化／政治］活動」

1483 「出て行くこと」イメージの名詞 ◆departure「出発（すること）／(飛行機の) 出発便」

▶ **arrival** は「到着（すること）／（飛行機の）到着便」という意味。

選択肢 ② exits「出口」，
③ leavings「残り物」，
④ goings「(非難を受けるような) 行為」

1484 「数量」イメージの名詞 ◆amount「量」

▶ **a / an ... amount of A** は「…の量の A（不可算名詞）」という意味。「…」には large / enormous / vast / considerable / small / tiny などの形容詞が用いられる。
an enormous amount of money「途方もない額のお金」，**a small amount of exercise**「わずかな量の運動」

選択肢 ① number「数」，② sort「種類」，④ quality「質／品質」

解答 **1479** ① **1480** ① **1481** ① **1482** ② **1483** ① **1484** ③

1485 In summer, with air conditioners on all day, electricity ( ) rises sharply.
☒☒☒
① amount ② quantity
③ frequency ④ consumption 〈南山大〉

1486 Because the storm had left so many people homeless, there was a ( ) of beds at the shelter.
☒☒☒
① decrease ② failure
③ lacking ④ shortage 〈南山大〉

1487 Our new house is in the middle of the town and has good ( ) to the shops.
☒☒☒ 発展
① access ② attendance
③ entrance ④ passage 〈日本赤十字広島看護大〉

1488 Mario passed his driving test on his first ( ).
☒☒☒
① time ② effort
③ challenge ④ attempt 〈南山大〉

1489 Don't blame me for what happened. It wasn't my ( ).
☒☒☒
① fault ② defect
③ error ④ mistake 〈同志社大〉

1490 It's a ( ) your wife couldn't come. I really wanted to meet her.
☒☒☒ 発展
① harm ② shame
③ sorrow ④ trouble 〈センター試験〉

1491 Our multilingual cabin crew will assist you in any ( ) they can.
☒☒☒ 発展
① way ② occasion
③ means ④ help 〈南山大〉

1492 We have to find ( ) to the world's environmental problems.
☒☒☒
① results ② causes
③ solutions ④ benefits 〈センター試験〉

1485 夏はエアコンを１日中つけっぱなしにするので，電気消費量が急増する。
1486 その台風で非常に多くの人々が家を失ったので，避難所のベッドが足りなくなった。
1487 私たちの新居は街の中心にあるので，お店に行くのがとても便利だ。
1488 マリオは運転免許の試験に一発で合格した。
1489 起きたことで私のせいにしないでください。私の責任ではなかったのです。
1490 あなたの奥さんが来られなかったのは残念です。本当に会いたかったのです。

1485 「数量」イメージの名詞 ◆consumption「消費（量）」

選択肢 ① amount「総計／量（= quantity）」,
② quantity「量（= amount）／分量」,
③ frequency「頻度／回数」
プラス calorie［energy / oil］consumption「カロリー［エネルギー／石油］消費量」

1486 「減少／不足」イメージの名詞 ◆a shortage of A「Aの不足」

選択肢 ① decrease (in A)「(Aの) 減少」,
② failure「失敗」,
③ lacking (in A)「(Aが) 欠けて／不足して」

1487 「入ること」イメージの名詞 ◆access to A「Aへのアクセス／Aを利用できること」

▶ **have access to A** で「Aにアクセスできる／Aを利用できる」という意味。

選択肢 ② attendance「出席（者数）／看護」,
③ entrance「入り口」,
④ passage「通路／一節／通行」

1488 「努力／試み」イメージの名詞 ◆attempt「試み」

▶ **on one's［the］first attempt** で「一回目（の試み）で／一発で」という意味になる。

1489 「過ち／欠点」イメージの名詞 ◆A's fault「(過失・落ち度などに対する) Aの責任」

選択肢 ② defect「欠点／欠陥」,
③ error「間違い（mistakeより改まった語）」,
④ mistake「間違い」

1490 「否定的な感情／状態」イメージの名詞 ◆a shame「残念なこと」→ **1364**

▶ **It's a shame (that) SV** は「…は残念だ」という意味。

選択肢 ① harm「害」,
③ sorrow「悲しみ」,
④ trouble「困難／困ったこと」

1491 「手段／機会」イメージの名詞 ◆way「やり方」

▶ 選択肢の① **way**「方法／手段」, ② **occasion**「機会」, ③ **means**「手段」はそれぞれ「手段・機会」のイメージをもっている。in any way で「どんな方法でも」という意味。

1492 「関係性」カテゴリーの名詞 ◆solution「(問題などの) 解答／解決策」

▶「Aの解決策」は a solution to[for / of] A と表現する。

選択肢 ① result「結果」,
② cause「原因」,
④ benefit (to A)「(Aにとっての) 利益／助け」

Field 5 ボキャブラリー

1491 多言語担当乗組員は可能なかぎりどんな方法でもみなさまをお助けします。
1492 世界の環境問題の解決策を見つけなければならない。

解答 **1485** ④ **1486** ④ **1487** ① **1488** ④ **1489** ① **1490** ② **1491** ① **1492** ③

1493 The flowers on the table were so beautiful. When I touched them, however, I found they were (　　).

① artificial　② superficial
③ unnatural　④ untrue　〈センター試験〉

1494 John is looking for a (　　) job because he wants more time with his family.

① demanding　② flexible
③ horrible　④ magnificent　〈立命館大〉

1495 Our PE teacher, a (　　) professional basketball player, is coaching the school team.

① previous　② late
③ once　④ former　〈センター試験〉

1496 Eric: Is he a very (　　) person?
Susan: Yes, he is. He never breaks promises and he always pays money back if he borrows it.

① reliable　② forgetful
③ convenient　④ dishonest　〈跡見学園女子大〉

1497 Mary is a (　　) person. She always lends us money when we need.

① selfish　② general
③ talented　④ generous　〈芝浦工業大〉

1498 It becomes more (　　) that human activity is the main cause of global warming when it is also observed on Mars and other planets.

① believable　② correct
③ doubtful　④ suspicious　〈立教大〉

1493 テーブルの上の花はとてもきれいだった。しかし，触ってみると造花だとわかった。
1494 ジョンは，家族といっしょに過ごす時間がもっとほしいので，融通の利く仕事を探している。
1495 元プロバスケットボール選手の私たちの体育の先生は，学校のバスケットボール部の指導をしている。
1496 エリック：彼はとても頼りになる人なのですか。
　スーザン：はい，そうです。彼は決して約束を破りませんし，借りたお金はいつも返します。

Section 265 共通するイメージ／カテゴリーから文意に合う語を選ぶ問題―形容詞

1493 「否定的な様子」イメージの形容詞 ◆artificial「人工の／人工的な」

選択肢 ② superficial「表面的な」,
③ unnatural「不自然な」,
④ untrue「事実に反する」

プラス an artificial leg「義足」, an artificial heart「人工心臓」

1494 「肯定的な・否定的な様子」イメージの形容詞 ◆flexible「（予定・時間などが）融通の利く／自由に変えられる」

選択肢 ① demanding「（仕事などが）きつい／骨の折れる」,
③ horrible「恐ろしい／ひどく不快な」,
④ magnificent「（外観などが）壮大な／とても素晴らしい」

1495 「順序」イメージの形容詞 ◆former「（時間的に）前の／元の」

▶ この意味の former は「人の職業・身分などを表す名詞」を修飾するのが一般的。the former world champion「元世界チャンピオン」, my former boss「前の上司」

選択肢 ① previous は「（時間・順番が）前の／以前の」という意味で,「物・事」を修飾するのが一般的。
the **previous** page「前のページ」, **previous** experience「以前の経験」
② late は「亡くなった人」に対して用いる。
one's **late** wife［husband］「亡妻［亡夫］」
③ once は副詞で「昔／かつて」「一度／一回」という意味。

1496 「人の性格」カテゴリーの形容詞 ◆reliable「（人が）信頼できる／頼りになる」

選択肢 ② forgetful「忘れっぽい」,
③ convenient「（人以外を主語にして）便利な／都合の良い」,
④ dishonest「不正直な」

1497 「人の性格」カテゴリーの形容詞 ◆generous「気前の良い／物惜しみしない」

選択肢 ① selfish「利己的な／自分勝手な」,
② general「一般的な／全体的な」,
③ talented「才能のある」

1498 「物事の真偽」カテゴリーの形容詞 ◆doubtful「（物・事が）疑わしい／ありそうにない」

▶ **It is doubtful that SV**「…ということは疑わしい／…ということはありそうにない」

選択肢 ④ suspicious「（疑惑を引き起こすほど）怪しい／不審な」
We found a **suspicious** package under the seat.
「座席の下で不審な荷物を見つけた」

1497 メアリーは気前が良い人だ。必要なときにはいつもお金を貸してくれる。
1498 火星や他の惑星でも温暖化が観察されるので，人間の活動が地球温暖化の主な原因であるというのはより疑わしくなる。

解答 1493 ① 1494 ② 1495 ④ 1496 ① 1497 ④ 1498 ③

Field 5 ボキャブラリー

1499 I asked the hotel if they have a room (　　) for three nights.

① vacant　　② useful
③ empty　　④ available

〈聖マリアンナ医科大〉

Section 266

1500 I (　　) the hotel reservation by telephone.

① concluded　　② confirmed
③ controlled　　④ conveyed

〈女子美術大〉

1501 The department store (　　) the sale until Monday.

① expressed　　② explained
③ extended　　④ exploded

〈長崎外国語大〉

1502 Things are happening a lot faster than anyone (　　).

① preceded　　② predicted
③ preserved　　④ prevented

〈中央大〉

1503 I hadn't seen Emi for years, but when I saw her in the street, I (　　) her at once.

① reminded　　② realized
③ recognized　　④ recovered

〈名城大〉

整理して覚える 115　同じ接頭辞／接尾辞を含む動詞

① con-「完全に／一緒に」: □ concentrate「集中する」, □ confirm「…を確かめる」→ 1500, □ consult「…に相談する／…を調べる」, □ contribute「貢献する」

② de-「下に／分離／完全に」: □ decline「…を断る」, □ deliver「…を配達する」, □ deserve「…に値する」, □ develop「…を発達させる」

③ dis-「反対」: □ disagree「意見が異なる」, □ disappear「消える」, □ dismiss「…を解雇する」

④ ex-「外へ／完全に」: □ exclude「…を除外する」, □ expire「期限が切れる」→ 1504, □ export「…を輸出する」, □ express「…を表現する」

⑤ -mit「送る／置く」: □ admit「…を認める」, □ permit「…を許可する」, □ submit「…を提出する」, □ transmit「…を送信する」

⑥ pre-「前の」: □ predict「…を予測する」→ 1502, □ prepare「…を準備する」, □ preserve「…を保存する／保護する」, □ prevent「…を防ぐ」

⑦ re-「再び」: □ recognize「…を認識する」→ 1503, □ recover「回復する」, □ remind A (of B)「A に（B を）思い出させる」

⑧ -serve「保つ」: □ conserve「…を保護する」, □ preserve「…を保存する／保護する」, □ reserve「…を予約する」

⑨ -sure「確かな」: □ assure「…を確信させる／安心させる」, □ ensure「…を確実にする」, □ insure「…に保険をかける」, □ reassure「…を安心させる」

1499 「利用できる／空いている」イメージの形容詞
◆available「利用できる／（部屋などが）空いている」

▶ **available** は名詞の前後に置くことができるが，vacant は名詞の前にしか置くことができない。
no **available** rooms = no rooms **available**「空室なし」

選択肢 ① vacant「（部屋などが）空いている」，
② useful「役に立つ」，
③ empty「（容器などが）空っぽの／（家などが）人の住んでいない」

Section 266 似た形の語を選択肢に含む問題─動詞

整理して覚える 115

1500 接頭辞 con-「完全に／一緒に」を含む動詞
◆confirm A「A を確認する」

選択肢のそれぞれの語に，共通する形を含んだ問題が頻出している。問題を解く際に，まぎらわしいものばかりなので，文意を読み取った上で落ち着いて正解を選ぶことが大切だ。左頁の［整理して覚える 115 同じ接頭辞／接尾辞を含む動詞］も確認し，ひとつひとつ確実に習得しよう。

選択肢 ① conclude「…と結論づける」，
③ control A「A を支配する／抑制する」，
④ convey A「A を伝える／運ぶ」

1501 接頭辞 ex-「外へ／完全に」を含む動詞
◆extend A「A（期限）を延長する」

選択肢 ① express A「A を表現する」，
② explain A「A を説明する」，
④ explode「爆発する」

1502 接頭辞 pre-「前の」を含む動詞
◆predict A「A を予測する」

選択肢 ① precede「先に起こる」，
③ preserve A「A を保存する／保護する」，
④ prevent A「A を防ぐ」

1503 接頭辞 re-「再び」を含む動詞
◆recognize A「A を認識する」

▶ **recognize A** は「A がだれ［何］であるかわかる」というニュアンスがある。

選択肢 ① remind A (of B)「A に（B を）思い出させる」，
④ recover「回復する」

1499 3泊できる空き室があるかどうかホテルに問い合わせた。
1500 私は電話でホテルの予約を確認した。
1501 そのデパートは月曜日までセールを延長した。
1502 事態はだれもが予測した以上に，ずっと速く起こっている。
1503 私は何年もエミに会っていなかったが，通りで彼女を見たとき，すぐに彼女だとわかった。

解答 1499 ④ 1500 ② 1501 ③ 1502 ② 1503 ③

1504 I have to get my commuter pass renewed because it (　　) tomorrow.
発展
① activates　② conceives
③ expires　④ interferes　〈センター試験〉

Section 267

1505 There are more than fifty (　　) in this company.
① employees　② employers
③ employs　④ employment　〈長崎外国語大〉

1506 By 2010 Japan will pass Sweden and Switzerland to lead the world in the (　　) of the elderly to the rest of the population.
発展
① position　② preposition
③ proportion　④ proposition　〈学習院大〉

1507 Patti got (　　) from her boss to leave work early.
① attention　② appreciation
③ admission　④ permission　〈南山大〉

1508 He can never hide his strong (　　) for sweets.
① conference　② interference
③ preference　④ reference　〈中央大〉

1504 明日で定期券の期限が切れるので更新しなければならない。
1505 この会社には50人以上の従業員がいる。
1506 2010年までに，高齢者の，それ以外の人々に対する比率において，日本はスウェーデンとスイスを追い越して，世界のトップに立つだろう。
1507 パティーは早めに退社してよいという許可を上司から得た。
1508 彼は甘い物が大好きだということを隠すことができない。

1504 接頭辞 con- / ex- / inter-「…の間」を含む動詞
◆expire「(契約・保証などが) 期限が切れる」

選択肢 ① activate A「A を活性化する」, ② conceive A「A を思いつく」,
④ interfere with A「A の邪魔をする／妨げる」/ interfere in A「A に口出しする／干渉する」

Section 267 似た形の語を選択肢に含む問題―名詞

1505 employ を含む語
◆employee「従業員」

▶ **employer** は「雇い主」, **employee** は「従業員」。-er は「…する人」を表し, -ee は「…される人」を表す。

選択肢 ③ employ A「A を雇う」, ④ employment「雇用」
プラス examiner「試験官」, examinee「受験者」

1506 名詞を作る接尾辞 -tion を含む名詞
◆proportion「割合／比率」

▶ the proportion of A to B は「B に対する A の比率」という意味。

選択肢 ① position「位置／立場／地位」,
② preposition「前置詞」, ④ proposition「提案」

1507 名詞を作る接尾辞 -sion / -tion を含む名詞
◆permission (to do)「(…してよいという) 許可」

選択肢 ① attention (to A)「(A に対する) 注意／配慮」,
② appreciation「感謝／正しい理解」,
③ admission to A「A に入る許可」

1508 名詞を作る接尾辞 -ence を含む名詞
◆preference「好きであること／好み」

▶ **a preference for A** で「A が好きであること」という意味。

選択肢 ① conference「会議」,
② interference「邪魔／干渉」, ④ reference「言及／参照」
プラス have a preference for A「A が好きである」

整理して覚える 116 同じ接尾辞を含む名詞（名詞を作る接尾辞）

① -ance：☐ acceptance **「受け入れること」**, ☐ attendance **「出席」**,
☐ importance **「重要性」**, ☐ significance **「重要性」**
② -ence：☐ difference **「違い」**, ☐ evidence **「証拠」**,
☐ existence **「存在」**, ☐ preference **「好み」** → 1508
③ -ment：☐ appointment **「約束」**, ☐ development **「発達」**,
☐ disappointment **「失望」**, ☐ employment **「雇用」**, ☐ movement **「動き／運動」**
④ -ness：☐ happiness **「幸せ」**, ☐ kindness **「やさしさ」**,
☐ weakness **「弱さ」**, ☐ witness **「目撃者」**
⑤ -sion / -tion：☐ attention **「注意」**, ☐ information **「情報」**,
☐ permission **「許可」** → 1507, ☐ prescription **「処方箋」**

解答 1504 ③ 1505 ① 1506 ③ 1507 ④ 1508 ③

Field 5 ボキャブラリー

1509 In many countries, it is (　　) to sell alcohol drinks to people under 18.

① illegal　② immune
③ innate　④ irrational　〈東京理科大〉

1510 When I saw her before the exam, she seemed very (　　) about it.

① confident　② confined
③ confidential　④ confirmed　〈杏林大〉

1511 This is a (　　) place for a picnic.

① likable　② suitable
③ probable　④ invisible　〈上智大〉

1512 Today, 60 percent of (　　) waste in Japan consists of packaging.

① applicable　② disposable
③ capable　④ predictable　〈京都外国語大〉

1513 発展 There is some problem with my car and it is being repaired. I need to find some (　　) kind of transportation.

① alternative　② negative
③ addictive　④ instinctive　〈埼玉医科大〉

1509 多くの国では，18歳以下の人にアルコール飲料を売るのは違法である。
1510 私が試験の前に彼女を見たとき，彼女はそのことについてとても自信があるように見えた。
1511 ここはピクニックに適した場所だ。
1512 今日，日本の使い捨て廃棄物の60%は包装物から成り立っている。
1513 私の車はちょっと問題があって修理中だ。何らかのそれに代わる交通手段を見つける必要がある。

Section 268 似た形の語を選択肢に含む問題―形容詞

1509 接頭辞 im-, in-, il-, ir-「否定」を含む形容詞 ◆illegal「違法の」

選択肢 ② immune「免疫がある」, ③ innate「生まれながらの」,
④ irrational「不合理な」

1510 接頭辞 con-「完全に/一緒に」を含む形容詞 ◆confident「自信のある」

選択肢 ② confined「限られた/狭い」,
③ confidential「内密の/機密の」,
④ confirmed「常習的な」

1511 接尾辞 -able / -ible「…できる」を含む形容詞 ◆suitable「適した」

選択肢 ① likable「好感のもてる」,
③ probable「ありそうな/起こりそうな」,
④ invisible「見えない」

1512 接尾辞 -able「…できる」を含む形容詞 ◆disposable「使い捨ての/使い捨てできる」

選択肢 ① applicable「適用できる/当てはまる」,
③ capable「能力がある」,
④ predictable「予測できる」

プラス disposable body warmer [contact lenses]「使い捨てカイロ [コンタクトレンズ]」

1513 接尾辞 -ive「性質のある/傾向のある」を含む形容詞 ◆alternative「代わりの/他の」

選択肢 ② negative「否定的な」, ③ addictive「中毒性の」,
④ instinctive「本能的な」

プラス an **alternative** plan「代案」, an **alternative** approach「従来の方法に代わる取り組み方」

整理して覚える 117 同じ接頭辞/接尾辞を含む形容詞

① -al「…の性質の」: □ conventional「伝統的な」, □ formal「正式の」, □ personal「個人的な」, □ physical「身体の」, □ typical「典型的な」

② -able / -ible「…できる」: □ comfortable「心地よい」, □ inevitable「避けられない」, □ reasonable「筋の通った/(価格が)手ごろな」, □ reliable「頼りになる」, □ remarkable「注目すべき」, □ terrible「ひどい」

③ il-, in-「否定」: □ illegal「違法の」→ 1509, □ inadequate「不十分な」, □ incapable「できない」, □ informal「形式ばらない」

④ -ous「…の多い/…をもつ」: □ courageous「勇気のある」, □ enormous「ばく大な」, □ obvious「明らかな」, □ suspicious「不審に思う」, □ various「さまざまな」

⑤ -ive「性質のある/傾向のある」: □ consecutive「連続した」, □ effective「効果的な」, □ excessive「過度の」, □ expensive「高価な」, □ positive「積極的な」

⑥ un-「否定」: □ unable「できない」, □ uncomfortable「心地悪い」, □ uneasy「不安な」, □ unusual「普通ではない」

解答 1509 ① 1510 ① 1511 ② 1512 ② 1513 ①

第29章

Field 5 ボキャブラリー
重要多義語

Section 269

1514 ☒☒☒
(a) I'm sure he will come, but why not give him a call just in (　　)?
(b) Jane said Mark is sick. If that is the (　　), we need more staff for today. 〈大東文化大〉

1515 ☒☒☒
(a) She (　　) her family badly since she had been away from home for two years.
(b) I'm absolutely starving. I (　　) lunch. 〈東京理科大〉

1516 ☒☒☒
(a) You should (　　) up when an elderly person needs a seat on the train.
(b) I cannot (　　) his behavior. He always talks too much and never listens to others. 〈大東文化大〉

1517 ☒☒☒
(a) I took a (　　) from mowing the lawn because I was tired.
(b) Bill asked the cashier to (　　) a hundred-dollar bill. 〈日本大〉

1518 ☒☒☒ 基本
(a) My apartment is (　　) to the station. It's really convenient.
(b) Will you (　　) the door? It's cold in here. 〈芝浦工業大〉

1519 ☒☒☒ 基本
(a) I think my interview went (　　) smoothly.
(b) Mary wore a (　　) blue dress to the dance. 〈日本大〉

1514 (a) 彼は必ず来ると思うが，念のため彼に電話してみたらどうだろう。
(b) ジェーンはマークが病気だと言った。もしそれが本当なら，今日はもっとスタッフが必要だ。
1515 (a) 家を離れて2年になるので，彼女は家族がとても恋しかった。
(b) 本当にお腹がぺこぺこなんだよ。昼食を食べそこねたんだ。
1516 (a) 電車で高齢者が座席を必要とする場合は，(座席から) 立ち上がるべきだ。
(b) 彼の振る舞いには我慢できない。彼はいつも口数が多過ぎ，他人の言うことは決して聞こうとしない。

Section 269 共通語補充問題でねらわれる多義語

1514 ◆case

(a)〈名詞〉場合
(b)〈名詞〉真相／事実

▶ (a) **(just) in case** (→313) は「念のために／万が一の場合に備えて」という意味の副詞句。

▶ (b) **S is the case.** は「Sは本当だ／事実だ」という意味。

1515 ◆miss

(a)〈動詞〉…が（い）ないのを寂しく思う／…を懐かしく思う→609
(b)〈動詞〉…しそこなう／…を逃す

1516 ◆stand

(a)〈動詞〉立ち上がる
(b)〈動詞〉［否定文で］A［…すること］を我慢できない

▶ (a) **stand up**「立ち上がる」
(b) **cannot stand A [doing]**「A[…すること]を我慢できない」→605

1517 ◆break

(a)〈名詞〉休憩
(b)〈動詞〉A（紙幣）を（小銭に）くずす

▶ (a) **take [have] a break**「休憩する」(= **take [have] a rest**)

1518 ◆close

(a)〈形容詞〉近い
(b)〈動詞〉A（ドア・窓など）を閉じる／閉める

▶ (a) **be close to A**「Aに近い」

⚠注意 (×) be close from A とは言えない。

1519 ◆pretty

(a)〈副詞〉（形容詞・副詞を修飾して）かなり／相当
(b)〈形容詞〉かわいらしい／きれいな

1517 (a) 私は疲れたので，芝刈りを一休みした。
(b) ビルはレジ係に100ドル札をくずしてくれと頼んだ。
1518 (a) 私のアパートは駅に近い。本当に便利だ。
(b) ドアを閉めてくれませんか。ここは寒いので。
1519 (a) 私の面接はかなり円滑に進んだと思う。
(b) メアリーはダンスパーティーにかわいらしいブルーのドレスを着て行った。

解答 1514 case 1515 missed 1516 stand 1517 break 1518 close 1519 pretty

Field 5 ボキャブラリー

1520 (a) You should sit down and ( ) for a while.
(b) Mr. Wang is Chinese and the ( ) of us are Japanese. 〈芝浦工業大〉

1521 (a) Canada is the ( ) biggest country in the world, but much of it is almost empty of people.
(b) "Are you coming?" "Just a ( ). I have to put my shoes on." 〈芝浦工業大〉

1522 (a) He went to the ( ) to buy some groceries.
(b) I ( ) my winter clothes in this closet. 〈芝浦工業大〉

1523 (a) He bought the ( ) issue of that magazine.
(b) The ( ) in the river was very strong. 〈明治薬科大〉

1524 (a) Some scientists wonder if catfish can ( ) an earthquake before it occurs.
(b) Dogs have a keen ( ) of smell.
(c) That is true, in a ( ). 〈慶應義塾大〉

1525 (a) I'm sorry that I can't ( ) so fast.
(b) Two of my friends ( ) nice restaurants.
(c) He will ( ) for President in the next election. 〈大東文化大〉

1526 (a) He was sick yesterday, but today he looked just ( ).
(b) A ( ) rain was falling.
(c) She had to pay a ( ) for illegal parking. 〈明治大〉

1520 (a) あなたは腰を下ろしてしばらく休憩するべきだ。
(b) 王さんは中国人で，私たちの残りは全員日本人です。
1521 (a) カナダは世界で２番目に大きな国だが，その多くはほとんど人が住んでいない。
(b)「君も行きますか」「ちょっと待って。靴を履くから」
1522 (a) 彼は食料品を買いにその店に行った。
(b) 冬物の洋服はこのクローゼットにしまっている。
1523 (a) 彼はその雑誌の最新号を買った。
(b) その川の流れはとても激しかった。
1524 (a) ナマズは地震を事前に感知できるのだろうかと考える科学者もいる。
(b) 犬は鋭い嗅覚を持っている。
(c) ある意味で，そのことは本当だ。

1520 ◆ rest

(a)〈動詞〉休憩する／休息する
(b)〈名詞〉残り

▶ (b) **the rest of A**「A の残り（全部）」

1521 ◆ second

(a)〈形容詞〉〈the second ＋最上級（＋名詞）で〉2 番目に…な→ 420
(b)〈名詞〉[a second] ちょっとの間

▶ (b) **Just a second.**「ちょっと待って」

重要 □ be empty of A「A がない／欠けている」

1522 ◆ store

(a)〈名詞〉店
(b)〈動詞〉A を蓄える／貯蔵する／保管する

1523 ◆ current

(a)〈形容詞〉今の／現在の／最新の
(b)〈名詞〉(川・空気などの) 流れ

1524 ◆ sense

(a)〈動詞〉A を感知する／ A に気づく
(b)〈名詞〉(視覚・聴覚などの) 感覚
(c)〈名詞〉意味→ 1249

プラス sense には他に「分別／思慮」という意味もある。
She had the sense to refuse the offer.
「彼女にはその申し出を断る分別があった」

1525 ◆ run

(a)〈動詞〉走る
(b)〈動詞〉〈会社・お店など〉を経営する／管理する
(c)〈動詞〉[run for A] A に立候補する→ 954

1526 ◆ fine

(a)〈形容詞〉元気な／健康な
(b)〈形容詞〉細かい／細い
(c)〈名詞〉罰金→ 696

▶ (c) pay a **fine**「罰金を支払う」

1525 (a) そんなに速く走れなくてすみません。
(b) 私の友人の中で 2 人がすてきなレストランを経営している。
(c) 彼は次の選挙で大統領に立候補するだろう。
1526 (a) 彼は昨日は病気だったが，今日はとても元気そうに見えた。
(b) 小ぬか雨が降っていた。
(c) 彼女は駐車違反で罰金を支払わなければならなかった。

解答 1520 rest 1521 second 1522 store 1523 current 1524 sense 1525 run 1526 fine

1527 ☒☒☒
(a) What ( ) of business is he in?
(b) Hold the ( ), please. I'll put you through to Mr. Smith.
(c) She had to ( ) up speakers for the conference. 〈長崎大〉

1528 ☒☒☒
(a) Can you ( ) that box on the top shelf?
(b) If I see her, I'll tell her you've been trying to ( ) her.
(c) Keep chemicals out of the ( ) of children. 〈明治大〉

1529 ☒☒☒
(a) I have written several novels in the ( ) five years.
(b) He is the ( ) person to do such a foolish thing.
(c) The battery for this shaver will ( ) about one year. 〈明治大〉

1530 ☒☒☒
(a) The ballgame was played on a ( ) day.
(b) It quickly became ( ) why he was chosen class president.
(c) After a long flight, David wanted to ( ) customs quickly. 〈長崎大〉

1531 ☒☒☒
(a) He was given a great ( ) of work to do.
(b) I made a ( ) with him to teach me Spanish in exchange for my teaching him guitar.
(c) As manager of the office, I have to ( ) with all sorts of problems every day. 〈長崎大〉

1527 (a) 彼はどんな商売についていますか。
(b) 少々お待ちください。スミス氏におつなぎします。
(c) 彼女は会議で話す人を手配しなければならなかった。

1528 (a) いちばん上の棚にあるあの箱に手が届きますか。
(b) 彼女に会ったら，君が彼女に連絡を取ろうとしていたと伝えます。
(c) 化学薬品は子どもの手の届かないところに保管しなさい。

1529 (a) 私はこの５年間で何冊かの小説を書いた。
(b) 彼はそんな愚かなことをするような人では決してない。
(c) このひげそりのバッテリーは約１年もちます。

1527 ◆ line

(a)〈名詞〉職業／商売
(b)〈名詞〉電話回線
(c)〈動詞〉[line up A / line A up] A を手配する／確保する／準備する

▶ (a) **What line of business is S in?**「S はどんな商売についていますか」
(b) **Hold the line, please.**「(電話を切らずに) 少々お待ちください」→ 1403

1528 ◆ reach

(a)〈動詞〉(手を伸ばして) A を取る／ A に触れる
(b)〈動詞〉(電話・メールで) A に連絡を取る
(c)〈名詞〉[out of the reach of A] A の手の届かないところに→ 1236

1529 ◆ last

(a)〈形容詞〉この前の／最も近い
(b)〈形容詞〉[the last ＋名詞＋ to do ...] 最も…（しそうに）ない〜→ 485
(c)〈動詞〉(ある期間効果が) 持続する／衰えない

▶ (a) in the **last** ... years「この…年間で」

プラス　動詞 last には「(時間的に) 続く (= continue)」という意味もある。
The storm **lasted** (for) three days.
「嵐は 3 日間続いた」

1530 ◆ clear

(a)〈形容詞〉(空・天気が) 晴れた／快晴の
(b)〈形容詞〉明らかな
(c)〈動詞〉(税関など) を通過する

▶ (b) **It becomes clear that SV [疑問詞 SV]**「…ということ［…か］は明らかになる」

プラス　clear には clear A of B で「A から B を取り除く」という意味もある。
I had to **clear** the area **of** snow.
「私はその区域から雪を取り除かなくてはならなかった」

1531 ◆ deal

(a)〈名詞〉量／程度
(b)〈名詞〉取り引き／契約
(c)〈動詞〉[deal with A] A を扱う／処理する→ 899

▶ (a) **a great[good] deal of A**「たくさんの A (不可算名詞)」→ 772
(b) **make[cut] a deal with A**「A と合意に達する／取り引きをする」

重要　□ in exchange for A「A と引き換えに」

1530 (a) 晴れた日に野球の試合が行われた。
(b) なぜ彼が学級委員長に選ばれたのかすぐに明らかになった。
(c) 長い空の旅の後で，デイビッドはさっさと税関を通過したいと思った。
1531 (a) 彼はたくさんの仕事を与えられた。
(b) 私が彼にギターを教えるのと引き換えに，彼が私にスペイン語を教えるという合意に達した。
(c) 私は部長として毎日あらゆる問題を処理しなければならない。

解答 1527 line 1528 reach 1529 last 1530 clear 1531 deal

1532 (a) In her present ( ) of mind, she cannot make a decision.
(b) Hawaii is the only island ( ) of the USA.
(c) You should ( ) your opinion clearly. 〈明治大〉

1533 (a) Critics ( ) out that the prince, on his income, should be paying tax.
(b) The supports beneath the iron bridge have decayed to the ( ) where they are hazardous.
(c) Let's stick to discussing whether the road should be built at all. The exact cost is beside the ( ). 〈慶應義塾大〉

1534 (a) There is still wide disagreement among doctors as to the ( ) of the disease.
(b) Some people are enthusiastic about raising a fund in support of a good ( ), such as a charity.
(c) Eating too much fat is considered to ( ) heart disease. 〈慶應義塾大〉

1535 (a) Please bear in ( ) that the meeting starts early tomorrow.
(b) He must be out of his ( ) to do such a thing.
(c) Do you ( ) my smoking?
(d) I heard the station announcement, "( ) the gap!" 〈明治大〉

1536 (a) This exam will be ( ) in ten minutes.
(b) She was ( ) eighty when she started learning English.
(c) Let's talk ( ) a cup of tea.
(d) She is crying ( ) the loss of her dog. 〈明治大〉

1532 (a) 現在の心理状態では，彼女は決定することはできない。
(b) ハワイはアメリカ合衆国の唯一の島の州である。
(c) 自分の意見をはっきりと述べるべきだ。
1533 (a) 王子は収入に基づいて税金を払うべきだと評論家たちは指摘している。
(b) 鉄橋の支柱は腐食して危険な段階に達している。
(c) そもそも道路を建設すべきかどうかという議論に専念しましょう。正確な費用は重要ではありません。
1534 (a) その病気の原因に関しては医者の間でまだ大きく意見が分かれている。
(b) 慈善事業などの立派な大義を支持して熱心に資金集めをする人もいる。
(c) 脂肪を摂りすぎることが心臓病を引き起こすと考えられている。

1532 ◆state

(a)〈名詞〉状態／状況
(b)〈名詞〉(米国などの）州
(c)〈動詞〉A を述べる

▶ (a) **a state of mind**「心理状態／精神状態」

1533 ◆point

(a)〈動詞〉[point out that SV] …ということを指摘する→ 1109
(b)〈名詞〉段階／程度
(c)〈名詞〉要点

▶ (b) **to the point where SV**「…という段階［程度］にまで（達している)」
(c) **beside the point**「要点を外れて／要領を得ない」→ 1240

1534 ◆cause

(a)〈名詞〉原因
(b)〈名詞〉(社会的な運動の）理想／大義／目標
(c)〈動詞〉A を引き起こす

1535 ◆mind

(a)〈名詞〉精神／心
(b)〈名詞〉正気／健全な精神状態
(c)〈動詞〉…を気にする／いやがる
(d)〈動詞〉[命令文で] …に注意しなさい／気をつけなさい

▶ (a) **bear [keep] in mind that SV**「…ということを心に留めておく」→ 1068
(b) **out of one's mind**「正気ではない／常軌を逸して」
(c) **Do you mind my doing ...?**「(私が）…してもいいですか」→ 532
(d) **Mind A!**「A に注意しなさい／気をつけなさい」
Mind your steps!「足下に気をつけて」

1536 ◆over

(a)〈副詞〉終わって→ 815
(b)〈前置詞〉A（数量）を超えて
(c)〈前置詞〉A をしながら／ A をする間に→ 353
(d)〈前置詞〉A について

▶ (d) **cry over A**「A のことで泣く」

1535 (a) 明日の会議は早く始まることを覚えておいてください。
(b) そんなことをするとは彼は頭がおかしいにちがいない。
(c) タバコを吸っても構いませんか。
(d)「電車とホームの隙間にご注意ください」という駅のアナウンスが聞こえた。
1536 (a) この試験は10分後に終わる。
(b) 英語を学び始めたとき，彼女は80歳を超えていた。
(c) お茶を飲みながら話そう。
(d) 彼女は飼い犬を亡くしたことで泣いている。

解答 1532 state 1533 point 1534 cause 1535 mind 1536 over

1537 (a) It was quite (　　) of you to refuse the offer.
☒☒☒ (b) If you face the north, the east is on your (　　).
基本 (c) Might is (　　).
(d) The criminal is revealed (　　) at the beginning of the film. 〈明治大〉

1538 (a) My father earns a six- (　　) salary.
☒☒☒ (b) He's become a public (　　).
(c) Miki is a (　　) skater.
(d) I can't (　　) out why she said so. 〈明治大〉

1539 (a) Her husband is so (　　) with money.
☒☒☒ (b) Rembrandt lived in a (　　) house in a (　　) street.
(c) What does that sign (　　)?
(d) This new project will (　　) working overtime. 〈明治大〉

1540 (a) He had a (　　) sleep last night.
☒☒☒ (b) A (　　) mind in a (　　) body.
(c) My dog went out of the house without making a (　　).
(d) The two words, "son" and "sun," (　　) the same, but they are spelled differently. 〈明治大〉

1537 (a) その申し出を断るとは君はまったく正しかった。
(b) 北を向けば，東は右方向になる。
(c) 力は正義なり［勝てば官軍］。〈ことわざ〉
(d) 犯人はまさに映画の最初で明かされる。
1538 (a) 父は6桁(けた)の給与を稼ぐ。(父は何十万ドルも稼ぐ)
(b) 彼は有名人になった。
(c) ミキはフィギュアスケートの選手だ。
(d) なぜ彼女がそんなことを言ったのか理解できない。
1539 (a) 彼女の夫はお金にとてもけちだ。
(b) レンブラントはみすぼらしい通りのみすぼらしい家に住んでいた。
(c) その標識の意味は何ですか。
(d) この新プロジェクトを始めると，残業をすることになるだろう。
1540 (a) 彼は昨晩熟睡した。
(b) 健全な肉体には健全な精神が宿る。〈ことわざ〉
(c) 私の犬は音を立てずに家の外へ出た。
(d)「son（息子)」と「sun（太陽)」という2つの単語の発音は同じだが，つづりは異なる。

1537 ◆right

(a)〈形容詞〉正しい／間違っていない
(b)〈名詞〉右
(c)〈名詞〉正義／善
(d)〈副詞〉(場所・時などを強調して) ちょうど／真に

▶ (a) **It is right of A to do ...**「…するとはA (人) は正しい」→ 122
(b) **on one's [the] right**「右手に／右側に」
(c) **right**「正義／善」
the difference between **right** and wrong「善悪の区別」
(d) **right**「(場所・時などを強調して) ちょうど／真に」
right here「ちょうどここで」,
right in front of A「Aの真正面」,
right under the desk「机のちょうど真下」

プラス right には「権利」という意味もある。

1538 ◆figure

(a)〈名詞〉数字 (= number)／桁(けた) (= digit)
(b)〈名詞〉人物
(c)〈名詞〉フィギュア (スケート)
(d)〈動詞〉[figure out A / figure A out] Aを理解する (= understand A) → 865

▶ (b) public **figure**「有名人」
他にも leading **figure**「大物」, political **figure**「政界の実力者」を覚えておこう。
(c) **figure** skater「フィギュアスケートの選手」

プラス figure には「図形」「図解」という意味もある。

1539 ◆mean

(a)〈形容詞〉けちな
(b)〈形容詞〉(家・場所などが) みすぼらしい
(c)〈動詞〉…を意味する
(d)〈動詞〉[mean doing] (結果として)…することを意味する／(結果として)…することになる→ 548

▶ (a) **be mean with A**「Aに対してけちである」

1540 ◆sound

(a)〈形容詞〉(眠りが) 深い
(b)〈形容詞〉(身体・精神などが) 健全な
(c)〈名詞〉音
(d)〈動詞〉[sound C] Cの音がする／Cのように聞こえる→ 整理して覚える 053 (p. 258)

▶ (a) **have a sound sleep**「熟睡する」
(c) **make a sound**「音を立てる」

解答 1537 right 1538 figure 1539 mean 1540 sound

1541 (a) The opera singer had to give up the title role in Carmen (　　) to a bad cold.
(b) The report is (　　) on Wednesday, but I haven't even started to write it.
(c) The matter will be settled in (　　) course of time.
(d) The professor was satisfied because he was treated with (　　) respect.
(e) Her first baby is (　　) in June. 〈明治大〉

整理して覚える 118　その他の重要多義語

A. 注意すべき動詞の意味を持つ語

□ **bear**「〈動詞〉［bear doing］…することを我慢する，〈名詞〉熊」
□ **book**「〈名詞〉本，〈動詞〉（座席・部屋・切符）を予約する」
□ **cover**「〈動詞〉①…を覆う，②（距離）を行く，〈名詞〉表紙」
□ **count**「〈動詞〉①…を数える，②重要である」
□ **do**「〈動詞〉①…をする，②間に合う／役立つ／十分である→603」
□ **face**「〈動詞〉①…に直面する，②…に面している，〈名詞〉顔」
□ **hand**「〈動詞〉［hand A in / hand in A→879］Aを提出する，〈名詞〉手」
□ **handle**「〈動詞〉…を扱う，〈名詞〉取っ手／ハンドル」
□ **lie**「〈名詞〉うそ，〈動詞〉うそをつく，横になる→612」
□ **move**「〈動詞〉①動く，②…を感動させる」 □ **object**「〈名詞〉物体，〈動詞〉反対する」
□ **observe**「〈動詞〉①…に気づく，②…を観察する，③（法律など）を守る，④…と述べる」
□ **park**「〈名詞〉公園，〈動詞〉…を駐車する」
□ **pay**「〈動詞〉①支払う，②割に合う／利益を生む→602」
□ **touch**「〈動詞〉①…に触る，②…を感動させる，〈名詞〉感触」
□ **train**「〈名詞〉電車，〈動詞〉…を訓練する」

B. 注意すべき名詞の意味を持つ語

□ **bill**「〈名詞〉①勘定（書），②法案，③紙幣」
□ **can**「〈名詞〉缶，〈助動詞〉…できる」
□ **capital**「〈名詞〉①首都，②資本，③［a capital letter で］大文字」
□ **change**「〈名詞〉おつり→1394，〈動詞〉…を変える」
□ **character**「〈名詞〉①性格，②特徴，③文字」
□ **charge**「〈名詞〉（サービスに対する）料金，〈動詞〉…を告発する」
□ **check**「〈名詞〉①小切手，②勘定」 □ **company**「〈名詞〉①会社，②同行，同伴→1444」
□ **end**「〈動詞〉…を終える／終わる，〈名詞〉①端／突きあたり，②目的→1435」

1541 (a) ひどい風邪のせいで，そのオペラ歌手はカルメンの主役をあきらめなければならなかった。
(b) そのレポートの締め切りは水曜日だが，まだ書き始めてすらいない。
(c) その問題はそのうち解決するだろう。
(d) しかるべき敬意をもって扱われたので，その教授は満足した。
(e) 彼女の初めての子どもは6月に生まれる予定だ。

1541 ◆due

(a)〈形容詞〉[due to A] A の理由で→1270
(b)〈形容詞〉[A is due ...] A は…が提出[返済] 期限である
(c)〈形容詞〉しかるべき／相応の
(d)〈形容詞〉(尊敬などを) 当然受けるべき
(e)〈形容詞〉[A is due ...] A (子ども) が…に生まれる予定の

▶ (c) **in due course of time**「いずれ時期が来れば／やがて／そのうち」
(d) **with due respect**「しかるべき敬意をもって／相応の敬意をもって」

プラス due には「A (人や乗り物) が… (場所や時間) に到着予定の」という意味もある。
The train is due in five minutes.「列車は 5 分後に到着予定だ」

□ fall「〈名詞〉①落下，②秋，〈動詞〉①落ちる，② (温度・値段などが) 下がる」
□ firm「〈名詞〉会社／企業，〈形容詞〉(情報・証拠などが) 確かな／確実な」
□ game「〈名詞〉①ゲーム，②獲物」 □ gift「〈名詞〉①贈り物，②才能」
□ interest「〈名詞〉①興味，②利子，③利害，〈動詞〉…に興味を持たせる」
□ kind「〈形容詞〉優しい，〈名詞〉種類」
□ leave「〈動詞〉①…を去る，②…を残す，〈名詞〉休暇」
□ look「〈動詞〉…に見える，〈名詞〉表情」
□ lot「〈名詞〉①運命，② (土地などの) 一区画」
□ match「〈名詞〉好敵手，〈動詞〉(もの) に調和する／つり合う→649」
□ mine「〈名詞〉①私のもの，②鉱山」
□ order「〈動詞〉①…を命令する→578，②…を注文する，〈名詞〉①命令，②順序，③秩序」
□ part「〈名詞〉①部分，②役割，〈動詞〉別れる」
□ period「〈名詞〉①ピリオド，②期間，③時代」
□ place「〈名詞〉①場所，② (社会的な) 地位／身分，〈動詞〉…を置く」
□ respect「〈動詞〉…を尊敬する，〈名詞〉①尊敬，②点」
□ room「〈名詞〉①部屋，②余地／機会／可能性→680，③空間／場所／スペース→681」
□ story「〈名詞〉①物語，② (建物の) 階」 □ tongue「〈名詞〉①舌，②言語」
□ well「〈名詞〉井戸，〈形容詞〉元気な／健康な」
□ will「〈助動詞〉…だろう，〈名詞〉①意志，②遺言」

C. 注意すべき形容詞の意味を持つ語
□ content「〈形容詞〉満足して，〈名詞〉①内容，②目次」
□ even「〈副詞〉…でさえ，〈形容詞〉①平らな，②同等の」
□ fine「〈形容詞〉①元気な，②細かい，〈名詞〉罰金→696，〈動詞〉…に罰金を科す」
□ grave「〈形容詞〉(状況などが) 重大な，〈名詞〉墓」
□ minute「〈名詞〉分，〈形容詞〉[mainjú:t] 細かい」

D. 注意すべき副詞の意味を持つ語
□ home「〈名詞〉家，〈副詞〉十分に／痛烈に」

E. 注意すべき前置詞の意味を持つ語
□ but「〈接続詞〉しかし，〈前置詞〉…以外の／…を除いた→355」

解答 1541 due

コラム

句と節④

(4) 関係詞⇒形容詞節を導く

（例）The students explained to me the reason **why they were late for the lecture**. 「学生たちは講義に遅れた理由を私に説明した」

▶ why は関係副詞。why they were late for the lecture は名詞 reason を修飾する形容詞節。

〈例外〉what は名詞節を（→ Section **071**（p. 117））導き，whoever などは名詞節や副詞節を（→ Section **076**（p. 125）），however などは副詞節を（→ Section **077**（p. 129））導く。

(5) 接続詞⇒副詞節を導く

接続詞がつなぐ２つの文の関係に注目して，〈接続詞＋文〉を「従属節」，それが修飾する文を「主節」と呼ぶことも多い。「従属節＝副詞節」と考えてよい。

（例）The game will be called off **if it rains tomorrow**.
「もし明日，雨が降れば，その試合は中止されるだろう」

▶ The game will be called off が主節で，if it rains tomorrow が従属節。

〈例外〉and, or, but などの等位接続詞は節を導くことはない（→ Section **078**（p. 131））。
that, if, whether は名詞節を導くこともある（→ Section **080**（p. 133）／ **081**（p. 137））。

(6) 前置詞⇒形容詞句（例1）と副詞句（例2）を導く

（例1）The picture **on the wall** is beautiful. 「壁にかかっているその絵は美しい」

▶ on the wall は名詞 picture を修飾する形容詞句。

（例2）I put the picture **on the wall**. 「私は壁にその絵をかけた」

▶ on the wall は動詞 put を修飾する副詞句。

（注）on the wall という同じ前置詞句が，形容詞句（→例1）と副詞句（→例2）という異なる働きをしている。

〈例外〉〈of ＋ 抽象名詞〉は補語に用いられる（→ Section **104**（p. 171））。

(7) 疑問詞⇒名詞節を導く

I wonder **why he doesn't agree to my plan**.
「どうして彼は僕の計画に同意してくれないのだろうか」

▶ why は疑問副詞。名詞節 why he doesn't agree to my plan は目的語に用いられている。

このように句・節という語のかたまりには「今から句・節が始まる」ことを教えてくれる目印がある。その目印が，前置詞・不定詞・動名詞・分詞・関係詞・疑問詞・接続詞の7つである。英文の構造を正確に理解するためには，この7つの目印にまず注目して句・節の始まりを知り，次にどこまでが句・節の範囲かを決定し，さらに文中での句・節の働き（＝名詞・形容詞・副詞）を確認するという手順を踏めばよい。

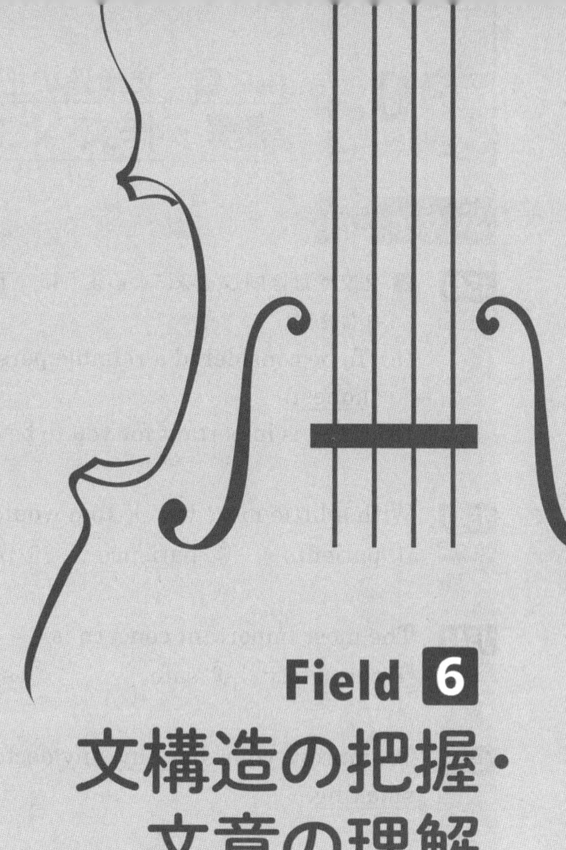

Field 6 文構造の把握・文意の理解

学習の心構え

文構造の把握・文意の理解では，「読解・作文」がキーワードになる。これまでの学習で得た文法知識をもとに，**各英文の構造を正確に把握し，自然な文意が通るかどうかを検証する演習**を行っていくことになるが，これは**英文を読むときにも英文を書くときにも必ず実行するとても大切な作業**であることを強く意識してもらいたい。

このフィールドでは，文構造を把握する力を強化するため，文型の基本となる**品詞の用法**，さまざまな働きをする**多機能語**，英語特有の**冠詞**，通常は連続する**主語と述語動詞の分離**，基本的に文頭に置かれる**主語の後置**，感覚的に処理しがちな**等位接続詞がつなぐ要素**について学ぶ。すべて，**文意が通るかどうか**も必ず確認する。文構造と文意が成立してはじめて，読解と作文の両方で活用できる正しい英文と言えるからである。

55の設問を繰り返し解くことで，読解・作文の両方で活用できる思考回路を着実に身につけることができるようになるだろう。

Field 6 文構造の把握・文意の理解
読解・作文へつなげる 55 問

Section 270

1542 ■ 2文がほぼ同じ意味になるように，下線部を適切な形に書きかえて空所に入れなさい。

(a) To be considered a reliable person, it is important for you to be honest.

(b) (　　) is important for you to be considered a reliable person. 〈芝浦工大〉

1543 With a little more (　　), Tom would be an outstanding athlete.

① patients　② patience　③ patiently　④ patient 〈武蔵野大〉

1544 The most important concern is (　　) of the passengers.

① the safety　② safe　③ safely　④ safer 〈神奈川大〉

1545 To improve your ①healthy, any doctor will first advise you ②to stop ③smoking. 〈西南学院大〉

1546 ①Every time ②you across the road, you ③should watch out for ④cars passing by. 〈追手門学院大〉

整理して覚える 119 文型と品詞の対応

英文の意味は語順で決まる。語順の基礎は5つの文型であり，文型は品詞の並びで区別する。これは英文を読むときも書くときも，また，どんなに長く複雑な英文でも同じである。Section 270の目的は，各英文の構造を5文型に照らして把握しながら，品詞の働きを再確認することである。下記の表で文型と品詞の関係を整理しておこう。

第1文型	SV	S（名詞）+V（動詞）
第2文型	SVC	S（名詞）+V（動詞）+C（名詞／形容詞）
第3文型	SVO	S（名詞）+V（動詞）+O（名詞）
第4文型	SVOO	S（名詞）+V（動詞）+O（名詞）+O（名詞）
第5文型	SVOC	S（名詞）+V（動詞）+O（名詞）+C（名詞／形容詞）

1542 (a)(b) 信頼できる人だと思われるためには，正直であることが重要だ。
1543 もう少し忍耐力があれば，トムは非常に優れたアスリートになるだろう。
1544 最も重大な関心事は乗客の安全である。
1545 あなたの健康を増進するために，どんな医師でもまず禁煙を勧めるだろう。
1546 道路を横断するときはいつでも，通行する車に注意したほうがよい。

Section 270 品詞の用法

・整理して覚える 119

1542 ◆ 名詞の用法 ― 主語

▶ 空所以降が is(V) important(C) という構造なので，空所には主語が入るとわかる。**主語 (S) に用いるのは名詞。**名詞の Honesty を入れると，「正直さが重要だ」という文意が通り，(a) ともほぼ同じ意味になるので正解。

1543 ◆ 名詞の用法 ― 前置詞の目的語

▶ Tom(S) would be(V) an outstanding athlete(C) が文として成立しているので，With から空所までは前置詞句だとわかる。**前置詞の目的語 (O) に用いるのは名詞。**②名詞の patience「忍耐力」を入れると，With (前置詞) + a little more (形容詞) + patience (名詞) という構造になり，「もう少し忍耐力があれば」という文意も通るので正解。この with A は「もし A があれば」という意味で，仮定法の条件に用いられる。without A の反意語として理解すればよい (→ 102)。

選択肢 ① 名 patients「患者（の複数形）」→文意が通らない。③ 副 patiently「忍耐強く」
④ 形 patient「忍耐強い」→副詞も形容詞も目的語にはなれない。

1544 ◆ 名詞の用法 ― 補語

▶ The most important concern(S) is(V) ... に続く空所には補語が入る。**補語 (C) に用いるのは名詞か形容詞**だが，直後の of the passengers は名詞を修飾する形容詞句。①名詞の the safety を入れると，「最も重大な関心事は乗客の安全 (＝乗客が安全であること) だ」と構造も文意も通るので正解。

選択肢 ② 形 safe「安全な」④ safer（safe の比較級）→形容詞は補語に用いることができるので構造が成立するように見えるが，of the passengers という形容詞句を続けられない。S is safe は「S は安全だ，安心している，**S には危険がない**」という意味。「関心事が安全だ（=関心事には危険がない）」では文意が通らない。③ 副 safely「安全に」→副詞を補語に用いることはできない。

1545 ◆ 名詞の用法 ― 他動詞の目的語

▶ improve は他動詞なので目的語 (O) が必要だが，① healthy「健康な」は形容詞。**他動詞の目的語 (O) に用いられるのは名詞**なので，この部分が間違い。healthy を名詞の health に訂正すれば，improve(V) your health(O) という構造になり，「健康を増進する」という文意も通るので正解。

1546 ◆ 動詞の用法 ― 述語動詞

▶ Every time SV「…するときはいつでも」は副詞節。節（文）には述語動詞 (V) が必要だが，② you across the road には述語動詞が存在しないので誤り。**述語動詞 (V) には動詞を用いる**ので，前置詞 across を他動詞 cross「～を横断する」に訂正すれば，you(S) cross(V) the road(O) という構造になり，「あなたが道路を横断する」と文意も通るので正解。

▶ you walk across the road などとしても正解。you(S) walk(V) <across the road> (副詞句) という構造で，「あなたが道路を歩いて横切る」という文意になる。

解答 1542 Honesty 1543 ② 1544 ① 1545 ①→health 1546 ②→you cross the road

1547 People say Japan is a (　　) country.
① safest　② safely　③ safety　④ safe　〈奥羽大〉

1548 I am (　　) that my daughter will find a job.
① confidential　② confidently
③ confident　④ confidence　〈南山大〉

1549 Robots can handle some difficult tasks more (　　) than people.
① easier　② easily　③ easiness　④ easy　〈立命館大〉

1550 Bookmark an internet website so that you can (　　) find it again.
① ease　② easy　③ easier　④ easily　〈宮城学院女子大〉

1551 The world's economy and workforce have changed (　　) in the last 100 years.
① significant　② significance
③ significantly　④ signify　〈昭和女子大〉

整理して覚える 120　〈まとめ〉形容詞の用法

形容詞は名詞を修飾するとともに，文の要素（補語）にもなるため，文型を判断する上で注意が必要である。また，形容詞と副詞を混同する学習者が多いが，両者の働きは全く異なることを確認しておこう。→ 整理して覚える 121 (p. 542)

名詞を修飾する	形容詞＋名詞	形容詞は**名詞の前**に置くのが原則
	名詞＋形容詞＋α	形容詞が他の語句を伴う場合は**名詞のあと**に置く
補語（C）	SVC（第 2 文型）	**主語**（S）の性質・状態を表す
	SVOC（第 5 文型）	**目的語**（O）の性質・状態を表す

1547 日本は安全な国だと言われる。
1548 私は，娘が就職することを確信している。
1549 一部の困難な課題は，人間よりもロボットの方が簡単に処理することができる。
1550 簡単にまた見つけることができるように，インターネットのウェブサイトをブックマークしておきなさい。
1551 世界の経済と労働力はこの100年で大きく変化した。

1547 ◆形容詞の用法 ― 名詞修飾(形容詞＋名詞の語順)

▶ a (冠詞)＋空所＋country (名詞) という構造から，空所には country (名詞) を修飾する語が入るとわかる。**名詞を修飾できるのは形容詞。**④形容詞の safe を入れると，a (冠詞)＋safe (形容詞)＋country (名詞)「安全な国」と構造も文意も通るので正解。

選択肢 ① safest は最上級。**〈形容詞の最上級+名詞〉には the が必要**(→ まずは確認 036 (p. 193))。② 副 safely「安全に」→副詞は名詞を修飾できない。③ 名 safety「安全」→原則として名詞は名詞を修飾できない。

1548 ◆形容詞の用法 ― 補語(SVC)

▶ 空所に補語(C)が入れば，第2文型(SVC)の文が成立する。補語 (C) には名詞または形容詞を用いる。ただし，**主語(S)の性質・状態を表す第2文型(SVC)の補語には形容詞を用いるのが原則。**本問の場合，③形容詞の confident を入れると，I(S) am(V) confident(C) that ... という構造になり，「私は…を確信している」と文意も通るので正解。

選択肢 ① 形 confidential「(情報が) 極秘の」→文意が通らない。② 副 confidently「自信を持って」→副詞を補語に用いることはできない。④ 名 confidence「自信」→名詞は補語に用いることができるが，「私は自信である」では文意が通らない。

1549 ◆副詞の用法 ― 動詞修飾 (SVO＋副詞)

▶ Robots(S) can handle(V) some difficult tasks(O) と SVO の文が成立しており，直前に more があるため，空所には副詞が入るとわかる。**副詞は動詞を修飾することができる。**空所に② 副詞の easily「簡単に」を入れると，動詞 handle を修飾し「もっと簡単に処理できる」という文意も通るので正解。本問のように，**動詞の様子を表す副詞 (＝どのように～するか) は動詞 (＋目的語) のあとに置くことが多い。**

選択肢 ① 形 easier「もっと簡単な」〈比較級〉④ 形 easy「簡単な」→形容詞は動詞を修飾できない。③ 名 easiness「簡単さ」→名詞は動詞を修飾できない。

1550 ◆副詞の用法 ― 動詞修飾 (S＋副詞＋VO)

▶ 空所を含む部分は so that S can do「Sが…するために」(→ 310) の表現。助動詞と動詞の間に置けるのは副詞。④ easily を入れると，you(S) can easily (副詞) find(V) it(O) という構造になり，「あなたがそれを簡単に見つけられるように」と文意も通るので正解。

▶ **動詞の様子を表す副詞は「否定文にしたときの not の位置」に置くことができる。**you cannot find it の not の位置に easily を置いたと理解すればよい。動詞 (＋目的語) のあとに置いた you can find it again easily という語順も正しい (→ 1549)。

選択肢 ① 名 ease「簡単さ」→名詞は動詞を修飾できない。② 形 easy「簡単な」③ easier「より簡単な」(easy の比較級) →形容詞は動詞を修飾できない。

1551 ◆副詞の用法 ― 動詞修飾 (SV＋副詞)

▶ The world's economy and workforce(S) have changed(V) ＋ 空所 ＋in the last 100 years (副詞句) と文が成立している。③ 副詞の significantly を入れると，動詞 changed を修飾し「大きく変化した」と文意も通るので正解。

▶ 本問の significantly は**動詞の程度を表す副詞(＝どの程度～するか)。動詞の程度を表す副詞も，動詞 (＋目的語)のあとや「否定文にしたときの not の位置」に置くことができる。**

選択肢 ① 形 significant「重要な」→形容詞は動詞を修飾できない。② 名 significance「重要性」→他動詞 change の目的語になれるが，「重要性を (別のものに) 変えた」では文意が不自然。④ 動 signify「(物・記号が) …を示す」→構造も文意も成立しない。

解答 1547 ④ 1548 ③ 1549 ② 1550 ④ 1551 ③

Field 6 文構造の把握・文意の理解

1552 This tour package is (　　) more expensive than the one we were considering.

① significantly　② significance
③ significant　④ signify 〈東海大〉

1553 These days, Southeast Asia is becoming an (　　) important market for our company.

① increase　② increased
③ increasing　④ increasingly 〈日本大〉

1554 After a long and heated discussion, we finally came to a conclusion (　　) enough to make everybody agree with it.

① reasonable　② reasonably
③ reason　④ reasoning 〈宮崎大〉

1555 Some people find traffic rules ①irritating, but there's a reason behind every ②rule — which ③is to keep you ④safety. 〈西南学院大〉

1556 ①In her first year of research, Dr. Johnson ②has discovered a formula that ③may effect the study of mathematics ④all over the world. 〈京都外国語大〉

整理して覚える 121 〈まとめ〉副詞の用法

(1) 副詞は**文要素**（S / V / O / C）に用いることはできない。
(2) 副詞は「**名詞以外**」を修飾する。*cf.* **名詞**を修飾するのは形容詞→ 整理して覚える 120 (p. 540)
(3)「**名詞以外**」とは，**動詞**，**形容詞**，**副詞**，句，節，文など。
(4) 副詞の位置は「**修飾する要素の前**」が原則だが，**動詞**を修飾する場合は**動詞**（**＋目的語**）**の後**に置くことができる。
(5) 一部の副詞は「否定文にしたときの **not** の位置」に置くことができる。
(例) 動詞の**頻度**を表す副詞（always / usually / often / sometimes / rarely / never など）の位置
I was always cheerful.「いつも元気だった」☞ was not cheerful の not の位置
I always have a problem.「いつも問題を抱えている」☞ do not have の not の位置
I can always take a taxi.「いつもタクシーを利用できる」☞ cannot take の not の位置
I have always been busy.「ずっと忙しかった」☞ have not been の not の位置

1552 このパック旅行は，私たちが検討していたものよりもかなり高価だ。
1553 最近，東南アジアは当社にとってますます重要な市場となってきている。
1554 長く激しい議論の結果，私たちはようやく皆を同意させるのに十分妥当な結論に達した。
1555 交通規則を煩わしいと感じる人もいるが，すべての規則の裏には，安全を守るという理由があるのだ。
1556 ジョンソン博士は，研究を始めて１年目で，世界中の数学の研究に影響を与えるかもしれない公式を発見した。

1552 ◆副詞の用法 — 形容詞修飾(副詞＋形容詞の語順)

▶ This tour package(S) is(V)＋空所＋more expensive(C) という構造。空所には形容詞 expensive を修飾する語が入る。**形容詞を修飾できるのは副詞**で，〈**副詞＋形容詞**〉の語順が原則。① 副詞の significantly を入れると，significantly（副詞）＋more expensive（形容詞）という構造で，「…よりもかなり高価だ」という文意も通るので正解。

1553 ◆副詞の用法 — 形容詞修飾(副詞＋形容詞＋名詞の語順)

▶ an＋空所＋important（形容詞）＋market（名詞）という構造。④副詞の increasingly を入れると，an increasingly important market「ますます重要な市場」と構造も文意も通るので正解。〈**(冠詞＋)副詞＋形容詞＋名詞**〉という語順に注目。

選択肢 ① 動 increase「増加する」 ② increased は動詞の過去形か過去分詞 ③ increasing は動名詞か現在分詞→すべて文構造が成立しない。

1554 ◆形容詞の用法 — 名詞修飾(名詞＋形容詞句の語順)

▶ enough は必ず形容詞や副詞のあとに置く（→138）ので，空所には形容詞か副詞が入るとわかる。

▶ 空所に① 形容詞 reasonable「妥当な」を入れると，a conclusion（名詞）＋reasonable enough to ...（形容詞＋α）という，reasonable 以下が conclusion を後置修飾する構造になる。「…するのに十分妥当な結論」という文意も通るので正解。

▶ **形容詞は名詞を修飾し〈形容詞＋名詞〉という語順が原則**だが，**形容詞が他の語句を伴う形容詞句の場合は〈名詞＋形容詞＋α〉という語順になる**のが一般的。これは名詞を修飾する分詞（句）と同じ使い分け（→まずは確認 018（p. 91））。

選択肢 ② 副 reasonably「分別を持って」→ came を修飾するが，文意が通らない。③ 名 reason「理由」 ④ 名 reasoning「論理的な思考」→原則として名詞は名詞を修飾できない。

1555 ◆形容詞の用法 — 補語(SVOC)

▶ keep O C は「O を C（の状態）にしておく」という意味（→187，188）。**目的語（O）の性質・状態を表す第５文型（SVOC）の補語には形容詞を用いるのが原則**。本問の④ safety「安全」のような**抽象名詞を用いることはない**。④を形容詞 safe に訂正すれば，keep(V) you(O) safe(C) という構造になり，「あなたを安全な状態にしておく」という文意も通るので正解。

選択肢 ① Some people(S) find(V) traffic rules(O) irritating(C) という構造。irritating は分詞形容詞。traffic rules と irritating は能動関係。→しっかり理解 026（p. 330）
② every＋単数名詞「どの〈名詞〉…」→733 ③非制限用法の関係代名詞節の動詞。

1556 ◆助動詞＋動詞の原形

▶ 助動詞 may の直後に effect が来ている。**effect** は「影響」という意味の**名詞**で用いるのが一般的。**助動詞の後には動詞の原形を用いる**ので，③が誤り。**動詞の affect**「～に影響する」に訂正すれば，a formula that(S) may affect(V) the study(O) という構造になり，「研究に影響するかもしれない公式」と文意も通るので正解。（→1052，1447）。

解答 1552 ① 1553 ④ 1554 ① 1555 ④→safe 1556 ③→may affect

Section 271

■ 以下の設問は，長文問題からの抜粋である。下線部がほぼ同じ用法の文を１つ選びなさい。

1557 As a matter of fact, in the West people often don't hesitate to tear open the wrapping paper. I think **that** shows their excitement.

① I found his bag **that** was left on the chair.
② The picture showed **that** he did not take the book.
③ It is said **that** the book was written by the president.
④ Nobody is responsible for **that**. 〈高崎経済大〉

1558 The group constantly gets questions about fake medical schemes **that** promise to "detoxify" the body.

〈語注〉The group ここでは「インチキ医療」に関する相談を受ける団体
fake medical scheme「偽の医療計画」 detoxify「～を解毒する」

① The educational system of Japan is different from **that** of France.
② Have you read **that** book which was recommended in the book review?
③ What do you think of the news **that** was reported on TV today?
④ You must be aware of the fact **that** he is a brilliant student. 〈中央大〉

1559 Babies don't read books, and they don't know **that** many people.

① I knew **that** something strange was about to happen.
② **That** is an approximate account of what happened.
③ **That** question is impossible to answer.
④ Their comprehension does not extend **that** far. 〈神戸市外国語大〉

まずは確認 048 多機能語

that, as, to do, doing など，さまざまな品詞や用法に使われる語句を本書では「多機能語」と呼ぶ。多機能語の区別ができれば文構造を把握するスピードが上がり，しかも正しく読解することができるようになる。作文においても，正しい骨組みで英文を書く上で多機能語の知識は欠かせない。

1557 実は，欧米では包装紙を破って開けるのをためらわないことが多い。それは，彼らの興奮を表していると私は思う。① 椅子の上に置き忘れられている彼のバッグを見つけた。② その写真は彼が本を持ち去っていないことを示していた。③ その本は社長によって書かれたと言われている。④ だれにもそれに対する責任はない。

1558 その団体は，肉体を「解毒する」ことを約束する偽の医療計画に関する質問を絶えず受けている。
① 日本の教育制度は，フランスの教育制度とは異なっている。② 書評で薦められていた本は読みましたか。③ 今日テレビで報道されたニュースについてどう思いますか。④ 彼が優秀な学生であるという事実は知っているはずです。

1559 赤ちゃんは本を読まないし，それほど多くの人を知らない。
① 何か奇妙なことが起こりかけていることはわかっていた。② それは起こったことのおおよその説明である。③ その質問は答えるのが不可能だ。④ 彼らの理解力はそこまでは及ばない。

Section 271《 多機能語 that の区別

まずは確認 048
整理して覚える 122 (p. 552)

1557 ◆ 指示代名詞の that

▶ that の直後に shows があることに注目。that(S) shows(V) their excitement(O) という構造の文が成立するので，that は**前の文の内容を受ける指示代名詞**とわかる。「そのこと（=包装紙を破って開けるのをためらわないこと）は彼らの興奮を表している」という文意も通る。tear open A「A（封筒など）を破って開ける」

▶〈I think that SV〉「～と思う」で使われる接続詞の that と考えると，that 節内の述語動詞の shows に対応する主語が存在しないことになるので構造的に不可。

① 関係代名詞。his bag が先行詞で，that 節内は that(S) was left(V) <on the chair> という「不完全な文」の構造（→ まずは確認 022 (p. 103)）。

② 接続詞。that 節は他動詞の show の目的語。that 節内は he(S) did not take(V) the book(O) という「完全な文」の構造（→ しっかり理解 012 (p. 133)）。

③ 接続詞。that 節は真主語（→ まずは確認 046 (p. 304)）。that 節内は the book(S) was written(V) <by the president> という「完全な文」の構造）。

④ 指示代名詞。前置詞 for の目的語。よって④が正解。

1558 ◆ 関係代名詞の that

▶ fake medical schemes（名詞）+that+promise(V) to... という構造。fake medical schemes が先行詞で，that は**主格（S）の関係代名詞**。「肉体を『解毒する』ことを約束する偽の医療計画」という文意も通る。

① 指示代名詞。前置詞 from の目的語。the educational system of France「フランスの教育制度」の the educational system を that で代用している（→ 715）。

② 形容詞。あとの名詞の book を修飾する。

③ 関係代名詞。the news が先行詞で，that 節内は that(S) was reported(V) <on TV> <today> という「不完全な文」の構造（→ まずは確認 022 (p. 103)）。よって③が正解。

④ 接続詞。that 節は the fact の具体的な内容を説明する同格の名詞節（→ 271）。

1559 ◆ 副詞の that

▶ they(S) don't know(V) + that + many people(O) という構造で文が成立しているので，that は副詞と考えられる。that（副詞）+ many（形容詞）+ people（名詞）「それほど多くの人々」で構造も文意も通る。

▶ 副詞の that は〈**that＋形容詞・副詞**〉という語順で用い，**後に置かれた形容詞・副詞の程度を「それほど～」という意味で強調する**。本問のように**否定文で使われることが多い**。

▶〈I know that SV〉「～ということを知っている」で使われる接続詞の that と考えると，that 節内の主語の many people に対応する述語動詞が存在しないことになる。

① 接続詞。that 節は他動詞の know の目的語。that 節内は something strange(S) was about to happen(V) という「完全な文」の構造（→ しっかり理解 012 (p. 133)）。

② 指示代名詞。文全体の主語。

③ 形容詞。あとの名詞の question を修飾する。

④ 副詞。あとの副詞の far を修飾する。よって④が正解。

解答 1557 ④ 1558 ③ 1559 ④

■以下の設問は，長文問題からの抜粋である。下線部がほぼ同じ用法の文を１つ選びなさい。

1560 Building resilience is key for effective functioning as an adult — or as a college student.

〈語注〉build resilience「回復力を高める」
effective functioning「効率的な活動」

① He wears the same kind of mask as his brother wears.
② If you can finish reading the textbook, I can do it as well.
③ Yesterday, the announcement came as a complete surprise.
④ The homework our teacher gave us is not as easy as you think.

〈國學院大〉

1561 As Takaki explained, good communication in a high-context culture like Japan is very different from that in a low-context culture.

① As a student, I had a lot of freedom.
② As he predicted, the sky cleared up.
③ I took his smile as agreement.
④ She became wiser as she matured.

〈東京理科大〉

1562 Seeing female scientists in real life helps shape young children's views, but those views change as they grow older.

① As I was sick, I did not go to school.
② I forgot about it as time went by.
③ These roses smell just as sweet.
④ She talks as if she knew everything. 〈國學院大〉

1560 回復力を高めることは，大人としての，あるいは大学生としての効率的な活動にとても重要だ。
① 彼は，兄がしているのと同じ種類のマスクをしている。② あなたが教科書を読み終えることができるのなら，私も読み終えることができる。③ 昨日はその発表に心底驚いた。
④ 先生が出した宿題は，あなたが思っているほど簡単ではない。

1561 高木氏が説明したように，日本のようなハイコンテクスト文化における優れたコミュニケーションは，ローコンテクスト文化における優れたコミュニケーションとは大きく異なる。
① 学生のときは多くの自由があった。② 彼が予言したように，空は晴れた。
③ 私は彼の笑顔を同意と受け取った。④ 彼女は成熟するにつれて賢くなった。

1562 実生活で女性科学者の姿を見ることが，幼い子どもたちの考え方を形成するのに役立つが，その考え方は彼らが成長するにつれて変化していく。
① 私は病気だったので，学校には行かなかった。② 時間が経つにつれて，私はそのことを忘れていった。③ このバラもちょうど同じように甘い香りがする。④ 彼女は何でも知っているかのように話す。

Section 272 多機能語 as の区別

整理して覚える 122 (p. 552)

1560 ◆前置詞の as

▶ as の後に名詞が続いているので，この as は前置詞とわかる（→343）。〈as＋名詞〉は形容詞句，あるいは副詞句として働くが，ここでは名詞の effective functioning を後置修飾する形容詞句。「大人としての効率的な活動」という文意も通る。

① 関係代名詞（→246）。the same kind of mask が先行詞で，as(O) his brother(S) wears(V) という構造。他動詞 wear の目的語が欠けていることに注目。

② as well は「～もまた，同様に」という意味の副詞句（→整理して覚える 109 (p. 358)）。

③ 前置詞。**S come as a surprise** は「S は驚きとして来る」が直訳だが，「S は驚きだ／意外だ」という意味の定型表現として覚えよう。よって③が正解。

④ 接続詞。同等比較の〈as＋原級＋as〉は，1つ目の as は副詞で2つ目の as は接続詞（→まずは確認 034 (p. 175)）。

1561 ◆〈様態〉を表す接続詞の as

▶ as の後に文（SV）が続いているので，この as は接続詞とわかる（→整理して覚える 026 (p. 153)）。「高木氏が説明したように」という〈様態〉の意味で文意も通る（→320）。

① 前置詞。**as a boy**［**girl** / **child** / **student**］のように，前置詞 as の目的語に「(少年［少女／子ども／学生］など）成長期に当たる身分を表す名詞」を用いると，「…だったとき（＝when S was ...)」という意味になる。

② 接続詞。「彼が予言したように」という〈様態〉の意味で文意が通る。よって②が正解。

③ 前置詞。**take A as B** は「A を B として受け取る／理解する」という意味。

④ 接続詞。「彼女が成熟するにつれて」という〈比例〉の意味で文意が通る（→319）。

1562 ◆〈比例〉を表す接続詞の as

▶ as の後に文（SV）が続いているので，この as は接続詞とわかる。「彼らが成長するにつれて」という〈比例〉の意味で文意も通る（→319）。helps shape young children's views は，help (to) do「…するのに役立つ」の表現を用いている（→659）。

① 接続詞。「私は病気だったので」という〈理由〉の意味で文意が通る。

② 接続詞。「時間が経つにつれて」という〈比例〉の意味で文意が通る。よって②が正解。

③ **同等比較の〈A as＋原級＋as B〉の表現から，比較対象の as B が省略される**ことがある。この選択肢のように〈just as＋原級〉という形になることが多い。例えば，These roses smell just <u>**as**</u> sweet <u>**as**</u> those roses. から as those roses が省略された形として理解すればよい。

④ as if ... は「まるで…であるかのように」という意味の接続詞（→298）。

解答 1560 ③ 1561 ② 1562 ②

Section 273

■以下の設問は，長文問題からの抜粋である。下線部がほぼ同じ用法の文を１つ選びなさい。

1563 It has been difficult **to draw** attention to the dangers that coral reefs face.

① There are many things **to see** in Sapporo.
② He remembered **to turn off** the lights when he left his room.
③ She locked the door **to keep** everyone out.
④ You are old enough **to understand** others' feelings. 〈北海道科学大〉

1564 His team were the first **to use** the answers to create five categories.

① Is a cat able **to see** in the dark?
② It is an honor **to meet** you.
③ The ceremony was about **to begin**.
④ You are the last person **to wish** it. 〈明治薬科大〉

1565 The power of the press reached levels that had not been reached before, soon **to be overtaken** by radio and television.

〈語注〉 the power of the press「出版物の影響力」

① The best way is **to talk** with your friends.
② John grew up **to be** a scientist.
③ Bill is not a person **to rely on**.
④ Sally knows how **to solve** the problem. 〈國學院大〉

1563 サンゴ礁が直面している危機に注意を引くことは困難だった。
① 札幌には見るべきものがたくさんある。
② 彼は部屋を出るときに電気を消すことを覚えていた。
③ 彼女はみんなが入れないようにドアに鍵をかけた。
④ 君は他人の気持ちを理解できる年齢だ。

1564 彼のチームが，その答えを使って５つのカテゴリーを作り上げた最初だった。
① 猫は暗闇で目が見えますか。
② あなたにお会いできることは光栄です。
③ その式典が始まろうとしていた。
④ あなたがそれを願うなんてありえない。

1565 出版物の影響力はかつて到達したことがなかった水準に到達して，やがてラジオやテレビに追い越された。
① 一番よい方法は友だちと話すことだ。
② ジョンは成長して科学者になった。
③ ビルは頼りになる人物ではない。
④ サリーはその問題を解決する方法を知っている。

Section 273 《 to do の区別 ― 名詞，形容詞，副詞

整理して覚える 122 (p. 552)

1563 ◆ 不定詞の名詞用法

▶ 不定詞の名詞用法，形容詞用法，副詞用法のうち，to draw ... を**名詞用法**と考えれば，It(S：形式主語) has been(V) difficult(C) [to draw ... face]（S：真主語）という構造になり，「…注意を引くことは困難だった」という文意も通る（→ 116）。

① 形容詞用法。to see ... は名詞 many things を後置修飾(→ 118)。

② 名詞用法。to turn off ... は他動詞 remember の目的語。同じ名詞用法なので②が正解。

③ 副詞用法。to keep ... は「目的」の意味（→ 119）。

④〈形容詞＋enough to do〉は「～するほど（十分）…」という意味（→ 139）。enough to do は，形容詞を後置修飾するので，副詞用法に分類できる。

1564 ◆ 不定詞の形容詞用法

▶ to use ... を**形容詞用法**と考えれば，His team(S) were(V) the first(C)（to use ... categories）という構造になり，「彼のチームは…を使った最初だった」という文意も通る（→ まずは確認 013 (p. 68)）。the first が不定詞 to use の主語にあたるパターン。

① be able to do「…することができる」の表現（→ 789）。

② 名詞用法。to meet ... は真主語（→ 116）。

③ be about to do「(まさに）…しようとしている」の表現（→ 28）。

④ 形容詞用法。to wish ... は名詞 the last person を後置修飾する（→ 485）。よって④が正解。

1565 ◆ 不定詞の副詞用法

▶ to be overtaken ... を不定詞の**副詞用法**で「**結果**」の意味と考えれば，The power of the press(S) reached(V) levels(O)（that had not been reached before）（関係詞節），soon <to be overtaken by radio and television> という構造になり,「出版物の影響力は，かつて到達したことがなかった水準に到達して，結果的に（出版物は）やがてラジオやテレビに追い越された」という文意も通る。

① 名詞用法。to talk ... は補語。The best way(S) is(V) [to talk with your friends](C). という構造。

② 副詞用法。to be a scientist は「結果」の意味（→ 126）。よって②が正解。

③ 形容詞用法。to rely on は a person を後置修飾する。rely on a person「人物を頼りにする」という文が前提。名詞 a person は（to rely on の）前置詞 on の目的語にあたる（→ 118）。

④ how to do「どのように…する（べき）か，…する方法」は〈疑問詞＋不定詞〉を用いた表現(→ 115)。Sally(S) knows(V)[how to solve the problem](O). という構造。

解答 1563 ② 1564 ④ 1565 ②

Section 274

1566 ■以下の設問は，長文問題からの抜粋である。下線部がほぼ同じ用法の文を１つ選びなさい。

Having employees with different cultural and educational backgrounds brings new perspectives and viewpoints to operations and products.

① Everyone seems to be **having** a good time.
② **Having** lost all his money, he had to give up his plan.
③ **Having** much to do, the teacher felt depressed.
④ Not **having** a smartphone might make you out of date. 〈金城学院大〉

1567 Newton thought of himself as a "philosopher," a word that dates back to the ancient Greek thinkers and that comes from Greek words **meaning** "lover of wisdom."

① There's something I've been **meaning** to ask you.
② Premiere is a noun **meaning** the first performance.
③ Owls are usually nocturnal, **meaning** that they hunt at night.
④ You should be able to guess the **meaning** of the word from the context. 〈明治薬科大〉

1568 Globally, more than 330 million tons of plastic is produced each year, **leaving** potential sources of microplastic pollution all around us.

① A bomb exploded in the station, **causing** confusion and panic.
② The two girls were, to my surprise, **dancing** on the table.
③ At this temperature, **remaining** snow fields will melt.
④ As you know, **eating** too much chocolate will make you sick. 〈専修大〉

1566 さまざまな文化的背景や学歴を持つ社員がいることで，業務や製品に新たな視点や観点がもたらされる。 ① みんな楽しい時間を過ごしているように見える。 ② 彼は，全財産を失って，計画を断念するしかなかった。 ③ その先生は，やることが多くて，憂鬱な気持ちになった。 ④ スマートフォンを持っていないと，時代遅れになるかもしれない。

1567 ニュートンは，自分のことを「哲学者」だと考えていた。「哲学者」は，古代ギリシャの思想家たちにさかのぼり，「知恵を愛する者」という意味のギリシャ語の単語に由来する言葉である。
① 君にずっと聞こうと思っていたことがあります。 ② プレミアとは初演を意味する名詞である。
③ フクロウはたいてい夜行性であり，これはフクロウは夜に狩りをするということを意味する。
④ 文脈からその言葉の意味を推測できるはずだ。

1568 世界中で毎年３億３千万トン以上のプラスチックが生産されており，私たちの周りのいたる所でマイクロプラスチック汚染が発生することになる。 ① 駅で爆弾が爆発し，混乱とパニックを引き起こした。 ② 驚いたことに，その二人の少女はテーブルの上で踊っていた。 ③ この気温では，残っている雪原は解けてしまうだろう。 ④ ご存じのように，チョコレートを食べすぎると気分が悪くなる。

Section 274《 doingの区別 ― 動名詞，現在分詞，分詞構文

・整理して覚える 122 (p. 552)

1566 ◆動名詞（主語）

▶ Having ... backgrounds の直後の brings に注目。動詞 bring「～をもたらす」は文の述語動詞に用いるので，Having ... backgrounds を主語に用いられる動名詞と考えれば，[Having ... backgrounds] (S) brings (V) new perspectives and viewpoints (O) という構造になり，「…を持つことは，新たな視点や観点をもたらす」という文意も通る。

① 現在分詞。have a good time の進行形（→ 4）。
② 分詞構文。完了分詞構文（having done）の用法（→ 196）。
③ 分詞構文（→ ・まずは確認 021 (p. 97)）。
〈Doing ..., S V〉の形から②③は分詞構文と判断できる。
④ 動名詞。[Not having a smartphone] (S) might make (V) you (O) out of date (C). という構造。「スマートフォンを持っていないことは，あなたを時代遅れにするかもしれない」が直訳。よって④が正解。

1567 ◆現在分詞（後置修飾）

▶ 下線部直前の that (S) comes (V) from Greek words（副詞句）は文として構造が成立している。meaning "lover of wisdom" が名詞の Greek words を**後置修飾**していると考えれば，「『知恵を愛する者』という意味のギリシャ語の単語」という文意も通る。meaning は現在分詞の後置修飾のパターン（→ 181）。

① 現在分詞。I've been meaning ... は mean to do の現在完了進行形（→ 4，548）。
② 現在分詞。現在分詞句の meaning the first performance が，名詞の a noun を後置修飾するパターン。よって②が正解。
③ 分詞構文。意味上の主語は前の文であることに注意。前の文の内容を先行詞にする非制限用法の which を用いて（→ 231），Owls are usually nocturnal, **which means** that they hunt at night. と書きかえてもほぼ同じ意味を表す。
④ 名詞。〈the＋名詞＋of A〉「A の～」という表現。

1568 ◆分詞構文

▶ plastic (S) is produced (V) ... という文の後にコンマが置かれて，leaving が続いている。〈S V, doing ...〉の形を取るのは**分詞構文**。文意が通ることを左ページの日本語訳で確認しておこう。意味上の主語は前の文であることに注意。

① 分詞構文。〈S V, doing ...〉の形で判断できる。よって①が正解。
② 現在分詞。挿入された to my surprise を外すと，過去進行形 were dancing とわかる。
③ 形容詞。〈remaining＋名詞〉「残っている～」という形で使う。
④ 動名詞。[eating too much chocolate] (S) will make (V) you (O) sick (C) という構造。動名詞句を主語に用いた〈Doing ... V〉の形。

解答 1566 ④　1567 ②　1568 ①

整理して覚える 122　多機能語のまとめ

● that の品詞・用法・意味

(1) 指示代名詞	文要素（S / O / C）・前置詞の目的語（O）に用いる	「あれ／それ」
(2) 形容詞	〈that＋名詞〉の形で用いる	「あの～／その～」
(3) 副詞	〈that＋形容詞・副詞〉の形で用いる	「あれほど～／それほど～」
(4) 接続詞	名詞節を導く→ Section **080**（p. 133）	「～ということ」
(5) 関係代名詞	形容詞節を導く→ まずは確認 023（p. 102）	訳さない

●区別の手順：**that の後に続く形**をチェック→**品詞**を決定→**用法と意味の成立**を確認

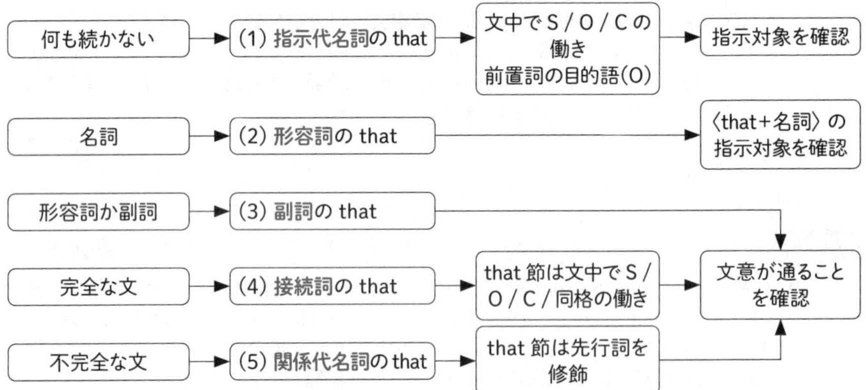

⚠注意　(4) 接続詞の that は副詞節を導く場合もある。ただし，そのほとんどが so ... that ～ / such ... that ～ / so that S will [can] do などの定型表現である。→Section **087**，**088**（p. 149）

● as の品詞・用法・意味

(1) 前置詞	〈as＋名詞〉の形で用いる	「～として」「～だったとき」→ **1560**，**1561**
(2) 接続詞	副詞節を導く	様態・比例・譲歩・理由・時 → 整理して覚える 026（p. 153）
(3) 関係代名詞	形容詞節を導く	訳さない→ **246**
(4) 副詞	〈A as＋原級＋as B〉の形で用いる	1 つ目の as が副詞。2 つ目の as は接続詞。

●区別の手順：**as の後に続く形**をチェック→**品詞**を決定→**用法と意味の成立**を確認

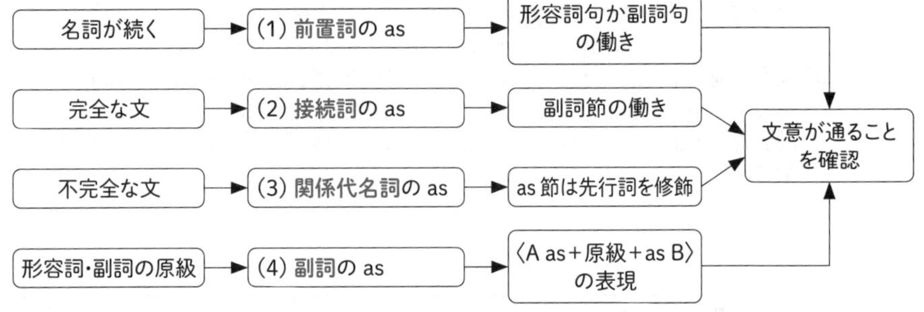

● to do の用法・意味

(1) 名詞用法	文要素（= S / O / C）に用いる →まずは確認 012（p. 68）	「～すること」
(2) 形容詞用法	名詞を修飾する→まずは確認 013（p. 68）	「～する（べき／ための）名詞」
(3) 副詞用法	名詞以外を修飾する	目的，感情の原因，判断の根拠，形容詞の限定，結果→まずは確認 014（p. 70）

●区別の手順

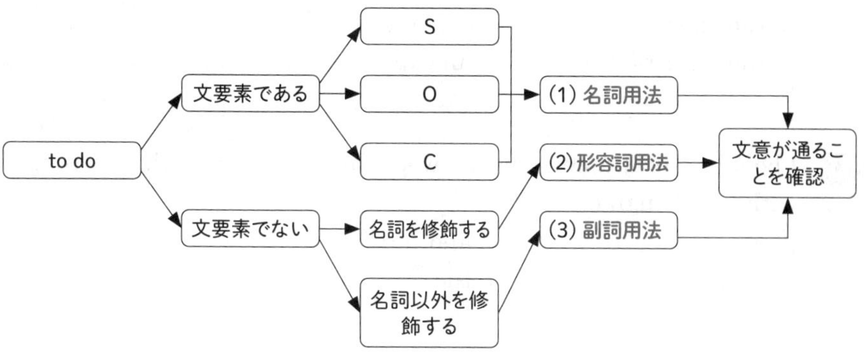

● doing の用法・意味

(1) 動名詞 ☞名詞句を導く	文要素(=S / O / C)に用いる→まずは確認 017（p. 84） ⚠注意　前置詞の目的語にも用いる	「～すること」
(2) 現在分詞 ☞形容詞句を導く	名詞を修飾する→まずは確認 018（p. 91） 補語（C）に用いる→まずは確認 019（p. 93） まずは確認 020（p. 95）	「～する／～している」〈能動〉
(3) 分詞構文 ☞副詞句を導く	〈Doing ..., SV～.〉 や〈SV～, doing ...〉の形で用いる	時・理由・付帯状況・条件・譲歩など→まずは確認 021（p. 97）

●区別の手順

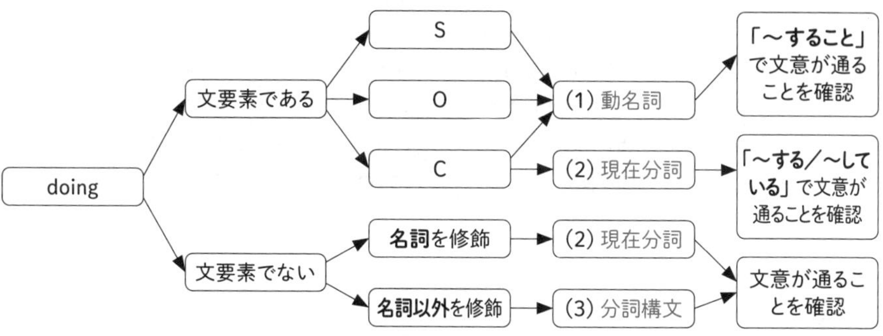

⚠注意　(2) 現在分詞は〈be 動詞＋doing〉の形で進行形を表すことができる。

⚠注意　(1) (2) 動名詞と現在分詞はどちらも補語（C）に用いられるが，意味で区別可能。→まずは確認 017（p. 84）まずは確認 019（p. 93）

Section 275

1569 ①Since the dawn of human history, people ②have moved from one region to another ③in search of ④better life. 〈学習院大〉

1570 "Professor Jones has researched artificial intelligence for many years."
"We should hire him. We need someone who is (　　) in the field."
① the expert　② experts
③ the experts　④ an expert 〈北海学園大〉

1571 I bought a brand-new car last week, but there's something wrong with (　　) engine.
① an　② another
③ some　④ the 〈京都女子大〉

1572 When you send a message ①from this machine, remember ②to enter the area code ③for number that you ④are dialing. 〈青山学院大〉

整理して覚える 123 〈まとめ〉「可算・不可算」と「不特定・特定」の組み合わせ

冠詞は日本語にはない英語特有の品詞である。そのため，読解だと読み飛ばしやすく，作文だと使い方で迷いやすい。a か the かが文脈によって決まることもあれば，常識的に決まっていることもある。また文脈によって可算名詞が不可算名詞として扱われたり，その逆の場合もある。Section 275の目的は，文構造や文脈から最適な冠詞を見抜く訓練をすることである。まずは下の表で基本ルールを整理しておこう。

可算名詞	(1) 不特定＋単数形	a book	〈a＋名詞〉
	(2) 不特定＋複数形	books	〈無冠詞＋名詞 s〉
	(3) 特定＋単数形	the book	〈the＋名詞〉
	(4) 特定＋複数形	the books	〈the＋名詞 s〉
不可算名詞	(5) 不特定	money	〈無冠詞＋名詞〉
	(6) 特定	the money	〈the＋名詞〉

1569 人類の歴史が始まって以来，人々はより良い生活を求めて，ある地域から別の地域へと移動してきた。
1570 「ジョーンズ教授は，何年もの間，人工知能の研究をしています」
「彼を雇うべきです。私たちにはその分野の専門家が必要です」
1571 先週，新車を購入したが，エンジンの調子がおかしい。
1572 この機械からメッセージを送るときは，ダイヤルする番号の市外局番を忘れずに入力してください。

Section 275 冠詞の用法

整理して覚える 123

1569 ◆a [an] + 形容詞 + 可算名詞(の単数形)

▶ life が「(日常の) 生活／暮らし」の意味で，形容詞で修飾される場合は**可算名詞扱い**が一般的。形容詞で修飾して他の life と区別するのは，life の種類を数えているからに他ならない。(例) a new life「新しい生活」 normal lives「普通の暮らし」

▶ 本問の④「より良い生活」は，「その特定のより良い生活」ではないので，the は使わず，a better life〈**不特定＋形容詞＋可算名詞の単数形**〉や better lives〈**不特定＋形容詞＋可算名詞の複数形**〉とするのが正しい (→ 整理して覚える 123)。

選択肢 ③ in search of A「A を探して」(→ 1295) は定型表現。search に冠詞は不要。

1570 ◆a [an] + 可算名詞(の単数形) + 形容詞句

▶ expert「専門家」は可算名詞。ここでは，④を用いた an expert in the field「その分野の専門家」という〈**不特定＋可算名詞の単数形**〉の組み合わせが適切。人工知能の専門家は世の中に複数名いて，その中のだれか1人 (＝どの1人でもいいから不特定) と考えるのが常識的。

▶ 前問の a better life は〈a [an]＋形容詞＋名詞〉という語順。前から形容詞で修飾されても，この life は不特定なので a をつけている。それと同様，本問の an expert in the field は〈a [an]＋名詞＋形容詞句〉という語順で，後から形容詞句で修飾されても，この expert は不特定なので an をつけていると理解しよう。このように，**形容詞 (句・節) で修飾されていても，その名詞が必ずしも特定とは限らない**ことに注意。

選択肢 the expert in the field は「その分野の**唯一の**専門家」という意味になり，人工知能の専門家が世の中にたった1人という状況は常識的に考えにくいので①は不可。someone who is に続くので②③の複数形 experts は不可。

1571 ◆the + 可算名詞(の単数形)

▶「1台の車にはエンジンが1個」というのが常識。**1つしか存在しないものは (他に存在しないから自動的にそれに決まり) 特定の名詞になる**。よって④ the engine〈**特定＋可算名詞の単数形**〉を用いるのが適切。特定ということが伝わればよいので，作文では the car's [its] engine「その車の [その] エンジン」と書いてもよい。

選択肢 ① an engine「(不特定の) 1個のエンジン」，② another「別の (不特定の1個の) エンジン」，③ some engine「何かの (不特定の1個の) エンジン」はすべて常識的に考えにくいので不可。

1572 ◆the + 可算名詞(の単数形) + 形容詞節

▶ number「数字／電話番号」は可算名詞。**可算名詞に a / the / -s などをつけずにそのまま使うことはない**ので，③ for number が間違いとわかる。ここでは，常識的に考えて，the number that you are dialing「あなたがダイヤルする特定の電話番号」という〈**特定＋可算名詞の単数形**〉の組み合わせが適切。不特定の電話番号をダイヤルするという状況でもなければ，一度に複数の電話番号をダイヤルするという状況でもないので，a number〈不特定＋可算名詞の単数形〉，numbers〈不特定＋可算名詞の複数形〉，the numbers〈特定＋可算名詞の複数形〉という訂正はすべて不可。

解答 1569 ④→a better life [better lives] 1570 ④ 1571 ④ 1572 ③→for the number

1573 ☒☒☒ ①Until recently, ②human have ③rarely been in situations ④where overpopulation was an issue. 〈東京薬科大〉

1574 ☒☒☒ ■次の英文に続く文として最も適切なものを1つ選びなさい。
Stay in that hotel. It's new and ...

① room is very clean. ② the room is very clean.
③ rooms are very clean. ④ the rooms are very clean. 〈山梨大〉

1575 ☒☒☒ Generally speaking, ( ) is a concept that only humans experience profoundly.

① a time ② that time
③ the time ④ time 〈宮崎大〉

1576 ☒☒☒ ( ) sun is at ( ) center of our solar system, and the earth is ( ) planet that orbits it.

〈語注〉orbit A「Aの周りを軌道に乗って回る」

① A − the − a ② A − the − the
③ The − the − a ④ The − the − the 〈岐阜大〉

整理して覚える 124 〈まとめ〉名詞の6つの組み合わせパターンを考える手順

[手順1]「特定」できない「不特定の名詞」は，まず「可算名詞と不可算名詞」に分かれ，「可算名詞」はさらに「単数形と複数形」に分かれる。単数形は〈a +名詞〉，複数形は〈名詞 s〉の形になる。

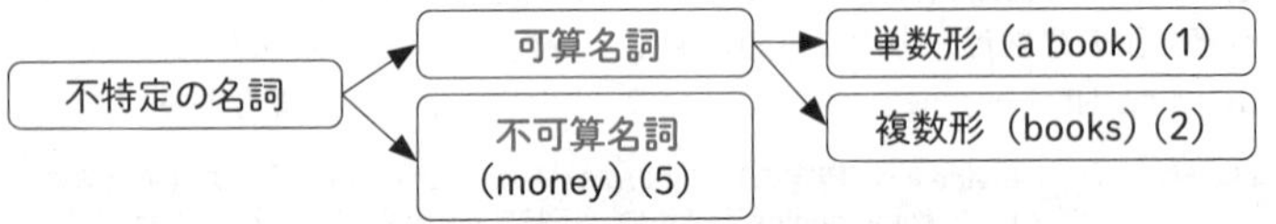

[手順2] 名詞が「特定」なら〈the など+名詞〉にする。「特定の名詞」とは，文脈や状況や常識などから「その名詞が唯一のもの（やグループ）」だとわかる名詞のこと。

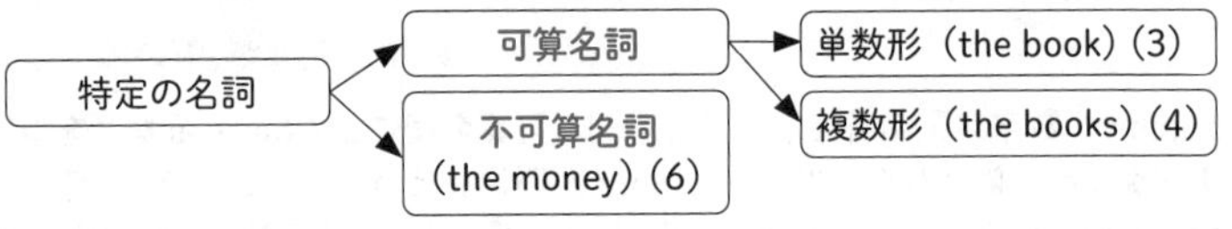

整理して覚える 123 (p. 554) の表の（1）～（6）の組み合わせと照らし合わせておこう。

1573 最近まで人類は，人口過密が問題になる状況に陥ることはめったになかった。
1574 そのホテルに泊まりなさい。新しくて，部屋もとてもきれいだ。
1575 一般に言えば，時間とは人類だけが深く経験する概念である。
1576 太陽は太陽系の中心にあり，地球はその周りを回る惑星だ。

整理して覚える 123 (p. 554)
整理して覚える 124

1573 ◆無冠詞＋可算名詞（の複数形）

▶ human「(動物と区別して) 人間／人／ヒト」は可算名詞。可算名詞に a / the / -s などをつけずにそのまま使うことはないので，② human が間違いとわかる。

▶ ここでは，述語動詞の have (rarely) been の形から主語は複数形になるので，humans「人類」という〈**不特定＋可算名詞の複数形**〉の組み合わせが適切。単数形の a [the] human は述語動詞の形と合わないので不可。the humans〈特定＋可算名詞の複数形〉は「その特定の人間たち」という意味になり，文意が通らないので不可。

1574 ◆the＋可算名詞（の複数形）

▶ the rooms are very clean を入れると，「(その特定のホテルの中に複数存在する) 部屋はとてもきれいだ」という文意が通るので正解。「そのホテルのすべての部屋」を指すので，the rooms〈**特定＋可算名詞の複数形**〉の組み合わせが適切。

選択肢 room「部屋」は可算名詞。可算名詞に a / the / -s などをつけずにそのまま使うことはないので①は不可。room「スペース」なら不可算名詞なので冠詞が不要だが（→ 681），文意が通らないので不可。②は「その特定の 1 つの部屋だけがとてもきれいだ」という意味。常識的に考えにくいので不可。③は「部屋というものはとてもきれいだ」という意味。そのホテルとは無関係の一般的な部屋の話になるので不可。

1575 ◆無冠詞＋不可算名詞

▶ time を「時／時間」の意味で使う場合は**不可算名詞扱い**。「時の流れ」という表現からもイメージできるように，time は**量の概念なので数えられない**と理解すればよい。本問は「時間＝概念」という内容なので，time という〈**不特定＋不可算名詞**〉の組み合わせが適切。

選択肢 ① a time「ある時期／ある機会」，② that time「あの時」，③ the time「その時」では文意が通らないのですべて不可。
（注）time を「時期／回数」などの意味で使う場合は可算名詞扱いが一般的。始まりと終わりで時期や回数を区切っているので，この time は数えられると理解すればよい。このように，同じ名詞でも意味が異なると可算・不可算の区別も異なる場合があるので要注意。

1576 ◆the＋名詞＋of A

▶「太陽」は 1 つしか存在しない（＝他に太陽は存在しない）ので特定に決まり，the sun となる。これは the moon「月」や the world「世界」に the がつくのと同じ発想。

▶「A の中心」も 1 個しか存在しないので特定に決まり，the center of A となる。**名詞が前置詞句や関係詞節などで後置修飾されることで，その名詞が特定に決まる**場合も多い。特に the number of children「子どもの数」，the end of the movie「その映画の最後」など，〈**the＋名詞＋of A**〉という形は頻出する。

▶「太陽の周りを回る惑星」は火星，水星，土星など地球以外にも存在する。地球はその中の 1 つなので不特定。よって a planet that orbits it が適切（→ 1570）。the planet that orbits it は「太陽の周りを回る唯一の惑星」という意味になり常識的に不可。

解答 1573 ② → humans　1574 ④　1575 ④　1576 ③

1577 They elected her (　　) of the team.
☒☒☒
① a captain　② captain
③ captains　④ our captain 〈自治医科大〉

1578 Bees are buzzing (　　) to collect honey.
☒☒☒
① from a flower to a flower　② from first flower to second flower
③ from flower to flower　④ from the flower to the flower 〈中央大〉

1579 My parents ①have a custom of ②going out to ③the dinner and ④a movie every two weeks. 〈立正大〉
☒☒☒

1580 Barry is ①such ②a honest man ③that he never ④lies. 〈群馬大〉
☒☒☒

1581 I want you to become (　　) Abraham Lincoln.
☒☒☒
① a　② an
③ the　④ to 〈名古屋学院大〉

1582 ■次の英文には誤りが１つある。誤りの箇所を正しく書き換えなさい。
☒☒☒
In the early 1990s, there were still more than 100,000 cases of polio year, most of them in Africa, India, and China. 〈高知大〉

1577 彼らは彼女をチームのキャプテンに選んだ。
1578 ミツバチは，ハチミツを集めるために花から花へとブンブン飛び回っている。
1579 私の両親は，２週間に一度，夕食と映画に出かける習慣がある。
1580 バリーはとても正直な男で決して嘘をつかない。
1581 君にはエイブラハム・リンカンのような人物になってほしい。
1582 1990年代初期は，まだ年間10万件以上のポリオの症例があり，そのほとんどがアフリカ，インド，中国のものだった。

1577 ◆無冠詞で用いる名詞 — 役職名

▶ governor「知事」や chair(person)「議長」などの**「公的な役職・役割」を表す名詞を補語(C)に用いるときは無冠詞**にするのが一般的（→ **33**）。

▶「チームのキャプテン」は1人なので, the captain of the team となるはずだが, They (S) elected (V) her (O) captain of the team (C). という，役職名が補語になる構造なので the をつけないのが一般的。

1578 ◆from A to A（無冠詞）

▶ **〈from A to A〉「A から A へ[で]，A によって」**は，**同じ無冠詞の名詞を2回用いて連続性や多様性を表す**定型表現。
（例）vary from year to year「年によって異なる」 vary from country to country「国によってさまざまだ」

▶ 本問は from flower to flower「花から花へ（移動する）」という連続性の意味。

1579 ◆無冠詞で用いる名詞 — 食事名

▶ **breakfast「朝食」，lunch「昼食」，dinner「夕食」は無冠詞で用いる**のが一般的。
（例）have breakfast「朝食をとる」 be at lunch「昼食中である」（= be having lunch） go (out) to dinner「ディナーに出かける」

1580 ◆an＋母音から始まる名詞

▶ an apple[ǽpl] や an hour[áuər] など，**母音（=アイウエオなどの音）から始まる単語の前には an** を用いる。**スペルではなく発音で決まる**ことに注意。honest はスペルは h から始まるが, 発音が［á(:)nəst］（アネスト）という母音から始まる単語なので an を用いる。
（例）**an** uncle[ʌ́ŋkl] ⇔ **a** university[jù:nəvə́:rsəti] ☞ どちらもスペルは u から始まる。発音は uncle[ʌ́ŋkl] は母音から始まるが，university[jù:nəvə́:rsəti] は母音から始まらないことに注目。

1581 ◆a[an]＋固有名詞

▶ **固有名詞の前に a [an] がつく**ことがある。主に次の3つの意味で用いられる。
(1)「**（話し手が知らない）〜という人**」
（例）There's a Mr. Jones to see you.「ジョーンズさんという方がお見えです」
(2)〈a [an]＋有名人〉は「**〜のような人**」という比喩的な意味を持つ。
（例）a Picasso「ピカソのような人」☞天才・奇人などのニュアンスを持つ。
(3)〈a [an]＋芸術家〉は「**〜の作品**」,〈a [an]＋社名〉は「**〜の製品**」という意味になる。
（例）a Picasso「ピカソの作品」 an Apple「アップルの製品」

▶ 本問は(2)の用法で「エイブラハム・リンカンのような偉大な人物」というニュアンスがある。Abraham は発音が母音から始まる単語なので an を選ぶ。

1582 ◆a[an]＋単位を表す名詞

▶ **〈数字表現＋ a [an] ＋単位を表す名詞〉**で「1単位につき[ごとに]〜」という意味を表す。
50 miles an hour「時速50マイル」 100 words a minute「1分間に100語」

▶ 100,000 cases of polio a year で「1年間につき10万件のポリオの症例」という意味。

解答 1577 ② 1578 ③ 1579 ③ → dinner 1580 ② → an honest man 1581 ② 1582 year → a year

Section 276

1583 In a recent study, scientists ①have found out the exact age ②at which your chances of ③acquiring a new language ④seems to quickly drop.

〈京都外国語大〉

1584 Frequent fires, mainly caused by increased human activity, (　　) many forests around the world.

① have been affected　② has affected
③ are affecting　④ affecting

〈東京薬科大〉

1585 As the above suggests, ①it is widely believed that empathy — imagining yourself in ②someone else's situation — ③lead naturally to sympathy — showing ④concern for them.

〈東邦大〉

まずは確認 049　主語と述語動詞の分離

英文には必ず主語（S）と述語動詞（V）があり，両者がすぐ近くに並んでいる場合は判別しやすいが，遠く離れている場合は文構造を見誤りやすい。特に，両者の間に挿入語句が入り込むと，述語動詞をすぐ見つけられないことがある。Section 276の目的は，主語と述語動詞の分離を見抜き，文全体の構造を正確につかむ訓練をすることである。

しっかり理解 028　主語と述語動詞の分離 ― 構造分析① ―

1583～1585の英文構造は下記の通りである。右ページの解説と合わせて確認しておこう。

1583 your chances (S) (of acquiring a new language) seem to <quickly> drop (V)

1584 Frequent fires, (S) (mainly caused by increased human activity), are affecting (V) many forests (O) <around the world>.

1585 empathy (S) — [imagining yourself in someone else's situation] — leads (V) <naturally> <to sympathy> — [showing concern for them]

1583 最近の研究で，科学者たちは，新しい言語を習得する可能性が急速に低下するように思われる正確な年齢を突き止めた。

1584 増大した人間活動により主に引き起こされる，頻発する火災は，世界中の多くの森林に影響を与えている。

1585 前述からわかる通り，共感 ― 他人の立場に自分の身を置いて想像すること ― は，同情 ― 他人への思いやりを示すこと ― に自然につながると広く信じられている。

Section 276 《 主語と述語動詞の分離

・まずは確認 049
・しっかり理解 028

1583

◆ 主語と述語動詞の分離 ― S + 前置詞句 + V

▶ **前置詞句は，原則として形容詞句か副詞句の働き**をして，文要素（= S / V / O / C）にはならない。よって，**SV を確定するときは前置詞句を外して考える**ことになる。

▶ at which 以下は the exact age を先行詞とする関係詞節。前置詞句の of acquiring a new language を外して考えると，chances が主語，④ seems が述語動詞だとわかる。chances は複数名詞なので，述語動詞 seem に三単現の s は不要。④を seem に訂正すると，your chances (S) ... seem to quickly drop (V) という構造になり，「…する可能性が急速に低下するように思われる」という文意も通るので正解。**S と V の間に前置詞句が入り込み，S と V が分離する形**はとても多い。

1584

◆ 主語と述語動詞の分離 ― S + 分詞句 + V

▶ **2つのコンマで挟まれた挿入語句は文要素（= S / V / O / C）にはならない**ので，**SV を確定するときは挿入語句を外して考える**のが原則。

▶ 挿入語句の mainly caused by increased human activity を外して考えると，空所に述語動詞が入ることがわかる。③進行形の are affecting を入れると，Frequent fires (S) ... are affecting(V) many forests(O) という構造になり，「頻発する火災は多くの森林に影響を与えている」という文意も通る。

▶ 本問は，主語の Frequent fires と述語動詞の are affecting の間に，**過去分詞句**（mainly caused by increased human activity）**が挿入**されて，結果的に S と V が分離している形。

選択肢　① have been affected は受動態。後に目的語の many forests が続くことは構造的にありえない。主語の Frequent fires は複数形なので，② has affected は述語動詞の形が間違い。have affected なら正解。④ affecting は動名詞か現在分詞だが，どちらも述語動詞に用いることはできない。

1585

◆ 主語と述語動詞の分離 ― S + 名詞句 + V

▶ 2つのダッシュで挟まれた挿入語句は文要素（= S / V / O / C）にはならないので，SV を確定するときは，挿入語句を外して考えるのが原則。

▶ it is widely believed that ... の that 節は真主語になる名詞節。挿入語句の imagining yourself in someone else's situation を外して考えると，empathy が主語，③の lead が述語動詞だとわかる。empathy は単数名詞なので，述語動詞 lead には三単現の s が必要。③を leads naturally に訂正すると，empathy(S) ... leads(V) <naturally> <to sympathy>「共感は同情に自然につながる」と構造も文意も通る。

▶ 本問は，主語の empathy と述語動詞の leads の間に，**動名詞句**（imagining yourself in someone else's situation）**が挿入**されて，結果的に S と V が分離している形。

重要　S lead to A「S は A という結果になる，S は A を引き起こす」(= S cause A)。

解答　1583 ④ → seem　1584 ③　1585 ③ → leads naturally

1586 Opinions about climate change — whether it exists, what's ①causing it, and how ②dangerous it is — ③varies greatly around the world.

〈西南学院大〉

1587 The painting, (　　), is now acknowledged as the best production by the painter.

① his first work produced in 1978
② it is the first work produced in 1978
③ which the first work produced in 1978
④ the painter produced first work in 1978

〈順天堂大〉

1588 ①Aristotle was, one of the greatest ②Greek philosophers, wrote extensively ③about physics and ④other sciences. 〈東海大〉

1589 Foods that ①contain allergens, the substances ②that cause allergic reactions in some people, ③including fish and shellfish, ④such as shrimp, crayfish, lobster and crab. 〈国士舘大〉

しっかり理解 029　主語と述語動詞の分離 — 構造分析② —

1586～1589の英文構造は下記の通りである。右ページの解説と合わせて確認しておこう。

1586 Opinions [S] (about climate change) — [whether it exists], [what's causing it], and [how dangerous it is] — vary [V] <greatly> <around the world>.

1587 The painting [S], his first work produced in 1978 [同格], is <now> acknowledged [V（受動態）] <as the best production by the painter>.

1588 Aristotle [S], one of the greatest Greek philosophers [同格], wrote [V] <extensively><about physics and other sciences>.

1589 Foods [S] (that [S'] contain [V'] allergens [O'], the substances [同格] (that [S"] cause [V"] allergic reactions [O"] <in some people>),) include [V] fish and shellfish [O], (such as shrimp, crayfish, lobster and crab).

1586 気候変動は存在するのか，何がその原因なのか，どれくらい危険なのかなどの気候変動に関する意見は，世界中で大きく異なる。

1587 その絵は，1978年に制作された彼の最初の作品で，現在ではその画家の最高傑作として認められている。

1588 ギリシャ最大の哲学者の１人であるアリストテレスは，物理学やその他の科学について幅広く書いた。

1589 一部の人にアレルギー反応を引き起こす物質であるアレルゲンを含む食品には，エビ，ザリガニ，ロブスター，カニなどの魚介類がある。

・しっかり理解 029

1586 ◆主語と述語動詞の分離 ― S＋名詞節＋V

▶ 前置詞句（about climate change）とダッシュで挟まれた挿入語句を外して考えると，Opinions が主語，varies が述語動詞だとわかる。Opinions は複数名詞なので，varies は vary とするのが正しい。③を vary に訂正すると，Opinions(S) ... vary(V) という構造になり「意見は異なる」という文意も通る。

▶ 主語 Opinions と述語動詞 vary の間に，まず**前置詞句**（about climate change），さらに**3つの名詞節**（whether it exists, what's causing it, and how dangerous it is）が**挿入**され，結果的にSとVが分離した形。

1587 ◆主語と述語動詞の分離 ― S＋同格表現＋V

▶ 空所は2つのコンマで挟まれているので挿入語句。空所を外すと，The painting(S) ... is acknowledged(V) as ～という受動態になり，「その絵は～として認められている」という意味になる。

▶ ① his first work produced in 1978は，過去分詞句 produced in 1978が his first work を後置修飾している形。これを空所に入れると，The painting と同格の関係になり，「その絵，すなわち，1978年に制作された彼の最初の作品」という文意も通るので正解。

▶ 本問は，主語の The painting と述語動詞の is acknowledged の間に，**同格の名詞表現**（his first work produced in 1978）が**挿入**されて，結果的にSとVが分離している形。

> 選択肢　②と④は「文」だが，原則として**「文」は挿入できない**ので不可。③は The painting を先行詞とする非制限用法の関係代名詞節として構造は成立するが，「1978年にその最初の作品が製作したその絵」では文意が通らないので不可。

1588 ◆主語と述語動詞の分離 ― S＋同格表現＋V

▶ 2つのコンマで挟まれた挿入語句 one of the greatest Greek philosophers を外すと，Aristotle was wrote と述語動詞が2個連続することになるが，このような形はありえない。そこで，was を削除すると，Aristotle(S) wrote(V) <extensively ><about ...> という構造になり，文意も通るので正解。

▶ 本問は，主語の Aristotle と述語動詞の wrote の間に，**同格の名詞表現**（one of the greatest Greek philosophers）が**挿入**されて，結果的にSとVが分離している形。

1589 ◆主語と述語動詞の分離 ― S（＋形容詞節＋同格表現）＋V

▶ 2つのコンマで挟まれた挿入語句 the substances that cause allergic reactions in some people を外すと，Foods that contain allergens including ... となるが，このままでは述語動詞が出てこない。そこで，③の including を述語動詞の include に訂正すると，Foods(S)（that contain allergens ...）（形容詞節）include(V) fish and shellfish(O) という構造になり，文意も通るので正解。

▶ 本問は，主語の Foods と述語動詞の include の間に，まず関係代名詞 that が導く形容詞節が置かれ，さらにその形容詞節の中で allergens に対する**同格の名詞表現**（the substances that cause allergic reactions in some people）が**挿入**されて，結果的にSとVが分離している形。

Field 6 文構造の把握・文意の理解

解答 1586 ③ → vary　1587 ①　1588 ① → Aristotle　1589 ③ → include fish

Section 277

1590 ( ) seems to be no doubt that human activity is responsible for climate change.

① It ② What
③ Which ④ There 〈国士舘大〉

1591 With the publication of *The Old Man and the Sea* ( ) of Hemingway's simplistic style of prose.

① came a new appreciation ② did readers appreciate
③ it was a new appreciation ④ readers newly appreciated 〈早稲田大〉

1592 Seated in a booth across the room ( ) Daniel and his daughter.

① were ② did
③ has ④ was 〈東洋大〉

まずは確認 050 主語の後置

主語は文頭に来るのが原則だが，主語が文頭に来ない英文もある。「倒置」（→まずは確認 043（p. 223））や「その他の注意すべき語順」（→508）で扱った英文もその一部と言える。Section 277の目的は，主語が述語動詞よりも後ろに配置される英文の構造をつかむ訓練をすることである。このような主語の後置が見抜けるようになったあとは，書き手がどんな意図で語順を変えたのかを文脈と照らし合わせて考えると，英文をより深く理解する助けになる。

1590 人間の活動が気候変動の原因であることは，間違いないようだ。
1591 『老人と海』の出版によって，ヘミングウェイのシンプルすぎる散文体が改めて評価されることになった。
1592 部屋の反対側のブースに座っていたのは，ダニエルと彼の娘だった。

Section 277 主語の後置

・まずは確認 050

1590 ◆文構造の把握 — There VS の構造

▶ There VS の形だと考えると，There seems to be(V) no doubt(S) という構造になり，「間違いないようだ」という文意も通るので正解。

▶ **There is no doubt that 節**「～ということは間違いない」は定型表現。この that 節は同格の名詞節で，名詞 doubt の具体的な内容を説明している（→ 整理して覚える 019 (p.134)）。本問は述語動詞の is が seems to be に変形された形（→ しっかり理解 007 (p. 74)）。

▶〈There + be 動詞＋ A〉「A が存在する」は，本問のように，be 動詞以外の自動詞でも用いられる。**自動詞(V) の後に名詞が置かれる場合，その名詞は主語(S) になる。**

（例）In that castle there lived a king and his only daughter.

「その城には，王様とその一人娘が住んでいた」

☞ <In that castle> there lived(V) a king and his only daughter(S). という構造。

選択肢 ①を代入すると It(S) ... seems to be(V) ... doubt(C) という構造になるが，「それは～の疑いであるようだ」は文意が通らないので不可。② What（関係代名詞）と③ Which（疑問代名詞）は名詞節を導く（→ まずは確認 027 (p. 117) まずは確認 038 (p. 206)）。文の形にならないので不可。

1591 ◆文構造の把握 — 前置詞句＋VS の構造

▶ 前置詞句を外して考えると，空所には SV が入ることがわかる。① came a new appreciation を入れると，<With the publication of *The Old Man and the Sea*>（副詞句）came(V) a new appreciation(S) (of Hemingway's simplistic style of prose)（形容詞句）．という構造で，文意も通るので正解。

▶ **文頭の前置詞句は副詞句の働きをする。**副詞句は文要素（＝ S ／ V ／ O ／ C）になれないので，構造分析から外して考えればよい。自動詞(V) の後に名詞が置かれる場合，その名詞は主語(S) になる。

▶ **With A come S.**「A に伴い S が生じる」は定型表現。 With A が「前提」, come S は「結果」を表す。

（例）Things changed dramatically and with this came a fear of losing power.

「事態は劇的に変わり，これに伴い権力を失うことへの恐怖が生まれた」

☞ <with this> came(V) a fear(S) of losing power という構造。

選択肢 ② ④の appreciate は他動詞で，appreciate of の形はない。③は it(S) was(V) a new appreciation(C) という文構造が成立するが，「『老人と海』の出版と共に，それはヘミングウェイのシンプルすぎる散文体の新たな評価だった」は文意が通らない。

1592 ◆文構造の把握 — CVS の構造

▶ S is seated は「S が座る／座っている」という意味（→ 186）。本問は過去分詞 seated が文頭に移動，S is が is S という語順に変化した形。主語は Daniel and his daughter の 2 人なので，述語動詞は① were を用いる。

▶ 前置詞句の in a booth across the room は構造分析から外して考えればよい。自動詞(V) の後に名詞が置かれる場合，その名詞は主語(S) になることから，were(V) Daniel and his daughter(S) の語順を見抜くことができる。

Field 6 文構造の把握・文意の理解

解答 1590 ④ 1591 ① 1592 ①

Section 278

1593 Each of the sumo wrestlers is very heavy and (　　) over 150 kilograms.

① are weighing　　② is weighing
③ weigh　　④ weighs

〈神戸松蔭女子学院大〉

1594 Perhaps the company could further cut costs and (　　) even more money after a solution has been found.

① have made　　② made
③ make　　④ makes

〈立命館大〉

1595 ロバートは20分遅れてやってきた。しかし，彼の友だちを本当に怒らせたのは，ロバートがなぜ遅刻したか説明さえせず，謝りもしなかったことだ。

Robert arrived 20 minutes late, but ①what really made his friends ②angry was that he didn't ③even tell them why he was late or ④apologizing to them.

〈育英館大〉

1596 The price of car sharing varies ①from company to company, but rentals typically ②ranging from ¥200 to ¥300 per 15 minutes, plus a monthly registration fee. For instance, Park24 charges ¥206 for every 15 minutes, ③which includes gas and insurance fees. It charges a one-time registration fee of ¥1,550 and ④a monthly fee of ¥1,030 thereafter.

〈中央大〉

まずは確認 051　等位接続詞がつなぐ要素

等位接続詞 and / or / but は，文法的に対等な働きをする要素をつなぐ（→ まずは確認 029 (p. 131)）。等位接続詞がつなぐ要素を見抜くには，各単語の品詞と文構造を見極める必要があり，複雑な英文ほど，等位接続詞が構造把握の鍵になることが多い。Section 278の目的は，英文の構造を把握しつつ，等位接続詞の働きを再確認することであり，これは正確な読解や作文にもつながる。

1593 その力士たちは，それぞれとても体重が重く，150kg を超えている。

1594 ひょっとするとその会社は，解決策が見つかった後に，さらにコストを削減し，より一層儲けを出すかもしれない。

1596 カーシェアリングの料金は会社によって異なるが，一般的にレンタル料金は15分ごとに200円から300円であり，それに月々の登録料が加算される。例えば，パーク24では，15分ごとに206円（ガソリン代，保険料込み）かかる。初回だけ登録料が1,550円，それ以降は月額1,030円の費用がかかる。

Section 278 《 共通関係 — 等位接続詞がつなぐ要素

まずは確認 051

1593 ◆SV ... and V ～

▶ 等位接続詞 and / or / but は，文法的に対等な働きをする要素をつなぐ（→ まずは確認 029 (p. 131)）。④動詞の weighs を入れると，Each(S) (of the sumo wrestlers)（形容詞句）weighs(V) over 150 kilograms という構造になり，「その力士たちはそれぞれ150kg を超えている」という文意も通るので正解。and は述語動詞の is と weighs をつなぐ構造になっている。

Each (of the sumo wrestlers) is very heavy [and] weighs over 150 kilograms.
S / V / C / V / C

選択肢 each of A「A（複数名詞）のそれぞれ」は三人称単数扱い（→ 731）。よって，① are weighing と③ weigh は不可。weigh「～の重さがある」は状態動詞なので進行形にできない。よって，② is weighing は不可。

1594 ◆S + 助動詞 + 原形 ... and 原形 ～

▶ ③動詞の原形の make を入れると the company(S) could make(V) even more money (O) という構造になり，「その会社はより一層儲けを出すかもしれない」という文意も通るので正解。and は動詞の原形の cut と make をつなぐ構造になっている。**助動詞の could は cut と make の両方にかかる**ことに注意。

<Perhaps> the company **could** <further> cut costs [and] make even more money ...
S / V / O / V / O

選択肢 after a solution has been found は時を表す副詞節。「これから解決策が見つかる」という未来の内容なので，ここでの could は「～するかもしれない」という未来の可能性・推量の意味を表すと考えるのが適切。①②④は未来の内容を表せないので不可。

1595 ◆S + 否定の助動詞+原形 ... or 原形～

▶ ④を動詞の原形の apologize に訂正すると，he(S) didn't apologize(V)という構造になり，「彼は謝らなかった」という文意も通るので正解。or は動詞の原形の tell と apologize をつなぐ構造になっている。**助動詞の didn't は tell と apologize の両方にかかる**ことに注意。

he didn't <even> tell them [why he was late] [or] apologize <to them>
S / V / O_1 / O_2 / V

注意 一般的に「A でも B でもない」という全否定は〈**否定語 + A or B**〉を用いる（= neither A nor B）。本問も「説明することも謝ることもなかった」という全否定。

1596 ◆SV ... but SV ～

▶ ②が ranging のままだと，but の直後の文に述語動詞が存在しなくなる。②を range に訂正すると，rentals(S) <typically>（副詞）range(V) <from ¥200 to ¥300>（副詞句）という構造になり，「一般的にレンタル料金は200円から300円である」という文意も通るので正解。but は文と文をつなぐ構造になっている。

The price (of car sharing) varies <from company to company>,
S / V

[but] rentals <typically> range <from ¥200 to ¥300> ...
S / V

重要 S range from A to B「S は A から B の範囲に及ぶ／S の幅は A から B である」

解答 1593 ④ 1594 ③ 1595 ④ → apologize 1596 ② → range from

和文さくいん

数字は問題番号を表す。[整理して覚える]，[まずは確認]，[しっかり理解]，[For Reading & Writing] の各コラムは，それぞれ [整]，[確]，[理]，[R&W] のように示す。

【さ】

な

は

【ま】

【や】【ら】【わ】

— MEMO —

英文さくいん

数字は問題番号を表す（太字は主要な説明がある箇所）。[整理して覚える]，[まずは確認]，[しっかり理解]，[For Reading & Writing] の各コラムは，それぞれ [整]，[確]，[理]，[R&W] のように示す。

【A】

【B】

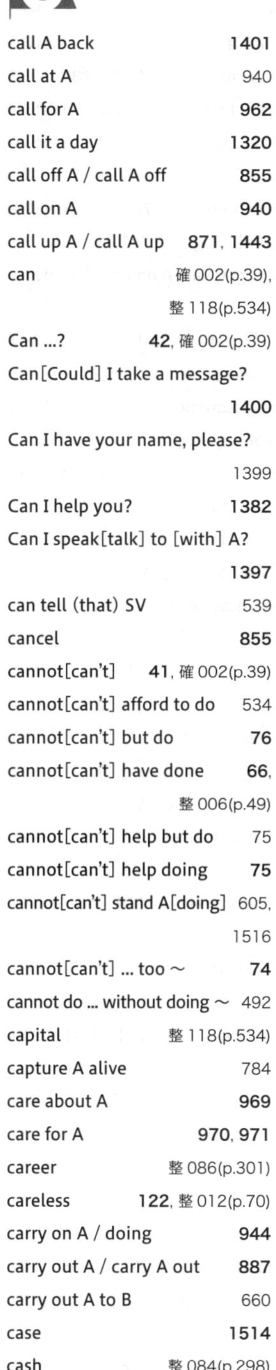

C

D

【E】

【F】

G

H

I

【J】

【K】

【L】

M

N

O

Q

R

【T】

W

Y

小コラムさくいん

整理して覚える

しっかり理解

まずは確認

For Reading & Writing

Section 271 ~ 274（p.544 ~ p.551）設問英文　出典

設問番号	出典
1557	NHK テレビ Trad Japan 一部改変
1558	Erika Engelhaupt, "Fact or fiction: Can you really sweat out toxins?" National Geographic, April 7, 2018. https://www.nationalgeographic.com/science/article/sweating-toxins-myth-detox-facts-saunas-pollutants-science
1559	Tom Stafford, "Why All Babies Love Peekaboo," BBC Future, April 18, 2014. http://www.bbc.com/future/story/20140417-why-all-babies-love-peekaboo
1560	Marvin Krislov, "How We Build Resilience At College And At Home", Forbes, August 27, 2019. https://www.forbes.com/sites/marvinkrislov/2019/08/27/how-we-build-resilience-at-college-and-at-home/?sh=221a4b7444b5
1561	Meyer, Erin. The Culture Map : Breaking Through the Invisible Boundaries of Global Business, PublicAffairs, 2014.
1562	Doug Criss, "Kids 50 years ago almost never drew scientists as women. Now they do almost a third of the time," CNN health, March 20, 2018. Women scientists: Kids 50 years ago never drew scientists as female, but that's changed | CNN
1563	Cassandra Garrison, "New coral reef restoration technology aims to reverse climate change damage," REUTERS, May 28, 2021. https://www.reuters.com/business/environment/new-coral-reef-restoration-technology-aims-reverse-climate-change-damage-2021-05-27/
1564	Mitch Prinstein, "The Popularity Illusion: Why status is toxic but likeability wins all," Vermilion, June 21, 2018.
1565	Crystal, David. "Why a global language?" *English as a Global Language*, Second Edition, Cambridge University Press, 2003, pp.1-28.
1566	Satu Salonen, "International talent boosts growth for companies (and Finland)," Good News from Finland, January 2021. https://www.goodnewsfinland.com/en/articles/opinion/2021/international-talents-boost-growth-for-companies-and-finland/
1567	Isaac Asimov, "The Tyrannosaurus Prescription: And 100 Other Essays," Prometheus, September 1, 1989. 一部変更
1568	Mark Tutton, "It's not just the oceans: Microplastic pollution is all around us," CNN, April 22, 2018. https://edition.cnn.com/2018/04/22/health/microplastics-land-and-air-pollution-intl/index.html

	初　版第１刷発行	2010年９月20日
	初　版第２刷発行	2010年10月20日
	第２版第１刷発行	2010年12月10日
	第２版第５刷発行	2012年２月20日
	第３版第１刷発行	2012年10月１日
	第４版第１刷発行	2013年３月１日
	第５版第１刷発行	2013年８月１日
	第５版第２刷発行	2014年２月１日
New Edition	初　版第１刷発行	2014年９月10日
	初　版第10刷発行	2018年４月20日
3rd Edition	初　版第１刷発行	2018年10月１日
	初　版第12刷発行	2023年３月10日
4th Edition	初　版第１刷発行	2023年10月１日
	初　版第４刷発行	2024年９月10日

4th Edition
［ヴィンテージ］
Vintage
英文法・語法

編著者

篠田 重晃（しのだ しげあき）

1955年 福岡県生まれ。福岡県立筑紫丘高等学校中退。大学入学資格検定を経て，東京大学入学。東京大学文学部卒業。河合塾など予備校講師を務める。おもな著作に『Grammar Collection』シリーズ『English Generator 英単語熟語4500 Plus』（監修）（いいずな書店）『全解説』シリーズ，『Next Stage英文法・語法問題』（以上，共著，桐原書店），『英文読解の透視図』（共著,研究社出版），『英単語2001』（共著,河合出版）などがある。障がいと闘いながら，車いすでの著述活動を続け，2013年1月22日に逝去。

米山 達郎（よねやま たつろう）

1965年鹿児島生まれ。ラ・サール高等学校卒業。京都大学文学部卒業。ECC，河合塾の講師を経て，現在は星野学園スーパーバイザー。主な著作に『Grammar Collection』シリーズ（共著），『Circuit Basic 55』，『Activate』（以上いいずな書店），『パラグラフリーディングのストラテジー1～3』（共著，河合出版），『入試英語 正誤問題スピードチェック550』（共著，研究社），『英文法・語法 SWing』（共著，学研プラス），『大学入試 英作文バイブル 和文英訳編 / 自由英作文編』（共著，Z-KAI）などがある。

編著者	篠田重晃・米山達郎
発行者	前田 道彦
発行所	株式会社 いいずな書店 〒110-0016 東京都台東区台東1-32-8　清鷹ビル4F TEL　03-5826-4370 振 替 00150-4-281286 ホームページ https://www.iizuna-shoten.com
印刷・製本	株式会社 丸井工文社

◆ 執筆協力／林 洋章
◆ 英文校閲／Dr. Thomas J. Cogan
Michael Howard Maesaka
Richard Carpenter
◆ DTP ／株式会社 丸井工文社
株式会社 コーヤマ
◆ 装丁／BLANC design INC.
阿部ヒロシ

ISBN978-4-86460-780-3 C7082

発音問題頻出語 （Extra 1「発音」の中でも特に出題頻度の高い語を掲載）

Step 2 子音

20 /ch/ のつづり [k], [ʃ]

No.	単語	発音	意味	No.	単語	発音	意味
341	ache	[éik]	動 ずきずきと痛む 名 痛み	346	chorus	[kɔ́:rəs]	名 合唱
347	monarch	[mánərk]	名 君主	348	scheme	[skí:m]	名 体系 / 計画
349	scholar	[skálər]	名 学者	351	machine	[məʃí:n]	名 機械

21 /th/ のつづり [ð], [θ]

No.	単語	発音	意味	No.	単語	発音	意味
352	bathe	[béið]	動 …を入浴させる / 入浴する	355	smooth	[smú:ð]	形 なめらかな 動 …を平らにする
358	bath	[bǽθ]	名 入浴	359	breath	[bréθ]	名 呼吸

22 /x/ のつづり [gz], [ks]

No.	単語	発音	意味	No.	単語	発音	意味
374	exhaust	[igzɔ́:st]	動 …を使い尽くす	375	exhibit	[igzíbit]	動 …を展示する
377	excuse	[ikskjú:z] [ikskjú:s]	動 …を許す 名 弁解	378	exhibition	[èksəbíʃən]	名 展示

23 /ed/ のつづり [t], [id]

No.	単語	発音	意味	No.	単語	発音	意味
379	asked	[ǽskt]	動 ask「…を尋ねる」の過去形・過去分詞	381	watched	[wátʃt]	動 watch「…を注意して見る」の過去形・過去分詞
382	naked	[néikid]	形 裸の	383	wicked	[wíkid]	形 （道徳的に）悪い

24 /gh/ のつづり [f], [g], もしくは黙字

No.	単語	発音	意味	No.	単語	発音	意味
384	cough	[kɔ́(:)f]	動 せきをする 名 せき	387	ghost	[góust]	名 幽霊
388	height	[háit]	名 高さ	389	neighbor	[néibər]	名 隣人

25 /s/, /ss/ のつづり [s], [z], [ʃ], [ʒ]

No.	単語	発音	意味	No.	単語	発音	意味
391	cease	[sí:s]	動 終わる / …をやめる	394	loose	[lú:s]	形 ゆるい
398	advise	[ədváiz]	動 …に忠告する	402	lose	[lú:z]	動 …を失う / 負ける
405	scissors	[sízərz]	名 はさみ	407	assure	[əʃúər]	動 …に保証する
413	occasion	[əkéiʒən]	名 時 / 場合	414	pleasure	[pléʒər]	名 楽しみ

26 /g/ のつづり [g], [dʒ]

No.	単語	発音	意味	No.	単語	発音	意味
417	eager	[í:gər]	形 熱望して	419	gift	[gíft]	名 贈り物 / 才能
420	energy	[énərdʒi]	名 エネルギー	423	region	[rí:dʒən]	名 地域

27 /c/, /sc/ のつづり [s], [ʃ] ※基本 -c- は [k], -sc- は [sk]

No.	単語	発音	意味	No.	単語	発音	意味
425	cease	[sí:s]	動 終わる／…をやめる	429	scene	[sí:n]	名 場面
430	science	[sáiəns]	名 科学	433	conscious	[ká(:)nʃəs]	形 意識のある

28 /gu/ のつづり [g], [gw]

No.	単語	発音	意味	No.	単語	発音	意味
434	fatigue	[fətí:g]	名 疲労	439	language	[lǽŋgwidʒ]	名 言語

29 /t/ のつづり [ʃ], [tʃ] ※基本は [t]

No.	単語	発音	意味	No.	単語	発音	意味
440	patient	[péiʃənt]	名 患者 形 忍耐強い	441	punctual	[pʌ́ŋktʃuəl]	形 時間を厳守する

30 /ng/ のつづり [ŋ], [ŋg]

No.	単語	発音	意味	No.	単語	発音	意味
443	sing	[síŋ]	動 （…を）歌う	444	young	[jʌ́ŋ]	形 若い
446	angry	[ǽŋgri]	形 怒って	447	finger	[fíŋgər]	名 指

31 /ph/ のつづり [p] ※基本は [f]

449	shepherd	[ʃépərd]	名 羊飼い

アクセント問題頻出語

（Extra 2「アクセント」の中でも特に出題頻度の高い語を掲載）

Step 1　2音節の単語

1 第 1 音節にアクセントがある単語

No.	単語	発音	意味
1	**bál**-ance	[bǽləns]	名 均衡 カ
2	**chál**-lenge	[tʃǽlindʒ]	名 難題 カ
4	**dám**-age	[dǽmidʒ]	名 損害 動 …に損害を与える カ 発
5	**ím**-age	[ímidʒ]	名 印象 / 映像 カ 発
7	**mán**-age	[mǽnidʒ]	動 …を運営する
8	**é**-qual	[íːkwəl]	形 等しい カ
11	**mód**-ern	[má(ː)dərn]	形 現代の / 近代の カ
12	**pát**-tern	[pǽtərn]	名 様式 / 模様 カ
18	**cóm**-fort	[kʌ́mfərt]	名 快適さ / 慰め
20	**díf**-fer	[dífər]	動 異なる
22	**óf**-fer	[ɔ́(ː)fər]	動 …を申し出る 名 申し出 カ
23	**pród**-uct	[prá(ː)dəkt]	名 製品
25	**súr**-face	[sə́ːrfəs]	名 表面

2 第 2 音節にアクセントがある単語

No.	単語	発音	意味
26	ad-**více**	[ədváis]	名 忠告 カ
27	ca-**réer**	[kəríər]	名 経歴 カ
33	gui-**tár**	[gitáːr]	名 ギター カ
34	ho-**tél**	[houtél]	名 ホテル カ
35	ma-**chíne**	[məʃíːn]	名 機械 カ 発
38	po-**líce**	[pəlíːs]	名 警察 カ 発
40	suc-**céss**	[səksés]	名 成功 カ
41	tech-**níque**	[tekníːk]	名 技術 カ
42	u-**níque**	[juːníːk]	形 唯一の カ
46	ca-**nál**	[kənǽl]	名 運河
49	com-**pléte**	[kəmplíːt]	形 完全な 動 …を完成させる
53	main-**táin**	[meintéin]	動 …を保つ
55	oc-**cúr**	[əkə́ːr]	動 起こる 発
57	pre-**fér**	[prifə́ːr]	動 むしろ…のほうを好む

Step 2　3音節の単語

1 第 1 音節にアクセントがある単語

No.	単語	発音	意味
65	**áv**-er-age	[ǽvəridʒ]	形 平均の 名 平均（値） カ
66	**cál**-en-dar	[kǽləndər]	名 カレンダー カ
67	**chár**-ac-ter	[kǽrəktər]	名 性格 カ
68	**dís**-ci-pline	[dísəplin]	名 しつけ / 規律
71	**dél**-i-cate	[délikət]	形 繊細な カ
72	**ác**-cu-rate	[ǽkjərət]	形 正確な
76	**cón**-cen-trate	[ká(ː)nsəntrèit]	動 集中する
77	**dém**-on-strate	[démənstrèit]	動 …を証明する / …を実演する
78	**éd**-u-cate	[édʒəkèit]	動 …を教育する
82	**óp**-po-site	[á(ː)pəzit]	形 正反対の 前 …の向かい側に
83	**sép**-a-rate	[sépərèit] [sépərət]	動 …を隔てる / 別れる 形 別々の
86	**ín**-ter-val	[íntərvl]	名 間隔 カ
90	**mán**-ag-er	[mǽnidʒər]	名 経営者 カ
92	**ór**-ches-tra	[ɔ́ːrkəstrə]	名 オーケストラ カ
98	**át**-ti-tude	[ǽtət(j)ùːd]	名 態度
102	**réc**-og-nize	[rékəgnàiz]	動 …を認識する
103	**phó**-to-graph	[fóutəgræ̀f]	名 写真 動 …の写真を撮る
104	**án**-ces-tor	[ǽnsestər]	名 祖先
107	**cír**-cum-stance	[sə́ːrkəmstæ̀ns]	名 事情
108	**cón**-se-quence	[ká(ː)nsəkwèns]	名 結果
110	**én**-er-gy	[énərdʒi]	名 エネルギー 発 カ
111	**fúr**-ni-ture	[fə́ːrnitʃər]	名 家具
115	**ín**-dus-try	[índəstri]	名 産業 / 工業
117	**ín**-flu-ence	[ínfluəns]	名 影響 動 …に影響を与える
123	**ób**-sta-cle	[á(ː)bstəkl]	名 障害
124	**ór**-i-gin	[ɔ́(ː)rədʒin]	名 起源
126	**pól**-i-tics	[pá(ː)lətìks]	名 政治（学）
130	**sát**-is-fy	[sǽtəsfài]	動 …を満足させる

2 第 2 音節にアクセントがある単語

No.	単語	発音	意味
132	ad-**ván**-tage	[ədvǽntidʒ]	名 利点 カ
134	de-**lí**-cious	[dilíʃəs]	形 実においしい カ
135	dra-**mát**-ic	[drəmǽtik]	形 劇的な カ
137	mu-**sé**-um	[mjuːzíəm]	名 博物館 カ
138	mu-**sí**-cian	[mjuːzíʃən]	名 音楽家 カ
139	of-**fí**-cial	[əfíʃəl]	形 公式の 名 役員 カ
140	per-**cént**-age	[pərséntidʒ]	名 百分率 カ
143	es-**sén**-tial	[isénʃəl]	形 必要不可欠な
146	suf-**fí**-cient	[səfíʃənt]	形 十分な
147	ap-**pár**-ent	[əpǽrənt]	形 明白な
149	con-**tín**-ue	[kəntínjuː]	動 続く / …し続ける
150	con-**tríb**-ute	[kəntríbjuːt]	動 …を寄与する / 提供する